lonely planet

Dubai & Abu Dhabi

„Hat man sich erst einmal zum Reisen entschlossen, ist das Wichtigste auch schon geschafft.

Also, los geht's!"

TONY WHEELER, GRÜNDER VON LONELY PLANET

Josephine Quintero, Jessica Lee, Andrea Schulte-Peevers

Inhalt

Reiseplanung 4

Willkommen in Dubai & Abu Dhabi 4
Top-Erlebnisse 6
Was gibt's Neues? 14
Gut zu wissen 16
Top-Reiserouten 18
Monat für Monat 20
Reisen mit Kindern 23
Dubai & Abu Dhabi gratis 25
Unbekanntes Dubai & Abu Dhabi 27
Essen gehen 28
Cafés, Bars & Clubs .. 33
Showtime 37
Schatzsuche 39
Dubai & Abu Dhabi für Aktive 44

Dubai & Abu Dhabi erkunden 48

Die Stadtviertel im Überblick 50
Deira 52
Bur Dubai 67
Downtown Dubai & Business Bay 83
Jumeirah 102
Dubai Marina & Palm Jumeirah 118
Abu Dhabi 134
Tagesausflüge ab Dubai & Abu Dhabi ... 181
Schlafen 191

Dubai & Abu Dhabi verstehen 205

Geschichte 206
Politik & Wirtschaft 212
Kultur & Identität 216
Natur & Umwelt 220
Kunst 225

Praktische Informationen 227

Verkehrsmittel & -wege 228
Allgemeine Informationen 234
Sprache 243
Register 250

Cityatlas 259

ANDREW MONGOMERY / LONELY PLANET ©

COVID-19

Vor Erscheinen dieses Führers wurde geprüft, ob die beschriebenen Einrichtungen trotz Pandemie noch geöffnet sind. Die wirtschaftlichen und sozialen Folgen werden jedoch noch lange spürbar sein, und viele der Geschäfte, Dienstleistungen und Veranstaltungen können weiterhin Einschränkungen unterliegen. Einige Locations sind vielleicht vorübergehend geschlossen, haben Öffnungszeiten geändert oder verlangen Reservierungen; einige könnten auch dauerhaft geschlossen sein. Daher vor dem Besuch über die aktuellen Entwicklungen informieren!

(links) **Gewürzsouk, Deira S. 55** Einheimische Gewürze en masse

(rechts) **Falafel** auf einem Hummus-Bett

GLEN BERLIN / SHUTTERSTOCK ©

Dubai Marina & Palm Jumeirah S.118

Jumeirah S.102

Bur Dubai S.67

Deira S.52

Downtown Dubai & Business Bay S.83

Rechts:
Downtown
Dubai (S. 83)

WILLKOMMEN IN

Dubai & Abu Dhabi

Seit ich 2007 zum ersten Mal in die Emirate kam, haben mich Dubai und sein großer Bruder Abu Dhabi gefesselt – mit ihrer Energie, ihrem Optimismus und ihrer Offenheit. Ich bin verrückt nach gutem Essen und begeistert von der Vielfalt an authentischen Speisen aus aller Herren Länder. Selbst das Einkaufen – eigentlich eine lästige Pflicht – wird hier zum Vergnügen. Dubai und Abu Dhabi sind ständig in Bewegung, und es ist aufregend, den Städten und der Gesellschaft vor Ort beim Wachsen zuzusehen. Ich bin schon sehr gespannt, was die Zukunft noch alles bereithält.

Von Andrea Schulte-Peevers, Autorin
@ASchultePeevers @aschultepeevers
Mehr zu unseren Autoren siehe S. 283.

Dubais & Abu Dhabis Top-Erlebnisse

1 IKONISCHE BAUKUNST

„Architektur ist der Wille einer Epoche übersetzt in den Raum", sagte der Bauhaus-Meister Mies van der Rohe 1924. Fast 100 Jahre später passt das Zitat perfekt zu Dubai. Visionen, Geld und Ambitionen ließen in nur wenigen Jahrzehnten eine einzigartige Skyline kühner Wolkenkratzer im Wüstensand entstehen. Entworfen von internationalen Spitzenarchitekten, wurden viele Gebäude zu Ikonen modernen Designs.

ESHEREZ/SHUTTERSTOCK © ARCHITECT: ADRIAN SMITH

Hoch, höher, am höchsten

Beim Blick auf Dubai vom 828 m hohen Burj Khalifa aus kann es einem schwindelig werden. Das höchste Gebäude der Welt wartet mit mehreren Superlativen auf: Es besitzt z. B. die höchste Outdoor-Aussichtsplattform der Welt, die meisten Etagen, das höchste nutzbare Stockwerk und den Aufzug mit der größten Fahrdistanz. S. 85

BASITH RAHMAN RAHMAN/EYEEM/GETTY IMAGES © ARCHITECT: TOM WRIGHT

SANCHAI KUMAR/SHUTTERSTOCK © ARCHITECT: YUSEF ABDELKI

Wahrzeichen in Segelform

Das kühne Design des exklusiven Hotels Burj Al Arab erinnert an das wogende Segel eines Schiffes und gilt als charakteristisches Symbol der Boomjahre von Dubai. Im Inneren wird vor allem Reichtum zur Schau gestellt: Den Gast erwarten tanzende Fontänen, goldene Armaturen und glänzender Marmor. S. 104

Imposante Moschee

80 Marmorkuppeln, gehalten von 1000 Säulen – Abu Dhabis schneeweiße Große Scheich-Zayid-Moschee (oben) beeindruckt mit spektakulären Dimensionen. Der Hauptgebetssaal ist mit Blattgold verziert und birgt zahllose Kristallleuchter und Halbedelsteine. S. 135

2 ADRENALIN PUR

Dubai und Abu Dhabi locken Adrenalinjunkies mit einem ganzen Arsenal an Aktivitäten, die für einen Kick sorgen. Wer nach Geschwindigkeit und Höhe sucht, ist mit Fallschirmspringen, Ziplining, Air Walks, Ballonfahrten in der Wüste und spektakulären Achterbahnen gut bedient. Dank familienfreundlicher Themenparks mit Fahrgeschäften für jeden Geschmack kommen auch weniger Kühne auf ihre Kosten.

FRANKVANDENBERGH/GETTY IMAGES ©

Geschwindigkeitsrausch

Benzin im Blut? Dann aufgepasst: Die Formula Rossa (unten) in der Ferrari World Abu Dhabi, einem Indoor-Themenpark auf Yas Island, ist die schnellste Achterbahn der Welt. In weniger als fünf Sekunden wird man von null auf 240 km/h katapultiert – nichts für empfindliche Mägen! S. 171

KRITSANA LAROQUE/SHUTTERSTOCK ©

©SKYVIEWSOBSERVATORY, @EMAARDUBAI ©

PIT STOCK/SHUTTERSTOCK ©

Kick im Wasser

Beim „Leap of Faith“ (links) schießt man mit atemberaubender Geschwindigkeit eine steile Rutsche hinab und passiert dann einen Plexiglastunnel in einem Haifischbecken. Er ist ein beliebter Klassiker unter den 105 Attraktionen des Aquaventure Waterpark. S. 121

Luftiger Spaziergang

In einem gläsernen Aufzug fährt man hinauf zu Sky Views Dubai (oben) auf dem Dach des Address Sky View Hotel, legt Gurtzeug an, läuft die äußere Kante entlang und überblickt Downtown Dubai 220 m weiter unten. S. 99

3 EINKAUFSMEKKA

Fast nirgendwo kann man so gut sein Bankkonto plündern wie in Dubai. Die meisten streben zielsicher die Einkaufszentren (oft architektonische Hingucker) an, die neben dem Shoppingerlebnis auch mit Unterhaltungsprogramm und Restaurants locken. Lokalkolorit bieten quirlige Souks, Flohmärkte mit alten Schätzen und urbane Outdoor-Malls.

Mega-Mall

Eine gewisse Shoppingerfahrung ist bei den 1300 Geschäften der Dubai Mall von Vorteil. Das labyrinthartige Einkaufsparadies beherbergt zudem ein Aquarium (unten), eine Eisbahn und sogar ein Dinosaurierskelett. S. 87

TUPUNGATO/SHUTTERSTOCK ©

Souk 2.0

Der moderne Indoor-Souk Madinat Jumeirah (oben) begeistert mit prachtvoller Optik, einer großen Auswahl an Boutiquen, gemächlichen Wassertaxifahrten und zahlreichen Restaurants am Ufer. S. 114

Bunte Basare

Traditionelles arabisches Flair versprühen die charmant chaotischen Souks in Deira. Dort gibt's Bereiche für Gewürze und Parfüm sowie den glitzernden Goldsouk. S. 54

4 WÜSTENZAUBER

NAUFAL MQ/GETTY IMAGES ©

Endlose Weiten unter strahlendem Blau, gewellte Sanddünen in den Farbtönen Silber bis Zimt, einsame Kamele am Straßenrand und grüne Dattelpalmenhaine: Die Magie der Wüste entfaltet sich direkt hinter den Wolkenkratzern und Resorts von Dubai und Abu Dhabi. Schon ein Tag in der geheimnisvollen Sandlandschaft regt die Sinne an und vermittelt ein Gefühl für die Zeitlosigkeit dieses Lebensraums.

Safariabenteuer

Eine einfache und praktische Art, die Schönheit und den Zauber der Wüste zu erleben, sind geführte Exkursionen. Bei einer Tour mit Übernachtung lässt es sich am besten auf den Spuren von Lawrence von Arabien wandeln. S. 143

Luxuscamps

Exklusives Glamping bieten luxuriöse Wüstenresorts, einschließlich Kamelritten, Wildtierbeobachtung, Schwimmen unter den Sternen, arabischen Köstlichkeiten und komfortabler Suite. S. 203

Traditionssport

Ein Tag bei einem Kamelrennen gibt Einblicke in eine der beliebtesten und altehrwürdigsten regionalen Traditionen, fit gemacht fürs 21. Jh. mit Großbildschirmen und Roboter-Jockeys. S. 46

5 VIELFÄLTIGE KUNSTSZENE

Kulturelle Angebote bringen dem Besucher auf unterhaltsame Weise das Urlaubsziel näher. Sowohl in Dubai als auch in Abu Dhabi geben einige erstklassige Adressen Einblicke in die regionale Kunst- und Kreativszene. Wer seinem Urlaub mehr Tiefgang verleihen möchte, tauscht den Strand oder die Mall gegen eine Galerie oder ein Museum aus. Ob Straßenkunst, meisterhafte Gemälde, alte Piktogramme oder frisch geschnitzte Skulpturen: Sie alle überraschen und inspirieren.

ABIE DAVIES/SHUTTERSTOCK ©

LIZCOUGHLAN/SHUTTERSTOCK ©

Kunstpionier

Eine Einführung in die klassische und zeitgenössische Kunst der Golfregion gibt das Sharjah Art Museum (oben). Es liegt etwas nördlich von Dubai und ist Hauptveranstaltungsort der Sharjah Biennial. S. 183

Kunstschätze

Im Louvre Abu Dhabi (oben links) gibt es Kunstwerke von unschätzbarem Wert. Besucher erwartet das kulturelle Erbe der Menschheit, von ägyptischen Skulpturen bis zu impressionistischen Gemälden. S. 167

Galerietour

Ein Spaziergang entlang der Alserkal Avenue (oben) gewährt Einblicke in Dubais Kunstszene. Lagerhäuser wurden dort in eine dynamisch-urbane Spielwiese voller Kreativflächen verwandelt. S. 87

6 REICHE GESCHICHTE

BOULENGER XAVIER/SHUTTERSTOCK ©

LEONID ANDRONOV/SHUTTERSTOCK ©

Die rund 50 Jahre alten VAE mögen staatspolitisch betrachtet noch in den Kinderschuhen stecken, doch das Gebiet ist bereits seit den Zeiten der Pyramiden besiedelt. Historische Stätten und Museen geben Einblicke in die Vergangenheit des Newcomers und zeichnen den kometenhaften Aufstieg von einem Beduinenland zu einem der reichsten und modernsten Staaten der Welt nach.

Historisches Labyrinth

Eindrücke von der regionalen Architektur und Kultur vermittelt ein Spaziergang durch das charmante Historische Viertel Al Fahidi (links). Seine traditionellen Hofhäuser beherbergen Kunsthandwerksläden, Museen, Galerien, Pensionen und Cafés. S. 69

Wiege einer Nation

Am Standort des modernen Etihad Museum wurden die VAE 1971 gegründet. Dokumentarfilme, Fotos und Zeitlinien setzen die Hauptakteure und Ereignisse in Szene, die für diesen Schlüsselmoment in der Geschichte des Golfes entscheidend waren. S. 102

Pionierpalast

Wer auf den Spuren des Gründervaters der VAE, Scheich Zayid, wandeln möchte, ist in dem wunderschön restaurierten Al Ain Palace Museum (unten links) richtig. Hier lebte er von den späten 1930ern bis in die 1960er mit seiner Familie. S. 177

Was gibt's Neues?

Dubai und Abu Dhabi haben die jüngsten globalen Herausforderungen bemerkenswert gut gemeistert und segeln weiterhin voller Vertrauen und Optimismus in die Zukunft. Beide Emirate haben ihre Wettbewerbsvorteile noch vergrößert, sei es durch neue Mega-Attraktionen, die Liberalisierung der Gesetze oder die Umstellung auf die westliche Arbeitswoche.

Museum of the Future

Nicht damit zufrieden, eine der zukunftsorientiertesten Städte der Welt zu sein, hat Dubai nun ein Museum (S. 86) gebaut, in dem Besucher ins Jahr 2071 reisen können. Es befindet sich in einem grandiosen silbernen elliptischen Gebäude, das mit seinen kalligrafischen Verzierungen dem arabischen Erbe die Ehre erweist.

Ain Dubai

Als das Dubai Eye (S. 120) im Oktober 2021 eröffnet wurde, schnappte es sich vom Singapore Flyer den Titel des höchsten Riesenrads der Welt. Das Riesenrad auf Bluewaters Island ist erstaunliche 250 m hoch und bildet einen schönen Kontrast zu Dubais Wald aus Wolkenkratzern. Wenn es nachts angestrahlt wird, ist es besonders malerisch.

Food Courts

Food Courts, die ein globales Fest der Aromen, hauptsächlich aber beliebter einheimischer Speisen bieten, sind in Dubai und Abu Dhabi aus dem Boden geschossen. Wer seinen Gaumen verwöhnen will, kann unter anderem den Time Out Market Dubai (S. 91), Depachika in der Nakheel Mall (S. 125) und das Botanic Atrium in der World Trade Center Mall (S. 142) ansteuern.

The View at The Palm

Mach Platz, Burj Khalifa, es gibt eine neue Aussichtsplattform in der Stadt (S. 120), und zwar eine mit einer 360-Grad-Terrasse. Auf luftigen 240 m Höhe kann man nicht nur vor der Skyline Dubais posieren, sondern auch die Palmwedel Palm Jumeirahs vor dem glitzernden Golf aus der Vogelperspektive sehen.

INSIDERWISSEN

WAS IST LOS IN DUBAI & ABU DHABI?

Andrea Schulte-Peevers, Lonely Planet-Autorin

Trotz Pandemie und globaler Unwägbarkeiten sind Dubai und Abu Dhabi weiter ihren Weg gegangen – ständig erfährt man von neuen Attraktionen, Entwicklungen und politischen Ereignissen. Die Expo Dubai 2020 musste zwar um ein Jahr verschoben werden, brachte aber Menschen aus aller Welt in die Emirate, darunter erstmals auch Besucher aus Israel. Mit der Unterzeichnung der Abraham Accords Declaration wurden die Vereinigten Arabischen Emirate 2020 der erste Golfstaat, der seine Beziehungen zu Israel normalisierte.

Es gab noch weitere Anzeichen dafür, dass Dubai und Abu Dhabi großen Wert darauf legen, ihre Attraktivität für internationale Besucher und Investoren zu steigern und zu einer Brücke zwischen Ost und West zu werden. Die Veränderung der Arbeitswoche, die nun nicht mehr sonntags, sondern montags beginnt, wurde von zahlreichen Gesetzesreformen begleitet, die u. a. Alkoholkonsum und vorehelichen Sex entkriminalisierten und unverheirateten (heterosexuellen) Paaren das Recht gaben, zusammenzuleben. Das Land führte zudem härtere Strafen für sexuelle Belästigung und Vergewaltigung ein und hat die automatischen Haftstrafen für Cannabisbesitz bei Ersttätern abgeschafft.

Arbeitswoche

Am 1. Januar 2022 haben die Vereinigten Arabischen Emirate ihr Wochenende von Freitag und Samstag auf Samstag und Sonntag verlegt, um sich an die globalen Märkte anzupassen. Regierungsbehörden schließen nun freitags um 12 Uhr.

Palm West Beach

Seit 2020 gibt es einen Grund mehr für Badeurlaub in Dubai: Palm Jumeirahs Strand (S. 120). Er erstreckt sich auf etwa 1,6 km entlang des „Stammes" der Insel, verläuft nach Westen Richtung Sonnenuntergang und wird von 300 Palmen sowie Restaurants, Strandclubs und Hotels gesäumt.

Sky Views Dubai

Die neueste Möglichkeit, einen Höhenrekord aufzustellen, bietet diese luftige Attraktion (S. 99), bei der man sich 220 m über Downtown befindet. Dort läuft man über eine Glasbrücke, gleitet in einem gläsernen Rohr eine Etage tiefer und – aber das ist nur etwas für echte Adrenalinjunkies (oder Instagram-Posierer) – geht auf einem dünnen Außenvorsprung entlang.

XLine

Die weltweit längste Zipline in einer Stadt, die XLine in Dubai Marina, ermöglicht allen, die einen Kick suchen, eine 1 km lange Fahrt über der Dubai Marina Mall. Das Kabel verläuft etwa in 70 m Höhe, die Aussicht ist also spektakulär, falls man die Nerven hat, hinzuschauen ...

Führungen im Burj Al Arab

Dubais segelförmiges Wahrzeichen, ein Hotel (S. 104), hat seine vergoldeten Tore inzwischen für Besucher geöffnet. Auf 90-minütigen, von Butlern geleiteten Führungen (ab 249 Dh) besucht man das Atrium und die Royal Suite. Ein weiterer Stopp wird in der interaktiven Experience Suite eingelegt, wo man Fotos mit einem Hotelhintergrund eigener Wahl machen kann. Zusätzliche Optionen sind Cocktails oder ein mit Goldstaub besprenkelter Cappuccino in der Lounge.

Shindagha District & Museum

Ein weiteres Puzzleteil bei der Neugestaltung des historischen Uferviertels Shindagha in Bur Dubai ist nun fertig: Dieses Museum (S. 72) erzählt mittels moderner Technologie von Dubais Vergangenheit. Das gesamte Viertel lädt zu einem idyllischen Spaziergang bei Sonnenuntergang ein.

HÖREN, SEHEN & FOLGEN

Inspiration und aktuelle News findet man auf www.lonelyplanet.com/united-arab-emirates.

FooDiva (www.foodiva.net) Samantha Wood, die in Dubai lebt, tischt in ihrem Blog und der App verführerische Restaurantkritiken auf.

Anghami Dieser in Abu Dhabi ansässige Streaming-Dienst, das „Spotify der arabischen Welt", bietet kostenlosen und legalen Zugang zu fast 60 Mio. arabischen und internationalen Musiktiteln und Podcasts.

Dubai Eye (www.dubaieye1038.com) Der populäre Radiosender bringt lokale Nachrichten sowie Sport-, Unterhaltungs- und Businessnachrichten und Talksendungen.

twitter.com/visitdubai Offizieller Twitter-Account der Tourismusbehörde Dubais.

AUF EINEN BLICK

Ernährungstrend Nährreiches, pflanzenbasiertes Essen

Einwandereranteil an der Bevölkerung etwa 85 %

Zahl der Kamele in den Vereinigten Arabischen Emiraten 4,5 Mio.

Einwohner Dubai: 2,96 Mio., Abu Dhabi: 1,54 Mio.

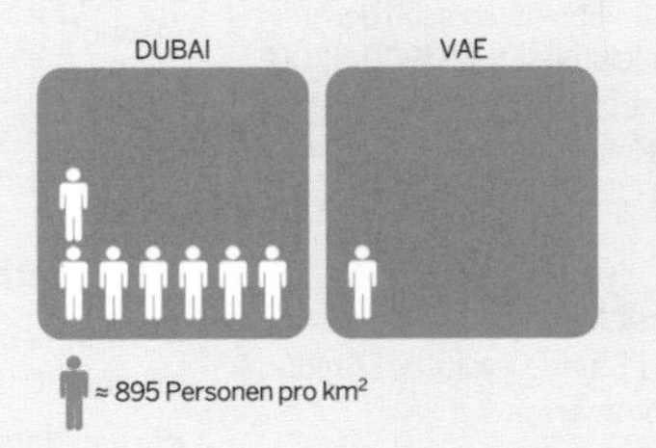

Green Wall

Die größte begrünte Wand der Welt ist einfach wunderschön, nicht nur für Pflanzenfreunde. Bei einem Spaziergang am Creek bildet sie eine fantastische Kulisse.

Gut zu wissen

Weitere Hinweise siehe „Praktische Informationen" (S. 227)

Währung
Dirham (Dh)

Sprachen
Arabisch, Englisch, Urdu

Visa
Staatsangehörige aus zurzeit 49 Industrienationen, darunter alle EU-Staaten und die Schweiz, erhalten bei Einreise nach Dubai und Abu Dhabi ein kostenloses Einzelvisum, das 30 Tage gültig ist.

Geld
Geldautomaten sind weitverbreitet. Kreditkarten werden in den meisten Hotels, Restaurants und Geschäften akzeptiert.

Handys
Handys funktionieren nach dem Mobilfunkstandard GSM900/1800 (wie in Europa). SIM-Karten sind in Elektronikgeschäften und in vielen anderen Läden erhältlich.

Zeit
Dubai und Abu Dhabi sind der MEZ drei Stunden voraus. Es gibt keine Sommerzeit.

Touristeninformation
Dubai Department of Tourism & Commerce Marketing (☎Callcenter 600 555 559; www.visitdubai.com) Hat eine gute Website und ein Callcenter.

Abu Dhabi Tourism & Culture Authority (☎02 599 5135; www.visitabudhabi.ae) Informationsschalter am Flughafen, in der Ferrari World und im World Trade Center Souk.

Tagesbudget

Preiswert: unter 600 Dh
- Budgetunterkunft: 300–400 Dh
- Essen in einem Food Court: 20–50 Dh
- Öffentliche Verkehrsmittel: 1–8,50 Dh
- Bier in der Happy Hour: 20 Dh

Mittelteuer: 600–1200 Dh
- Doppelzimmer in einem Hotel: 400–700 Dh
- Zweigängiges Menü im Restaurant: ab 80 Dh ohne Alkohol
- Eintritt zu Highlights und Sehenswürdigkeiten: 100–200 Dh

Teuer: über 1200 Dh
- Zimmer im Vier-Sterne-Hotel: ab 800 Dh
- Dreigängiges Menü mit Wein im Edelrestaurant: ab 400 Dh
- Getränke in einer Spitzenklassebar: ab 100 Dh

Reiseplanung

Drei oder mehr Monate vor Reiseantritt sollte man die Visabestimmungen prüfen und Karten für Sportveranstaltungen und Shows reservieren.

Vier Wochen vor Reiseantritt empfiehlt es sich, in einem Spitzenrestaurant einen Tisch zu reservieren, den Eintritt zum Burj Khalifa zu buchen und im Internet nach Konzerten zu schauen.

Eine Woche vor Reiseantritt sollte man die Temperaturen herausfinden und den Koffer dementsprechend packen.

Infos im Internet

Lonely Planet (www.lonelyplanet.com) Informationen über Dubai, Hotelbuchungen und mehr.

Dubai Tourism (www.visitdubai.com) Dubais offizielles Tourismusportal.

Visit Abu Dhabi (www.visitabudhabi.ae) Exzellente offizielle Besucherwebsite zu Reiseplanung und Tourismus.

Time Out Dubai (www.timeoutdubai.com) Onlineausgabe eines wöchentlich erscheinenden Unterhaltungs- und Lifestyle-Magazins.

FooDiva (www.foodiva.net) Tolle Restaurantkritiken einer in Dubai lebenden Feinschmeckerin.

RTA (www.rta.ae) Informationen zum Nahverkehr und zur Tourplanung in Dubai.

REISEZEIT

Ideal ist November bis März, die Temperaturen liegen um die 30 °C. Von Juni bis September herrschen im Schnitt 43 °C bei einer Luftfeuchtigkeit von 95 %.

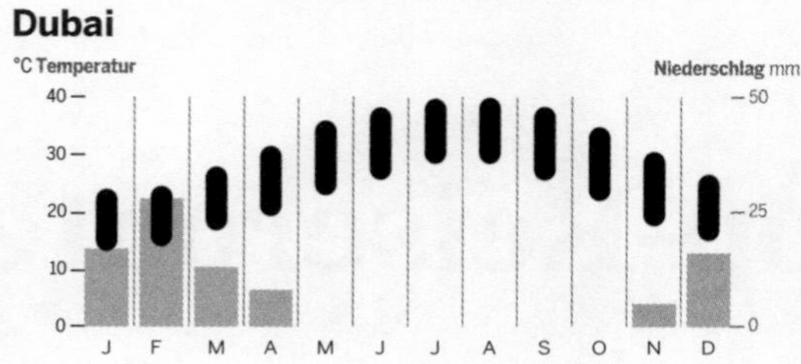

Ankunft in Dubai & Abu Dhabi

Dubai International Airport Die Red Line der Dubai Metro hält an den Terminals 1 und 3 und fährt von 6 Uhr bis Mitternacht alle paar Minuten ab. Dazwischen übernehmen Busse. Man benötigt eine Nol Card, bevor man zusteigen darf. Das Taxometer startet bei 25 Dh. Vom Flughafen muss man nach Deira mit etwa 50 Dh und nach Downtown Dubai mit ca. 80 Dh rechnen. Einige Hotels bieten Flughafentransfer an.

Al Maktoum International Airport Bus F55 bringt Fahrgäste zur Ibn Battuta Metro Station, von wo es mit der Red Line der Dubai Metro weitergeht. Taxis kosten rund 70 Dh nach Dubai Marina und 110 Dh nach Downtown Dubai.

Abu Dhabi International Airport Ein Shuttlebus (4 Dh) verbindet den Flughafen mit Al Zahiyah und hält unterwegs am Hauptbusterminal. Taxis fahren zu vernünftigen Preisen nach Yas Island und zu anderen Punkten in der Stadt. Einige Vier- und Fünf-Sterne-Hotels betreiben kostenlose Shuttlebusse vom Flughafen aus. Autovermietungen gibt's in der Ankunftshalle.

Weitere Hinweise zur **Ankunft** auf S. 228

Unterwegs vor Ort

Dubai

Bevor man in ein öffentliches Verkehrsmittel steigt, sollte man sich eine Nol Card besorgen.

Metro Die Red Line und die Green Line verbinden alle wichtigen Sehenswürdigkeiten und Viertel.

Busse sind langsamer, bedienen aber auch die Stationen, an denen die U-Bahn nicht hält.

Straßenbahn Fährt die King Salman Bin Abdul Aziz Al Saud Street zwischen Dubai Media City und Dubai Marina entlang.

Boote *Abras* (traditionelle Holzboote) verkehren auf dem Creek.

Taxis sind bequem, preiswert und mit Taxameter ausgestattet.

Abu Dhabi

Abu Dhabis interessanteste Ecken sind leicht zu erreichen. Die meisten Besucher nutzen Taxis, denn diese sind relativ günstig, sauber, haben Taxameter und fahren zuhauf durch die Stadt. Orientierung bieten markante Punkte oder ein GPS, weniger die Straßennamen. Es gibt auch ein sehr gutes Angebot an Bussen.

Weitere Hinweise zum Thema auf S. 136 und S. 229

Schlafen

Butler, Rolls-Royce-Limousinen, Champagnerbäder – wenn es um Luxusunterkünfte in Dubai und Abu Dhabi geht, ist fast alles möglich. Dennoch bieten beide Orte die gesamte Palette möglicher Unterkünfte an, von Boutique-Hotels über Heritage B&Bs und gute Mittelklassehotels bis hin zu jeder nur denkbaren internationalen Hotelkette.

Nützliche Websites

Lonely Planet (www.lonelyplanet.com/united-arab-emirates/dubai/hotels) Empfehlungen und Buchung.

Visit Dubai (www.visitdubai.com) Die offizielle Website der Behörden von Dubai hat auch eine Buchungsfunktion für Unterkünfte.

Abu Dhabi Bookings & City Guide (www.abudhabi.com) Ein großes Portal für Hauptstadthotels.

Visit Abu Dhabi (www.visitabudhabi.ae) Die offizielle Tourismus-Website der Stadt hält nützliche Informationen und Unterkünfte bereit.

Weitere Hinweise zu **Unterkünften** auf S. 191

Top-Reiserouten

1. Tag

Bur Dubai (S. 67)

Bei einem Frühstück im **Sheikh Mohammed Centre for Cultural Understanding** besteht die Gelegenheit, Einheimische kennenzulernen und hausgemachte emiratische Gerichte zu kosten. Kultur und Geschichte Dubais kommen im **Historischen Zentrum Al Fahidi** mit seinen kleinen Museen und Geschäften zum Ausdruck. Danach ist ein Besuch des **Dubai Museum** ganz in der Nähe angesagt.

Mittagessen Bei einem späten Mittagessen im Arabian Tea House (S. 75) die vielen Eindrücke verarbeiten.

Deira (S. 52)

Über die stimmungsvolle **Hindi Lane** ist es ein Katzensprung bis zum **Bur Dubai Souk**, danach geht's mit einem *abra* (traditionelles Holzboot) über den Dubai Creek, wo man in den Souks von Deira nach Schnäppchen stöbert. Bevor man sich auf die vielen Aktivitäten stürzt, spaziert man an der Promenade entlang und macht Fotos von den bunten Daus (Frachtbooten). Dann gibt's einen Saft in der Jafer Binam Ali Cafeteria, ehe man im **Gewürzsouk** den Duft exotischer Gebräue einatmet und im **Goldsouk** Juwelen bestaunt.

Abendessen Bei einem Abendessen auf der Al Mansour Dhow (S. 60) entspannen.

Deira (S. 52)

Nach dem Abendessen geht's mit dem Taxi zu **QDs,** wo man bei einem Drink oder einer Shisha entspannen kann. Von dort bietet sich ein toller Blick auf die glitzernden Lichter der Skyline von Dubai.

2. Tag

Jumeirah (S. 102)

Der Tag beginnt mit einer geführten Tour durch die atemberaubende **Jumeirah-Moschee,** danach fährt man mit dem Taxi entlang der Küste zum weltbekannten Burj Al Arab. Auf dem im traditionellen Stil neu gebauten Souk des hübschen Dorfs **Madinat Jumeirah** lässt es sich gut nach Kamelspielzeugen und Paschminas stöbern. Es folgt eine Tour mit einem *abra* durch das weitverzweigte Kanalnetz, vorbei an Hotels im arabischen Stil und üppigen Gärten.

Mittagessen Auf dem Souk Madinat Jumeirah (S. 114) zu Mittag essen und den Blick auf den Burj Al Arab genießen.

Downtown Dubai (S. 83)

Die heißeste Zeit des Tages lässt sich am besten in der **Dubai Mall** oder im traumhaften **Aquarium** aushalten. Von der luftigen Terrasse des **Burj Khalifa** (lange im Voraus reservieren) kann man den Sonnenuntergang betrachten, danach geht's zur Happy Hour ins **Treehouse**.

Abendessen Beim Essen auf dem Time Out Market (S. 91) die Dubai Fountain bestaunen.

Downtown Dubai (S. 83)

Den Tag beendet man am besten bei einem Absacker in der **Bridgewater Tavern** mit Aussicht auf den Dubai Canal. In der geheimen Location **Poppy**, wo nur Schallplatten abgespielt werden, kann man feiern, als wäre es 1969.

Palm Jumeirah (S. 119)

Große Scheich-Zayid-Moschee (S. 135)

3. Tag

Downtown Dubai (S. 83)

Am **Kite Beach** beginnt der Tag mit Schwimmen im Meer. Anschließend sieht man im **Museum of the Future**, wie das Leben im Jahr 2070 sein könnte. Im angesagten **Nightjar Coffee** auf dem Kreativ-Campus in der **Alserkal Avenue** trinkt man einen Kaffee und kommt wieder in der Gegenwart an. Galerien locken mit zeitgenössischer Kunst des Nahen Ostens. Mittagessen gibt's am **Palm West Beach**.

Mittagessen Die Tapas im Beachclub des Five Palm Jumeirah probieren.

Dubai Marina & Palm Jumeirah (S. 118)

Nach einer Siesta auf einer Sonnenliege steuert man die Nakheel Mall an. **The View at the Palm** bietet einen unglaublichen Blick auf Palm Jumeirah und die Küste. Mit dem Monorail fährt man den Stamm der Palme hinauf zum Atlantis Resort und gönnt sich in Gordon Ramseys **Bread Street Kitchen** ein Bier. Auf dem Rückweg geht's per Taxi zur **Dubai Marina Mall**, um im Pier 7 zu Abend zu essen.

Abendessen Im Asia Asia (S. 122) die Fusion-Küche mit Blick auf den glitzernden Jachthafen genießen.

Dubai Marina & Palm Jumeirah (S. 118)

Danach flaniert man am Ufer der Dubai Marina vorbei an Jachten und glitzernden Wolkenkratzern. Der Tag wird bei einem Absacker und weiteren atemberaubenden Ausblicken im **Observatory** oder **Atelier M.** beendet.

4. Tag

Abu Dhabi (S. 134)

Start dieser Tour durch die ganze Stadt ist bei der **Großen Scheich-Zayid-Moschee** (Fr. vorm. geschl.). Hier steigt man in den **Big Bus** und genießt die Fahrt vorbei an den Mangroven der Eastern Corniche. Raus geht's an der **Abu Dhabi Mall**, um die regionalen Kunsthandwerksgeschäfte im gegenüberliegenden **Khalifa Centre** zu erkunden. Danach fährt man wieder im Big Bus zum **Manarat Al Saadiyat**, einer Filmausstellung zur regionalen Kunst und Kultur sowie zum faszinierenden neuen **Louvre Abu Dhabi**.

Mittagessen Das Al Dhafra (S. 168) bietet ein üppiges emiratisches Büfett.

Abu Dhabi (S. 134)

Lohnenswert ist ein Besuch des nahe gelegenen **Al-Mina-Fischmarktes**, ehe man sich bei **Careem Bike** im Al Aryam Tower ein Rad mietet und die 8 km zum öffentlichen Strand radelt. Unterwegs bewundert man die Wolkenkratzer der Stadt. Im **Observation Deck at 300** wird in höchsten Höhen Tee serviert.

Abendessen Den Kamelfleischburger im Le Café (S. 148) im prachtvollen Emirates Palace probieren.

Abu Dhabi (S. 134)

Anschließend fährt man zurück nach Jumeirah zu den Etihad Towers. Nach dem Abendessen genießt man in **Ray's Bar** Drinks und den Blick auf die Stadt. Dann geht's zurück in die echte Welt auf einen Kaffee und eine Shisha in eines der Cafés in Breakwater.

Monat für Monat

TOP-EVENTS

Food Festivals in Dubai & Abu Dhabi, Februar

Art Dubai, März

Al Marmoum Heritage Festival, April

Abu Dhabi Grand Prix, November

Dubai International Film Festival, Dezember

Januar

Während ein Großteil der Welt nach den Weihnachts- und Neujahrsferien Trübsal bläst und unter Kälte und Schnee leidet, ist das Wetter in Dubai recht schön. Die Tagestemperaturen liegen durchschnittlich bei angenehmen 25 °C.

Dubai Marathon

Das milde Wetter und dazu eine der weltweit flachsten und schnellsten Marathonstrecken der Welt zieht Teilnehmer aus der ganzen Welt nach Dubai (S. 46).

Dubai Shopping Festival

Das Shopping Festival (S. 81) zieht immer mehr Schnäppchenjäger aus aller Welt an. In den geschäftigen Souks und Malls gibt's Riesenrabatte, in der Stadt wird viel geboten, von Livekonzerten bis zu Modeschauen und Feuerwerk.

Februar

Auch der Februar bietet zahlreiche Sonnentage. Überall, besonders im Freien, finden Veranstaltungen statt. Für kühle Abende empfiehlt sich eine leichte Jacke oder ein Paschmina.

ATP-Turnier Dubai

An dem internationalen Tennisturnier nehmen Spitzensportler aus der ganzen Welt teil.

Dubai Food Festival & Abu Dhabi Food Festival

Mehrere Wochen lang zelebrieren Dubai (www.dubaifoodfestival.com) und Abu Dhabi (www.abudhabievents.ae) ihre gastronomische Vielfalt mit Events, Shows, Auftritten von Promi-Köchen, gastronomischen Touren, Foodtrucks und Pop-up-Restaurants.

Dubai Jazz Festival

Auf dem Festival spielen weltbekannte Musiker; u. a. standen schon Tom Jones, Ricky Martin und John Legend auf der Bühne. An verschiedenen Orten in der Stadt finden gratis Jazz- und Blueskonzerte statt.

März

Obwohl die Temperaturen langsam ansteigen, ist das Wetter noch immer geradezu perfekt. Das Meer ist warm und der Strand noch nicht überfüllt. Im März findet eine ganze Reihe von Veranstaltungen statt.

Art Dubai

Auf der Kunstmesse kommt die sich rasch entwickelnde Kunstszene der Region zum Ausdruck (S. 226). Zu sehen sind Exponate aus ca. 100 Galerien aus den Vereinigten Arabischen Emiraten (VAE) und aus aller Welt, die im Madinat Jumeirah ausgestellt werden.

Burj Al Arab Swim

Auf der Wohltätigkeitsveranstaltung treten ca. 800 Teilnehmer an und schwimmen 800 m bzw. 1600 m um das Hotel Burj Al Arab herum.

Dubai World Cup

Dubais Rennsaison findet ihren Höhepunkt im welt-

Oben: Abu Dhabi Grand Prix
Unten: Fashion Forward Dubai

MOTORSPORTS PHOTOGRAPHER/SHUTTERSTOCK ©

MAKSYM PORIECHKIN/SHUTTERSTOCK ©

bekannten Pferderennen (S. 100). Wetten ist verboten, daher richtet sich das Augenmerk auf die Kleidung und die Hüte der Besucher.

Literaturfestival

Das von der Fluglinie Emirates gesponserte Festival präsentiert Schriftsteller und Dichter aus dem Nahen Osten sowie internationale Bestsellerautoren.

Sikka-Kunstmesse

Auf dieser lebendigen zehntägigen Messe stellen Dutzende Künstler aus den Vereinigten Arabischen Emiraten und Dubai ihre Werke aus. Die Messe findet im historischen Zentrum von Bur Dubai statt.

Taste of Dubai

Das dreitägige Festival Taste of Dubai bietet für Feinschmecker nicht nur köstliche Gerichte, sondern auch interessante Kochkurse, Getränkeverkostungen, Konzerte und jede Menge Unterhaltungsangebote für Jung und Alt.

April

Die große Hitze hat noch nicht begonnen. Mit dem Anfang der Schulferien um Ostern steigt die Anzahl der Besucher. Für Strand- und Modeliebhaber ist dies der ideale Monat.

Al Marmoum Heritage Festival

Auf dem vierwöchigen Festival im Al Marmoum Heritage Village 40 km südlich von Dubai (S. 100) wird die traditionelle Kultur der Emirate mit Musik, Kunsthandwerk, Essen und Fahrgeschäften gefeiert. Bei den Kamelrennen mit Tausenden von Tieren geht es nicht nur um Preise, sondern auch ums Prestige.

Fashion Forward

Auf der zweimal pro Jahr stattfindenden Modemesse (auch im Oktober) wird die neueste Mode von Top-Designern aus dem Nahen Osten präsentiert. Außerdem gibt's Gespräche, Seminare und Podiumsdiskussionen.

Mai

Jetzt können die Temperaturen auf 35 °C ansteigen. Klimatisierte Einkaufszentren bieten Abkühlung.

Al Gaffal Dhow Race

Das traditionelle Dau-Rennen folgt der Route, die einst die Perlentaucher nahmen. Es beginnt auf der kleinen unbewohnten Insel Sir Bu Nair, führt 23 Seemeilen nach Osten und endet am Burj Al Arab. Nur Crewmitglieder aus den Emiraten dürfen teilnehmen.

Juli

Es ist heiß! Das Leben findet drinnen statt und die Gästezahlen in den Hotels sinken merklich.

Dubai Summer Surprises

Trotz der sengenden Hochsommerhitze zieht der kleine Ableger des Dubai Shopping Festivals von Juli bis Mitte August jede Menge Besucher in die Stadt, denn die Shopping-Malls bieten großzügige Rabatte und es gibt kostenlose Unterhaltungsmöglichkeiten für Kinder.

Oktober

Es kühlt ab, kann aber noch feucht und warm sein. Die Temperaturen sind perfekt, um abends draußen zu essen oder eine Nacht in der Wüste zu verbringen.

Diwali

Zahlreiche Kerzen und Feuerwerkskörper kennzeichnen das magische Lichterfest, das die stetig wachsende indische Gemeinde zusammenbringt. In den Supermärkten gibt's traditionelle Süßigkeiten, Fenster erstrahlen im Lichterglanz, besonders natürlich in den Stadtvierteln Deira und Bur Dubai.

Abu Dhabi Classics

In den Monaten September bis April zieht die Serie von klassischen Konzerten und Recitals internationale Top-Musiker nach Abu Dhabi.

November

Die Sommerhitze ist abgeklungen, die Besucher aus kälteren Regionen kehren zurück, um die milden Temperaturen zu genießen, und das Leben spielt sich draußen ab.

DP World Tour Championship

Das Golfturnier ist der krönende Abschlusswettkampf der Golfturnierserie der PGA European Tour, bei der in 49 Wettkämpfen über ein Jahr die besten Spieler an 26 Orten gegeneinander antreten.

Dubai Rugby Sevens

Die erste Runde der zehnteiligen World Rugby Sevens Series ist eine dreitägige Veranstaltung mit 16 internationalen Teams und Liveunterhaltung. Gespielt wird im Sevens Stadium südlich von Dubai.

Großer Preis von Abu Dhabi

Eines von Abu Dhabis größten jährlichen Events. Auf der berühmten Strecke von Yas Island zeigt die Formel-1-Elite, was in ihr steckt (S. 46).

Abu Dhabi Art

Die dreitägige Kunstmesse ist eine Plattform für führende moderne und zeitgenössische Kunstgalerien aus den VAE und der ganzen Welt. Die Messe findet im Kulturzentrum Manarat Al Saadiyat (www.abudhabiart.ae) statt und bietet Ausstellungen sowie Diskussionsforen über Kunst.

Dezember

Das Jahresende ist aus gutem Grund die Hauptsaison für Touristen: Das Meer ist noch warm, die Luft kühl, und abends kann man draußen sitzen.

Nationalfeiertag der VAE

Am 2. Dezember feiern die VAE ihren Nationalfeiertag, der an die Gründung der Nation im Jahre 1971 erinnert. Es gibt viele Veranstaltungen, wie Bootsparaden, Feuerwerke, Konzerte, Reitturniere, traditionelle Tänze und Militärparaden.

Internationales Filmfestival Dubai

Das Filmfestival mit zahlreichen Stars präsentiert internationale Independent- sowie neue Filme aus der arabischen Welt, Indien und Südostasien.

Reisen mit Kindern

Eine Reise mit Kindern ist leicht, besonders dann, wenn nicht zu viel auf dem Programm steht und die Kinder bei der täglichen Planung mitmachen können. Die Emirate bieten Unterhaltungsmöglichkeiten für Kinder, wie z. B. Wasserparks, Spielplätze, Themenparks und Einrichtungen zum Herumtoben. Viele Badeorte haben Kinderclubs.

land Dubai (S. 133)

Attraktionen mit Tieren

Aquarien

Kinder, die sich für die Unterwasserwelt begeistern, werden vom Dubai Aquarium & Underwater Zoo (S. 87) an der Dubai Mall oder dem Labyrinth aus Unterwassertanks und Fischtunneln der Lost Chambers (S. 121) im Atlantis the Palm verzaubert sein.

Green Planet

Dieser Indoor-Regenwald (S. 106) bringt die Tropen in die Wüste, und zwar samt ihren Vögeln, Fröschen, Eidechsen, Schmetterlingen, Schildkröten und anderem Getier.

Stallführungen auf dem Meydan Racecourse

Bei Führungen (S. 100) durch die berühmten Ställe kann man die Vollblüter beim Training oder sogar beim Schwimmen im eigenen Becken beobachten.

Dubai Butterfly Garden

In diesem hinreißenden Indoor-Garten (☎04 422 8902; www.dubaibutterflygarden.com; Sheikh Mohammed bin Zayed Rd (Hwy E311), Al Barsha South; 55 Dh; ⏲9–18 Uhr; P 👪; 🚌105) mit dazugehörigem Museum kann man mit den schönen geflügelten Geschöpfen posieren.

Falcon Hospital

Eine Führung durch diese nördlich von Abu Dhabi gelegene einzigartige Einrichtung (S. 162), in der man etwas über Falken lernen und ihnen aus nächster Nähe begegnen kann, muss man im Voraus buchen.

Abkühlung

Öffentliche Strände

Al Mamzar (S. 56) in Deira, Kite Beach (S. 107) in Jumeirah und JBR Beach (S. 120) in Dubai Marina bieten die familienfreundlichste Infrastruktur.

Beachclubs

In den meisten Strandhotels gibt's Kindertagesstätten. Zu den besten gehören Sinbads im Jumeirah Beach Hotel (S. 201), Club Mina (S. 127) im Le Meridien Mina Seyahi und der

Fairmont Falcons Kids' Club des Fairmont Dubai (S. 198) in Palm Jumeirah.

Wasserparks

Wasserparks sind für Kinder jeden Alters der Knaller. Der Aquaventure Waterpark (S. 121) in Palm Jumeirah bietet rasante Wasserrutschen, während der bei Familien beliebte Wild Wadi Waterpark (S. 115) sowohl für Ängstliche als auch für Adrenalin-Junkies geeignet ist. Der Legoland Water Park (S. 133) in Jebel Ali ist eher auf jüngere Kinder ausgerichtet. Hitzköpfe bleiben in der Yas Waterworld (S. 176) cool.

Dubai Mall Eishalle

Wenn das Wasser den Kleinen nicht mehr genügend Abkühlung bietet, sollte man sie in der Eishalle mit olympischen Ausmaßen in der Dubai Mall (S. 100) ihre Pirouetten drehen oder zur Musik tanzen lassen.

Ski Dubai

Schneehänge runtersausen und Pinguine treffen kann man bei Ski Dubai (S. 114) in der Mall of the Emirates.

Outdoor-Erlebnisse

Die Wüste erkunden

Um das ultimative Urlaubsfoto zu schießen, sollte man es mal mit Sandboarding, Kamelreiten oder einer Nachtsafari versuchen, oder man unternimmt eine Trekkingtour zum Hadschargebirge. Ein empfehlenswerter Touranbieter ist Platinum Heritage Tours (S. 99).

Al Boom Diving

Kids ab 12 Jahren dürfen mit diesem erfahrenen Team im offenen Meer tauchen (S. 116).

Über die Wellen gleiten

Teufelskerle können sich beim Kitesurfen in der Kitesurf School Dubai (S. 117) oder bei Dukite (S. 117) versuchen.

Spielplätze & Parks

KidZania

Diese interaktive Kinderstadt in der Dubai Mall (S. 87) bietet eine große Auswahl an Rollenspielen.

Mattel Play! Town

In dieser Einrichtung (S. 116) haben es die Knirpse beim pädagogisch-unterhaltsamen Spiel mit Barney & Co. zu tun.

Zabeel Park

Der weitläufige Park (S. 73) bietet einen See, auf dem man Boot fahren kann, einen Abenteuerspielplatz und viel Schatten.

Al Khalidiyah Public Park

Auf dem Spielplatz nahe der Innenstadt Abu Dhabis (S. 144) gibt's gute Klettergerüste.

Themenparks

Dubai arbeitet daran, sich als Hauptstadt der Themenparks im Nahen Osten zu etablieren.

IMG Worlds of Adventure

Im größten Vergnügungspark der Welt (S. 97) kann man sich mit „lebendigen" Dinos fotografieren lassen oder Abenteuer mit den Figuren von Marvel und dem Cartoon Network erleben.

Dubai Parks and Resorts

Nervenkitzel gibt's in diesem Themenpark-Trio in Jebel Ali. Es verbindet den Motiongate Park (S. 133), den Bollywood Park (S. 133) und Legoland (S. 133).

Ferrari World Abu Dhabi

Teens werden es lieben, damit zu prahlen, dass sie die größte Achterbahn der Welt in diesem Drehmoment-Tempel (S. 171) auf Yas Island in Abu Dhabi bewältigt haben.

GUT ZU WISSEN

- **Babynahrung & Windeln** gibt's in Apotheken und Supermärkten.
- **Kinderclubs** Zahlreiche Hotels haben Knderclubs und Aktivitäten.
- **Kinderwagen und -sitze** Am besten den eigenen mitbringen.
- **Verkehrsmittel** Kinder unter fünf Jahren fahren in öffentlichen Verkehrsmitteln kostenfrei.
- **Blogs** Siehe dazu www.sassymamadubai.com, www.mommyindubai.com und http://dubaimoms.com

Dubai & Abu Dhabi gratis

)ubai und Abu Dhabi stehen in lem Ruf, zu den luxuriösesten ınd teuersten Urlaubszielen der Welt zu gehören. Da ist es fast ein Glück, dass einige der schönsten)inge des Lebens hier ganz (oder ast) umsonst zu haben sind. Hier ›in paar Hinweise, wie Reisende hr Budget strecken können.

BURHAN AY/SHUTTERSTOCK ©

Dinosaurier in der Dubai Mall (S. 87)

Gratisattraktionen

Eines der besten Gratishighlights in Dubai ist die „tanzende" Dubai Fountain in der Dubai Mall (S. 87) mit beleuchtetem Wolkenkratzer als dramatische Kulisse. Die Dubai Mall selbst ist voller Attraktionen: allen voran das Dubai Aquarium (S. 87), in das man von der Mall aus blicken kann, und ein riesiges Dinosaurierskelett (S. 87). Dubais Wahrzeichen Burj Al Arab (S. 104) kann man nicht ohne Reservierung betreten, aber es sieht von außen ohnehin besser aus, z. B. vom Sunset Beach oder Madinat Jumeirah (S. 105), dessen arabische Architektur und nachgemachter Souk beeindrucken. Kostenlos öffentlich zugänglich ist hingegen Abu Dhabis Emirates Palace (S. 142), das ebenfalls zu den teuersten Hotels der Welt zählt. Um nachhaltige futuristische Architektur aus der Nähe zu fotografieren, lohnt ein Bummel durch Masdar City (S. 164).

Von Galerie zu Galerie

An der Alserkal Avenue (S. 89) im von Industrie geprägten Al Quoz oder im Gate Village im Dubai International Finance Centre erfährt man, was sich alles in den Künstlerstudios des Mittleren Ostens tut. Abu Dhabis zeitgenössische Kunstszene lernt man im Warehouse 421 (S. 167) und in der Etihad Modern Art Gallery (S. 143) kennen. Alte Gemälde und Antiquitäten stellt die Etihad Antiques Gallery aus.

Tolle Outdoor-Aktivitäten

Einige Strände in Dubai sind von Luxushotels und Strandclubs in Beschlag genommen, aber es gibt noch Abschnitte, die man gratis genießen kann, darunter Al Mamzar (S. 56), Kite Beach (S. 107), Sunset Beach (S. 107) und JBR Beach (S. 120), wo an mehreren Tagen morgens kostenlos Yoga (S. 132) angeboten wird. Üppige Vegetation, einen See und den Dubai Frame, einen Bilderrahmen auf einer Aussichtsplattform, bietet Dubais zentralste Grünfläche, der Zabeel Park (S. 73). Vogelfreunde können im Ras Al Khor Wildlife Sanctuary (S. 90) Flamingos und andere Tiere beobachten. In Abu Dhabi kann man auf der Eastern Corniche kilometerlang ohne Straßenverkehr spazieren gehen oder joggen und dabei den Blick über die Mangrovenwälder der Stadt schweifen lassen.

Herrliche Moscheen

Moscheen sind in den VAE normalerweise für Nichtmuslime geschlossen. Daher ist es etwas Besonderes, dass sie dennoch zwei der schönsten Gotteshäuser des Landes betreten dürfen. In Abu Dhabi ist die Große Scheich-Zayid-Moschee (S. 135) der Hammer und kann umsonst auf eigene Faust oder mit Führung besichtigt werden. In Dubai darf die Schönheit der Jumeirah-Moschee (S. 106) bei einer Führung für 20 Dh bewundert werden.

Preiswerte Museen

In Dubai gibt's einige Museen, die keinen oder wenig Eintritt verlangen. Das beste ist das Dubai Museum (S. 69), in dem die Entwicklung der Stadt von einer Beduinensiedlung zur Metropole dargestellt ist. Östlich davon liegen im Historischen Viertel Al Fahidi (S. 70) einige kostenlose Museen zu Themen wie Kaffee, Münzen oder Kunst. Abu Dhabis Geschichte entdeckt man im Qasr Al Hosn (S. 137), dem ältesten Bauwerk der Stadt. Im Zayed Centre (S. 143) kann man Scheich Zayid die Ehre erweisen, und das Abu Dhabi Heritage Village (S. 149) vermittelt einen Eindruck vom Alltag vor dem Ölzeitalter.

Auf zur Rennbahn

Der Eintritt ist frei und es gibt keine Wetten; deshalb sind die einzigen Dirhams, die man vielleicht ausgeben muss, für die Taxifahrt hinaus zum Meydan Racecourse (S. 100) in Dubai, um dort die schönsten reinrassigen Tiere und die berühmtesten Jockeys der Welt schwitzen zu sehen. Die hochmoderne Arena ist sehr beeindruckend. Ein urarabisches Erlebnis ist es, einmal bei einem Kamelrennen dabei gewesen zu sein. Der Anblick dieser ungelenken Tiere bei Top-Geschwindigkeit sorgt für unvergessliche Momente. Empfehlenswert sind die Al-Marmoun-Bahn (S. 100) südlich von Dubai oder die Al-Wathba-Bahn (S. 174), etwa 45 km südöstlich von Abu Dhabi.

Souks

Durch das Labyrinth der Souks in Bur Dubai und Deira oder im Hafenviertel Al Mina in Abu Dhabi zu bummeln, öffnet einem die Augen für die Kultur des Landes. Es kostet Kraft, den Verführungskünsten der Händler zu widerstehen. Man kann in Stoffen, Parfüms, Gewürzen, Fisch, Obst, Gemüse und Teppichen stöbern, den Goldsouk besuchen und überall fotografieren. Wer etwas kaufen möchte, sollte handeln und dabei mit der Hälfte des angegebenen Preises beginnen.

Streetart

Dank des Dubai Street Museum (S. 108), einem Open-Air-Projekt für Streetart, ist Dubai urbaner und hipper geworden. Die Bandbreite reicht von riesigen Wandmalereien zur Geschichte der VAE und ihren Traditionen, die an der 2nd December Street in Satwa ganze Hauswände einnehmen, bis zu den flippigen Kreationen der Initiative Dubai Walls (S. 106) am City Walk in Jumeirah. Künstlerische Graffiti verbergen sich ebenfalls in den Ecken des Historischen Viertels Al Fahidi (S. 70) in Bur Dubai.

Bummeln am Wasser

Ein Bummel am Dubai Creek entlang, von der Metrostation Al Ghubaiba in Bur Dubai zum Historischen Viertel Al Fahidi (S. 70), bietet malerische Einblicke in die Kultur der Region. Hier lohnt vor allem die Architektur der restaurierten traditionellen Innenhofhäuser, die einst von der einheimischen Herrscherfamilie bewohnt wurden. Zudem kann man die hölzernen *abras* (Wassertaxis) beobachten, die Passagiere über den Creek transportieren, aber auch die Daus (traditionelle Holzkähne) in ihren leuchtenden Farben. In Abu Dhabi bewegen sich die Spaziergänger auf der Corniche (S. 137) von der Vergangenheit in die Gegenwart, vom alten Dau-Hafen ins moderne Viertel Al Khubeirah.

GUT ZU WISSEN

- **Happy Hour & Ladies' Nights** Gibt's in vielen Bars an Wochentagen.
- **WLAN** Cafés, Restaurants, Spas, Bars und Malls bieten freies WLAN. Für kostenloses öffentliches WLAN braucht man eine lokale Registriernummer.
- **Verkehrsmittel** Die Metro in Dubai ist schnell, sauber und preiswert.
- **Leitungswasser** Aus den Leitungen kommt entsalztes Meerwasser, das man bedenkenlos trinken kann.

Unbekanntes Dubai & Abu Dhabi

Es mag schwer sein, dem Lockruf der weltberühmten Attraktionen Dubais und Abu Dhabis zu widerstehen, doch jenseits der beliebtesten Sehenswürdigkeiten warten jede Menge besondere Erlebnisse. Es lohnt sich, hinter den Glamour zu schauen und in unauffälligen Stadtvierteln das örtliche Leben und unberührte Naturorte zu erkunden.

LARA BRUNT/LONELY PLANET ©

bai Miracle Garden

Versteckte Großstadtjuwelen

Karama

In Karama, einem der ältesten Stadtviertel Dubais, gibt's keine Wolkenkratzer. Stattdessen kann man den Karama Market besuchen und hinterher im Eric's (S. 74) oder im Jaffer Bhai's (S. 75) Indisch essen.

Dubai Design District

In diesem noch im Entstehen begriffenen Zentrum des Stils (S. 89) am Dubai Canal kann man die aktuelle Entwicklung bei progressiver Mode, Inneneinrichtung und Kunst im Auge behalten.

Waterfront Market

Das Herzstück der riesigen Markthalle Deira (S. 61) ist die rund um die Uhr geöffnete Fisch- und Meeresfrüchteabteilung.

Alternative Kunst & Kultur

Cinema Akil

Das beste Programmkino der Golfregion, das Cinema Akil (S. 96), bringt in der Alserkal Avenue Indie-Filme auf die Leinwand.

Gate Village

Die neuesten Entwicklungen in der Kunstszene des Nahen Ostens entdeckt man in diesem Kulturviertel (S. 89), in dem sich so prestigeträchtige Galerien wie The Empty Quarter und Ayyam niedergelassen haben.

Rückzug in die Natur

Love Lake Dubai

Nicht nur Verliebte zieht es zu diesen beiden **herzförmigen Seen** in der Oase Al Quadra. Vor Sonnenuntergang sind sie am schönsten (www.visitdubai.com/en/places-to-visit).

Dubai Miracle Garden

Dieser Park ist eine echte Überraschung: Ein Streifen toter Wüste wurde in ein **Blumenmeer** (☎04 422 8902; www.dubaimiracle garden.com) verwandelt.

Mangrovenwald

Wer die wilde Seite Abu Dhabis erleben will, paddelt durch den **Mangrove National Park** (www.ead.ae) GRATIS, ein Naturparadies vor der Küste mit Dutzenden Vogelarten.

XAVIERARNAU/GETTY IMAGES

Essen gehen

In Dubai und Abu Dhabi essen zu gehen, ist ein außergewöhnliches multikulturelles Erlebnis, bei dem man aus einer großen Vielfalt internationaler Gerichte wählen kann. Arabische und indische Küche sind am weitesten verbreitet, aber im Grunde sind in den unzähligen Restaurants der Stadt alle möglichen kulinarischen Kreationen zu finden – von afghanischem Kebab bis hin zu Fish and Chips. Die Palette reicht von einfacher Straßenküche und Fastfood-Filialen über Familienrestaurants bis hin zu luxuriösen Speisetempeln.

Die heutigen Trends

BIO, SAISONAL & DIREKT VOM ERZEUGER

Sich auf die regionale Küche zurückzubesinnen, ist nicht nur in Dubai und Abu Dhabi ein Trend, aber hier besonders ausgeprägt. Das Bewusstsein für Ernährung ist gestiegen und entsprechend auch die Nachfrage nach zertifiziertem Bioobst und -Gemüse. Regionale Bauernhöfe haben ihre Produktion ausgebaut, und auf Bauernmärkten in der gesamten Region werden Bioprodukte verkauft. Auch die großen Supermärkte weisen die Herkunft der Ware mittlerweile neben dem Preisschild aus.

BAUERNMÄRKTE

Von alten Tomatensorten bis hin zu Roter Bete wächst in der Wüste mit den richtigen Techniken erstaunlich viel. Der Trend zu Bioprodukten umfasst u. a. Milch, Käse, Freilandeier, Honig aus der Region, Datteln und mehr. Führend in Dubai ist das 2011 gegründete Ripe Organic (www.ripeme.com) mit einem Laden, einem landwirtschaftlichen

Netzwerk und den gemeindeorientierten Ripe-Bauernmärkten in drei Orten. Pestizidfreie Produkte erhält man auch auf dem städtischen Wochenmarkt, dem Farmers Market on the Terrace (S. 98).

KAMELMILCH

Die Beduinen wissen es schon seit Jahrhunderten, aber jetzt machen die Vorteile der Kamelmilch auch international Schlagzeilen. Sie ist leicht streng und salzig und weist gegenüber der Kuhmilch einen geringeren Fettgehalt und dreimal so viel Vitamin C und Eisen auf. Immer mehr Cafés bieten „Camelccinos" (Cappuccino mit Kamelmilch) sowie Milchshakes oder Smoothies mit Kamelmilch an. In den Regalen der Supermärkte findet man heute Produkte aus Kamelmilch wie Kamelkäse, Schokolade und Eiscreme. Restaurants haben Gerichte mit Kamelfleisch auf ihre Speisekarten gesetzt, allerdings ist es kein traditionelles Nahrungsmittel der Region.

EMIRATISCHE KÜCHE

Früher boten kaum Restaurants emiratische Gerichte an, aber das ändert sich allmählich. Die Einheimischen sind internationale Kost gewöhnt, aber es gibt eine Reihe von Gerichten aus der Tradition der Beduinen, die im Lauf der Zeit mit Gewürzen und Zutaten der Handelspartner von Indien bis Persien und Marokko vermischt wurden. Typische Gerichte sind herzhafte Eintöpfe mit Reis oder einer Form von Weizen und Gemüse, Fleisch oder Fisch. Viele sind mit Zimt, Safran und Kurkuma gewürzt und werden mit Nüssen oder Trockenfrüchten bestreut. Im Ramadan kommen beim *iftar* (dem Fastenbrechen beim großen Fest nach Sonnenuntergang) traditionelle Gerichte auf den Tisch.

Zu den klassischen Gerichten gehört *harees*, ein breiähnlicher Eintopf aus Weizenschrot und langsam gegartem Hühnchen oder Lamm. *Fareed* ist ein Lammeintopf, der mit dünnem Brot geschichtet ist, und *makbous* ist eine Kasserolle aus Fleisch oder Fisch, Reis und Zwiebeln in einer scharfen Soße. In der regionalen Küche gibt's viel Fisch, der meist gegrillt, gebraten oder gebacken wird. Außerdem empfehlenswert ist *samak* (Fisch mit Soße). Typisch ist auch in Salz eingelegter Fisch (*madrooba*).

PFLANZENBASIERTE GERICHTE

Die COVID-19-Pandemie und der Klimawandel haben dazu beigetragen, dass die Menschen weltweit gesündere Ernährungsgewohnheiten annehmen, die besser für sie und die Umwelt sind. Dubai und Abu Dhabi stellen hier keine Ausnahme dar. Dank der vielen, meist ungezwungenen Restaurants, die den Expats asiatische und indische Küche servieren, kann man in beiden Städten viele Lokale mit fleischfreier

GUT ZU WISSEN

Öffnungszeiten

Als Faustregel gilt, dass Hotelrestaurants täglich von 12 bis 13 Uhr und von 18.30 bis 23 Uhr geöffnet haben. Preiswertere Lokale haben oft den ganzen Tag geöffnet, außer freitags: Da öffnen manche erst nachmittags.

Preise

Die folgenden Preisangaben beziehen sich auf ein durchschnittliches Hauptgericht.

$ unter 50 Dh

$$ 50–100 Dh

$$$ über 100 Dh

Reservierungen

➡ Reservierungen sind in Spitzenrestaurants ganz wichtig und für mittelklassige Esslokale zumindest empfehlenswert, besonders abends. Oft muss man seine Handynummer angeben.

➡ Wer einen richtig guten Tisch am Wochenende haben möchte, sollte mindestens eine Woche im Voraus reservieren, z. B. für Freitag- oder Samstagabend oder einen Brunch am Samstag.

➡ Reservierungen über das Restaurant (tel. oder online), www.opentable.com, www.reserveout.com oder www.zomato.com.

Trinkgeld

Restaurants schlagen oft automatisch 10 % Bedienungsgeld auf, doch meist wird der Kellner nichts von dem Geld sehen. Man sollte also noch zusätzlich 10 bis 15 % geben, besonders in einfacheren Restaurants (vorausgesetzt, der Service war entsprechend). Wenn die Bedienung durchschnittlich ist, sind 5 % in Ordnung. Für schlechten Service braucht man kein Trinkgeld zu geben.

Dubai: Essen in den Stadtvierteln

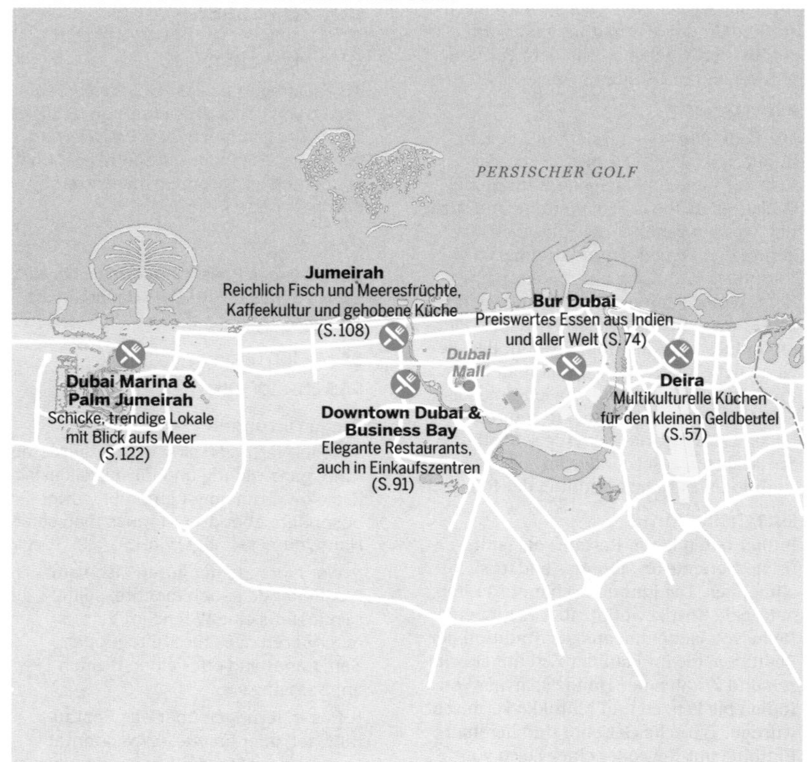
PERSISCHER GOLF
Jumeirah
Reichlich Fisch und Meeresfrüchte, Kaffeekultur und gehobene Küche (S. 108)
Bur Dubai
Preiswertes Essen aus Indien und aller Welt (S. 74)
Dubai Mall
Dubai Marina & Palm Jumeirah
Schicke, trendige Lokale mit Blick aufs Meer (S. 122)
Downtown Dubai & Business Bay
Elegante Restaurants, auch in Einkaufszentren (S. 91)
Deira
Multikulturelle Küchen für den kleinen Geldbeutel (S. 57)

Küche finden. Zudem wächst der Appetit auf pflanzliche Lebensmittel. Der Trend hat bereits das gesamte kulinarische Spektrum erfasst – von Supermärkten, die Fleischalternativen anbieten, über Fastfood-Lokale, die vegane Burger servieren, bis hin zu Feinschmeckerrestaurants, die mehrgängige Gourmetdinner ohne Fleisch anbieten.

FOOD HALLS

Food Halls heben das Speisen in ungezwungener Atmosphäre auf ein neues Niveau und haben der Gastronomieszene vor Ort neuen Schwung verliehen. Sie sind nicht zu verwechseln mit Food Courts, die meist nur internationale Fastfood-Ketten beherbergen. Die Food Halls in Dubai und Abu Dhabi sind in erster Linie Markthallen, in denen Speisen von den besten und beliebtesten einheimischen Restaurants sowie selbst hergestellte Produkte angeboten werden. Das Allround-Konzept spricht vor allem Feinschmecker, Familien, Unentschlossene und Genießer an, die verschiedene Gerichte an einem Ort probieren möchten.

Den Anfang des Trends machte der Time Out Market (S. 91), der eine ganze Etage des Al-Bahar-Souks am Fuße des Burj Khalifa einnimmt. Das kulinarische Angebot stellen die Redakteure der Dubai-Ausgabe des populären Magazins zusammen. Zu weiteren beliebten Adressen gehören das japanisch inspirierte Depachika in der Nakheel Mall (S. 130) und der South Market im DIFC (Dubai International Financial Centre). In Abu Dhabi wiederum strömen Feinschmecker ins Botanic Atrium, das 2021 in der World Trade Center Mall (S. 142) für Aufsehen sorgte.

Beliebte Fastfood-Gerichte

Dubai und Abu Dhabi sind Fastfood-Paradiese, und das ist keine Übertreibung. Wenn es je einen regionalen Imbiss mit Kultstatus gegeben hat, dann ist das Shawarma (*shwarma)*: mariniertes Fleisch (meist Hähnchen oder Lamm), das an einem Drehspieß geröstet, in Streifen geschnitten und in ein dünnes Pitabrot gefüllt wird.

Die Auswahl an nahöstlichen Mezze ist riesig. Sie reicht von Hummus (Dip aus Kichererbsen) und cremigem *muttabal* (Auberginen-Dip) zu *kibbeh* (Fleischbällchen) und *Taboulé* (Salat aus Petersilie, Tomaten und Bulgur). Indien trägt nicht nur seine berühmten Currys und Biryanis (Reisgerichte) bei, sondern auch verschiedene *chaat* (Snacks) wie *bhaji* (frittierte Zwiebeln oder Kartoffeln im Teigmantel), *samosa* (herzhafte Teigwaren), *puri* (frittiertes Brot) und *dosa* (dünne Pfannkuchen aus Linsenmehl). Auch Kebabs gehören zum Angebot.

Selbstversorgung

In Dubai und Abu Dhabi gibt's große internationale Supermarktketten mit einer riesigen Auswahl an hochwertigen Lebensmitteln.

Carrefour ist vermutlich am besten sortiert, die Qualität ist jedoch im Spinneys und Waitrose besser (sie sind aber teurer). Beide bieten viele Produkte aus Großbritannien, Nordamerika und Australien und sind besonders bei hier lebenden Ausländern aus dem Westen beliebt. Einige Filialen haben besondere „Schweineräume" für Nichtmuslime eingerichtet. Choithrams ist preiswerter und wird eher von Südasiaten besucht. 2017 ersetzte die Supermarktkette als erste in den VAE Plastiktüten durch Papiertüten. Viele Märkte sind bis Mitternacht geöffnet, manche schließen überhaupt nicht.

Schweinefleisch?

Schweinefleisch ist für Nichtmuslime in manchen größeren Supermärkten wie Spinneys in einem separaten Raum erhältlich. In vielen Hotel-Restaurants steht Schweinefleisch auf der Speisekarte und ist klar als solches erkennbar. Wer nicht darauf verzichten möchte, kann außerdem gebräuchliche Alternativen wie „Rinderspeck" und „Truthahnschinken" bestellen, die aber keinesfalls mit den Originalen mithalten können.

Feinschmecker-Blogs

Dubai gehört zu den sich rasant verändernden Städten; somit ist es nur allzu natürlich, dass sich die gastronomische Szene ebenfalls mit rasender Geschwindigkeit entwickelt. Glücklicherweise gibt's eine Reihe leidenschaftlicher Foodblogger, die gute und neu eröffnete Lokale vorstellen. Hier sind die besten fünf unter den vielen, die man auf www.fooderatiarabia.com findet.

Dubai Confidential (www.dubaiconfidential.ae) Lifestyle-Blog mit guten Restauranttipps und Rezepten.

FooDiva (www.foodiva.net) Die in Dubai lebende griechisch-zyprisch-britische Samantha Wood schreibt einfühlsame, unvoreingenommene Kritiken und bietet sogar eine eigene kostenlose App.

Mark My World (www.markmyworld.me) Marketingexperte Mark Anthony Monzon bloggt über alles von Technik bis Lifestyle, stellt aber auch regelmäßig neue Restaurants und die besten Gerichte auf deren Speisekarten vor.

Out and About UAE (www.outandaboutuae.net) Dieser Blog wurde von mehr als 30 Expats entwickelt, die seit 2013 in den VAE leben. Alle aufgelisteten Restaurants wurden gründlich getestet.

Dalia's Kitchen (www.daliaskitchen.com) Die gebürtige Deutsch-Syrerin Dalia Soubra ist eine prominente kulinarische Persönlichkeit in Dubai und betreibt einen großartigen Blog (mit Videos) für alle Feinschmecker, die Gerichte mit nahöstlicher Note genießen möchten.

Top-Tipps

Zuma (S. 155) Das schicke japanische Zuma ist in der Stadt extrem angesagt.

Pai Thai (S. 111) Thai-Häppchen für die Seele in höchst romantischer Atmosphäre nahe den Kanälen des Madinat Jumeirah.

Aroos Damascus (S. 57) Riesiges Café mit leckerer syrischer Küche und freundlichem Service; treue Gästeschar.

Bait El Khetyar (S. 138) Top-Adresse in Abu Dhabi für Shawarma nach jordanischer Art, Hummus und *labneh* mit Knoblauch.

Schonend für den Geldbeutel

$

Ravi (S. 108) Leere Tische sind in diesem schnörkellosen Curry-Tempel mit Sitzmöglichkeiten am Gehweg eine Seltenheit.

Al Ustad Special Kabab (S. 74) Vom Scheich bis zum Schuhputzer trifft man in diesem coolen iranischen Kebab-Laden alle und jeden.

Zahrat Lebnan (S. 138) Eine der besten Adressen unter den vielen Lokalen, die nahe dem Qasr Al Hosn in Abu Dhabi Shawarma, Gegrilltes und Gebäck anbieten.

$$

Leila (S. 91) Aus Beirut eingeführte Gaumenfreuden mit modern-libanesischer Note.

Baker & Spice (S. 91) Gesunde und leckere Salate und andere Kaffeehausgerichte mit Blick auf die Dubai Fountain.

Café Arabia (S. 163) Hier treffen sich Einheimische in kunstvoller arabischer Einrichtung zu einem leckeren Frühstück oder sonstigen Speisen.

$$$

Tomo (S. 77) Gourmetküche des gleichnamigen, traditionsbewussten japanischen Sternekochs mit fantastischen Ausblicken.

Maya Modern Mexican Kitchen (S. 123) Richard Sandoval interpretiert mexikanische Gerichte neu nach bester Sternekochart.

Mezlai (S. 147) Im Emirates Palace in Abu Dhabi vor der Kulisse eines Beduinenzeltes wie ein König schmausen.

Top-Küche

Aus den Emiraten

Logma (S. 109) Legeres Café mit moderner emiratischer Küche von Frühstück bis Dessert.

Aseelah (S. 59) Kombiniert erfolgreich traditionelle sowie zeitgenössische emiratische Küche und Dekoration.

Al Fanar (S. 110) Dieses traditionelle Lokal ist eine Hommage an das kulinarische Erbe der Emirate.

Indisch

Indego by Vineet (S. 124) Sternekoch Vineet Bhatia verführt seine Gäste mit indischen Klassikern.

Eric's (S. 74) Kommt bescheiden daher und bietet eine kulinarische Reise nach Goa.

Tamba (S. 140) Moderne indische Küche in einem glamourösen Restaurant der World Trade Center Mall in Abu Dhabi.

Italienisch

BiCE (S. 124) Tolle Weine ergänzen ein Essen, das mit allen Geschmacksrichtungen der italienischen Küche gespickt ist.

Eataly (S. 91) Gourmet-Food-Hall und Markthalle in der Dubai Mall.

Roberto's (S. 154) Reichhaltige Pasta- und Risottogerichte in der Galleria Mall in Abu Dhabi.

Nahöstlich

Qwaider Al Nabulsi (S. 59) Lockere Falafel und eines der besten *kunafa* (Engelshaar in Sirup) der Stadt.

Zaroob (S. 91) Libanesisches Streetfood in urbanem Lokal.

Ka'ak Al Manara (S. 109) In der Filiale in einer Mall bekommt man köstliches flaches Sesambrot mit süßer oder herzhafter Füllung.

Romantisch essen

Pai Thai (S. 111) Auch wenn das Date nicht so gut läuft, versprechen die hervorragenden Thai-Gerichte einen unvergesslichen Abend.

Stay (S. 126) Schick, ohne spießig zu sein, dank der aufgeweckten Küche von Yannick Alleno und der eleganten Lage.

Lecker vegetarisch und vegan essen

Saravana Bhavan (S. 74) Nicht von der schlichten Einrichtung abschrecken lassen – die durchweg vegetarischen indischen Speisen sind großartig.

Govinda's (S. 74) Sattvische Speisen ohne Fleisch, Öl, Zwiebeln und Knoblauch.

XVA Café (S. 74) Das charmante Café versteckt sich in einem ruhigen Haus mit Innenhof im Historischen Viertel Al Fahidi.

Comptoir 102 (S 111) Gesundheitsbewusste Feinschmecker können in diesem Café in Jumeirah einfallsreiche Gerichte auf pflanzlicher Basis bestellen.

Cafés, Bars & Clubs

Dubai ist zwar für seine schillernd-schicken Clubs berühmt, aber auch die alternative Szene wächst. Am meisten ist freitags und samstags los – also am Wochenende –, wenn die Partylöwen in Bars und Diskos abgehen. Alkohol gibt's nur in Hotels und einigen lizensierten Lokalen. Viele Einheimische gehen lieber Shisha rauchen, alkoholfreie Cocktails oder Kaffee trinken. In Abu Dhabi ist die Partyszene deutlich verhaltener.

Bars & Kneipen

Gemütliche Kneipen, Lounges am Strand, Bars mit DJ, Kellerbars, Cocktailtempel, Hotellounges – die Auswahl ist so groß, dass es in Dubai kein Problem ist, ein der Laune oder dem Geldbeutel entsprechendes Lokal zu finden. Im Allgemeinen liegt der Fokus auf Stil und Atmosphäre, und die Eigentümer haben oft einzigartige Einrichtungskonzepte umgesetzt.

Die Treffpunkte in Downtown Dubai, Jumeirah, Dubai Marina und Palm Jumeirah sind eher nobel und richten sich an gut betuchte Besucher sowie vor Ort lebende Ausländer. Lounges am Strand und Dachbars sind weiterhin beliebt. Abseits der Fünf-Sterne-Hotels sind die Bars und Kneipen in Bur Dubai und Deira eher unauffällig, düster. Es ist wichtig zu wissen, dass Prostitution zwar offiziell verboten ist, in vielen Lokalen im gesamten Stadtgebiet aber geduldet wird.

Shisha & alkoholfreie Cocktails

Die meisten Bewohner der Emirate und muslimischen Besucher trinken keinen Alkohol, sondern treffen sich bei Kaffee, Saft oder alkoholfreien Cocktails. Einfach den Einheimischen in ein nettes Shisha-Café folgen und eine Runde Backgammon spielen. Selbst wenn man nicht rauchen will, ist es verlockend, sich einfach zurückzulehnen und etwas von dem süßen Geschmack zu probieren. Shisha-Cafés sind bis nach Mitternacht geöffnet; im Winter oft sogar noch länger. Eine Pfeife kostet etwa 35 bis 125 Dh. Achtung: So beliebt diese Beschäftigung auch ist, das Rauchen einer Shisha ist genauso schädlich wie Zigaretten.

Clubs

Unter der Woche legen jeden Abend DJs auf; am Wochenende, d. h. freitags und samstags, tauchen die Top-Namen der Szene auf. Partys sind nicht auf den Abend beschränkt, viele Strandclubs wie Blue Marlin Ibiza UAE geben in der kühleren Jahreszeit schon mittags Gas. Der Sound orientiert sich an der Musik der ganzen Welt – Funk, Soul, Trip-Hop, Hip-Hop, R&B, afrikanisch, arabisch und Latino – der Schwerpunkt liegt aber noch immer auf House, Techno und anderer EDM (Electronic Dance Music).

Berühmte DJs wie Ellen Allien, Carl Craig, Steve Aoki, Russ Yallop, Roger Sanchez und Ben Klock fliegen gelegentlich nur fürs Wochenende ein, um den Massen in den Top-Locations und bei den Mega-Partys wie Groove on the Grass oder Party in the Park einzuheizen. Es gibt aber auch viele einheimische Talente. Die Liste ändert sich natürlich ständig, aber zu den vielversprechendsten Namen gehören Jixo & Danz, KayteK, Siamak Amidi, Hoolz, Scott Forshaw, Ron E Jazz und Josephine De Retour.

Einige der absoluten Spitzenpartys werden von einheimischen Plattenfirmen, Promotern oder Eventagenturen wie zum Beispiel Audio Tonic (Progressive House), Plus Minus (Deep House und Techno), Analog Room (Underground Techno und Electro), Stereo Club (Electro), Globalfunk (Drum & Bass), Superheroes (House, Drum & Bass), Bassworx (Drum & Bass) und Bad House Party (Indie-Punk-Eclectic) veranstaltet.

GUT ZU WISSEN

Öffnungszeiten

- Hotelbars sind ab morgens bis 24/1 Uhr geöffnet.
- Clubs öffnen um 22 Uhr, kommen gegen 23 Uhr in Schwung und schließen um 3 Uhr.
- Seit 2016 haben die Bars in Dubai während des Ramadan auch tagsüber geöffnet und schenken Alkohol aus. Die meisten Clubs haben in dieser Zeit geschlossen.

Preise

- Ein halber Liter Bier vom Fass kostet 25–70 Dh, ein Glas Wein 30–75 Dh und ein Cocktail 40–100 Dh.
- Clubs verlangen 50–300 Dh, wenn ein bekannter DJ auflegt. Häufig haben Frauen freien Eintritt. Manchmal wird kein Eintritt verlangt, aber Mindestverzehr.

Musikverbote

Tanzen und laute Musik sind an öffentlichen Plätzen streng untersagt. Dazu gehören Strände, Parks und Wohngebiete; tanzen darf man nur an lizenzierten Orten.

Kleiderordnung & Einlasskriterien

An den Türen vieler Clubs geht es hart zu: Jeder, den die Türsteher für ungeeignet halten, kann abgewiesen werden. Das gilt besonders für Männer und Männergruppen, da viele Veranstaltungsorte nur Frauen, Paare oder gemischte Gruppen einlassen. Einige Clubs verlangen Tischreservierungen und Mindestverzehr. In gehobeneren Locations herrscht auch eine Kleiderordnung (vorab Facebook- oder Website prüfen), die streng gehandhabt wird. Es empfiehlt sich, das Hemd zu bügeln und Jeans, Sneaker und flache Schuhe zu Hause zu lassen. Am Strand geht es viel lockerer zu, während die Indie- und Underground-Clubs in der Regel gar keine Einlasskriterien haben. Ausweis mitbringen, denn manchmal wird kontrolliert.

Einigen Clubs wurde Rassismus vorgeworfen, besonders gegenüber Südasiaten.

Wenn ein Spitzen-DJ auflegt, kann man meist Tickets online im Voraus kaufen. Zu manchen Anlässen muss man sich in eine Gästeliste eintragen.

Happy Hour & Ladies' Nights

Eine Möglichkeit, sein Budget zu strecken, ist, die Happy Hour zu nutzen, die viele Bars, von der Kneipe bis zur Fünf-Sterne-Lounge anbieten. Sie kann an bestimmten Tagen der Woche oder täglich stattfinden. Die Angebote reichen von Ermäßigungen bis zu 50 % auf alle Getränke bis zu Slogans wie „Trink zwei, zahl eins" oder Ähnlichem. Meistens beginnt die Happy Hour am frühen Abend, so gegen 17 oder 18 Uhr, und geht zwei oder drei Stunden. Sie ist besonders beliebt bei Leuten, die gerade von der Arbeit kommen. Außerdem ist es eine gute Gelegenheit, den Abend zu beginnen. Mancherorts gibt's später am Abend noch eine zweite Happy Hour.

Für Frauen gibt's noch eine zweite Möglichkeit, preiswert an Drinks zu kommen: die Ladies' Night. Viele Bars strengen sich richtig an, Frauen mit kostenlosen Cocktails, Sekt und Knabbereien zu locken. Natürlich tun sie das nicht aus reiner Nächstenliebe. Sondern mit dem Hintergedanken, dass dort, wo beschwipste Frauen sind, die Männer (die dann voll zahlen) nicht lange auf sich warten lassen. So manche Ladies' Night geht die ganze Nacht, andernorts nur einige Stunden. Am beliebtesten sind Dienstag- und Mittwochabend. Am Wochenende gibt's fast gar keine Angebote. Aktuelle Neuigkeiten und einen Überblick findet man auf www.ladiesnightdubai.com.

Alkohol kaufen

Eine der häufigsten Fragen unter Erstbesuchern in Dubai und Abu Dhabi ist: „Kann ich Alkohol trinken?" Die Antwort lautet: ja – an manchen Orten. Touristen über 21 Jahren dürfen Alkohol in ausgewiesenen Bereichen konsumieren, etwa in lizenzierten Bars oder Clubs, die an Hotels westlichen Stils angeschlossen sind. Laut Gesetz muss man, um an anderen Orten trinken zu dürfen, im

TROMMELKREIS IN DER WÜSTE

Dubai Drums (www.dubaidrums.com) veranstaltet in Vollmondnächten regelmäßig Trommelkreise (Erw./Kind 270/115 Dh) in Wüstencamps. Diese Events dauern meist einige Stunden, manchmal auch bis in den frühen Morgen. Besonderes Highlight sind die fast schon legendären Feste, welche die ganze Nacht dauern. Trommeln und ein Abendessen vom Grill werden gestellt.

Dubai: Ausgehen & Nachtleben in den Stadtvierteln

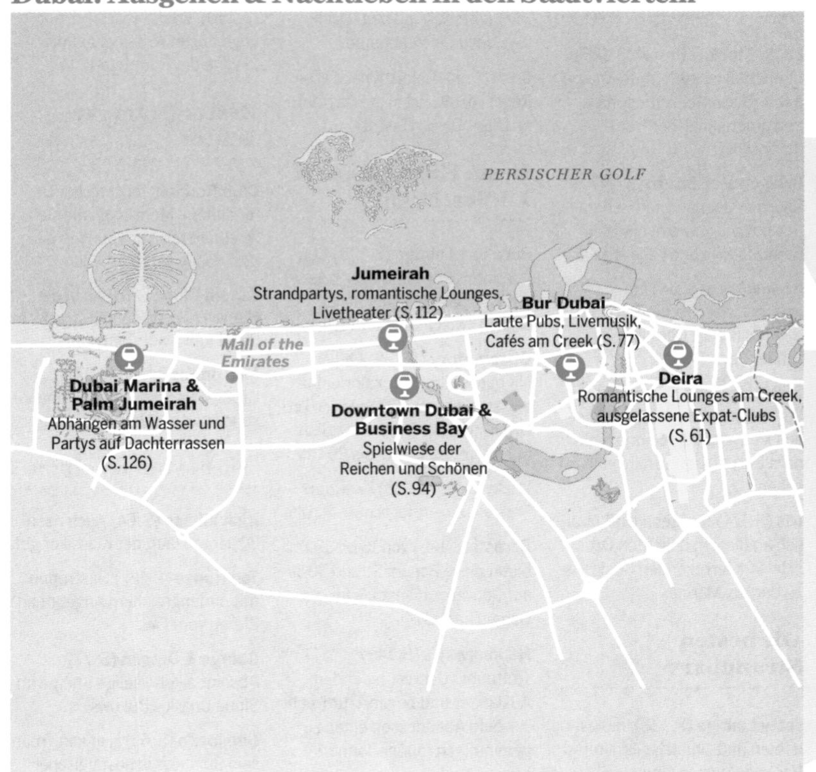
PERSISCHER GOLF
Jumeirah
Strandpartys, romantische Lounges, Livetheater (S. 112)
Bur Dubai
Laute Pubs, Livemusik, Cafés am Creek (S. 77)
Mall of the Emirates
Deira
Romantische Lounges am Creek, ausgelassene Expat-Clubs (S. 61)
Dubai Marina & Palm Jumeirah
Abhängen am Wasser und Partys auf Dachterrassen (S. 126)
Downtown Dubai & Business Bay
Spielwiese der Reichen und Schönen (S. 94)

Besitz einer Alkohollizenz sein, die nur an nichtmuslimische Bürger ausgegeben wird. Die Lizenz räumt das Recht ein, monatlich eine festgelegte Menge Alkohol in speziellen Spirituosenläden wie African & Eastern und einigen Filialen der Supermarktkette Spinneys zu kaufen. Achtung: Offiziell ist es Besuchern nicht erlaubt, hier Alkohol zu kaufen. Das Personal ist zur Frage nach der Lizenz angehalten.

Nach der Ankunft am Flughafen können nichtmuslimische Besucher über 18 Jahre vier Liter Spirituosen, Wein oder Bier im Duty-free-Shop kaufen. Es ist jedoch illegal, Alkohol mit sich zu führen, sei es im Taxi, im Mietwagen oder in der Dubai Metro. In der Praxis wird das jedoch weitgehend ignoriert.

Null Tolleranz

In Dubai und Abu Dhabi ist Alkohol am Steuer absolut verboten! Selbst wenn man nur ein kleines Schlückchen getrunken hat, sollte man sich auf keinen Fall hinters Steuer setzen. Wer akoholisiert erwischt wird, muss mit einer einmonatigen Gefängnisstrafe, einem Bußgeld und sogar mit Ausweisung rechnen. Selbst wenn man betrunken in der Öffentlichkeit aufgegriffen wird, drohen Gefängnis und ein Bußgeld von mehreren Tausend Dirham. Man sollte zudem bedenken, dass, wenn man unter Alkoholeinfluss Opfer eines Verbrechens wird (z. B. sexueller Übergriff oder Raub), der Polizeischutz nur eingeschränkt greift.

Top-Tipps

Lock, Stock & Barrel (S. 126) Industriell eingerichtete Kneipe mit entspannter Atmosphäre und amerikanischer Hausmannskost.

Bridgewater Tavern (S. 94) Sportbar der nächsten Generation mit schwarz eingefärbtem Essen, Shisha und Lage am Kanal.

Irish Village (S. 64) Ein angenehmer irischer Pub mit regelmäßiger Livemusik; in grüner Lage.

360° Von diesem lebendigen Party-Bungalow vor der Küste aus kann man die Sonne hinter dem Burj Al Arab versinken sehen.

Iris (S. 174) Hightech trifft ländlich an diesem beliebten Ort mit schwindelerregenden Cocktails an der Yas Marina.

Die besten Strandbars

Jetty Lounge (S. 128) In dieser noblen und sinnlich gestalteten Bar kann man in einem dick gepolsterten Sofa ein kunstvoll zubereitetes Getränk schlürfen.

Bliss Lounge (S. 128) Klimatisierte Bar an der Dubai Marina mit einigen der besten Cocktails.

Barasti (S. 126) Hier kann man zu jeder Zeit ins Strand-Partydorf hineinstolpern.

Zero Gravity (S. 127) Quirlige Strandbar mit Restaurant.

Die besten Clubs

Blue Marlin Ibiza UAE (S. 33) Am Strand gelegen, spielt elektronischen Sound für Partyfreaks.

Cirque Le Soir Extravaganter Club mit Zirkus-Motto, in dem hemmungslos gefeiert wird.

White Dubai (S. 94) Mega-Club mit Lightshow auf dem Dach des Meydan Racecourse.

Base (S. 94) Abfeiern nach allen Regeln der Kunst in diesem Club im Dubai Design District.

Beste Happy Hour & Ladies' Night

Pure Sky Lounge (S. 129) Sonnenuntergänge und Getränke zum halben Preis gibt's hier täglich zwischen 17 und 19 Uhr.

Observatory (S. 129) Ladies' Night (Montag) für kalorienbewusste Damen (150 Kalorien pro Drink) und Happy Hour täglich außer Freitag von 17 bis 20 Uhr.

Lucky Voice (S. 128) Zwei zum Preis von einem: täglich 16–20 Uhr.

Barasti (S. 126) Von 16 bis 19 Uhr bietet diese Bar am Strand 30 % auf Getränke, dienstags für die Damen nur 50 Dh.

Hemingway's (S. 149) Treffpunkt der hier lebenden Ausländer und begehrt, um sich vor dem Abendessen einen zu genehmigen (außer donnerstags).

Die besten Shisha-Bars & Spots für alkoholfreie Getränke

Reem Al Bawadi Dieser Ort in Dubai Marina inspiriert zu romantischen und abenteuerlichen Geschichten.

QDs (S. 64) Entspannt rauchen, während man auf den Creek und die Skyline schaut.

Smoky Beach (S. 127) Hipster vermischen sich mit Familien an diesem schicken, aber entspannten Treffpunkt am Strand.

Café Layali Zaman Die Einheimischen halten diesen Treffpunkt in Abu Dhabi bis in die frühen Morgenstunden am Laufen.

Yacht Gourmet Restaurant (S. 150) Shisha-Klassiker mit ungestörter Aussicht auf die Skyline der Hauptstadt.

Bester Glamour-Faktor

Club Boudoir Todschicker Ort für schöne Menschen, die sich zu einem Mix von Hip-Hop bis *desi* (Bollywood) rekeln.

Cavalli Club (S. 96) Ab in die High Heels und schnurstracks in diese funkelnde Tanzhöhle.

Mad on Yas Island (S. 174) Größter Nachtclub in Abu Dhabi – sehen und gesehen werden.

Die besten Kneipen

Irish Village (S. 64) Auch nach 20 Jahren läuft der Klassiker gut.

Tap House (S. 127) Gastropub mit umfangreichem Angebot an Bieren vom Faß.

George & Dragon (S. 77) Absolut alkoholselige Kneipe im Sinne Charles Bukowskis.

Dubliner's (S. 65) Hier kann man sein Guinness in nostalgischer Atmoshphäre schlürfen.

Die besten Dachbars

Siddharta Lounge (S. 128) In dieser märchenhaften Lounge am Pool gibt's Cocktails mit Blick auf die glitzernde Dubai Marina.

40 Kong (S. 96) Workaholics legen in dieser protzigen Bar ihre Krawatten und Hemmungen ab.

Beach House Rooftop (S. 169) Tolle Aussicht auf den Golf und sinnliche Lounge-Musik auf Saadiyat Island.

Atelier M (S. 128) Modern und neu hoch oben auf dem Pier-7-Gebäude in der Marina.

Treehouse (S. 94) Gemütlich Cocktails mit Blick auf den Burj Khalifa schlürfen.

Showtime

Die Kulturszenen von Dubai und Abu Dhabi wachsen rasant, weil hier zahlreiche kreative Expats leben und die Regierungen in Einrichtungen wie die Dubai Opera investiert haben, um die darstellende Kunst zu fördern. International renommierte Künstler machen auf ihren Tourneen regelmäßig Zwischenstopp in den hochmodernen Veranstaltungshallen der Stadt.

Livemusik

Neben einer Fülle von Coverbands, von denen einige eher schlecht, andere jedoch fantastisch sind, hat Dubai auch ein wachsendes Repertoire an heimischen Talenten, die auf Festivals und in Veranstaltungsräumen wie dem Barasti, dem Fridge und dem Irish Village spielen.

Bands, die man auf dem Schirm haben sollte, sind unter anderem die Rockgruppen The Boxtones, Bull Funk Zoo, Kicksound und Nikotin, die Metalband Nervecell und die Hip-Hop-Gruppe The Recipe; dazu noch die elektronische Musik von Hollaphonic und Arcade 82, die Singer-Songwriterin Ester Eden, die Akustik-Fusion-Band Dahab und Alternative Rock von Daisygrim. Eine wahre Erfolgsgeschichte hat die aus Dubai stammende Band Juliana Down geschrieben, die als erste heimische Musikgruppe 2011 einen Vertrag mit einer großen Musikfirma (Sony) bekam.

Ein aufstrebendes einheimisches Talent voller Unternehmungsgeist ist Freshly Ground Sounds (www.freshlygroundsounds.com). Die Gruppe wurde 2013 von Ismat Abidi gegründet und spielt in Indiekreisen schlichte akustische Sessions in kleinen Locations.

Klassische Musik spielt keine besondere Rolle, was sich allerdings seit der Eröffnung der Dubai Opera, in der neben zahlreichen Veranstaltungen auch gelegentlich Konzerte stattfinden, etwas geändert hat. Ältere lohnenswerte Veranstaltungsräume sind u. a. das Dubai Community Theatre and Arts Centre (DUCTAC) und das Madinat Theatre. Das Dubai Concert Committee organisiert die World Classical Music Series mit Konzerten in der One & Only Royal Mirage. Abu Dhabi ist mit der Konzertreihe Abu Dhabi Classics im Emirates Palace, im Manarat Al Saadiyat und im historischen Fort Al Jahili in Al Ain Gastgeber für Spitzentalente.

Festivals

Lokale und importierte Talente rocken während der vielen Festivals vor Ort, darunter Mega-Events wie **Party in the Park** (www.partyinthepark.ae; Dubai Media City Amphitheatre, King Salman Bin Abdulaziz Al Saud St, Dubai Media City; ⏲Nov.; Ⓜ Nakheel), **Groove on the Grass** (www.grooveonthegrass.com; Emirates Golf Club, Emirates Hills 2; ⏲Ende Sept.) und **Sensation** (☎04 457 3212; www.sensation.com; Meydan Racecourse, Al Meydan Rod, Nad al Sheba; ⏲Nov.; Ⓜ Burj Khalifa/Dubai Mall). Das riesige Festival **RedFestDXB** (www.redfestdxb.com; Dubai Media City Amphitheatre, King Salman Bin Abdulaziz Saud St, Dubai Media City; ⏲Feb.; Ⓜ Nakheel) wartet mit einem Line-up aus internationalen Stars wie Steve Aoki, Craig David und Rita Ora auf. Seit 2015 bringt das **Wasla Music Festival** (www.waslafestival.com; Dubai Design District, off Khail Rd, Business Bay; ⏲Anfang Feb.; Ⓜ Business Bay) alternative arabische Künstler aus diversen Genres wie Rock, Soul und Techno auf die Bühne.

Kino

Einheimische vertreiben sich die Freizeit am liebsten im Kino, wobei die meisten Filmbegeisterten für die neuesten internationalen Kassenschlager in die Hightech-Kinokomplexe der Einkaufszentren strömen. Auch Indie- und Programmkinos setzen sich langsam durch, allen voran das Cinema Akil (S. 96) an der künstlerisch geprägten Alserkal Avenue. Es gibt auch ein paar vereinzelte Indie-Filmclubs, vor allem den Scene Club (www.thesceneclub.com), der von der emiratischen Filmemacherin Nayla Al Khaja gegründet wurde. Dieser zeigt internationale alternative Filme in den Roxy-Kinos im The Beach in der Marina in Dubai und am City Walk. Im Filmclub Loco'Motion (www.facebook.com/locomotionuae) werden an mehreren Orten kostenlos Filme gezeigt, darunter im JamJar an der Alserkal Avenue.

Kino unter freiem Himmel gibt's seit Langem im Rahmen der kostenlosen Kinoreihe Movies under the Stars (S. 79) sonntags im Pyramid Rooftop Gardens in Wafi City.

Theater & Tanz

Die Szene darstellender Künste in Dubai bildet sich langsam heraus, vor allem mit den besten Produktionen, die im DUCTAC und Madinat Theatre im Souk Madinat Jumeirah aufgeführt werden. Beide präsentieren ihre eigenen Produktionen und haben ihre eigenen Gastbühnen, sowohl im Bereich Theater als auch Tanz, und dabei besonders Ballett. Zu den kleineren Veranstaltungsorten für Darstellende Kunst zählen das Courtyard Playhouse und The Junction beim Künstlerviertel an der Alserkal Avenue in Al Quoz. Das erste in Dubai geschriebene Stück namens *Howzat* wurde 2016 im Junction uraufgeführt. Die dramatische Komödie stammt aus der Feder des australischen Dramatikers Alex Broun, der auch Regie führte, und handelt von einer indischen und einer pakistanischen Familie, die auf der Palmeninsel Jumeirah leben. Ende 2017 feierte die im Las-Vegas-Stil gehaltene Show *La Perle by Dragone*, erschaffen von einem der Mitbegründer des Cirque du Soleil, in der Stadt große Erfolge.

Der populärste traditionelle Tanz der Region ist der *ayyalah*. Die VAE haben ihre eigene Variante, die zu einem einfachen Trommelrhythmus getanzt wird. Dabei stehen sich 25 bis 200 Männer dicht an dicht in zwei Reihen gegenüber. Sie schwenken Wanderstöcke oder Schwerter vor sich auf und nieder und beugen sich dabei vor und zurück. Die beiden Reihen singen dazu im Wechsel. Es handelt sich um einen Kriegstanz, und der Text beschwört die Tugenden von Tapferkeit und Heldenmut in der Schlacht. Im Dubai Museum kann man den Tanz auf Video sehen, live ist er bei Heritage-Festivals in den VAE mitzuerleben.

Top-Tipps

Dubai Opera (S. 99) Beeindruckendes neues Veranstaltungshaus in der Innenstadt mit Kulturveranstaltungen von Opernaufführungen bis hin zu Filmvorführungen.

La Perle by Dragone (S. 96) Show im Las-Vegas-Stil mit Akrobaten auf einer „Wasserbühne" in einem Theater.

Cinema Akil (S. 96) Der Pop-up-Lieferant von Independent-Filmen hat ein permanentes Zuhause an der Alserkal Avenue gefunden.

Jazz@PizzaExpress (S. 130) Teils legeres Restaurant, teils Livemusikkneipe, und immer mit guter Stimmung.

Abu Dhabi Classics (S. 151) Tolle Klassik-Konzerte mit renommierten Orchestern im Emirates Palace und an anderen Orten.

Bestes Kino

Cinema Akil (S. 96) Internationale Arthouse-Filme inmitten der Galerien der Alserkal Avenue.

Reel Cinemas (S. 96) In der beliebten Dubai Mall wird neueste Kinotechnologie geboten.

Movies under the Stars (S. 79) Kostenlose Filme unter freiem Himmel.

Vox Cinemas (S. 151) 3-D- und 4-D-Filme in der Yas Mall.

Beste Livemusik-Veranstaltungsorte

Blue Bar (S. 96) Alteingesessene Jazz- und Blueskneipe mit günstigen Cocktails.

Fridge (S. 96) Alternative-Musikkneipe mit wöchentlichen Konzertreihen aufstrebender lokaler Künstler.

MusicHall (S. 130) Am Wochenende wird Weltmusik in Supper-Club-Atmosphäre gespielt.

Jazz Bar & Dining (S. 151) In diesem alten Lieblingsclub in Abu Dhabi spielen Jazzbands für ein gehobenes Publikum.

Du Arena (S. 175) Unter freiem Himmel auf der Yas Island finden hier großartige Konzerte hochrangiger internationaler Künstler statt.

Schönste Theater

Madinat Theatre (S. 114) Klassisches Proszeniumstheater mit leicht verdaulichem Kulturprogramm für Expats.

Courtyard Playhouse (S. 97) Winziges Gemeindetheater mit Impro-Theater, Stand-up-Comedy und nettem Kinderprogramm.

Teppich- und Kelim-Geschäft, Souk von Deira (S. 54)

Schatzsuche

Shoppen ist ein beliebter Zeitvertreib – besonders in Dubai, das nicht nur stolz ist auf das weltweit größte Einkaufszentrum, sondern auch auf solche, die an antike ägyptische oder italienische Dörfer erinnern. Manche beherbergen sogar einen Skihang, eine Eislaufbahnen oder ein riesiges Aquarium. Auf den Souks herrscht dagegen eine traditionellere Atmosphäre. Außerdem begeistern immer mehr Outdoor-Einkaufszentren, Indie-Boutiquen und Galerien die Besucher.

GUT ZU WISSEN

Öffnungszeiten

➡ Shopping-Malls sind samstags bis mittwochs von 10 bis 22 Uhr und freitags und samstags (am Wochenende) bis 23 oder 24 Uhr geöffnet.

➡ Vor allem freitagabends, samstagnachmittags und an Sonntagen sind die Einkaufszentren überlaufen.

➡ Die Souks (Märkte) schließen zwischen 13 und 16 Uhr zum Gebet, Mittagessen und für eine kleine Ruhepause. Einige Supermärkte haben 24 Stunden geöffnet.

Nützliche Websites

➡ **www.littlemajlis.com** Spezialgeschäft für handgefertigte Produkte und Kunsthandwerk aus der Region.

➡ **www.souq.com** Die lokale Ausgabe von eBay (mittlerweile von Amazon übernommen) mit riesiger Auswahl.

➡ **https://en-ae.namshi.com** Günstige Mode für alle Altersklassen.

Arabische Parfümflaschen

Wohin zum Shoppen?

Dubai und Abu Dhabi haben die Einkaufszentren geradezu perfektioniert und eine Art „Town Plaza" installiert, wo man mit Freunden oder der Familie hingeht, um zu relaxen, zu essen, unterhalten zu werden oder zu shoppen. Die meisten sind voll klimatisierte Mega-Malls mit riesigen Kaufhäusern wie Bloomingdale's oder Galeries Lafayette und regionalen sowie internationalen Filialen, von normalen Einzelhandelsgeschäften bis zu teuren Designerläden. Fast alle Malls haben mindestens einen großen Supermarkt wie Carrefour, Spinneys oder Waitrose. Neue Malls entstehen ständig, zuletzt die Dubai Hills Mall und die Nakheel Mall.

Malls im Freien, wie BoxPark in Jumeirah oder der City Walk nahe Downtown Dubai, bieten eine kleinere Auswahl an Läden, die auf die Bedürfnisse der Anwohner zugeschnitten sind. Es gibt zudem Indie-Designerboutiquen, hauptsächlich entlang der Jumeirah Road. In den kleineren, von Indern oder Asiaten geleiteten Kaufhäusern, gibt's günstige Schnäppchen.

Wer es etwas lokaler möchte, besucht die Souks in Bur Dubai und Deira in Dubai oder die Hafengegend in Abu Dhabi. In den Gassen dieser farbenfrohen, lauten Souks findet man alles, von Safran bis Gold, und das noch zu günstigen Preisen. Hier ist Feilschen angesagt. Schwarzhändler versuchen aber auch, billige Imitate von Designerparfüms und -Handtaschen zu verkaufen. Es bleibt jedem selbst überlassen, ob er ihr Angebot annimmt oder sie ignoriert. In den modernen Souks wie Souk Madinat Jumeirah in Dubai oder Souk Qaryat al Beri in Abu Dhabi ist Feilschen nicht gestattet. Die Souks sind prachtvoll gestaltet und erinnern an Szenen aus Tausendundeiner Nacht.

Was soll man kaufen?

BEDUINENSCHMUCK

Der Kauf von BeduinenSchmuck ist eine gute Idee und angesichts der Beliebtheit des trendigen Ethno-Schicks ein tolles Mitbringsel. Schön sind kunstvolle Halsketten und Anhänger aus Silber, klobige Ohrringe und Ringe sowie Hochzeitsgürtel, in die oft Korallen, Türkise und Halbedelsteine eingearbeitet sind. Nur ein kleiner Teil des alten Beduinenschmucks stammt aus den Emiraten; das meiste kommt aus dem Oman, Jemen, Afghanistan oder Indien.

PASCHMINASCHALS

Qualitätvolle Souvenirs sind die federleichten Pashminaschals, die von Webern in Kaschmir aus echtem Ziegenhaar handgefertigt werden. Es gibt sie in so vielen verschiedenen Farben und Ausführungen – da ist für jeden etwas Passendes dabei. Die preiswerteren Schals sind industriell gefertigt, aber auch sehr hübsch.

EPPICHE

eine persische Teppiche, farbenfrohe türkische nd kurdische Kelims und grob geknüpfte Beuinenteppiche sind überall erhältlich. Dubai t für die hochwertigsten Teppiche zu den esten Preisen bekannt. Feilschen ist hier die egel. Beim Kauf sollte man unbedingt auf ein chtheitszertifikat mit Garantie von der Induste- und Handelskammer in Dubai bestehen.

RABISCHE KUNST & SOUVENIRS

rabisches Kunsthandwerk ist bei Besuchern enauso beliebt wie Teppiche, Gold und arfüm. Die orientalische Einrichtung in pitzenklassehotels und -restaurants scheint ie Besucher anzuregen, kleine exotische Ernerungen mit nach Hause zu nehmen. Auf en Souks gibt's bunte Laternen aus Marokko, rische Möbel aus Rosenholz mit Intarsien aus erlmutt, Kaffeekannen aus Messing, türkische Iiniaturmalereien, bestickte indische Wandbeänge und Kissenbezüge mit kleinen Spiegeln.

ARFÜM & RÄUCHERWERK

ttars (arabische Parfüms) sind sehr intensiv. istorisch gesehen war dies eine Notwenigkeit: Da Wasser kostbar und rar war, onnten sich die Menschen nicht oft waschen. aher stäubten sich die Frauen mit *attars* n. Arabische Parfüms gibt's in sämtlichen hopping-Malls in Dubai, aber auch auf dem arfüm-Souk: Einige Straßen in Deira (Sikkat Kheil und Al Soor) sind von zahlreichen arfümgeschäften gesäumt.

Der Parfümkauf kann die Nase strapazieren. er auf der Suche nach arabischen Düften ist, acht es am besten wie die Spitzen-Parfümeu-, um den Geruchssinn zu neutralisieren: den und schließen und dreimal kräftig durch e Nase ausatmen. Dabei sollte die Luft kurz nd kräftig ausgeatmet werden. Ratsam ist atürlich, sich vorher die Nase zu putzen. An emahlenem Kaffee zu riechen, hilft dagegen enig, denn dadurch wird der Geruchssinn ur betäubt.

EXOTISCHE DELIKATESSEN

Duftender indischer Safran kostet hier meist weit weniger als zu Hause. Er ist auf den Souks oder in Supermärkten erhältlich. Honig aus Saudi-Arabien, dem Jemen und dem Oman ist einfach köstlich und es gibt ihn in Spezialitätengeschäften in Satwa, auf dem Gewürzsouk sowie in Supermärkten. Seine Farbe reicht von hellgold bis fast schwarz. Schokolade aus Kamelmilch ist eine echte Delikatesse in Dubai, die für ihren cremigen, intensiven Geschmack geschätzt wird.

STOFFE

Auf dem Bur Dubai Souk und in den angrenzenden Straßen gibt's farbenfrohe Textilien aus Indien und Südasien. Sie sind erstaunlich preiswert und von unterschiedlicher Qualität. Seide, Baumwolle und Leinen bieten das beste Preis-Leistungs-Verhältnis. Wer selbst nicht gut im Nähen ist, sollte sich einen Schneider empfehlen lassen. Diese arbeiten in Dubai recht flott und die Preise sind enorm günstig.

ELEKTRONIK

Alles, was einen Stecker hat, ist in Dubai erhältlich. Wegen der geringen Steuern ist Dubai für Elektronik und digitale Technologien der preiswerteste Ort in der Region. Die Auswahl ist riesengroß. Die niedrigsten Preise, aber keine Markenartikel gibt's auf der Al Fahidi Street in Bur Dubai und in der Gegend um die Al Sabkha Road und die Al Maktoum Hospital Road sowie in der Nähe des Baniyas Square, auch bekannt als „Elektronik-Souk". Wer eine internationale Garantie möchte, sollte etwas mehr ausgeben und in einer Mall oder bei Jumbo Electronics kaufen.

GOLD & EDELSTEINE

Dubai hat seinen Ruf als „Goldene Stadt" den niedrigen Preisen und dem riesigen Angebot zu verdanken: 700 Schmuckgeschäfte, davon fast 300 auf dem Goldsouk und ca. 90 im Gold & Diamond Park.

PASCHMINA: WIE MAN FAKE ERKENNT

Pashminaschals sind in allen möglichen Farben und Mustern erhältlich. Ursprünglich aus federleichtem Kaschmir (oder mit Seide) gefertigt, gibt's heute viele billigere maschinell hergestellte synthetische Versionen. Doch wie kann man sichergehen, dass man echtes Naturgewebe in der Hand hat? Mit diesem Test: Den Stoff an einer Ecke halten, anschließend den Zeigenfinger darum schlingen und festdrücken. Danach versuchen den Stoff durch den Finger zu ziehen. Wenn er aus Polyester ist, wird er sich nicht bewegen. Handelt es sich um echten Paschmina, lässt sich das Gewebe durchziehen. Aber Achtung, durch die Reibung kann es ganz schön warm werden. Einfach zu Hause einmal den Test mit beiden Materialien ausprobieren, bevor es in die Geschäfte geht, und nie wieder getäuscht werden.

Dubai: Shoppen in den Stadtvierteln

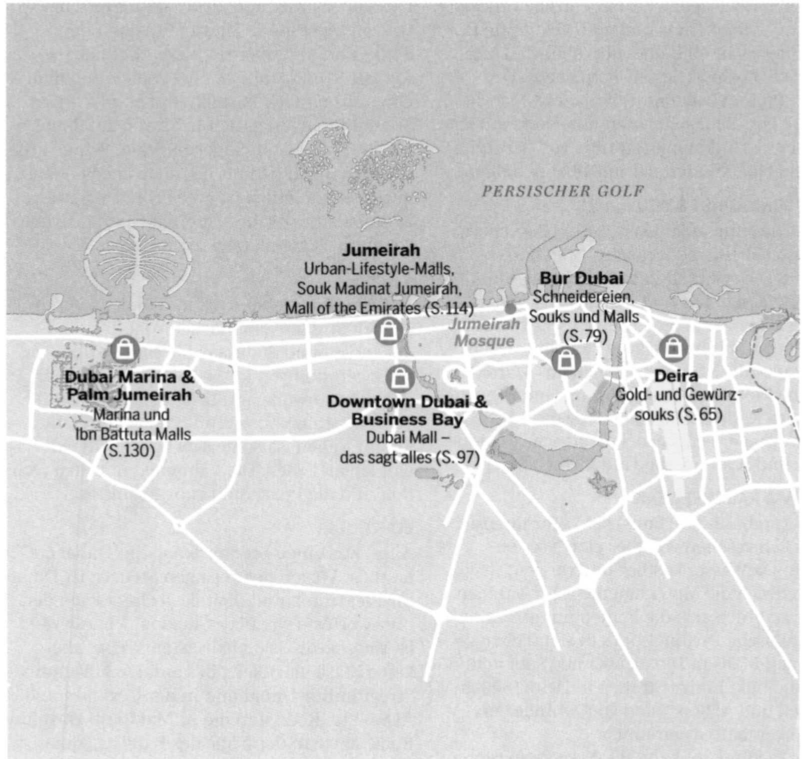

KUNST

Die wachsende Zahl an neuen Galerien ermöglicht es Besuchern, ein Original zu erwerben, das von einem einheimischen oder regionalen Künstler geschaffen wurde, insbesondere da die Preise noch sehr günstig sind. Brandneu sind die Räume entlang der Alserkal Avenue, etwas älter die Galerien in Gate Village im Internationalen Finanzzentrum von Dubai (DIFC).

DATTELN

Datteln sind im Nahen Osten das Genussmittel schlechthin. Die besten kommen aus Saudi-Arabien, wo ideale Anbaubedingungen herrschen: sandiger Boden und extreme Hitze. Hervorragend sind die großen, dicken Früchte mit ihrem zähflüssig-feuchten Kern. Aufgrund des hohen Zuckergehalts von 70 % halten Datteln sich ziemlich lange. Am besten schmecken sie jedoch zur Erntezeit im Herbst. Erstklassige Datteln gibt's bei Bateel, dessen Läden an Juweliergeschäfte erinnern. Bessere Preise, eine große Auswahl und gute Qualität findet man aber auch auf dem Markt in Deira (nahe des Fischmarkts).

SOUVENIRS

Das ultimative Kitsch-Souvenir war früher eine Moscheeuhr mit Wecker, der zum Gebet rief. Heutzutage quellen die Souks und Souvenirläden über mit verrückten Artikeln, wie z. B. Briefbeschwerern mit dem Burj Al Arab, Matroschkas in emiratischer Tracht, Schlüsselringen mit Miniaturtürmen, Kühlschrankmagneten mit dem Aufdruck „Camel Crossing", Kaffeebechern und Baseballcaps, auf denen Scheichs der Menge zuwinken.

Top-Tipps

Ajmal (S. 81) Exotische arabische Öle und Parfüms in schönen Fläschchen.

S*uce (S. 115) Der Laden bietet freche Avantgarde-Mode junger internationaler Designer.

Goldsouk (S. 54) Viel Bling-Bling und handwerkliches Können – interessant, auch wenn man nichts kauft.

Candylicious (S. 98) Das riesengroße Geschäft verkauft alle möglichen Süßigkeiten und hat eine Bonbonküche.

Wafi Gourmet (S. 150) Café-Shop-Kombination mit Filialen in Dubai and Abu Dhabi.

Top-Adressen für Geschenke

Camel Company (S. 114) Hier gibt's alles zum Kamel, von Kuscheltieren bis zu Kaffeebechern.

Bateel (S. 81) Datteln werden hier wie Juwelen präsentiert.

Lata's (S. 114) Qualitätssouvenirs aus Nordafrika und dem Nahen Osten.

Mirzam (S. 97) Dubais eigene Schokoladenfabrik verpackt ihre Riegel und Tafeln in kunstvollen Designs.

Women's Handicraft Centre (S. 165) Das von der Regierung Abu Dhabis betriebene Zentrum unterstützt die lokale Produktion.

Die besten Modegeschäfte

The cARTel (S. 98) Einheimische und internationale avantgardistische Mode im neuen Designerviertel.

S*uce (S. 115) Dieser Concept-Store bietet Mode, Accessories und Schmuck von regionalen Designern an.

O' de Rose (S. 115) Plattform für einheimische Designer mit Vorliebe für kräftige Farben.

Fabindia (S. 81) Die von indischen Dorfbewohnern hergestellte Mode für Sie und Ihn verschönert jedes Outfit.

Die besten Märkte

Ripe Market – Zabeel Park (S. 79) Lebhafter Markt mit einheimischen Qualitätserzeugnissen sowie Kunsthandwerk und internationalen Imbissständen.

Dubai Flea Market (S. 79) Jeden Monat echte Schnäppchen auf dem Flohmarkt im Zabeel Park ergattern.

New Fish Market (S. 61) Auch nach dem Umzug in klimatisierte Buden immer noch ein atmosphärisches (und geruchsintensives) Kauferlebnis.

Carpet Souk (S. 170) Auf diesem Markt in Abu Dhabi heißt es hart verhandeln.

Die besten modernen Souks

Souk Al Bahar (S. 98) Der prunkvolle Souk gegenüber der Dubai Mall wimmelt von Restaurants und Souvenirläden.

Souk Madinat Jumeirah (S. 114) Dieser bei Touristen beliebte Souk zieht sich durch mehrere Innenhöfe, Gassen und Außenbereiche.

Souk Khan Murjan (S. 82) Der exotische labyrinthartige Souk, der zur Wafi Mall gehört, orientiert sich am Design des Basars in Bagdad.

World Trade Center Souk (S. 141) Norman Fosters Interpretation eines arabischen Souks findet sich an der Stelle des alten Hauptmarkts von Abu Dhabi.

Souk Qaryat Al Beri (S. 165) Eine bunte Mischung an Geschäften mit Blick auf die Große Scheich-Zayid-Moschee und über den Khor Al Maqta.

Die schönsten Shopping-Malls

Dubai Mall (S. 87) Die Dubai Mall ist das größte Einkaufszentrum der Welt und ein Paradies für Powershopper.

Mall of the Emirates (S. 114) Die riesige Mall mit dem berühmten Skihang bietet eine Vielzahl an Verlockungen und einen Indoor-Skihang.

BoxPark (S. 114) Diese Einkaufsmeile brummt vor coolen Cafés und Boutiquen in Schiffscontainern.

Ibn Battuta Mall (S. 131) Das Shoppen inmitten von Einrichtungsgegenständen in sechs Länder-Themenwelten wird zum exotischen Erlebnis.

Yas Mall (S. 175) Ein praktischer Boxenstopp nach einer Fahrt durch den nahe gelegenen Ferrari-World-Abu-Dhabi-Themenpark.

Galleria at Maryah Island (S. 156) Teil des „Wow-Faktors" des Sowwah Square auf Al Maryah

Dubai & Abu Dhabi für Aktive

Dubai und Abu Dhabi bieten Aktivitäten für jeden Geschmack, sei es im Wasser, auf dem Eis, in der Wüste, auf Skipisten oder im Spa. Hier ist einfach für jeden das Richtige dabei.

Wassersport

TAUCHEN & SCHNORCHELN

Wer in Dubai taucht, bewegt sich meist zwischen Wracks auf dem sandigen Meeresgrund des Golfs in einer Tiefe von 10 bis 35 m. Die interessanteren Gebiete liegen oft weit vor der Küste und sind nur erfahrenen Tauchern zu empfehlen. Zu den Meeresbewohnern gehören Clownfische, Seeschlangen, Halbmond-Kaiserfische, Rochen und Barrakudas.

Aufregendere Tauchgründe (auch zum Schnorcheln) warten an der Ostküste (Khor Fakkan und Dibba) oder nördlich der Halbinsel Musandam, die zum Oman gehört. Eine etablierte heimische Tauchschule ist Al Boom Diving (S. 116), die Tauchgänge, Schnorcheltouren und Kurse (mit Abschluss eines Zertifikats) anbietet.

SURFEN & KITESURFEN

Dubai ist zwar nicht Hawaii (durchschnittliche Wellenhöhe 0,67 m), aber das hält Surfer nicht davon ab, sich am Sunset Beach in der Nähe des Jumeirah Beach Hotels in die Wellen zu stürzen. Und es werden immer mehr. Die ideale Zeit ist von Dezember bis Februar, allerdings gibt's auch im Oktober, März und April noch gute Wellen. Aber selbst ohne die kann man sich auf dem Wasser vergnügen, etwa beim Stand-up-Paddeln. Die Leihe der Ausrüstung sowie Unterricht sind für beide Sportarten beim Surf House Dubai (S. 116) möglich. Auf der Website gibt's eine Surfcam und tagesaktuelle Berichte zu den Bedingungen.

Kitesurfer treffen sich am nordwestlich gegenüberliegenden Kite Beach. Hier gibt's zwei Ausstatter – die Kitesurf School Dubai (S. 117) und Dukite (S. 117) –, die Unterrichtsstunden anbieten. In Abu Dhabi ist Eywoa (S. 177) auf Yas Island die Adresse in Sachen Ausrüstung und Wassersport.

MOTORISIERTER WASSERSPORT

Praktisch alle großen Strand-Resorts unterhalten hochmoderne Wassersportzentren, die

SPASS AM STRAND

Die Bewohner von Dubai lieben ihre Strände. Für viele, die in Jumeirah und in Dubai Marina wohnen, quasi in Sprungweite zum kristallklaren türkisfarbenen Meer, ist ein Gang zum Strand ein tägliches Ritual, während der Rest der Bevölkerung meist samstags und sonntags dort eintrifft.

Wer nicht in einem Strandhotel mit eigenem Sandstrand vor der Tür übernachtet, kann entweder viele Dirhams für eine Gästetageskarte ausgeben und in einem schicken Beach Club chillen oder kostenlos an einem der öffentlichen Strände baden, wie Al Mamzar (S. 56) in der Nähe von Sharjah, Kite Beach (S. 107), Jumeirah Public Beach (S. 107) oder JBR Beach (S. 120) in Jumeirah. An allen Stränden hat sich die Infrastrukur mittlerweile sehr verbessert, und so gibt's hier Umkleidekabinen, Toiletten, Duschen, Sonnenliegen und -schirme zum Mieten, Sporteinrichtungen, eine Joggingstrecke, Spielplätze und Kiosks.

DER AL WATHBA CYCLING TRACK

Einheimische schwärmen vom **Al Wathba Cycling Track** (Al Wathba; Radverleih 30–60 Dh; ⌚24 Std.), 40 Autominuten von Abu Dhabi entfernt in der Nähe des Rings für Kamelrennen. Hier gibt's mehrere landschaftlich schöne Radstrecken durch die Wüste (Länge: 8 km, 16 km, 20 km, 22 km und 30 km). Alle sind bei Sonnenauf- und -untergang am schönsten. Die Parcours werden mittels Solarenergie beleuchtet, sodass man hier auch in der kühlen Nachtluft fahren kann. Zudem gibt's eine Bar, einen Besport-Fahrradladen und eine Umkleidekabine mit Schließfächern und Duschen. Zu finden an der Straße E22 Abu Dhabi–Al Ain.

Gästen und Nichtgästen ein breites Spektrum an Möglichkeiten bieten, sich auf dem Wasser auszutoben. Das Angebot umfasst Wasserski, Jetski, Wakeboarden, Parasailing und Motorboote.

Hotelgästen gilt dabei Priorität; Besucher müssen oft höhere Preise oder eine Strandzugangsgebühr zahlen.

BOOTSCHARTER

Dubai vom Wasser aus zu erkunden ist ein fantastisches Erlebnis. Dazu kann man sich ein Boot chartern. Empfehlenswert ist der Dubai Creek Golf & Yacht Club (S. 66). Zu den Angeboten zählen eine einstündige Fahrt auf dem Creek für 450 Dh, noch besser ist ein ca. vierstündiger Ausflug über den Dubai Canal bis zum Persischen Golf und von dort vorbei an der Inselgruppe The World, der Palm Jumeirah und dem Burj Al Arab (1500 Dh). Die Preise gelten für bis zu sechs Passagiere. Angelausflüge kosten für vier Stunden 2000 Dh, plus 375 Dh für jede weitere Stunde. Sonnenuntergangstouren und anderes bietet in Abu Dhabi Belevari Catamarans.

WASSERPARKS

Wenn die Temperatur steigt, kann man dank der Rutschen, aufregenden Fahrten, Lagunenseen, Pools und Strände in den Wasserparks cool bleiben und Spaß haben. Dubai wartet gleich mit mehreren Einrichtungen für das Spritzvergnügen auf, darunter das riesige Aquaventure (S. 121), Legoland (S. 133), Wild Wadi (S. 115), Splash 'n' Party (S. 116), Laguna (S. 116) und Jungle Bay (S. 132). Der dickste Fisch unter den Parks von Abu Dhabi ist Yas Waterworld (S. 176) mit etwa 40 Fahrgeschäften.

Golf

Golf spielt am Golf eine große Rolle. Das gilt insbesondere für Dubai, das sich mit zehn Golfplätzen brüsten kann. Darunter sind auch einige Turnierplätze, die von bekannten Persönlichkeiten wie Greg Norman, dem Mann hinter den **Jumeirah Golf Estates** (☎04 818 2000; www.jumeirahgolfestates.com; abseits Sheikh Mohammed Bin Zayed Hwy (Hwy E311), Sports City; Fire/Earth So–Do 825/945 Dh, Fr & Sa 995/1095 Dh; Ⓜ Jumeirah Lakes Towers), gestaltet wurden. Weitere Spitzenplätze sind Majlis und Faldo, die beide zum Emirates Golf Club (S. 132) gehören, und der beliebte Dubai Creek Golf & Yacht Club (S. 66). Die Clubs verlangen keine Mitgliedschaft, aber hohe Green-Gebühren: bis zu 100 Dh für 18 Loch während der Hochsaison im Winter (November bis März). Diese sinken jedoch während des restlichen Jahres, besonders im Sommer. Angemessene Kleidung ist Pflicht. Wer es mit dem Golfen ernst meint, sollte seine Tee-Times rechtzeitig reservieren. In Abu Dhabi gibt's ebenfalls mehrere Golfplätze, darunter Yas Links Abu Dhabi, der sich teilweise zwischen Mangroven erstreckt.

Joggen

In den Wintermonaten ist es kühl genug, um zu jeder Tageszeit joggen zu können; im Sommer muss man bei Sonnenaufgang aufstehen.

In Dubai sind in jüngerer Zeit jede Menge Joggingstrecken neu entstanden. Ein Klassiker führt durch den Zabeel Park (S. 73), neuere Strecken verlaufen parallel zum Strand von Jumeirah, am Dubai Canal entlang und durch die Bucht von Palm Jumeirah (S. 133). Eine kurze, aber schöne Runde führt durch den Al Ittihad Park, vorbei an Palmen. Wer lieber in Begleitung joggt, kann sich an Desert Road Runners (www.desertroadrunners.club) oder Dubai Creek Striders (www.dubaicreekstriders.org) wenden. Interessiert man sich mehr für die soziale Seite und will gern anschließend noch etwas trinken gehen, sollte man die Website der Dh3 alias Desert Hash House Harriers (www.deserthash.org) besu-

DIE BESTEN SPORT-EVENTS IN ABU DHABI

Abu Dhabi Grand Prix (☎02 659 9800; www.yasmarinacircuit.com; Yas Marina Circuit; 2-Tages-Ticket ab 1970 Dh; ⊙Nov.) Das Formel-1-Grand-Prix-Rennen in Abu Dhabi gehört zu den Top-Events des Jahres und zieht Besucher aus der Region ebenso an wie internationale Rennsport-Fans. Das jährliche Tag-und-Nacht-Rennen hat einen der beeindruckendsten Parcours des Rennkalenders. Die Strecke führt u. a. am Jachthafen vorbei und ein Abschnitt verläuft durch das Hotel Yas Viceroy Abu Dhabi.

Mubadala World Tennis Championship (www.mubadalawtc.com; International Tennis Centre, Zayed Sports City, Al Khaleel Al Arabi St; 3-Tages-Ticket ab 550 Dh; ⊙Dez.) Bei dem dreitägigen Wettbewerb, der die Tennissaison einläutet, erlebt man sechs der weltbesten Spieler in Aktion. 2017 nahmen erstmals auch weibliche Tennisstars teil. Serena Williams, Rafael Nadal, Andy Murray und Novak Djokovic haben hier bereits den Schläger geschwungen. Tagestickets gibt's bei Virgin Megastores.

ITU World Triathlon Abu Dhabi (www.abudhabi.triathlon.org; ⊙März) Wer sich für fit hält, kann den weltbesten Wettkämpfern beim Schwimmen, Radfahren und Laufen zuschauen und wird feststellen, dass es wieder Zeit wird, selbst zu trainieren. Für Zuschauer stehen Foodtrucks und ein Unterhaltungsprogramm bereit, das Race Village befindet sich in der Regel beim Yas Marina Circuit. Strecken und Startzeiten werden ein bis zwei Monate vor dem Rennen bekannt gegeben.

XCAT World Series Powerboat Race (www.xcatracing.com; Corniche; ⊙Dez.) Das Rennen für PS-starke Hochgeschwindigkeitsboote findet im Dezember im Wasser vor der Corniche statt.

chen. Der **Dubai Marathon** (www.dubaimarathon.org; Umm Suqeim Rd, Umm Suqeim 3; Ⓜ Burj Al Arab/Dubai Mall) findet im Januar statt. In Abu Dhabi kann man dreimal in der Woche kostenlos auf der Formel-1-Bahn des Yas Marina Circuit joggen oder Rad fahren.

Offroad durch die Wüste

Offroad durch die Wüste zu fahren (unerfreulicherweise auch unter dem Namen „Dünen-Bashing" geläufig) erfreut sich immer größerer Beliebtheit.

An Wochenenden (freitags und samstags) heizen die Angestellten und Arbeiter auf der Straße Dubai–Hatta hinaus aus der Stadt und lassen ihre Energie auf den Sanddünen ab, wie z. B. auf dem rubinroten Sandberg, der auch „Big Red" genannt wird.

Alle größeren Autoverleihfirmen haben auch Allradfahrzeuge im Angebot. Für 24 Stunden kostet ein Toyota Fortuner oder ein Honda CRV um die 500 Dh plus Versicherung. Für unerfahrene Offroadfahrer sind Fahrstunden in der Wüste empfehlenswert, wie sie von **Desert Rangers** (☎04 456 9944; www.desertrangers.net) angeboten werden.

Spas & Massagen

Obwohl man in den meisten Sportclubs gute Massagen bekommen kann, empfiehlt sich der Besuch in einem richtigen Spa. Samstag und Sonntag sollte man meiden, da es dann voll werden kann. Am besten fragt man, ob die Anwendung die Nutzung von Pool und Gelände beinhaltet.

Ist dies der Fall, lohnt es sich, den ganzen Tag zu bleiben.

Skifahren

Die weltgrößte Skihalle ist Ski Dubai (S. 117), die in der Mall of the Emirates angesiedelt ist. Sie wirkt zwar irgendwie fehl am Platz, ist aber eine Abwechslung für Wintersportbegeisterte. Man kann sogar Unterricht nehmen und Snowboardfahren lernen.

Zuschauersport

PFERDERENNEN

Pferderennen haben in Dubai eine lange Tradition. Die Rennsaison beginnt im November und hat ihren Höhepunkt im März mit dem Dubai World Cup, einem der höchstdotierten Pferderennen der Welt. Es findet auf dem Meydan Racecourse (S. 100) statt, einer futuristischen Arena mit einer Haupttribüne, die größer ist als so mancher Flughafenterminal.

KAMELRENNEN

Die Tradition der Kamelrennen ist tief in der emiratischen Seele verwurzelt. Einem solchen Rennen beizuwohnen ist bei Einheimischen und Besuchern beliebt. Es ist ein anregender Anblick, wenn Hunderte Dromedare auf der staubigen Bahn dahineilen, in einem schwerfälligen Galopp um eine gute Position rangeln und dabei ihre Beine in alle Richtungen abspreizen, um sich mit Spitzengeschwindigkeiten von 40 km/h ins Ziel zu drängeln. Auf ihrem Rücken ist jeweils ein „Roboterjockey" befestigt, der mit einer ferngesteuerten Peitsche ausgerüstet ist. Bedient wird diese von den Besitzern der Kamele, die in Geländewagen auf einer getrennten Bahn neben den Tieren herfahren.

Die Rennsaison beginnt im November und geht bis April. Die Dubai am nächsten gelegene Bahn ist Al Marmoun (S. 100), etwa 40 km südlich der Stadt an der Straße nach Al Ain. Die andere bedeutende Bahn ist Al Wathba (S. 174), etwa 45 km südöstlich von Abu Dhabi. Den Rennplan kann man der Seite www.dubaicalendar.ae entnehmen.

MOTORSPORT

Nicht zuletzt dank des prestigeträchtigen Großen Preises von Abu Dhabi, einem Formel-1-Rennen, das im November auf dem Yas Marina Circuit auf Yas Island stattfindet, gilt der Motorsport als äußerst beliebt in den VAE.

Eines der ältesten Rennen ist die Abu Dhabi Desert Challenge (www.facebook.com/AbuDhabiDesertChallenge) im März, die Spitzenwagen und Rallyefahrer seit 1991 bei einer Offroad-Rallye in die VAE führt. Das Dubai Autodrome ist im Januar darüber hinaus eine Station im 24-Stunden-Rennen (www.24hseries.com/24h-dubai). Zudem lohnen alle Veranstaltungen, die unter der Leitung der Emirates Motor Sport Federation (www.facebook.com/emsfuae) stehen, die 2003 die Emirates Desert Championship eröffnet hat.

FUSSBALL

Es kann Spaß machen, ein Fußballspiel anzusehen. 10 000 Zuschauer drängen sich ins Stadion und feuern ihre Mannschaft an. Ein Sänger und eine Trommelgruppe unterstützen die Spieler mit Liedern und Tänzen. Zehn Mannschaften spielen in der höchsten Liga – der Arabian Gulf League (www.aglea gue.ae) –, die 1973 gegründet und 2008 zur Profiliga wurde. Die Saison geht von Mitte September bis Mitte Mai. Spielplan und Spielorte stehen auf der Website der Liga.

CRICKET

Die riesigen indischen und pakistanischen Gemeinden in Dubai sind ganz verrückt nach Cricket. In ihren Mittagspausen spielen sie auf sandigen Flächen zwischen den Gebäuden, in ihrer Freizeit in Parks und spät am Abend auf leeren Parkplätzen. Wer mit der Sportart nicht vertraut ist und mehr darüber erfahren möchte, kann beispielsweise einen Taxifahrer darauf ansprechen, die oftmals aus Indien oder Pakistan stammen – das sollte man aber gleich zuerst abklären, denn es gibt eine heftige Konkurrenz zwischen den beiden Ländern. Jeder wird erzählen, dass das eigene Team das beste sei – und dann ausführlich erklären, warum. Manche Fahrer möchten ein wenig umschmeichelt werden, aber wer Begeisterung zeigt, bekommt alle Details erzählt. Zum Hintergrund: Die beiden Nationalitäten stellen rund 45 % der Bevölkerung von Dubai, einen wesentlich höheren Anteil als die Emiratis.

Da die meisten sich kein Satellitenfernsehen leisten können, treffen sie sich vor den Lokalen in Deira oder Bur Dubai, um die Spiele zu schauen. Scharen von Fans bevölkern dann die Bürgersteige unter dem flackernden Neonlicht, ein unvergesslicher Anblick.

Sport & Aktivitäten in Dubais Stadtvierteln

➜ Deira (S. 52) Wegen der Uferlage perfekt für Bootstouren. Zudem gibt's Golf- und Tennisplätze sowie Spas.

➜ Bur Dubai (S. 67) Joggingrunden im Zabeel Park oder Creek Park.

➜ Downtown Dubai (S. 83) Eislaufen in der Dubai Mall, Joggen am Dubai Canal und ein paar exklusive Hotelspas.

➜ Jumeirah (S. 102) Für Wasser-Action sorgen Schwimmen, Bootfahren, Surfen, Kitesurfen, Stand-up-Paddeln, Wasserski und der Wild Wadi Waterpark.

➜ Dubai Marina & Palm Jumeirah (S. 118) Großes Angebot an Aktivitäten wie Schwimmen, Wassersport, Golfen, Bootfahren, Fallschirmspringen, Joggen und der wunderbare Wasserpark Aquaventure.

Dubai & Abu Dhabi erkunden

Die Stadtviertel im Überblick	50
Deira	52
Bur Dubai	67
Downtown Dubai & Business Bay	83
Jumeirah	102
Dubai Marina & Palm Jumeirah	118
Abu Dhabi	134
Tagesausflüge ab Dubai & Abu Dhabi	181
Schlafen	191

KATIEKK/SHUTTERSTOCK © ARCHITECT: FERNANDO DONIS

DUBAIS HIGHLIGHTS

Goldsouk 54
Dubai Museum 69
Burj Khalifa 85
Museum of the Future 86
Burj Al Arab 104
Madinat Jumeirah 105
Aquaventure Waterpark ... 121
Große Scheich-Zayid-Moschee 135
Abu Dhabi Heritage Village 149
Louvre Abu Dhabi 167

Dubai Frame (S. 73)

Die Stadtviertel im Überblick

❶ Deira S. 52

Das multikulturelle Deira (*dä-ra*) wirkt wie eine Kreuzung aus Kairo und Karatschi. Hier ist es staubig, voll und chaotisch. Es ist eines der ältesten und stimmungsvollsten Viertel der Stadt und eine ganz andere Welt als das moderne Dubai.

Den Creek entlang übernehmen bunte Holzdaus ihren Part im lang erprobten Handel mit Waren, die für den Iran, den Sudan und andere Regionen bestimmt sind. Die wuseligen Souks in der Nähe, die atmosphärischen Vorfahren der heutigen Malls, laden dazu ein, stark gezuckerten Tee zu schlürfen und mit Händlern, deren Familien seit Ge-

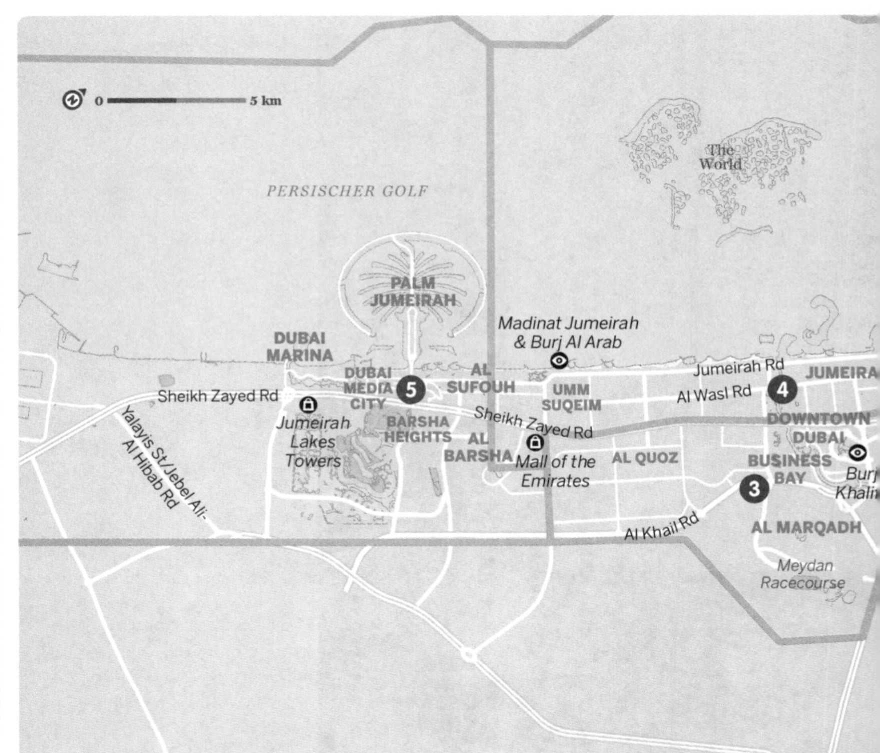

nerationen denselben Laden betreiben, um Schnäppchen zu feilschen.

❷ Bur Dubai S. 67

Bur Dubai mag vielleicht nicht ganz so elegant und kultiviert sein wie die neueren Stadtteile, doch das turbulente Straßenleben verströmt dafür einen gewissen Gemeinschaftsgeist, der ansonsten in der Stadt eher selten zu finden ist. Hier erlebt man im Dubai Museum und in den restaurierten Historischen Vierteln Al Fahidi und Shindagha die Vergangenheit der Stadt und schlendert durch die betriebsamen Gassen rund um den Souk mit ihren vielen einheimischen, ethnischen Restaurants und traditionellen Läden. Wenn man sich ausreichend mit Souvenirs eingedeckt hat, kann man in den Ufercafés im neu gestalteten Gebiet Al Seef den Bootsverkehr auf dem Dubai Creek beobachten.

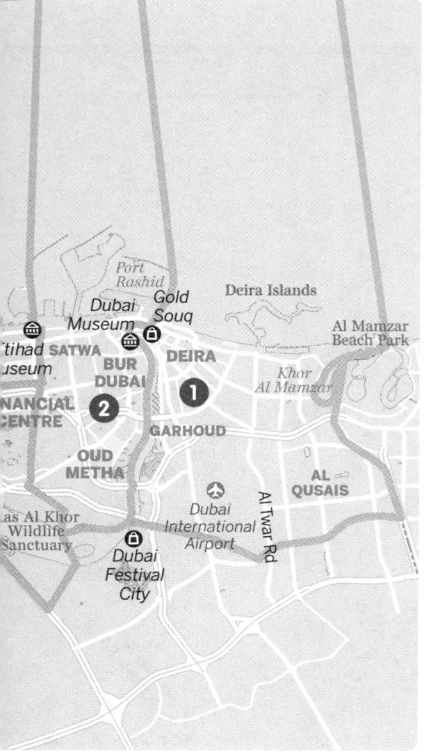

❸ Downtown Dubai S. 83

Dubais Zentrum pulsiert rund um den 828 m hohen Burj Khalifa, das höchste Gebäude der Welt, und ist zudem reich an anderer markanter und futuristischer Architektur, insbesondere entlang der Sheikh Zayed Road und im Dubai Design District – da überrascht es nicht, dass der britische Stararchitekt Norman Foster hier vor Kurzem ein Büro eröffnet hat.

Zu den wichtigsten Sehenswürdigkeiten in der Innenstadt gehören die Dubai Mall, die Dubai Fountain und die Dubai Opera. Und dann ist da noch der Dubai Canal, dessen Anblick sehr entspannend ist. Weiter südlich, in Al Quoz, hat sich die Alserkal Avenue zu Dubais wichtigstem Zentrum für alternative Kunst und Kreativität entwickelt.

❹ Jumeirah S. 102

Jumeirah (*dschu-MIE-ra*), die Antwort der VAE auf Bondi Beach und Malibu, erstreckt sich vom Etihad Museum bis zum Burj Al Arab. Hier finden sich großartige öffentliche Strände, stilvolle urbane Einkaufszentren, Boutiquen und luxuriöse Wohnkomplexe.

Die größten Veränderungen bei der Neugestaltung Jumeirahs spielen sich am Dubai Canal ab, der den Dubai Creek mit dem Persischen Golf verbindet. Hier wird nicht nur an beiden Ufern des Kanals gebaut, sondern sogar auf dem Wasser (geplant sind ein schwimmendes Restaurant und ein Jachtclub), sodass sich die Gegend in den kommenden Jahren dynamisch entwickeln wird.

❺ Dubai Marina & Palm Jumeirah S. 118

Dubais südlichstes Stadtviertel lockt mit luxuriösen Strandresorts und Restaurants sowie mit einigen der glamourösesten Nachtclubs der Stadt – ein Muss für alle, deren Motto „Sehen und gesehen werden" ist. Tagsüber kann man über die Promenaden von Dubai Marina, The Walk at JBR und The Beach at JBR spazieren.

Auf der künstlichen, palmenförmigen Insel Palm Jumeirah (*joo-MEE-ruh*), die in den Golf hineinragt, gibt's weitere schillernde Resorts sowie den Wasserpark Aquaventure. Weiter südlich befinden sich das Gelände der World Expo 2020 und die Themenparks von Dubai Parks & Resorts.

Deira

Highlights

❶ **Gewürzsouk** (S. 55) Eintauchen in ein buntes, duftendes Gassenlabyrinth, ein wahres Fest für die Sinne.

❷ **Goldsouk** (S. 54) Unter den hölzernen Arkaden dieses berühmten Basars umherschlendern und sich fühlen, als würde man eine Schatztruhe durchstöbern.

❸ **QDs** (S. 64) Den Blick über den glitzernden Creek schweifen lassen, während man es sich mit einem Cocktail und einer Shisha in dieser Freiluft-Lounge gut gehen lässt.

❹ **Dinner Cruise** (S. 60) Die Skyline entlang des Dubai Creek an Bord einer hölzernen Dau genießen, das Büfett „abgrasen" und den Klängen der Oud lauschen.

❺ **Dubai Creek** (S. 57) Auf einer stimmungsvollen Fahrt in einem traditionellen *abra* (Holzfähre) ans andere Ufer des Creeks übersetzen, wie es seit Jahrhunderten Brauch ist.

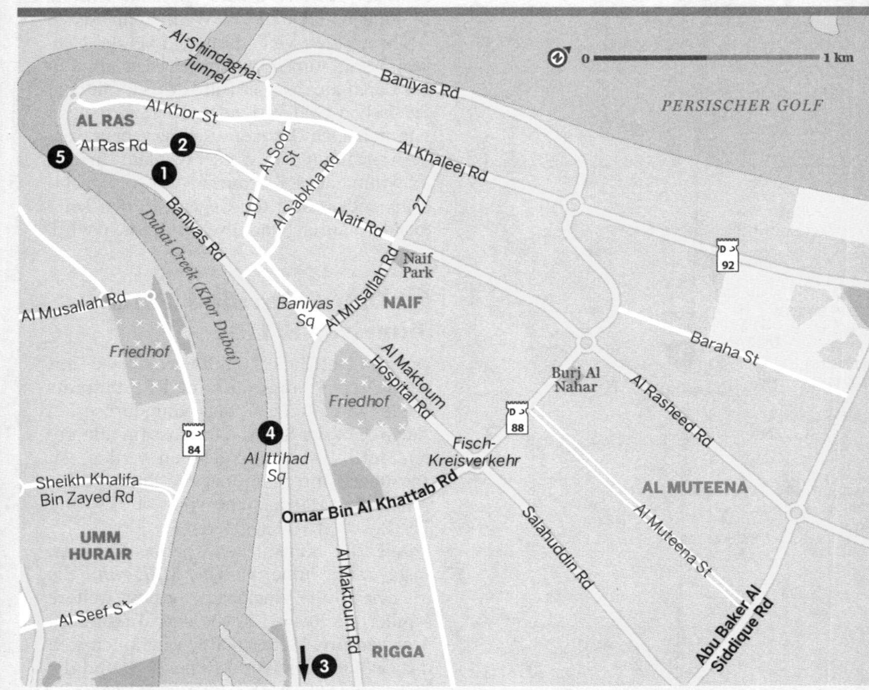

Mehr Details zu dieser Gegend siehe Karten S. 262 f. und S. 264

Deira erkunden

Das historischste Viertel von Deira, Al Ras, liegt in der Nähe der Creek-Mündung und beherbergt das jahrhundertealte Haus eines Perlenhändlers (S. 56) sowie die erste Schule der Stadt. An den nahe gelegenen Kais liegen seit den 1830er-Jahren bunt bemalte Daus. Deiras größter Anziehungspunkt ist jedoch die Ansammlung stimmungsvoller Souks (Gewürze, Gold, Parfüm), ein enges Gassengewirr mit vielen verschiedenen Geräuschen und Gerüchen.

Deira ist zudem das faszinierendste multikulturelle Viertel Dubais, was sich in den Restaurants mit reichlich Lokalkolorit widerspiegelt. Dort kann man authentische Speisen von Anwohnern probieren, die aus so weit entfernten Ländern wie Indien, Syrien, Libanon, Äthiopien, Irak und Afghanistan kommen. Wer es gern etwas edler mag, bucht eine Fahrt mit Abendessen auf einer mit blinkenden Lichtern geschmückten Dau oder steuert eine der am Creek gelegenen Outdoor-Lounges der Spitzenhotels an. Deira beherbergt auch viele russische, philippinische, libanesische, indische und pakistanische Nachtclubs. Sie sind in der Regel in Budget- oder Mittelklassehotels zu finden; dort findet man für gewöhnlich mitreißende Hausbands und günstiges Bier.

Weiter südlich am Creek wird Deira zunehmend moderner. Davon zeugen Einkaufszentren wie das City Centre Deira (S. 65) und architektonische Wahrzeichen wie der Etisalat-Turm, zu erkennen an dem „Golfball" auf der Spitze. Ein Stück weiter erhebt sich das Dubai Festival City, das sich immer mehr zu einem Unterhaltungszentrum in diesem Teil der Stadt gemausert hat.

Lokalkolorit

- **Handeln** Das Feilschen in den Souks macht Spaß, solange man sich bei kleinen, nicht allzu ernst gemeinten „Auseinandersetzungen" nicht unwohl fühlt. Für die Einheimischen gehört es zu den Lieblingsbeschäftigungen.
- **Traditioneller Kaffee** Ein arabischer Kaffee oder *karak chai* (Gewürztee) ist ein idealer Start in den Tag.
- **Exotische Gerichte** In den Souks und rings um die U-Bahnhöfe Al Rigga und Salah Al Din kann man eine kulinarische Reise in den Jemen, nach Libanon und sonst wohin unternehmen – einfach von der Nase führen lassen.
- **Leute beobachten** Man kann drahtigen Seeleuten dabei zusehen, wie sie Daus mit exotischen Fahrtzielen beladen.

An- & Weiterreise

- **Metro** Die Rote und die Grüne Linie fahren nach Deira; sie laufen in der Union Station zusammen. Die Rote Linie führt zum Flughafen.
- ***abra*** Diese traditionellen Holzmotorboote verbinden die Souks in Deira und Bur Dubai.

Top-Tipp

Eine billige und einfache Gelegenheit, um den stimmungsvollen Dubai Creek zu erleben, ist eine Überfahrt mit einem *abra*, die nur 1 Dh kostet. Wer sich intensiver auf den Dubai Creek einlassen möchte, kann ein privates *abra* mieten, um an verschiedenen Ortschaften am Creek vorbeizufahren, sich den Wind um die Nase wehen zu lassen und dem Geschrei der Möwen zu lauschen. Boote kann man an allen *abra*-Stationen mieten, die Kosten liegen bei 120 Dh pro Stunde.

Gut essen

- Al Tawasol (S. 57)
- Aroos Damascus (S. 57)
- Aseelah (S. 59)
- Qwaider Al Nabulsi (S. 59)
- Thai Kitchen (S. 59)

Mehr dazu siehe S. 57

Nett ausgehen

- QDs (S. 64)
- Irish Village (S. 64)
- Juice World (S. 64)

Mehr dazu siehe S. 61

Schön shoppen

- Gewürzsouk (S. 55)
- City Centre Deira (S. 65)
- Goldsouk (S. 54)
- New Fish Market (S. 61)

Mehr dazu siehe S. 65

SWISSHIPPO/GETTY IMAGES ©

HIGHLIGHT
ÜBER DEN GOLDSOUK SCHLENDERN

„Dubai: City of Gold" verkündet das Banner über der in allen Farben des Regenbogens leuchtenden LED-Anzeige am hölzernen Eingangstor des Goldsouks von Dubai. Kurz darauf glaubt man in einer modernen Schatzhöhle Aladins zu sein. Schon seit den 1940er-Jahren werden in Dubai mit Gold gute Geschäfte gemacht. Heute gehört das Emirat zu den größten Goldmärkten der Welt, mit einem Anteil von ungefähr 25 % des Welthandels.

Dutzende Juweliergeschäfte säumen die holzvergitterte, autofreie Mittelachse des Souks, und alle quellen über von Gold, Perlen, Diamanten, Silber und Platin. Von einfachen Ohrsteckern bis zu kunstvollen Hochzeitscolliers – ein überwältigender Anblick, den sich niemand entgehen lassen sollte, auch wenn er nichts für Klunker übrig hat. Die meisten Geschäfte sind in indischem Besitz und die Klientel setzt sich überwiegend aus Indern und Arabern zusammen, was die dunkelgelbe Färbung des Goldes und die oft extrem aufwendigen Designs erklärt, die in diesen Teilen der Welt besonders begehrt sind.

NICHT VERSÄUMEN

- ➡ Größter Goldring der Welt
- ➡ Die Mittelarkade entlangschlendern

PRAKTISCH & KONKRET

- ➡ Karte S. 262, B1
- ➡ Sikkat Al Khail Street
- ➡ ⌚10–13 & 15–22 Uhr
- ➡ Ⓜ Al Ras

Einfach nur zu beobachten, was sich im Souk so abspielt, ist ein echtes Vergnügen, besonders in den geschäftigen Abendstunden. Wir empfehlen, sich auf eine Bank zu setzen, von einem der Straßenhändler eine Flasche Saft zu kaufen und das quirlige Treiben auf der Straße zu genießen.

Da Dubai die Hauptstadt der Superlative ist, beherbergt der Goldsouk – wenig überraschend – ein Schmuckstück, das alle Rekorde bricht. Im Juweliergeschäft **Kanz** (Karte S. 262; www.kanzjewels.com; Sikkat Al Kail St; ⌚10–13 & 15–22 Uhr; Ⓜ Palm Deira) gleich hinterm Haupteingang (abseits der Old Baladiya St) kann man ein Selfie mit dem größten und schwersten Goldring der Welt machen, wie das *Guinnessbuch der Rekorde* bestätigt. Die 21-Karat-Schönheit namens Najmat Taiba („Stern von Taiba") wiegt an die 64 kg und ist mit 5,1 kg an Diamanten und Edelsteinen besetzt. Ihr Wert liegt bei happigen 3 Mio. US$.

SEHENSWERTES

Die Hauptsehenswürdigkeiten von Deira liegen alle fußläufig voneinander entfernt um die stimmungsvolle Mündung des Dubai Creek herum.

GOLDSOUK MARKT

Siehe S. 54.

DHOW WHARFAGE HAFEN

Karte S. 262 (an der Baniyas Rd; Ⓜ Al Ras) Beim Spaziergang am Creek kann man Nahaufnahmen von den malerischen, bunten Daus machen, die neben den Souks von Deira liegen und mit allem Möglichen be- und entladen werden – von Klimaanlagen über Kaugummi bis zu Autoreifen. Diese langen, flachen Holzfrachtboote wurden jahrhundertelang für den Handel mit Staaten eingesetzt, die am Persischen Golf und am Indischen Ozean liegen, darunter der Iran, der Irak, Indien, Somalia und der Oman.

Die meisten Waren kommen per Luftfracht oder Containerschiff aus Ländern wie China, Südkorea und Singapur und werden dann wieder ausgeführt. Am Morgen und Nachmittag kann man den Seeleuten und Hafenarbeitern beim Be- und Entladen der Boote zusehen. Während der Mittagspause kann sich ein Gespräch mit ihnen ergeben – sofern sich jemand finden lässt, der dieselbe Sprache spricht. Dann erfährt man z. B., dass der Iran an einem Tag und Somalia nach sieben Tagen auf See erreicht werden oder wie viel die Besatzungsmitglieder im Vergleich zu Dau-Kapitänen verdienen. Wenn der Seemann in Plauderstimmung ist, wird er vielleicht sogar echte Piratengeschichten zum Besten geben. Die Piraten, die in den Gewässern vor dem Jemen und Somalia unterwegs sind, machen den hart arbeitenden Dau-Seeleuten aus Dubai das Leben mitunter ganz schön schwer.

GEWÜRZSOUK MARKT

Karte S. 262 (zw. Baniyas Rd, Al Ras Rd & Al Abra St; ⌚Sa–Do ca. 9–22, Fr ab 16 Uhr; Ⓜ Al Ras) Nur wenige Schritte von der *abra*-Station Deira Old Souk entfernt liegt dieser kleine, überdachte Markt, in dessen Gassen man Stimmengewirr auf Arabisch hört. Die Verkäufer geben ihr Bestes, um Kardamom, Safran und andere aromatische Kräuter an die Kunden zu bringen. Die Waren werden fotogen in Leinensäcken aufbewahrt, neben Nüssen, Räucherstäbchen, Hennasets, Shishas und getrockneten Limetten, einer Grundzutat der nahöstlichen Küche. In den winzigen Läden abseits der touristischen Hauptstraße werden auch Lebensmittel, Plastik- und andere Haushaltswaren an Einheimische und Seeleute von den Daus verkauft.

MUSEUM DES DICHTERS AL OQAILI MUSEUM

Karte S. 262 (☎04 515 5000; www.dubaiculture.gov.ae/en; Sikka 21b, Gewürzsouk; ⌚So–Do 8–14 Uhr; Ⓜ Al Ras) GRATIS 1923 wurde das bildschön restaurierte Gebäude in einer der schmalen Gassen am Rande des Gewürzsouks (S. 55) das Zuhause des in Saudi-Arabien geborenen Mubarak bin Al Oqaili (1875–1954), eines der bedeutendsten klassischen arabischen Dichter. Die zweisprachige Ausstellung widmet sich den Meilensteinen seines Lebens und zeigt auch Originalmanuskripte sowie persönliche Gegenstände, wie seinen Schreibtisch, eine Pistole und einen Stift.

Das private Wohnhaus ist mit seinen kunstvoll geschnitzten Teakholztüren, den Balkendecken und dem festlichen *madschli* (Empfangszimmer) sehr sehenswert und bietet sich für eine schöne Auszeit vom hektischen Souk an.

PARFÜMSOUK MARKT

Karte S. 262 (Naif Rd & Al Soor St; ⌚10–13 & 15–22 Uhr; Ⓜ Palm Deira) Hierbei handelt es sich um mehrere Blocks mit einem großen Angebot an Parfümgeschäften, der Name „Souk“ scheint dennoch nicht gerechtfertigt. Nichtsdestotrotz haben diese Läden eine überwältigende Vielfalt an nahöstlichen *attars* auf Lager: Parfüms auf Ölbasis, die gewöhnlich in großen bauchigen Flaschen aufbewahrt werden. Sie werden erst nach dem Kauf in elegante Flakons abgefüllt. Die kostbarsten Düfte enthalten *oud*, gewonnen aus dem Harz des Adlerholzbaums.

WOMEN'S MUSEUM MUSEUM

Karte S. 262 (Bait Al Banat; ☎04 234 2342; www.womenmuseumuae.com; Sikka 9 & 28; 20 Dh; ⌚Sa–Do 10–19 Uhr) Eine Burka anziehen, mehr über Ousha bint Khalifa Al Suwaidi, die meistgefeierte Dichterin der VAE, erfahren und sich über die Errungenschaften einheimischer Frauen auf den Gebieten Wissenschaft, Handel, Bildung, Politik und Literatur informieren – all das ist im ersten Museum der Region möglich, das Frauen ins Rampenlicht rückt.

Es befindet sich in dem Gassenlabyrinth nördlich des Goldsouks und ist nicht ganz einfach zu finden; nach Schildern auf dem Souk sowie an der Al Khaleej Road Ausschau halten.

Das Museum wurde von Rafia Ghubash, einer Professorin für Psychiatrie aus den Emiraten, konzipiert und finanziert. Es erstreckt sich über drei Stockwerke eines Gebäudes namens Bait Al Banat („Haus der Mädchen"; angeblich so genannt, weil hier in den 1950ern drei unverheiratete Schwestern wohnten).

ÜBERDACHTER SOUK MARKT

Karte S. 262 (südl. der Naif Rd; ⌚9–22 Uhr; Ⓜ Palm Deira) Trotz des Namens ist dieser Souk nicht wirklich überdacht, sondern eher ein formloses Gebilde aus engen Gassen, das sich über mehrere rechteckige Häuserblocks erstreckt. Diese werden mehr oder weniger von der Naif Road, der Al Soor Street, der 18th Street und der Al Sabkha Road begrenzt. Wer es nicht auf billige Stoffe, falsches Gucci, *kandouras* (lange traditionelle Gewänder), Plastikspielzeug und preiswerte Turnschuhe abgesehen hat, für den könnte das pulsierende Treiben auf der Straße dennoch unterhaltsam sein.

NAIF MARKET MARKT

Karte S. 262 (zw. Naif South, 9A & Deira St; ⌚8.30–23.30 Uhr; Ⓟ; Ⓜ Baniyas Square) Der historische Naif-Souk wurde 2008 niedergebrannt und durch dieses Einkaufszentrum mit arabesken Bögen ersetzt. Es ist besonders bei einheimischen Frauen beliebt, die auf der Suche nach günstigen *abayas* (bodenlangen Gewändern) und Accessoires wie Haarverlängerungen, Modeschmuck, *oud*-Räucherstäbchen und Hennaprodukten sind.

Abends ist am meisten los. Dann kann man sich einen Shawarma und einen Saft holen und die Szenerie auf sich wirken lassen. Wegen der Lage neben einer Mosche angemessen kleiden.

NATIONAL BANK OF DUBAI ARCHITEKTUR

Karte S. 262 (Emirates NBD; Baniyas Rd; Ⓜ Union) 2007 haben die Nationalbank von Dubai und die Emirates Bank fusioniert und sich zur Emirates NBD zusammengeschlossen, die Zentrale verbleibt jedoch in diesem funkelnden Wahrzeichen mit Blick auf den Creek. Das von Carlos Ott entworfene und 1997 fertiggestellte Gebäude vereint simple Formen, die wie eine Dau mit geblähtem Segel aussehen. Die „echten" Daus auf dem Creek spiegeln sich in der goldüberzogenen Glasfassade, was bei Sonnenuntergang besonders beeindruckend wirkt.

HERITAGE HOUSE MUSEUM

Karte S. 262 (☎04 226 0286; www.dubaiculture.gov.ae/en; Al Ahmadiya St; Ⓜ Al Ras) Dieses um einen Innenhof herum angelegte Haus aus dem Jahr 1890 gehörte einst Scheich Ahmed Bin Dalmouk, einem wohlhabenden Perlenhändler und Gründer der benachbarten Al Ahmadiya School. Der Innenhof dieses Gebäudes aus Korallen und Gips ist von Schatten spendenden Veranden umgeben. Hohe Windtürme sorgen für einen kühlen Luftzug. Falls Arbeiter vor Ort sind, kann man freundlich nachfragen und mit etwas Glück einen Blick ins Innere werfen.

AL MAMZAR BEACH PARK STRAND

(☎04 296 6201; Al Mamzar Creek; pro Pers./Auto 5/30 Dh, Pool Erw./Kind 10/5 Dh; ⌚So–Mi 8–22, Do–Sa bis 23 Uhr; Ⓟ) Dieser schön gestaltete Strandpark besteht aus fünf hübschen Sandstreifen und bietet reichlich Infrastruktur, z. B. einen Swimmingpool, Spielplätze, Picknickbereiche mit Grillstellen, Wassersportmöglichkeiten und Leihfahrräder, Imbisse, Rasenflächen, „Smart Palms" (Ladestationen

NATÜRLICHE KÜHLUNG VON INNENRÄUMEN

Das Al-Ras-Viertel in Deira und die Historischen Viertel Shindagha und Al Fahidi in Bur Dubai eignen sich, um sich traditionelle Häuser anzusehen, etwa das Haus von Scheich Saeed Al Maktoum (S. 72) oder das Museum des Dichters Al Oqaili. Diese aus Gips und Korallenstein errichteten Gebäude sind in der Regel um einen zentralen Innenhof mit vorgebauten Veranden angeordnet, um eine direkte Sonneneinstrahlung in die Zimmer zu vermeiden. Ein weiteres auffälliges Merkmal sind die Windtürme (arabisch *barjeel*), eine Art Klimaanlage ohne Strombetrieb, die für die Region typisch sind. Die Türme ragen in der Regel 5 bis 6 m über das Gebäude hinaus und bestehen aus Holz, Stein oder Segeltuch. Sie sind an allen vier Seiten offen und können selbst die sanfteste Brise einfangen und durch einen Schacht in der Mitte in das Zimmer darunter leiten. Dabei wird der Luftzug stärker und kühlt ab. Die sich bereits im Turmschacht befindende kältere Luft strömt herein und kühlt danach die heißere Luft draußen durch einen einfachen Konvektionsvorgang ab.

DUBAI CREEK

Was der Tiber für Rom und die Themse für London, das ist der Creek für Dubai: eine prägende Wasserstraße im Herzen der Stadt und ein entscheidender Baustein ihrer wirtschaftlichen Entwicklung. Der Creek, auf Arabisch Al Khor, war Anfang des 20. Jhs. die Grundlage für die örtliche Fisch- und Perlenindustrie und wurde 1961 so ausgebaggert, dass auch größere Frachtschiffe anlegen konnten. Zwei Jahre danach wurde die erste Brücke, die Al Maktoum Bridge, eröffnet.

Die breite Wasserstraße endete 15 km landeinwärts am Wildschutzgebiet Ras Al Khor, bis sie 2007 um 2,2 km zum neuen Viertel Business Bay verlängert wurde. Eine weitere Verlängerung um 3,2 km – der Dubai-Kanal – verbindet den Creek seit 2016 mit dem Persischen Golf.

Bis heute kommt es vielen Anwohnern gar nicht in den Sinn, über den Creek nach Deira überzusetzen. Es ist so ähnlich wie die Abneigung einiger Londoner, sich in die Viertel „südlich des Flusses" zu begeben, oder die Zurückhaltung der Leute in Manhattan, nach Queens zu fahren. Es stimmt zwar, dass zur Rushhour der Verkehr furchtbar sein kann, doch seit die 13-spurige Business Bay Bridge nahe Dubai Festival City und eine sechsspurige Pontonbrücke (geöffnet von 6 bis 22 Uhr) nahe Creek Park 2007 eröffnet wurden, kommt es seltener zu langen Staus. Eine vierte Brücke, die Al Garhoud Bridge, wurde ebenfalls auf 13 Spuren erweitert. Daneben gibt's den Shindagha-Tunnel an der Creek-Mündung, der für Fahrzeuge und Fußgänger geöffnet ist, doch schon bald durch eine Brücke ersetzt wird.

Mit öffentlichen Verkehrsmitteln gibt's zwei Möglichkeiten, den Creek zu überqueren. Die schnellere und einfachere ist die Dubai-Metro. Sowohl die Rote als auch die Grüne Linie verbinden die beiden Ufer über Unterwassertunnel. Am stimmungsvollsten ist es jedoch, für 1 Dh mit einem motorisierten *abra* zwischen Bur Dubai und den Souks von Deira über den Creek überzusetzen. Die Fahrtzeit beträgt nur fünf Minuten.

und WLAN-Hotspots) sowie klimatisierte Hütten (150–200 Dh pro Tag, an Strand 4).

Darüber hinaus können Sonnenliegen und -schirme gemietet werden, Restaurants gibt's aber nicht so viele – besser, man bringt ein Picknick mit. Montags und mittwochs sind keine Männer und Jungen über 6 Jahren erlaubt („Ladies' Days"). Die nächstgelegene Metrostation ist Al Qiyadah, ca. 6,5 km entfernt.

ESSEN

Deira hat eine fantastische Streetfood-Szene mit einer bunten Mischung aus Aromen und Gerichten aus aller Welt. Die Stadt ist ein Anziehungspunkt für Expats, die aus dem Nahen Osten und Südasien zum Arbeiten nach Dubai kommen und die Gerichte aus der Heimat vermissen. Es gibt authentische traditionelle Küche für wenige Dirham. Gehobene Restaurants findet man in den Hotels.

★ AROOS DAMASCUS — SYRISCH $

Karte S. 262 (☎04 221 9825; Ecke Al Muraqqabat Rd & Al Jazeira St; Sandwiches 4–20 Dh, Mezze 14–35 Dh, Hauptgerichte 15–50 Dh; ⌚7–3 Uhr; Ⓜ Salah Al Din) Ein Restaurant, das seit 1980 einer treuen Stammkundschaft syrisches Essen serviert, muss irgendetwas richtig machen. Eine perfekte Mahlzeit startet mit Hummus und einem *fattoush*-Salat mit Toastbrot, Tomaten, Zwiebeln und Pfefferminzblättern, bevor es mit einem Teller mit saftigem Grillkebab weitergeht. Die Außenterrasse ist riesig. Es herrscht bis in die Morgenstunden Betrieb.

SADAF IRANIAN SWEETS — DESSERT $

Karte S. 262 (☎04 229 7000; Rigga Al Buteen Plaza, Al Maktoum Rd; Süßspeisen 20–30 Dh; ⌚8–24 Uhr; Ⓜ Al Rigga) Der kleine Laden, der versteckt in einem kleinen Bogengang liegt, quillt förmlich über vor lauter Gewürzen, Nüssen, Safran, Tee und anderen Leckereien aus dem Iran, Kenner kommen aber vor allem wegen eines köstlichen Desserts hierher: *faloodeh*. Dabei handelt es sich um knusprige Fadennudeln, die in einem Sirup aus Rosenwasser, Zitrone und Zucker getränkt und mit einer Kugel Safraneis serviert werden.

AL TAWASOL — JEMENITISCH $

Karte S. 264 (☎04 295 9797; Abu Bakar Al Siddique Rd, Al Rigga; Hauptgerichte 25–75 Dh; ⌚11–1 Uhr; Ⓜ Al Rigga) In diesem traditionellen jemenitischen Restaurant kann man auf dem Tep-

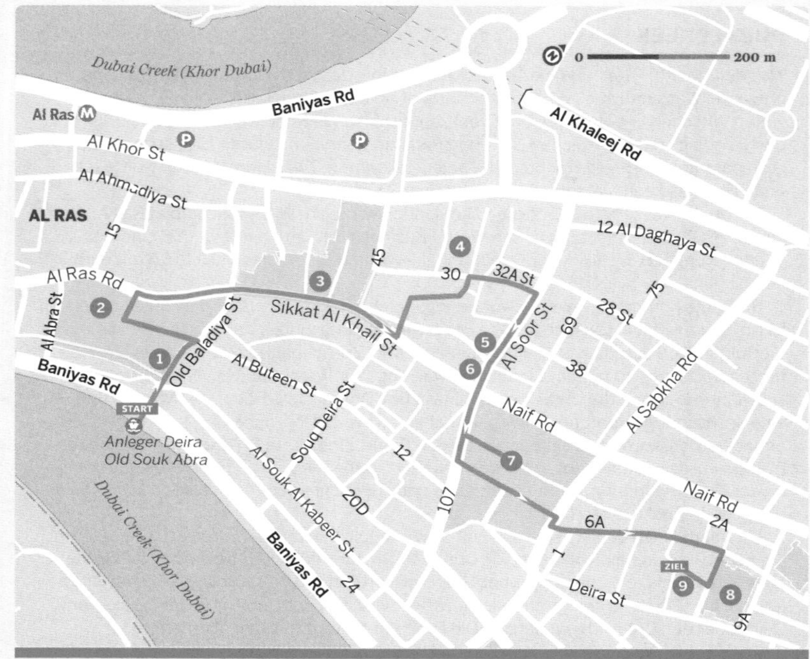

Spaziergang durch Deira
Bummel über die Souks

START ABRA-HALTESTELLE DEIRA OLD SOUK
ZIEL AFGHAN KHORASAN KEBAB
LÄNGE/DAUER 2 KM; 2–3 STD., INKL. MUSEEN

An der *abra*-Haltestelle Deira Old Souk führen einen die schweren Düfte zum 1 **Gewürzsouk** (S. 55). Gleich am Eingang gibt's frischen Saft in der winzigen 2 **Jafer Bin-am Ali Cafeteria**, danach locken Safran, Kurkuma und Weihrauch. Um mehr über einen der besten Dichter Dubais zu erfahren, bietet sich ein Besuch im 3 **Museum des Dichters Al Oqaili** (S. 55) an. Anschließend geht's zur Al Ras Road und dort nach rechts in die Old Baladiya Street und dem mit einem Holzgitter versehenen Eingangstor des 4 **Goldsouks** (S. 54), das an dem Schriftzug „City of Gold" leicht zu erkennen ist.

Nach einem Selfie mit dem größten Goldring der Welt lohnt ein Blick in die Auslagen der Geschäfte: Filigrane Ohrringe, Goldwaren für die Mitgift – alles ist dabei. Verlässt man die zentrale Arkade in nördlicher Richtung, wird man Teesalons, einfache Cafés, geschäftige Schneider- und Friseurläden in den Gassen entdecken. Schilder weisen den Weg zum 5 **Women's Museum** (S. 55), in dem die wichtigsten Beiträge emiratischer Frauen auf Gebieten wie Kunst und Wissenschaft im Mittelpunkt stehen.

Zurück geht's in südlicher Richtung und links in die 32a Street, welcher man bis zur Al Soor Street folgt, einer der Hauptadern des 6 **Parfümsouks** (S. 55). Rechts gelangt man zu verschiedenen Läden, um schwere nahöstliche *attars* (Parfüms) und *oud* (Duftholz) zu schnüffeln. An der Kreuzung mit der Sikkat al Khail Road gibt's zur Stärkung einen Saft oder ein Shawarma im 7 **Ashwaq Cafeteria** (S. 59).

Man geht diagonal über die Kreuzung und taucht ein in das Gassenlabyrinth des 8 **Überdachten Souks** (S. 56). In den dortigen Geschäften wird alles Mögliche verkauft – von Textilien bis zu Shishas. Wenn man die Al Sabkha Road gefunden hat, geht's weiter zur 6A Street und dem 9 **Naif Market** (S. 56), der aus der Asche des historischen Naif-Souk entstanden ist.

pich im Hauptspeisesaal oder in einem privaten „Beduinenzelt" speisen. Das Personal breitet eine dünne Plastikfolie aus, um den Teppich vor den einfachen Gerichten zu schützen, darunter Kurkuma-Reis mit Curry-Hammelfleisch, im Ofen gebratenes Hühnchen-*mandi* (Reis mit würzigem Eintopf) oder ein ganzes Schaf für alle, die wirklich hungrig sind (800 Dh).

Nach einem Löffel fragen, wenn man nicht mit den Händen essen möchte. Nahe dem Clocktower Roundabout.

QWAIDER AL NABULSI NAHÖSTLICH $

Karte S. 262 (04 227 7760; Al Muraqqabat St; Snacks 10–17 Dh, Hauptgerichte 28–50 Dh; 8–2 Uhr; ; Al Rigga, Salah Al Din) Hinter der grellen Neonfassade sieht dieses Lokal auf den ersten Blick eher wie ein Süßwarenladen aus (zu empfehlen: *kunafa* (warme Süßspeise aus in Sirup getränkten dünnen Teigfäden mit Käse), bietet aber eine umfangreiche Speisekarte mit nahöstlichen Delikatessen wie *musakhan* (Hühnchenpastete) und mit Sesam ummantelte Falafel-*mahshi* (gefüllt mit Chilipaste), deren lockere Füllung wegen der Petersilie und anderer Kräuter grün gefärbt ist. In der Nähe des Kings Park Hotel.

AFGHAN KHORASAN KABAB AFGHANISCH $

Karte S. 262 (04 338 9838; abseits Deira St; Hauptgerichte 19–40 Dh; 11.30–1 Uhr; Baniyas Square) Auf langen Spießen gegrillte Fleischbrocken – Hammel oder Hühnchen –, gepaart mit afghanischem *pulao* (Reispilaw), Brot und einer hausgemachten pikanten Soße – das war's. Wer es authentisch mag, sollte mit den Händen essen und im mit Teppichen ausgelegten *madschli* (Empfangszimmer) im Obergeschoss Platz nehmen. Das Lokal liegt in einer Gasse hinter der Al-Ghurair-Moschee.

ASHWAQ CAFETERIA NAHÖSTLICH $

Karte S. 262 (04 226 1164; Ecke Al Soor & Sikkat Al Khail St; Sandwiches 4–7 Dh; 8.30–24 Uhr; Palm Deira) In perfekter Lage zum Leutegucken in der Nähe des Goldsouks liegt das kostengünstige Ashwaq, das zwar winzig klein ist und nur über ein paar Tische auf dem Gehweg verfügt, doch bei seinem Shawarma läuft einem das Wasser im Mund zusammen. Das lässt sich wunderbar mit einem frisch gepressten Obstsaft wie Papaya- oder Mangosaft hinunterspülen.

YUM! ASIATISCH $

Karte S. 262 (04 205 7033; www.radissonblu.com/hotel-dubaideiracreek; Baniyas Rd, 1. Stock, Radisson Blu Hotel; Hauptgerichte 32–49 Dh; 12–23.30 Uhr; ; Union, Baniyas Square) Das offen geschnittene Yum! ist zwar nicht so dynamisch oder anspruchsvoll wie einige andere asiatische Restaurants, bietet jedoch eine lockere Atmosphäre und eignet sich ideal als kurzer Zwischenstopp auf einem Spaziergang am Creek entlang, um einen Teller Nudeln zu essen – wer will, ist schon nach einer halben Stunde wieder draußen.

★ ASEELAH AUS DEN EMIRATEN $$

Karte S. 262 (04 205 7033; www.radissonblu.com; Baniyas Rd, 2. Stock, Radisson Blu Hotel, Al Rigga; Hauptgerichte 50–195 Dh; 12.30–16 & 18.30–23.15 Uhr; ; Union, Baniyas Square) Mit seinem bunten Angebot aus traditioneller und moderner emiratischer Küche liegt dieses stilvolle Restaurant genau im Trend. Viele Gerichte, darunter die mit Datteln gefüllte Hühnchenkeule und der Kameleintopf, werden mit einer lokalen Gewürzmischung zubereitet: *bezar* (mit Kreuzkümmel, Fenchel, Zimt und getrockneten Chilischoten). Wer gern mal ein ganzes Tier am Stück hätte, könnte *ouzi* bestellen, eine 24 Stunden lang schonend gegarte (komplette!) Ziege mit Gemüse- und Nussfüllung.

Wer einen Tisch auf der Terrasse ergattert, genießt einen herrlichen Blick auf den Creek.

XIAO WEI YANG HOTPOT MONGOLISCH $$

Karte S. 262 (Little Lamb Mongolian Hotpot; 04 221 5111; www.facebook.com/xiaoweiyangdubai; Baniyas Rd; Hotpots 28–32 Dh, Fleischgerichte 36–48 Dh, Kombigerichte 98–148 Dh; 11–1 Uhr; Baniyas Square) Neben den Twin Towers ist dieses authentische Hotpot-(Eintopf-)Restaurant zu finden. Das Xiao Wei („Lämmchen") funktioniert so: Ein brodelnder, von Dschingis Khan inspirierter Eintopf wird auf einer heißen Platte auf den Tisch gestellt. Aus Saté, Knoblauch, Koriander, Chili und anderen Gewürzen mixt man sich einen Dip und wählt ein paar Zutaten (Fischbällchen, Tofu, Shiitake-Pilze, Lotuswurzel, Rindfleischscheiben), die im Kessel mitkochen. Einfach dippen und genießen.

Hier wird nur wenig Englisch gesprochen. Das Ambiente ist nicht sehr stimmungsvoll, aber man ist ja auch wegen des Essens hier.

THAI KITCHEN THAILÄNDISCH $$

Karte S. 264 (04 602 1234; www.dubai.park.hyatt.com; Dubai Creek Club St, Park Hyatt Dubai; kleine Gerichte 42–70 Dh, Fr Brunch 255–395 Dh; 12–23.45 Uhr; ; City Centre Deira) Das Dekor ist mit schwarzen Lacktischen, einer wellenförmigen Decke und ohne einen einzigen Bambuszweig so gar nicht thailändisch, doch die Köche verstehen ihr Handwerk wirklich und werden seit 2005 von dem angesehenen thailändischen Koch Supattra Boonsrang angeleitet: Die Gerichte sind inspiriert von den Essensständen in den Straßen Bangkoks und werden in ordentlichen Portionen serviert – ideal zum Probieren und Teilen. Der Blick auf den Creek ist ebenfalls einzigartig.

CHINA CLUB CHINESISCH **$$**

Karte S. 262 (☎04 205 7033; www.radissonblu.com; Baniyas Rd, Radisson Blu Hotel; Yum-cha-Buffet 139 Dh, Hauptgerichte 40–170 Dh; ⏰12.30–15 & 19.30–23 Uhr; P📶; MUnion, Baniyas Square) Sinnliche Seidenstoffe und gestickte Wandteppiche schaffen eine attraktive Kulisse für das kulinarische Highlight: das *yum cha*-Büfett (Dim Sum), das allabendlich sowie freitags und samstags zum Mittagessen aufgefahren wird. Verlässlich gute Gerichte à la carte sind z. B. das scharfe, im Wok gebratene Lamm nach Szechuan-Art oder knusprige Pekingente, die am Tisch tranchiert und gerollt wird.

Das frittierte Speiseeis bildet den Abschluss.

SHABESTAN IRANISCH **$$$**

Karte S. 262 (☎04 222 7171; www.radissonblu.com; Baniyas Rd, Radisson Blu Hotel; Hauptgerichte 105–185 Dh; ⏰12.30–15 & 19–23 Uhr; P📶; MUnion, Baniyas Square) Dieses traditionelle persische Restaurant ist schlicht eingerichtet und bietet ein Panorama mit glitzernden Lichtern, die sich auf dem Creek spiegeln. Für Klassiker wie *fesenjan ba morgh* (Huhn in Walnuss-Granatapfel-Soße) oder *ghormeh sabzi* (Lammeintopf) sollte man sich Zeit nehmen. Zum Abschluss kann man eine Kugel Fadennudel-Eis mit Safran und Rosenwasser genießen.

Jeden Abend außer samstags wird persische Livemusik gespielt. Ohne Tischreservierung geht nichts.

AL MANSOUR DHOW INTERNATIONAL **$$$**

Karte S. 262 (☎04 205 7033; www.radissonblu.com; Baniyas Rd, Radisson Blu Hotel; 2-stünd. Dinner Cruise Erw./Kind 185/100 Dh; ⏰20 Uhr; P📶; MUnion, Baniyas Square) An Bord einer traditionellen Dau aus Holz, die mit blinkenden Lichterketten geschmückt ist, kann man die Skyline der Stadt genießen, gefühlvoller arabischer Musik lauschen und sich am üppigen Büfett bedienen. Den kulinarischen Schwerpunkt bilden nahöstliche und westliche Gerichte (mit Live-Nudelkochstation).

Darüber hinaus gibt's eine Bar und eine Shisha-Lounge zum Entspannen auf dem Oberdeck. Los geht's vorm Radisson Blu Hotel (S. 194), das diese Bootsfahrten mit Dinner anbietet.

TABLE 9 INTERNATIONAL **$$$**

Karte S. 262 (☎04 227 1111; www3.hilton.com; Baniyas Rd, Hilton Dubai Creek; 4-gängiges Abendessen 225 Dh, Hauptgerichte 85–125 Dh, Kochkurs 250 Dh; ⏰18.30–23 Uhr; 📶🖊; MAl Rigga, Union) Das ehemalige gehobene Restaurant von Nick Alvis und Scott Price – Schützlinge von Gordon Ramsay, die jetzt das Folly (S. 113) und **The Lion** (Karte S. 276; ☎04 359 2366; www.theliondubai.ae; EG, H Hotel, Sheikh Zayed Rd; Hauptgerichte 80–120 Dh; ⏰So–Do 8–3, Fr & Sa ab 11 Uhr; 📶; MWorld Trade Centre) leiten – wurde vom türkischen Chefkoch Enver Can Gümüs zu einem Lokal mit ungezwungenerer Atmosphäre umgebaut. Die Gerichte stammen u. a. aus dem Mittelmeerraum und reichen von einer Auswahl an Tapas und langsam gegartem Oktopus bis hin zu innovativen Veggie-Gerichten wie Selleriesteak.

Dreistündige Kochkurse werden von Sonntag bis Donnerstag (16 und 18.30 Uhr) sowie am Freitag (16 Uhr) angeboten. Die Teilnehmer wählen im Voraus aus, welche Speisekartengerichte sie lernen möchten (Vorspeise, Hauptgericht und Nachspeise). Die Bewertungen gehen durch die Decke.

AL DAWAAR INTERNATIONAL **$$$**

Karte S. 262 (☎04 317 2222; https://dubai.regency.hyatt.com; Hyatt Regency Dubai, Al Khaleej Rd; Mittags-/Abendbüfett 185/235 Dh; ⏰12.30–15 & 19–23.30 Uhr; MPalm Deira) In einer Stadt, die gern eine Vorreiterrolle einnimmt, ist dieses Drehrestaurant im 25. Stock auf liebenswerte Weise altmodisch. Nach einer Renovierung im Jahr 2017 ist das Dekor hell und modern. Die Stimmung ist heiter, das Büfett quillt über von europäischen, nahöstlichen, asiatischen und japanischen Gerichten, und der Blick auf die Stadt ist, wie zu erwarten, eindrucksvoll, insbesondere am Abend.

Das Freitagsbüfett ist zu Recht sehr beliebt (229 Dh). Tisch vorab reservieren. Das Al Dawaar ist ein begehrtes Lokal für Geburtstagspartys und andere Feiern.

SPICE ISLAND INTERNATIONAL **$$$**

Karte S. 262 (☎04 608 8085; Salahuddin Rd, Crowne Plaza Dubai Hotel; Abendbüfett mit Soft-/Haus-/Premium-Getränken 224/292/350 Dh; ⏰6–23.30 Uhr; P📶; MSalah Al Din, Abu Baker Al Siddique) Mit hübsch angerichteten Speisen aus China, Japan, Indien, Italien, Mexiko und der Mongolei – dazu frischer Fisch und Meeresfrüchte sowie unzählige Desserts – bietet

ABSTECHER

DEIRAS FISCHMARKT

Deiras Fischmarkt (☎800 627 538; www.waterfrontmarket.ae; Al Khaleej Rd, Waterfront Market, nahe Abu Hail St; ⏲So–Mi 10–22, Do & Fr bis 23 Uhr; 🚌17, C15, Ⓜ Abu Hail, Goldsouk) liegt in funkelnagelneuen Gebäuden im Hafengebiet hinterm Dubai Hospital, die zum Bauprojekt Waterfront Market gehören. Er mag einen Teil seines früheren Charmes eingebüßt haben, doch er bietet immer noch eine lebhafte Atmosphäre und Angebote zu Schnäppchenpreisen. Strampelnde Hummer, Garnelen, groß wie Babybananen, meterlange Königsmakrelen und Berge von Blaukrabben – alles fangfrisch – machen sich hervorragend als Fotomotive, selbst wenn man nichts kauft.

Auf dem Markt gibt's nicht nur Fisch, sondern auch einheimische und importierte Produkte wie Fleisch, Trockenwaren, Datteln, Gewürze und Parfüms. Auch Cafés und Fastfood-Restaurants lassen sich hier finden. An den Live-Kochstationen kann man sich den frisch gekauften Fisch zubereiten lassen.

Die meisten Fische werden direkt vor der Küste der Vereinigten Arabischen Emirate gefangen, insbesondere vor Sharjah und Ras Al Khaimah, zwei Emiraten direkt nördlich von Dubai. Schalentiere werden in der Regel aus dem Nachbarland Oman eingeführt. Es macht Spaß, dem Stimmengewirr zu lauschen und das wilde Feilschen zwischen Fischhändlern und Kunden zu beobachten. Es empfiehlt sich, früh am Morgen oder abends vorbeizukommen (und nicht nachmittags zur Siestazeit) und Turnschuhe oder andere wasserfeste Schuhe zu tragen. Wer etwas kaufen möchte, sollte bereit sein zu handeln, überfischte Arten wie Zackenbarsch und Königsmakrele meiden und darum bitten, den Fisch zu säubern.

dieses günstige Büfettrestaurant, das es gefühlt schon immer gibt, einen Augenschmaus sowie ein gutes Preis-Leistungs-Verhältnis. Es ist sehr beliebt bei Familien – mit seinen über 200 Gerichten bietet es etwas für jeden Geschmack.

ASHIANA — INDISCH $$$

Karte S. 262 (☎04 207 1733; www.ashianadubai.com; Baniyas Rd, EG, Sheraton Dubai Creek Hotel & Towers; Hauptgerichte 58–148 Dh; ⏲12–15 & 19–23 Uhr; 📶🌶; Ⓜ Union) Ein altbewährtes Lokal, das indische Küche mit moderner Note in einem eleganten, schummrigen Speisesaal serviert und das gemütliche Ambiente einer alten Privatvilla bietet.

Die Speisekarte schafft den Spagat zwischen aromatischen Currys, saftigen Kebabs und lockeren Biryani-Gerichten sowie originellen Hauptgerichten zum Teilen wie *raan lucknowi* (langsam gegartes, 48 Stunden mariniertes Lamm) – und alle Speisen sehen zum Reinbeißen aus.

YALUMBA — INTERNATIONAL $$$

Karte S. 264 (☎04 217 0000; www.yalumbadubai.com; Airport Rd, Le Meridien Dubai; Büfett mit/ohne Alkohol 229/169 Dh; ⏲5.30–10.30, 12.30–15 & 19.30–23 Uhr; 🅿📶; Ⓜ GGICO, Flughafenterminal 1) Dieses Restaurant liegt zwar im schnelllebigen Dubai, erfreut sich jedoch schon seit 2006 einer großen Beliebtheit.

Das liegt vor allem am legendären Freitags-Champagner-Brunch mit Live-Kochstationen (529 Dh) und DJ, doch die treue Kundschaft strömt auch an anderen Tagen hierher – ebenso wie alle, denen der Sinn nach Meeresfrüchten, Sonntagsbraten und Speisen vom All-you-can-eat-Büfett steht.

MIYAKO — JAPANISCH $$$

Karte S. 262 (☎04 209 6914; www.dubai.regency.hyatt.com; Al Khaleej Rd, Erdgeschoss, Hyatt Regency Dubai; Nigiri 35–85 Dh, Teppanyaki-Sets 280–370 Dh; ⏲12.30–23.30 Uhr; 🅿📶; Ⓜ Palm Deira) Eines der ältesten japanischen Restaurants Dubais (1987 eröffnet) brüstet sich seit der Renovierung mit einem modernen Look, ist aber nach wie vor in drei Bereiche unterteilt: den Teppanyaki-Raum, die Sushibar und das Tatami-Zimmer. Die Karte von Sushi bis Tempura, Yakitori bis Ramen und von Hotpots bis zu Reisgerichten ist ähnlich abwechslungsreich.

Vielleicht nicht die trendigste, aber in jedem Fall eine zuverlässig authentische Adresse.

AUSGEHEN & NACHTLEBEN

Deira bietet nicht nur ein multikulturelles Flair, sondern auch ein ebenso abwechslungsreiches Nachtleben – von philippinischen Clubs und schicken Freiluft-Lounges

GLEN_PEARSON/GETTY IMAGES ©

MAREMAGNUM/GETTY IMAGES ©

ANASTASIOS71/SHUTTERSTOCK ©

. Al Ahmadiya School
)bwohl das Museum aufgrund von Renovierungs-
ırbeiten für unbestimmte Zeit geschlossen ist,
ohnt sich diese Schule aus dem Jahr 1912 wegen
hrer wunderbaren traditionellen Architektur.

. Abras
Motorisierte traditionelle Holzboote, sogenannte
ıbras, befahren den Dubai Creek.

. Deiras Souks
ıuf den Marktplätzen von Deira kann man Waren
ller Art einkaufen, natürlich auch Schuhe (S. 79).

. Gewürzsouk (S. 55)
Gewürze, getrocknete Früchte und Nüsse gehören
um breiten Angebot auf diesem kleinen über-
achten Markt.

INSIDERWISSEN

SICH DURCH DEIRA TREIBEN LASSEN

Manchmal zahlt es sich aus, nicht nach Plan vorzugehen, sondern zu improvisieren. Einige der faszinierendsten Teile der Stadt haben keine einzige Touristenattraktion, die eine Empfehlung wert ist, hier stößt man jedoch an allen Ecken und Enden auf die Seele, die – so der häufige Vorwurf – der Stadt zu fehlen scheint. Dubai gilt als sichere Stadt – es gibt keine No-go-Areas, und selbst die Gassen, die so richtig unheimlich aussehen, sind in der Regel ziemlich harmlos. Abenteuerlust und Spontaneität sind also gefragt – Stadtpläne beiseitelegen und sich vom Instinkt treiben lassen. Im Folgenden sind einige der Bereiche in Deira aufgeführt, in denen man sich einfach treiben lassen kann.

Naif Das Gebiet zwischen Naif Road und Al Khaleej Road ist ein labyrinthisches Durcheinander schmaler, vollgestopfter Straßen – bestens geeignet für Stadtfotografie. Hier trifft man auf alte Männer, die Shisha rauchen und auf dem Pflaster Backgammon spielen; äthiopische und somalische Ecken; irrsinnig schlechte Rolex-Imitate; Spielekonsolen; schwere Parfüms; blendend bunte Ladenfassaden und hin und wieder eine Ziege, die einfach mitten auf der Straße spazieren geht. So etwas bekommt man auf der Palm Jumeirah einfach nicht zu sehen ...

Al Muteena Die mit der Metro leicht erreichbare Al Muteena Street (bei Salah Al Din aussteigen) gehört zu den verführerischsten Einkaufsstraßen der Stadt mit breiten Bürgersteigen, Palmen und einem parkähnlichen Streifen in der Mitte. In den irakischen Restaurants und Cafés gibt's *masgouf* – einen ganzen, in der Mitte durchgeschnittenen Fisch, der kräftig gewürzt und über einem offenen Feuer gegrillt wird. Und die Shisha-Cafés muss man mit eigenen Augen gesehen haben, um es zu glauben: Sie bieten Steingärten, künstliche Seen und herumbaumelnde Palmwedel. In der Al Muraqqabat Road ganz in der Nähe steht ein exzellentes syrisches, libanesisches und palästinensisches Lokal neben dem anderen. Von hier aus ein Stück weiter südlich quillt auch die Al Rigga Road über vor vielversprechenden Lokalen. Hier herrscht auch ein lebhaftes Treiben.

am Creek bis hin zu russischem Kabarett und einem berühmten irischen Pub.

★IRISH VILLAGE — IRISH PUB

Karte S. 264 (☎04 282 4750; www.theirishvillage.com; 31A St, Garhoud; ⏲Sa–Mi 11–1, Do & Fr bis 2 Uhr; WLAN; Ⓜ GGICO) Die Fassade dieses immer gut gefüllten Pubs bildet eine irische Hauptstraße ab (mit allem Drum und Dran, inklusive Postamt) und wurde aus Materialien gefertigt, die direkt aus Irland importiert wurden. Der Pub ist seit 1996 eine wahre Institution in Dubai.

Es gibt Guinness und Kilkenny vom Fass, einen Garten rund um einen kleinen See, hin und wieder eine Liveband und reichlich Kneipenessen, das eine gute Grundlage bildet.

★QDS — BAR

Karte S. 264 (☎04 295 6000; www.dubaigolf.com; Dubai Creek Club St, Dubai Creek Golf & Yacht Club, Garhoud; Shisha 65 Dh; ⏲So–Mi 17–2, Do & Sa bis 3, Fr 13–3 Uhr; WLAN; Ⓜ City Centre Deira) Hier kann man die vorbeigleitenden, beleuchteten Daus beobachten und dabei einen Cocktail schlürfen. Auf der Loungeterrasse am Creek herrscht immer gute Stimmung. Die Teppiche und Kissen sorgen für ein einladendes Ambiente.

Im Sommer kann man sich in einem Zelt mit Klimaanlage abkühlen. Auch ein großartiger Laden für Shisha-Süchtige!

JUICE WORLD — SAFTBAR

Karte S. 262 (☎04 299 9465; www.juiceworld.ae; Al Rigga St; ⏲Sa–Mi 13–2, Do & Fr bis 3 Uhr; Ⓜ Al Rigga) Lust auf Vitamine? Dann lohnt sich der Weg zu dieser ausgesprochen gesunden saudischen Saftbar, die nicht nur für ihre 200 fantastisch kreativen Getränke berühmt ist, sondern auch für ihre ausgefallenen Obstskulpturen.

Es gibt einen kompletten Raum, der voll davon ist: Das glaubt man erst, wenn man es gesehen hat. Von der großen Terrasse aus kann man wunderbar Leute beobachten.

CIELO SKY LOUNGE — BAR

Karte S. 264 (☎04 416 1800; www.cielodubai.com; Dubai Creek Club St, Dubai Creek Golf & Yacht Club; ⏲Sept.–Mai 16–2 Uhr; WLAN; Ⓜ City Centre Deira) Hier sieht es aus wie auf einer teuren futuristischen James-Bond-Jacht: Das Cielo protzt mit einer sinnlich-romantischen Stimmung, die durch die schaukelnden Jachten darunter und den coolen Blick über den Creek auf die Skyline von Dubai unterstützt wird. Eine der gediegensten Adressen in diesem Teil der Stadt, um mit ein paar Drinks und kleinen Gerichten aus aller Welt in den Abend zu starten. Minuspunkt: Die Barkeeper können unfreundlich sein.

KU-BU CLUB
Karte S. 262 (☎04 222 7171; Baniyas Rd, EG, Radisson Blu Hotel; ⌚19–3 Uhr; Ⓜ Union, Baniyas Square) Ein Stamm-DJ spielt funkige Melodien in diesem fensterlosen Aufreißerschuppen, in dem viele Tattoos zu sehen sind. Hier gibt's lauschige Plätzchen mit Plüschvorhängen für mehr Privatsphäre. Eine gute Wahl, um vor oder nach dem Abendessen in einem der Radisson-Blu-Restaurants noch einen Drink zu nehmen.

DUBLINER'S IRISH PUB
Karte S. 264 (☎04 702 2455; www.thedublinersdubai.com; Airport Rd, Le Meridien Dubai Hotel, Garhoud; ⌚12–2 Uhr; 📶; Ⓜ Flughafenterminal 1, GGICO) Dieser irische Pub in der Nähe des Flughafens bietet acht Biere vom Fass, überdurchschnittlich gute Kneipengerichte (vor allem das Chicken Curry) und ein hübsches Blarney-Dekor. An Spieleabenden und während des Freitagsbrunches (13–16 Uhr, 189 Dh pro Pers., einschließlich 5 Hausgetränke) ist es in der Regel brechend voll.

ISSIMO SPORTBAR
Karte S. 262 (☎04 227 1111; www.3hilton.com; Baniyas Rd, Hilton Dubai Creek; ⌚15–1 Uhr; 📶; Ⓜ Al Rigga, Union) Blau beleuchteter Fußboden, schwarze Ledersofas und schnittige Chromverkleidungen verleihen dieser Sport- und Martinibar einen trendigen Look. Wer sich nicht für Sport – oder Fernsehen – interessiert, fühlt sich durch die riesigen Bildschirme vielleicht etwas abgelenkt, doch wer sich ein Spiel ansehen will, ist hier genau richtig.

SHOPPEN

Es sind vor allem die Souks, die Shoppingbegeisterte nach Deira locken. Hier kann man die Taschen mit Gewürzen, Gold, Parfüm und allen möglichen Souvenirs füllen, die spottbillig sind – wenn man sich traut, zu handeln! Die größte Shopping-Mall ist das City Centre Deira.

CITY CENTRE DEIRA MALL
Karte S. 264 (☎04 295 1010; www.citycentredeira.com; Baniyas Rd; ⌚So–Mi 10–22, Do–Sa bis 24 Uhr; 📶; Ⓜ City Centre Deira) Andere Malls mögen größer und protziger sein, doch das City Centre Deira bleibt mit seinem logischen Aufbau und seiner breiten Auswahl an Geschäften eine solide Anlaufstelle. Das Angebot reicht von Ketten wie H&M und Zara bis zu privaten Läden von einheimischen Händlern, die hochwertige Teppiche, Souvenirs und Kunsthandwerk verkaufen. Es gibt auch eine riesige Filiale der Supermarktkette Carrefour, Food Courts, ein Multiplex-Kino, vier Hotels und einen Indoor-Themenpark („Magic Planet").

GIFT VILLAGE KAUFHAUS
Karte S. 262 (☎04 294 6858; www.gift-village.com; 14th St, Baniyas Sq; ⌚So–Do 9–1, Fr 9–12 & 14–2 Uhr; Ⓜ Baniyas Square) Wer sein ganzes Geld für Jimmy-Choo-Schuhe und Schmuck im Goldsouk ausgegeben hat und eine neue Tasche

WORAUF MAN BEIM GOLDKAUF ACHTEN SOLLTE

Auf dem Goldsouk muss man sich über Fälschungen keine Gedanken machen – es sei denn, man will den Schleppern, die unterwegs sind, um Touristen ihre Imitate anzudrehen, eine billige Rolex-Kopie oder nachgemachte Prada-Tasche abkaufen. Der Staat Dubai reguliert die Goldqualität, weshalb man davon ausgehen kann, dass die zum Verkauf stehenden Stücke echt sind.

Der Preis bemisst sich an zwei Faktoren: dem offiziellen, tagesaktuellen internationalen Goldkurs und der Kunstfertigkeit des Schmuckstücks. Die aktuellen Goldpreise sind überall auf dem Souk angeschlagen oder können online nachgelesen werden (z. B. unter http://gulfnews.com/business/gold-rate). Die meisten Stücke, die hier verkauft werden, haben 14 oder 18 Karat.

Feilschen ist Pflicht! Die Verkäufer legen ihre Preise entsprechend dieser Vorgabe fest. Da der Goldpreis fix ist, bezieht man sich am besten auf die Kunstfertigkeit des Objekts. Der Kauf mehrerer Schmuckstücke sollte mit einem Rabatt einhergehen. Dasselbe gilt für Bargeldzahlungen. Wer gut verhandelt, sollte den Ursprungspreis um 20 bis 30 % drücken können.

fürs Handgepäck braucht, der freut sich sicher über die Riesenauswahl im Gift Village. Auch Kosmetikprodukte, Schuhe, Kleidung, Spielzeug, Sportartikel und Schmuck sind hier zu finden.

AL GHURAIR CENTRE MALL

Karte S. 262 (☎800 24227; www.alghuraircentre.com; Ecke Al Rigga & Omar Bin Al Khattab Rd; ⌚So–Mi 10–22, Do–Sa bis 24 Uhr; Ⓜ Union, Salah Al Din, Al Rigga) Die älteste Shoppingmall Dubais öffnete 1980 und ist um einiges unauffälliger als die jüngere Konkurrenz – trotz einer Erweiterung, durch die sich die Zahl der Geschäfte auf 390 verdoppelt hat. Neben den zu erwartenden westlichen Marken findet man Geschäfte, in denen die landestypische Bekleidung und nahöstliche Düfte verkauft werden.

MIKYAJY KOSMETIK

Karte S. 264 (☎04 295 7844; www.mikyajy.com; Baniyas Rd, 2. Stock, City Centre Deira; ⌚So–Mi 10–22, Do–Sa bis 24 Uhr; 📶; Ⓜ City Centre Deira) Im winzigen Mikyajy, der regionalen Make-up-Marke, glaubt man, sich in einer Pralinenschachtel wiederzufinden. Auch wenn die kräftigen Farben für nahöstliche Vorlieben und Hautfarben entwickelt wurden, verleihen sie jedem Gesicht einen schönen, frischen Teint.

DAMAS COLLECTIONS SCHMUCK

Karte S. 264 (☎04 295 3848; www.damasjewellery.com; Baniyas Rd, City Centre Deira; ⌚So–Mi 10–22, Do–Sa bis 24 Uhr; 📶; Ⓜ City Centre Deira) Das Damas wurde 1907 gegründet und ist vielleicht nicht der innovativste Juwelier in Dubai, doch mit seinen über 50 Filialen ist es praktisch überall zu finden. In der Diamant- und Goldabteilung sollte man nach aufwendig entworfenem Hochzeitsschmuck und klassischen Stücken sowie berühmten Designernamen wie Fabergé und Tiffany Ausschau halten.

SPORT & AKTIVITÄTEN

DUBAI CREEK GOLF & YACHT CLUB GOLF

Karte S. 264 (☎04 295 6000; www.dubaigolf.com; Baniyas Rd; Greenfee werktags/Wochenende 770/875 Dh, Cruises ab 450 Dh; Ⓜ City Centre Deira) Der 1993 gegründete Par-71-Championship-Golfplatz in malerischer Lage am Creek ist insgesamt 6371 m lang und bietet eine wunderschöne Landschaftsgestaltung mit Wasserhindernissen sowie von Kokos- und Dattelpalmen gesäumten Fairways. Der Club organisiert auch verschiedene Bootsfahrten auf dem Creek für bis zu sechs Passagiere. Die Architektur des Clubhauses ist vom Segel einer Dau inspiriert.

AMARA SPA SPA

Karte S. 264 (☎04 602 1234; www.hyatt.com; Dubai Creek Club St, Park Hyatt Dubai; Tageseintritt werktags/Wochenende 300/350 Dh; ⌚So–Do 9–22, Fr & Sa ab 7.30 Uhr; Ⓜ City Centre Deira) Das Amara, eines der besten Spas in Dubai, verfügt über acht Anwendungssuiten, darunter drei für Paare, allesamt mit eigenen ummauerten Gärten und Regenduschen im Freien. Jede Anwendung, von der Kryotherapie fürs Gesicht bis zu „Chiro-Golf-Massagen", wird auf die individuellen Bedürfnisse der Gäste zugeschnitten. Die verwendeten Beauty-Produkte sind hochwertig.

POLYGLOT LANGUAGE INSTITUTE SPRACHEN

Karte S. 262 (☎04 222 3429; www.polyglot.ae; Al Masaeed Building, Al Maktoum Rd; ⌚Sa–Mi 10–21 Uhr; Ⓜ Union) Die altbewährte und beliebte Sprachschule Polyglot, die 1969 gegründet wurde, bietet Anfänger- und Konversationskurse für Arabisch, darunter einen 48-stündigen Intensivkurs (1850 Dh).

Bur Dubai

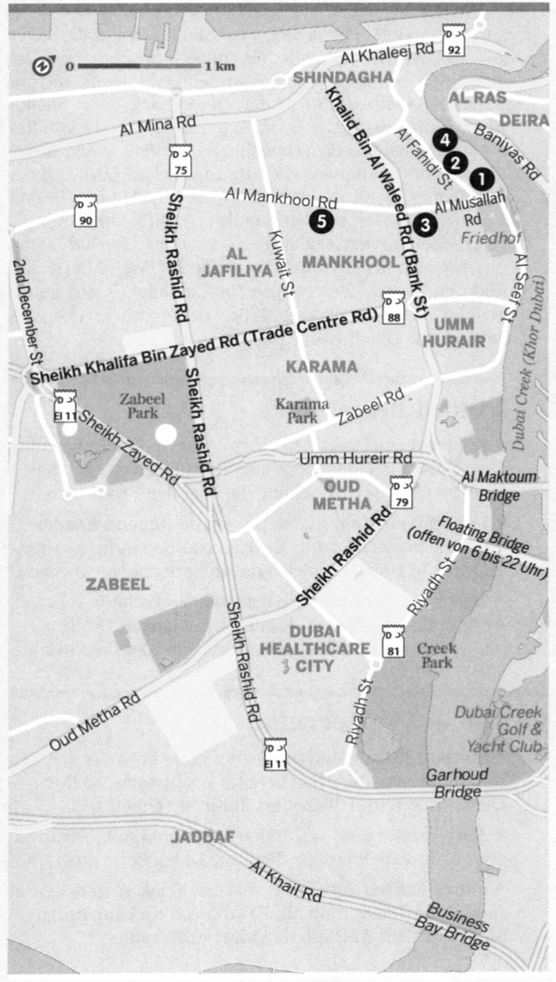

Mehr Details zu dieser Gegend siehe Karten S. 266 f. und S. 270 f.

Highlights

❶ **Bateaux Dubai** (S. 231) Auf diesem stilvollen zeitgenössischen Boot mit Panoramafenstern und Livemusik ein viergängiges Festmahl à la carte genießen.

❷ **Historisches Viertel Al Fahidi** (S. 70) Ein Schritt in die Vergangenheit – zwischen den vielen wunderbar restaurierten Gebäuden mit Läden, Galerien, Cafés und historischen Hotels.

❸ **Dubai Museum** (S. 69) Das in einem alten Fort untergebrachte Museum informiert multimedial über die rasante Entwicklung der Stadt.

❹ **Bur Dubai Souq** (S. 71) Auf diesem lebhaften Markt unter holzverzierten Arkaden um Souvenirs feilschen.

❺ **Al Seef** (Karte S. 266; www.alseef.ae; Al Seef Rd; P; M BurJuman) In dieser malerischen Nachbildung des historischen Dubai schmale Gassen und Plätze erkunden.

Top-Tipp

Überraschende Einblicke in die multikulturelle Gastroszene von Bur Dubai vermittelt die einheimische Bloggerin und Gastroexpertin Arva Ahmad bei einem geführten Spaziergang. Sie ist die Gründerin von Dubais erstem kulinarischem Touranbieter, dem **Frying Pan Adventures** (S. 73). Auf der Tour durch das faszinierende Gassenlabyrinth von Bur Dubai erhalten ihre Gäste exotische Kostproben.

Gut essen

- Al Ustad Special Kabab (S. 74)
- Elia (S. 196)
- XVA Café (S. 74)

Mehr dazu siehe S. 74

Schön shoppen

- BurJuman (S. 80)
- Fabindia (S. 81)
- Dubai Flea Market (S. 79)

Mehr dazu siehe S. 79

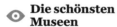

Die schönsten Museen

- Dubai Museum (S. 69)
- Sheikh Saeed Al Maktoum House (S. 72)
- Archäologisches Museum Saruq Al Hadid (S. 72)

Mehr dazu siehe S. 70

Bur Dubai erkunden

Bur Dubai erstreckt sich zwar vom Creek bis zum World Trade Centre am Anfang der Sheikh Zayed Road, doch der faszinierendste Teil des Viertels liegt kompakt direkt am Creek. Ein Spaziergang durch die restaurierten Historischen Viertel Al Fahidi (S. 70) und Shindagha (S. 72) vermittelt einen Eindruck von der Stadtgeschichte. Unterwegs kommt man am stimmungsvollen Bur Dubai Souk (S. 71) vorbei. In dem Gewirr aus engen Gassen liegen Lokale, die Expats aus Nepal, Indien und Pakistan mit authentischer Küche aus ihren Heimatländern versorgen. Ein Nirwana für abenteuerlustige Feinschmecker! Östlich von Al Fahidi befindet sich das neue Bauprojekt Al Seef mit seinen auf alt getrimmten Windtürmen, Innenhöfen und engen Gassen.

Abseits des Creeks ist Bur Dubai unspektakulär, doch auch hier gibt's Highlights. Das Mankhool-Viertel bietet günstige Apartmenthotels, ein ungewöhnliches Nachtleben, gute Restaurants und das vornehme Einkaufszentrum BurJuman Centre (S. 80). Auf der anderen Seite der Sheikh Khalifa Bin Zayed Road findet man das dicht besiedelte Karama mit einem starken Gemeinschaftsgefühl wegen seiner überwiegend philippinischen und indischen Bevölkerung. Das Viertel ist ideal, um Schnäppchen zu kaufen. In den lebhaften Lokalen werden fürstliche Mahlzeiten zu günstigen Preisen serviert. Östlich der Zabeel Road ist Oud Metha unschwer an der ägyptisch angehauchten Wafi Mall (S. 82) und dem pyramidenförmigen Raffles Hotel (S. 197) zu erkennen. Im Zabeel Park (S. 73) liegt der eindrucksvolle, zeitgenössische Dubai Frame (S. 73).

Lokalkolorit

- **Blick auf den Creek** Mit einem Avocado-Smoothie oder einer Shisha in einem der Cafés am Ufer sitzen und die hölzernen *abras* beobachten, die über den Creek fahren.
- **Fleischfreie Kost** In den Gassen des **Meena Bazaar** gibt's die höchste Dichte an vegetarischen indischen Restaurants in Dubai. In vielen davon herrscht Hochbetrieb.
- **Shoppingabenteuer** Die Bekleidungsgeschäfte verkaufen traditionelle Punjabi-Kleidung mit langen Tuniken und weiten Pluderhosen in bunter Seide oder Baumwolle.

An- & Weiterreise

- **Metro** Die Rote und die Grüne Linie kreuzen sich in BurJuman, Letztere fährt weiter ins historische Bur Dubai hinein und überquert dann den Creek.
- **Abra** Wassertaxis verbinden Bur Dubai mit Deira von zwei Anlegestellen nahe dem Bur Dubai Souq aus.
- **Fähre** Fähren auf dem Dubai Canal legen an der Al Jaddaf Marine Station an, Fähren von und zur Dubai Marina an der Al Ghubaiba Marine Station.

© S.F/SHUTTERSTOCK

HIGHLIGHT
STAUNEN UND LERNEN IM DUBAI MUSEUM

Bis irgendein verrückter Wissenschaftler eine Zeitreisemaschine erfindet, bleibt dieses Museum die beste Möglichkeit, um mehr über die rasante Entwicklung Dubais vom Fischer- und Perlentaucherdorf zum globalen Handels-, Finanz- und Tourismuszentrum zu erfahren. Für das stimmungsvolle Ambiente sorgt die Lage in dem um 1800 erbauten Fort Al Fahidi – das wohl älteste noch bestehende Gebäude der Stadt. Es ist auf dem 100-Dirham-Schein abgebildet.

Man betritt das Fort durch eine massive, mit Messingspitzen versehene Teakholztür, die in den zentralen Innenhof führt. Dort sind Bronzekanonen, hölzerne Fischerboote und Behausungen zu sehen, darunter eine *areesha (*eine Hütte aus Lehm und Palmwedeln, die als Sommerwohnort diente und in der die meisten Einheimischen bis Mitte des 20. Jhs. lebten.

Man muss das Deck einer Dau (traditionelles Frachtboot) überqueren, um zum Nachbau eines Souks (Markts) zu kommen, in dem lebensgroße Dioramen zu sehen sind, die Ladenbesitzer und Kunsthandwerker bei der Arbeit zeigen. Dazu gibt's historische Fotos und Filmaufnahmen. Darüber hinaus sind Szenen zu sehen, in denen sich Schüler um einen Koranlehrer versammeln, Perlenhändler ihre kostbare Ware wiegen und Beduinen unterm Sternenhimmel Tee trinken, sowie eine Ausstellung zur Astronomie; die zeigt, wie sich die Wüstenbewohner an den Sternen orientierten.

Ein Teil der maritimen Galerie ist einer Ausstellung übers Perlentauchen gewidmet. Hierbei erfährt man Erstaunliches, z. B. dass die Taucher auf ihren Tauchgängen in außerordentliche Tiefen lediglich Nasenklammern und Lederhandschuhe trugen. Was diesen Teil des Museums wirklich ausmacht, sind historische Filmaufnahmen, die Perlentaucher bei der Arbeit zeigen.

Im letzten prähistorischen Abschnitt werden Funde aus den antiken Siedlungen Jumeirah, Al Qusais und von anderen archäologischen Fundstellen aus der Region gezeigt. Die meisten sind vermutlich zwischen 2000 und 1000 v. Chr. entstanden. Lohnenswert ist auch die große Galerie gegenüber dem Souvenirshop mit Artefakten aus zahlreichen Gräbern der Region.

NICHT VERSÄUMEN

- Dioramen im Souk
- Perlentaucherausstellung
- Archäologieausstellung

PRAKTISCH & KONKRET

- Karte S. 266, G4
- ☎ 04 353 1862
- Al Fahidi Street
- Erw./Kind 3/1 Dh
- ⏲ Sa–Do 8.30–20.30, Fr ab 14.30 Uhr
- Ⓜ Mashreq

SEHENSWERTES

Bur Dubai eignet sich hervorragend, um in die Vergangenheit Dubais einzutauchen und sich ein Bild von der Stadt zu machen, wie sie vor dem Ölboom war. Dafür lohnt sich ein Besuch im Städtischen Museum, das in einem alten Fort liegt, und in zwei historischen Vierteln am Dubai Creek.

DUBAI MUSEUM — MUSEUM

Siehe S. 69.

★ HISTORISCHES VIERTEL AL FAHIDI — STADTVIERTEL

Karte S. 266 (Al Fahidi St; Ⓜ Mashreq) Im Gassenlabyrinth des hübsch restaurierten historischen Viertels, das früher Bastakiya genannt wurde, ist vom Verkehr nur noch ein leises Brummen zu hören. Die schmalen Gehwege werden von sandfarbenen Häusern gesäumt, deren Windtürme als natürliche Klimaanlage fungieren. Heute stehen dort noch etwa 50 Gebäude, in denen Museen, Läden für Kunsthandwerk, Kulturausstellungen, Innenhofcafés, Kunstgalerien und zwei Boutique-Hotels untergebracht sind.

★ ALSERKAL CULTURAL FOUNDATION — GALERIE

Karte S. 266 (☎ 04 353 5922; www.alserkalculturalfoundation.com; Heritage House Nr. 13, abseits Al Fahidi St; ⏲ 9–19 Uhr; Ⓜ Mashreq) GRATIS Diese gemeinnützige Stiftung betreibt den dynamischsten Kulturraum im Historischen Viertel Al Fahidi. Galerien, in denen traditionelle und hochmoderne Arbeiten einheimischer und internationaler Künstler gezeigt werden, liegen um einen zentralen Innenhof mit einem Café mit künstlerisch-urbaner Atmosphäre verteilt. Die meisten Kunstwerke stehen zum Verkauf. Ein kleiner Laden bietet raffinierte kleine Geschenke, und es gibt eine Boutique für zeitgenössische arabische Mode, ein Lesezimmer sowie eine Werkstatt im Obergeschoss.

COFFEE MUSEUM — MUSEUM

Karte S. 266 (☎ 04 353 8777; www.coffeemuseum.ae; Historisches Viertel Al Fahidi, abseits Al Fahidi St; ⏲ Sa–Do 9–17 Uhr; Ⓜ Mashreq) GRATIS In diesem entzückenden Privatmuseum, das in einem historisch-emiratischen Wohnhaus liegt, kann man sich auf die Spuren des Kaffees begeben und sowohl um die Welt als auch in

EMIRATISCHE KULTUR ENTDECKEN

Sheikh Mohammed Centre for Cultural Understanding (Karte S. 266; ☎ 04 353 6666; www.cultures.ae; House 26, Al Musallah Rd; historische/Creek-Touren 80/275 Dh, Gerichte 90–120 Dh; ⏲ So–Do 9–17, Sa bis 13 Uhr; Ⓟ; Ⓜ Mashreq) Jeder, der tiefer in die Kultur und Geschichte der Emiratis eintauchen möchte, sollte an den Aktivitäten, emiratischen Mahlzeiten und Touren dieses gemeinnützigen Zentrums mit Sitz am Rand des Historischen Viertels Al Fahidi (S. 70) teilnehmen. Treu nach dem Motto „Offene Türen, offener Geist" wurde diese einzigartige Institution 1995 vom aktuellen Herrscher Dubais, Scheich Mohammed bin Rashid, gegründet. Sie soll Brücken zwischen den Kulturen bauen und bei Besuchern und Expats Verständnis für die Traditionen und Sitten der Vereinigten Arabischen Emirate (VAE) wecken.

Von Mitte September bis Mitte Juli veranstaltet das Zentrum mehrmals wöchentlich sehr informative 90-minütige **Führungen** durch das Historische Viertel Al Fahidi. Für Gruppen ab zehn Teilnehmern organisieren die Mitarbeiter auch umfassendere, zweieinhalbstündige Führungen entlang des Creeks. Dazu gehören ein kurzer Blick ins Innere einer Moschee, eine Fahrt mit einem *abra* (traditionelles Wassertaxi) und eine Spritztour durch die Textil-, Gewürz- und Goldsouks in Bur Dubai und Deira. Zum Abschluss besteht noch die Möglichkeit, Fragen zu stellen; dazu werden arabischer Kaffee, Tee und Datteln gereicht.

Um die kulinarische Kultur des Emirats zu erleben, kann man im Zentrum an einer traditionellen **Mahlzeit** im Stil der Beduinen teilnehmen. Je nachdem, ob man zum Frühstück, Brunch, Mittag- oder Abendessen kommt, wird man in den Genuss heimischer Gerichte wie *balaleet* (gesüßte knusprige Vermicelli), *chabab* (Pfannkuchen mit Kardamom), *saloona* (Eintopf) oder *machboos* (Reisgericht mit Fleisch oder Fisch) kommen. Das Zentrum veranstaltet auch ungemein beliebte Touren durch die Jumeirah-Moschee (S. 106). Sämtliche Führungen und Mahlzeiten müssen im Voraus gebucht werden. Das aktuelle Programm ist auf der Website zu finden.

die Vergangenheit reisen. Besucher erfahren mehr über die Bedeutung des Kaffees in unterschiedlichen Kulturen und können sich eine rotierende Sammlung von alten Kaffeemühlen, Kannen, Röstern und anderen Utensilien anschauen. Außerdem dürfen sie frisch gebrühten äthiopischen Kaffee (10 Dh) probieren, der von kostümierten Mitarbeitern zubereitet wird. Im Obergeschoss befinden sich ein Leseraum, eine Spielecke für Kinder und ein stilvolles Café.

COIN MUSEUM — MUSEUM

Karte S. 266 (☎04 392 0093; www.dubaiculture.gov.ae/en; Historisches Viertel Al Fahidi; ⏲So–Do 8–14 Uhr; Ⓜ Mashreq) GRATIS Dieses hoch spezialisierte Museum spricht alle an, die sich für seltene und historische Münzen interessieren. Das kleine Museum mit acht Räumen liegt in der Nähe der Diwan Moschee im Historischen Viertel Al Fahidi und zeigt fast 500 seltene Münzen aus dem ganzen Nahen Osten, einschließlich Ägypten, der Türkei und Marokko. Die ältesten wurden in sassanidischer Zeit im 7. Jh. geprägt.

MAJLIS GALLERY — GALERIE

Karte S. 266 (☎04 353 6233; www.themajlisgallery.com; Al Fahidi St; ⏲Sa–Do 10–18 Uhr; Ⓜ Mashreq) GRATIS Die älteste Kunstgalerie in Dubai wurde 1989 von der britischen Expat Allison Collins gegründet und zeigt hauptsächlich Gemälde und Skulpturen internationaler Künstler, die sich von der Region inspirieren ließen, sowie hochwertige Töpfer- und Glasarbeiten und weiteres Kunsthandwerk. Die Galerie liegt in einem alten Windturmhaus am Rand des Historischen Viertels Al Fahidi (S. 70). Im zentralen Innenhof wächst ein prächtiger Hennastrauch.

DIWAN MOSQUE — MOSCHEE

Karte S. 266 (Al Mussalah St; Ⓜ Mashreq) Die markante, reich verzierte Flachkuppel und das schlanke Minarett dieser schneeweißen Moschee wachen über das Historische Viertel Al Fahidi. Nichtmuslime können das Innere nur im Rahmen von Führungen besuchen, die das Sheikh Mohammed Centre for Cultural Understanding (S. 70) anbietet.

BUR DUBAI SOUQ — MARKT

Karte S. 266 (zwischen Ufer in Bur Dubai & Ali Bin Abi Talib St; ⏲Sa–Do 8–13 & 16–22, Fr 16–22 Uhr; Ⓜ Al Ghubaiba) Dubais ältester Souk liegt neben einer zentralen Arkade mit einem kunstvoll geschnitzten Holzdach. An den Freitagabenden geht's hier besonders lebhaft zu: Dann wird der Souk zu einer Art Faschingsumzug, wenn sich Expats an ihrem freien Tag mit Socken, Paschminas, T-Shirts und Billigimitaten von Calvin-Klein-Unterwäsche eindecken. In einem Bereich namens **Textilsouk** bekommt man Stoffe wie Seide, Baumwolle, Satin und Samt zu sehr günstigen Preisen. Minuspunkt: Die Verkäufer hier sind zwar gut gelaunt, können aber etwas aufdringlich sein.

MINI-BOOTSTOUREN

Dubai Ferry Cruises (Karte S. 266; ☎800 9090; www.rta.ae; Ufer Shindagha; Erw./Kind 50/25 Dh; ⏲10–18 Uhr) Auf einer Fahrt mit der Fähre kann man Dubais faszinierende Skyline und Architektur wunderbar vom Wasser aus betrachten. Dubai Ferry bietet 90-minütige Mini-Bootsfahrten zwischen der Haltestelle Al Ghubaiba (Karte S. 266; www.dubai-ferry.com; Ufer Shindagha; Fähre ab 50 Dh, *abra* 2 Dh; ⏲7–22 Uhr) in Bur Dubai und Dubai Marina (S. 232), vorbei an Madinat Jumeirah, dem Burj Al Arab und Port Rashid. Die Fahrten starten um 11, 13, 15 und 18 Uhr.

Für die beiden letztgenannten Fähren ist eine Mindestanzahl von acht Fahrgästen erforderlich.

Auch im Angebot: ein Ausflug mit Nachmittagstee auf dem Dubai Creek um 15 Uhr und eine einstündige Bootsfahrt bei Sonnenuntergang zum Jumeirah Beach um 17 Uhr. Fährverbindungen zum Dubai Canal gibt's an der Haltestelle Dubai Canal.

GRAND MOSQUE — MOSCHEE

Karte S. 266 (Ali Bin Abi Talib St; Ⓜ Mashreq, Al Ghubaiba) Dubais höchstes Minarett (70 m) verleiht der größten Moschee der Stadt ihre unverwechselbare Silhouette und überragt die mehr als 50 kleinen und großen Kuppeln der Stadt. Der heutige Bau wurde erst 1998 vollendet, ist aber ein Nachbau eines historischen Gotteshauses von 1900. So wie alle Moscheen in Dubai (mit Ausnahme der Jumeirah-Moschee) ist sie für Nichtmuslime nicht zugänglich.

Die ursprüngliche Moschee war nicht nur das Zentrum von Dubais religiösem und kulturellem Leben, sondern beherbergte auch die *kuttab* (Schule) der Stadt, in der Kinder den Koran auswendig lernten. Die Moschee steht gegenüber dem Dubai Museum.

HINDI LANE — STRASSE

Karte S. 266 (abseits Ali Bin Abi Talib St; Ⓜ Mashreq, Al Ghubaiba) Der winzige und in die Jahre gekommene Schrein, der seit 1958 hinter der Großen Moschee versteckt liegt, ist das Gebetshaus der fast drei Millionen Hindus in den VAE. Die Shiva und Krishna geweihte Tempelanlage ist über eine enge, farbenfrohe Gasse zu erreichen – die von den Anwohnern auch „Hindi Lane" genannt wird. An ihr reihen sich Händler aneinander, die religiöse Utensilien und Opfergaben verkaufen, darunter Fruchtkörbe, Blumengirlanden, mit Gold geprägte Heiligenbilder, heilige Asche und Sandelholzpaste.

Nichthindus dürfen in den Tempel hinein, müssen aber davor die Schuhe ausziehen.

HISTORISCHES VIERTEL SHINDAGHA — STADTVIERTEL

Karte S. 266 (Ufer Shindagha; Ⓜ Al Ghubaiba) Strategisch günstig an der Mündung des Dubai Creek gelegen, war Shindagha bis in die 1950er-Jahre der Ort, an dem die regierenden Scheichs und die Elite der Stadt lebten. Zwar wurden einige der Häuser wieder aufgebaut und in Museen verwandelt, doch es fehlt hier noch immer an neuen Lokalen, weshalb es trotz der schönen Lage am Creek sehr ruhig bleibt. In einem kleinen, abgezäunten Bereich sollen ein neues Shindagha-Museum sowie zusätzliche Ausstellungen, historische Hotels, Cafés und Restaurants entstehen.

Die Sanierung ist Teil eines groß angelegten Plans: Man hofft auf den Status des UNESCO-Welterbes und will zu diesem Zweck an beiden Ufern des Dubai Creek einen geschlossenen historischen Bezirk schaffen. Das Museum hat das Potenzial, das größte Freilichtmuseum der Welt zu werden.

SHEIKH SAEED AL MAKTOUM HOUSE — MUSEUM

Karte S. 266 (☎04 393 7139; Ufer Shindagha, Historisches Viertel Shindagha; Erw./Kind 3/1 Dh; ⏲Sa–Do 8–20.30, Fr 15–21.30 Uhr; Ⓜ Al Ghubaiba) Dieses prachtvolle Hofhaus, das vor Kurzem im Rahmen des neuen Bauprojekts Historisches Viertel Shindagha saniert wurde, war der Wohnsitz von Scheich Said, von 1912 bis zu dessen Tod im Jahr 1958 (Großvater von Dubais gegenwärtigem Herrscher Mohammed bin Rashid). Heute beherbergt das architektonische Wunder eine ausgezeichnete Sammlung, die Fotos der Stadt aus der Zeit vor dem Ölboom zeigt, aufgenommen in den Souks, auf dem Creek und bei traditionellen Feierlichkeiten. Zu sehen gibt's auch aufschlussreiche private Bilder des herrschenden Al-Maktoum-Clans.

In weiteren Räumen sind Münzen, Briefmarken und Dokumente zu sehen, die zum Teil bis 1791 zurückreichen.

Das Originalgebäude stammt aus dem Jahr 1896 und wurde mehrfach vergrößert und modernisiert. Scheich Mohammed wurde 1949 hier geboren und verbrachte zehn Jahre seines Lebens hier. Als Kind tollte er in den drei Innenhöfen herum, die von 30 Räumen mit Teakholztüren umgeben und von vier Windtürmen belüftet werden. Im Obergeschoss genießt man vom *madschli* (Empfangszimmer) aus einen schönen Blick auf den Dubai Creek.

ARCHÄOLOGISCHES MUSEUM SARUQ AL HADID — MUSEUM

Karte S. 266 (☎ext 203 04 359 5612; www.saruqalhadid.ae; Ufer Shindagha; Erw./Kind 20/10 Dh; ⏲So–Mi 8–20, Do & Sa bis 14 Uhr; Ⓜ Al Ghubaiba) Erst 2002 wurde die Stätte Saruq Al Hadid tief im Wüstensand der südlichen Ausläufer des Emirats Dubai entdeckt. Es wird vermutet, dass es sich um eine eisenzeitliche Metallwerkstatt handelt, die zwischen 1300 und 800 v. Chr. in Betrieb war. Bei den Ausgrabungen wurden vor allem Schwerter, Beilklingen, Dolche und andere Waffen gefunden, von denen einige in diesem modernen Museum gezeigt werden. Videos dokumentieren die Entdeckung der Fundstelle. Einen tieferen Einblick vermitteln die Interviews mit den Archäologen zu ihren neuesten Funden und Theorien.

AL SHINDAGHA MUSEUM — MUSEUM

Karte S. 266 (☎800 33222; https://alshindagha.dubaiculture.gov.ae; Ufer Shindagha; Erw./Studierende 15/5 Dh; ⏲Mi–Mo 10–17, letzter Eintritt 16 Uhr; Ⓜ Al Ghubaiba) Dieses Museum ist ein Highlight am Ufer des aufgewerteten Historischen Viertels Shindagha und rückt die Geschichte und das Erbe Dubais anhand von Artefakten, Kunst, Fotos, Videos und Veranstaltungen in den Fokus.

CROSSROADS OF CIVILIZATIONS MUSEUM — MUSEUM

Karte S. 266 (☎04 393 4440; www.themuseum.ae; Al Khaleej Rd; 30 Dh; ⏲Sa–Do 9–17 Uhr; Ⓜ Al Ghubaiba) Das private Museum im Historischen Viertel Shindagha (siehe vorige Seite) bietet einen faszinierenden Einblick in Dubais Geschichte als Handelsverbindung zwischen Ost und West. Gezeigt werden Hunderte von Artefakten aus obedischer, griechischer, römischer und babylonischer Zeit sowie aus anderen Zivilisationen, die durch diese Region kamen.

Zu den Highlights zählen eine 7500 Jahre alte Vase in Form eines Stiers, ein Vorhang des 16. Jhs. aus der Kaaba sowie die Erstausgabe des Buchs von 1590, in dem „Dubai" zum ersten Mal erwähnt wurde. In anderen Räumen sind Schwerter, Dolche und andere historische Waffen zu sehen, die in der gesamten Region benutzt wurden.

ZABEEL PARK — PARK

Karte S. 266 (☎04 398 6888; Gate 1, abseits Sheikh Khalifa Bin Zayed Rd; 5 Dh; ⏲Sa–Mi 8–23, Do–Fr bis 23.30 Uhr; 👪; Ⓜ Max) Der weitläufige Park, in dem zahlreiche Palmen und anderes Grün viel Schatten spenden, ist am Wochenende bei Familien sehr beliebt. Bereiche, in denen man sich austoben kann, gibt's in Hülle und Fülle, darunter ein hübscher See, auf dem man Boot fahren kann, ein Abenteuerspielplatz, überdachte Grillplätze, ein Joggingpfad sowie eine Miniatureisenbahn. Hier liegt auch der Dubai Frame. Im Park findet jeweils am ersten Samstag im Monat (Okt.–Mai) ein Flohmarkt statt.

DUBAI FRAME — AUSSICHTSPUNKT

Karte S. 266 (www.thedubaiframe.com; Gate 3, Zabeel Park; Erw./Kind 50/20 Dh; ⏲9–21 Uhr; Ⓜ Max) Dieser 150 m hohe, rechteckige „Bilderrahmen" wurde im Januar 2018 eröffnet und ist im Zabeel Park zu finden, genau zwischen historischem und modernem Dubai. Er bietet fantastische Aussichten auf beide Teile der Stadt. Galerien im Erdgeschoss erzählen Dubais Geschichte (Vergangenheit), bevor die Besucher zu einer Aussichtsplattform auf dem Dach gelangen (Gegenwart). Endstation ist eine weitere Galerie, die zeigt, wie Dubai in 50 Jahren aussehen könnte (Zukunft). Die Anzahl der Besucher ist begrenzt. Wer online bucht, sollte innerhalb des angegebenen Zeitfensters erscheinen.

WAFI CITY — STADTVIERTEL

Karte S. 266 (☎04 324 4555; www.wafi.com; Oud Metha & Sheikh Rashid Rd; Ⓟ; Ⓜ Dubai Healthcare City) In diesem großzügig gestalteten Hotel-, Wohn-, Restaurant- und Einkaufskomplex wird das antike Ägypten im Stil von Dubai zum Leben erweckt. Hier gibt's u. a. Pyramiden, Hieroglyphen und Statuen von Ramses und Anubis. Die beste Zeit für einen Besuch ist während der Licht-und-Ton-Show, die allabendlich um 21.30 Uhr beginnt (Sept.–Mai). In den kühleren Monaten werden sonntags um 20.30 Uhr kostenfreie Filmvorführungen in den Rooftop Gardens gezeigt. Wafi City entstand in den 1990ern und war einer der ersten neuen Bezirke im Emirat, der Unterhaltung, Freizeit, Shoppen und Wohnen vereint.

CREEK PARK — PARK

Karte S. 266 (☎04 336 7633; abseits Riyadh St; 5 Dh; ⏲So–Mi 8–22, Do–Sa bis 23 Uhr; Ⓟ👪; Ⓜ Oud Metha, Dubai Healthcare City) Einer der ältesten und größten Parks des Emirats erstreckt sich auf einer Länge von 2,6 km entlang des Dubai Creek und ist vor allem bei Expats aus Bur Dubai beliebt, die am Wochenende zum Grillen herkommen. Die Gärten sind ganz nett, aber viele der auf Familien ausgerichte-

INSIDERWISSEN

KULINARISCHE TOUR DURCH DAS ALTE DUBAI

Die engen Gassen von Bur Dubai und Deira sind ein Fest für Feinschmecker: winzige Restaurants in Hülle und Fülle, in denen Expats aus aller Welt die Gerichte ihrer Heimat zubereiten. Auf den Spaziergängen für Kleingruppen von **Frying Pan Adventures** (www.fryingpanadventures.com; Touren 350–395 Dh) führen die Schwestern Arva und Farida Ahmed in die aufregendsten Lokale der Stadt. Dort kann man köstliche Küche aus allen möglichen Ländern probieren – von Marokko über Nepal bis Indien.

Arva hatte sich schon als Foodbloggerin einen Namen gemacht, als sie das Konzept für Frying Pan Adventures und die ersten kulinarischen Stadtführungen in Dubai entwickelte. Aus ihrem wachsenden Angebot, zu dem z. B. „Middle Eastern Food Pilgrimage" und „Little India on a Plate" zählen, kann sich jeder das Passende aussuchen. Auf jeder Tour kann man Probierhäppchen in fünf oder sechs Lokalen genießen, während Arva oder Farida oft amüsante Anekdoten über das Essen, das Restaurant und das Leben vor Ort zum Besten geben.

Die Touren dauern drei bis fünf Stunden und sind 1,5 bis 3 km lang. Auf der Website können sich Interessierte über das Programm informieren und eine Tour buchen.

ten Attraktionen wie Spielplätze, Minigolf und ein **Kindermuseum** (Karte S. 266; ☎04 334 0808; www.childrencity.ae; Riyadh St; Erw./Kind 2–15 Jahre/Familie 15/10/40 Dh, zzgl. Eintritt Creek Park 5 Dh; ⊙So–Do 9–19, Fr & Sa 2–20 Uhr) sind ein wenig in die Jahre gekommen.

ESSEN

Wer internationale Küche sucht, für den ist Bur Dubai das Paradies. Hier gibt's Unmengen an kleinen billigen Cafés, die heimwehkranke Expats aus Kerala bis Kathmandu mit grandiosem, authentischem Streetfood versorgen, insbesondere rund um den Meena Bazar und die Seitenstraßen von Karama. Die Hotels bieten gehobene authentische Küche.

★ XVA CAFÉ — CAFÉ $

Karte S. 264 (☎04 353 5383; www.xvahotel.com/cafe; Historisches Viertel Al Fahidi, abseits Al Fahidi St; Gerichte 25–55 Dh; ⊙7–22 Uhr; M Mashreq) Dem hektischen Treiben Dubais in diesem schönen Innenhofcafé entfliehen, wo statt Fleischgerichten eine täglich wechselnde Auswahl innovativer Veggie-Gerichte auf der Speisekarte steht, darunter Hummus aus Saubohnen oder geröstete Karotten, Auberginen-Burger und *mojardara* (Reis mit Linsen, gedünstetem Gemüse und Joghurt). Der Käsekuchen und die Minzlimonade sind beide unvergesslich. Das Frühstück wird zu jeder Tageszeit serviert.

KABUL DARBAR — AFGHANISCH $

Karte S. 266 (☎04 325 0900; Khalid Bin Al Waleed Rd; Hauptgerichte 20–40 Dh; ⊙Sa–Do 12–24, Fr 13–24 Uhr; M Mashreq) Man folge einer afghanischen Tradition: einen Platz auf dem Teppich finden, Unmengen an Essen bestellen und es mit den Händen essen. Alle Gerichte werden mit einer Suppe, Brot und Salat serviert und sind eine sättigende, leckere Mahlzeit. Alternativ sind auch Tische, Stühle und Besteck verfügbar.

AL USTAD SPECIAL KABAB — IRANISCH $

Karte S. 266 (☎04 397 1933; Al Musallah Rd; Hauptgerichte 25–42 Dh; ⊙Sa–Do 12–16 & 18.30–1, Fr 18.30–1 Uhr; M Mashreq) Von Scheichs bis zu Schuhputzern – alle kommen in dieses schrullige, alteingesessene Kebab-Restaurant (seit 1978, um genau zu sein), das früher „Special Ostadi" hieß. Die Wände sind mit Fotos von zufriedenen Gästen gepflastert, ein ganzer Schwarm flinker Kellner trägt hoch beladene Platten mit Reis und in Joghurt mariniertem Hühnchen durch den Speisesaal, in dem laut geredet und gelacht wird.

SARAVANA BHAVAN — INDISCH $

Karte S. 266 (☎04 353 9988; www.saravanabhavan.com; Khalifa Bin Saeed Building, 3A St; Hauptgerichte 15–17 Dh; ⊙Sa–Mi 7–23, Do & Fr bis 23.30 Uhr; M Al Ghubaiba) Von der *abra*-Haltestelle Bur Dubai geht's einen Block zurück zu diesem ausgezeichneten, schlichten Lokal, einem der besten südindischen Veggie-Restaurants der Stadt. Es gehört zu einer Kette, die sich bis zur Lexington Avenue in New York ausgebreitet hat. Auf der umfangreichen Speisekarte stehen u. a. wunderbar buttriges *palak*, *paneer*, cremiges Rogan Josh, duftende Biranis und andere Leckereien.

An der Theke des Restaurants werden indische Süß- und Backwaren verkauft.

ERIC'S — INDISCH $

Karte S. 266 (☎04 396 5080; 10B St, Sheikh Hamdan Colony, Karama; Hauptgerichte 20–40 Dh; ⊙11.30–15.30 & 18.30–24 Uhr; M BurJuman, ADCB) Drucke des Comiczeichners Mario Miranda aus Goa schmücken den schlichten, aber gut besuchten Speisesaal des Eric's, das seine Gäste mit märchenhaft gewürzten Speisen aus dem indischen Tropenstaat Goa versorgt. Abgesehen von einigen Fehlgriffen gibt's auf der Speisekarte beliebte Gerichte wie „Lollipops"-Hühnchen (Keulen), Bombay-Ente (in Wahrheit ein Fisch!) und *xacuti*-Huhn, ein leckeres Curry mit Mohnsamen.

GOVINDA'S — VEGETARISCH $

Karte S. 266 (☎04 396 0088; www.mygovindas.com; 4A St, Karama; Hauptgerichte 30–42 Dh; ⊙12–15.30 & 19–24 Uhr; M BurJuman) Jainas betreiben dieses überaus einladende, gesunde und vegetarische indische Restaurant. Angeboten werden „körperharmonisierende" sattvische Gerichte, bei denen nur frische, saisonale Bioprodukte benutzt und Öl, Zwiebeln und Knoblauch vermieden werden. Probieren sollte man das milde *paneer makhanwala* (indischer Käse in cremiger Tomatensoße) und das herzhafte *dal makhani* mit Linsen und Kidneybohnen.

Unbedingt Platz lassen für das hausgemachte Tru-Frut-Eis aus der Eisdiele, die zum Lokal gehört. Es gibt auch leckere Mocktails. Hinter dem Regent Palace Hotel in Karama. Ein Ableger befindet sich in Jumeirah.

SIND PUNJAB — INDISCH $

Karte S. 266 (☎04 352 5058; Ecke Al Esbij & 29A St; Hauptgerichte 15–38 Dh; ⊙8.30–2 Uhr; M Mashreq, Al Ghubaiba) Wie guter Wein brauchen manche Restaurants eine gewisse Reifezeit. Das gilt auch für das Sind Punjab, das erste Familienlokal, das 1977 in Meena Bazaar eröffnete. Wegen seiner unglaublich guten nordindischen Spezialitäten wie Butterhühnchen und *dal makhani* (reichhaltiger Eintopf aus schwarzen Linsen und Kidneybohnen) hat das Restaurant immer noch eine treue Fangemeinde.

Es betreibt auch das **Sweets and Juices Centre** nebenan, in dem neben frischen Obstsäften traditionelle Punjabi-Back- und Süßwaren serviert werden.

VAIBHAV INDISCH $

Karte S. 266 (04 353 8130; www.vaibhav.ae; Al Fahidi St; Snacks 2–20 Dh; 7.30–23 Uhr; ; Al Gubaibha) Das komplett vegetarische indische Imbissparadies macht ein Bombengeschäft mit *dosas* (würzige Wraps), gefüllten *parathas* (in der Pfanne gebackenes Fladenbrot) und anderem indischen Soulfood, alles so spektakulär wie in Bollywood zubereitet. Man sollte eine Tasse *masala chai* (Gewürztee) probieren. Abends herrscht Hochbetrieb. Das Vaibhav liegt versteckt in einer unscheinbaren Gasse abseits der Al Fahidi Street gegenüber dem Nussladen Elegant Corner.

NEPALIKO SAGARMATHA NEPALESISCH $

Karte S. 266 (04 352 2124; Al Fahidi & 11th St; Hauptgerichte 10–25 Dh; 12–24 Uhr; Al Ghubaiba) In diesem kleinen, schlichten Lokal trösten sich die in Dubai lebenden Nepalesen mit Platten leckerer *momos* (Teigtaschen), darunter eine mit „buff“ (Büffelfleisch) gefüllte Version, sowie Schüsseln dampfender *thukpa* (Nudelsuppe) über ihr Heimweh hinweg. Das Lokal liegt etwas von der Straße entfernt – man blickt auf einen Parkplatz.

LEBANESE VILLAGE RESTAURANT LIBANESISCH $

Karte S. 266 (04 352 2522; Al Mankhool Rd; Hauptgerichte 25–70 Dh; 12–2 Uhr; Mashreq) Von den sonnengebleichten Fotos der Gerichte sollte man sich nicht abschrecken lassen: Die Speisekarte hält zwar nicht viele Überraschungen parat, umfasst jedoch Klassiker wie Grillgerichte, Hummus und Taboulé (Tomaten-, Petersilie-, Zwiebel- und Bulgursalat). Die besten Plätze liegen unter den Schatten spendenden Schirmen auf der Gehwegterrasse (schöner als der grelle Innenbereich im Diner-Stil). Es gibt auch Speisen zum Mitnehmen – praktisch für alle, die in einem nahe gelegenen Apartmenthotel unterkommen.

KARACHI DARBAR PAKISTANISCH $

Karte S. 266 (04 334 7272; www.karachidarbargroup.com; 33B St, Karama Market; Hauptgerichte 10–30 Dh; So–Do 6–14, Fr & Sa bis 21 Uhr; ADCB) Die einheimische Kette ist bei Expats und Besuchern des Karama-Markts beliebt, die nach preiswertem Biryani suchen. Wer Hunger hat, darf sich hier auf eine riesige Speisekarte mit pakistanischen, indischen und chinesischen Gerichten freuen. Immer gut sind u. a. Shrimp Masala, Hammel-*kadai* (Hammeleintopf) und Butter Chicken. Das Lokal liegt unweit des Lulu Supermarket.

LEMONGRASS THAILÄNDISCH $

Karte S. 266 (04 334 2325; www.lemongrassrestaurants.com; EG, Bu Haleeba Building, Oud Metha; Hauptgerichte 25–52 Dh; 12–23.30 Uhr; ; Oud Metha) Der Speisesaal des Lemongrass in beruhigend wirkenden Mango- und Limettentönen liefert die perfekte Kulisse für gut gewürzte Gerichte, die den Bogen von Pad Thai (hübsch angerichtet in einer Omeletthülle) zu Currys mit fantastisch intensiven Aromen spannt. Wer es scharf mag, sollte das beim Bestellen gleich dazusagen; die Küche hält sich in diesem Punkt sonst eher zurück. Das Lokal liegt neben dem Lamcy Plaza.

JAFFER BHAI'S INDISCH $

Karte S. 266 (04 342 6467; Zabeel Rd, Karama; Hauptgerichte 25–42 Dh; 12–16 & 19–24.30 Uhr; ADCB) Jaffer Bhai, der selbst ernannte „Biryani-König von Mumbai“, kocht seine beliebten Gerichte inzwischen in diesem modernen Karama-Lokal, das mit einer Zeittafel seines Werdegangs geschmückt ist. Das Hühnchen-Biryani bekommt Spitzennoten, und der Hammelfleisch-*nihari* (langsam gekochter Fleischeintopf) ist ebenfalls ziemlich gut, wenn auch vielleicht ein bisschen ölig. Abgerundet wird die Mahlzeit mit einer *maharani rabdi*, der indischen Version einer Crème brûlée.

Es wird geplant, nebenan einen großen zusätzlichen Bankettsaal zu eröffnen.

ARABIAN TEA HOUSE CAFÉ $$

Karte S. 266 (04 353 5071; www.arabianteahouse.co; Al Fahidi St; Frühstück 30–65 Dh, Hauptgerichte 48–65 Dh; 7.30–22 Dh; ; Mashreq) Ein prächtiger alter Baum, weiße Korbsessel, türkisfarbene Bänke und karminrote Bougainvilleen ergeben zusammen ein sonnen-

INSIDERWISSEN

ZEIT FÜR EINEN TEE?

Der Meena Bazaar eignet sich ideal für einen Muntermacher in Form einer dampfenden Tasse *masala chai* (auch *karak* oder *kadak chai* genannt). Die Schwarzteemischung wird mit Milch, Zucker und Gewürzen (in der Regel Kardamom, Nelken, Pfefferkörner und Zimt oder einer Kombination daraus) aufgekocht. Der Tee wurde von Indern und Pakistanern an den Golf gebracht und ist hier selbst im Hochsommer ein beliebtes Getränk, das in jedem beliebigen Café der Gegend serviert wird. Er kostet nur einen oder zwei Dirham.

gesprenkeltes Refugium im Innenhof eines alten Perlenhändlerhauses. Auf der Speisekarte stehen viele emiratische Spezialitäten, darunter *raqaq* (traditionelles Brot), Hühnchen-*machboos* (würziger Auflauf mit Reis) und *saloona*-Hühnchen (in einem Eintopf auf Tomatenbasis). Das traditionelle Frühstück ist ebenfalls sehr empfehlenswert, aber nur, wenn man wirklich Hunger hat.

Ein herrlicher Zwischenstopp bei einer Tour durch das Historische Viertel Al Fahidi (S. 70), auch wenn man nicht der einzige Gast sein wird. Der einzige Nachteil: Das Lokal ist eine beliebte Anlaufstelle für Reisebustouristen.

KHAZANA INDISCH $$

Karte S. 266 (☎04 336 0061; www.khanakhazanadubai.net; 12A St, Al Nasr Leisureland; Hauptgerichte 50–175 Dh; ⏲12.30–15 & 19–24 Uhr; P📶; M Oud Metha) Das erste Aushängeschild von Promi-Koch Sanjeer Kapoor ist immer noch eines der besten indischen Restaurants der Stadt, sofern die treuen Stammgäste ein Hinweis sein können. Alles, von den Currys bis zu den Tandoori-Gerichten, schmeckt authentisch und frisch und ist mit einer leckeren Gewürzmischung zubereitet. Reichlich Bambus und Rattan sorgen für eine entspannte Wohlfühlatmosphäre. Gut sortierte Bar.

ASHA'S INDISCH $$

Karte S. 266 (☎04 324 4100; www.ashasrestaurants.com/dubai; 1. Stock, Pyramids, Wafi City; Mittagsmenü 75 Dh, Hauptgerichte 55–225 Dh; ⏲12.30–15 & 19–24 Uhr; P📶🖋; M Dubai Healthcare City) Benannt nach dem legendären Bollywood-Sänger Asha Bhosle, legt dieses Lokal mit sinnlich beleuchtetem Speisesaal den Fokus auf zeitgenössische nordwestindische Küche. Die umfangreiche Speisekarte reicht von Tandoori-Kebabs (die Kerala-Garnelen mit Chilli und Knoblauch probieren) bis hin zu überaus pikanten Currys und vegetarischen Gerichten, die für eine wahre Geschmacksexplosion sorgen.

Man kann entweder drinnen oder auf der Terrasse mit Blick auf einen Innenhof in Wafi City speisen. Gut sortierte Bar.

ANTIQUE BAZAAR INDISCH $$

Karte S. 266 (☎04 397 7444; www.antiquebazaar-dubai.com; 132 Khalid Bin Al Waleed Rd, Four Points by Sheraton Bur Dubai, Mankhool; Hauptgerichte 46–130 Dh; ⏲12.30–15 & 19.30–24 Uhr; P📶; M Mashreq) Die Einrichtung des Antique Bazaar erinnert an einen exotischen Mogul-Palast: Es ist üppig geschmückt mit geschnitzten Holzstühlen, Tischen mit Elfenbeinintarsien und reich gemusterten Stoffen. Daumen hoch für das *machli mirch ka salan* (Fisch mit Kokosnuss, Tamarinde und Curryblättern) und das *murgh kaali mirch korma* (Hühnchen-Curry mit Gewürzen und Cashews). Abends gibt's neben dem Essen eine Musik- und Tanz-Show.

CREEKSIDE CAFÉ FRÜHSTÜCK $$

Karte S. 266 (☎04 359 9220; www.creeksidedubai.me; Ufer, Bur Dubai Souq; Frühstück 25–45 Dh, Hauptgerichte 70–80 Dh; ⏲9–20; 📶; M Mashreq) Dieser angesagte Kulturraum, der zugleich ein Café ist, steht hoch im Kurs für seinen mit viel Liebe zubereiteten Kaffee und die westlichen Frühstücksvarianten, darunter hausgemachtes Müsli, Arme Ritter und Eier Benedikt. Aber dank seiner Lage am Ufer lädt dieser Ort zu jeder Tageszeit zum Verweilen ein. Abenteuerlustige sollten die Crème brûlée mit Kardamom und Datteln probieren. Veranstaltet regelmäßig Filmvorführungen, Lyriklesungen und Ähnliches.

BAIT AL WAKEEL NAHÖSTLICH $$

Karte S. 266 (☎04 353 0530; www.wakeel.ae; Ufer, Bur Dubai Souq, Meena Bazaar; Mezze 50 Dh, Hauptgerichte 25–80 Dh; ⏲11–24 Uhr; M Al Ghubaiba) In diesem Restaurant wimmelt es nur so von Touristen, die von der romantischen Lage am Creek angelockt werden. Das Bait Al Wakeel liegt in einem der ältesten Gebäude von Dubai, einem Schifffahrtsamt aus den 1930er-Jahren, und besitzt eine tolle Holzterrasse, die früher ein Schiffsanleger war. Es lohnt sich, auf einen Kaffee, Saft oder Mezze vorbeizukommen und die Aussicht zu genießen.

CHUTNEYS INDISCH $$

Karte S. 266 (☎04 310 4340; 19th St, Mövenpick Hotel Bur Dubai, Oud Mehta; Hauptgerichte 50–115 Dh; ⌚12–15 & 19–23.45 Uhr; P📶; M Dubai Healthcare City, Oud Metha) Im Chutneys kann man eine abwechslungsreiche kulinarische Reise durch Nordindien unternehmen.

Es gibt viele Klassiker, darunter saftige Kebabs und flaumige Biryanis ebenso wie die Spezialität des Hauses: *tawa chicken* – Hühnchen ohne Knochen, auf einer Tawa (Grillplatte) gegart, in einer dicken Tomaten-Zwiebel-Cashew-Soße. Das zum Mittagessen angebotene *thali* bietet ein hervorragendes Preis-Leistungs-Verhältnis, ebenso das Abendbüfett am Mittwoch. Reservierung empfohlen.

HOT FISH FISCH & MEERESFRÜCHTE $$

Karte S. 266 (☎055 839 8058, 04 357 8889; www.hotfishrestaurant.com; 6C & 39th St, Karama; Gerichte ab 30 Dh; ⌚12–1 Uhr; M ADCB) Das Partnerrestaurant des legendären Bu Qtair (S. 110) liegt an der Ecke eines gentrifizierten Häuserblocks im Arbeiterviertel Karama. Es bietet Plastikstühle und -tische unter einer Markise auf dem Gehweg und serviert einfache Speisen: In roter Masala-Paste marinierte Garnelen und Fisch, die anschließend gebraten und dann mit einem Kokosnuss-Fisch-Curry, Reis und blättrigen Paratha gereicht werden.

Es gibt keine Speisekarte (und erst recht keinen Alkohol); daher sollte man sich für den Fang des Tages entscheiden (in der Regel Großkopfschnapper, Seebrassen oder Königsmakrele; den überfischten Zackenbarsch besser meiden). Das Hot Fish liegt hinter der Metrostation ADCB.

AWTAR LIBANESISCH $$

Karte S. 266 (☎04 317 2221; www.hyatt.com; Al Qataiyat Rd, Grand Hyatt Dubai; Mezze 35–70 Dh, Hauptgerichte 65–150 Dh; ⌚Mo–Sa 19.30–3 Uhr; P📶; M Dubai Healthcare City) Die Einheimischen lieben die opulente, an ein Beduinenzelt erinnernde Decke dieses förmlichen libanesischen Restaurants im Grand Hyatt Hotel, inklusive Bauchtanz und Liveband. Die Speisekarte enthält ein wahres Mezze-Lexikon, perfekt zum Probieren und Teilen. Fleischliebhaber kommen dank des gegrillten Lamms und anderer Fleischsorten auf ihre Kosten. Nach 22 Uhr geht's hier zur Sache. Shisha und gut sortierte Bar.

TOMO JAPANISCH $$$

Karte S. 266 (☎04 357 7888; www.tomo.ae; 13th St, 17. Stock, Raffles Hotel, Wafi City; Hauptgerichte 70–550 Dh; ⌚12.30–15.30 & 18.30–1 Uhr; P📶; M Dubai Healthcare City) Der Name dieses herrlich förmlichen Restaurants wird mit „alter Freund" übersetzt, was wegen der vielen treuen Anhänger ziemlich zutreffend ist. Keine marktschreierische Fusion-Küche, einfach nur japanische Küche vom Feinsten: superfrisches Sushi und Sashimi, köstliches Wagyū-Rind, federleichte Tempura und weitere begehrte Häppchen. Dazu gibt's überwältigende Ausblicke von der 360-Grad-Terrasse im 17. Stock des Raffles Hotels.

PEPPERCRAB SINGAPURISCH $$$

Karte S. 266 (☎04 317 2221; www.hyatt.com; Al Qataiyat Rd, Grand Hyatt Dubai; Gerichte 40–175 Dh, Krabbe pro 100g 45 Dh; ⌚Sa–Mi 7-23.30, Do & Fr bis 24 Uhr; P📶; M Dubai Healthcare City) Wer noch nie die Küche Singapurs probiert hat, dem bietet das Peppercrab die perfekte Gelegenheit. Zuerst genießt man köstliche Wasabi-Shrimps und Meeresfrüchtesalat, dann legt man eine Schürze um und nimmt die Spezialität des Hauses in Angriff: die namengebenden „Peppercrabs", saftige, zarte Schlammkrabben, die nach den Vorlieben der Gäste auf ein halbes Dutzend verschiedene Arten zubereitet werden.

AUSGEHEN & NACHTLEBEN

Bur Dubai ist kein klassisches Ausgehviertel, aber es gibt ein paar nette Kneipen sowie auch einige Nachtclubs in den älteren Hotels, die bei asiatischen Expats beliebt sind.

GEORGE & DRAGON PUB

Karte S. 266 (☎04 393 9444; www.astamb.com; Al Falah Rd, EG, Ambassador Hotel, Meena Bazaar; ⌚12–3 Uhr; M Al Ghubaiba) Dieser durch und durch britische Pub verfügt über eine Dartscheibe, einen Billardtisch, billiges Bier und Sportbildschirme. Dienstags ist Ladies' Night, freitags Cocktailabend – und das beliebteste Pub-Essen? Chicken Tikka Masala natürlich! Das Ambassador, das älteste Hotel Dubais (1971 eröffnet), bietet eine angenehme, unterhaltsame Atmosphäre, in der man sich ideal bei einem Bierchen entspannen kann.

ROCK BOTTOM CAFÉ BAR

Karte S. 266 (☎04 396 3888; Sheikh Khalifa Bin Zayed Rd, EG, Regent Palace Hotel, Karama; ⌚12–3 Uhr; M BurJuman) Die alteingesessene, bei westlichen Gästen beliebte Kneipe verströmt das Flair eines amerikanischen Rast-

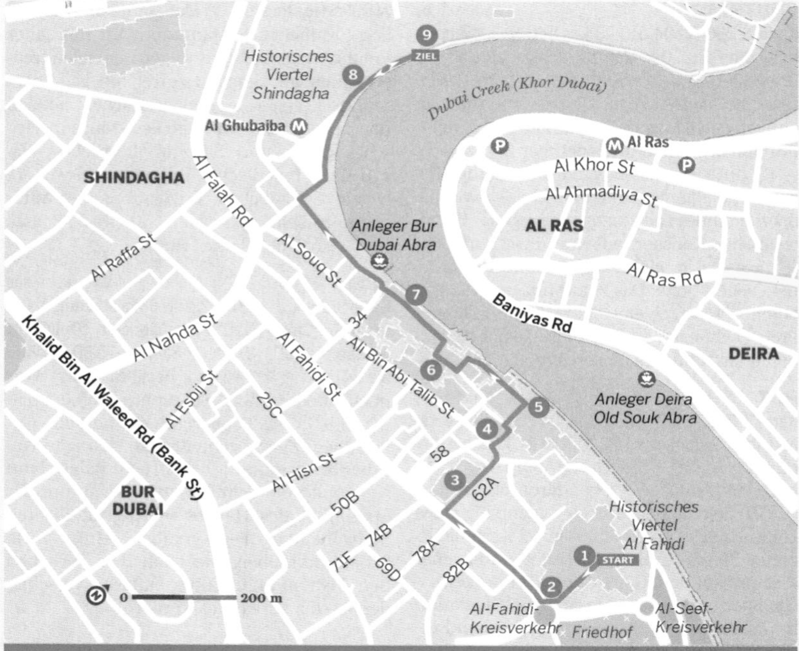

Spaziergang in Bur Dubai am Wasser entlang

START HISTORISCHES VIERTEL AL FAHIDI
ZIEL SHEIKH SAEED AL MAKTOUM HOUSE
LÄNGE/DAUER 3 KM; 2 STD.

Der Spaziergang beginnt mit einem Bummel durch die schmalen Gassen des 1 **Historischen Viertels Al Fahidi** (S. 70), eines der ältesten Viertel Dubais. Zu beachten sind die traditionelle Windturmarchitektur und kleine Museen wie das **Coin Museum** (S. 71) oder das Coffee Museum (S. 71). Ein Auge sollte man auch für die Straßenkunst auf dem Weg zur **Cultural Foundation** (S. 70) haben, deren Galerien faszinierende Kunstwerke zeigen. Im Café des Innenhofs kann man sich erfrischen oder im ummauerten Garten des **Arabian Tea House** (S. 75) entspannen.

So gestärkt geht's zur 2 **Majlis Gallery** (S. 71), dem ältesten Kunstraum in Dubai, und weiter nach Westen auf der belebten Al Fahidi Street zum 3 **Dubai Museum** (S. 69), das über die Geschichte und Entwicklung der aufblühenden Stadt informiert. Angesteuert wird nun Dubais höchstes Minarett, das sich an der 4 **Grand Mosque** (S. 71) erhebt; von hier folgt man der Gasse auf der rechten Seite der Moschee und taucht dann in die kleine 5 **Hindi Lane** (S. 72) ab, eine bunte Gasse mit winzigen Läden, in denen religiöse Utensilien verkauft werden. In dieser Straße liegt auch Dubais einziger Hindutempel.

Aus der Hindi Lane führt der Weg zu den hölzernen Arkaden des 6 **Bur Dubai Souk** (S. 71) mit seinen Textil- und Souvenirläden. Am Ufer kann man an der *abra*-Haltestelle Dubai Old Souk Boote fotografieren und auf einen Saft ins 7 **Bait Al Wakeel Cafés** (S. 76) gehen. Dem Creek nach Norden folgend, geht's nun zum 8 **Historischen Viertel Shindagha** (S. 72), das von den Residenzen von Dubais Herrscherfamilie gesäumt ist. Von dort weiter zum grandiosen 9 **Sheikh Saeed Al Maktoum House** (S. 72), wo eine faszinierende Sammlung alter Fotos von Dubai zu sehen ist. Wer noch fit genug für ein weiteres Museum ist, kann das nahe gelegene **Archäologiemuseum Saruq Al Hadid** (S. 72) besuchen, das faszinierende Funde von Dubais neuester Wüstenausgrabungsstätte zeigt.

hauses aus den 1970er-Jahren: Eine Coverband schmettert Top-40-Hits und ein DJ füllt die Pausen mit Schmackes. Tagsüber ist es ein reguläres Café, das internationales Soulfood serviert. Aber mit ein paar Freunden und nach einer Flasche Tequila ist das Rock Bottom die unumgängliche Endstation eines ausgelassenen Abends in der Stadt. Die Bar ist u. a. dafür bekannt, dass sie Mitte der 1990er-Jahre den legendären Bullfrog-Cocktail erfunden hat.

COOZ BAR

Karte S. 266 (☎04 317 2221; www.hyatt.com; Al Qataiyat Rd, EG, Grand Hyatt Dubai, Umm Hurair; ⌚9–3 Uhr; 📶; Ⓜ Dubai Healthcare City) In der schicken Cocktailbar mit Schummerbeleuchtung kann man einen Martini schlürfen und jeden Abend außer sonntags von 21.30 bis 2 Uhr dem geschmeidigen Live-Jazz des Stammsängers und -pianisten lauschen.

UNTERHALTUNG

MOVIES UNDER THE STARS OPEN-AIR-KINO

Karte S. 266 (☎04 324 4100; www.pyramidsrestaurantsatwafi.com; Pyramids Rooftop Gardens, Wafi City; ⌚Feb.–April So 20.30 Uhr; 📶👪; Ⓜ Dubai Healthcare City)  Während der kühleren Monate stürmen jeden Sonntagabend Cineasten das Dach des Pyramid Building neben der Wafi Mall, um es sich in einem riesigen Sitzsack bequem zu machen und einen kostenfreien Filmklassiker anzusehen. Essen und alkoholfreie Getränke gibt's auch.

SHOPPEN

In Bur Dubai kann man günstig Souvenirs, Textilien und gefälschte Handtaschen kaufen, vor allem im Souk und in den Nebenstraßen in Karaman. Top-Qualität sollte man allerdings nicht erwarten. Ausnahme: die gehobene Einkaufspassage in BurJuman (S. 80). Die Wafi Mall (S. 82) fällt mehr durch ihre Architektur als durch ihre Läden auf.

DUBAI FLEA MARKET MARKT

Karte S. 266 (☎055 886 8939; www.dubai-fleamarket.com; Gates 1 & 2, Zabeel Park; 5 Dh; ⌚ Okt.–Mai jeden 1. Sa 8–15 Uhr; Ⓜ Max) Einkaufspassagen gegen Stände tauschen und unter Unmengen gebrauchtem Zeugs, das aus heimischen Wandschränken auf Dubais geschätzte Flohmärkte gespült worden ist, nach Schnäppchen suchen: Diese Flohmärkte finden jedes Wochenende an einem anderen Ort im Stadtgebiet statt, darunter auch an diesem großartigen Standort im riesigen Zabeel Park. Infos zu zukünftigen Märkten gibt's auf der Website.

RIPE MARKET MARKT

Karte S. 274 (☎04 315 7000; www.ripeme.com/the-ripe-markets; Dubai Police Academy Park, Umm

DIE KUNST DES FEILSCHENS

- Man sollte in ein paar Läden bzw. an mehreren Ständen die Preise vergleichen, um eine Vorstellung davon zu bekommen, was die Sachen kosten und wie viel man zu zahlen bereit ist.
- Bei Interesse nicht zu viel Begeisterung zeigen – sonst wird es schwer, den Preis zu drücken.
- Den zuerst genannten Preis nicht zahlen; das wird als arrogant angesehen.
- Um Spielraum für Kompromisse zu haben, unter dem Preis anfangen, den man zu bezahlen bereit ist – aber nicht zu weit unterhalb, da sich der Verkäufer sonst beleidigt fühlt. Als gute Faustregel gilt: den zuerst genannten Preisvorschlag halbieren und mit diesem Betrag in die Verhandlung einsteigen. Letztlich kann man mit einem Preisnachlass von 20 % bis 30 % rechnen.
- Wer mehr als einen Gegenstand kaufen will, sollte diese Trumpfkarte ausspielen – je mehr man kauft, desto höher der Preisnachlass.
- Sich Zeit nehmen und entspannt bleiben. Man kann eine schöne Erfahrung machen, egal, ob man ein Schnäppchen schlägt oder nicht.
- Wenn die Verhandlungen nicht so laufen wie geplant, einfach lächeln und sich verabschieden – der Verkäufer kommt einem oft nach und bietet einen Kompromisspreis an.

Suqeim 3; Ende Okt.–März Fr & Sa 9–19 Uhr; ; Max) Auf diesem Markt werden nicht nur Obst und Gemüse örtlicher Erzeuger angeboten, sondern auch heimischer Honig, Nüsse, Gewürze, Eier sowie Kunst und Kunsthandwerk. Dazu kommen noch Essensstände und vor Ort gerösteter Gourmetkaffee – so ziemlich alles, was man für ein Picknick unter den Palmen braucht.

Der beliebte Markt wurde um einen zweiten Standort erweitert: den **Ripe Night Market**, der jeden Samstag von 10 bis 20 Uhr im **Al Barsha Pond Park** (Al Barsha 2, gegenüber Al Barsha Mall; Sa–Do 8–22, Fr bis 23 Uhr; ; Sharaf DG) stattfindet.

BURJUMAN EINKAUFSZENTRUM

Karte S. 266 (04 352 0222; www.burjuman.com; Sheikh Khalifa Bin Zayed Rd; Sa–Mi 10–22, Do & Fr bis 23 Uhr; ; BurJuman) Anstatt sich auf ihren Lorbeeren auszuruhen, erfindet sich Dubais älteste (1992 eröffnete) hochklassige Einkaufspassage immer wieder neu. Im Rahmen einer kürzlich durchgeführten Umgestaltung kamen etwa 200 neue Läden hinzu, darunter Luxusmarken wie Dior und Versace,

LEITFADEN FÜR DEN TEPPICHKAUF

Für zukünftige Teppichkäufer ist Sorgfalt oberstes Gebot. Auch wer nur ein zu den Vorhängen passendes Stück kaufen will, sollte sich gut vorbereiten, um viel Geld und Zeit zu sparen. Erster Punkt der Geschäftsordnung: *Oriental Rugs Today* von Emmett Eiland lesen, eine ausgezeichnete Einführung in das Thema „Kauf neuer Orientteppiche".

Die Qualität eines Teppichs hängt v. a. von der Verarbeitung der Wolle ab: Wenn die Wolle mies ist, erledigt sich die Frage, ob der Teppich von Hand geknüpft wurde. Die beste Wolle stammt von Schafen, die in großer Höhe leben: Sie liefern ein undurchdringlich dickes Vlies mit viel Lanolin. Zur Reinigung bitte keinesfalls Säuren verwenden, da sonst das Lanolin angegriffen wird. Von Natur aus weist Lanolin Flecken ab und sorgt für glänzende, nicht ausfallende Fasern. Als Färbemittel sollten Pflanzenfarben zur Anwendung kommen – sie garantieren eine.Farbtiefe und Leuchtkraft, die mit chemischen Mitteln nicht zu erreichen ist.

Nach der Färbung wird die Wolle mit der Hand gesponnen. Daher ist ein Faden unregelmäßig – für die Kunst der Teppichweber eine große Herausforderung. Diese Unregelmäßigkeiten nämlich beeinflussen beim Knüpfen Form, Größe und Lage der Knoten. Im Muster eines fertigen Teppichs verleihen diese kleinen Abweichungen, die nur bei genauer Betrachtung auffallen, den einzigartigen Charakter; sie machen das Produkt sogar noch wertvoller.

Händler werden die Anzahl der Knoten, die Webqualität und das Herkunftsland anpreisen. Das ist aber nicht wirklich von Bedeutung. Vor allem sollte man feststellen, wie die Wolle behandelt wurde. Ein Teppich aus chemisch behandelter Wolle wird nie mehr so gut aussehen wie am Kauftag. Die Leuchtkraft eines gut hergestellten Teppichs hingegen intensiviert sich mit der Zeit, und sie wird Jahrhunderte überdauern. Ein Schnelltest: Man stellt sich mit Schuhen mit Gummisohlen auf den Teppich und dreht sich hin und her. Fallen dabei die Fasern aus, handelt es sich um schlechte Wolle.

Wer auf der Suche nach einem Teppich mit großartigem Muster ist, das gut zum Wohnzimmer passt, sollte Musterproben von Sofa und Vorhängen einpacken. Das hier Angebotene reicht von vierfarbigen Stammesmustern in Wolle bis hin zu wild gemusterten, vielfarbigen, im Licht glänzenden Seidenteppichen. Um zu wissen, was man eigentlich will, sollte man vor der Abreise in Büchern stöbern. Wer erst im Laden ist, sollte viel Zeit einplanen, denn die Händler entrollen bei einem Glas Tee Dutzende von Teppichen. Das Ganze ist ein Riesenvergnügen. Man sollte sich aber nicht zu begeistert zeigen, da es sonst schwer wird, vom Händler einen Preisnachlass zu erhalten.

Wer ernsthaft mit dem Sammeln beginnen will, sollte Emmett Eilands Buch lesen und „DOBAG" googeln, ein türkisches Forschungs- und Entwicklungsprojekt, das auch Teppiche herstellt. Verlässliche Hintergrundinfos gibt's zudem auf www.yayla.com. Dort sind Non-Profit-Organisationen verlinkt, die nicht nur dabei helfen, teppichknüpfende, von der Modernisierung bedrohte Kulturen zu stärken, sondern die Menschen dieser Kulturen auch ausbilden, beherbergen, versorgen und ihnen in einem Zeitalter der industriellen Vorherrschaft eine Stimme geben.

DUBAIS SHOPPING-FESTIVALS

Jedes Jahr zieht im Januar das einmonatige **Dubai Shopping Festival** (DSF; www.mydsf.ae; ⌚Jan.) Horden von Schnäppchen jagenden Touristen aus aller Welt an. Eine gute Zeit für einen Dubai-Besuch: Nicht nur bekommt man enorme Preisnachlässe in den Souks und Einkaufspassagen, auch das Wetter ist großartig und in der Stadt herrscht ein reges Treiben. In vielen Vierteln der Stadt gibt's Souks unter freiem Himmel, Fahrgeschäfte und Imbissstände, dazu Konzerte, Feuerwerke und Veranstaltungen in den Parks.

Dubai Shopping Surprises (⌚Juli–Mitte Aug.; 👪), ein vergleichbares Ereignis, wird während der unerträglich heißen Monate Juli und August veranstaltet; es lockt v. a. Besucher aus den benachbarten Golfstaaten an. Geheimtipp: Die besten Schnäppchen ergattert man auf beiden Festivals in der letzten Woche, wenn die Händler die Preise noch weiter senken, um ihre Lager zu räumen.

ein riesiger Carrefour-Supermarkt und ein Multiplexkino mit 14 Sälen. Der Food Court im Obergeschoss, Pavilion Gardens, bietet ein edles Design mit einem Brunnen in der Mitte und einer hohen Glasdecke. Im Spielbereich Magic Planet können sich die Kleinen austoben und für Teenager gibt's die aufregenderen 12-D-Fahrgeschäfte.

BATEEL — ESSEN

Karte S. 266 (☎04 355 2853; www.bateel.com; Sheikh Khalifa Bin Zayed Rd, 1. Stock, BurJuman Mall; ⌚So–Mi 10–22, Do & Fr bis 23 Uhr; 📶; Ⓜ BurJuman) Die altmodische, traditionelle arabische Gastfreundschaft basierte auf Datteln und Kamelmilch. Heute bieten die Emiratis ihren Gästen leckere Dattelschokolade und Trüffel von Bateel an, die nach europäischen Verfahren hergestellt werden. Die Mitarbeiter lassen die Kunden gern vor dem Kauf ein Stück probieren. Auch in den meisten anderen Einkaufspassagen in Dubai gibt's Filialen von Bateel; Details findet man auf der Website.

THE ONE — INNENEINRICHTUNG

Karte S. 266 (☎600 541 007; www.theone.com; 1. Stock, Wafi Mall; ⌚Sa–Mi 10–22, Do & Fr bis 24 Uhr; Ⓜ Dubai Healthcare City) Dieser geräumige Showroom ist ein Paradies für Inneneinrichter mit Sinn für Design. Er vereint unkonventionelle, innovative und hochwertige Angebote von Dutzenden internationalen Herstellern. Sogar alltägliche Dinge bekommen hier einen verrückten Dreh, z. B. mit Perlen eingefasste Kopfkissen, Ohrensessel im Tigerprint und Hängeleuchten im Vintage-Stil.

AJMAL — PARFÜM

Karte S. 266 (☎04 351 5505; www.ajmalperfume.com; Sheikh Khalifa Bin Zayed Rd, BurJuman Mall; ⌚Sa–Mi 10–22, Do & Fr bis 23 Uhr; Ⓜ BurJuman) Ajmal ist *der* Laden für traditionelle arabische *attars* (Parfüms). Die erdigen Düfte werden individuell zusammengestellt und in gold- oder edelsteinverzierte Flaschen abgefüllt. Dies sind keine verspielten Eaux de Cologne, sondern intensive Parfüms mit holziger Note. Der Flaggschiffduft „Ajmal" basiert auf weißem Moschus und Jasmin.

Filialen finden sich im Deira City Centre (S. 65), in der Mall of the Emirates (S. 114) und der Dubai Mall (S. 87).

FABINDIA — MODE & ACCESSOIRES

Karte S. 266 (☎04 398 9633; www.fabindia.com; Nashwan Building, Al Mankhool Rd; ⌚ Sa–Do 10–22, Fr ab 14 Uhr; Ⓜ ADCB) Seit 1950 verkauft Fabindia, eine der größten indischen Handelsketten, vor allem handgemachte Produkte, die mehr als 50 000 indische Dorfbewohner mit traditionellen Techniken herstellen. Es gibt eine riesige Auswahl an Mode, Einrichtungsgegenständen und Kunsthandwerk, darunter farbenfrohe *kurtis* (Tuniken), elegante Schultertücher, gemusterte Seidenkissen sowie Biotees und Chutneys.

DREAM GIRL TAILORS — KLEIDUNG

Karte S. 266 (☎04 388 0070; www.dreamgirltailors.com; Al Futtaim Building, 37D St, Meena Bazaar; ⌚Sa–Do 10–13 & 16–22, Fr 18–21 Uhr; Ⓜ Mashreq) Kamal Makhija und seine Armee von Schneidern entwerfen seit 1971 attraktive Outfits für Frauen. Sie können Originale entwerfen, ein teures Kleid nachschneidern und sogar nach Zeitschriftenvorlagen nähen. Ein Kleid kostet etwa 150 Dh, je nachdem, wie komplex das Muster ist, und ein Rock etwa 60 Dh.

HOLLYWOOD TAILORS — KLEIDUNG

Karte S. 266 (☎04 352 8551; www.hollywooduae.com; 37D St, Meena Bazaar; ⌚Sa–Do 9.30–13.30 & 16–22, Fr 18–21 Uhr; Ⓜ Mashreq) Seit 1976 im Geschäft, bietet dieser verlässliche, auf exquisite Herrenanzüge spezialisierte Laden jede

INSIDERWISSEN

MASSGESCHNEIDERTE MODE

Im Labyrinth des Meena Bazaar (S. 68) wimmelt es nur so von talentierten, meist aus Indien stammenden Schneidern, die ein Kleid oder einen Anzug in zwei bis fünf Tagen anfertigen können. Einige verkaufen auch das Material, aber man sollte auch den nahe gelegenen Textilsouk (innerhalb des Bur Dubai Souks) besuchen, wo man über schier endlose Ballen wunderbarer Stoffe stolpert. Zu verlässlichen Meisterschneidern gehören das poetisch benannte Dream Girl Tailors und Hollywood Tailors; beide sind hinter dem Dolphin Hotel an der 37D Street zu finden.

Menge Stoffe zur Auswahl an. Die Bearbeitungszeit beträgt zwischen drei Tagen und einer Woche.

COMPUTER PLAZA ELEKTRONIK

Karte S. 266 (☎055 335 5533, 600 560 609; www.computerplaza-me.com; Al Mankhool Rd, Al Ain Center; ⏲Sa–Do 10–22, Fr ab 14 Uhr; Ⓜ Mashreq) Dieses proppenvolle Kaufhaus für Computer und Elektronik ist eine Top-Anlaufstelle, wenn man Hardware/Software braucht oder technische Probleme hat. Es bietet über 80 Läden, in denen PC-Hardware und Zubehör verkauft werden, darunter Drucker, Scanner, Software, Mobiltelefone und Kameras. Fürs leibliche Wohl sorgen ein Sandwichladen und eine Eisdiele im Erdgeschoss.

KARAMA MARKET MARKT

Karte S. 266 (Karama Shopping Complex; www.facebook.com/karamaMarketDubai; 18B St; ⏲10–22 Uhr; Ⓜ ADCB) Trotz der unansehnlichen Betonfassade ist Karamas belebte Einkaufsstraße ein großartiger Ort für Schnäppchenjäger. Hier findet man unzählige Läden für Kunsthandwerk und Souvenirs. Die Händler bieten gerne an, die Kunden in „geheime Räume“ im hinteren Teil des Gebäudes zu führen, die mit gefälschten Designertaschen und -uhren vollgestopft sind.

Die Qualität ist unterschiedlich, es lohnt sich, die Ware genau unter die Lupe zu nehmen und zu wissen, wie die Originale aussehen. Die angegebenen Preise sind recht niedrig, lassen sich aber noch herunterhandeln.

ROYAL SAFFRON GEWÜRZE

Karte S. 266 (☎050 282 9565; Historisches Viertel Al Fahidi, Al Fahidi St; ⏲9–21 Uhr; Ⓜ Mashreq) Der winzige Laden liegt versteckt in den ruhigen Gassen des Historischen Viertels Al Fahidi (S. 70). Er ist eine Entdeckung für Fotobegeisterte, denn er quillt über von Gewürzen wie Nelken, Kardamom und Zimt; dazu kommen Duftöle, Trockenfrüchte, Nüsse, Weihrauch aus Somalia und dem Oman, Henna zum Haarefärben – sowie sonderbare Salz- und Pfefferscheichs und -scheichas.

CITY CENTRE AL SHINDAGHA MALL

Karte S. 266 (☎04 209 3536; www.citycentreshindagha.com; Al Ghubaiba Rd; ⏲So–Mi 10–22, Do–Sa bis 24 Uhr; 📶; Ⓜ Al Ghubaiba) Ein Vorteil dieses Einkaufszentrums besteht darin, dass man sich wahrscheinlich nicht verlaufen wird. Mit nur 75 Läden ist diese 2016 eröffnete Einkaufspassage klein, gemessen an den in Dubai üblichen Standards. Sie dient v. a. zur Versorgung der in Dubai lebenden Ausländer. Zu den Highlights gehören ein großer Carrefour-Supermarkt und ein Kino mit sieben Sälen. Ein Magic-Planet-Spielplatz für Kinder ist ebenfalls vorhanden.

WAFI MALL MALL

Karte S. 266 (☎04 324 4555; www.wafi.com; Oud Metha Rd; ⏲Sa–Mi 10–22, Do & Fr bis 24 Uhr; 📶; Ⓜ Dubai Healthcare City) Im Herzen des im altägyptischen Stil gestalteten Bezirks Wafi City (S. 73) wurde eine von Dubais architektonisch auffälligsten Einkaufspassagen gebaut, um drei Pyramiden aus Buntglas herum. Sie wird von zwei Statuen Ramses' II. bewacht. Im Erdgeschoss kann man sich im **Souk Khan Murjan**, der nach seinem Namensvetter in Bagdad gestaltet wurde, mit Geschenken aus der arabischen Welt eindecken. Leider wurde die Wafi Mall von noch größeren und zentraler gelegenen Einkaufszentren in den Schatten gestellt und ist daher oft menschenleer.

SPORT & AKTIVITÄTEN

PHARAOHS' CLUB FITNESSSTUDIO

Karte S. 266 (☎04 324 0000; www.wafi.com; Wafi Mall, Sheikh Rashid Rd; Tageskarte Erw./Kind 160/80 Dh; ⏲Sa–Do 6.30–22, Fr 9–21 Uhr; 👪; Ⓜ Dubai Healthcare City) In diesem Fitnessstudio mit sowohl gemischten als auch reinen Frauenbereichen, einem riesigen Gewichteraum, einer Indoor-Kletterwand, Squash- und Tennisplätzen sowie einem Lazy-River-Swimmingpool auf dem Dach kann man sich so richtig auspowern. Auch Ashtanga-Yoga-Kurse werden angeboten.

Downtown Dubai & Business Bay

Highlights

❶ **Burj Khalifa** (S. 85) Den Kopf in den Nacken legen, um den Wolkenkratzer in seiner ganzen Größe zu sehen. In einer Höhe von 828 m scheint das höchste Gebäude der Welt den Himmel zu durchbohren.

❷ **Museum of the Future** (S. 86) In diesem spektakulären Gebäude erkunden, wie Innovationen, Einfallsreichtum und Technologien unsere Zukunft gestalten werden.

❸ **Dubai Mall** (S. 87) Shoppen im Nonplusultra aller Einkaufszentren: In der Dubai Mall gibt's 1300 Läden und eine Unmenge Attraktionen und Unterhaltungsangebote.

❹ **Alserkal Avenue** (S. 89) In die für Dubai typische urbane Coolness eintauchen und in diesen ehemaligen Lagerhallen die jüngste Kunst des Nahen Ostens entdecken.

❺ **Dubai Fountain** (S. 88) Sich zu Füßen des Burj Khalifa von der tollen Choreografie des Springbrunnens hypnotisieren lassen.

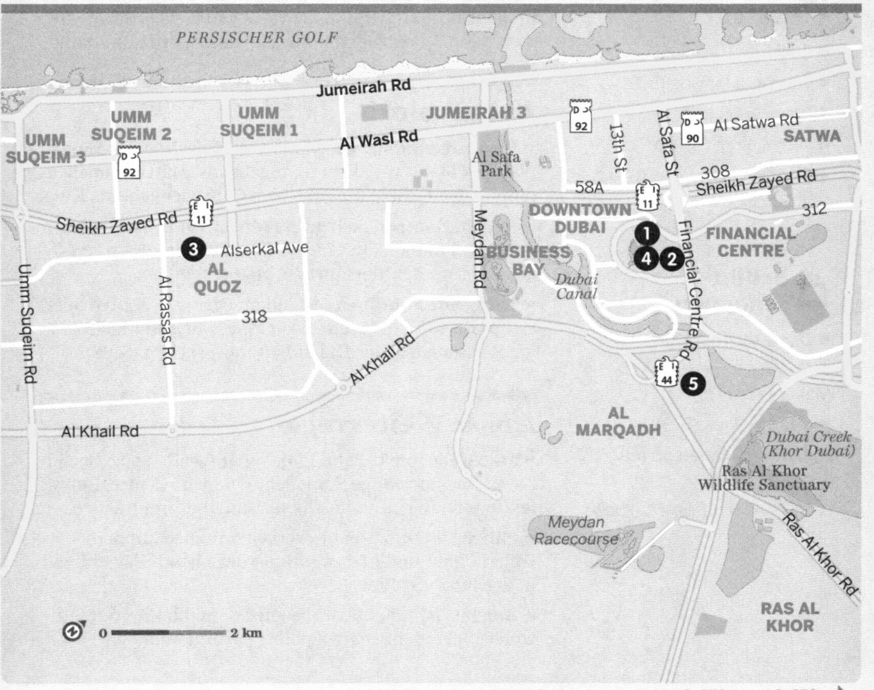

Mehr Details zu dieser Gegend siehe Karte S. 276 f. und S. 278

Top-Tipp

Ein Ausflug zur höchsten Aussichtsplattform der Welt im höchsten Gebäude der Welt – dem **Burj Khalifa** (S. 83) – ist eine der angesagtesten Unternehmungen in der Stadt. So früh wie möglich im Voraus buchen, um sich einen Platz im gewünschten Zeitfenster zu sichern, besonders wenn man nur für kurze Zeit in Dubai ist.

Nett ausgehen

- Treehouse (S. 94)
- White Dubai (S. 94)
- Bridgewater Tavern (S. 94)
- Base (S. 94)

Mehr dazu siehe S. 94

Gut essen

- Zuma (S. 93)
- Time Out Market (S. 91)
- Baker & Spice (S. 91)
- Tom & Serg (S. 93)
- Carnival by Tresind (S. 93)

Mehr dazu siehe S. 91

Schön schoppen

- Dubai Mall (S. 87)
- Mirzam Chocolate Makers (S. 97)
- Candylicious (S. 98)
- Farmers Market on the Terrace (S. 98)

Mehr dazu siehe S. 97

Downtown Dubai erkunden

Downtown Dubai ist eines der wichtigsten Besucherziele. Sein buchstäblicher Höhepunkt, der Burj Khalifa, überragt die Dubai Mall, den größten Einkaufspalast der Welt, in der sich auch viele beliebte Attraktionen befinden, darunter ein gigantisches Aquarium, eine Kunsteisbahn, ein digitales Kunstmuseum und ein komplettes Dinosaurierskelett. Die Mall liegt am Rand des Burj Lake, wo allabendlich die Wasserspiele der Dubai Fountain zu Musik und Licht tanzen. Die beste Aussicht auf dieses Spektakel hat man von den Restaurants in der Mall und vom Time Out Market im Souk Al Bahar. Doch auch die schwebende Promenade und das Dach der Dubai Opera bieten einen guten Blick.

Das Herz der Finanzwelt Dubais schlägt im Norden der Innenstadt entlang der Sheikh Zayed Road. Banken, Investmentfirmen und die Börse haben sich im Dubai International Financial Centre (DIFC) angesiedelt, wo Kulturliebhaber im Gate Village die renommierten Galerien nach den jüngsten Kunstneuheiten des Nahen Ostens absuchen können, während Feinschmecker sich in erlesenen Restaurants verwöhnen lassen. Ganz in der Nähe liegt das spektakuläre Gebäude des Museum of the Future an der Sheikh Zayed Road.

Wer in die Avantgarde-Kunst- und Kreativszene eintauchen möchte, folgt der Sheikh Zayed Road in südlicher Richtung zur Alserkal Avenue. Im Industriegebiet Al Quoz wurden einige Lagerhallen zu einem Kunstcampus umgewandelt, mit Galerien und einer Mischung aus Design- und Fotostudios, Hipster-Cafés, einem Gemeinschaftstheater, einer Schokoladenfabrik und einem Programmkino.

Lokalkolorit

- **Einkaufsbummel** Die Mall ist so etwas wie der Marktplatz der Stadt, vor allem freitagabends. Man bummelt durch Läden, entspannt in einem Café oder geht ins Kino.
- **Geschäftsessen** Sich gegen Mittag im Dubai International Financial Centre (S. 88) eines von mehreren ausgezeichneten Restaurants aussuchen.
- **Tanzende Fontänen** Mit einem Obstsaft, Kaffee oder einem Eis am Burj Lake einen Platz mit guter Sicht auf die Wasserspiele der Dubai Fountain suchen (S. 88).

An- & Weiterreise

- **Metro** Die rote U-Bahn-Linie verläuft entlang der Sheikh Zayed Road; wichtige Stationen: Financial Centre, Emirates Towers, Burj Khalifa/Dubai Mall und Umm Al Seef.
- **Fähre** Die Dubai-Fähre verkehrt täglich auf dem Dubai Canal und hält unterhalb der Sheikh Zayed Road in der Business Bay.
- **Bus** Bus 95 fährt über die ganze Sheikh Zayed Road, vom Goldsouk in Deira zur Ibn Battuta Mall.

HIGHLIGHT
DIE AUSSICHT VOM BURJ KHALIFA

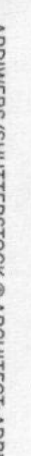

Der Burj Khalifa (S. 87) ist ein architektonisches Meisterwerk mit zwei Aussichtsterrassen (im 124. und 148. Stockwerk) und einem Restaurant mit Bar in der 122. Etage (S. 92). Mit 828 m ist er das höchste Bauwerk der Welt. Nach nur sechs Jahren Bauzeit wurde er 2010 eröffnet – bis zu 13 000 Arbeiter waren Tag und Nacht tätig, pro Etage brauchten sie nur drei Tage.

Die Aussicht vom höchsten Gebäude der Welt ist beliebt; die meisten Besucher fahren mit dem Aufzug bis zur Aussichtsplattform „At the Top" auf der 124. Etage (452 m). Oben kann man sich zu einem der Teleskope begeben, die selbst weit entfernte Gebäude und Geländemerkmale im Stadtgebiet ins Blickfeld rücken (wenigstens an klaren Tagen). Dieselbe Aussicht kann man sich als Nachtbild oder in die 1980er-Jahre zurückversetzt anzeigen lassen. Mit sechs Digitalteleskopen, die HD-Kameras mit hohen Zoom-Bereichen nutzen, können auch Orte außerhalb des Stadtbereichs fokussiert werden. Auf dem Weg zum Aufzug, der einen mit 10 m pro Sekunde auf die Plattform befördert, kommt man an einigen Multimedia-Inszenierungen vorbei.

Wer auf die obere der beiden Aussichtsplattformen – in 555 m Höhe auf der 148. Etage die höchste der Welt – fahren will, braucht ein Ticket für das „At the Top Sky". Ein Besuch hier ist wie ein VIP-Erlebnis angelegt: Es gibt Erfrischungen, eine Führung und einen interaktiven Bildschirm. Auf diesem kann der Besucher Bauwerke der Stadt „überfliegen", indem er die Hände über Hightech-Sensoren schweben lässt. Anschließend wird er auf die 125. Etage begleitet, wo er vieles über den Burj erfährt. Eine virtuelle Attraktion namens „A Falcon's Eye View" nimmt ihn mit zu einem Flug über das Emirat.

NICHT VERSÄUMEN

- Tickets vorab kaufen (S. 87)
- Zahllose Ausblicke
- Multimediale Ausstellungen

PRAKTISCH & KONKRET

- Karte S. 276, D3
- ☎800 2884 3867
- www.atthetop.ae
- UG, Dubai Mall, 1 Mohammed Bin Rashid Blvd
- At the Top in Stoßzeiten Erw./Kind 4–12 Jahre 210/170 Dh, außerhalb Stoßzeiten, 135/100 Dh, At the Top Sky innerhalb/außerhalb Stoßzeiten 500/370 Dh, Audioguide 25 Dh
- ⏲At the Top 8.30–23 Uhr, At the Top Sky 11–22 Uhr, letzter Einlass 45 Min. vor Schließung
- Ⓜ Burj Khalifa/Dubai Mall

HIGHLIGHT
ZEITREISE IM MUSEUM OF THE FUTURE

Seit dem 22.02.2022 entführt dieses zum Nachdenken anregende Museum seine Besucher 50 Jahre in die Zukunft. Es will die Auseinandersetzung mit den wissenschaftlichen und technologischen Fortschritten, die die Menschheit bis 2071 erzielen könnte, beflügeln. Das Museum befindet sich in einem architektonisch spektakulären Bau, der mit arabischer Kalligrafie verziert ist. Die Öffnung in der elliptischen Ringfassade ist einem Auge nachempfunden.

Die multimedialen Ausstellungen auf den sieben Etagen sprechen alle Sinne an, um die Möglichkeiten der Zukunft anschaulich zu machen. Besucher können auf einer Raumstation fast 1000 km über der Erde erleben, wie der Mond in eine Quelle erneuerbarer Energien für die Erde verwandelt werden könnte. In einer anderen Ausstellung wird man in den Amazonas versetzt und kann verschiedene Arten beobachten.

In anderen Etagen widmet man sich der Zukunft der Mobilität und des Transports, der Gesundheit, der Ernährung und des Wassers. In der obersten Etage befindet sich ein speziell für Kinder entworfener Bereich namens „Future Heroes" („zukünftige Helden"), der Videospielen nachempfunden ist. Hier werden die Kinder zu Spielern, die bei Challenges Probleme lösen und Auszeichnungen für ihre Leistungen erhalten. Und wer von den vielen digitalen Erlebnissen überfordert ist, kann sich in ein spezielles „Sanktuarium" zurückziehen, um Körper, Geist und Seele wieder in Einklang zu bringen.

Das Museum ist ein Meisterwerk der Ingenieurskunst. Jedes Detail des Designs ist eine Referenz an wissenschaftliche Innovationen. Die Fassade besteht aus 1024 Edelstahlelementen, das entspricht genau der Zahl der Bytes in einem Kilobyte. Jedes Element wurde mithilfe von Algorithmen und Automaten so gestaltet, dass es eine 3-D-Karte von über 14 000 arabischen Schriftzeichen bildet. Die Kalligrafie stellt drei Gedichte dar, die Dubais Herrscher Scheich Mohammed selbst verfasst hat.

NICHT VERSÄUMEN

- ➡ Nahaufnahmen des Gebäudes
- ➡ Reise in die Zukunft
- ➡ Digitaler Amazonas
- ➡ „Future Heroes"

PRAKTISCH & KONKRET

- ➡ Karte S. 276, G2
- ➡ ☎ 800 2071
- ➡ www.museumofthefuture.ae
- ➡ Sheikh Zayed Rd & Trade Center St
- ➡ Erw./Kind unter 3 Jahren 145 Dh/frei
- ➡ ⏲10–18 Uhr, letzter Einlass 17 Uhr
- ➡ P 👪
- ➡ M Emirates Towers

SEHENSWERTES

In der eigentlichen Innenstadt Dubais liegen die meisten Sehenswürdigkeiten, die man nicht auslassen sollte, darunter der Burj Khalifa, die Dubai Mall und die Dubai Fountain. Für Kunstbegeisterte sind die Galerienviertel im Financial District und die Alserkal Avenue in Al Quoz ein Muss.

Downtown & Business Bay

BURJ KHALIFA — WAHRZEICHEN

Siehe S. 85.

MUSEUM OF THE FUTURE — MUSEUM

Siehe S. 86.

★DUBAI MALL — EINKAUFSZENTRUM

Karte S. 276 (☎800 382 246 255; www.thedubaimall.com; Sheikh Mohammed Bin Rashid Blvd; ⏲Mo–Do 10–24, Fr–Sa bis 1 Uhr; 📶👪; Ⓜ Burj Khalifa/Dubai Mall) Mit etwa 1300 Läden ist es nicht nur das größte Einkaufszentrum der Welt – es ist eine kleine Stadt mit gigantischer Eislaufbahn und Aquarium, einem Dinosaurierskelett, dem digitalen Kunstmuseum Infinity des Lumières und etwa 200 Lebensmittelläden. Zu den Highlights zählen die Filialen des französischen Kaufhauses Galeries Lafayette, des britischen Spielzeugladens Hamley's und des ersten Bloomingdale's außerhalb der USA.

DUBAI AQUARIUM & UNDERWATER ZOO — AQUARIUM

Karte S. 276 (☎04 448 5200; www.thedubaiaquarium.com; EG, Dubai Mall, Sheikh Mohammed Bin Rashid Blvd; im Paket 120–315 Dh; ⏲So–Mi 10–23, Do–Sa 10–24 Uhr; 🅿👪; Ⓜ Burj Khalifa/Dubai Mall) Am faszinierendsten in der Dubai Mall ist das kolossale Aquarium, in dem Tausende von Meereskreaturen inmitten künstlicher Korallen wie Pfeile hin und her flitzen. Haie und Rochen sind neben voluminösen Zackenbarschen und gewaltigen Fischschwärmen, wie man sie sonst nur in Freiwasserzonen sieht, die größten Attraktionen. Vieles davon lässt sich schon von außen kostenlos betrachten; für den begehbaren Tunnel unter dem Becken muss man jedoch Eintritt zahlen. Das Basis-Paket beinhaltet auch den Zutritt zum Underwater Zoo oben, dessen unbestrittener Star ein 5,1 m langes australisches Salzwasserkrokodil namens King Croc ist.

Das gigantische Reptil ist 40 Jahre alt und wiegt beeindruckende 750 kg. Zu ihm gesellen sich seine weibliche Gefährtin (Queen Croc) und eine Menagerie seltener und ungewöhnlicher Geschöpfe, darunter Luft atmende afrikanische Lungenfische, Schützenfische, die Insekten fangen, indem sie mit einem Wasserstrahl nach ihnen schießen, unheimliche Riesenkrabben und außerweltlich wirkende Seedrachen. In einer neuen Ausstellung werden nachtaktive Wüstenbewohner aus den Vereinigten Arabischen Emiraten vorgestellt, z. B. die Arabische Kröte (Orientkröte) und das Jemenchamäleon.

Für den besonderen Kick sollte man seinen Besuch zu einer der drei Fütterungszeiten planen: Rochen um 10.30, Haie um 14 und King Croc um 16 Uhr.

Weitere Angebote im Wasser sind Tauchen mit Haien und Schnorcheln im Käfig sowie die neueste Attraktion, der „shark walker", bei der man einen Helm mit Sauerstoffversorgung trägt, um unter Wasser atmen zu können und in einem 10-Mio.-Liter-Becken den Meereslebewesen aus nächster Nähe zu begegnen. Profi-Unterwasserkameras kann man ebenfalls ausleihen.

WISSENSWERTES FÜR DEN BESUCH DES BURJ KHALIFA

- Uhrzeitgebundene Eintrittskarten sind am Ticket-Counter erhältlich und oft schnell ausverkauft. Daher besser 30 Tage im Voraus buchen.
- Eine Buchung empfiehlt sich besonders dann, wenn man zum Sonnenuntergang oben sein will.
- An diesigen Tagen ist es besser, abends zu kommen.
- Für einen Besuch sollten mindestens zwei Stunden eingeplant werden.
- Für ein intensiveres Erlebnis kann man einen Audioguide für 25 Dh mieten.
- Keine Rückerstattungen oder Gutscheine, wenn die Aussichtsterrasse wegen schlechten Wetters geschlossen ist.
- Die Preise sind während der Spitzenzeiten (zum Sonnenuntergang) höher und die Schließungszeiten variieren je nach Nachfrage und Jahreszeit.

DUBAI DINO — KUNST IM ÖFFENTLICHEN RAUM

Karte S. 276 (☎04 362 7500; www.thedubaimall.com; Dubai Mall, Financial Centre Rd; ⏲So–Mi 10–23, Do–Sa 10–24 Uhr; Ⓜ Burj Khalifa/Dubai Mall) GRATIS Das

BURJ KHALIFA – ZAHLEN & FAKTEN

Der Burj Khalifa ist nicht nur das höchste Gebäude der Welt (bis jetzt), sondern protzt auch mit anderen Rekorden und beeindruckenden Zahlen, darunter die folgenden:

- größtes frei stehendes Bauwerk
- höchste Außenaussichtsplattform (555 m)
- höchstes belegtes Stockwerk (160. Stockwerk, auf 585,5 m Höhe)
- längster Aufzug (504 m)
- die meisten Stockwerke (211)
- höchstes Restaurant (122. Stockwerk, auf 452 m Höhe) – siehe S. 92
- Gewicht des verbauten Betons entspricht dem von 100 000 Elefanten
- Der Lastenaufzug besitzt eine Tragfähigkeit von 5500 kg
- Die Fassade besteht aus 28 261 Glaspaneelen
- Die Reinigung der Fassade dauert 3 bis 4 Monate
- 2011 bestieg der französische Bergsteiger Alain Robert den Burj in nur etwa 6 Stunden
- 2014 stellten zwei andere Franzosen (Vincent Reffet und Frédéric Fugen) hier den Weltrekord im Basejumping auf
- Hier fand in der Silvesternacht 2017 die größte Licht- und Soundshow an einem einzigen Gebäude statt

Erdzeitalter des Jura trifft im Souk Dome der Dubai Mall auf die Zukunft. Es ist die neue Heimstätte von *Amphicoelias brontodiplodocus*, einem fast vollständig erhaltenen 155 Mio. Jahre alten Dinosaurierskelett, das 2008 in Wyoming ausgegraben wurde. Die langhalsige Echse ist 7,6 m hoch und 24,4 m lang – einschließlich ihres peitschenartigen Schwanzes – und nimmt den größten Teil des mit Torbögen exotisch gestalteten und dramatisch beleuchteten Atriums ein.

DUBAI FOUNTAIN — WASSERSPIELE

Karte S. 276 (☎04 362 7500; www.thedubaimall.com/en/entertain-detail/the-dubai-fountain-1; Burj Lake; ⏲Vorführungen Sa–Do 13 & 13.30, Fr 13.30 & 14 Uhr, täglich 18–24 Uhr alle 30 Min.; Ⓜ Burj Khalifa/Dubai Mall) GRATIS Die tanzenden Fontänen sind spektakulär auf einem riesigen See angelegt – vor der Kulisse des glitzernden Burj Khalifa, des höchsten Bauwerks der Welt. Wasserfontänen schlängeln sich graziös wie Bauchtänzerinnen, springen in hohen Bögen wie Delfine und schießen bis zu 140 m in die Höhe; alle Bewegungen werden zu ergreifenden, über Lautsprecher gespielten Klängen von klassischer, arabischer und Weltmusik synchronisiert. Es gibt zahlreiche schöne Aussichtspunkte, darunter eine 272 m lange, schwebende Promenade (20 Dh), auf der man bis auf 9 m an die Dubai Fountain herankommt.

Auch von einigen der Restaurants am Souk Al Bahar sieht man alles gut, ebenso von der Brücke, die den Souk Al Bahar mit der Dubai Mall verbindet, und von der Uferterrasse der Dubai Mall oder aber an Bord eines hölzernen *abra* (traditionelles Boot) beim 25-minütigen **Dubai Fountain Lake Ride** (Karte S. 276; ☎04 567 2030; 70 Dh/Pers.; ⏲5.45–23.30 Uhr).

SHEIKH ZAYED BRIDGE WATERFALL — WASSERFALL

Karte S. 276 (Dubai Canal, Sheikh Zayed Bridge; ⏲19–22 Uhr; Ⓜ Business Bay) GRATIS Dieser angestrahlte Wasserfall stürzt auf beiden Seiten der Sheikh Zayed Bridge in die Tiefe, stoppt aber, wenn Schiffe vorbeifahren. Bei einem Spaziergang am Kanal bietet er einen imposanten Anblick.

◉ Financial District

Um die unverwechselbaren Zwillingstürme der Jumeirah Emirates Towers dehnt sich der Financial District aus, die Domäne der Wirtschaftswelt. Herzstück des Viertels ist das **Dubai International Financial Centre** (DIFC; Karte S. 276; www.difc.ae; Sheikh Zayed Rd; Ⓟ; Ⓜ Emirates Towers), das man leicht an einem minimalistischen „The Gate" genannten Triumphbogen erkennt.

GATE VILLAGE STADTVIERTEL
Karte S. 276 (Happiness St; P; M Emirates Towers) Zwei Holzbrücken verbinden das massive Dubai International Finance Centre mit dem Gate Village, einer futuristischen Gruppe von zehn steinverkleideten mittelhohen Türmen, zwischen denen Gehwege und kleine Plätze angelegt sind. Hier haben viele von Dubais Edelgalerien für Kunst des Nahen Ostens Geschäfte eröffnet, darunter Ayyam. Daneben gibt's gehobene Restaurants wie das Zuma (S. 93) und das Cipriani. Samstags und sonntags ist das Gate Village übrigens so gut wie ausgestorben.

AYYAM GALLERY KUNSTGALERIE
Karte S. 278 (04 323 6242; www.ayyamgallery.com; Unit B11, Alserkal Ave, Al Quoz 1; So–Do 10–18, Sa ab 12 Uhr; M Noor Bank, Umm Al Seef) Das Hauptanliegen dieser hochrangigen Kunstgalerie (mit Filialen im Gate Village und im Galerien-Campus in Al Quoz, Alserkal Avenue) besteht darin, aufstrebende Künstler aus dem Nahen Osten (besonders aus Syrien) zu fördern und ihre oftmals provokanten, politisch oder auch feministisch motivierten Werke und Stimmen einer breiteren Öffentlichkeit außerhalb ihrer Heimatregion zu präsentieren.

EMPTY QUARTER KUNSTGALERIE
Karte S. 276 (04 323 1210; www.theemptyquarter.com; Bldg 2, Gate Village, DIFC; So–Do 10–19 Uhr; P; M Emirates Towers) Die erstklassige Galerie, Teil des Galerienviertels im Gate Village am DIFC, ist jederzeit einen Besuch wert. In den Vereinigten Arabischen Emiraten ist sie die einzige, die sich ganz auf Kunstfotografie konzentriert. Sie bietet nicht nur eine Plattform für aufstrebende Talente, die Kuratoren organisieren auch Ausstellungen internationaler Spitzenfotografen wie Steve McCurry, Bruno Barbey, Marc Riboud und Al Moutasim Al Maskery. Die bewegenden, provozierenden oder auch politischen Themen illustrieren häufig den herrschenden Zeitgeist.

WORLD TRADE CENTRE WAHRZEICHEN
Karte S. 276 (Sheikh Zayed Rd; M World Trade Centre) Im Vergleich zu seinen bis an die Wolken reichenden Cousins wirkt das World Trade Centre mit seiner Höhe von nur 149 m heute klein. Bei seiner Fertigstellung 1979 war es aber der erste Wolkenkratzer an Dubais Sheikh Zayed Road.

Al Quoz

★ ALSERKAL AVENUE KUNST- & KULTURZENTRUM
Karte S. 278 (050 556 9797; www.alserkalavenue.ae; 17th St, Al Quoz 1; M Noor Bank, Umm Al Seef) Ausgefallene zeitgenössische Kunst aus dem Nahen Osten und darüber hinaus hat dank der Vision von Abdelmonem Bin Eisa Alserkal in Dubai eine Heimat gefunden. Der heimische Bauunternehmer und Kunstmäzen hat einen weitläufigen Lagerhallenkomplex im staubigen Al Quoz in ein belebtes Gelände für Galerien und Kultur verwandelt; es gibt auch ein Theater, ein Indie-Kino, Cafés und eine Schokoladenfabrik.

DUBAI DESIGN DISTRICT

Dubai Design District (04 433 3000; www.dubaidesigndistrict.com; abseits der Al Khail Rd, Business Bay; P; Dubai Design District, M Business Bay) Kreative Köpfe haben ein neues Hauptquartier in Dubai. Der am Reißbrett entstandene Dubai Design District (d3) hat viele regionale und internationale Talente und Marken angelockt, darunter Größen wie Adidas und Foster + Partners. Besucher können sich dieses Labor der Trendsetter erschließen, indem sie sich die ausgefallene Architektur und öffentliche Kunst ansehen, durch Ausstellungsräume und Pop-ups bummeln, in eleganten Cafés den bärtigen Hipstern zuhören, sich Kunstausstellungen in Empfangshallen ansehen oder an kostenlosen Filmvorführungen, Workshops oder anderen kulturellen Veranstaltungen teilnehmen. Auf der Website findet man ein Programm.

D3 ist Teil von Dubais ehrgeizigem Plan, ein wichtiger Akteur in der globalen Welt des Designs zu werden. Tatsächlich ist das, was man heute sieht, erst die erste Phase eines dreistufigen Projektes, das bis 2020 beendet sein sollte. In Phase 2 wird eine umfangreiche Creative-Community-Abteilung (von Norman Foster entworfen) mit weiteren Galerien und Kunsträumen hinzukommen, die heimische Talente fördern sollen. In der letzten Phase werden auf einem 1,8 km langen Abschnitt parallel zum Dubai Creek Hotels, Läden und ein Bereich für Außenveranstaltungen entstehen.

ABSTECHER

VOGELBEOBACHTUNG IN DER GROSSSTADT IM RAS AL KHOR

In Hörweite von Baustellen und von Highways eingerahmt ist das **Ras Al Khor Wildlife Sanctuary** (RAKWS; ☎04 606 6822; http://wildlife-ae.herokuapp.com; Oud Metha Rd & Ras Al Khor St; ⏲Sa-Do 9–16 Uhr; Ⓜ Dubai Healthcare City, Al Jadaf) GRATIS am Dubai Creek ein wichtiger Zwischenhalt für wandernde Wasservögel auf ihrer Zugroute von Ostafrika ins westliche Asien. Anmutige rosafarbene Flamingos stehlen zwar im Winter anderen Vögeln die Schau, aber passionierte Vogelbeobachter können in dieser sich über eine Fläche von etwa 6,2 km² erstreckenden Mischung aus Salzpfannen, Schlickwatt, Mangroven und Lagunen mehr als 170 Arten entdecken.

Derzeit gibt's zwei zugängliche Beobachtungssitze (*Hides*) mit fantastisch scharfen Ferngläsern: Flamingo Hide am westlichen Rand des Schutzgebietes nahe bei den Schlafplätzen der Flamingos und abseits der Kreuzung von Al Wasl Road und Oud Metha Road sowie Mangrove Hide mit Blick auf den Mangrovenwald abseits der Ras Al Khor Road am südlichen Rand.

Sumpfläufer und Pazifische Goldregenpfeifer sind häufig zu sehen; im Winter schweben Schelladler und andere Raubvögel hoch oben am Himmel.

Die Bedeutung des RAWK wurde 2007 von der Ramsar-Konvention anerkannt, einem globalen Abkommen zum Schutz von Feuchtgebieten, das 1971 in der iranischen Stadt Ramsar unterzeichnet wurde. 2016 besuchte eine Delegation aus Ramsar Dubai, um den Einfluss des sich unkontrolliert ausbreitenden Bauens einzuschätzen und Wege zu finden, dieses zu minimieren und damit die Unversehrtheit des Ortes zu erhalten, der zunehmend zur Touristenattraktion geworden ist.

THIRD LINE — KUNSTGALERIE

Karte S. 278 (☎04 341 1367; www.thethirdline.com; 78–80 Alserkal Ave, Al Quoz 1; ⏲Sa–Do 10–19 Uhr; Ⓜ Noor Bank, Umm Al Seef) Dieser Pionier in Dubais Galerieszene, einer der aufregendsten Räume in der Stadt für zeitgenössische Kunst des Nahen Ostens, vertritt etwa 30 Künstler, darunter die Emiraterin Lamya Gargash und der libanesische Fotograf Fouad Elkoury. Third Line veröffentlicht auch Bücher, veranstaltet Lesungen und nimmt an so wichtigen internationalen Kunstmessen wie der Art Cologne und der Art Basel teil.

LEILA HELLER GALLERY — KUNSTGALERIE

Karte S. 278 (☎056 829 8026; www.leilahellergallery.com; 86-87 Alserkal Ave, Al Quoz 1; ⏲Sa–Do 10–19 Uhr; Ⓜ Noor Bank, Umm Al Seef) Diese angesehene aus New York importierte Galerie präsentiert topaktuelle Kunst sowohl aufstrebender als auch bereits bekannter Künstler des Nahen Ostens, Zentral- und Südostasiens sowie der Türkei. Sie bietet drei große Ausstellungsräume und wirbt damit, die größte Galerie der Vereinigten Arabischen Emirate zu sein.

GALLERY ISABELLE VAN DEN EYNDE — KUNSTGALERIE

Karte S. 278 (☎04 323 5052; www.ivde.net; 17 Alserkal Ave, Al Quoz 1; ⏲Sa–Do 10–19 Uhr; Ⓜ Noor Bank, Umm Al Seef) Die avantgardistische Galerie hat Beziehungen zu Künstlern aus Europa, Lateinamerika und Afrika geknüpft, deren Arbeiten irgendeine Verbindung zum Nahen Osten aufweisen. Bestandteil der Alserkal Avenue seit 2010, hat sie einige der innovativsten und vielversprechendsten Talente ins Licht der Öffentlichkeit gerückt, unter ihnen der in Beirut ansässige Raed Yassin und der im Iran geborene Fotograf Ramin Haerizadeh.

CARBON 12 — KUNSTGALERIE

Karte S. 278 (☎04 340 6016; www.carbon12dubai.com; 37 Alserkal Ave, Al Quoz 1; ⏲Sa–Do 11.30–19 Uhr; Ⓜ Noor Bank, Umm Al Seef) Ein minimalistischer weißer Kubus dient Künstlern aus aller Welt als Tor zur Kunstszene in den Vereinigten Arabischen Emiraten und umgekehrt. Einige von ihnen haben Wurzeln im Nahen Osten, wie die in Teheran geborene und in New York lebende Sara Rahbar, deren Textilkunst es ins Britische Museum geschafft hat.

GREEN ART GALLERY — KUNSTGALERIE

Karte S. 278 (☎04 346 9305; www.gagallery.com; 28 Alserkal Ave, Al Quoz 1; ⏲Sa–Do 10–19 Uhr; Ⓟ; Ⓜ Noor Bank, Umm Al Seef) Green Art gibt's seit über vier Jahrzehnten; es hatte eine Schlüsselrolle im Engagement für moderne Kunst des Nahen Ostens, darunter die von Könnern wie Fateh Moudarres, Louay Kayyali, Ismail Fattah und Dia Al Azzawi. Die Palette umfasst mehrere Generationen von Künstlern, mittlerweile auch aus Nordafrika und Südasien.

ESSEN

Downtown Dubai ist die Domäne der Spitzenrestaurants; die meisten von ihnen befinden sich in den Fünf-Sterne-Hotels und im Dubai International Financial Centre (DIFC). Wer aber kein großes Loch ins Budget reißen will, sollte zum Food Court in der Dubai Mall gehen oder zu den flippigen Cafés bei der Alserkal Avenue in Al Quoz.

Downtown & Business Bay

ZAROOB — LIBANESISCH $

Karte S. 276 (☎04 327 6262; www.zaroob.com; Shop 1, Jumeirah Tower Bldg, Sheikh Zayed Rd; Gerichte 12–32 Dh; ⏲24 Std.; P📶🍸; Ⓜ Emirates Towers, Financial Centre) Mit dem Show-Kochen, den offenen Küchen, Körben voller Obst, bunten Laternen und mit den von Graffiti übersäten Rollläden strahlt das Zaroob die urbane Unversehrtheit einer Beiruter Straße mit Streetfood aus. Man kann sich an den für die Levante typischen unkomplizierten Gerichten laben, wie Falafel, Shawarma (am Spieß gebratenes Fleisch in Fladenbrot), flachem oder gewickeltem *manoushe* (Pizza im Stil der Levante) oder *alayet* (Tomateneintopf). Eine nette Terrasse gibt's auch.

★TIME OUT MARKET — FOOD COURT $$

Karte S. 276 (www.timeoutmarket.com/dubai; 3. OG, Souk Al Bahar, Old Town Island; Hauptgerichte ab 50 Dh; ⏲Mo–Do 12–24, Fr 12–1, Sa 10–1, So 10–24 Uhr; P❄👪; Ⓜ Burj Khalifa/Dubai Mall) Von seidigen Ramen-Nudeln über rauchige Rinderbrust und scharfe Ceviche bis zu knusprigen Falafel: In diesem energiegeladenen Food Court sind Aromen aus aller Welt vertreten. 18 von den Einheimischen begeistert aufgenommene kulinarische Betriebe (und drei Bars) sorgen im riesigen, durch Ziegelsäulen unterteilten Raum für Gaumenfreuden. Am schönsten sitzt man auf der Terrasse neben der Dubai Fountain.

★BAKER & SPICE — INTERNATIONAL $$

Karte S. 276 (☎04 425 2240; www.bakerandspiceme.com; Souk Al Bahar; Hauptgerichte 80–100 Dh; ⏲8–23 Uhr; 📶🍸; Ⓜ Burj Khalifa/Dubai Mall) 🌿 Dieser Import aus London, in Dubai ein Vorreiter der Maxime „lokal-bio-frisch“, bietet eine saisonbedingt variierende Fülle an frisch zubereiteten Gerichten, die in landhausartigem Dekor und auf einer Terrasse mit Blick auf die Dubai Fountain serviert werden. Die Salatbar quillt über vor genialen Kreationen, die Frühstücksgerichte sind der Gipfel, und die Zutaten für die Fleisch- und Fischgerichte wurden nachhaltig erwirtschaftet.

Außerdem bekommt man frisches Brot, Torten und Pasteten zum Mitnehmen.

EATALY — ITALIENISCH $$

Karte S. 276 (☎04 330 8899; www.eatalyarabia.com; UG, Dubai Mall; Hauptgerichte 45–120 Dh; ⏲So–Mi 9–22.30, Do–Sa 9–0.30 Uhr; P📶👪; Ⓜ Burj Khalifa/Dubai Mall) Das beliebte italienische Feinkostgeschäft mit Café ist in der Dubai Mall angekommen und bringt kunstvolle Köstlichkeiten aus ganz Italien zu kundigen Gaumen. Hier können die Gäste Pesto aus Ligurien, Balsamico aus Modena, Olivenöl aus Sizilien und direkt im Laden hergestellte Pasta mit nach Hause nehmen. Wahlweise bleibt man und schlägt sich den Magen voll mit köstlicher Pizza, Panini oder Pastagerichten, die an verschiedenen Essensständen zubereitet werden.

Für Kinder ist es ein Spaß, das Geschehen zu beobachten und das Essen vielleicht mit einem Ausflug zur Nutella-Bar zu beenden.

THE LIGHTHOUSE — MEDITERRAN $$

(☎04 422 6024; www.facebook.com/thelighthouseAE; Bldg 6, Dubai Design District; Hauptgerichte 75–180 Dh; ⏲So–Mi 8–23, Do & Fr 8–24, Sa 8–18 Uhr; 📶; Ⓜ Burj Khalifa/Dubai Mall) Erdacht vom in Dubai ansässigen Chef Izu Ani, ist diese Mischung aus Café und Laden ein Leuchtfeuer des guten Geschmacks: Es gibt handverlesene Designergeschenke neben leichten Gerichten, bei denen bekannte und überraschende Zutaten vermischt werden, z. B. einen Salat mit Roter Bete, Ziegenkäse und Pistazien. Befindet sich direkt im hippen Dubai Design District und wird von einem kostenlosen Shuttleservice von der Metrostation Dubai Mall aus angefahren.

LEILA — LIBANESISCH $$

Karte S. 276 (☎04 448 3384; www.leilarestaurant.ae; Sheikh Mohammed Bin Rashid Blvd; Hauptgerichte 50–68 Dh; ⏲Mo–Fr 9.30–0.45, Sa & So bis 1.45 Uhr; 📶; Ⓜ Burj Khalifa/Dubai Mall) In diesem Import aus Beirut wird eine traditionell ländliche libanesische Kaffeehausküche gepflegt, die sich dem 21. Jh. annähert: leicht, bekömmlich und frisch.

Die gemütliche Inneneinrichtung mit gemusterten Tapeten, gestärkten Tischdecken und Geschirr mit Blumenmuster ist ein nostalgisches Experiment. Ein nettes Plätzchen auch fürs Frühstück oder die Shisha.

THE DAILY BISTRO **$$**

Karte S. 276 (☎04 561 9999; www.rovehotels.com/the-daily; Rove Downtown, 312 Happiness St; Hauptgerichte 45–120 Dh, Brunch 99 Dh; ⌚6.30–23.30 Uhr; 📶; Ⓜ Financial Centre, Burj Khalifa/Dubai Mall) Die Ausstattung im Stil eines Lagerhauses, die Fenster vom Boden bis zur Decke und die Außenterrasse mit Blick auf nichts weniger als den Burj Khalifa hinterlassen einen bleibenden Eindruck von diesem legeren, den ganzen Tag geöffneten Fleckchen. Wer den freundlichen Service und das sehr preisgünstige lässige Essen (*shakshuka*-Eier in Tomatensoße, Superfood-Salate, Steaks und Pommes frites) hinzuzählt, weiß, dass er auf der Gewinnerseite ist. Runterspülen kann man das Ganze mit frischen Säften, Kaffee vom Barista sowie preisgünstigem Bier und Wein.

NOODLE HOUSE ASIATISCH **$$**

Karte S. 276 (☎04 319 8088; www.thenoodlehouse.com; EG, Boulevard Mall, Emirates Towers, Sheikh Zayed Rd; Hauptgerichte 35–90 Dh; ⌚12–24 Uhr; P 📶; Ⓜ Emirates Towers) Dieses panasiatische Restaurant mit vielen Filialen ist eine verlässlich gute Wahl für ein zwangloses Mittag- oder Abendessen. Die Auswahl ist groß und reicht von gebratener Ente zu Nudelsuppen, Nasi Goreng und Pad Thai, und unterschiedliche Würzungsgrade stellen jeden Geschmack zufrieden.

DINNER MIT AUSBLICK

At.mosphere (Karte S. 276; ☎04 888 3828; www.atmosphereburjkhalifa.com; 122. OG, Burj Khalifa, Sheikh Mohammed Bin Rashid Blvd; Hauptgerichte 145–320 Dh; ⌚Restaurant 12.30–15 & 18.30–23 Uhr, Lounge 12–16.30 & 18.30–2 Uhr; 📶; Ⓜ Burj Khalifa/Dubai Mall) Das Essen (international, mit Schwerpunkt Fisch & Meeresfrüchte) mag vielleicht nicht extravagant sein, aber die Aussichten vom höchsten Restaurant der Welt (442 m) im Burj Khalifa sind herausragend. Um beides genießen zu können, muss man lange im Voraus buchen.

Im Restaurant liegt der Mindestbestellwert pro Person mittags bei 500 Dh und abends bei 680 Dh (880 Dh für einen Tisch am Fenster). Wem das zu teuer ist, der kann einfach nach oben in die Lounge gehen: Hier liegen die Mindestpreise bei 200 Dh für das Frühstück, bei 420 Dh für den Nachmittagstee und bei 320 Dh für das Abendessen. Kinder unter 10 Jahren haben keinen Zutritt. Bitte angemessen kleiden. Der Eintritt erfolgt über das Armani Hotel.

KARMA KAFÉ ASIATISCH **$$$**

Karte S. 276 (☎04 423 0909; www.karma-kafe.com; Souk Al Bahar; Hauptgerichte 85–270 Dh; ⌚So–Do 15–2, Fr & Sa ab 12 Uhr; 📶; Ⓜ Burj Khalifa/Dubai Mall) Ein riesiger Buddha wacht über den Speiseraum; sein Gewand in sinnlichem Karmesinrot ist mit Akzenten aus Blattgold verziert. Die Speisekarte bewegt sich durch ganz Asien: Klassisches und innovatives Sushi trifft auf teegeräucherten Lachs, auf dem Robata-Grill zubereitete Burger aus Fleisch vom Wagyu-Rind treffen auf Schwarzen Kabeljau in Miso-Marinade. Von der Terrasse haben Gäste einen super Ausblick auf die Dubai Fountain.

Vegetarier mögen leicht verstört sein, dass das vegetarische Vorzeigegericht des Karma Kafé *caterpillar signature rolls (Raupenbrötchen) heißt.* Keine Sorge, in Wirklichkeit sind die Brötchen mit Shiitake-Pilzen, Spargel, Avocado und anderem Gemüse gefüllt. Puh!

ASADO ARGENTINISCH **$$$**

Karte S. 276 (☎04 428 7888; www.theaddress.com; EG, Palace Downtown, Mohammed Bin Rashid Blvd; Hauptgerichte 95–570 Dh; ⌚6.30–23.30 Uhr; P 📶; Ⓜ Burj Khalifa/Dubai Mall) Fleischliebhaber finden ihr Himmelreich in diesem ländlich-eleganten Restaurant mit beinahe unwirklich schönem Ausblick auf den Burj Khalifa von den Tischen auf der Terrasse aus. Beginnen kann man mit einer Auswahl gefüllter *Empanadas*, bevor man sich ein saftig gegrilltes argentinisches Steak oder das Markenzeichen des Hauses gönnt: auf einem Holzkohlenfeuer bis zur Perfektion gegartes Zicklein. Unbedingt reservieren!

THIPTARA AT PALACE DOWNTOWN THAI **$$$**

Karte S. 276 (☎04 428 7888; www.theaddress.com; Mohammed Bin Rashid Blvd; Hauptgerichte 120–290 Dh; ⌚18–23.30 Uhr; P 📶; Ⓜ Burj Khalifa/Dubai Mall) Der Name Thiptara bedeutet „Magie am Wasser“ und passt damit perfekt zur romantischen Lage in einer Pagode am See mit unverstelltem Blick auf die Dubai Fountain. Auf der Speisekarte stehen elegante Interpretationen traditioneller Thai-Gerichte, und sie werden mit vom Chef selbst angebauten Kräutern noch verfeinert. Die Menüauswahl mit Salat aus grüner Papaya, gegrilltem Schwarzen Kabeljau und Hühnchen in grünem Curry ist gut.

Financial District

SUM OF US CAFÉ **$$**

Karte S. 276 (☎056 445 7526; www.thesumofusdubai.com; EG, Burj Al Salam Bldg, 6th St; Hauptgerichte 50–90 Dh; ⏲8–23 Uhr; P📶✍; Ⓜ World Trade Centre) Dieses sich über zwei Geschosse erstreckende, mit vielen Pflanzen vollgestopfte Café im Industrial-Style röstet seine eigenen Kaffeebohnen, backt sein eigenes Sauerteigbrot und serviert ein zugleich beruhigendes und aufregendes Essen. Frühstück gibt's den ganzen Tag über (z. B. Arme Ritter mit Salzkaramellsoße), als Hauptgericht ist u. a. das Blumenkohlrisotto interessant. Man kann auch draußen sitzen.

★ ZUMA JAPANISCH **$$$**

Karte S. 276 (☎04 425 5660; www.zumarestaurant.com; Bldg 06, Gate Village, Happiness St, DIFC; Mittagessen 130 Dh, Hauptgerichte 115–850 Dh; ⏲So–Do 12–15.30, Fr 12.30–16, Sa 12.30–16 sowie Sa–Mi 19–24, Do & Fr 19–1 Uhr; 📶; Ⓜ Emirates Towers) Jedes Gericht ist ein Ausdruck der Vollendung. In dem gleichbleibend beliebten Restaurant auf zwei Ebenen wird die klassische japanische Küche zur Perfektion gebracht. Egal, ob man sich für die meisterhaft zubereiteten Sushi-Köstlichkeiten entscheidet (die granatenmäßige Spinnen-Rolle ist ein echter Blickfang!), für Fleisch und Meeresfrüchte vom Robata-Grill oder für Gerichte, für die das Restaurant bekannt ist, wie den in Miso-Paste marinierten Kabeljau: Man hält seinen Gaumen bei Laune.

Feinschmecker mit beschränktem Budget sollten sich für das täglich wechselnde Ebisu-Mittagsgericht entscheiden (130 Dh). In der Lounge werden täglich kleine Happen serviert. Der Freitagsbrunch (ab 473 Dh) wurde schon mit lokalen Preisen ausgezeichnet – unbedingt reservieren!

CARNIVAL BY TRESIND INDISCH **$$$**

Karte S. 276 (☎04 421 8665; www.carnivalbytresind.com; Podium-Ebene, Burj Daman Tower, DIFC; Hauptgerichte ab 110 Dh; ⏲12–15.30 & 17–2 Uhr; ✍; Ⓜ Financial Centre) Spaß ist fester Bestandteil der Agenda dieses äußerst beliebten Restaurants mit seiner spielerischen Herangehensweise an die indische Molekularküche. Hinter all dem Schall und Rauch findet man wirklich leckeres Essen mit vielen am Tisch zubereiteten Gerichten und ebenso pfiffige Angebote für Vegetarier.

Die Preise sind für diesen Teil der Stadt vernünftig; besonders erschwinglich ist der Freitagsbrunch (ab 250 Dh).

HOI AN VIETNAMESISCH **$$$**

Karte S. 276 (☎04 405 2703; www.shangri-la.com; 1. OG, Shangri-La Hotel, Sheikh Zayed Rd; Hauptgerichte 120–185 Dh; ⏲tgl. 19–24 sowie Fr & Sa 12.30–16 Uhr; P📶✍; Ⓜ Financial Centre) Das ausschließlich vietnamesische Küchenteam ist Garant dafür, dass in diesem vornehmen Restaurant die Geschmacksrichtungen absolut authentisch sind. Schon immer hier, glänzt es auch weiterhin mit geschmacksintensiven Gerichten wie würzigem Meeresfrüchtesalat, Wolfsbarsch in Lotusblättern und Ente mariniert in Zitronengras.

Al Quoz

LIME TREE CAFE CAFÉ **$**

Karte S. 278 (☎04 325 6325; www.thelimetreecafe.com; 4B St, Al Quoz; Gerichte 24–40 Dh; ⏲7.30–18 Uhr; 📶; Ⓜ Noor Bank) Das behagliche Café im europäischen Stil ist bei den hier lebenden Ausländern beliebt, weil man schön ruhig frühstücken kann, wegen der mit innovativen Sandwiches gefüllten türkischen Pide und der unwiderstehlich sinnlichen Kuchen (der aus zwei Schichten bestehende Karottenkuchen mit Crèmeglasur ist der berühmteste).

Das Gegenstück bildet die bunte und gesunde Salatbar. Zudem kann man hier eine köstliche Auswahl lokal hergestellter Relishes kaufen.

TOM & SERG INTERNATIONAL **$$**

Karte S. 278 (☎056 474 6812; www.tomandserg.com; Al Joud Center, 15A St, Al Quoz 1; Hauptgerichte 37–79 Dh; ⏲So–Do 8–16, Fr & Sa 8–18 Uhr; 📶✍; Ⓜ Noor Bank, Umm Al Seef) Das stets gut frequentierte Café im Stil eines Lagerhauses mit Betonböden, freiliegenden Rohren und einer offenen Küche würde auch gut nach Madrid oder Melbourne passen. Genau von dort nämlich kommen die Besitzer. Auf der Speisekarte stehen zahlreiche globale Gerichte mit Wohlfühlfaktor wie Marokkanisches Huhn, Eier Benedikt und ein spitzenmäßiger Burger auf hausgemachtem Brötchen. Der Kaffee ist auch großartig.

In der Nähe des Galerien-Viertels Alserkal Avenue.

AUSGEHEN & NACHTLEBEN

In Downtown gibt's die angesagtesten Nachtclubs, wobei ständig neue Lokalitäten hinzukommen. Schuhe polieren oder High Heels mit schwindelerregend hohen Absätzen anziehen und die Platin-Kreditkarte einpacken, damit man auch reingelassen wird.

Downtown & Business Bay

★WHITE DUBAI CLUB

(050 443 0933; www.whitedubai.com; Meydan Racecourse Grandstand Rooftop, Nad Al Sheba; Di, Do–Sa 23–3 Uhr) Der Dubaier Ableger des Beiruter Originals brauchte nicht lange, um mit energiegeladenen Dachpartys unter den Sternen heimische Promis anzulocken. Internationale DJs überschütten die Partygänger mit einer eklektischen Klangsuppe, in der von House und Electro bis zu Bump-&-Grind-Hip-Hop und R'n'B alles enthalten ist. Das Ganze wird noch angeheizt von grellen Projektionen und Lightshows.

Der einzige Club im Nahen Osten, der auf der Top-100-Liste des britischen *DJ Mag* steht.

★BRIDGEWATER TAVERN SPORTSBAR

Karte S. 276 (04 414 0000; www.jwmarriottmarquisdubailife.com/dining/bridgewatertavern; JW Marriott Marquis Hotel, Sheikh Zayed Rd; 16–2 Uhr; ; Business Bay) Dieser angesagte Laden hat die Sportsbar in eine neue Ära überführt. Es gibt zwar ein paar Bildschirme, die schließlich wichtig sind, um das Geschehen zu verfolgen, aber das Ganze ist eingepackt in industriell angehauchtes Design. Meist liegt Rockmusik auf den Plattentellern und auf der kanalseitigen Terrasse wird Shisha geraucht. Auf der gehobenen Gastropub-Speisekarte steht ein unverkennbarer „Black" Burger – er ist so chaotisch, dass er mit Lätzchen serviert wird!

BASE CLUB

(055 313 4999; www.basedubai.com; Dubai Design District; Sept.–Mai 22.30–3 Uhr; Business Bay) In diesen wirklich großen Nachtclub der nächsten Generation unter freiem Himmel im Dubai Design District passen bei Konzerten und Partys bis zu 5000 Leute. Man kann ein Top-Klangsystem, erstklassige Besetzung, Pyrotechnik, Plattformen für Tänzer und strahlend glückliche Menschen erwarten.

TREEHOUSE BAR

Karte S. 276 (04 438 3100; www.treehousedubai.ae; Taj Dubai Hotel, Burj Khalifa Blvd; Sa–Mi 18–1, Do & Fr 18–2 Uhr; ; Business Bay) In der obersten Etage des Taj verwöhnt dieser Luxusbereich die Gäste mit fantastischem Ausblick auf den Burj Khalifa, Getränken bester Qualität und einem Open-Air-Wohnzimmer mit Topfpflanzen, von Kissen überhäuften Sofas, Tischen aus rosa Marmor und sogar einem von Kerzen beleuchteten Dekokamin. Wochentags ein cooler Ort, um sich in Ruhe zu unterhalten, geht's an den Wochenenden mit Deep-House-DJs zur Sache. Was das Essen angeht, so macht sich das Treehouse übrigens zunehmend mit seinem extravaganten freitäglichen **Hidden Brunch** mit Grillgerichten und Sushi (ab 299 Dh) einen Namen.

MAJLIS CAFÉ

Karte S. 276 (056 287 1522; EG, The Souk, Dubai Mall; 10–24 Uhr; ; Burj Khalifa/Dubai Mall) Wer wollte nicht schon einmal wissen, wie ein Kamel gemolken wird? Während sie den Videofilm auf der interaktiven iPad-Speisekarte des hübschen Cafés anschauen, können die Gäste an einem *camelccino* (Cappuccino mit Kamelmilch) oder einem mit Datteln aromatisierten Kamelmilchgetränk nippen. Süßigkeiten, Desserts, Schokolade und Käse – alles aus Kamelmilch zubereitet – sind ebenso verlockend.

CABANA LOUNGE

Karte S. 276 (04 438 8888; www.theaddress.com; 3. OG, Address Dubai Mall Hotel, Sheikh Mohammed Bin Rashid Blvd; Okt.–Mai 8.30–24 Uhr; ; Burj Khalifa/Dubai Mall) In diesem Restaurant unter freiem Himmel mit Lounge-Terrasse verbindet sich eine entspannte Swimmingpool-Atmosphäre mit urbaner Raffinesse und überirdischen Ausblicken auf den Burj Khalifa. Ein DJ legt sanfte Hintergrundmusik auf, die angeregte Unterhaltungen nicht stört. Eine schöne Unterbrechung eines Einkaufsbummels in der Dubai Mall ist die Happy Hour von 14 bis 20 Uhr.

Financial District

FIBBER MAGEE'S IRISH PUB

Karte S. 276 (04 332 2400; www.fibbersdubai.com; Saeed Tower One, Sheikh Zayed Rd; 8–2 Uhr; ; World Trade Centre) Das Fibbers ist schon seit ewigen Zeiten hier: ein auf liebenswür-

WAHRZEICHEN & SYMBOLE

➡ **Burj Khalifa** (S. 85) Das höchste Bauwerk der Welt reicht mit einer Höhe von 828 m an die Wolken heran. Für den Entwurf fand der amerikanische Architekt Adrian Smith Inspiration in der Wüstenblume *Hymenocallis* oder Schönlilie, deren Blätteranordnung Eingang in den islamischen Baustil gefunden hat. Die Gestalt des Turms ist drei Tragblättern nachempfunden, die um einen Blütenschaft angeordnet sind. Die „Blätter" umgeben den „Schaft", der auf einem flachen Fundament emporwächst.

➡ **Burj Al Arab** (S. 104) Der Burj wurde 1999 vollendet und erhebt sich auf einer künstlichen Insel, die 300 m vor der Küste liegt. Das Bauwerk in Gestalt eines Segels hat 60 Stockwerke und ist 321 m hoch. Eine lichtdurchlässige Fiberglasfassade dient während des Tages als Schutzschild vor der Wüstensonne und wird jede Nacht zu einer Projektionsfläche für eine eindrucksvolle Lichtshow. Der Burj ist nach wie vor *das* ikonenhafte Symbol Dubais.

➡ **Cayan Tower** (S. 121) Über die gesamten 307 m Höhe dieses Turms erstreckt sich eine 90-Grad-Spirale, die nicht nur cool aussieht, sondern auch den schädlichen Einfluss der Sonneneinstrahlung auf das Gebäude sowie die Kraft von Stürmen reduziert.

➡ **Dubai Creek Golf & Yacht Club** (S. 66) Der Grundgedanke hinter dem Entwurf des Clubhauses mit seinem spitzen weißen Dach, das sich inmitten von künstlichen Anhöhen erhebt, war es, ein traditionelles Element – hier die weißen Segel einer Dau – in die Form und den Stil dieses Bauwerks zu integrieren.

➡ **Dubai International Financial Centre** (S. 88) Dubais Börse und die führenden internationalen Finanzinstitutionen Dubais befinden sich in diesem Komplex aus sechs Gebäuden, die rings um ein 80 m hohes majestätisches Portal namens „The Gate" liegen. Entworfen hat den Komplex die amerikanische Firma Gensler Associates. Das DIFC, wie es genannt wird, liegt auf einer Achse mit den Jumeirah Emirates Towers und dem World Trade Centre und rahmt diese Wahrzeichen quasi ein.

➡ **Dusit Thani Dubai** (S. 197) An der Sheikh Zayed Road ragen zahlreiche moderne Wolkenkratzer auf, wenige ziehen jedoch so viele Blicke auf sich wie dieser. Das 153 m hohe Bauwerk hat die Form eines umgekehrten Y – zwei Türme vereinigen sich in der Höhe zu einem sich verjüngenden Turm. Die Form soll zwei zusammengelegte Hände wie bei der thailändischen Begrüßungsgeste symbolisieren – für eine thailändische Hotelkette wie diese ist das durchaus angemessen, doch viele denken eher an eine gigantische Stimmgabel.

➡ **Jumeirah Emirates Towers** (S. 88) Die dreieckigen Zwillingstürme mit silbriger Fassade aus Aluminiumpaneelen und mit nadelförmigen Spitzen gehören zu den symbolträchtigsten Gebäuden an der Sheikh Zayed Road. Im größeren der beiden (355 m) sind Büros untergebracht, während das andere (305 m) ein ultraluxuriöses Businesshotel ist. Beide sind durch ein dreigeschossiges Einkaufszentrum miteinander verbunden.

➡ **Jumeirah Beach Hotel** (S. 201) Der kurvige S-förmige Bau stellt eine Meereswelle vor dem Hintergrund des Golfs dar. Die Fassaden des Hotels und des Burj Al Arab in unmittelbarer Nähe wurden durch die Verwendung von reflektierendem Glas und Aluminium zu schimmernden Oberflächen. Gemeinsam stehen beide Bauwerke – ein riesiges Segel, das über einer sich brechenden Welle schwebt – symbolisch für das maritime Erbe Dubais.

➡ **National Bank of Dubai** (S. 56) Dieses spektakuläre Wahrzeichen ragt über dem Creek auf. Es wurde von Carlos Ott entworfen und 1997 fertiggestellt. Ursprünglich war das Gebäude der Sitz der National Bank of Dubai, diese verschmolz 2007 jedoch mit der Emirates Bank, woraus die Emirates NBD entstand. Die NBD hat ihren Hauptsitz immer noch in dem Gebäude. Das Design kombiniert einfache Formen, die eine Dau mit geblähtem Segel darstellen, während sich die echten Daus auf dem Creek in der Glasfassade reflektieren.

➡ **Gevora Hotel** (Karte S. 276; ☎04 524 0000; www.gevorahotels.com; Sheikh Zayed Rd, Trade Centre Area, neben dem Al-Attar-Turm; Zi. ab 600 Dh; P 📶 🏊; M Financial Centre) 356 m hoch aufragend und als höchstes Hotel der Welt angepriesen, ist das Gevora ein typischer zylindrischer Wolkenkratzer mit einer dramatischen goldenen Spitze aus Metallgeflecht. Es befindet sich im Herzen des Financial District und überragt den früheren Rekordhalter, die nahen Türme des JW Marriott Marquis Dubai, um gerade einmal 1,5 m.

dige Art heruntergekommenes, von morgens bis abends geöffnetes Irish Pub. Es gibt Guinness und Kilkenny vom Fass, ganztägig Frühstück (darunter das legendäre Frühstücksbrötchen), eine Speisekarte mit internationaler Nervennahrung, um den Verstand im Gleichgewicht zu halten, sowie Sport (Rugby und Pferderennen) auf großen Bildschirmen. Die traditionelle irische Musik donnerstagabends rührt viele der hier lebenden Iren regelmäßig zu Tränen.

CAVALLI CLUB CLUB

Karte S. 276 (☎050 991 0400; http://dubai.cavalliclub.com; Fairmont Hotel, Sheikh Zayed Rd; ⏲20.30–3 Uhr; 📶; Ⓜ World Trade Centre) Schwarze Limousinen rangeln um die besten Halteplätze vor diesem exklusiven Club, in dem man Cocktails auf Wodkabasis des italienischen Modedesigners Roberto Cavalli nippen und auf Cavalli-Tellern serviertes italienisches Essen mit Besteck von Cavalli in einer unwirklichen Märchenschatzhöhle genießen kann, die von schwarzen Quarz- und Swarovski-Kristallen glitzert. Frauen, die keine schwindelerregend hohen High Heels tragen, riskieren, altbacken zu wirken. Männer, die nicht modebewusst sind, sollten sich gar nicht erst blicken lassen. Der Eingang liegt hinter dem Hotel.

40 KONG BAR

Karte S. 276 (☎04 355 8896; www.40kong.com; 40. OG, H Hotel, Sheikh Zayed Rd; ⏲19–3 Uhr; 📶; Ⓜ World Trade Centre) Finanzmoguln und Manager treffen sich gern in geselliger Runde in dieser intimen Cocktailbar auf einer Dachterrasse hoch oben im 40. Stockwerk des H Hotel mit Blick auf das World Trade Centre und die Sheikh Zayed Road. Flackernde Lampions und Palmen setzen romantische Akzente zum Dämmerschoppen nach der Arbeit oder dem Einkaufsbummel; dazu gibt's an der Bar kleine Happen.

☆ UNTERHALTUNG

★CINEMA AKIL KINO

Karte S. 278 (www.cinemaakil.com; 68 Alserkal Ave, Al Quoz 1; Ⓜ Noor Bank, Umm Al Seef) Die dynamische Bühne, die seit 2004 Cineasten mit smarten Independent-Filmen aus der ganzen Welt verwöhnt, hat ihren ständigen Sitz jetzt an der Alserkal Avenue gefunden. Den Vorführungen, die Freitag und Samstag um 16 Uhr und an den Wochentagen um 19.30 Uhr beginnen, folgen oft Fragestunden mit Regisseuren.

LA PERLE BY DRAGONE DARSTELLENDE KÜNSTE

Karte S. 276 (www.laperle.com; Al Habtoor City; Tickets 400–1600 Dh; 📶; Ⓜ Business Bay) Dank des 270-Grad-Zuschauerbereichs haben Gäste in diesem maßgeschneiderten Theater auch von den günstigeren Sitzen eine perfekte Sicht. Die magische Show spielt sich in der Mitte einer mit Wasser füllbaren Bühne ab, auf der etwa 65 Artisten ihr unglaubliches Können vorführen. Das Ganze war eine Idee von Franco Dragone, einem der Erfinder des Cirque du Soleil.

BLUE BAR LIVEMUSIK

Karte S. 276 (☎04 310 8150; Novotel World Trade Centre Dubai, Happiness St; ⏲12–2 Uhr; 📶; Ⓜ World Trade Centre) Coole Typen jeden Alters versammeln sich in dieser entspannten Bar, um live gespielten Jazz und Blues vom Feinsten zu hören. An der gut sortierten Bar mit vernünftigen Preisen gibt's berühmte nach Jazz-Größen benannte Cocktails (den von Louis Armstrong inspirierten Hello Dolly probieren!), die man mittels einer interaktiven iPad-Karte bestellt. Täglich geöffnet, donnerstags bis samstags gibt's ab 22 Uhr Livekonzerte.

FRIDGE LIVEMUSIK

Karte S. 278 (☎04 347 7793; www.thefridgedubai.com; 5 Alserkal Ave, Al Quoz 1; Tickets ab 50 Dh; Ⓜ Noor Bank, Umm Al Seef) Als Teil des Kultur-Campus an der Alserkal Avenue veranstaltet diese Talent-Managementagentur eine sehr beliebte Konzertreihe (meistens freitags), bei der heimische, noch nicht wahrgenommene Talente ins Blickfeld der Öffentlichkeit gerückt werden. Das breit gefächerte Spektrum hüpft kreuz und quer von Swing zu Oper und von Jazz zu Pop, manchmal alles an einem Abend.

REEL CINEMAS KINO

Karte S. 276 (☎04 449 1902; www.reelcinemas.ae; 2. OG, Dubai Mall; 2-D-/3-D-Filme 45/60 Dh, MX4D 90 Dh, Platinum Movie Suite 160 Dh; Ⓜ Burj Khalifa/Dubai Mall) Das Reel ist eines der führenden Kinos der Stadt. Gezeigt werden vor allem Kassenhits aus Hollywood. Es gibt 22 Kinosäle, darunter einer mit einem Dolby-Atmos-Soundsystem modernster Art, für Gäste über 18 eine Platinum Movie Suite mit Lederliegesesseln und Service am Tisch, sowie einen MX4D-Saal, in dessen Sessel Bewegungseffekte eingebaut sind.

ABSTECHER

DEN GRÖSSTEN INDOOR-THEMENPARK BESUCHEN

IMG Worlds of Adventure (☎04 403 8888, 600 500 962; www.imgworlds.com; Sheikh Mohammed Bin Zayed Rd (Hwy E311), City of Arabia; Erw./Kind unter 1,20 m/Kind unter 1,05 m 257/236 Dh/frei; ⏲So–Mi 11–22, Do–Sa 11–23 Uhr; P 👪) ist der größte Indoor-Themenpark der Welt: auf einer Fläche von 28 Fußballfeldern in einem klimatisierten Hangar. Die Anlage kostete 1 Mrd. US$ und bietet mehr als 20 Fahrgeschäfte und in vier Themenbereiche – Marvel, Cartoon Network, Lost Valley Dinosaur Adventure und IMG Boulevard – unterteilte Attraktionen. Sie sind wirklich beeindruckend. Dazu gibt's noch 28 gastronomische Einrichtungen. Das überraschend qualitätvolle Essen wird vor Ort zubereitet; es gibt auch eine gute Auswahl an gesunden Varianten. Der Themenpark befindet sich neben dem Global Village an der E311.

Cartoon Network Die auf jüngere Kinder ausgerichteten Fahrgeschäfte knüpfen an beliebte Zeichentrickfiguren wie die Powerpuff Girls und Amazing Ride of Gumball an. Dazu gibt's das Ben 10 5D Cinema und eine Liveversion von LazyTown.

Marvel Zone Wer den Nervenkitzel sucht, wird hier viel vorfinden, was das Herz höherschlagen und das Adrenalin steigen lässt. Thor Thunder Spin, eine schwindelerregende Top-Spin-Fahrt, wird jeden zu Tode erschrecken. Thor gehört auch zum Bataillon der Superhelden, die es im Fahrgeschäft Avengers Battle of Ultron mit dem Schurken Ultron aufnehmen. Daumen hoch auch für Hulk Epsilon Base 3D, das 360-Grad-Leinwände und Bewegung nutzt, um die Zuschauer durch eine wilde Schlacht zu führen.

Lost Valley Dinosaur Adventure Für IMG maßgeschneidert, leben in dieser fantasievoll entworfenen Anlage 69 modernste elektronisch gesteuerte Dinosaurier. Wer einem begegnet: einfach freundlich fragen, und er wird gerne mit einem für einen Instagram-Post posieren. Weitaus weniger freundlich sind seine Kumpel aus dem Jura, die einem während einer Dschungelsafari im Forbidden Territory hinterherjagen. Wer ein schweißtreibendes Erlebnis sucht, sollte die Outdoor-Achterbahn Velociraptor besteigen: Bei der kurzen, aber intensiven Fahrt geht's in 2,5 Sekunden von null auf 100 km/h!

IMG Boulevard Der Höhepunkt hier ist das gruselige Haunted Hotel, ein Labyrinth aus Zimmern und Fluren, die von lebendigen Geistern und Ghuls bewohnt werden. Mindestalter: 15 Jahre.

JUNCTION THEATER

Karte S. 278 (☎04 338 8525; www.thejunctiondubai.com; 72 Alserkal Ave, Al Quoz 1; Ⓜ Noor Bank, Umm Al Seef) Seit 2015 hat dieser kleine Independent-Ort eines der aufregendsten Kulturprogramme in Dubai geboten, von Theaterstücken zu Konzerten und von Comedy zu Tanz, wobei meistens heimische Talente vorgestellt werden. Er veranstaltet jedes Jahr im Oktober das Short & Sweet Poetry Festival, bei dem lokale Poeten, Verseschmiede und Geschichtenerzähler ab 12 Jahren auftreten.

COURTYARD PLAYHOUSE THEATER

Karte S. 278 (☎050 986 1761; www.courtyardplayhouse.com; Courtyard Bldg, 4B St, Al Quoz 1; 👪; Ⓜ Noor Bank, Umm Al Seef) Auf dem Spielplan dieses Gemeinschaftstheaters mit 70 Sitzplätzen (und Sitzsäcken, wenn abends viel Betrieb ist) stehen Improvisation, Stand-up-Comedy, Kindertheater und Liveübertragungen von berühmten Bühnen wie der New York Met oder dem National Theater in London. Angeboten werden auch Schauspiel-, Improvisations- und Comedy-Workshops für Expats.

SHOPPEN

Die Anziehungskraft der Dubai Mall zu ignorieren, ist fast unmöglich, fantastische Kunst gibt's aber auch im Gate Village und an der Alserkal Avenue, dazu Avantgarde-Mode und -Möbel im Dubai Design District.

★ MIRZAM CHOCOLATE MAKERS SCHOKOLADE

Karte S. 278 (☎04 333 5888; www.mirzam.com; Warehouse 70, Alserkal Ave, Al Quoz 1; Führung & Workshop 37 Dh ⏲Sa–Do 10–19 Uhr; 👪; Ⓜ Umm Al Seef, Noor Bank) 🍃 Die Kunst, feine Schokolade herzustellen, wird in dieser hightech

„Willy Wonka"-Fabrik sehr ernst genommen; alle Phasen von der Röstung bis zum Verpacken per Hand finden hinter Glaswänden statt. Verwendet werden nur sortenreine Bohnen aus weit entfernten Orten wie Madagaskar, Papua-Neuguinea, Vietnam, Indien und Indonesien. Das Endprodukt kann man probieren. Von den kostenlosen Verkostungs-Workshops, die hier auch angeboten werden, ist einer besonders auf Kinder ausgerichtet.

KINOKUNIYA BÜCHER

Karte S. 276 (☎04 434 0111; www.kinokuniya.com/ae; 2. OG, Dubai Mall; ⏲10–24 Uhr; 📶; Ⓜ Burj Khalifa/Dubai Mall) Dieser riesige Laden ist ein Eldorado für Bücherwürmer. In den Regalen steht die unglaubliche Zahl von einer halben Million Bände, dazu kommen noch etwa 1000 Zeitschriften auf Englisch, Arabisch, Japanisch, Französisch, Deutsch und Chinesisch.

DUBAI HILLS MALL EINKAUFSZENTRUM

(☎04 448 5033; www.dubaihillsmall.ae; Umm Suqeim & Al Khail Sts; ⏲tgl. 10–24 Uhr; 📶👪) In den 600 Läden dieser Mall im schicken Wohnviertel Dubai Hills kann man nicht nur seinen Kaufrausch austoben, hier gibt's auch eine Hallenachterbahn namens „The Storm", deren Fahrt mit einer schwindelerregenden Vertikale beginnt. Kids können in den elf Spielbereichen des Adventure Parks ihren inneren Ninja oder Spiderman ausleben.

RAW COFFEE COMPANY KAFFEE

Karte S. 278 (☎04 339 5474; www.rawcoffeecompany.com; 10 Alserkal Ave, Ecke 7A & 4A Sts, Al Quoz 1; ⏲Sa–Do 8–17, Fr ab 9 Uhr; 📶; Ⓜ Noor Bank, Umm Al Seef) Man braucht schon eine Kaffee-Spürnase, um diese Boutique-Rösterei zu finden, in einer Gasse inmitten der staubigen Lagerhäuser von Al Quoz. Im Gebäude ist nicht nur der Röstbetrieb untergebracht, sondern auch ein Café, in dem sich die heimischen Kaffeekenner auf einen Plausch und hervorragende Getränke auf Bio-Basis und aus Fair-Trade-Bohnen treffen.

THE CARTEL MODE & ACCESSOIRES

(☎04 243 2200; Bldg 9, Dubai Design District; ⏲So–Do 10–20, Sa ab 12 Uhr; 📶; Ⓜ Business Bay) Tief im Kunstquartier des Industriebezirks Al Quoz sprengt diese Konzeptboutique alle Grenzen, wenn es um Mode und Accessoires geht. Hier ist „tragbare Kunst" von mehr als 60 internationalen Avantgarde-Modedesignern zu sehen, wozu Namen aus der Region wie Amber Feroz, Bint Thani und KBT Koncept gehören.

CANDYLICIOUS SÜSSWAREN

Karte S. 276 (☎04 330 8700; www.candyliciousshop.com; EG, Dubai Mall; ⏲10–24 Uhr; 📶; Ⓜ Burj Khalifa/Dubai Mall) Unter dem Dauerlutscherbaum stehen, Bonbonmachern bei der Arbeit zusehen oder Gourmet-Popcorn naschen: Das farbenprächtige Süßwarenkaufhaus ist bis unters Dach angefüllt mit zuckerschweren Verlockungen – von Geleebohnen über Halal-Süßigkeiten bis hin zu Gourmetschokolade. Besser nichts dem Zahnarzt erzählen.

BALQEES HONEY ESSEN

Karte S. 276 (☎04 441 6407; www.balqees.com; UG, Dubai Mall; ⏲10–24 Uhr; 📶; Ⓜ Burj Khalifa/Dubai Mall) Sehr gut informierte Feinschmecker wissen, dass einer der besten Honige der Welt der Sidr ist. Dieser wird von nomadischen Imkern im vom Krieg zerrissenen Jemen hergestellt. An dieser kleinen Bude nahe dem Wasserfall in der Dubai Mall kann man sich einen Vorrat von diesem „flüssigem Gold" zulegen – und das ist fast wörtlich zu verstehen: Das Spitzenprodukt kostet mehr als 600 Dh pro 290g-Glas.

FARMERS MARKET ON THE TERRACE MARKT

Karte S. 276 (☎04 427 9856; www.facebook.com/TheFarmersMarketOnTheTerrace; Bay Avenue Park, Burj Khalifa & Al A'amal Sts, Business Bay; ⏲Nov.–Mai Fr 8–13 Uhr; Ⓜ Business Bay) 🍃 An den Karotten sind vielleicht noch die Wurzeln dran und an den Fenchelknollen der Dreck, weil beide am Tag zuvor noch im Boden steckten. Jetzt wetteifern sie auf diesem kleinen Bauernmarkt mit anderen örtlich angebauten Bioprodukten direkt vom Erzeuger um Kunden.

SOUK AL BAHAR EINKAUFSZENTRUM

Karte S. 276 (www.soukalbahar.ae; Old Town Island; ⏲So–Do 10–22, Fr ab 14 Uhr; 📶; Ⓜ Burj Khalifa/Dubai Mall) Der „Markt des Seemannes", wie der Souk Al Bahar übersetzt heißt, ist eine kleine Einkaufspassage in stilisiertem arabischem Design neben der Dubai Mall. Viel bemerkenswerter als die hauptsächlich touristischen Waren, die hier angeboten werden, sind das zauberhafte Erscheinungsbild und die Restaurants, der Dubai Fountain gegenüberliegend; einige bieten auch alkoholische Getränke an. Im Untergeschoss befindet sich eine Filiale des Spinney's-Supermarktes.

GOLD & DIAMOND PARK SCHMUCK

Karte S. 274 (☎04 362 7777; www.goldanddiamondpark.com; Sheikh Zayed Rd; ⏲Sa–Do 10–22, Fr ab

16 Uhr; Ⓜ Umm Al Seef) Eine klimatisierte, weniger stimmungsvolle Alternative zum Deira Goldsouk ist diese nüchterne Geschäftspassage, in der rund 90 Händler untergebracht sind. Die Preise sind nicht verhandelbar. Wer den gewünschten Schmuck nicht findet, kann auch nach individuellen Vorstellungen Einzelstücke in Auftrag geben und nach wenigen Tagen bereits in Händen halten.

NAYOMI BEKLEIDUNG

Karte S. 276 (☎ 04 339 8820; www.nayomi.com; 11. OG, Dubai Mall; ⏲ So–Mi 10–22, Do–Sa 10–24 Uhr; 📶; Ⓜ Burj Khalifa/Dubai Mall) Eines der reizvollsten Geschäfte Dubais bietet Push-up-BHs, Babydoll-Hemdchen, mit Federn geschmückte hochhackige Hausschuhe, verführerische Nachtwäsche und Beauty-Produkte (zu empfehlen ist insbesondere die Marke „Booty Parlor") und andere Accessoires für die Nacht aus – ausgerechnet! – Saudi-Arabien. Nayomi – der Name bedeutet auf Arabisch „weich" und „fein" – ist ein im ganzen Nahen Osten bekannter Hersteller mit zehn Filialen in und rund um Dubai.

SPORT & AKTIVITÄTEN

PLATINUM HERITAGE TOURS GEFÜHRTE TOUREN

Karte S. 274 (☎ 04 388 4044; www.platinum-heritage.com; 3. OG, Oasis Centre, Sheikh Zayed Rd, Al Quoz 1; ⏲ 8–18 Uhr; Ⓜ Noor Bank, Umm Al Seef) Das ganze Jahr über bietet dieser Spitzenbetrieb kultursensible und umweltbewusste Safaris an (z. B. ohne die Dünen zu schädigen), in der Regel klassisch mit dem Range Rover. Ein Bestseller ist der Bedouin Life, Falconry and Wildlife Drive (495 Dh), bei dem im Rahmen einer Halbtagestour ein Lager nomadischer Beduinen besucht und mit den Einheimischen ein traditionelles Frühstück eingenommen wird. Dazu gibt's noch eine Vorführung der Falkenjagd, und man begegnet Salukis, arabischen Jagdhunden.

SKY VIEWS DUBAI ERLEBNISSPORT

Karte S. 276 (☎ 04 873 8888; www.skyviewsdubai.com; Emaar Sq Area; Erw./Kind 85/60 Dh, Edge Walk 714 Dh; ⏲ 10–22 Uhr; Ⓜ Burj Khalifa/Dubai Mall) Nichts für Menschen mit Höhenangst: Dieses Höhenerlebnis beginnt mit dem Gang über eine 220 m lange Glasbrücke, die die beiden Türme des Hotels The Address Sky View verbindet, danach geht's in einem durchsichtigen Rohr außen am Gebäude eine Etage hinunter. Wer ganz starke Nerven hat, kann sich anseilen lassen und den „Edge Walk" unternehmen: einen Spaziergang im Freien auf einem luftigen Vorsprung, der rund um das Hotel führt.

ARABIAN ADVENTURES GEFÜHRTE TOUREN

Karte S. 276 (☎ 04 303 4888, 800 272 2426; www.arabian-adventures.com; Sheikh Zayed Rd, Emirates Holiday Bldg; Sundowner Dinner Safari 250 Dh; ⏲ 10–22 Uhr) Dieser Anbieter ist schon lange im Geschäft und hat einen ausgezeichneten Ruf. Er bietet geführte Touren mit Fahrten mit einem Allradfahrzeug, Barbecues und Unterhaltung im arabischen Stil an. Hat auch Tagesfahrten an die Ostküste und ins Hadschar-Gebirge im Angebot.

KNIGHT TOURS GEFÜHRTE TOUREN

(☎ 04 343 7725; www.knighttourism.com) Der Vorteil dieser Agentur ist, dass alle Touren von einheimischen Führern/Fahrern geleitet werden, die die Wüste wie ihre Westentasche kennen. Im Angebot sind ein Tag bei den Kamelrennen, eine Kamelkarawane,

IN DER DUBAI OPERA DIE AUSSICHT GENIESSEN

Dubai Opera (Karte S. 276; ☎ 04 440 8888; www.dubaiopera.com; Sheikh Mohammed Bin Rashid Blvd; Ⓜ Burj Khalifa/Dubai Mall) Die Dubai Opera hat die Gestalt einer traditionellen Dau und ist der neueste hochrangige Spielort für darstellende Künste in der Stadt. Trotz des Namens finden hier viele verschiedene Shows statt, darunter Musicals, Ballett, Comedy, Rockkonzerte und Liederabende. An der Stelle des Knicks im Bauwerk befindet sich ein Theater mit 2000 Sitzplätzen. Vom Foyer mit Glasfront blicken Besucher auf den Burj Lake. Im obersten Stockwerk gibt's eine Bar.

Der Preis variiert je nach Show, wobei die Preise meistens bei 250 Dh beginnen; Logenplätze können auch mehrere Tausend VAE-Dirham kosten, aber wegen der ausgezeichneten Akustik und uneingeschränkter Sicht von allen kastanienbraunen Ledersitzen muss man eigentlich nicht viel Geld ausgeben, um einen guten Platz zu haben.

ABSTECHER

DUBAI ZUR ZEIT DER PFERDERENNEN

Pferde

Die Heimstätte des Pferderennsports in Dubai ist der spektakuläre **Meydan Racecourse** (☎04 327 0077, Tickets 04 327 2110; www.dubairacingclub.com; Al Meydan Rd, Nad Al Sheba; Premium-Sitzplätze 50 Dh; ⏲Rennen Nov.–März;), etwa 5 km südwestlich von Downtown Dubai. Mit einer Länge von 1,5 km ist die Haupttribüne größer als die meisten Flughafen-Terminals; sie ist von einem sichelförmigen Dach mit Solarpaneelen bedeckt, kann bis zu 60 000 Zuschauer aufnehmen und umfasst ein Fünf-Sterne-Hotel, Restaurants, ein IMAX-Theater und ein Museum.

Die Rennsaison beginnt im November, gewinnt aber erst im Januar richtig an Schwung, wenn der Dubai World Cup Carnival die besten Pferde und Jockeys nach Dubai lockt. Der Höhepunkt der Saison wird Ende März beim elitären Dubai World Cup erreicht; es ist das am höchsten dotierte Pferderennen der Welt mit Preisgeldern von 10 Mio. US$. Wer einem Pferderennen nichts abgewinnen kann, freut sich vielleicht an den wunderbaren Gelegenheiten zum Leutebeobachten, denn diese Veranstaltungen ziehen Zuschauer unterschiedlichster Nationalitäten, Altersstufen und gesellschaftlicher Herkunft an.

Die Meydan-Rennbahn hat einen Bereich mit freiem Eintritt; dort ist die Kleiderordnung zwanglos. Zum Besuch der Haupttribüne ist eine Eintrittskarte zu kaufen und elegantere Kleidung eher angebracht. Die meisten Rennen beginnen um 19 Uhr, die genauen Uhrzeiten und die detaillierten Eintrittspreise sind am besten auf der Website nachzulesen.

Es werden auch **Führungen durch die Ställe** (☎04 381 3405; http://stabletours.meydan.ae; Erw./Kind 275/150 Dh; ⏲Ende Sept.–Mitte April Di & Mi 7.30–11.45 Uhr; ⓂBurj Khalifa/Dubai Mall) angeboten, bei denen man die Trainer und die Pferde näher kennenlernen und auch Einblicke in die Ankleideräume der Jockeys und in den Führring gewinnen kann.

Kamele

Kamelrennen sind im Wesen der Emiratis tief verwurzelt und der Besuch eines Rennens ist bei Einheimischen wie bei Gästen gleichermaßen äußerst beliebt. Die Dubai nächstgelegene Rennstrecke **Al Marmoum** (☎04 832 6526; www.dcrc.ae; an der Al Ain Rd, Hwy E66, Dubai; ⏲Nov.–April) liegt etwa 40 km südlich auf dem Weg nach Al Ain. Die Rennen werden üblicherweise freitags am frühen Morgen gestartet, aber einen festgelegten Plan gibt's nicht. Weitere Infos auf der Website: www.dubaicalendar.ae oder im Hotel.

Im April ist die Rennstrecke Gastgeber des ungemein beliebten **Al Marmoum Heritage Festival** (www.almarmoomfestivals.ae): In unzähligen Rennen gehen Tausende von Kamelen an den Start.

Bergwanderungen im Hatta-Gebirge sowie eine Falkenvorführung.

DUBAI ICE RINK — EISLAUFEN

Karte S. 276 (☎04 437 1111; www.dubaiicerink.com; EG, Dubai Mall; Eintritt inkl. Schlittschuhe 75–100 Dh, Icebyke 80 Dh; ⏲10–24 Uhr; ; ⓂBurj Khalifa/Dubai Mall) Die Eislaufbahn von olympischen Ausmaßen ist von Cafés und Restaurants gesäumt und kann auch in eine Konzertarena verwandelt werden. Wer etwas unsicher auf den Kufen steht, kann an Einzel- oder Gruppenkursen teilnehmen. Das halbstündige Ice-Byke-Erlebnis, für das es einen separaten Bereich gibt, ist im Prinzip eine Kombination aus Schlittschuhen und Radfahren, mittels derer man mühelos über das Eis gleitet. Nachmittags gibt's für Familien Veranstaltungen mit DJ, abends Diskos.

TALISE SPA — SPA

Karte S. 276 (☎04 319 8181; www.jumeirah.com; Jumeirah Emirates Towers, Sheikh Zayed Rd; ⏲9–21 Uhr; ⓂEmirates Towers) Das Talise Spa bietet das volle Programm an Massagen und Spa-Behandlungen, darunter auch ein paar esoterische. Wie wäre es etwa mit einer entgiftenden Paprika-Gesichtsmaske oder dem turbomäßigen Wiederaufladen des Körpers in einem Floatingpool mit Salzwasser? Mit Margys Collagen-Gesichtsbehandlung wird man die Falten im Handumdrehen los (zumindest zeitweise). Den Mittelpunkt des

Spas bildet ein spektakulärer türkischer Hammam.

SPA AT PALACE DOWNTOWN SPA

Karte S. 276 (☎04 428 7805; www.theaddress.com; Palace Downtown Dubai, Mohammed Bin Rashid Blvd; ⏲9–22 Uhr; Ⓜ Burj Khalifa/Dubai Mall) In diesem intimen, sinnlich beleuchteten Spa gibt man sich der absoluten Entspannung hin. Zu den Besonderheiten hier gehört die „One Desert Journey“ (998 Dh), die ein Peeling aus Sand und Salz sowie eine Massage umfasst, bei der ein „Oussada“-Kissen mit drei Sorten marokkanischer Minze zum Einsatz kommt. Ist das alles erst geschafft, lässt man sich im Entspannungsraum bei einer Tasse Tee in den halb wachen Zustand der Glückseligkeit abdriften.

ARABIC LANGUAGE CENTRE SPRACHKURSE

Karte S. 276 (☎04 331 5600; www.arabiclanguagecentre.com; 4. OG, Trade Centre Tower, Sheikh Zayed Rd; ab 1950 Dh; ⏲8.30–22 Uhr; Ⓜ World Trade Centre) Diese schon lange bestehende Sprachschule bietet verschiedene Kurse in Arabisch für alle Niveaus an, von Anfängern bis Fortgeschrittene. Die Mindestkurslänge für einen Intensivkurs ist 34 Stunden, auf dreieinhalb Wochen verteilt.

Jumeirah

Highlights

❶ **Burj Al Arab** (S. 104) Bei einem Cocktail in diesem berühmten Wahrzeichen die Aussicht genießen und dabei diskutieren, ob das Dekor kitschig oder stilvoll ist.

❷ **Jumeirah-Moschee** (S. 106) Beim Besuch der detailreich gestalteten Moschee mehr über die Architektur und Religion des Islam erfahren.

❸ **Kite Beach** (S. 107) Das Strandleben an diesem herrlichen Sandstrand genießen, wo jede Menge Foodtrucks und Cafés für das leibliche Wohl sorgen.

❹ **Madinat Jumeirah** (S. 105) Über einen modernen arabischen Markt mit prächtiger Architektur, an Venedig erinnernden Kanälen und dem Burj Al Arab als Kulisse schlendern.

❺ **La Mer** (S. 107) Badeort mit urbanem Flair, Speisemöglichkeiten im Freien, Geschäften und einem Wasserpark.

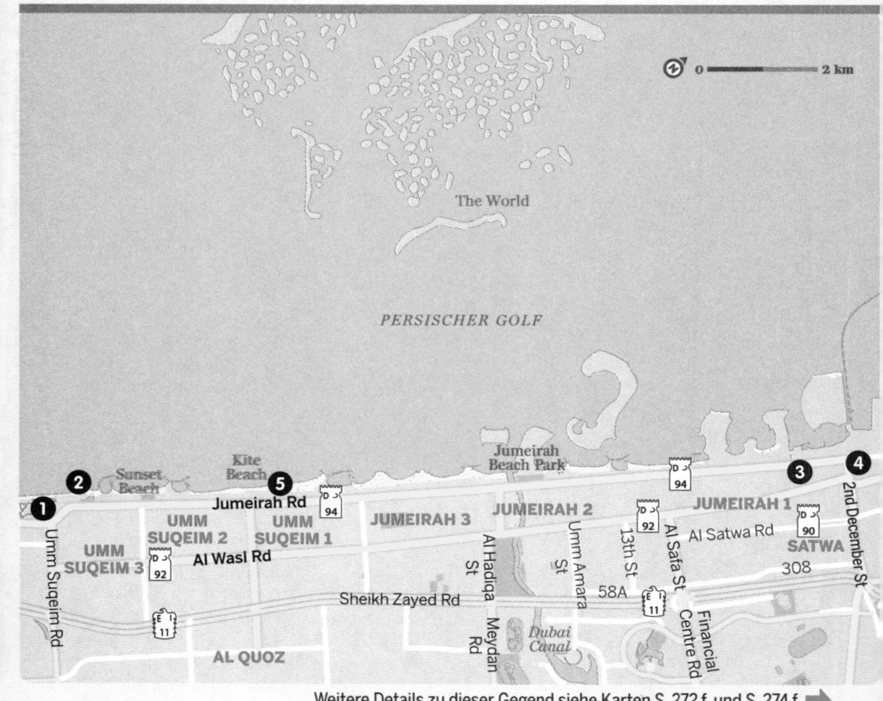

Weitere Details zu dieser Gegend siehe Karten S. 272 f. und S. 274 f.

Jumeirah erkunden

Umgeben vom türkisfarbenen Meer des Persischen Golfs ist Jumeirah (dt. „Schönheit") fast schon ein Synonym für Strand. Der berühmteste ist der Kite Beach. Der noch recht neue, familienfreundliche Bezirk La Mer liegt am Wasser und bietet eine Mischung aus Strandleben und urbaner Atmosphäre mit Restaurants und einem Wasserpark.

Jumeirah ist insgesamt ein älterer Stadtteil mit hauptsächlich niedrigen Wohnhäusern und weiß getünchten Villen. Die Hauptstraße ist die Jumeirah Road, die parallel zum Golf von der Jumeirah-Moschee im Norden bis zum Burj Al Arab verläuft. Zu den Attraktionen gehören Lifestyle-Einkaufszentren wie BoxPark, Galleria und City Walk, das Einkaufszentrum Mercato im italienischen Stil sowie Cafés und Geschäfte, die sich an eine gut betuchte, einheimische Kundschaft richten. Der interessanteste Abschnitt beginnt südwestlich der Jumeirah-Moschee, die Nichtmuslime im Rahmen von Führungen besuchen können.

Dank des Dubai Canals ist hier eine weitere Attraktion entstanden: eine Promenade, auf der man v.a. abends spazieren gehen und den bewegungsgesteuerten Wasserfall mit der Skyline im Hintergrund betrachten kann. Da sich Jumeirah über mehrere Kilometer erstreckt, wurde es in die Abschnitte Jumeirah 1, 2 und 3 sowie Umm Suqeim 1, 2 und 3 eingeteilt. In diesem Kapitel wird aus praktischen Gründen auch die im Landesinneren gelegene Gegend rund um die Mall of the Emirates behandelt.

Lokalkolorit

➡ **La Mer** Durch dieses am Strand gelegene Viertel (S. 107) schlendern und kulinarische Highlights entdecken, darunter die Burger des Salt Foodtrucks.

➡ **Am Strand** Am Kite Beach (S. 107) im Persischen Golf schwimmen, Volleyball spielen und Kitesurfer beobachten.

➡ **City Walk** Kaffee wie ein Einheimischer trinken, ins Kino gehen oder einfach durch dieses Viertel (S. 114) mit cooler Streetart streifen.

➡ **BoxPark** Auf der aus Schiffscontainern errichteten Cafémeile (S. 114) gibt's keinen Alkohol, aber gute Stimmung.

An- & Weiterreise

➡ **Metro** Die dem Burj Al Arab und Madinat Jumeirah nächstgelegene Haltestelle ist Mall of the Emirates. Wer nach La Mer oder zur Jumeirah-Moschee möchte, steigt am World Trade Centre aus; die Haltestelle für Kite Beach ist Al Safa, aber man muss dann noch ein Taxi nehmen.

➡ **Bus** Die Busse 8 und 88 fahren die gesamte Jumeirah Road entlang, bis zum Burj Al Arab.

➡ **Fähre** Von der Haltestelle Dubai Canal fahren mehrmals täglich Fähren nach Dubai Marina und zum Bur Dubai.

Top-Tipp

Um als Nichtmuslim in Dubai das Innere einer Moschee besichtigen zu können, bietet sich eine der günstigen Führungen durch die Jumeirah-Moschee an, die vom gemeinnützigen Sheikh Mohammed Centre for Cultural Understanding durchgeführt werden. Dabei können Besucher nicht nur das großartige Bauwerk bestaunen, sondern auch Fragen zum islamischen Glauben und zur Kultur in den Emiraten stellen.

Nett ausgehen

➡ Bahri Bar (S. 112)

➡ Grapeskin (S. 113)

➡ Skyview Bar (S. 113)

Mehr dazu siehe S. 112 ➡

Gut essen

➡ Logma (S. 109)

➡ Pai Thai (S. 111)

➡ 3 Fils (S. 109)

➡ Bu Qtair (S. 110)

➡ Al Fanar (S. 110)

➡ Lima Dubai (S. 111)

Mehr dazu siehe S. 108 ➡

Schön shoppen

➡ BoxPark (S. 114)

➡ Mall of the Emirates (S. 114)

➡ City Walk (S. 114)

➡ Souk Madinat Jumeirah (S. 114)

Mehr dazu siehe S. 114 ➡

LARA BRUNT/LONELY PLANET ©

HIGHLIGHT
EINEN COCKTAIL IM BURJ AL ARAB SCHLÜRFEN

Als Dubais Herrscher Sheikh Mohammed in den 1990er-Jahren den Burj Al Arab bauen ließ, wollte er ein legendäres Symbol schaffen, das das Emirat auf der ganzen Welt bekannt machen sollte. Der britische Architekt Tom Wright ließ sich vom Segel einer Dau, eines traditionellen, regionalen Frachtboots, inspirieren. Das symbolische Design hat eine unverkennbare, lichtdurchlässige Glasfaser-Fassade, die tagsüber als Schutz vor der Wüstensonne und nachts als Projektionsfläche für die beeindruckende Beleuchtung dient. Das 321 m hohe, 60-stöckige Burj Al Arab eröffnete 1999 und war damals das höchste Hotel der Welt.

Das Innere des Burj, das der britisch-chinesische Designer Khuan Chew entwarf, ist an Extravaganz kaum zu überbieten, wohingegen die Fassade mit schlichter Eleganz punktet. Betritt man die geräumige Lobby, wird man von einem Mix aus vergoldeten Kristallkronleuchtern, handgeknüpften Teppichen, Wasserspielen, Säulen und anderen Designelementen überwältigt. Einige der 24 000 Quadratmeter Marmorsteine stammen aus demselben Steinbruch, der schon Michelangelo mit Material versorgte.

Die Metallholme an der Spitze des Burj Al Arab bilden das angeblich größte Kreuz des Nahen Ostens – das aber nur vom Meer aus sichtbar ist. Als man dieses unerwartete Detail entdeckte, konnte der Plan für das Bauwerk nicht mehr geändert werden. Das Hotel hatte Dubai bereits berühmt gemacht und war zum Wahrzeichen der Stadt geworden. Man kann sich das Kreuz bei einem Bootsausflug ansehen und sich selbst eine Meinung bilden. Die Dimensionen sind unglaublich.

NICHT VERSÄUMEN

- Nachmittagstee in der Skyview Bar (S. 113)
- Drinks im Gold on 27 (S. 113)
- Blick auf den Burj Al Arab von Madinat Jumeirah oder Sunset Beach aus

PRAKTISCH & KONKRET

- Karte S. 274, C1
- ☎ 04 301 7777
- www.jumeirah.com
- abseits Jumeirah Road, Umm Suqeim 3
- Ⓜ Mall of the Emirates

HIGHLIGHT
BOOTSFAHRT VORBEI AN MADINAT JUMEIRAH

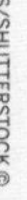

Die Architekten des luxuriösen Hoteldorfes zu Füßen des Burj Al Arab ließen sich für ihren Entwurf von der echten Siedlung am Creek in Bur Dubai anregen. Windtürme, *abras* (traditionelle Holzboote, die als Wassertaxis dienen), Wasserläufe und auch ein Markt erzeugen ein modernes arabisches Flair in diesem Komplex. Er umfasst drei palastartige Hotels und Dutzende Privatvillen, die in einem prächtig angelegten Garten verteilt liegen.

Madinats 4 km langes, verwinkeltes Netz aus Wasserwegen kann man bei einer ruhigen, 20-minütigen **Bootsfahrt** (Karte S. 274; ☎04 366 8888; www.jumeirah.com; Souk Madinat Jumeirah, Umm Suqeim 3; Erw./Kind 85/50 Dh; ⏱Nov.–April 10–23 Uhr, Mai–Okt. ab 11 Uhr; Ⓜ Mall of the Emirates) an Bord eines traditionellen *abra* erkunden, wo man auf Bänken mit Kissen Platz nimmt. Die Wüste scheint weit entfernt, während man vor der Kulisse des spektakulären Burj Al Arab an bezaubernden Gärten mit blühenden Bougainvilleen, buschigen Bananenstauden und hohen Palmen vorbeigleitet. Die Boote fahren an der Promenade des Souks Madinat ab (nahe Trader Vic's). Keine Reservierung notwendig.

Mitten im Zentrum des Komplexes liegt der Souk Madinat Jumeirah (S. 114), ein wahres Labyrinth aus Fachwerkgängen mit rund 75 Geschäften. Auch wenn alles für einen authentischen arabischen Markt viel zu gekünstelt wirkt, bieten viele Geschäfte qualitativ hochwertiges Kunsthandwerk, Kunstwerke und Souvenirs an. Wer sich nach westlicher Kultur sehnt, sollte den Spielplan des Madinat Theatre (S. 114) studieren. Es gibt viele Cafés, Bars und Restaurants; die schönsten bieten Blick auf die Wasserstraßen und den Burj Al Arab.

In den VAE startet man mit einem Samstagsbrunch ins Wochenende, was eine altbewährte Tradition ist, insbesondere bei den Expats aus dem Westen. Die in Madinat gelegenen Hotels Al Qasr (S. 200) und Mina A'Salam (S. 201) bieten die üppigsten Büfetts der ganzen Stadt.

NICHT VERSÄUMEN

- Essen und Trinken mit Blick auf den Burj Al Arab
- Einen Bummel durch den Souk Madinat Jumeirah
- Eine *abra*-Fahrt auf dem Kanal des Resorts
- Bedrohte Schildkröten

PRAKTISCH & KONKRET

- Karte S. 274, B1
- ☎04 366 8888
- www.jumeirah.com
- King Salman Bin Abdul Aziz Al Saud St, Umm Suqeim 3
- Ⓜ Mall of the Emirates

 SEHENSWERTES

BURJ AL ARAB WAHRZEICHEN
Siehe S. 104.

MADINAT JUMEIRAH STADTVIERTEL
Siehe S. 105.

★ ETIHAD MUSEUM
Karte S. 272 (☎04 515 5771; http://etihadmuseum.dubaiculture.ae; Jumeirah St, Jumeirah 1; Erw./Kind 25/10 Dh; ⏲10–20 Uhr; P; M Max) Das 2017 eröffnete hochmoderne Museum informiert über die Gründung der Vereinigten Arabischen Emirate im Jahr 1971, nach den Ölfunden in den 1950er-Jahren und dem Rückzug der Briten 1968. Dokumentarfilme, Fotografien, Artefakte, Zeitleisten und interaktive Displays veranschaulichen historische Meilensteine in den Jahren vor und nach der Gründung und stellen die sieben Gründerväter des Landes vor. Es gibt kostenfreie Führungen durch das runde Union House nebenan, wo das Abkommen unterschrieben wurde.

★ JUMEIRAH-MOSCHEE MOSCHEE
Karte S. 272 (☎04 353 6666; www.cultures.ae; Jumeirah Rd, Jumeirah 1; Touren 20 Dh; ⏲Touren Sa–Do 10 Uhr; P; M Emirates Towers, World Trade Centre) Die schneeweiße und kunstvoll gearbeitete Jumeirah ist eine der schönsten Moscheen Dubais und eine der wenigen in den VAE, die für Nichtmuslime zugänglich ist. Das Sheikh Mohammed Centre for Cultural Understanding (S. 237) bietet einstündige Führungen an. Am Ende gibt's Gebäck und ein Gespräch, bei dem man Fragen zum Glauben und der Kultur in den Emiraten stellen kann. Reservierungen sind nicht notwendig. Angemessene Kleidung ist erwünscht, Besucher können sich aber auch kostenlos traditionelle Kleidung ausleihen. Fotografieren ist erlaubt.

Nach dem Besuch kann man einen *camelccino* (Cappuccino mit Kamelmilch) im Majlis Café (S. 109) genießen, das auf dem Moscheeanwesen liegt.

2ND DECEMBER STREET STRASSE
Karte S. 272 (zwischen Jumeirah Rd & Satwa Roundabout, Satwa; M Max) Sobald es dunkel wird, verwandelt sich die tagsüber ruhige 2nd December Street in eine der lebhaftesten Fußgängerstraßen der Stadt und bietet jede Menge köstliche Optionen für Streetfood-Fans. Shawarmas bekommt man im Al Mallah (S. 109) und Nudeln im **Noodle Bowl** (Karte S. 272; ☎04 345 3382; Dune Center, 2nd December St, Satwa; Hauptgerichte 18–39 Dh; ⏲10–24 Uhr; M World Trade Centre, Al Jafiliya). Oder man folgt einfach seiner Nase und geht in einen der kleinen Läden mit grellen Neonschildern, die den breiten Bürgersteig säumen. Und unbedingt mal nach oben schauen, um die hausgroßen Wandmalereien zu bewundern, die Künstler 2016 im Rahmen des Projekts Dubai Street Museum (S. 108) schufen.

★ DUBAI WALLS KUNST IM ÖFFENTLICHEN RAUM
Karte S. 272 (City Walk, Jumeirah 1; ⏲rund um die Uhr; M Burj Khalifa/Dubai Mall) Über ein Dutzend Stars der internationalen Streetart-Szene, darunter Aiko, Blek Le Rat, ROA und Nick Walker, haben den City Walk, ein neues, urbanes Viertel, in eine faszinierende Freilichtgalerie verwandelt. Die überaus sehenswerte Kunst reicht von kleinen Pop-up-Modellen bis hin zu Installationen, die eine ganze Wand bedecken. Sponsor des Projekts ist Meraas, das Unternehmen, das auch den City Walk entwickelt hat.

GREEN PLANET ZOO
Karte S. 272 (www.thegreenplanetdubai.com; City Walk, Al Madina St, Jumeirah 1; Erw./Kind 99/74 Dh; ⏲Sa–Mi 10–22, Do & Fr bis 24 Uhr; P 👪; M Burj Khalifa/Dubai Mall) 🍃 Wenn man einen Skihang in die Wüste bauen kann, warum dann nicht auch einen Regenwald? Green Planet ist ein tropisches Indoor-Paradies, das auf unterhaltsame Weise über Artenvielfalt, Natur und Nachhaltigkeit informiert. Über 3000 Tiere und Pflanzen leben unter dem grünen Blätterdach, z. B. Vögel, Schmetterlinge, Frösche, Spinnen und Schlangen. Die neueste Einrichtung ist eine Fledermaushöhle im 4. Stock. Die kleinen Flughunde sind manchmal schwer zu sehen; am besten um 14 Uhr zur Fütterungszeit kommen.

MEHR ÜBER DEN ISLAM ERFAHREN

Wenn man als Nichtmuslim in Dubai eine Moschee von innen besichtigen möchte, kann man an den kostengünstigen Führungen durch die Jumeirah-Moschee teilnehmen, die vom gemeinnützigen Sheikh Mohammed Centre for Cultural Understanding angeboten werden.

Dabei kann man nicht nur die großartige Architektur bewundern, sondern auch Fragen über den islamischen Glauben und die emiratische Kultur stellen.

DER DUBAI CANAL

Der Dubai Canal (auch Dubai Water Canal) wurde am 1. November 2016 eröffnet. Er stellt den Höhepunkt einer erstaunlichen Ingenieurleistung dar, die die Mündung des Dubai Creek mit dem Persischen Golf verbindet. Die 2007 fertiggestellte erste Verlängerung des Creeks um 2,2 km schuf den Business Bay District. Im Dezember 2013 begann der Bau des letzten 3,2 km langen Abschnitts, von der Business Bay unterhalb der Sheikh Zayed Road durch den Safa Park bis zum Meer am Jumeirah Beach.

Während in der Business Bay in rasanter Geschwindigkeit Büro- und Hotelhochhäuser entstehen (wie z. B. der trendige **Dubai Design District**), werden auf dem letzten Stück des Kanalufers Wohnhäuser, Boutique-Hotels, Cafés, Jachthäfen und weitere öffentliche Einrichtungen gebaut. Ein schwimmendes Restaurant und ein Jachtclub sind ebenfalls geplant, ebenso weitere hochmoderne Gebäude auf dem Wasser. Beide Ufer säumt bereits eine Promenade, die zum Joggen und Flanieren einlädt. Ein Highlight ist der beleuchtete und mit Bewegungsmeldern betriebene **Wasserfall** (S. 88) mit Kaskaden beidseitig der Sheikh Zayed Bridge. Er ist von 19 bis 22 Uhr in Betrieb und wird nur gestoppt, wenn ein Schiff unter der Brücke hindurchfährt. **Dubai Ferry** legt mehrmals täglich von der Al Jaddaf Marine Station an der Mündung des Dubai Creeks in Jumeirah ab.

★ KITE BEACH — STRAND

(Sheikh Hamdan Beach; 2c St, abseits Jumeirah Rd, hinter Saga World Mall, Umm Suqeim 1; ⏲Sonnenauf- bis Sonnenuntergang; Ⓜ Al Safa) Der lange naturbelassene Streifen weißen Sands abseits der Jumeirah Road und neben einer Moschee ist supersauber und bietet zahlreiche Aktivitäten, z. B. Kitesurfen, Beachtennis, Beachvolleyball und Kajakfahren. Es gibt Duschen, WLAN, Toiletten und Umkleidekabinen sowie zahlreiche Foodtrucks und Cafés. Toller Blick zum Burj Al Arab.

Freitags und samstags ist hier viel los: Dann werden Marktstände am Meer aufgebaut, die Kunsthandwerk und Geschenke verkaufen.

JUMEIRAH PUBLIC BEACH — STRAND

Karte S. 274 (Umm Suqeim Beach; Umm Suqeim 3; 👪; Ⓜ Umm Al Seef, Mall of the Emirates) Dieser öffentliche Strand (auch „Sunset Beach") direkt im Norden des Jumeirah Beach Hotels eignet sich perfekt für ein Selfie, um das einen alle beneiden werden, mit dem Burj Al Arab im Hintergrund. Der breite Sandstrand hat eine tolle Infrastruktur, von Toiletten, Duschen und Umkleidekabinen über WLAN bis zu Smart Palms. Dank des Flutlichtbereichs kann man im Dunkeln schwimmen.

Der Jumeirah Public Beach ist Dubais letzter Surferstrand, dessen kleine bis mittelgroße Wellen für Anfänger ideal sind. Hinter dem Strand erstreckt sich der ruhige Park Umm Suqeim mit Rasenflächen und einem Spielplatz.

NIGHT BEACH — STRAND

Karte S. 274 (Umm Suqeim 1 Beach; ⏲Sonnenaufgang–24 Uhr; Ⓜ Umm Al Seef) Lust, im Dunkeln vor der funkelnden Kulisse des Burj Al Arab im Meer zu schwimmen? Seit Mai 2017 kann man nach Sonnenuntergang legal an einem 125 m langen Strandabschnitt baden, der von 12 m hohen, von Wind- und Solarenergie betriebenen Flutlichtern beleuchtet und von Rettungsschwimmern bewacht wird.

Der Strand liegt 1 km nördlich von Dubais Wahrzeichen.

LA MER — STRAND

Karte S. 272 (☎800 637 227; www.lamerdubai.ae; Jumeirah 1; ⏲10–24 Uhr; Ⓟ) Mit Geschäften, Restaurants, einem Wasserpark, einem Strand mit Hängematten und einem großen Spielplatz ist La Mer Dubais neueste Anlaufstelle für einen Strandausflug. An dem 2018 eröffneten Strand kann man kostenlos sonnenbaden und auf der Anlage flanieren. Kinder wird die Hüpfburg begeistern. In Bezug auf Restaurants steht man vor der Qual der Wahl; die japanischen Desserts im Motomatchi probieren!

NIKKI BEACH DUBAI — STRAND

Karte S. 272 (☎04 376 6162; www.nikkibeach.com/destinations/beach-clubs/dubai; Pearl Jumeirah Island, Jumeirah 1; Sonnenliegen mit Reservierung werktags/Wochenende 150/300 Dh; ⏲Sept.–Juni 11–21 Uhr; Ⓟ; Ⓜ Max) Ganz in Weiß präsentiert sich dieser angesagte Strandclub auf der neu entstehenden Wohn-Halbinsel Pearl Jumeirah. Am Wochenende kommen die Gebräunten, Schönen und Reichen in den Dubaier Ableger des berühmten Miami Beach Clubs, toben im großen Pool herum, aalen sich auf den Liegen, laben sich an Meeresfrüchten und prosten sich bei Sonnenuntergang mit Schampus zu. An Wochentagen ist es hier ruhiger.

INSIDERWISSEN

URBANE KUNST AUF DER 2ND DECEMBER STREET

Dubai Street Museum (Karte S. 272; 2nd December St, Satwa; ⌚rund um die Uhr; Ⓜ Max) 2016 stiegen 16 regionale und internationale Streetart-Künstler, darunter Hua Tunan, Ashwaq Abdulla und Inkman, auf Kräne und Hebebühnen, um die recht tristen Fassaden der 2nd December Street in eine herrliche Freilichtgalerie zu verwandeln. Ihre Wandmalereien thematisieren die Beduinengeschichte Dubais. Sie entstanden in der ersten Phase eines staatlich geförderten Projekts, das künftig auch weiteren Teilen der Stadt mehr Farbe, Attraktivität und urbanes Flair verleihen soll.

Die Top-Five-Wandbilder:

Kinder aus den Emiraten Der französische Künstler Seth Globepainter schuf ein entzückendes Werk. Es zeigt ein Mädchen aus den Emiraten mit Zöpfen und einen traditionell gekleideten Jungen. Sie stehen auf Zehenspitzen und schauen durch ein Fenster. Der Titel lautet „Prohibited" (dt. „Verboten").

Ruhender Falke In meisterhafter Detailgenauigkeit sprayte Hua Tunan aus China einen sitzenden majestätischen Falken, den Nationalvogel der VAE.

Alter Mann im Boot Dieses Motiv eines älteren Manns, der in der traditionellen Kleidung der Emirate ein Boot, wohl über den Dubai Creek, rudert, stammt von der russischen Künstlerin Julia Volchkova.

Gründerväter Die Arbeit der emiratischen Künstlerin Ashwaq Abdulla ist eine Hommage an Scheich Zayed und Scheich Rashid, zwei Gründerväter der VAE.

Kalligrafisches Zitat Inkman aus Tunesien brauchte über eine Woche, um ein paar langweilige Fassaden mit seiner kreisförmigen Kalligrafie zu verschönern. Das Zitat von Scheich Mohammed lautet übersetzt: „In deiner Seele regiert ein positiver Geist. Er fordert deine Aufmerksamkeit und nimmt einen bedeutenden Platz ein."

MAJLIS GHORFAT UM AL SHEEF — HISTORISCHES GEBÄUDE

Karte S. 272 (☎04 226 0286; nahe Al Mehemal & Al Bagaara St, Jumeirah 3; Erw./Kind 3/1 Dh; ⌚So–Do 7.30–14.30 Uhr; Ⓜ Business Bay, Al Safa) Das Gebäude ist eines der wenigen Überbleibsel aus der Zeit vor dem Ölboom. Es wurde 1955 als Sommerresidenz für Scheich Rashid Bin Saeed Al Maktoum errichtet, den Vater des derzeitigen Herrschers Scheich Mohammed. Das traditionelle zweistöckige Gebäude aus Gips und Korallen hat einen Windturm, ein mit Palmwedeln gedecktes Dach und aus ostafrikanischem Holz geschnitzte Fensterläden. Der mit Teppichen ausgelegte *madschli* (Empfangsraum) ist mit Flinten, Säbeln, Kaffeekannen, Radios und Uhren dekoriert und bietet einen Einblick in das königliche Freizeitleben. Im Palmengarten kann man das traditionelle *falaj*-Bewässerungssystem besichtigen.

ESSEN

Jumeirah hat die beste Gastronomie der Stadt und bietet eine wundervolle Vielfalt an Restaurants – von multikulturellen Streetfood-Snacks auf der 2nd December Street über urbane Bistros im BoxPark und am City Walk bis hin zu einfachen Fischhütten an der Meerespromenade und teuren kulinarischen Tempeln im Burj Al Arab oder in Madinat Jumeirah.

RAVI — PAKISTANISCH $

Karte S. 272 (☎04 331 5353; Al Satwa Rd, Satwa; Hauptgerichte 8–25 Dh; ⌚5–2.30 Uhr; ✎; Ⓜ World Trade Centre) Vom Taxifahrer bis zum Fünf-Sterne-Chefkoch strömen seit 1978 alle in dieses günstige pakistanische Restaurant, um wie ein König zu speisen. Hier trägt man den Gürtel am besten etwas lockerer, um die großzügigen Portionen (gegrilltes Fleisch oder saftige Currys) zu verputzen. Es gibt auch vegetarische Gerichte. Die Bedienung ist schnell, wenn auch oberflächlich. In der Nähe des Satwa-Kreisverkehrs. Nur Bargeldzahlung. Zu den Highlights gehören das *daal fry* und *chicken tikka*.

SALT — BURGER $

Karte S. 272 (www.find-salt.com; La Mer; Mini-Burger 30–50 Dh; ⌚9–15 Uhr; 📶; Ⓜ Al Safa) Das Salt begann als Foodtruck, der köstliche Mini-Burger verkaufte. Inzwischen steht ein silberner Airstream dauerhaft in La Mer (S. 107). Um zu bestellen, muss man sich in die Schlange einreihen und kann sich dann auf Palettenmöbeln am Strand oder im klimatisierten Glaskubus niederlassen.

AL AMOOR EXPRESS ÄGYPTISCH $

Karte S. 274 (04 347 0787; Halim St, Al Barsha; Hauptgerichte 10–56 Dh; 7.30–2 Uhr; Mall of the Emirates) Die ägyptischen Schauspieler auf den historischen Schwarz-Weiß-Fotos scheinen den Gästen beim Verzehr der *kushari*-Gerichte (Mix aus Nudeln, Reis, schwarzen Linsen, gebratenen Zwiebeln und Tomatensoße) zuzuschauen. Noch mehr Spaß macht es, eine der berühmten *fiteer*-Pasteten zu bestellen, die mit Käse, Gemüse oder Fleisch gefüllt sind, und dem Bäcker hinter der Theke beim Kneten und Herumwirbeln des Teigs zuzuschauen.

MAJLIS CAFÉ CAFÉ $

Karte S. 272 (04 333 8183; Jumeirah Rd, Jumeirah 1; Snacks unter 10 Dh, Hauptgerichte 40 Dh; Sa–Do 8–24, Fr 12–1 Uhr; ; World Trade Centre) Das auf dem Gelände der märchenhaften Jumeirah-Moschee (S. 106) versteckte gemütlich-luxuriöse Café verführt dazu, in einem der weißen Sofas zu versinken und zu einem *camelccino* Süßigkeiten aus den Emiraten, Eis oder leckeres Fingerfood zu bestellen.

LIME TREE CAFÉ CAFÉ $

Karte S. 272 (04 325 6325; www.thelimetreecafe.com; Jumeirah Rd, Jumeirah 1; Hauptgerichte 24–40 Dh; 7.30–18 Uhr; ; World Trade Centre) Das gemütliche europäisch angehauchte Café ist das Lieblingslokal der Expats und berühmt für seine köstlichen Torten (besonders gut ist die Möhrentorte), das leckere Frühstück, die kreativen Sandwiches (mit hausgemachtem Pita-Brot), das gegrillte Hühnchen und die Nudelgerichte. Das Café liegt neben dem Spinneys-Supermarkt.

AL MALLAH NAHÖSTLICH $

Karte S. 272 (04 398 4723; 2nd December St, Satwa; Sandwiches 7–15 Dh; 6–2.30 Uhr; Max) Die Einheimischen schwören auf das Chicken Shawarma und das Grillhühnchen dieses traditionellen Lokals (das vor etwa 30 Jahren als Saftbar begann). Es befindet sich auf einer der angenehmsten, lebhaftesten und ältesten Flaniermeilen Dubais und bietet schattige Sitzmöglichkeiten. Auf jeden Fall den frischen Mango- oder Papayasaft probieren.

KA'AK AL MANARA LIBANESISCH $

Karte S. 272 (04 258 2003; https://kaak-al-manara.business.site; 1. Stock, Mercato Shopping Mall, Jumeirah Rd, Jumeirah 1; Gerichte 18–32 Dh; Sa–Mi 8.30–24, Do & Fr bis 1 Uhr; ; Burj Khalifa/Dubai Mall) *Ka'ak* ist ein flaches Sesambrot und im Libanon als Streetfood beliebt. Das gehobene Lokal in einer Mall serviert es mit verschiedenen süßen und herzhaften Füllungen, auf den Punkt getoastet und mit *zaatar* (einer Gewürzmischung mit Ysop und Sesam) oder Sumach bestreut. Zu empfehlen ist die klassische Variante mit Picon-Käse oder eine Kombi-Spezialität wie das *chicken fajita ka'ak*.

OPERATION FALAFEL NAHÖSTLICH $

Karte S. 272 (04 343 9655; www.operationfalafel.com; Box Park, Al Wasl Rd, Jumeirah 2; Falafel 5–16 Dh, leichte Gerichte 15–32 Dh; 8–1.30 Uhr; ; 12, 15, 93, Business Bay, Burj Khalifa/Dubai Mall) Anders als der Name vermuten lässt, beschränkt sich die angesagte einheimische Kette nicht auf Falafel, die hier mit cremig-nussiger *tahini* oder in einem Pita bzw. *saj* (Fladenbrot) mit Hummus, Essiggurken und Pfefferminzblättern serviert werden. Weitere gute, leckere Gerichte sind Shawarma, *fattoush*-Salat (Toastbrot, Tomaten, Zwiebeln und Pfefferminzblätter) sowie *zataar manakeesh* (libanesische Pizza).

Es gibt in der ganzen Stadt sechs weitere Filialen, z. B. in The Beach in JBR und Downtown (beide sind rund um die Uhr geöffnet).

★ LOGMA AUS DEN EMIRATEN $$

Karte S. 272 (800 56462; www.logma.ae; Box-Park, Al Wasl Rd, Jumeirah 1; Hauptgerichte 44–65 Dh; 8–1 Uhr; ; 12, 15, 93, Business Bay) Dieses schrullige emiratische Café ist ein guter Einstieg in die moderne regionale Küche. Es ist für seine Frühstücksgerichte wie *shakshuka* (pochierte Eier in würziger Tomatensoße mit Feta), seine gesunden Salate (den Granatapfel-Mozzarella probieren) und seine Sandwiches aus traditionellem *khameer*-Brot beliebt. Den üblichen Milchkaffee gegen süßen *karak chai* (Gewürztee) – die Leute hier sind besessen davon – oder einen Dattelshake eintauschen.

★ 3 FILS ASIATISCH $$

Karte S. 272 (056 273 0030; www.3fils.com; Jumeirah Fishing Harbour, Al Urouba St, Jumeirah 1; Platten zum Teilen 38–75 Dh; Mo–Mi 13-23, Do–Sa bis 24 Uhr; Burj Khalifa/Dubai Mall) Küchenchef Akmal Anuar aus Singapur bereitet in dem kleinen Lokal ohne Lizenz innovative, aber einfache kleine asiatische Gerichte zu, eine perfekte Alternative zu Dubais teuren, überkandidelten Restaurants. Drinnen gibt's nur 25 Plätze und

INSIDERWISSEN

HYPE UM MOBILE KÜCHEN

Gourmet-Foodtrucks, der Hipster-Exportschlager aus den USA, kam 2014 nach Dubai und führte dort schnell zu einer kleinen kulinarischen Revolution. Mittlerweile tauchen alle möglichen Anwärter in der Nähe von Sehenswürdigkeiten auf, auf Festivals, an Stränden, auf Märkten und wo auch immer schnelle Verpflegung gefragt sein könnte.

Alles begann mit dem Truck Salt (S. 108), einem klassischen silbernen Airstream, dessen Wagyu-Rind-Burger schnell Kultstatus erhielten. Zwei emiratische Geschäftsfrauen lancierten das Konzept und verließen sich dann komplett auf die Wirkung von Social Media und Mund-zu-Mund-Propaganda, um Kunden („Salters") zu gewinnen. Mittlerweile hat der Truck seinen festen Standort am La Mer Beach, neben einem stets wechselnden Aufgebot an anderen – bisher noch mobilen – Küchen.

Eine unternehmerische Variante des Foodtruck-Wahns ist das **Last Exit** (☎04 317 3999; www.lastexit.ae; Sheikh Zayed Rd (Hwy E11), nahe Interchange 11; Hauptgerichte 10–50 Dh; ⏲rund um die Uhr; Ⓟ), eine Reihe von vier themenbezogenen Foodtruck-Parks an der letzten Ausfahrt der Autobahn, die aus Dubai hinausführt. Der erste Streetfood-Park liegt am Highway E11 auf der Strecke nach Abu Dhabi. Mit Kinderspielplatz, Gebetsraum, Geldautomaten und Ketten wie Poco Loco und Baja Fresh ist er Welten von dem ursprünglichen, improvisierten Konzept entfernt. Zu den beliebtesten umherfahrenden Foodtrucks gehören:

Calle Tacos (www.calletacos.ae) Der schwer zu übersehende orangerote Truck zieht treue Feinschmecker an, die Lust auf mexikanische Nachos, Burritos und natürlich Tacos haben, serviert mit Soßen nach einem Geheimrezept der mexikanischen Familie des Besitzers.

GObai (www.facebook.com/gobaifoodtruck) Der Name ist eine Mischung aus Goa und Dubai, und das gilt auch für die Speisekarte, die z. B. mit duftenden Currys und Lamm-Burgern überzeugt.

Casa Latina (www.facebook.com/pg/CasaLatinaFoodtruck) Zu den Gerichten aus der Karibik und aus Lateinamerika gehören kalorienreiche, aber superleckere Käse-Röllchen (*tequeños*).

The Shebi Der silberne Airstream verkauft indisch-libanesische Fusion-Küche, darunter Butter-Chicken-Shawarma, aber am berühmtesten ist er für seinen Pulled-Beef-Burger mit Sriracha-Majo.

Vida Food Truck Der Airstream des Hotels Vida Downtown Dubai verkauft internationale Küche wie *mac 'n' cheese* (Käsenudeln) oder Sandwiches mit geräucherter Ochsenbrust.

eine winzige Eckküche. Man sollte also versuchen, einen Tisch draußen zu bekommen, mit Blick auf die in der Marina schaukelnden Jachten. Reservierung nicht möglich.

★BU QTAIR FISCH & MEERESFRÜCHTE $$

Karte S. 274 (☎055 705 2130; abseits 2b St, Umm Suqeim Fishing Harbour, Umm Suqeim 1; Gerichte 40–125 Dh; ⏲12–23.30 Uhr; Ⓟ; ⓂAl Safa, Umm Al Seef) Das einfache Lokal ist stets randvoll und in Dubai eine Institution. Berühmt ist es für hafenfrischen Fisch und die auf Bestellung gebratenen Garnelen in einer Masala-Curry-Soße nach Geheimrezept. Man stellt sich vor das Fenster, zeigt mit dem Finger auf das Gewünschte und wartet (um die 30 Minuten), bis das Essen serviert wird. Der Preis richtet sich nach dem Gewicht.

AL FANAR AUS DEN EMIRATEN $$

Karte S. 272 (☎04 344 2141; www.alfanarrestaurant.com; 1. Stock, Town Center Mall, Jumeirah Rd, Jumeirah 1; Hauptgerichte 42–95 Dh; ⏲So–Mi 12–21.30, Do bis 22, Fr 9–22, Sa bis 21.30 Uhr; ⓂBurj Khalifa/Dubai Mall) Das Al Fanar ist ganz im Stil der alten Emirate gehalten, mit einem Land Rover, der vor der Tür steht, einer Schilfdecke und Kellnern in traditionellen Gewändern. Die regionalen Klassiker wie *machboos* (würziger Auflauf mit Reis), *saloona* (Eintopf auf Tomatenbasis) oder *harees* (ein breiartiges Gericht mit Fleisch) sind eine wahre Gaumenfreude. Das Frühstück wird den ganzen Tag über serviert.

Die meisten Hauptgerichte sind so großzügig portioniert, dass sie für zwei reichen.

PANTRY CAFÉ INTERNATIONAL $$

Karte S. 272 (☎04 388 3868; www.pantrycafe.me; Ecke Al Wasl Sq & Al Hadeeqa St, Jumeirah 2; Hauptgerichte 50–140 Dh; ⏲Sa–Mi 7.30–22, Do & Fr 8.30–23 Uhr; ; Ⓜ Business Bay) Mit seiner loftartigen Decke, dem Betonboden, den roten Ziegelwänden und der umweltbewussten Atmosphäre könnte das Pantry genauso gut im Londoner Künstlerviertel Shoreditch liegen. Tatsächlich bekommt man in dem entspannten Lokal leckere Gerichte aus der ganzen Welt (Fish 'n' Chips, Curry, Risotto, Pizza etc.), dazu eine exzellente Frühstückskarte.

COMPTOIR 102 GESUNDE KÜCHE $$

Karte S. 272 (☎04 385 4555; www.comptoir102.com; 102 Jumeirah Rd, Jumeirah 1; Hauptgerichte 50–65 Dh, 3-Gänge-Gericht 90 Dh; ⏲7.30–21 Uhr; ; Ⓜ Emirates Towers) Das Café befindet sich in einem schönen Häuschen mit einem ruhigen Innenhof direkt neben einer Konzeptboutique, die hübsche Dinge für Haus und Hof anbietet.

Die sich täglich ändernde Speisekarte schwimmt auf der Regional-saisonal-Biowelle mit und vermeidet Gluten, Zucker und Milchprodukte. Dazu kommt eine große Auswahl an vitaminreichen Säften, Smoothies und Desserts. Das Restaurant befindet sich gegenüber der Beach Centre Mall.

SAMAD AL IRAQI IRAKISCH $$

Karte S. 272 (☎04 342 7887; www.samadaliraqirestaurant.com; Jumeirah Rd, Beach Park Plaza, Jumeirah 2; Hauptgerichte 50–95 Dh; ⏲Sa–Do 9–24.30, Fr 13–1.30 Uhr; Ⓜ Business Bay) Das große und recht formelle Mall-Restaurant, dessen Einrichtung vom alten Irak inspiriert ist, ist bei den Einheimischen für seinen hervorragenden *masgouf* bekannt. So heißt das Nationalgericht: im Holzkohleofen gegrillter Fisch. Aber man bekommt auch irakische Varianten beliebter lokaltypischer Gerichte wie Shawarma, Biryani, Kebab und Grillfleisch.

★ PAI THAI THAILÄNDISCH $$$

Karte S. 274 (☎04 432 3232; www.jumeirah.com; Madinat Jumeirah, King Salman Bin Abdul Aziz Al Saud St, Umm Suqeim 3; Hauptgerichte 55–175 Dh; ⏲12.30–14.15 & 18–23.15 Uhr; ; Ⓜ Mall of the Emirates) Eine Fahrt mit einem *abra*, ein Tisch am Kanal und Kerzenlicht sind nur einige der Zutaten für einen romantischen Abend ... und dieses zauberhafte Restaurant gehört unbedingt dazu. Auch wenn der Partner nicht mitspielen sollte, sorgen die kompetent gewürzten thailändischen Spezialitäten, wie z. B. im Wok gebratene Meeresfrüchte oder gedünsteter Zackenbarsch, für einen unvergesslichen Abend. Frühzeitige Reservierung erforderlich.

★ PIERCHIC FISCH & MEERESFRÜCHTE $$$

Karte S. 274 (☎04 432 3232; www.jumeirah.com; Madinat Jumeirah, King Salman Bin Abdul Aziz Al Saud St, Umm Suqeim 3; Hauptgerichte 125–450 Dh; ⏲Sa–Do 12.30–15 sowie Sa–Mi 18–23, Do & Fr bis 23.30 Uhr; ; Ⓜ Mall of the Emirates) Wer den Verlobungsring in einem Glas Champagner servieren möchte, ist hier genau am richtigen Ort.

Allerdings muss man in dem unglaublich romantischen Meeresfrüchte-Restaurant lange vorher reservieren. Es liegt auf einer historischen hölzernen Seebrücke mit direktem Blick auf Burj Al Arab und Madinat Jumeirah.

Die Speisekarte mit vielen liebevoll zubereiteten Gerichten wie dem köstlich gegrillten Amerikanischen Hummer ist ein Traum für Foodies.

LIMA DUBAI PERUANISCH $$$

Karte S. 272 (☎056 500 4571; www.limadubai.com; City Walk, Jumeirah 1; Hauptgerichte 90–200 Dh; ⏲Sa–Di 12–1, Mi–Fr bis 2 Uhr; ; Ⓜ Burj Khalifa/Dubai Mall) Die wahnsinnig tolle peruanische Küche ist in Dubai nicht unbekannt, aber als der Michelin-Sternekoch Virgilio Martinez hier ein Restaurant eröffnete, setzte er die Messlatte noch weiter nach oben.

Seine Kreationen trumpfen mit kreativen Gewürzen und perfekt aufeinander abgestimmten Zutaten auf. In einem seiner Stargerichte kombiniert er geschmorten Tintenfisch mit grünen Linsen, Kartoffelpüree und Oliven aus dem griechischen Kalamata. Dazu ein fantastischer Pisco Sour, und das Dinner ist perfekt.

ZHENG HE'S CHINESISCH $$$

Karte S. 274 (☎04 432 3232; www.jumeirah.com; Madinat Jumeirah, King Salman Bin Abdul Aziz Al Saud St, Umm Suqeim 3; Hauptgerichte 110–390 Dh; ⏲12–15 & 18.30–23.30 Uhr; P; Ⓜ Mall of the Emirates) Zheng He war ein unerschrockener chinesischer Seefahrer aus dem 15. Jh., und die Küche in dem nach ihm benannten Restaurant in Mina A'Salam ist nicht weniger abenteuerlich.

Das Stargericht in dem chinesisch gestylten Speiseraum mit einer Decke im Pagodenstil ist gebratene Ente, die am Tisch von einem „Entenmeister" tranchiert wird.

DER GEBETSRUF

Wer in Hörweite einer Moschee übernachtet, wird mit Sicherheit gegen 4.30 Uhr vom *azan* (muslimischen Gebetsruf) durch Lautsprecher geweckt, die auf den Minaretten der Moscheen platziert sind. Dieser eindringlich schöne Lärm ist nur in islamischen Ländern zu hören. Muslime beten fünfmal am Tag: im Morgengrauen, wenn die Sonne ganz oben am Himmel steht, wenn die Sonne Schatten in realer Länge wirft, zu Beginn des Sonnenuntergangs und in der Abenddämmerung, wenn das letzte Sonnenlicht am Horizont verschwindet. Die Uhrzeiten werden in den Tageszeitungen und auf Websites angekündigt. Nach dem Gebetsruf haben Muslime eine halbe Stunde Zeit, um zu beten. Eine Ausnahme wird im Morgengrauen gemacht: Nach dem Gebetsruf haben sie dann rund 80 Minuten Zeit, um aufzuwachen, sich zu waschen und zu beten, bevor die Sonne aufgegangen ist. Um zu beten, brauchen Muslime nicht in der Nähe einer Moschee zu sein, sondern müssen sich nur gen Mekka richten. Gläubige, die nicht in der Nähe einer Moschee sind, beten, wo auch immer sie gerade sind. Sieht man jemanden beim Beten, verhält man sich so dezent wie möglich und vermeidet, vor ihm herzugehen. Alle öffentlichen Gebäude, wie Ämter, Bibliotheken, Einkaufszentren und Flughäfen, haben ausgewiesene Gebetsräume. In jedem Hotelzimmer zeigen Pfeile an der Decke, am Schreibtisch oder am Nachtschränkchen die Richtung nach Mekka an.

Weitere Optionen sind Hummer, Steinbutt und die Bewohner des Aquariums. Beliebt bei großen Gruppen. Außerdem gibt's eine große Auswahl an vegetarischen und glutenfreien Gerichten.

ROCKFISH FISCH & MEERESFRÜCHTE **$$$**
Karte S. 274 (☎04 366 7640; www.jumeirah.com; Jumeirah Al Naseem, King Salman Bin Abdul Aziz Al Saud St, Umm Suqeim 3; Hauptgerichte 65–175 Dh; ⏰8–11, 12.30–15.30 & 18.30–23.30 Uhr; P 📶; 🚌81, M Mall of the Emirates) Das Rockfish hat Innenräume in Weiß und Silber und eine Terrasse mit Sandboden und Blick aus erster Reihe auf den Burj Al Arab. In dieser glamourösen, aber keineswegs steifen Umgebung serviert es Fisch- und Meeresfrüchte nach mediterraner Art.

Die kompakte Speisekarte beginnt mit *crudo* (rohen Meeresfrüchten), geht über zu Salaten und Suppen und erreicht ihren Höhepunkt mit orientalisch angehauchten Fischgerichten wie Tigergarnelen mit Granatapfel und Koriander.

AL MAHARA FISCH & MEERESFRÜCHTE **$$$**
Karte S. 274 (☎04 301 7600; www.jumeirah.com; 1. Stock, Burj Al Arab, Umm Suqeim 3; Hauptgerichte 240–500 Dh, Degustationsmenü 995 Dh; ⏰12.30–15.30 & 19–23.30 Uhr; P 📶) Ein als U-Boot gestalteter Fahrstuhl bringt die Gäste zu einem mit Blattgold verkleideten Tunnel, der zum extravagantesten Restaurant Dubais führt.

Die Tische stehen rund um ein raumhohes Aquarium, in dem Anemonenfische und Babyhaie vorbeischießen, während ihre Cousins (Steinbutt und Seeteufel) verspeist werden. Auf den Teller kommen nur die besten aus Großbritannien importierten Meeresfrüchte, die hier kompetent und einfach zubereitet werden. Es gilt eine Kleiderordnung. Kein Eintritt für Kinder unter 12 Jahren zum Abendessen.

AUSGEHEN & NACHTLEBEN

Abgesehen von den Bars in und um Madinat Jumeirah und in einigen westlich geprägten Hotels wird nur an wenigen Orten in Jumeirah Alkohol ausgeschenkt. Eine Ausnahme bildet der Nikki Beach Club (S. 107). Die Einheimischen suchen die neuen urbanen Fußgängerbereiche wie BoxPark und City Walk auf, um Kaffee oder Mocktails zu trinken oder Shisha zu rauchen.

★BAHRI BAR BAR
Karte S. 274 (☎04 432 3232; www.jumeirah.com; Mina A'Salam, Madinat Jumeirah, King Salman Bin Abdul Aziz Al Saud St, Umm Suqeim 3; ⏰Sa–Mi 16–2, Do & Fr bis 3 Uhr; 📶; M Mall of the Emirates) Die schicke Bar mit üppiger nahöstlicher Ausstattung und einer Veranda mit Perserteppichen und gemütlichen Sofas eignet sich perfekt dazu, die magische Aussicht auf die Wasserstraßen von Madinat und den Burj Al Arab zu genießen.

Dank täglicher Rabatte auf Getränke, gehobener Barhäppchen, Livebands oder DJs, die Jazz und Soul spielen, ist das Lokal eine ganzjährig beliebte Adresse.

PROVOCATEUR CLUB

Karte S. 272 (☎04 343 8411, 055 211 8222; www.fourseasons.com/dubaijb/; Four Seasons Resort, Jumeirah Rd, Jumeirah 1; ⌚Mi–Fr & So 23–3 Uhr; ⓂBusiness Bay) In dieser ultra-noblen Partylocation wiegen sich die Schönen der Stadt auf gebogenen, geblümten Bänken unter einer LED-Decke zu abwechslungsreichen Rhythmen – von trendigen Elektro-Sounds bis hin zu Oldschool-Hip-Hop und R'n'B. Strenge Türsteher, eleganter Dresscode, teure Drinks und Top-DJs.

GRAPESKIN WEINBAR

Karte S. 272 (☎04 403 3111; www.livelaville.com/dining/Grapeskin; La Ville Hotel & Suites, City Walk, Al Multaqa St, Jumeirah 1; ⌚So–Mi 16–1, Do–Sa ab 15 Uhr; 📶; ⓂBurj Khalifa/Dubai Mall) In dieser stilvoll-rustikalen Weinbar mit angenehmer Atmosphäre kann man den Wein aussuchen, der gerade zur eigenen Laune passt. Die meisten Weine stammen von kleinen Winzern und werden mit raffinierten Käse- und Wurstplatten zum Teilen serviert. Auf der Terrasse kann man bei einer Shisha entspannen oder man gesellt sich zu den Expats, die zur Happy Hour (18–20 Uhr) eintreffen.

SKYVIEW BAR BAR

Karte S. 274 (☎04 301 7600; www.burjalarab.com; Burj Al Arab, abseits Jumeirah Rd, Umm Suqeim 3; ⌚Sa–Do 13–2, Fr ab 19 Uhr; ⓂMall of the Emirates) Mit einem Mindestverzehr von 370 Dh für Cocktails und Nachmittagsteepreisen von 590 Dh (720 Dh an einem Fensterplatz) sind die Preise der Burj Al Arab's Skyview Bar so astronomisch hoch wie die erhabene Lage 200 m über dem Meeresspiegel. Das Mindestalter liegt bei 21 Jahren, Vorausbuchung und Vorabzahlung sind erforderlich. Hinsichtlich der ausgefallenen Liberace- und Star-Trek-Einrichtung kann man nur sagen: „Willkommen im Burj." Auf der Getränkekarte stehen auch so exzentrische Drinks wie „Mrs Big" (eine Anspielung auf *Sex and the City*), der in einem purpurfarbenen Porzellantäschchen serviert wird, mit drei Fläschchen „Nagellack" und einem „Lippenstift".

FOLLY BY NICK & SCOTT BAR

Karte S. 274 (☎04 430 8535; www.folly.ae; Souk Madinat Jumeirah, King Salman Bin Abdul Aziz Al Saud St, Umm Suqeim 3; ⌚So–Do 12–14.30 & 17–23, Fr & Sa 12–15.30 & 17–23 Uhr; 📶; ⓂMall of the Emirates) Die große mehrstöckige Location hat eine Holzeinrichtung mit offener Küche, aber der eigentliche Clou sind die drei Bars (besonders der Turm) mit atemberaubendem Blick auf den Burj Al Arab. Ein weiteres Projekt der preisgekrönten einheimischen Köche Nick Alvis und Scott Price, weshalb exquisite Häppchen zu den Getränken gereicht werden.

GOLD ON 27 COCKTAILBAR

Karte S. 274 (☎04 301 7600; www.goldon27.com; 27. Stock, Burj Al Arab, Umm Suqeim 3; ⌚18–2 Uhr; 📶; ⓂMall of the Emirates) Die Vorzeige-Cocktails in dieser in Gold gehaltenen Bar im 27. Stock des Burj Al Arab werden mit Lokalkolorit im Hinterkopf gemixt und enthalten oft überraschende Zutaten. So enthält der Whiskey-Cocktail Light Sweet Crude ein Stückchen Foie gras und mit Holzkohle versetztes Trüffelöl. Die Preise sind so astronomisch hoch wie der Ort selbst; eine Reservierung ist unerlässlich.

Ein DJ legt jeden Abend ab 20 Uhr auf, aber freitags und samstags geht's erst gegen 22 Uhr richtig los.

SHO CHO BAR

Karte S. 272 (☎04 346 1111; www.sho-cho.com; Dubai Marine Beach Resort & Spa, Jumeirah Rd, Jumeirah 1; ⌚So–Fr 19–3 Uhr; 📶; ⓂWorld Trade Centre, Emirates Towers) Das Sho Cho ist in erster Linie ein japanisches Restaurant, doch sein eigentlicher Anziehungspunkt sind die starken Cocktails und die entspannte Terrasse mit der kühlen Brise, die vom Persischen Golf herüberweht.

BRUNSWICK EATERY, BAR & TERRACE INTERNATIONAL $$

Karte S. 274 (☎056 404 0685; www.brunswickebt.com; Ebene 2, Sheraton Hotel, Mall of the Emirates, Al Barsha; Hauptgerichte 45–95 Dh; ⌚12–2 Uhr; 📶; ⓂMall of the Emirates) Diese ehemalige Sportbar hat sich in ein angesagtes neues Restaurant verwandelt, obwohl es immer noch mindestens einen Sportbildschirm gibt. Die Einrichtung ist im coolen Industriestil gehalten, mit freiliegenden Lüftungsrohren, langen Holztischen und viel Grün.

☆ UNTERHALTUNG

VOX MALL OF THE EMIRATES KINO

Karte S. 274 (☎600 599 905; www.voxcinemas.com; 2. Stock, Mall of the Emirates, Sheikh Zayed Rd, Al Barsha; Tickets 35–160 Dh; 📶👪; ⓂMall of the Emirates) Das Multiplexkino bietet 24 Säle, darunter ein 4-D-Kino mit beweglichen Stühlen sowie Wind-, Licht- und Wassereffekten. Es umfasst das erste IMAX-Laser-Kino der Region, ein buntes Kinderkino und das superluxuriöse Theatre by Rhodes, wo man ein von Michelin-Sternekoch Gary Rhodes konzipiertes Gericht (295 Dh) genießen kann. Onlinetickets kaufen, um das Warten in der Schlange zu vermeiden und seinen Platz vorab auszuwählen.

MADINAT THEATRE THEATER

Karte S. 274 (☎04 366 6546; www.madinattheatre.com; Souk Madinat Jumeirah, King Salman Bin Abdul Aziz Al Saud St, Umm Suqeim 3; Ⓜ Mall of the Emirates) Das Programm des attraktiven Theaters am Souk Madinat Jumeirah mit 442 Plätzen ist hauptsächlich auf die kulturellen Bedürfnisse der britischen Expats zugeschnitten. Es bietet viel Mainstream-Unterhaltung – von beliebten Importen aus dem West End bis hin zu Standup-Comedy, mitreißenden Musicals und russischem Ballett.

SHOPPEN

In Jumeirah laden zahlreiche unabhängige Boutiquen an der Jumeirah Road und in den neuen Malls entlang der Al Wasl Road zum Shoppen ein. Die Mercato Mall hat eine bemerkenswerte Architektur, aber die Mall of the Emirates bietet die bessere Auswahl. Der Souk Madinat Jumeirah ist schön, aber auf Touristen ausgerichtet.

SOUK MADINAT JUMEIRAH EINKAUFSZENTRUM

Karte S. 274 (☎04 366 8888; www.jumeirah.com; Madinat Jumeirah, King Salman Bin Abdul Aziz Al Saud St, Umm Suqeim 3; ⏲10–23 Uhr; 📶; Ⓜ Mall of the Emirates) Dieser hübsch gestaltete Souk, der mehr ein Boutique-Einkaufszentrum für Touristen als ein traditioneller arabischer Markt ist, gehört zum Madinat-Jumeirah-Resort, das im Stil eines arabischen Dorfes errichtet ist und wo man gut Souvenirs kaufen kann. Hier gibt's Kamelspielzeug im **Camel Company** (☎04 368 6048; www.camelcompany.ae), Beduinendolche im **Lata's** (☎04 368 6216) und Pashminaschals im **Toshkhana** (☎04 368 6526). In manchen Geschäften kann man feilschen.

MALL OF THE EMIRATES EINKAUFSZENTRUM

Karte S. 274 (☎04 409 9000; www.malloftheemirates.com; Sheikh Zayed Rd, Al Barsha; ⏲So–Mi 10–22, Do–Sa bis 24 Uhr; 📶; Ⓜ Mall of the Emirates) Hier findet man Ski Dubai, ein städtisches Theater, ein Multiplexkino mit 24 Sälen und – nicht zu vergessen – 630 Geschäfte. Die Mall of the Emirates ist eines der beliebtesten Einkaufszentren in Dubai.

Zu Stoßzeiten kann es in den schmalen Gängen ohne Tageslicht etwas eng werden, außer im eindrucksvollen Fashion Dome, wo unter einer Glaskuppel viele Luxusmarken vertreten sind.

CITY WALK EINKAUFSZENTRUM

Karte S. 272 (www.citywalk.ae; Al Safa Rd, Jumeirah 2; ⏲10–22 Uhr; 📶; Ⓜ Burj Khalifa/Dubai Mall) Dieses Einkaufs-, Gastronomie- und Unterhaltungsviertel im Stadtzentrum erinnert mit seinen nachgebauten georgianischen Gebäuden, Wasserspielen und von Bäumen gesäumten Gehwegen an ein europäisches Stadtzentrum.

Neben einer ständig wachsenden Zahl von Geschäften und Cafés gibt's einen Kinokomplex mit zehn Sälen und familienfreundliche Attraktionen wie das Green Planet Biodome (S. 106) sowie das Spielezentrum Hub Zero.

BOXPARK EINKAUFSZENTRUM

Karte S. 272 (☎800 637 227; www.boxpark.ae; Al Wasl Rd, Jumeirah 2; ⏲10–24 Uhr; 📶; Ⓜ Business Bay) Die vom Londoner Original inspirierte, 1,3 km lange Lifestyle-Mall im Freien besteht aus wiederverwerteten Schiffscontainern und verleiht der Shoppingwelt von Dubai eine willkommene Portion urbaner Coolness. Die 220 Boxen mit skurrilen Konzept-Stores, vielfältigen Cafés und Unterhaltungsmöglichkeiten ziehen ein cooles Publikum an, darunter viele Einheimische.

URBANIST INNENEINRICHTUNG

Karte S. 272 (☎04 348 8002; www.facebook.com/Urbaniststore; BoxPark, Al Wasl Rd, Jumeirah 2; ⏲So–Do 10–22, Fr & Sa bis 24 Uhr; Ⓜ Business Bay) Das syrische Paar, das das Urbanist leitet, füllt die Regale des Shops mit handverlesenen Produkten, die in Tradition und Moderne verwurzelt sind und sowohl den westlichen als auch den orientalischen Geschmack ansprechen.

Alles hier – von kleinen Goldohrringen bis zu Tuniken und Stühlen in Fez-Form – ist ungewöhnlich.

TYPO SCHREIBWAREN

Karte S. 272 (☎04 385 6631; http://typo.com; BoxPark, Al Wasl Rd, Jumeirah 2; ⏲So–Mi 10–22, Do & Fr bis 24 Uhr; Ⓜ Business Bay) In diesem Laden bestehen „Notebooks" noch aus Papier, das tatsächlich in allen Formen und Größen vertreten ist. Man findet Kitschiges und Geschäftliches, aber auch andere lustige Objekte.

GALLERIA MALL EINKAUFSZENTRUM

Karte S. 272 (☎04 344 4434; www.galleria-mall.ae; Al Wasl Rd, Jumeirah 2; ⏲10–24 Uhr; Ⓜ Burj Khalifa/Dubai Mall) Das moderne nahöstliche Design macht den Reiz der bei den Einheimischen beliebten Boutique-Mall ebenso aus wie die Geschäfte selbst. Vertreten sind Raritäten wie die erste Filiale des saudischen Lifestyle-Geschäfts Cities in den VAE sowie Blossom and Bloom, das rohen Biohonig aus aller Welt verkauft. Der Besuch lässt sich gut mit einem gesunden Mittagessen im südafrikanischen Café Tashas verbinden, oder man probiert das klebrig-süße Gebäck der emiratisch geführten Home Bakery.

MERCATO SHOPPING MALL EINKAUFSZENTRUM

Karte S. 272 (☎04 344 4161; www.mercatoshoppingmall.com; Jumeirah Rd, Jumeirah 1; ⏲10–22 Uhr; Ⓜ Financial Centre, Burj Khalifa/Dubai Mall) Mit 140 Geschäften ist die Mercato Mall für Dubaier Verhältnisse ein kleines Einkaufszentrum, aber die attraktive Architektur ist sehenswert und sieht aus wie die fantasievolle Vereinigung eines klassischen Bahnhofs mit einer italienischen Renaissancestadt. Es gibt ein gewölbtes Glasdach, Bögen aus Ziegelsteinen und eine von Cafés gesäumte Piazza.

S*UCE MODE & ACCESSOIRES

Karte S. 272 (☎04 344 7270; www.shopatsauce.com; EG, Village Mall, Jumeirah Rd, Jumeirah 1; ⏲Sa–Do 10–22, Fr ab 16 Uhr; Ⓜ Emirates Towers) Das S*uce (gesprochen „Sos") ist ein Vorreiter in Dubais wachsender Modeszene. Hier finden Modebegeisterte Produkte und Marken regionaler und internationaler Designer, die man zu Hause wahrscheinlich nicht bekommen würde, z. B. von Alice McCall, Bleach und Fillyboo. Ebenfalls in der Dubai Mall, im The Beach in JBR und der Galleria Mall vertreten.

HOUSE OF PROSE BÜCHER

Karte S. 272 (☎04 344 9021; www.houseofprose.com; Jumeirah Plaza, Jumeirah Rd, Jumeirah 1; ⏲Sa–Do 10–21, Fr ab 17 Uhr; Ⓜ Emirates Towers) Dies ist die erste der wunderbaren Bücherstuben. Der amerikanische Bücherliebhaber Mike McGinley versorgt seit 1993 Leser mit neuen und gebrauchten englischsprachigen Büchern. Wer sein Buch durchgelesen hat, kann es zurückgeben und bekommt 50 % des Kaufpreises erstattet.

O CONCEPT MODE & ACCESSOIRES

Karte S. 272 (☎04 345 5557; www.facebook.com/Oconceptstore; Al Hudheiba Rd, Jumeirah 1; ⏲10–22 Uhr; 📶; Ⓜ World Trade Centre) Dieses urbane emiratische Boutique-Café mit glänzenden Betonböden und mit Gold verkleideten Rohrleitungen ist ein obligatorischer Stopp für alle Modebewussten, die die neuesten T-Shirts, Kleider, Jeans oder andere leger-elegante Mode und Accessoires suchen.

O' DE ROSE MODE & ACCESSOIRES

Karte S. 274 (☎04 348 7990; www.o-derose.com; 999 Al Wasl Rd, Umm Suqeim 2; ⏲Sa–Do 10–20 Uhr; Ⓜ Al Safa, Umm Al Seef) Wer in diese schrullige Konzeptboutique kommt, kann etwas Rosenwasser probieren. Sie wird von drei offenherzigen Cousins aus Beirut geführt. Ihre Leidenschaft für ungewöhnliche Dinge zeigt sich in der bunten Auswahl an folkloristisch-schicker Kleidung, Accessoires, Kunst und Einrichtungsgegenständen, die hauptsächlich von unabhängigen Designern aus der Region stammen.

GARDEROBE KLEIDUNG

Karte S. 274 (☎04 394 2753; www.garderobe.ae; Villa 596, Jumeirah Rd, Umm Suqeim 1; ⏲So–Do 10–20 Uhr; Ⓜ Al Safa) Preisbewusste Luxusfans schauen regelmäßig in dieser stilvollen Secondhand-Boutique vorbei. Die schon einmal „geliebten" Klamotten und Accessoires von Designerlabels sind in bestem Zustand. Oft sind Schätzchen von Chanel, Hermès, Prada und Gucci dabei. Die Preise werden in der Regel um ein Drittel des Originalpreises gesenkt.

SPORT & AKTIVITÄTEN

WILD WADI WATERPARK WASSERPARK

Karte S. 274 (☎04 348 4444; www.wildwadi.com; Jumeirah Rd, Jumeirah 3; über/unter 110 cm 336/284 Dh; ⏲Nov.–Feb. 10–18 Uhr, März–Okt. bis 19 Uhr; 👪; Ⓜ Mall of the Emirates) Das Wild Wadi bietet jede Menge Wasserspaß. Hier kann man Wasser-Achterbahn fahren, sich auf eine abenteuerliche Tandem-Rutsche wagen und sich von Wasser-Tornados herumwirbeln lassen. Wer es eher ruhig mag, chillt auf dem gemächlichen Fluss, während sich die Kinder gern auf dem großen Wasserspielplatz tummeln, wo es kleinere Rutschen, Wasserpistolen und einen Wassereimer zum Eintauchen gibt. An einem Abend in der Woche (in der Regel donnerstags) ist der Park nur für Frauen und Mädchen und Jungen unter 8 Jahren zugänglich.

SPLASH 'N' PARTY

WASSERPARK

Karte S. 274 (☎04 388 3008; www.splashnparty.ae; Ecke 8A & 23A St, Umm Suqeim 1; Tageskarte Kind & 1 Erw. werktags/Wochenende 100/140 Dh, zusätzl. Erw. 50 Dh an allen Tagen; ⏱So–Mi 9–20, Do–Sa bis 21 Uhr; 👪; Ⓜ Al Safa) Dieser bunte Wasserpark bietet zahlreiche Wasserspielplätze für Kleinkinder, Rutschen, Wasserpistolen, Eimer zum Eintauchen und andere Spielmöglichkeiten mit Wasser

XDUBAI SKATEPARK

SKATEN

Karte S. 274 (www.xdubai.com/skatepark; 2nd St, Kite Beach, Umm Suqeim 1; Tageskarte 45 Dh; ⏱10–24, Fr & Sa nur Kinder 8–10 Uhr; 👪; Ⓜ Al Safa) Der riesige überdachte Skatepark in der Nähe des Kite Beach (S. 107) ist aufregend für Jugendliche, die hier in zwei Pipes (1,2 und 3,2 m tief) und über Rails, Kicker, Hubbas und weitere Straßenelemente sausen können. Kinder müssen einen Helm tragen.

MATTEL PLAY! TOWN

SPIELPLATZ

Karte S. 272 (☎800 637 227; www.playtowndubai.com; City Walk, Jumeirah 2; 1/2 Std./Tag 59/89/99 Dh; ⏱Sa–Mi 9–20, Do bis 22, Fr 10–22 Uhr; 👪; Ⓜ Burj Khalifa/Dubai Mall) Wer noch Milchzähne hat, kann auf diesem fantastischen Indoor-Spielplatz mit Bob dem Baumeister ein Haus bauen, mit Feuerwehrmann Sam Feuer löschen, mit Ballerina Angelina vor einem magischen Spiegel tanzen und Zeit mit Barney und Thomas, der kleinen Lokomotive, verbringen.

SCHILDKRÖTEN BEOBACHTEN

Das Jumeirah Al Naseem Resort, das vor Kurzem in Madinat Jumeirah eröffnete, ist auch der Sitz des gemeinnützigen **Dubai Turtle Rehabilitation Project** (www.jumeirah.com/en/turtles). Die Organisation hat über 560 verletzte oder kranke Schildkröten gesund gepflegt und im Persischen Golf freigelassen. Die letzten Wochen vor ihrer Freilassung verbringen die Schildkröten in der Salzwasserlagune des Luxushotels. Das Gehege ist täglich kostenlos und öffentlich zugänglich. Mittwochs um 11 Uhr werden die Schildkröten gefüttert. Man betritt das Gelände durch das Hotel. Mit etwas Glück sieht man hier auch die endemische Echte Karettschildkröte, die auf der Liste der vom Aussterben bedrohten Arten steht, da es weltweit nur noch 8000 Eier legende Weibchen gibt.

INSIDERWISSEN

YOGA AM STRAND

Herabschauender Hund und Sonnengruß mit Blick auf den Burj Al Arab? Dazu braucht man sich nur für die täglichen Yogakurse bei Sonnenuntergang (90 Dh) anzumelden, die vom Talise Spa (siehe unten) und am Privatstrand von Madinat Jumeirah angeboten werden. Noch spiritueller wird's beim Vollmond-Yoga (99 Dh).

LAGUNA WATERPARK

WASSERPARK

Karte S. 272 (☎04 317 3999; www.lagunawaterpark.com; La Mer, Jumeirah 1; Erw./Kind unter 2 Jahren 210/gratis Dh; ⏱So–Mi 10–19, Do–Sa bis 20 Uhr; 👪; Ⓜ Emirates Towers) Dieser kompakte Wasserpark, der zum an der Küste gelegenen Bauprojekt La Mer gehört, bietet fünf Rutschen, einen Infinitypool und Wasserspielbereiche für die Kleinen. Die Hauptattraktion ist jedoch eindeutig das riesige Wellenbad, wo man seine Surf-Künste trainieren kann.

★ AL BOOM DIVING

TAUCHEN

Karte S. 272 (☎04 342 2993; www.alboomdiving.com; Villa 254, Ecke Al Wasl Rd & 33rd St, Jumeirah 1; geführte Tauchgänge ab 250 Dh; ⏱So–Do 10–20, Fr & Sa bis 18 Uhr; Ⓜ World Trade Centre) Al Boom ist die größte und am längsten bestehende Tauchschule der VAE und bietet PADI-zertifizierte Kurse und auch Tauchgänge zu den World Islands vor der Küste Dubais. Dazu kommen Hai-Tauchgänge im Dubai Aquarium sowie Tauchen am Riff vor der Ostküste und der Halbinsel Musandam im Oman.

Der Hauptsitz der Firma befindet sich in Jumeirah, aber Al Boom hat auch Filialen im Le Royal Meridien Beach Resort & Spa, im One&Only Royal Mirage, im One&Only und The Palm.

SURF HOUSE DUBAI

SURFEN

Karte S. 274 (☎04 321 1309, 050 504 3020; www.surfingdubai.com; Villa 110, 41A St, Jumeirah Public Beach, Umm Suqeim 2; Surf-/SUP-Kurse ab 150/200 Dh, Verleih pro Std. 75 Dh; ⏱7–19 Uhr; Ⓜ Umm Al Seef) Das zentral gelegene „Hang 10" in Dubai ist das Surf House mit den neuesten Surf- und Stand-up-Paddelbrettern und Kursen in beiden Sportarten. Mit mehr als 3000 Mitgliedern ist es auch ein beliebter Treffpunkt der Surfer-Community.

DAS WINTERWUNDERLAND IN DER WÜSTE

Das muss man sich mal vorstellen: Draußen herrschen 45 °C, und man sitzt drinnen mit Handschuhen und Mütze in einem Sessellift und schwebt über ein künstlich-alpines Winterwunderland. Skifahren in der Wüste? Kein Problem, zumindest in Dubai. Das Ski Dubai (S. 235) hat seit seiner Eröffnung 2005 als erstes künstliches Winterparadies des Nahen Ostens schon jeden begeistert, von den Expats mit Pistensehnsucht bis zu neugierigen Touristen und Schneeneulingen. Okay, der Hang von Ski Dubai ist im Vergleich zu den Alpen nur ein Ameisenhügel, aber für Anfänger ist die Herausforderung groß genug, Fortgeschrittene haben Spaß und für alte Hasen ist es mal was Neues. Für sie gibt's fünf verschiedene Abfahrten (die längste ist immerhin 400 m lang mit 60 m Höhenunterschied) sowie eine Freestyle-Zone für Sprünge und Rails mit einer 90 m langen Halfpipe. Zu beiden Pisten führt ein Sessellift.

Fast die gesamte Ausrüstung, auch Ski und Strümpfe, ist im Preis inbegriffen, nur Handschuhe und Kopfbedeckungen müssen im integrierten Shop gekauft werden (es sei denn, man hat seine eigene dabei). Neulinge können in der Skischule die Grundlagen des Skifahrens lernen. Skibegeisterte jeden Alters können sich auch in dem entzückenden, mit Eisskulpturen geschmückten Snow Park vergnügen. Auf parallel verlaufenden Bobschlittenbahnen kann man hier Wettrennen fahren, in einem riesigen Plastikschneeball den Hügel hinunterkugeln oder auf einer 150 m langen Seilrutsche über die Hänge gleiten (kostet extra). Sehenswert sind auch die Esels- und Königspinguine, die mehrmals täglich durch den Snow Park stolzieren.

DUKITE — KITESURFEN

Karte S. 274 (☎050 758 6992; www.dukite.com; Jumeirah Rd, Umm Suqeim 1; ⏲8–19 Uhr; Ⓜ Al Safa) Dieser angesehene Anbieter veranstaltet Kurse in Kitesurfen und Stand-up-Paddeln (SUP) und verleiht Ausrüstung. Gegenüber dem Restaurant Burger Fuel.

KITESURF SCHOOL DUBAI — KITESURFEN

Karte S. 274 (☎050 254 7440; www.kitesurf.ae; 2D St, Umm Suqeim 1; Einzel-/Gruppenkurse pro Std. 350/250 Dh, kompletter Verleih pro Std. 250 Dh; ⏲7–19 Uhr; Ⓜ Al Safa) Am angesagten und actiongeladenen Kite Beach bietet das lizensierte und professionell betriebene Unternehmen Kitesurf-Kurse an und verleiht dazu die Ausrüstung. Es gibt auch einen Shop, in dem alles verkauft wird, was man zum Surfen braucht.

WONDER BUS TOURS — BOOTSTOUR

Karte S. 272 (☎04 359 5656, 050 181 0553; www.wonderbusdubai.net; Mercato Shopping Mall, Jumeirah Rd, Jumeirah 1; Erw./Kind 3–11 Jahre 155/135 Dh; Ⓜ BurJuman) Zu dieser recht ungewöhnlichen Sightseeingtour steigt man an der Mercato Mall in den leuchtend gelben, amphibischen Wonder Bus. Er fährt zum Dubai Creek hinunter und taucht dann ins Wasser ein, fährt an den historischen Vierteln Bur Dubai und Deira vorbei und kehrt zur Mall zurück. Das Ganze dauert eine Stunde.

TALISE SPA — SPA

Karte S. 274 (☎04 366 6818; www.jumeirah.com; Al Qasr Hotel, Madinat Jumeirah, Umm Suqeim 3; ⏲9–22; Ⓜ Mall of the Emirates) Das tolle, nahöstlich inspirierte Spa bietet in 26 fantastischen, tempelartigen Suiten Anwendungen wie Ganzkörpermasken mit goldener Tonerde, Massagen mit Muscheln und ganzheitliche, die Sinne stimulierende Sitzungen in einer „AlphaSphere"-Wanne mit künstlerischem Design.

Dubai Marina & Palm Jumeirah

Highlights

❶ **The Walk at JBR** (S. 120) Ein Bummel über Dubais Flaniermeile mit vielen familienfreundlichen Indie-Cafés, Restaurants und Geschäften und anschließend ein Abstecher zu The Beach. Das schicke Einkaufsareal unter freiem Himmel liegt an einem wunderschönen Sandstrand.

❷ **Barasti** (S. 126) In diesem berühmten Club, einem Urgestein der energiegeladenen Dubaier Strandclubs, von früh bis spät Party machen.

❸ **The View at The Palm** (S. 120) Sich vom 360-Grad-Panorama Palm Jumeirahs und der Wolkenkratzer am Ufer überwältigen lassen.

❹ **Ain Dubai** (S. 120) Bei einer Runde auf dem größten Riesenrad der Welt die Wahrzeichen der Stadt zählen.

❺ **Dubai Marina Water Bus** (S. 130) Eine Tour mit dem Wasserbus durch die Marina oder hinaus zur Insel Bluewaters unternehmen, am besten bei Sonnenuntergang oder am frühen Abend.

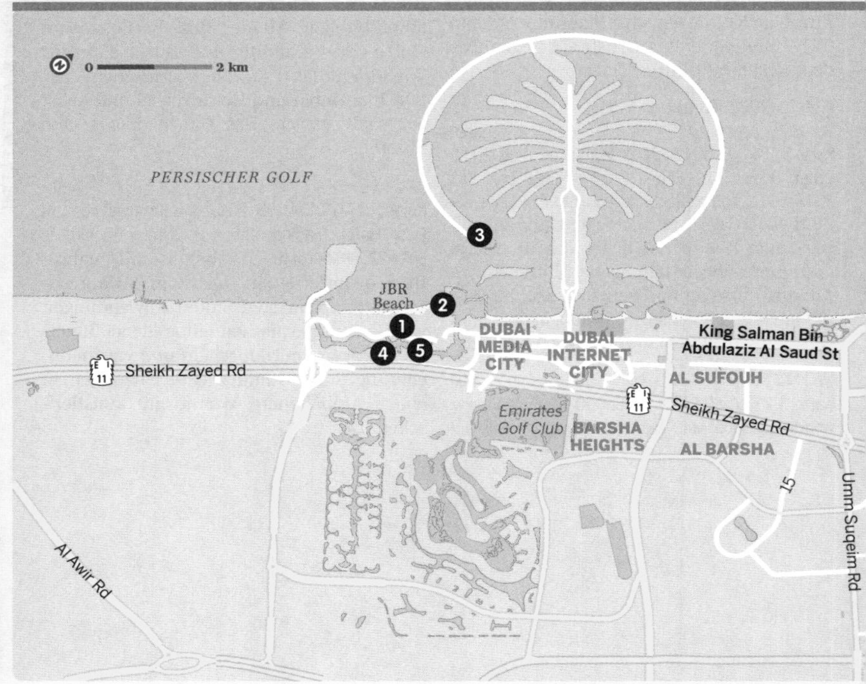

Mehr Details zu dieser Gegend siehe Karte S. 280 f.

Dubai Marina & Palm Jumeirah erkunden

Dubai Marina ist inzwischen eines der beliebtesten Viertel der Stadt. Durch seine fußgängerfreundlichen Bereiche steht es bei Touristen hoch im Kurs. Der Wüste abgetrotzt, ist der Jachthafen eine der größten künstlichen Marinas der Welt. Kernstück ist ein 3 km langer Kanal, der sich durch futuristische Hochhäuser wie den in sich verdrehten Cayan Tower windet. Ein Spaziergang entlang der Marina Walk Promenade ist herrlich, vor allem nach Sonnenuntergang, wenn sich der Blick auf glitzernde Türme, schaukelnde Jachten und tanzende Fontänen richtet. Dann heißt es, sich ein Plätzchen für ein Abendessen, einen Drink oder eine Wasserpfeife zu suchen. Unterwegs kann man nach den Wagemutigen Ausschau halten, die in atemberaubender Geschwindigkeit an einer Zipline durch die Luft fliegen.

Parallel zum Strand erstrecken sich The Walk at JBR, eine 1,7 km lange Meile mit Geschäften und Restaurants, und The Beach at JBR, ein Open-Air-Einkaufszentrum an einem schönen Sandstrand mit toller Infrastruktur. Gleich vor der Küste liegen die Bluewaters Island, wo das Riesenrad Ain Dubai seine Runden dreht, und das im Entstehen begriffene Viertel Dubai Harbour mit dem Kreuzfahrtterminal. Die Dubai Tram fährt durch große Teile von Dubai Marina.

Palm Jumeirah, eine künstliche Insel in Form einer Palme, die ins Meer hineinragt, kann man gar nicht übersehen. Neben luxuriösen Wohnungen, Villen und Hotels befindet sich dort auch das Ferienresort Atlantis The Palm mit einem Aquarium und einem riesigen Wasserpark.

Weiter südlich liegen die familienfreundlichen Themenparks von Dubai Parks & Resorts und das Gelände der World Expo 2020.

Lokalkolorit

➡ **Schlendern** Abends kann man auf The Walk at JBR und auf dem Marina Walk ganz hervorragend das Leben und Treiben beobachten.

➡ **Abendessen mit Ausblick** Seven Sands ist nur eines von mehreren herausragenden Uferrestaurants, in denen man beim Essen den verträumten Blick auf den Strand und das Meer genießt.

➡ **Ab an den Strand** Sich erst am The Beach at JBR sonnen und danach beim Schwimmen abkühlen.

An- & Weiterreise

➡ **Metro** Die Red Line fährt nach Dubai Marina, am Bahnhof Sobha Realty steigt man aus. Für The Walk at JBR ist der Bahnhof DMCC praktischer.

➡ **Straßenbahn** Dubai Tram verbindet Dubai Media City, JBR und Dubai Marina auf einer 11 km langen Schleife.

➡ **Monorail** Am Bahnhof Palm Gateway startet eine Monorail zum Bahnhof Atlantis Aquaventure.

Top-Tipp

Ein Spaziergang auf dem Marina Walk ist vergnüglich, allerdings würde es den Großteil des Tages dauern, die gesamte geschwungene Promenade abzulaufen. Eine Möglichkeit, die Atmosphäre ohne kräftezehrende Fußmärsche zu erleben, ist die Fahrt mit dem **Dubai Marina Water Bus** (S. 130). Er ist Teil des öffentlichen Nahverkehrsnetzes Dubais (Nol Cards sind gültig) und bietet eine preiswerte kleine Bootstour durch diesen futuristischen Stadtteil. Am schönsten ist die Fahrt bei Sonnenuntergang oder im Dunkeln.

Gut essen

➡ Stay (S. 126)

➡ The Croft (S. 123)

➡ 101 Lounge & Bar (S. 126)

➡ BiCE (S. 124)

➡ Eauzone (S. 123)

➡ Maya Modern Mexican Kitchen (S. 123)

➡ Asia Asia (S. 122)

Mehr dazu siehe S. 122 ➡

Nett ausgehen

➡ Barasti (S. 126)

➡ Bliss Lounge (S. 128)

➡ Lock, Stock & Barrel (S. 126)

➡ Tap House (S. 127)

Mehr dazu siehe S. 126 ➡

Schön shoppen

➡ Ibn Battuta Mall (S. 131)

➡ Dubai Marina Mall (S. 131)

➡ Nakheel Mall (S. 130)

Mehr dazu siehe S. 130 ➡

SEHENSWERTES

AIN DUBAI
RIESENRAD

Karte S. 280 (Dubai Eye; ☎800 246 392; www.aindubai.com; Bluewaters Island, Dubai Marina; Erw./Kind ab 130/100 Dh; ⏲Di & Mi 10–21, Do–Sa 12–21 Uhr; Bluewaters Marine Transport Station, ⓂDMCC, Jumeirah Beach Residence 2) Die Größe war in Dubai immer wichtig, darum ist es keine Überraschung, dass Ain Dubai den Rekord als größtes Riesenrad der Welt hält. Es ist schwindelerregende 250 m hoch, fast doppelt so hoch wie das London Eye. Auf der Fahrt in einer von 48 Hightech-Kabinen hat man 38 Minuten Zeit, Dubais Skyline, Palm Jumeirah und den Persischen Golf zu bestaunen. Wem nicht schon von der Aussicht schwindelig wird, der kann eine Party-Kabine mit Musik und „sky bar" wählen.

Private Kabinen und andere Pakete sind auch im Angebot. Ain Dubai eröffnete im Oktober 2021 und ist das Herzstück der künstlichen Insel Bluewaters, die von der JBR ins Meer hinausragt und mit der üblichen Mischung aus Restaurants, Hotels und Wohnhäusern sowie einer lokalen Version von Madame Tussauds Wachsmuseum aufwartet. Am schönsten erreicht man die Insel auf einer 20-minütigen Bootsfahrt von der Dubai Marina Mall (5 Dh).

THE VIEW AT THE PALM
AUSSICHTSPUNKT

Karte S. 280 (☎800 843 8439; www.theviewpalm.ae; Center of Palm; Erw./Kind ab 100/69 Dh; ⏲Mo–Do 9–22, Fr–Sa bis 24 Uhr, letzter Einlass eine Stunde vor Schließung; Ⓟ; Nakheel Mall) Wer Palm Jumeirahs beeindruckenden Umriss von oben sehen will, ohne in ein Flugzeug zu steigen, sollte diese Aussichtsterrasse unter freiem Himmel besuchen, die sich im 52. Stock des Palm Tower auf einer luftigen Höhe von 240 m befindet. Im Ticketpreis enthalten sind auch die digital aufbereiteten Ausstellungen über die Entstehung dieses riesigen Archipels. Zudem werden verschiedene Extras wie Expresstickets und Zugang zur Lounge angeboten. Der Eingang befindet sich in der Nakheel Mall.

Rekordjäger sollten einen Pass für The Next Level kaufen, das nur eine Etage bzw. 10 m höher liegt, damit aber der höchste Aussichtspunkt Palm Jumeirahs ist.

PALM WEST BEACH
STRAND

Karte S. 280 (☎800 625 4335; www.westbeach.ae; Palm Jumeirah; ⏲Mo–Fr 8–24, Sa–So bis 3 Uhr; Al Ittihad Park) An einem 1,6 km langen Abschnitt an der Westseite des „Stamms" von Palm Jumeirah erstreckt sich diese von Restaurants, Bars und Hotels gesäumte Promenade mit Strand – ein verträumter Ort, um barfuß im Sand und mit einem kalten Drink in der Hand zuzuschauen, wie die Sonne hinter dem Horizont verschwindet. Wer sich gern in nobler Gesellschaft befindet, sollte sich einen Liegestuhl in einem Luxusclub wie dem für seinen gläsernen Pool bekannten Beach by Five gönnen.

THE BEACH AT JBR
AREAL

Karte S. 280 (☎04 317 3999; www.thebeach.ae; Jumeirah Beach Residence, Dubai Marina; ⏲So–Mi 10–24, Do–Sa bis 1 Uhr; Ⓟ; ⓂDMCC, Jumeirah Beach Residence 1, Jumeirah Beach Residence 2) The Beach at JBR besteht aus einer offen gestalteten Gruppe niedriger Gebäude mit moderner urbaner Architektur, die sich um luftige Plazas gruppieren, und folgt dem Strandverlauf für etwa 1 km. Es vereint Cafés und gehobene Geschäfte mit einer belebten Vergnügungszone am Ufer, zu der ein Kinderplanschpark, ein Fitnesscenter im Freien, ein Kunsthandwerksmarkt und andere Zerstreuungen gehören, und ist an den Wochenenden von Familien überlaufen. Ein Beach Club verleiht Sonnenliegen, man kann aber auch einfach sein Handtuch ausbreiten, wo man möchte.

THE WALK AT JBR
STADTVIERTEL

Karte S. 280 (Jumeirah Beach Residence, Dubai Marina; ⓂDMCC, Jumeirah Beach Residence 1, Jumeirah Beach Residence 2) In einer Stadt voller klimatisierter Einkaufszentren war diese attraktive Außenpromenade mit Geschäften und Lokalen bei ihrer Eröffnung 2008 sofort der Renner. Ursprünglich war sie für die 20 000 Bewohner des Neubauviertels Jumeirah Beach Residence gedacht, doch inzwischen ist sie auch bei Touristen sehr beliebt, die gemeinsam mit Einheimischen die 1,7 km lange Promenade entlangschlendern, von den Straßencafés aus der Welt beim Vorbeischlendern zusehen oder eine der modischen Boutiquen aufsuchen. Am Wochenende fahren ihre stolzen Besitzer funkelnde Ferraris und andere Luxusschlitten spazieren.

JBR BEACH
STRAND

Karte S. 280 (Jumeirah Beach Residence, Dubai Marina; ; ⓂDMCC, Jumeirah Beach Residence 1) An diesem wunderbaren, sauberen Strand gibt's zahlreiche Einrichtungen wie Duschen, Toiletten und Umkleidekabinen in markanten Häuschen. Kinder können sich im Planschbereich austoben, und im Open-Air-Fitnessbereich kann man etwas

HIGHLIGHT
AQUAVENTURE WATERPARK

Adrenalinschübe sind in diesem Wasserpark am Atlantis The Palm Resort garantiert. Ein 1,6 km langer „Fluss" mit Stromschnellen, anbrandenden Wellen und Wasserfällen schlängelt sich durch das riesige Gelände, das von zwei Türmen begrenzt wird. Ein Highlight ist der Turm des Neptun, der die Form eines Tempelturms hat, mit drei Rutschen, von denen eine passenderweise „Leap of Faith" heißt. So ein „Gottvertrauen" braucht man denn auch bei einem fast senkrechten Sturz in eine Lagune voll von Haien!

Wer auf der Suche nach einem Kick ist, kann sich in den verschlungenen Serpentinen der Aquaconda, der größten Wasserrutschbahn der Welt, herumschütteln und durchschleudern lassen oder die Rutschpartie Zoomerango wagen, die der Schwerkraft zu trotzen scheint und herumkatapultiert und in die Tiefe reißt.

Wer sich den Trubel von oben anschauen möchte, kann mit der Seilrutsche Atlantean Flyer (100 Dh) 20 m über den Park hinwegsausen. Für Kinder, die kleiner als 120 cm sind, gibt's weniger wilde Fahrten, einen Wellenpool und einen riesigen Wasserspielplatz. Mit dem Ticket haben Besucher am selben Tag auch Zugang zum 700 m langen Sandstrand Aquaventure.

NICHT VERSÄUMEN

- Leap of Faith
- Zoomerango
- Poseidon's Revenge
- Aquaconda

PRAKTISCH & KONKRET

- Karte S. 280, F1
- ☎04 426 1169
- www.atlantisthepalm.com
- Atlantis The Palm, Palm Jumeirah
- über/unter 1,20 m Höhe 275/230 Dh
- ⏲10 Uhr–Sonnenuntergang
- 👪
- 🚊Palm Jumeirah, 🚝Atlantis Aquaventure

für seine Muckis tun. Da der Strand gleich neben The Beach at JBR und The Walk at JBR liegt, gibt's auch keinen Mangel an Restaurants und Bars; Alkohol bekommt man aber nur in den Hotels.

CAYAN TOWER ARCHITEKTUR

Karte S. 280 (Al Sharta St, Dubai Marina; Ⓜ Sobha Realty, 🚊Marina Towers) Mit einer Höhe von 307 m ist es zwar nicht der höchste Wohnturm in Dubai Marina, es ist aber ganz sicher ein Gebäude mit einem besonderen Dreh: Im Verlauf seiner Höhe bildet der Cayan Tower eine 90-Grad-Spirale. Das sieht nicht nur beeindruckend aus, das Design schwächt auch den Wind ab und verminderte die direkte Sonneneinstrahlung. Es wurde vom selben Unternehmen entworfen wie der Burj Khalifa.

PIER 7 SEHENSWERTES GEBÄUDE

Karte S. 280 (☎04 436 1020; www.pier7.ae; Marina Walk, Dubai Marina; Ⓟ; Ⓜ Sobha Realty, 🚊Dubai Marina Mall) Seinen Namen erhielt der runde Turm, den eine verglaste Passage mit der Dubai Marina Mall verbindet, von den sieben Restaurants (von asiatisch bis international) – auf jeder Etage eines. Alle bis auf die in den untersten Etagen haben Terrassen, auf denen man mit Aussicht speisen kann.

LOST CHAMBERS AQUARIUM AQUARIUM

Karte S. 280 (☎04 426 1040; www.atlantisthepalm.com; Atlantis The Palm, Palm Jumeirah; Erw./Kind 3–11 Jahre 125/90 Dh; ⏲10–22 Uhr; Ⓟ; 🚊Palm Jumeirah, 🚝Atlantis Aquaventure) Die seltenen Albino-Alligatoren Ali und Blue sind die jüngsten Stars in diesem Labyrinth an Unterwasserhallen, Durchgängen und Aquarien, die der Legende der versunkenen Stadt Atlantis gewidmet sind. An die 65 000 exotischen Meerestiere bevölkern 21 Aquarien, in denen Rochen fliegen, Quallen tanzen und Riesenzackenbarsche lauern. Das Herzstück des Aquariums ist die Ambassador Lagoon. Gegen eine zusätzliche Gebühr können Besucher in einem Wassertank mit 11,5 Mio. l Wasser mit den Fischen schnorcheln oder tauchen.

Zweimal täglich (um 10.30 & 15.30 Uhr) springen Taucher zur interaktiven Aquatheatre-Show und zum Füttern der Tiere in die Ambassador Lagoon. Touren hinter die Kulissen mit einem Besuch im Fischkrankenhaus werden ebenfalls angeboten (35 Dh).

Essen

Dubai Marina ist geprägt von weitläufigen Strandresorts, die mehrere Restaurants, Bars und Nachtclubs der Extraklasse bieten. Aber auch außerhalb der Hotels lassen sich ausgezeichnete Lokale finden, vor allem entlang des Marina Walk, The Walk at JBR und The Beach at JBR. Aufgrund des kompakten Areals eignet sich dieses Viertel, um einfach zu Fuß von einer Lokalität zur nächsten zu schlendern.

Dubai Marina

MYTHOS KOUZINA & GRILL — GRIECHISCH $$

Karte S. 280 (04 399 8166; www.mythoskouzina.com; Level B1, Armada BlueBay Hotel, Cluster P, Jumeriah Lakes Towers; Hauptgerichte 45–89 Dh; 12.30–17 & 19–23.30 Uhr; P; Sobha Realty) Das Mythos erinnert mit den weiß getünchten Wänden und den meeresgrün gestrichenen Möbeln an eine traditionelle Taverne am Meer und bringt ein kleines Stück von Santorini nach Dubai, versteckt im JLT Armada BlueBay Hotel mit seinem eher unpassenden Ambiente. Am besten bestellt man zuerst eine Auswahl an Vorspeisen zum Teilen – besonders gut sind die *keftedakia* (Fleischbällchen). Danach hat man die Qual der Wahl zwischen traditionellen Klassikern wie Moussaka und Souflaki sowie saftig gegrilltem Fleisch und Meeresfrüchten.

Die Gegend hat sich in den vergangenen Jahren zu einer Meile mit günstigen Restaurants und Bars entwickelt, und das Mythos bildet da keine Ausnahme. Die kleine Terrasse lädt zu geruhsamen Mahlzeiten ein. Allerdings hat sich das Restaurant herumgesprochen, darum reserviert man am besten.

ZAFRAN — INDISCH $$

Karte S. 280 (04 399 7357; www.zafranrestaurants.com; EG, Dubai Marina Mall, Dubai Marina; Hauptgerichte 32–130 Dh; Sa–Mi 12–23, Do & Fr bis 23 Uhr; P; Sobha Realty, Dubai Marina Mall) Dieses moderne indische Bistro wirkt in diesem Einkaufszentrum-Ambiente ein wenig unpassend, doch seine Kebabs, Currys und Biryanis sind köstlich. Highlights der Karte sind das Butterhühnchen, die gegrillten Lamm-Kebabs und die Tandoori-Riesengarnelen. Es gibt auch eine umfangreiche vegetarische Speisekarte und eine nette Terrasse im Freien.

Im Mirdif City Centre befindet sich eine weitere Filiale.

MASSAAD BARBECUE — LIBANESISCH $$

Karte S. 280 (04 559 7895; www.massaadfarmtotable.com; EG, Amwaj Block, The Walk at JBR, Dubai Marina; Hauptgerichte 25–64 Dh; 11–1 Uhr; DMCC, Jumeirah Beach Residence 2) In diesem winzigen, rustikalen Lokal werden die meisten der frischen Zutaten – von Zitronen bis zum Hühnchen – aus dem benachbarten Al Ain bezogen. Die Spezialität des Hauses sind gegrillte Kebabs, die entweder nur mit Garnitur oder kombiniert mit Pommes frites, Mixed Pickles und Salat auf einem traditionellen, *tablieh* genannten Holzbrett serviert werden.

Dieses Konzept erfreut sich wachsender Beliebtheit, sodass es bald drei Massaad-Filialen in Dubai geben wird.

SUSHI ART — JAPANISCH $$$

Karte S. 280 (04 448 9586, 800 220; www.sushiart.ae; The Beach at JBR, Dubai Marina; Maki 18–31 Dh, Hauptgerichte 118–150 Dh; 11–24 Uhr; DMCC, Jumeirah Beach Residence 2) Sushi-Purist oder nicht – bei dieser riesigen, attraktiven Auswahl an Häppchen im kalifornischen Stil mit französischen Einflüssen findet jeder Gast des minimalistisch gehaltenen Cafés sein Lieblingsessen. Die neue Zusammenarbeit mit der französischen Starköchin Anne-Sophie Pic, die mit drei Michelin-Sternen ausgezeichnet wurde, hat so aufregende Kombinationen hervorgebracht wie das Wald-*maki* mit Pilzen, Rosengeranien und Ingwer sowie einem würzigen Avocado-Tempura, aber natürlich bekommt man hier auch die Klassiker.

★ ASIA ASIA — FUSION-KÜCHE $$$

Karte S. 280 (04 276 5900; www.asia-asia.com; 6. OG, Pier 7, Dubai Marina; Hauptgerichte 85–350 Dh; 16–24 Uhr; Sobha Realty, Dubai Marina Mall) In diesem theatralisch dekorierten Restaurant erwartet die Gäste eine kulinarische Reise entlang der alten Gewürzstraße. Ein Gang, der nur von Kerzen beleuchtet wird, führt zu den Sitznischen in der exotischen Lounge, die mit Hängelampen aus Vogelkäfigen beleuchtet wird. Von Dim Sum über Thunfisch-Tataki bis zu knuspriger Ente: Die Gerichte stecken voller Aromen Asiens und des Nahen Ostens. Ein Bonus ist der tolle Blick von der Terrasse auf die Marina. Komplett bestückte Bar.

Der Brunch freitags ist beliebt (ab 329 Dh).

THE CROFT BRITISCH $$$

Karte S. 280 (☎04 319 4794; www.thecroftdubai.com; 5. OG, Dubai Marriott Harbour Hotel & Suites, King Salman Bin Abdulaziz Al Saud St, Dubai Media City; Hauptgerichte 90–165 Dh; ⌚So–Fr 17–1, Fr 12.30–15.30, Sa 16–1 Uhr; ; Ⓜ Sobha Realty, Marina Towers) Koch Darren Velvick hält in diesem entspannten Restaurant mit offener Küche und einer großen Terrasse mit Blick auf die Lichter von Dubai Marina die Fahne der modernen britischen Küche hoch. Er legt Wert auf regionale und Biozutaten. Außerdem gibt's Craft-Biere, Weine zu guten Preisen und täglich von 17 bis 20 Uhr eine Happy Hour.

FISH BEACH TAVERNA FISCH & MEERESFRÜCHTE $$$

Karte S. 280 (☎04 511 7139; www.fish-dubai.com; Le Meridien Mina Seyahi Beach Resort & Marina, King Salman Bin Abdul Aziz Al Saud St, Dubai Media City; Hauptgerichte 100–168 Dh; ⌚Okt.–April 12–23 Uhr; Ⓜ Al Khail, Mina Seyahi) Dank der weiß getünchten Wänden, der Steinplattenwege und der luftigen blau-weißen Dekoration ruft das charmante Strandrestaurant Erinnerungen an die griechischen Inseln wach. Auf der Karte stehen schöne griechische und türkische Gerichte, die zum Teilen gedacht sind. Dreimal pro Woche wird frischer Fisch vom Ägäischen Meer eingeflogen (was die heftigen Preise zumindest teilweise erklärt).

MAYA MODERN MEXICAN KITCHEN MEXIKANISCH $$$

Karte S. 280 (☎04 316 5550; www.maya-dubai.com; Le Royal Meridien Beach Resort & Spa, Al Mamsha St, Dubai Marina; Hauptgerichte 100–200 Dh; ⌚Mo–Sa 19–1 Uhr; P; Ⓜ Sobha Realty, Jumeirah Beach Residence 1) Richard Sandoval, der Mann, der die moderne mexikanische Küche in den USA bekannt gemacht hat, zeichnet auch für die Karte dieses leger-eleganten Restaurants verantwortlich, das Speisen aus dem ländlichen Mexiko modern interpretiert. Das Ergebnis ist eine ganze *piñata* an Geschmacksrichtungen, angefangen bei der cremigen Guacamole (die am Tisch zubereitet wird) über die Fisch-Tacos mit Erdnusssoße und *mole poblano* mit Hühnchen bis zu den brutzelnden Garnelen-Fajitas.

Am besten kommt man vor Sonnenuntergang her und gönnt sich in der Dachlounge eine erstklassige Margarita. Auch der Brunch ist spitze (mit/ohne Alkohol 555/395 Dh).

TAGINE MAROKKANISCH $$$

Karte S. 280 (☎04 399 9999; www.royalmirage.oneandonlyresorts.com; The Palace, One&Only Royal Mirage, King Salman Bin Abdul Aziz Al Saud St, Dubai Media City; Hauptgerichte 122–178 Dh; ⌚Di–So 19–1 Uhr; P; Ⓜ Dubai Internet City, Media City) Die Gäste betreten einen stimmungsvoll beleuchteten Speiseraum und werden zu großen Kissen an niedrigen Tischen, umgeben von Teppichen und Laternen, geleitet. Zu den Klängen der Livemusik eines marokkanischen Duos können sie dann die Speisekarte studieren und sich auf köstliche marokkanische Spezialitäten freuen. Die Bedienungen mit Fez servieren große Platten Couscous und Tajine mit allen Extras, inklusive vegetarischer Varianten. Das *mechoui* (gebratene Lammschulter mit Kreuzkümmel) ist ebenfalls sehr zu empfehlen.

EAUZONE ASIATISCH $$$

Karte S. 280 (☎04 399 9999; www.royalmirage.oneandonlyresorts.com; Arabian Court, One&Only Royal Mirage, King Salman Bin Abdul Aziz Al Saud St, Dubai Media City; Hauptgerichte 80–165 Dh; ⌚12–15.30 & 19–23.30 Uhr; P; Ⓜ Al Khail, Palm Jumeirah) In diesem Juwel von Restaurant treffen sich Freunde, Pärchen und chic gekleidete Familien, um das umwerfende Ambiente am Meer mit schattigen Holzterrassen und *madschli* (Empfangsraum) auf den beleuchteten Pools zu genießen. Tagsüber geht's sehr leger zu, abends ruhig und intim – perfekt, um sich auf so köstliche Klassiker wie in Lotus gehüllten Wolfsbarsch und mit Misopaste glasierten Kohlenfisch zu konzentrieren.

Unbedingt reservieren!

TORO TORO LATEINAMERIKANISCH $$$

Karte S. 280 (☎04 317 6000; www.torotoro-dubai.com; Grosvenor House, Al Emreef St, Dubai Marina; kleine Teller 50–110 Dh, Rodizio pro Pers. 420 Dh; ⌚Sa–Mi 19–1, Do & Fr bis 2 Uhr; P; Ⓜ Sobha Realty, Jumeirah Beach Residence 1) Nach einer umfangreichen Renovierung hat die edle und geschmackvolle Inneneinrichtung genauso viel Pfiff wie das Essen selbst in diesem lateinamerikanischen Außenposten, der von Starkoch Richard Sandoval entwickelt wurde.

Neben erstklassigen kleinen Tellern, wie Lammhüfte in Adobo, Meeresfrüchte-Ceviche oder gegrilltem Oktopus, ist vor allem das Rodizio-Menü (eine Folge von Grillfleisch, das am Tisch geschnitten wird, mind. vier Pers.) der Knaller. Riesige Auswahl an Cocktails.

Der freitägliche Brunch ist immer gut besucht (ab 380 Dh).

AL KHAIMA NAHÖSTLICH $$$

Karte S. 280 (☎04 317 6000; www.alkhaima-dubai.com; Le Royal Meridien Beach Resort & Spa, Al Mamsha St, Dubai Marina; Hauptgerichte 155–310 Dh; ⏲Sept.–Juni Sa–Mi 18–1, Do & Fr bis 2 Uhr; P 📶; M Sobha Realty) An friedlichen Abenden gibt's kaum einen ruhigeren Ort als die mit edlen Tischtüchern geschmückten Tische auf der Terrasse des Al Khaima. Klassische Mezze, wie *baba ghanoush* (Dip aus gegrillten Auberginen), *kibbeh* (Bulgur-Kroketten) und Hummus, werden in kulinarische Sinfonien verwandelt und bilden die perfekte Ouvertüre für Platten mit Kebabs, die im Freien auf einem heißen Kohlegrill zubereitet werden. Danach können die Gäste den Abend mit einer Shisha ganz entspannt ausklingen lassen.

BICE ITALIENISCH $$$

Karte S. 280 (☎04 399 1111; www.bicemare.com; Hilton Dubai Jumeirah, The Walk at JBR, Dubai Marina; Pasta 70–195 Dh, Hauptgerichte 150–230 Dh; ⏲12.30–15.30 & 19–23.30 Uhr; P 📶; M DMCC, 🚊Jumeirah Beach Residence 1) In den 1930er-Jahren eröffnete Beatrice „Bice" Ruggeri in Mailand ihre erste Trattoria, die in den 1970er-Jahren zur Top-Adresse der Stadt wurde. Heute führt das Bice in Dubai diese Tradition fort: Koch Davide Gardini veredelt so traditionelle italienische Gerichte wie Fettuccine mit Hummer oder Kalbsfilet mit Foie-gras-Soße mit seinem kreativem Touch. Eine schöne Note ist der Olivenöl-Servierwagen.

Vor oder nach dem Abendessen kann man in der BiCE Sky Bar in der 9. Etage (von 17 bis 2 Uhr geöffnet) einen Drink genießen. Cocktails kosten ab 150 Dh – die tolle Aussicht inklusive!

INDEGO BY VINEET INDISCH $$$

Karte S. 280 (☎04 317 6000; www.indegobyvineet.com; EG, Tower One, Grosvenor House, Al Emreef St, Dubai Marina; Hauptgerichte 115–240 Dh; ⏲19–24 Uhr; P 📶; M Sobha Realty, 🚊Jumeirah Beach Residence 1) Indiens erster Sternekoch Vineet Bhatia hat die Karte dieses traumhaften intimen Restaurants zusammengestellt, über das große Natraj-Messingskulpturen wachen. Die Gerichte überbrücken die Grenze zwischen Tradition und Innovation. Besonders herausragend in der ersten Kategorie sind das Butterhühnchen und das *rasmalai* (mit Kardamom gewürztes cremiges Dessert).

COUQLEY FRANZÖSISCH $$$

Karte S. 280 (☎04 514 9339; www.facebook.com/CouqleyUAE; Mövenpick Hotel, Cluster A, Jumeirah Lakes Towers; Hauptgerichte 90–180 Dh; ⏲12–2 Uhr; M DMCC) Das aus dem Libanon importierte freundliche französische Bistro geht mit der traditionellen Dekoration (Pariser Vintage-Poster, rot-grün karierte Kissen), der geschäftigen Bar, dem sanften Jazz und der Innen-„Terrasse", die mit Kunstwein berankt ist, auf Nummer sicher. Auch die Karte ist schlicht und bietet preiswerte rustikale französische Küche wie *magret de canard* (gebratene Entenbrust), Entenconfit, *moules frites* (Muscheln und Pommes) und Foie gras.

BLUE ORANGE INTERNATIONAL $$$

Karte S. 280 (☎04 511 7373; www.blueorangedubai.com; Westin Dubai Mina Seyahi Beach Resort & Marina, King Salman Bin Abdul Aziz Al Saud St, Dubai Media City; Büfett Frühstück/Mittagessen/Abendessen 135/175/210 Dh; ⏲ ⏲Sa–Do 12.30–15 plus So–Mi 18–22.30, Do–Sa bis 23 Uhr, Brunch Fr 13–16 Uh;; P 📶; M Al Khail) Ganztags geöffnetes Büfettrestaurant des Westin mit Gerichten, die jeden zufriedenstellen sollen. Es ist luftig und mit Möbeln in Zitrusfarben und einem weißen Kachelboden gestaltet, und die Gäste schauen auf den Pool. Samstags findet hier einer der beliebtesten Brunches Dubais statt, der Bubbalicious Brunch (mit Softdrinks/Sekt/Champagner 420/520/620 Dh), während sich Meeresfrüchteliebhaber auf „Pisces Kitchen" am Donnerstagabend freuen dürfen.

BARRACUDA FISCH & MEERESFRÜCHTE $$$

Karte S. 280 (☎04 452 2278; www.barracuda-restaurant.com; Silverene Tower, Marina Walk, Dubai Marina; Hauptgerichte 50–215 Dh; ⏲12–1 Uhr; 📶; M DMCC, 🚊Dubai Marina Mall) In diesem ägyptischen Meeresfrüchterestaurant kann man sich seinen Fisch (Meeräsche, Dorade, Seebrasse) aus dem auf Eis liegenden Angebot auswählen und ihn dann nach Wunsch zubereiten lassen. Der klassische Stil ist das Grillen im Ofen mit speziellen Gewürzen, eine Methode, die *singary* genannt wird und in den 1950er-Jahren von Fischern in Alexandria erfunden wurde.

RHODES W1 BRITISCH $$$

Karte S. 280 (☎04 317 6000; www.rw1-dubai.com; Grosvenor House, Al Emreef St, Dubai Marina; Hauptgerichte 185–220 Dh; ⏲19–23.30 Uhr; P 📶; M Sobha Realty, 🚊Jumeirah Beach Residence 1) Der mit einem Michelin-Stern ausgezeichnete Koch Gary Rhodes war dafür berühmt, dass er die britische Küche erfolgreich ins 21. Jh. gebracht hat. In diesem Dubaier Außenposten, der mit vielen Pflanzen geschmückt und in Weiß- und Zitrustönen dekoriert ist, begeistert er anspruchsvolle Gäste weiterhin mit seinem Konzept, schlichte

WIE WÄR'S MIT EINEM BRUNCH?

Seit der Änderung der offiziellen Wochenendtage ist neben dem Freitags- auch der Samstagsbrunch ein wichtiger Bestandteil des gesellschaftlichen Lebens in Dubai, so gut wie jedes Hotel-Restaurant der Stadt bietet ein *All-you-can-eat*-Büfett mit der Option eines uneingeschränkten Wein- oder Champagnerkonsums an. Hier ist unsere Top-Auswahl zum Schlemmen. Eine Reservierung ist immer erforderlich.

Brunch

Beim Freitagsbrunch im Al Qasr (S. 200) wird eine Fülle an Köstlichkeiten aufgetischt. Darunter sind Burger mit Wagyu-Rind und internationale Delikatessen aus Bangkok, Paris und Mexiko. Zur Unterhaltung spielt eine zweiköpfige Band. Der Brunch kostet inklusive Softdrinks/alkoholische Getränke 480/577 Dh.

Mit spezieller Würze

Im Restaurant Asia Asia (S. 122), das eine Terrasse mit Blick auf Dubai Marina hat, ist die Dekoration so üppig wie das Essen. Am besten arbeitet man sich von der Raw Bar zur Sushi-Auswahl vor, schlemmt dann Krabbenkuchen und Garnelen-Tempura und macht sich schließlich über das zart gegarte Lamm und den in Misopaste marinierten Lachs her. Der Brunch findet freitags von 14 bis 17 Uhr statt und kostet ab 329 Dh mit Softdrinks und bis zu 699 Dh mit Champagner.

Jazz-Brunch

Beim fröhlichen, preiswerten Abendbrunch des Jazz@PizzaExpress (S. 130) gibt's gehaltvolle italienische Klassiker wie Antipasti, Pasta und Pizza mit dünnem Boden. Jazzmusiker sorgen für die passende Atmosphäre. Der Brunch beginnt um 20 Uhr und kostet ab 150 Dh.

Internationaler Genuss

Der Bubbalicious Brunch ist das kulinarische Feuerwerk des Westin Dubai Mina Seyahi Beach Resort & Marina (S. 204). Von Austern bis zu Käsekuchen gibt's hier nichts, was es nicht gibt. Dazu kommen zehn Live-Kochstationen und familienfreundliche Unterhaltung wie ein Streichelzoo, chinesische Akrobaten und ein Spielplatz. Mit Softdrinks/Sekt/Champagner werden 450/550/680 Dh fällig.

Schlemmen am Nachmittag

Der Onshore Social Brunch am Strandclub Zero Gravity (S. 127) ist der perfekte Brunch für Langschläfer, denn er beginnt erst am Nachmittag und erstreckt sich bis in den Abend. Auf den Tisch kommt eine Lawine internationaler Köstlichkeiten, von Dim Sum über Antipasti bis zu göttlichen Desserts. Wer will, kann bis zum Sonnenuntergang und den abendlichen DJ-Bässen bleiben. Der Brunch kostet für Frauen 295 Dh und für Männer mysteriöserweise 315 Dh.

Fiesta-Brunch

Am Strand brunchen kann man beim Mas Mas Maya Brunch im Maya Modern Mexican Kitchen (S. 123). Hier stärken sich die Gäste mit Fajitas und pikantem Ceviche und beenden das Mahl dann mit Churros und Eiscreme. Die Nutzung des Pools und des Strandes im Royal Meridien Beach Resort & Spa sind im Preis enthalten. Der Brunch findet freitags von 12.30 bis 16 Uhr statt und kostet 395 Dh mit Softdrinks und 555 Dh mit alkoholischen Getränken.

Freuden für Fleischliebhaber

Churrasco-Fans sind beim Brunch Hola Hola im Toro Toro (S. 123), einem schicken lateinamerikanischen Außenposten im Grosvenor House, im siebten Himmel. Der Brunch bietet die beliebtesten Gerichte der regulären Speisekarte, darunter cremige Guacamole und schmackhaftes Ceviche, und ist eine tolle Gelegenheit, die kulinarischen Schöpfungen des Starkochs Richard Sandoval zu probieren. Mit/ohne Alkohol schlägt er mit 380/300 Dh zu Buche.

Klassiker wie pfannengebratenen Seebarsch oder Lammbraten in komplexe Gerichte zu verwandeln, die den Zeitgeist widerspiegeln.

Palm Jumeirah

AL NAFOORAH LIBANESISCH $$

Karte S. 280 (04 453 0444; www.jumeirah.com; EG, Jumeirah Zabeel Saray, West Crescent Rd, Palm Jumeirah; Mmezze 40–55 Dh, Hauptgerichte 65–215 Dh; 14–24 Uhr;) Mit seinen geschnitzten Holzbogen, den nachtblauen Raumteilern und den eleganten Tischen macht das Al Nafoorah richtig was her. Auf der Karte stehen alle typischen libanesischen Gerichte wie Hummus, Grillgerichte und Shawarma. Sie sind gekonnt zubereitet und werden mit Pep präsentiert. An milden Abenden sind die Tische auf der Terrasse mit Blick auf die Skyline von Dubai immer schnell ausgebucht. Am besten kommt man von der Straßenbahnhaltestelle Palm Jumeirah mit dem Taxi her.

★ STAY FRANZÖSISCH $$$

Karte S. 280 (04 440 1030; www.thepalm.oneandonlyresorts.com; One&Only The Palm, West Crescent, Palm Jumeirah; Hauptgerichte 190–290 Dh; Di–So 19–23 Uhr; ; Sobha Realty, Palm Jumeirah) Drei-Sterne-Koch Yannick Alléno führt in diesem leicht theatralisch eingerichteten Gewölbe, das mit schwarzen Kristallkronleuchtern bestückt ist, seinen kulinarischen Zauber in Dubai durch. Seine Kreationen erscheinen einfacher, als sie sind (das Rinderfilet mit Pommes frites und schwarzer Pfeffersoße ist der absolute Hit), da Yannick es wie kein anderer versteht, die erstklassigen Zutaten perfekt zu verarbeiten. Für große Überraschung sorgt regelmäßig die sogenannte Pastry Library, eine Wand aus süßen Leckereien.

★ 101 LOUNGE & BAR FISCH & MEERESFRÜCHTE $$$

Karte S. 280 (04 440 1010; www.thepalm.oneandonlyresorts.com; One&Only The Palm, West Crescent, Palm Jumeirah; Hauptgerichte 105-295; Mo–Sa 11.30–2 Uhr; ; Sobha Realty, Palm Jumeirah) Angesichts der unwiderstehlichen Aussicht auf die Skyline kann es schwierig werden, sich in diesem Pavillon im Freien neben der Marina aufs Essen zu konzentrieren. Man kann Knabberzeug und Cocktails an der Bar bestellen oder ein richtiges Abendessen, wobei Fisch und Meeresfrüchte die Hauptattraktion sind. Der ultraschicken Champagnerbar sollte man unbedingt einen Besuch abstatten.

Nach 18.30 Uhr gilt die Kleiderordnung „smart-casual" (elegant-lässig).

LITTLE MISS INDIA INDISCH $$$

Karte S. 280 (04 457 3457; www.fairmont.com/palm-dubai/dining/little-miss-india; Fairmont The Palm, Palm Jumeirah; Hauptgerichte 60–185 Dh; 18.30–1 Uhr; ; Al Khail) Schon die lebhafte Dekoration ist beeindruckend, vom farbenfroh bemalten Lastwagen, der die Fassade dominiert, bis zu den antiken Holztüren und die geschwungene Loungebar, wo die Cocktails serviert werden – begleitet vom coolen, entspannten Soundtrack, für den ab 22 Uhr der hauseigene DJ sorgt.

Auf der Karte stehen viele vegetarische Gerichte und herzhafte, preiswerte indische Klassiker, viele davon zum Teilen, die von sehr freundlichen Mitarbeitern serviert werden.

Ausgehen & Nachtleben

Dies ist ein tolles Ausgehviertel, besonders, wenn man Lust hat, mit einem Cocktail oder einer Shisha am Strand zu chillen. An mehreren Strandclubs ist tagsüber und bis in die Nacht etwas los, und es gibt sogar ein paar alternative Locations zum Tanzen.

★ LOCK, STOCK & BARREL BAR

Karte S. 280 (04 514 9195; www.lsbdubai.com; 8. OG, Grand Millennium Hotel, Barsha Heights; Mo–Do 16–3, Fr ab 13, Sa & So ab 14 Uhr) Seit seiner Eröffnung im Jahr 2016 wird das LSB als lebender Beweis dafür gelobt, dass es in der Glitzerwelt Dubais Platz für echte Party-Locations gibt. In der zweigeschossigen Bar im Industriestil treffen sich entspannte Gäste zu Cocktails, Craft-Bier und köstlichem amerikanischen Essen. Zweimal in der Woche spielt eine Band. Täglich zwischen 16 und 20 Uhr gibt's zur Happy Hour zwei Drinks zum Preis von einem.

★ BARASTI BAR

Karte S. 280 (04 318 1313; www.barastibeach.com; King Salman Bin Abdul Aziz Al Saud St, Dubai Media City; Sa–Mi 10–1.30, Do & Fr 9–3 Uhr; ; Al Khail) Das Barasti hat sich seit 1995 von einer einfachen Strandhütte zu einem Top-Beachclub für entspannte Strandtage entwickelt, an denen sich schillernde, fröhliche Partytypen Brewski hinter die Binde kippen. Auf den Großbildschirmen laufen Fußball und Rugby, außerdem gibt's Poolbil-

LUXUSLEBEN IM STRANDCLUB

Selbst wer nicht in einem Fünf-Sterne-Hotel nächtigt, kann einen Tag lang das volle Luxusfeeling genießen. Dafür muss man eine Tageskarte ergattern, von denen viele Hotels ein bestimmtes Kontingent für Nichtgäste anbieten. Reservierungen sind das ganze Jahr über erforderlich. Im Allgemeinen sind die Chancen auf eine Tageskarte von Montag bis Donnerstag viel höher als am Wochenende (Freitag bis Sonntag). Im Preis ist oftmals ein kleines Guthaben für Imbiss und Getränke enthalten. Kellnerservice, Strandhütte und kalte Handtücher kosten extra.

➡ **Club Mina** (Karte S. 280; ☎04 399 3333; www.clubminadubai.com; Le Meridien Mina Seyahi Beach Resort, King Salman Bin Abdul Aziz Al Saud St, Dubai Media City; Tageskarte unter der Woche/Wochenende Erw. 220/310 Dh, Kinder 110/160 Dh; P 👪; M Nahkeel) In diesem familienfreundlichen Strandclub, der von den Strandresorts Westin und Le Meridien Mina Seyahi gemeinsam betrieben wird, kann man in den fünf Pools an einer schwimmenden Bar einen Cocktail trinken. Auf die Kleineren warten zwei speziell für Kinder entworfene überdachte Pools und ein Kinderclub. Für Unternehmungslustige gibt's zahlreiche Wassersportangebote.

➡ **Zero Gravity** (Karte S. 280; ☎04 399 0009; www.0-gravity.ae; Al Seyahi St, Skydive Dubai Drop Zone, Dubai Marina; Hauptgerichte 50–250 Dh; ⌚8–2 Uhr; P 📶; M Damac) Der schicke Strandclub mit Bar und Restaurant liegt direkt neben der Sprungzone von Skydive Dubai, also kann man gleichzeitig die Skyline von Dubai Marina und die wagemutigen Fallschirmspringer, die hier aus dem Flugzeug springen, bewundern. Den Tag verbringt man mit Chillen und Schwimmen im Meer und im neuen Infinitypool und lässt ihn dann fließend in eine Nacht mit Drinks, Snacks und internationalen DJs übergehen. Nettes Extra: der „Brunch" am Freitagnachmittag.

➡ **Fairmont Beach Club** (Karte S. 280; ☎04 457 3388; www.fairmont.com/palm-dubai; Fairmont The Palm, Palm Jumeirah; Tageskarte unter der Woche/Wochenende Erw. 250/300 Dh, Kind 150 Dh; ⌚6.30–20 Uhr; P 👪; M Nakheel, 🚊Palm Jumeirah) In dieser luxuriösen Entspannungszone am „Stamm" von Palm Jumeirah mit einem 800 m langen Strand und herrlichem Blick auf die Skyline von Dubai Marina ist sowohl für Kinder als auch für Erwachsene gesorgt. Neben mehreren Pools und den Tickets für den Fairmont Falcon Juniors' Club locken Aktivitäten wie ein Planschpark und eine Kletterwand, während sich ältere Kinder im Xbox-, Wii- und Playstation-Bereich die Zeit vertreiben können.

lardtische (und Poolpartys), Wassersportverleih, eine tägliche Happy Hour, gelegentlich Bandauftritte und an den meisten Abenden unter der Woche Getränkeaktionen.

Daumen hoch für die umweltfreundliche Initiative des Barasti, die Bar in eine hundertprozentig nachhaltige und abfallfreie Strandbar zu verwandeln.

SMOKY BEACH — CAFÉ

Karte S. 280 (www.facebook.com/smokybeach; The Beach at JBR, Dubai Marina; ⌚9–5 Uhr; M DMCC, 🚊Jumeirah Beach Residence 2) In dieser schicken, angesagten Bar kann man mit den Zehen im Sand bohren, während man an der Wasserpfeife zieht, Mezze isst oder an einem exotischen Cocktail nippt. Die Preise sind gesalzen, doch wegen der Lage, des freundlichen Services und der bequemen weißen Korbsessel lohnt es sich, mal etwa tiefer in die Tasche zu greifen.

TAP HOUSE — PUB

Karte S. 280 (☎04 514 3778; www.thetaphouse.ae; Club Vista Mare, Palm Jumeirah; ⌚So–Mi 12–1, Do–Sa bis 2 Uhr; 📶; 🚊Palm Jumeirah) Das Gastropub ist bei Angestellten beliebt, um nach Feierabend etwas zu trinken, an sonnigen Samstagnachmittagen kommen dagegen gern Familien her. Neben Dutzenden Fassbieren und europäischen Flaschenbieren gibt's auch Fünf-Liter-Fässchen zum Selbstzapfen und sogar Cocktails auf Bierbasis (Tipp: der Leffe Fashioned–Jim Beam oder Bitter mit Leffe Blonde). Von der luftigen Terrasse bietet sich ein Blick auf den Burj Al Arab in der Ferne.

Wer mit der Tram kommt, fährt von der Haltestelle Palm Jumeirah fünf Minuten mit dem Taxi zum Club Vista Mare, einer lebhaften Fußgängerzone mit sieben Restaurants und Bars mit Schanklizenz. Das Tap House befindet sich neben der Tiara Residence.

DUBAI TRAM

Die Dubai Tram (www.alsufouhtram.com) hat elf Haltestellen im Gebiet von Dubai Marina, u. a. in der Nähe der Marina Mall, von The Beach at JBR und von The Walk at JBR. Sie hat auch Anschluss an die Metrostationen Sobha Realty und DMCC und an die Station Palm Jumeirah der Palm Jumeirah Monorail.

Die Bahnen fahren samstags bis donnerstags von 6 bis 1 Uhr sowie freitags von 9 bis 1 Uhr etwa alle acht Minuten. Die gesamte Strecke bildet eine 40-minütige Runde. Der Fahrpreis hängt von der Zahl der Zonen ab, durch die man fährt, und beginnt bei 4 Dh für eine Zone. Für die Benutzung ist eine Nol Card notwendig.

LUCKY VOICE — KARAOKE

Karte S. 280 (☎800 58259; www.luckyvoice.ae; Grand Millennium Hotel, Barsha Heights; 2 Std. inkl. Getränke 150 Dh; ⏲Mo–Do 14–3, Fr bis 1, Sa & So 17–3 Uhr; 📶; Ⓜ Dubai Internet City) In diesem britischen Import gibt's private Karaoke-Räume, in denen Gruppen von sechs bis 25 Personen Lieder aus einer riesigen Playlist schmettern können, ohne Angst haben zu müssen, sich zu blamieren. Wer keine Lust hat zu singen, kann zu den Ladies' Nights, zum Brunch am Freitag oder zu den Konzerten der Hausband, die sehr tanzbare Funk-, Rock- und Soulklassiker spielt, kommen.

Der Mindestbestellwert für Drinks in den privaten Karaoke-Kabinen beträgt 150 Dh über einen Zeitraum von zwei Stunden. Die Gäste müssen mindesten 21 Jahre alt sein.

NOLA EATERY & SOCIAL HOUSE — BAR

Karte S. 280 (☎04 399 8155; www.nola-social.com; level B1, Armada BlueBay Hotel, Cluster P, Jumeirah Lakes Towers; ⏲12–3 Uhr; 📶; Ⓜ Sobha Realty) Das Herzstück des von New Orleans inspirierten Nola bildet eine riesige Marmorbar. Hierher zieht's viele Angestellte nach Feierabend. Es befindet sich in den Tiefen des Armada BlueBay Hotel und macht mit seiner gemütlichen Vintage-Einrichtung, den blaugrünen Sitznischen und der Terrasse optisch etwas her. Dienstags, freitags und samstags erklingt abends Livemusik.

Die Getränkepreise sind günstig. Zum Charme der Bar tragen auch die traditionell mit Hosenträgern und Fliege ausstaffierten Barkeeper bei. Hungrige können unter guten Gerichten nach Art Louisiana wählen, z. B. Meeresfrüchte-Gumbo und Cajun-Grillteller.

BLISS LOUNGE — BAR

Karte S. 280 (☎04 315 3886; www.blisslounge dubai.com; Sheraton Jumeirah Beach Resort, Al Mamsha St, The Walk at JBR, Dubai Marina; ⏲12.30–2 Uhr; 📶; Ⓜ DMCC) Der Sonnenuntergang ist der perfekte Zeitpunkt, um sich an der runden Bar oder auf einem gepolsterten Sofa in einem Zeltbereich in dieser Strand-Lounge mit Blick auf das Riesenrad Ain Dubai ein Plätzchen zu sichern. Während hauseigene DJs auflegen, trinken die Gäste ein kühles Bier, ziehen an der Shisha und lassen sich Sushi schmecken. Der Service ist mal besser, mal schlechter.

JETTY LOUNGE — BAR

Karte S. 280 (☎04 399 9999; www.royalmirage.oneandonlyresorts.com; One&Only Royal Mirage, The Palace, King Salman Bin Abdul Aziz Al Saud St, Dubai Media City; ⏲14–2 Uhr; 📶; Ⓜ Al Khail, 🚋 Media City) Sobald Gäste den geschwungenen Pfad durch die luxuriöse Gartenanlage des One & Only betreten, wird ihnen klar, dass er zu einer besonderen Örtlichkeit führen muss. In elegantem, aber unprätentiösem Ambiente lässt es sich in der Jetty Lounge herrlich auf bequemen weißen Sofas chillen, die direkt am Strand stehen (am schönsten natürlich bei Sonnenuntergang!). Es gibt sowohl eine Bar-Speisekarte als auch Snacks zum Knabbern.

SIDDHARTA LOUNGE — BAR

Karte S. 280 (☎04 317 6000; www.siddhartalounge.com; Tower 2, Grosvenor House, Al Emreef St, Al Saud St, Dubai Marina; ⏲Sa–Mi 12.30–15.30 & 18.30–24, Do & Fr 18–0.30 Uhr; 📶; Ⓜ Sobha Realty) Das Siddharta, das zur Buddha Bar im gleichen Hotel gehört, ist eine urbane Oase und ein hervorragender Ort, um Dubais Schickeria zu treffen und die Party vom Pooltag nahtlos in das Funkeln der angestrahlten Wolkenkratzer am Abend zu verlängern. Gute Musik, meisterhaft gemixte Cocktails und ein flinker Service rechtfertigen die sehr hohen Preise.

ATELIER M — BAR

Karte S. 280 (☎04 450 7766; www.atelierm.ae; 7. OG, Pier 7, Marina Walk, Dubai Marina; ⏲Sa–Mo & Mi 18–2, Do & Fr bis 3 Uhr; 📶; Ⓜ Sobha Realty, 🚋 Dubai Marina Mall) Das einheimische Atelier M ist ein zweigeschossiges Juwel auf dem Dach des runden Gebäudes Pier 7. Mit dem Fahrstuhl gelangen die Gäste zum Restaurant, in dem respektable französisch-asiatisch inspirierte Küche serviert wird. Doch die Party findet oben in der Lounge auf dem Dach statt, die eine fantastische Aussicht und die gesamte Palette an alkoholischen Getränken bietet und wo DJs die Stimmung anheizen.

PURE SKY LOUNGE — BAR

Karte S. 280 (☎04 399 1111; www3.hilton.com; Hilton Dubai Jumeirah, The Walk at JBR, Dubai Marina; ⏲17–1 Uhr; 📶; Ⓜ Sobha Realty, 🚊Jumeirah Beach Residence 1) Wenn es um herrliche Ausblicke über den Strand und Palm Jumeirah geht, ist diese schicke Lounge mit Innen- und Außenbereich in der 35. Etage des Hilton am Strand eine Klasse für sich. Weiße Korbstühle und Sofas mit türkisen Kissen schaffen in der trendigen Lounge eine entspannte maritime Stimmung.

Unbedingt den berühmten Dubai Iced Tea probieren! Gruppen sollten sich die Bombe Alaska für mehrere Personen gönnen, eine himmlische Auswahl von acht Desserts.

BUDDHA BAR — BAR

Karte S. 280 (☎04 317 6000; www.buddhabar-dubai.com; Grosvenor House, Al Emreef St, Dubai Marina; ⏲Sa–Mi 19–1.30, Do & Fr bis 2.30 Uhr; 📶; Ⓜ Sobha Realty, 🚊Dubai Marina Mall) Wenn Promis in der Stadt sind, kommen sie in die Buddha Bar, um meisterlich handgemixte Cocktails im spektakulären, asiatisch angehauchten Ambiente zu genießen: traumhafte Kronleuchter, eine ganze Wand aus reflektierendem Glas und ein riesiger Buddha, der über die Heiden wacht.

ROOFTOP TERRACE & SPORT LOUNGE — SPORTBAR

Karte S. 280 (☎04 399 9999; www.royalmirage.oneandonlyresorts.com; Arabian Ct, One&Only Royal Mirage, King Salman Bin Abdul Aziz Al Saud St, Dubai Media City; ⏲17–2 Uhr; 📶; Ⓜ Al Khail, 🚊Palm Jumeirah) Mit seinen mit Tuch verhangenen Nischen, den marokkanischen Lampen und den orientalischen Teppichen gehört diese Lounge zu Dubais stilvollsten Sportbars. Sportübertragungen schaut man sich live an der runden Bar an, bevor es zum Chillen unter Sternen aufs Dach geht. Für den kleinen Hunger gibt's eine gute Auswahl an Mezze.

OBSERVATORY — BAR

Karte S. 280 (☎04 319 4795; www.marriottharbourdubaidining.com; Dubai Marriott Harbour Hotel & Suites, King Salman Bin Abdul Aziz Al Saud St, Dubai Marina; ⏲12–1 Uhr; 📶; Ⓜ Sobha Realty) Hier findet die hedonistische Queen's Night statt, wo prickelnder Rosé in Strömen fließt und zudem köstliche Häppchen und handgemixte Cocktails locken. Außerdem ist das Observatory wegen seines atemberaubenden 360-Grad-Ausblicks von der 52. Etage des Marriott aus bei Fans der spektakulären Skyline beliebt. Happy Hour ist täglich von 16 bis 21 Uhr.

COCO LOUNGE — BAR

Karte S. 280 (☎04 427 1000; www.mediaonehotel.com; Media One Hotel, Al Falak St, Dubai Media City; ⏲12–24 Uhr; 📶; Ⓜ Al Khail) Diese coole Open-Air-Bar im 8. Stock des Media One Hotel frequentieren viele Angestellte nach der Arbeit. Das Publikum ist modebewusst und es gibt farbenfrohe Blumen, schmachtende kubanische Musik und einen tollen Blick auf die Stadt.

Mit dem Poolpass (80 Dh; täglich zwischen 12 und 19 Uhr) kommt man in den Genuss einer Cabana, einer Sonnenliege und des Service am Pool, und natürlich kann man auch hineinspringen.

TAMANYA TERRACE — BAR

Karte S. 280 (☎04 366 9131; www.radissonblu.com/hotel-mediacitydubai; 8. OG, West Tower, Radisson Blu Hotel, Dubai Media City; ⏲So–Do 17–2, Fr & Sa 18–2 Uhr; 📶; Ⓜ Al Khail) Diese Bar in der achten Etage des Radisson ist der perfekte Platz, um bei einem Sundowner vor der Kulisse der vielen funkelnden Wolkenkratzer der Marina in eine lange Partynacht zu starten. Moderne Möbel, schicke Beleuchtung und internationale DJs sorgen für Stimmung, besonders freitags bei den von elektronischer Musik geprägten „Night Vibes".

ARABIAN COURTYARD — SHISHA

Karte S. 280 (☎04 399 9999; www.royalmirage.oneandonlyresorts.com; One&Only Royal Mirage, Arabian Court, King Salman Bin Abdul Aziz Al Saud St, Dubai Media City; ⏲19–1 Uhr; 📶; Ⓜ Al Khail, 🚊Media City) Wer es sich hier auf mit Perlen bestickten Kissen und dicken Teppichen gemütlich macht und eine Shisha raucht, fühlt sich fast wie im *madschi* bei Einheimischen. Mezze und eine arabische Liveband machen das exotische Erlebnis komplett. Im Palastflügel gibt's einen weiteren Shisha-Courtyard.

N'DULGE — CLUB

Karte S. 280 (☎04 426 0561; www.atlantisthepalm.com; Atlantis The Palm, Crescent Rd, Palm Jumeirah; ⏲Do & Sa 21–3, Fr ab 16 Uhr; 🚝Aquaventure)

Dieser riesige Club bietet jedem etwas: eine große Tanzfläche, eine von Cabanas gesäumte Terrasse, um Wasserpfeife zu rauchen und zu chillen, und eine Lounge, in der sich die Gäste mit Bar-Snacks stärken können. Der Club ist bei Urlaubern beliebt, aber auch bei Expats, die die Leere nach dem Freitagsbrunch mit Hip-Hop und R'n'B bekämpfen.

☆ Unterhaltung

JAZZ@PIZZAEXPRESS LIVEMUSIK

Karte S. 280 (☎04 441 6342; www.pizzaexpressuae.com; Cluster A, Jumeirah Lakes Towers; ⌚Sa–Mi 12–1, Do & Fr bis 3 Uhr; 📶; Ⓜ DMCC) Eigentlich ist es ein zwischen Wohnhochhäusern versteckter Pizzaladen, aber dieser recht zwanglose Schuppen swingt fast jede Nacht mit Jamsessions, Swingabenden, akustischen Songwriter-Abenden und angesagten Bands. Liegt neben dem Mövenpick Hotel. Beim Freitagsbrunch geht's sehr ausgelassen und fröhlich zu; es gibt Pizza, Pasta und Antipasti, während Musiker Jazz spielen (ab 150 Dh).

MUSIC HALL LIVEMUSIK

Karte S. 280 (☎056 270 8670; www.themusichall.com; EG, Jumeirah Zabeel Saray, West Crescent, Palm Jumeirah; ⌚Do & Fr 21–3 Uhr; Ⓜ Sobha Realty, 🚊Palm Jumeirah) Es ist kein Theater, kein Club, auch keine Bar und kein Restaurant – die prächtig ausgestattete Music Hall ist das alles in einem. Das Konzept stammt aus Beirut, wo es das Publikum seit 2003 mit einem vielseitigen Angebot an Livemusik von indisch bis Country und von Rock bis zu russischen Balladen begeistert. Das Essen ist hier nur zweitrangig. Der Mindestbestellwert beträgt 450 Dh.

Shoppen

Dubai Marina und Palm Jumeirah sind nicht als Shoppingparadiese bekannt, es gibt aber ein paar kleine Einkaufszentren und ein paar Geschäfte und Boutiquen am The Walk at JBR und The Beach at JBR, wo man bummeln und sein Geld loswerden kann.

NAKHEEL MALL EINKAUFSZENTRUM

Karte S. 280 (☎800 625 4335; www.nakheelmall.ae; Center of Palm, Palm Jumeirah; ⌚Mo–Do 10–22, Fr–So bis 24 Uhr; 🚊Nakheel Mall) Dieses schicke neue Einkaufszentrum mit 300 Geschäften am Stamm von Palm Jumeirah ist vielleicht nicht der größte Konsumtempel Dubais, doch es hat einige besondere Angebote wie eine Dachbar mit Lounge, ein Vox-Kino und einen Trampolinpark, und außerdem bietet es Zugang zum The View at

BOOTSTOUREN AB DUBAI MARINA

Dubai Ferry Cruises (Karte S. 280; ☎800 9090; www.rta.ae; Marina Walk, Dubai Marina; Gold-/Silberticket 75/50 Dh; Ⓜ Sobha Realty, 🚊Dubai Marina Mall) Dubai Ferry bietet von seinem Anleger unweit der Dubai Marina Mall mehrere Mini-Kreuzfahrten an. Sie sind eine schöne, preiswerte Möglichkeit, Dubais aufregende Skyline vom Wasser aus zu sehen. Laut Fahrplan starten sie täglich um 11, 13 und 18.30 Uhr. Die Schiffe fahren die Küste hinauf zum Terminal Al Ghubaiba am Dubai Creek.

Dubai Marina Water Bus (Karte S. 280; www.rta.ae; Dubai Marina; Tickets 3–11 Dh, Tageskarte 25 Dh; ⌚Sa–Do 10–23, Fr 12–24 Uhr; Ⓜ Sobha Realty, 🚊Dubai Marina Mall) Wem nach einer malerischen Hafenrundfahrt ist, der nimmt einfach das klimatisierte *abra*, das alle 15 Minuten zwischen Marina Walk, Marina Terrace, Marina Mall und der Marina Promenade hin- und herpendelt. Bei Sonnenuntergang oder nach Einbruch der Dunkelheit ist die Fahrt besonders eindrucksvoll, wenn das Boot an der imposanten Kulisse schimmernder Hochhaustürme vorbeigleitet. Eine andere Linie führt hinaus zur Bluewaters Island. Nol Cards sind gültig.

Dhow Cruise (Karte S. 280; ☎04 336 8407; www.tour-dubai.com; Tour Dubai, Marina Walk, unter der Al-Gharbi-Street-Brücke, Dubai Marina; 1-std. Tour Erw./Kind 50/40 Dh, Bootsfahrten mit Abendessen 250/125 Dh; Ⓜ DMCC, 🚊Dubai Marina Mall) Der ortsansässige Anbieter veranstaltet einstündige geführte Bootsfahrten mit nostalgischen Daus (traditionelle Frachtschiffe), die mit bequemen bunten Sitzbänken ausgestattet sind. Vom Band gibt's englischsprachige Informationen. Täglich werden zwischen 10.30 und 17.30 Uhr fünf Bootstouren angeboten. Abends setzen die Daus die Segel und legen zu einem zweistündigen Abendbüfett mit Musik vom Band ab. Alkohol gibt's auch.

ABSTECHER

OUTLETCENTER

Jeder macht gern ein Schnäppchen, doch manchmal muss man dafür auch ein Stückchen fahren. Die beiden größten Outletcenter Dubais lohnen den Abstecher in die Wüste.

Outlet Village (☎04 317 3999; www.theoutletvillage.ae; Jebel Ali Rd; ⌚So–Mi 10–22, Do–Sa bis 24 Uhr; ⓂUAE Exchange) Fans von Markenprodukten strömen in dieses Outletcenter, dessen Architektur von einem toskanischen Bergdorf inspiriert wurde. Marken im mittleren und gehobenen Preisbereich, von Banana Republic bis zu Armani, lassen die Kunden nach ihren Kreditkarten greifen. Es liegt etwa 30 km südlich von Dubai Marina, neben Dubai Parks and Resorts. Um zum Outlet Village zu kommen, fährt man mit der Metro bis UAE Exchange und nimmt dann ein Taxi; die Fahrt dauert etwa 25 Minuten.

Dubai Outlet Mall (DOM; ☎04 423 4666; www.dubaioutletmall.com; Dubai–Al Ain Rd (Hwy E66); ⌚Sa–Mi 10–22, Do–Sa bis 24 Uhr) Das erste Outletcenter im Nahen Osten überhaupt ist mit seinen 240 Geschäften, die Rabatte von 30 bis 90 % offerieren, ein Paradies für Schnäppchenjäger. Die brandaktuelle Mode darf man in den Geschäften von Diesel, Guess, Mango etc. allerdings nicht erwarten, eher die der letzten Saison.

Es liegt etwa 20 km östlich des Burj Khalifa. Wer kein eigenes Fahrzeug hat, kann sich in seinem Hotel nach dem kostenlosen Shuttlebus erkundigen, der von der Dubai Outlet Mall angeboten wird.

The Palm (S. 120) und zum 360-Grad-Infinitypool Aura auf 200 m Höhe.

IBN BATTUTA MALL — EINKAUFSZENTRUM

Karte S. 280 (☎04 390 9999; www.ibnbattutamall.com; Sheikh Zayed Rd, zw. Interchanges No 5 & No 6, Jebel Ali; ⌚So–Mi 10–22, Do–Sa bis 24 Uhr; 📶; ⓂIbn Battuta) Das Shoppen in den 400 Geschäften hier ist gut, wenn auch nicht außergewöhnlich. Das eigentliche Highlight dieser Mall ist aber die extravagante und exotische Architektur, die den Spuren des arabischen Entdeckers Ibn Battuta aus dem 14. Jh. in sechs Themenhöfen (China, Persien, Ägypten, Indien, Tunesien, Andalusien) folgt. Zudem öffnete hier im September 2018 Dubais erstes IMAX-Kino, das Kinobesuchern eine umfassende cinematische Erfahrung versprach. Eine Fußgängerpassage verbindet das Einkaufszentrum mit der Metrostation.

GALLERY ONE — KUNST

Karte S. 280 (☎04 423 1987; www.g-1.com; The Walk at JBR, Dubai Marina; ⌚10–22 Uhr; ⓂDMCC, 🚊Jumeirah Beach Residence 1) Wer Kunst liebt, sich aber kein Original leisten kann, findet hier dekorative Drucke bekannter Künstler aus dem Nahen Osten, die den Geldbeutel weniger strapazieren. Einige Motive gibt's auch als Grußkarten, Poster, Notizbücher oder Kalender.

Weitere Dubaier Filialen befinden sich im Souk Madinat Jumeirah, in der Dubai Mall und in der Mercato Shopping Mall.

DUBAI MARINA MALL — MALL

Karte S. 280 (☎04 436 1020; www.dubaimarinamall.com; Dubai Marina Walk, Dubai Marina; ⌚Sa–Mi 10–23, Do & Fr bis 24 Uhr; 📶👪; ⓂSobha Realty, 🚊Dubai Marina Mall) Das Einkaufszentrum liegt toll am Wasser und hat überschaubare 140 Geschäfte auf drei Etagen, sodass man sich nicht so leicht verirrt wie in seinen gigantischen Verwandten. Das zentrale architektonische Element ist das gewaltige Atrium, in dem Kids in einer lustigen kleinen Bahn umherzuckeln können.

Sport & Aktivitäten

Mit ihrer Lage am Golf sind Dubai Marina und Palm Jumeirah wie gemacht für Bootstouren und Wassersport, es gibt aber auch viele andere Outdoor-Aktivitäten, darunter Joggen auf speziellen Fußwegen, Kraftsport am Strand, Yoga am Meer und Fallschirmspringen aus einem Flugzeug. Draußen auf Palm Jumeirah lockt ein riesiger Wasserpark.

AQUA FUN — WASSERPARK

Karte S. 280 (www.aquafun.ae; Dubai Marina; 120 Dh; ⌚9–18 Uhr; ⓂDMCC, 🚊Jumeirah Beach Residence 1) Das als erster aufblasbarer Wasserpark der Welt beworbene Aqua Fun ist ein kleiner, aber anspruchsvoller Wasserpark und verspricht viel Spaß auf kleinem Raum. Besucher ziehen sich eine Rettungsweste an und klettern, kraxeln, rutschen und stolpern über ein Netz aus schwimmenden Hindernissen, was schwieriger ist, als es aussieht. Der Wasserpark ist bei

Groß und Klein gleichermaßen beliebt und bietet eine tolle Gelegenheit, ein paar Stunden im Golf herumzutollen. Man sollte sich darauf einstellen, dass man nass wird. Das Mindestalter beträgt 6 Jahre.

SKYDIVE DUBAI — FALLSCHIRMSPRINGEN

Karte S. 280 (☎04 377 8888; www.skydivedubai.ae; Al Seyahi St, Dubai Marina; Tandemsprung, Video & Fotos 2199 Dh; ⊙Mo–Sa 8–16 Uhr; Ⓜ Sobha Realty) Tollkühne Menschen können bei einem Tandem-Fallschirmsprung das Abenteuer erleben, aus einem Flugzeug zu springen und über der Skyline von Dubai schweben. Das Mindestalter liegt bei 18 Jahren; außerdem gibt's Beschränkungen hinsichtlich Gewicht und Größe.

Bei diesem ultimativen Nervenkitzel springt man auf 4000 m Höhe (an den Tandemmaster angegurtet) aus einem Turboprop-Flugzeug und schreit sich im freien Fall etwa eine Minute lang (eine Ewigkeit!) die Seele aus dem Leib, bis sich der Fallschirm öffnet und man in weiteren fünf Minuten sanft zur Erde hinabgleitet. Ein dritter Fallschirmspringer hält das einmalige Erlebnis mit der Kamera fest und sorgt dafür, dass jeder Moment verewigt wird.

Die Öffnungszeiten ändern sich je nach Saison, also vorher informieren.

SPLASH PAD — WASSERPARK

Karte S. 280 (www.thebeach.ae/en/play/splash-pad; pro Std./24 Std. 65/99 Dh; ⊙9–20 Uhr; 👪; Ⓜ DMCC, 🚊Jumeirah Beach Residence 2) In diesem fröhlichen bunten Mini-Wasserpark direkt am Strand können kleinere Kinder inmitten der Brunnen, Wasserspritzen, sich ausschüttenden Wassereimer und anderer feuchter Vergnügungen umhertoben. Zu dem eingezäunten Bereich gehört auch ein trockener Spielplatz mit Schaukeln, Wippen und Klettergeräten.

JUNGLE BAY WATERPARK — WASSERPARK

Karte S. 280 (☎04 399 3333; www.marriott.com/en-us/hotels/dxbms-le-meridien-mina-seyahi-beach-resort-and-waterpark/experiences/; King Salman Bin Adult Aziz Al Saud St; Wochentage Erw./Kind 200/100 Dh, Wochenende 300/200 Dh; ⊙tgl. 9–mindestens 17 Uhr; 👪; Ⓜ Al Khail, 🚊Mina Seyahi) Rings um einen fröhlichen Leuchtturm erstreckt sich dieser kleine Wasserpark, dessen schönes Design in Blau und Weiß von Griechenland inspiriert ist. Er liegt nur einen Katzensprung vom Strand beim Resort Le Méridien Mina Seyahi entfernt und bietet Spaß für alle Altersgruppen. Auf den Whizzard Slides kann man Seite an Seite Wettrennen austragen, im Wellenpool treiben oder zuschauen, wie die Kids im sicheren Spielbereich AquaPlaya nass werden.

Hotelgäste haben freien Eintritt.

EMIRATES GOLF CLUB — GOLF

Karte S. 280 (☎04 417 9800, 04 380 1234; www.dubaigolf.com; Interchange No 5, Sheikh Zayed Rd, Emirates Hills 2; Majlis/Faldo Faldo So–Do 995/595 Dh, Fr & Sa 1200/695 Dh; Ⓜ Al Khail) Der renommierte Club hat zwei Golfplätze: den berühmten „Majlis"-Kurs für internationale Turniere, auf dem jährlich das Golfturnier **Dubai Desert Classic** (☎04 383 3588; www.omegadubaidesertclassic.com; Tickets 75–175 Dh; ⊙Feb.; 📶; Ⓜ Nakheel) ausgetragen wird, und den „Faldo"-Kurs, den einzigen 18-Loch-Golfplatz des Landes mit Flutlicht. Anfänger können sich auf einem Platz mit neun Par-3-Löchern austoben (Haupt-/Nebenzeiten 130/95 Dh).

Von Ende Mai bis Mitte September sinken die Preise deutlich.

YOGA BY THE SEA — YOGA

Karte S. 280 (☎800 637 227; www.thebeach.ae/whats-on/yoga-by-the-sea; South Lawn, The Beach at JBR, Dubai Marina; ⊙Nov.–April Mo, Mi, Do & Sa 7–8 Uhr; Ⓜ DMCC, 🚊Jumeirah Beach Residence 2) Anfänger ebenso wie erfahrene Yogis kommen her, um den Tag mit einem Sonnengruß im Angesicht des friedlichen Wassers des Golfs zu begrüßen. Die Plätze werden in der Reihenfolge des Eintreffens vergeben. Da es unglaublich beliebt ist, sollte man mindestens eine halbe Stunde vorher da sein und eine Yogamatte und ein Handtuch mitbringen.

ONE&ONLY SPA — SPA

Karte S. 280 (☎04 315 2140; www.royalmirage.oneandonlyresorts.com; One&Only Royal Mirage, King Salman Bin Abdul Aziz Al Saud St, Dubai Media City; ⊙9.30–21 Uhr (Frauen nur bis 13 Uhr); Ⓜ Al Khail) Was ist das Ziel – *unwind, restore* oder *elevate*? Das sind die drei Zauberwörter in diesem exklusiven Spa mit einem Dutzend Behandlungsräumen, in denen Massagen, Packungen, Peelings und Gesichtsbehandlungen so zusammengestellt werden, dass das gewünschte Ziel erreicht wird. Man kann auch einen Besuch im Oriental Hammam mit beruhigender meditativer Musik, marokkanischem Ambiente und Hot-Stone-Massage buchen.

BEACH GYM — FITNESSCENTER

Karte S. 280 (☎04 368 4080; www.thebeach.ae; The Beach, Jumeirah Beach Residence, Dubai Marina; Tageskarte/Wochenkarte 100/250 Dh; ⊙So–Mi 6–23, Do–Sa bis 22 Uhr; Ⓜ DMCC, 🚊Jumeirah

ABSTECHER

DUBAI: HAUPTSTADT DER THEMENPARKS

Dubai gibt sich nicht damit zufrieden, das höchste Gebäude der Welt, einen Hallen-Skihang und eine palmenförmige Insel für sich zu beanspruchen, nun will es auch die Hauptstadt der Themenparks im Nahen Osten werden. Im südlichen Vorort Jebel Ali, etwa 30 km südwestlich von Dubai Marina am Highway E11, ist bereits ein ganzes Freizeitpark-Viertel namens Dubai Parks and Resorts (DPR) entstanden. Die nächste Metrostation ist UAE Exchange, von dort sind es bis zu den Themenparks noch 15 Minuten mit dem Taxi.

Motiongate (☎04 820 0000; www.motiongatedubai.com; Jebel Ali; Erw./Kind unter 3 Jahren 235 Dh/frei; ⏲So–Mi 11–20, Do–Sa bis 22 Uhr; P 👪) Dieser von Hollywood inspirierte Park hat für jeden etwas zu bieten, ob man nun auf der Suche nach einem Nervenkitzel ist oder sich einen schönen Tag mit der Familie machen will. Er ist in vier Zonen – DreamWorks, Lionsgate, Columbia Pictures und Smurfs Village – unterteilt und hat 27 Rides und Attraktionen, darunter die erste von *Die Tribute von Panem* inspirierte Achterbahn, Stromschnellen, Fahrten im Dunkeln, 4-D-Kino-Fahrten und Fahrten für Kinder.

Bollywood Parks Dubai (☎04 820 0000; www.bollywoodparksdubai.com; Jebel Ali; Erw./Kind unter 3 Jahren 175 Dh/frei; ⏲Sa–Mi 12–21, Do & Fr bis 22 Uhr; P 👪) Bollywood Parks erstreckt sich über fünf Zonen und feiert Mumbais legendäre Filmindustrie. Neben mehreren 3-D- und 4-D-Rides, die auf Blockbustern wie *Lagaan* und *Sholay* beruhen, gibt's eine Stuntshow, ein interaktives Filmemacher-Erlebnis und sechs Restaurants. Eigentlich dreht sich hier aber alles um Musik und Tanz – die bis zu 30 Liveshows pro Tag sind farbenfroh, kitschig und unwiderstehlich ansteckend.

Legoland Dubai (☎04 820 0000; www.legoland.com/dubai; Erw./Kind unter 3 Jahren 235 Dh/frei; ⏲So–Do 10–18, Fr & Sa bis 20 Uhr; P 👪) Der kunterbunte Themenpark ist auf Kinder unter zwölf Jahren angelegt und bietet 40 Fahrgeschäfte und Attraktionen, verteilt auf sechs Themenbereiche. Auf die Kleineren warten viele Vergnügungen wie Tretautos und Duplo-Flugzeuge, ältere Kinder werden die Achterbahn Dragon und den Power-Tower-Ride „Free Fall" lieben. Ein weiteres Highlight ist das Mini-Land mit unglaublich detailreichen Lego-Versionen von Wahrzeichen wie dem Burj Khalifa.

Legoland Water Park (☎04 820 0000; www.legoland.com; Erw./Kind 215/185 Dh; ⏲10–18 Uhr; 👪) Dieses Wasserwunderland bietet über 15 Attraktionen, darunter der Spielplatz Joker Soaker mit einem 1300-l-Eimer, der alle paar Minuten auskippt. Neben Fahrten in Gummireifen und temporeichen Wasserrutschen gibt's einen riesigen Wellenpool, einen gemächlichen Fluss mit Schlauchbooten und einen schattigen Duplo-Bereich für Kleinkinder. Auch ein Babyraum mit Mikrowelle, Rettungswesten und Kindersonnenliegen ist vorhanden.

Beach Residence 2) In diesem Outdoor-Fitnesscenter können Besucher gleichzeitig etwas für ihren Waschbrettbauch und für ihre Bräune tun. Es liegt direkt am Meer und ist mit CrossFit-Ausrüstung, Trainingsseilen, Kugelhanteln, Rudermaschinen und Jumpboxen ausgestattet. Gegen Aufpreis ist auch das Trainieren mit einem Personal Trainer möglich. Am stärksten besucht ist das Fitnesscenter frühmorgens und am späten Nachmittag.

ATLANTIS ABRA RIDE — BOOOTSFAHRT

Karte S. 280 (☎04 426 2000; www.atlantisthepalm.com; Atlantis The Palm, Palm Jumeirah; 65 Dh; ⏲13–21 Uhr; 🚊Palm Jumeirah, 🚊Atlantis Aquaventure) Wer den Hotelkomplex Atlantis vom Wasser aus sehen möchte, kann eine 20-minütige Fahrt mit einem *abra* (traditionelles Holzboot) mit Elektroantrieb unternehmen, die vom Strand Nasimi Beach zum Ende des Aquaventure Waterpark führt. Einfach ohne Reservierung hingehen.

PALM JUMEIRAH BOARDWALK — PROMENADE

Karte S. 280 (Palm Jumeirah; ⏲24 Std.; MSobha Realty, 🚊Palm Jumeirah) Die 11 km lange Fußgängerpromenade, die im November 2016 eröffnet wurde, erstreckt sich über die gesamte Länge des Außenbogens von Palm Jumeirah und verläuft auf der äußeren, dem Meer zugewandten Seite. Sie ist sehr beliebt, um in der Meeresluft zu walken oder zu spazieren. Foodtrucks bieten Erfrischungen, es gibt aber kaum Schatten, und Radfahren ist leider ganz verboten.

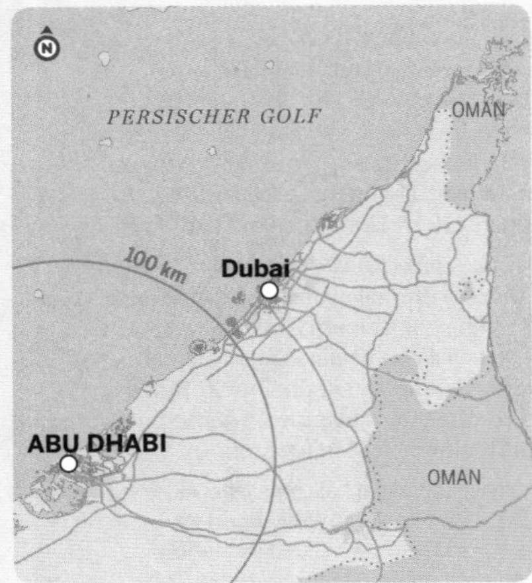

Abu Dhabi

Al Markaziyah, S. 136

Mit dem White Fort (Qasr Al Hosn) und dem World Trade Center, die auf dem ältesten Souk der Stadt errichtet wurden, bildet dieses Viertel das Herz der Innenstadt.

Breakwater & Umgebung, S. 142

Ein nobles Abendessen im Emirates Palace, der 360-Grad-Panoramablick von den Etihad-Towers und Strände, an denen die blaue Ökofahne flattert: Willkommen im Glamourviertel der Stadt.

Al Zahiyah & Al Maryah Island, S. 152

Mit Spaß im Einkaufsviertel shoppen und beobachten, wie auf der Insel gegenüber der zentrale Geschäftsdistrikt entsteht.

Große Scheich-Zayid-Moschee & Umgebung, S. 158

Bei einer Führung durch die herrliche Große Scheich-Zayid-Moschee auch die letzte Ruhestätte des hochverehrten „Vaters der Nation" besuchen.

Al Mina & Saadiyat Island, S. 166

Im Louvre Abu Dhabi die Meisterwerke aus aller Welt bewundern und im Manarat Al Saadiyat erfahren, wie die Zukunft der Insel aussieht.

Yas Island & Umgebung, S. 171

Yas Island, wo sich der Yas Marina Circuit der VAE und die Ferrari Welt Abu Dhabi befinden, sorgt mit Letzterer für einen Adrenalinschub, bietet jedoch auch sanftere Vergnügungen in den benachbarten Mangroven.

HIGHLIGHT DIE GROSSE SCHEICH-ZAYID-MOSCHEE

Die Große Scheich-Zayid-Moschee ragt majestätisch inmitten von Gärten auf und ist von jeder der Brücken zu bewundern, die Abu Dhabi Island mit dem Festland verbinden. Die Moschee wurde vom ersten Präsidenten der Vereinigten Arabischen Emirate, Scheich Zayid, in Auftrag gegeben und beherbergt auf ihrem Areal auch seine letzte Ruhestätte. Die Moschee fasst 50 000 Gläubige und steht als eine der wenigen in dieser Region auch nichtmuslimischen Besuchern zur Besichtigung offen.

Architektur

Mit mehr als 80 Marmorkuppeln, die auf einer Dachlinie tanzen, die von über 1000 Säulen getragen und von vier 107 m hohen Minaretten gekrönt wird, ist die Große Scheich-Zayid-Moschee ein Meisterwerk moderner islamischer Architektur. Über 100 000 t reinweißer griechischer und mazedonischer Marmor wurden für den Bau der Moschee verwendet. Blumenmuster mit Intarsien aus Halbedelsteinen wie Lapislazuli, roter Achat, Amethyst und Jaspis sowie Perlmutt und Abalone-Muscheln zieren den Marmor und bilden einen interessanten Kontrast zu den eher traditionellen geometrischen Mustern der Keramiken.

Das Innere

Trotz der traditionellen mameluckischen, osmanischen und fatimidischen Architekturstile ist der Gesamteindruck des Innenraums modern. Es beeindrucken drei Lüster aus Stahl, Messing und Kristall, die den Hauptgebetsraum mit Lichtstrahlen in Primärfarben erfüllen. Die Lüster – der größte wiegt rund 11 t – erstrahlen in 40 kg 24-karätigem galvanisiertem Gold.

Handgeknüpfter Teppich

Im Gebetsraum befindet sich der größte handgeknüpfte Teppich der Welt, der aus iranischer Baumwolle und neuseeländischer Wolle besteht und mit zwei Flugzeugen aus Maschhad im Iran eingeflogen wurde. Das Medaillon-Design mit arabesken Motiven wurde von 1200 Handwerkskünstlern über zwei Jahre gefertigt, eines davon benötigten sie, um die 5700 m^2 Wollfäden von Hand auf die Baumwollunterlage zu knüpfen – das entspricht fast 2,3 Milliarden Knoten!

Mausoleum

Das Mausoleum von Scheich Zayid befindet sich auf dem Weg zum Eingang der Moschee, aber der Eintritt ist nur amtierenden Präsidenten gestattet. Wächter sprechen hier rund um die Uhr in einstündigen Schichten Gebete (ein kompletter Zyklus dauert 1½ bis zwei Tage). Es ist nicht gestattet, das Mausoleum zu fotografieren, alle anderen Teile der Moschee jedoch schon.

Besucheretikette

Besucher sind in der Moschee willkommen, nur nicht zu den Gebetszeiten. Eine 45-minütige Führung (auf Englisch und Arabisch) erklärt die Grundbegriffe des Islam (es sind auch Audioguides in elf Sprachen erhältlich). Für die Besichtigung müssen alle Besucher eine knöchellange, locker sitzende Hose bzw. einen Rock und ein langärmeliges Oberteil tragen; Frauen müssen sich ein Kopftuch umbinden. Wer nicht angemessen gekleidet ist, wird vom Wachpersonal in eine Umkleide gebeten, wo man sich kostenlos *abayas* und *kanduras* ausleihen kann.

NICHT VERSÄUMEN

- Handgeknüpfter Teppich
- Swarovski-Kronleuchter
- Blumenintarsien auf Mauern und Säulen

PRAKTISCH & KONKRET

- Karte S. 159, B2
- ☎ 02 419 1919
- www.szgmc.ae
- abseits Sheikh Rashid Bin Saeed Street
- Eintritt frei
- ⏲ Sa–Do 9–22, Fr 16.30–22 Uhr, Touren So–Do 10, 11 & 17, Fr 17 & 19, Sa 10, 11, 14, 17 & 19 Uhr

Abu Dhabi erkunden

Abu Dhabi ist kosmopolitisch und stolz auf seine moderne Entwicklung. Das macht es zum progressiven kulturellen Zentrum der Vereinigten Arabischen Emirate, in dem nie etwas stillsteht – außer vielleicht die Reiher in den geschützten Mangroven.

Die besten ...

➡ **Sehenswürdigkeiten** Große Scheich-Zayid-Moschee (S. 135), Louvre Abu Dhabi (S. 167), Emirates Palace (S. 142), Abu Dhabi Heritage Village (S. 149), Corniche (S. 137)

➡ **Restaurants** Bait El Khetyar (S. 138), Zahrat Lebnan (S. 138), Zuma (S. 155), Butcher & Still (S. 155), Beach House (S. 169)

➡ **Aktivitäten** Eine Kajaktour durch die Mangroven (S. 157), Ferrari World (S. 171), Yas Waterworld (S. 176) und eine Fahrt auf dem Yas Marina Circuit (S. 176)

Top-Tipps

➡ Die Hotelpreise variieren stark, je nach Zimmerbelegung. Es gibt auch Schnäppchen, insbesondere von Mai bis September.

➡ Wer die Highlights des Nachtlebens und der Cafékultur erleben möchte, sollte allerdings nicht zwischen Mitte Mai und Mitte September kommen, da im Sommer viele Außenterrassen geschlossen sind.

➡ Essengehen ist in Abu Dhabi oft eine teure Angelegenheit. Viele Restaurants, selbst einige gehobene Adressen, bieten preisgünstige Business-Mittagsmenüs für die Hälfte des regulären Preises.

➡ Dasselbe gilt fürs Nachtleben: Einfach Ausschau halten nach speziellen Cocktailangeboten (zwei für den Preis von einem), Happy Hours und regelmäßigen Rabattaktionen, die selbst in den schicksten Bars das Budget drücken.

An- & Weiterreise

➡ **Auto** Abu Dhabi liegt 140 km südlich von Dubai am Hwy E11.

➡ **Bus** Der zentrale Busbahnhof befindet sich 4 km südlich der Corniche. RTE-Bus E100 fährt zwischen 4.40 und 24 Uhr (25 Dh, 2 Std.) alle 30 Minuten nach Dubai zum Busbahnhof Al Ghubaiba in Bur Dubai.

➡ **Flugzeug** Der Abu Dhabi International Airport (S. 229) liegt 30 km östlich des Stadtzentrums. Von hier fliegen über 50 Airlines in 85 Städte.

➡ **Taxi** Eine Taxifahrt nach Dubai oder Al Ain kostet rund 300 Dh und kann im Voraus gebucht werden, etwa bei **Abu Dhabi Taxi** (☎600 535 353; www.itc.abudhabi.ae).

Unterwegs vor Ort

➡ **Abu Dhabi City Bus** fährt rund um die Uhr auf 14 Strecken. Nützliche Routen: Bus 5 verbindet Marina Mall und Al Maryah Island über Al Zahiya; Bus 54 verbindet Al Zahiya und die Große Scheich-Zayid-Moschee. Einen Routenplaner gibt's unter http://dot.abudhabi.ae.

➡ **Yas Express** verbindet als kostenlosen Service die wichtigsten Attraktionen auf Yas Island mindestens stündlich auf drei Routen. Näheres unter www.yasisland.ae.

➡ **Taxi** Taxis kann man heranwinken oder über die Zentrale bestellen (4 bis 5 Dh Gebühr). Alle Taxis haben einen Taxameter, und es fallen eine Grundgebühr von 5 Dh (20 Dh ab Flughafen) sowie 1,82 Dh pro Kilometer an. Zwischen 22 und 6 Uhr wird außerdem eine Zusatzgebühr fällig und manchmal beträgt der Mindestpreis 12 Dh.

➡ Traditionelle **Wassertaxis** (Karte S. 159; ☎050 133 2060; www.captaintonys.ae; Erw./Kind 25 Dh/frei; ⏱So–Do 16–22, Fr & Sa 10–23 Uhr), *abras* genannt, pflügen auf dem Khor al Maqta durchs Wasser und verkehren zum Eastern Mangroves Hotel & Spa.

Gut zu wissen

➡ **Vorwahl** 02

➡ **Lage** 140 km südwestlich von Dubais Innenstadt

➡ **Touristeninformation** Abu Dhabi Tourism & Culture Authority (S. 241)

Al Markaziyah

Die Innenstadt, deren mittelhohe Gebäude sich in Reih und Glied hinter der Corniche aufreihen, ist das geschäftige Zentrum Abu Dhabis. Herzstücke sind das älteste Gebäude der Stadt, Qasr Al Hosn, und das World Trade Center, das an der Stelle errichtet wurde, wo sich einst der alte Souk befand. Gen Westen liegt das Viertel Al Khalidiyah, das eher von Wohnhäusern geprägt ist, während Madinat Zayed im Süden bodenständigeres Flair vergangener Zeiten ausstrahlt. Wer das alltägliche Abu Dhabi abseits des Resort-Glamours erleben möchte, mischt sich abends unter die vielen Einheimischen, die dann die Straßen der Innenstadt fluten.

 SEHENSWERTES

Das bewusste Bemühen der modernen Stadtplaner, eine grüne Stadt zu schaffen, hatte zur Folge, dass zahlreiche Parks und Gärten entstanden, von denen viele landeinwärts an der Corniche liegen. Wer über diese Promenade am Meer flaniert oder radelt, kann schon einmal alle bedeutenden Gebäude dieses Viertels in Augenschein nehmen, bevor er sich ins Gewühl der Innenstadt in und um die Sheikh Hamdan Bin Mohammed Street und die Sheikh Zayed the First Street stürzt; dort befindet sich die Festungsanlage der Stadt Qasr Al Hosn.

QASR AL HOSN — FORT

Karte S. 144 (White Fort; ☎02 697 6472; www.alhosn.ae; Sheikh Zayed the First St; ⏲9–20 Uhr) GRATIS Dieses Fort ist auf der Rückseite des 1000-Dirham-Scheins abgebildet und wurde 1760 als Wachturm errichtet, der einen wertvollen Trinkwasserbrunnen schützte. Nach der Erweiterung wurde es 1793 zum Stammsitz der Herrscherfamilie Al Nahyan und blieb bis 1966 königliche Residenz (der Wachturm ist das älteste noch stehende Bauwerk in Abu Dhabi). Umfangreiche jahrelange Restaurierungsarbeiten dauerten bis Ende 2018. Danach wurde das Fort als Kulturzentrum mit historischen Exponaten und Galerieräumen wieder eröffnet.

KHALIFA MOSQUE — MOSCHEE

Karte S. 144 (Khalid Bin Al Walid St) Wie alle anderen Moscheen der Stadt ist auch dieses wunderschöne Gebäude nicht ins schachbrettartige Straßennetz integriert, sondern gen Mekka ausgerichtet. Nichtmuslimen ist der Zutritt verboten.

★ CORNICHE — PROMENADE

Karte S. 144 Die Corniche schmiegt sich mit weißen Sandstränden und breiten Promenaden ans Wasser und erstreckt sich über die komplette Länge des Nordwestufers der Stadt. Von hier bietet sich ein spektakulärer Blick auf die ikonischen Wolkenkratzertürme, die sich am Meeresufer versammeln. Außerdem ist sie ein beliebtes Erholungsziel mit ausgewiesenen Radwegen entlang der Promenade, die sich durch die gepflegten Gärten schlängeln. Erfrischungen findet man an den öffentlichen Stränden, die den westlichen Abschnitt der Promenade durchziehen.

CORNICHE BEACH — STRAND

Karte S. 144 (Corniche Rd West; Familienstrände Erw./Kind 10/5 Dh; ⏲8–20 Uhr) Zu diesem tadellos gepflegten öffentlichen Strand mit blauer Ökofahne gibt's mehrere Zugänge. Das türkisblaue Meer, die Aussicht auf Lulu Island und die Palmen und Gärten sorgen für ein unerwartetes Vergnügen mitten im Herzen der Hauptstadt. Bis Sonnenuntergang leistet ein Rettungsschwimmer seinen Dienst.

AL MARKAZIYAH GARDENS — PARK

Karte S. 144 (Corniche Rd West; ⏲24 Std.) Der Al Nahyan Park, der Family Park und der Urban Park erstrecken sich über drei Stadtviertel und bilden gemeinsam die Al Markaziyah Gardens. Der breite Grüngürtel verläuft parallel zur Corniche und lädt mit seinen Rasenflächen zum Erholen ein. Es gibt Spielplätze für kleine und etwas größere Kinder sowie Brunnen und Sitzplätze im Schatten.

LAKE PARK & FORMAL PARK — PARK

Karte S. 144 (Corniche Rd East; ⏲24 Std.) GRATIS Diese beiden schattigen Parks erstrecken sich von der 4th Street bis zur Corniche und ziehen am frühen Abend Familien, Jogger und Picknicker an. In der Mitte des Lake Park steht ein 15 m hoher Brunnen. Gleich am See lockt zudem ein beliebtes Café, das während unseres letzten Besuchs jedoch geschlossen war und auf neue Betreiber wartete. Ende 2018 wurde der Spielplatz erneuert. Im Formal Park befinden sich ein Irrgarten, Grillplätze sowie ein Fitnesspfad.

CAPITAL GARDENS — PARK

Karte S. 144 (Sultan Bin Zayed the First St; Erw./Kind 1 Dh/frei; ⏲So–Mi 8–22, Do–So bis 23 Uhr; 👪) Dieser Park im Herzen der Innenstadt lockt mit zwei Mehrzweckspielplätzen, einer Mini-Kletterwand sowie Basketball- und Fußballplätzen. Der explosive Springbrunnen bietet lebhafte Erfrischung in der erdrückenden Sommerhitze.

BURJ MOHAMMED BIN RASHID — SEHENSWERTES GEBÄUDE

Karte S. 144 (Khalifa Bin Zayed the First St) Besucher können die 92 Stockwerke des 382 m

Großraum Abu Dhabi

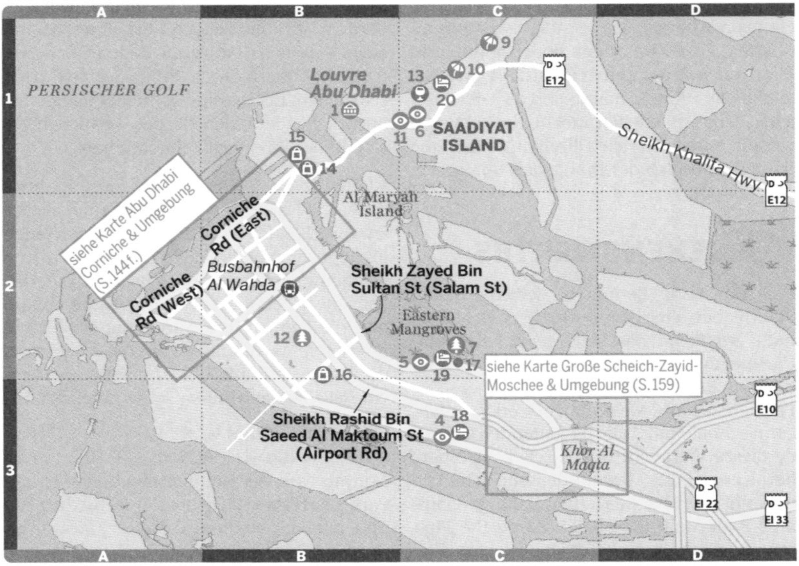

PERSISCHER GOLF
Louvre Abu Dhabi
SAADIYAT ISLAND
Sheikh Khalifa Hwy
Al Maryah Island
siehe Karte Abu Dhabi Corniche & Umgebung (S.144f.)
Corniche Rd (East)
Corniche Rd (West)
Busbahnhof Al Wahda
Sheikh Zayed Bin Sultan St (Salam St)
Eastern Mangroves
siehe Karte Große Scheich-Zayid-Moschee & Umgebung (S.159)
Sheikh Rashid Bin Saeed Al Maktoum St (Airport Rd)
Khor Al Maqta
E12
E10
E22
E33

hohen Hochhauses nur von außen bestaunen – der Zutritt ist Bewohnern vorbehalten. Es gehört zum World Trade Center (S.141) und ist bis dato Abu Dhabis höchstes Gebäude. Der Turm ist der höhere der beiden Zwillingstürme mit auffällig schrägen, elliptischen Dächern, die bei nächtlicher Beleuchtung wirklich sagenhaft aussehen.

ETISALAT HEAD OFFICE — SEHENSWERTES GEBÄUDE

Karte S.144 (www.etisalat.ae; Ecke Sheikh Zayed the First & Sheikh Rashid Bin Saeed Al Maktoum St) Das Gebäude mit 27 Stockwerken und einem „Golfball" als krönendem Abschluss gilt als legendär. Es eignet sich bestens als Orientierungshilfe in den schachbrettartig angelegten Straßen. Der 2001 errichtete Bau beherbergt die Zentrale der örtlichen Telefongesellschaft.

STRASSENSKULPTUREN — DENKMAL

Karte S.144 (2nd & Khalifa St) Es gab eine Zeit, da wollte sich keine Stadt am Golf, die etwas auf sich hielt, ohne eine gigantische Kaffeekanne aus Beton sehen lassen. Diese Zeiten sind zwar – glücklicher- oder unglücklicherweise – längst vorbei, doch ein kleines Andenken an die ersten Tage des Ölwohlstands und des Baubooms, der damit einherging, kann man noch immer auf der Verkehrsinsel zwischen dem World Trade Center und den Etisalat-Gebäuden bestaunen.

ESSEN

Das Viertel beherbergt zahlreiche Cafés, Kaffeeläden, Curry-Häuser, Kebab-Lokale sowie Brathühnchen- und Shawarma-Stände. Günstige und gesellige Optionen gibt's Richtung Süden zwischen Sheikh Zayed the First Street und Falah Street, viele davon mit so klangvollen Namen wie „Syrischer Palast", „Blume des Libanon" und „Türkisches Schaf". Eigentlich kann man hier nichts falsch machen, aber als Faustregel hat sich bewährt: Immer dort reingehen, wo es am vollsten ist.

BAIT EL KHETYAR — NAHÖSTLICH $

Karte S.144 (☎02 633 3200; Fatima Bint Mubarak St; Sandwiches & Shawarma 6–27 Dh, Hauptgerichte 24–37 Dh; ⊙So–Do 8–24, Fr 8–12 & 13–24 Uhr; ✍) Für uns könnte es etwas weniger Mayonnaise sein, für viele ist das Shawarma (Fleischscheibchen vom Drehspieß, Tomatenstückchen und anderes Gemüse in einer Fladenbrothülle) hier jedoch das beste Abu Dhabis. Lecker sind auch Falafel, Hummus und *labneh* (dickflüssiger Joghurt) mit Knoblauch.

★ZAHRAT LEBNAN — LIBANESISCH $

Karte S.144 (Blume des Libanon; ☎02 667 5924; nahe Zayed the First St, Al Manhal; Mezze & Sandwiches 8–36 Dh, Hauptgerichte 18–55 Dh; ⊙8–3 Uhr; 📶) Mitten in einer Ansammlung von arabischen

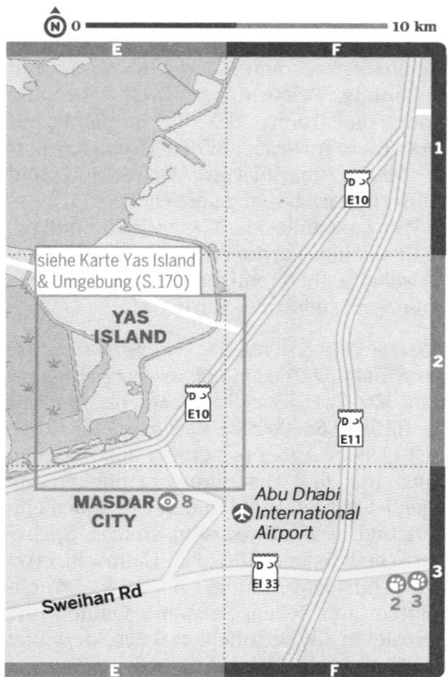

Großraum Abu Dhabi

Highlights
1 Louvre Abu Dhabi B1

Sehenswertes
2 Abu Dhabi Falcon Hospital F3
3 Arabian Saluki Centre F3
4 Capital Gate C3
5 Eastern Mangroves Promenade C2
6 Manarat Al Saadiyat C1
7 Mangrove National Park C2
8 Masdar City E3
9 Saadiyat Beach Club C1
10 Saadiyat Public Beach C1
11 UAE Pavilion C1
12 Umm Al Emarat Park B2

Essen
18° .... (siehe 4)
Beach House .... (siehe 20)
Café Arabia .... (siehe 12)
Home Bakery .... (siehe 12)
Salt .... (siehe 12)

Ausgehen & Nachtleben
Beach House Rooftop .... (siehe 20)
13 Buddha-Bar Beach C1
De La Costa .... (siehe 9)
Relax@12 .... (siehe 8)

Shoppen
14 Carpet Souq B1
15 Obst- & Gemüsemarkt B1
16 Women's Handicraft Centre B2

Sport & Aktivitäten
Abu Dhabi Pearl Journey .... (siehe 19)
Anantara Spa .... (siehe 19)
17 Noukhada Adventure Company C2

Schlafen
18 Aloft Abu Dhabi C3
19 Eastern Mangroves Hotel & Spa C2
20 Park Hyatt Abu Dhabi Hotel & Villas C1

Snack- und Gebäckläden, ein kurzes Stück zu Fuß vom Qasr Al Hosn entfernt, ist die „Blume des Libanon“ eine lokale Legende. Sie lockt eine polyglotte Klientel von städtischen Einwohnern an, die zum Mezze-Schlemmen kommen und sich gefüllte Weinblätter, Falafel, Hummus und *fatayer* (gefüllte Mini-Pasteten), großzügige Kebab- und Shawarma-Portionen sowie günstige Sandwiches schmecken lassen. Hier ist einfach alles lecker.

★ CAFETERIA AL LIWAN SYRISCH $

Karte S. 144 (☎02 622 1250; www.facebook.com/liwanabudhabi; abseits Sheikh Hamdan Bin Mohammed St; Mezze 12–19 Dh, Hauptgerichte 20–40 Dh; ⏲So–Do 8.30–23.30, Fr 12–1 Uhr;) Dieses günstige Lokal übertrifft die Erwartungen der Gäste, wann immer es die Chance dazu bekommt. Auf den Tisch kommt nahöstliche Küche nach syrischer Art: Hummus und *ful* (Bohnencreme) gehören zu den besten der Stadt, die Falafel sind perfekt knusprig gebraten und das *kawaj* (Auflauf mit Tomaten und Hackfleisch) würde jede Mama aus Damaskus stolz machen. Serviert wird das Ganze in leicht ramponierter, aber einladender Umgebung mit Graffiti an den Wänden.

ARABICA BOOZA EISCREME $

Karte S. 144 (☎055 155 6295; EG, World Trade Center Mall; ab 15 Dh für einen kleinen Becher; ⏲10–22 Uhr) Gut möglich, dass man schon hört, wie dieser kleine Kiosk *booza* (nahöstliche Eiscreme) serviert, bevor man ihn sieht. Die Angestellten sind mit einem riesigen Holzstößel bewaffnet und trommeln damit im Rhythmus – nicht nur, um Aufmerksamkeit zu erregen, sondern auch, um das Eis cremiger zu schlagen. Am besten ist das traditionelle Sahneeis, das mit Pistazien serviert wird.

TARBOUCHE AL BASHA NAHÖSTLICH $

Karte S. 144 (02 628 2220; World Trade Center Souk; Mezze & Sandwiches 18–38 Dh, Hauptgerichte 38–68 Dh; 8–23.30 Uhr;) Das vorwiegend libanesische Lokal Tarbouche befindet sich im World Trade Center Souk (S. 141) und wird von Einheimischen empfohlen. Es bietet Mezze und eine große Auswahl an Kebabs, wobei die kulinarische Bandbreite vom Nahen Osten über Ägypten bis in den Irak reicht.

Es gibt preiswerte Falafel und Kebab-Sandwiches sowie leckeres Frühstück nach nahöstlicher Art, von Spiegelei mit *sujuk* (luftgetrocknete Rinderwurst) bis *fuul* (Bohnenpüree).

AL IBRAHIMI RESTAURANT INDISCH $

Karte S. 144 (02 632 1100; www.ibrahimigroup.com; gegenüber Madinat Zayed Shopping & Gold Centre; Biryanis 14–42 Dh; 12–1 Uhr) Dieses Restaurant wird für seine Innenausstattung sicher keinen Preis gewinnen, dafür werden hier aber köstliche, echt indische, pakistanische, iranische und nahöstliche Gerichte gezaubert (vor allem Biryanis). Die Gäste können draußen im Freien sitzen und das chaotische Leben an sich vorüberziehen lassen.

IDIOMS CAFÉ $

Karte S. 144 (02 681 0808; abseits Corniche Rd West; Sa–Mi 9.30–2, Do & Fr bis 3 Uhr;) In diesem Café, das sich in einer Nebenstraße hinter der Rotana Mall versteckt, dreht sich alles um Shishas (51 Dh). Nachdem man einen alkoholfreien Cocktail oder einen marokkanischen Tee bestellt hat, kann man zwischen den Geschmacksrichtungen Pfirsich, Kirsche oder Doppelapfel wählen.

Gegen knurrende Mägen hilft eine Auswahl an Burgern, Sub-Sandwiches und Pasta.

LEBANON MILL LIBANESISCH $

Karte S. 144 (Lebanese Mill; 02 677 7714; 9th St; Manakish & Sandwiches 5–10 Dh, Mezze 13–30 Dh, Hauptgerichte 25–55 Dh; 12–1 Uhr;) Der Name an der Tür passt zwar nicht zu dem auf der Speisekarte, doch leere Tische sieht man in dieser schlichten, familienfreundlichen Cafeteria nur selten. Auf den Tisch kommen nahöstliche Klassiker zu günstigen Preisen.

Hummus, Falafel, *moutabel* (mit Tahini, Joghurt und Olivenöl verfeinertes Auberginenpüree) und Halloumi sorgen für fleischlosen Genuss, außerdem gibt's Shawarma und Kebabs.

TAMBA INDISCH $$

Karte S. 144 (02 672 8888; www.tambarestaurant.com; 6. OG, The Hub, World Trade Center Mall; Hauptgerichte ab 42–232 Dh; So–Do 12–1, Fr & Sa bis 2 Uhr; P) Trotz seiner Lage in einem Einkaufszentrum kommt dieses Restaurant mit gedämpfter Beleuchtung stilvoll daher und bringt die Aromen des Subkontinents mit modernem Anstrich auf den Tisch, darunter in Masala mariniertes Wagyu-Rind und Hühnchen nach mangalorischer Art.

Wer Lust auf etwas Vegetarisches hat, bestellt kleine Portionen *paneer makhani* (Frischkäse in cremiger Tomaten-Cashew-Soße) und süßsauren Kürbis.

JONES THE GROCER INTERNATIONAL $$

Karte S. 144 (02 639 5883; www.jonesthegrocer.com; 32nd St, EG, Pearl Plaza Tower; Hauptgerichte 35–112 Dh; So–Do 8–23.30, Fr & Sa 9–23.30 Uhr;) Dieser Außenposten der australischen Kette mit zum Gastraum hin offenen Küchen ist mit Edelstahl und in Holztönen eingerichtet. Die abwechslungsreiche Speisekarte heilt jeden Anflug von Heimweh, etwa mit Third-Wave-Kaffee, Biosäften, Wurstplatten zum Teilen, Salat mit Quinoa und gerösteten Süßkartoffeln und der Spezialität des Hauses, dem Wagyu-Burger.

Das Restaurant befindet sich hinter dem Oryx Hotel in einer Wohngegend rund um einen begrünten Platz.

LA BRIOCHE CAFÉ FRANZÖSISCH $$

Karte S. 144 (02 627 1932; www.labriocheuae.com; Khalifa Bin Zayed the First St; Frühstück 25–59 Dh, Hauptgerichte 37–89 Dh; 6–24 Uhr;) Ein kleines Stückchen Paris, bekannt für Frühstück, gesunde Salate, üppige Sandwiches und so ziemlich das beste frisch gebackene Brot, Croissants und Gebäck in der ganzen Stadt.

Wer nach Picknickzutaten sucht, ist im La Brioche genau richtig. Der Service ist schnell und freundlich.

CHO GAO ASIATISCH $$

Karte S. 144 (02 616 6149; www.facebook.com/chogaoasianexperience; Sheikh Hamdan Bin Mohammed St, EG, Crowne Plaza Abu Dhabi; Hauptgerichte 50–130 Dh; 12–1 Uhr;) Dieses fröhliche Lokal im Crowne Plaza Abu Dhabi (S. 177) ist dank seines köstlichen Essens beliebt. Die Karte springt von Japan nach Singapur und von China nach Thailand.

Ob man nun Gelüste nach Mangosalat, Nudeln nach vietnamesischer Art oder Pekingente hat – hier wird man fündig.

Alles ist frisch und aromatisch, allerdings kommen traditionell würzige Gerichte wie *laksa* mittlerweile etwas zahmer daher, zweifellos, um sie den Besuchergeschmäckern anzupassen.

SHAKESPEARE & CO INTERNATIONAL $$

Karte S. 144 (02 639 9626; www.shakespeare-and-co.com; EG, World Trade Center Souk; Frühstück 58 Dh; 7–24 Uhr;) Der kitschige edwardianische Stil erscheint etwas fehl am Platz, dennoch ist das Kettenrestaurant ein klarer Favorit der Emiratis. Der Grund dafür ist die große Frühstücksauswahl, die von Mandel-Karamell-Crêpes über englisches Frühstück bis hin zu Snacks wie Sandwiches und gefülltem *saj* (Fladenbrot) reicht.

Wer ein Hauptgericht von der ellenlangen Speisekarte möchte, trifft mit Pizza die beste Wahl.

MARAKESH MAROKKANISCH $$$

Karte S. 144 (02 614 6000 ext 7334; www.cornichehotelabudhabi.com; Khalifa Bin Zayed the First St, Corniche Hotel; Hauptgerichte 75–125 Dh, 5-Gänge-Menü 220 Dh; 19–3 Uhr;) Inmitten einer fast komisch überladenen Nachbildung eines marokkanischen Riad voller Laternen, Torbögen und dubioser Wüstenpanorama-Wandmalereien kommen hier marokkanische Klassiker auf den Tisch, darunter *pastilla* (süß-herzhafte Pastete mit Taubenfleisch), *harira* (Tomatensuppe mit Linsen und Kichererbsen) und Tajine (in einem traditionellen Lehmtopf geschmorter Eintopf).

AUSGEHEN & NACHTLEBEN

Die Bandbreite von Hotelbars reicht von modernen piekfeinen Adressen auf Dächern bis hin zu altmodischen Kneipen, die es schon ewig (in Abu Dhabi also seit den 1980er-Jahren) zu geben scheint. Die Szene ist deutlich legerer und bodenständiger, als sonst in der Stadt üblich.

RAW PLACE SAFTBAR

Karte S. 144 (www.therawplace.com; World Trade Center Souk; So–Do 7–23, Fr ab 8 Uhr) Sie ist zwar teuer, aber diese Bio-Ladenkette serviert wirklich köstliche kalt gepresste Saftmixgetränke aus frischen Früchten, Gemüse und Kräutern (sowie Nussmilchgetränke, Ginger Shots und Matcha).

Wenn die Temperaturen steigen, ist es fast egal, wie viel sie kosten.

LEVEL LOUNGE BAR

Karte S. 144 (02 616 6101; www.crowneplaza.com; Sheikh Hamdan Bin Mohammed St, Crowne Plaza Abu Dhabi; 19–2 Uhr;) Diese entspannte Dach-Lounge am Pool des Crowne Plaza Abu Dhabi (S. 177) eröffnete 2018 nach einer Komplettrenovierung neu.

Die neuen Trennwände und Decken aus Glas bieten auf dem Dach des Wolkenkratzers selbst im Sommer inmitten der hektischen Stadt himmlische Ruhe und Kühle. Eine gute Wahl für eine Shisha und Unterhaltungen bei lässiger Musik.

STRATOS LOUNGE

Karte S. 144 (800 101 101; www.stratosabudhabi.com; Khalifa Bin Zayed the First St, Le Royal Méridien Abu Dhabi; So–Fr 17 Uhr–open end;) Bei einem Wein (Glas ab 40 Dh) oder einem klassischen Whiskey Sour (Cocktails 50–65 Dh) können Gäste in dieser sich drehenden Lounge die Stadt langsam an sich vorbeigleiten sehen.

Für edles Ambiente sorgen Stühle mit hohen Lehnen, allesamt mit Fensterblick und perfekter Aussicht auf das bunte Treiben.

TIARA RESTO CAFÉ CAFÉ

Karte S. 144 (Corniche Rd West; Urban Park, Al Markaziyah Gardens; 10–1 Uhr;) Das kleine Café im Urban Park hat eine Außenterrasse mit Blick auf die Brunnen des Parks.

Hier kann man sich zu später Stunde einen Kaffee in geselliger Runde genehmigen und in der kühlen Nachtluft eine Shisha (55 Dh) mit Doppelapfel- oder Rosenaroma paffen.

SHOPPEN

WORLD TRADE CENTER SOUK EINKAUFSZENTRUM

Karte S. 144 (www.wtcad.ae; Khalifa Bin Zayed the First St; Sa–Mi 10–22, Do & Fr bis 23 Uhr;) Die angenehme Neuinterpretation eines traditionellen Souk des britischen Architekten Sir Norman Foster präsentiert sich als schicke Komposition aus ansprechendem Holzgitterwerk, Buntglas, Fußwegen und Balkonen. Sie steht genau an der Stelle, wo sich einst der Zentralmarkt befand, und ist mit der modernen World Trade Center Mall verbunden.

MADINAT ZAYED SHOPPING & GOLD CENTRE MARKT

Karte S. 144 (www.madinatzayed-mall.com; 4th St; So–Do 9–22.30, Fr 16–22.30 Uhr) Wer zum ersten Mal einen Goldsouk besucht, wird allein von den Schaufensterdekorationen mit Halsketten, Ohrringen und Gürteln für Bräute, den Tabletts voller Edelsteinen und den Stapeln von Goldarmreifen in diesem altmodischen Einkaufszentrum fasziniert sein. Es ist außerdem für erschwingliche in goldene Halsketten und Ringe eingearbeitete Perlen bekannt.

WORLD TRADE CENTER MALL EINKAUFSZENTRUM

Karte S. 144 (☎02 508 2400; www.wtcad.ae; Hamdan St; ⊙Sa–Mi 10–22, Do & Fr bis 23 Uhr) Dieses angenehme Einkaufszentrum ist Teil des World Trade Center und bietet im Gegensatz zum „Souk" ein Shoppingerlebnis für größere Geldbeutel. Hier gibt's einen Laden von Holland & Barrett (mit großer Auswahl an Biowaren) und einen neuen und sehr beliebten teuren Turm mit Restaurants und Bars: the Hub.

Breakwater & Umgebung

Die Südwestspitze von Abu Dhabis Corniche wird vom Emirates Palace dominiert, dessen majestätische Fassade mit den schwindelerregend hohen Wolkenkratzern aus Glas und Stahl auf der anderen Straßenseite konkurriert. Ob man nun Schnappschüsse am Strand neben dem Heritage Village macht oder sich vom Aufzug zur Aussichtsplattform der Etihad Towers 300 m in die Höhe schießen lässt: Hier locken spektakuläre Ausblicke. Eine etwas dezentere Attraktion ist das Founder's Memorial. Nach Einbruch der Dunkelheit offenbart sich die durchdachte Architekturkunst des 3-D-Denkmals, das sich vor der Kulisse weiterer bunt leuchtender Hochhäuser erhebt.

SEHENSWERTES

★EMIRATES PALACE SEHENSWERTES GEBÄUDE

Karte S. 144 (☎02 690 9000; www.emiratespalace.com; Corniche Rd West) GRATIS Was das Burj Khalifa in Dubai in der Vertikalen ist, ist das Emirates Palace in Abu Dhabi in der Horizontalen – mit überkuppelten Torbauten und einer Freitreppe, die zum Foyer hinaufführt, 114 Kuppeln sowie einem 1,3 km langen Privatstrand.

Die Bausumme betrug 11 Mrd. Dirhams und das Hotel gilt als die Nobelherberge am Golf schlechthin, mit 1002 Kristalllüstern und 392 Luxuszimmern und Suiten. Man muss jedoch nicht im Emirates Palace logieren, um das Hotel in Augenschein zu nehmen, denn es fungiert gleichzeitig auch als kultureller Dreh- und Angelpunkt der Stadt.

Während der Konzertreihe Abu Dhabi Classics (S. 151) stehen hier Opern und Auftritte renommierter Orchester auf dem Programm, das Emirates Palace leistet also seinen Beitrag zur kulturellen Entwicklung der Hauptstadt. Weitere Gründe für einen Besuch sind der ungemein beliebte Nachmittagstee im Foyer (ab 387 Dh für 2 Pers.), Cocktails im angesagten **Hakkasan** (☎02 690 7749; www.hakkasan.com; ⊙15.30–1 Uhr; 📶), leckere Fischgerichte im Sayad (S. 147) und die gehobene emiratische Küche im Mezlai (S. 147).

UAE FLAGPOLE AUSSICHTSPUNKT

Karte S. 144 (Breakwater Rd) GRATIS Mit 122 m war diese gigantische Fahnenstange der höchste frei stehende Fahnenmast der Welt, als sie 2001 errichtet wurde. Sie musste diesen Rekord 2004 allerdings an den Raghadan Flagpole in Jordanien abgeben und ist mittlerweile weit abgeschlagen. Wegen der Rekordjagd kommt man ohnehin nicht, schließlich gilt die Promenade unterhalb der Fahnenstange als eine der besten Locations, um ein tolles, unverstelltes Foto von der Skyline Abu Dhabis zu schießen.

CORNICHE – AL KHALIDIYAH PROMENADE

Karte S. 144 (Corniche Rd West; ⊙24 Std.) GRATIS Wer es sich auf seiner städtischen Sonnenliege gemütlich gemacht hat, im Meer schwimmt oder unter den Bäumen flaniert, kann oft kaum glauben, dass sich hier in den 1970er-Jahren noch eine Bucht befand, in der die Daus Frachtgut und Passagiere transportierten. 2004 wurde das Areal in die 8 km lange Corniche (Promenade) umgestaltet, und zehn Jahre später verwandelte ein Projekt zur Landschaftsgestaltung das Ufer in ein öffentliches Freizeitareal vom Feinsten. Das westliche Ende auf der Höhe von Al Khalidiyah wartet mit den meisten Einrichtungen auf.

Parks, Brunnen, Rad- und Fußwege sowie Strände schlängeln sich am Meer entlang. Viele Bänke, schattige Ecken und Fitnessstationen sorgen dafür, dass das Gelände bei Spaziergängern und Joggern hoch im Kurs steht. Außerdem eröffnen hier immer mehr Cafés.

SKY TOWER AUSSICHTSPUNKT

Karte S. 144 (☎02 681 9009; Marina Mall; ⊙9–23 Uhr) GRATIS Der Aussichtsturm der Marina Mall gilt traditionell als günstigste Option für einen 360-Grad-Blick auf die Stadt: Zu

ABSTECHER

EIN TAG IN DER WÜSTE

Der große Wüstenforscher Wilfred Thesiger hat einmal behauptet, niemand könne wie die Beduinen in der Wüste leben, ohne eine Veränderung durchzumachen. Um eine Ahnung zu bekommen, was er damit gemeint haben könnte, bietet es sich an, einen Tag in den Sanddünen mit ihren Rhythmen und Gesängen zu verbringen – manche Dünen lassen bei Wind sogar ein Pfeifen hören. Jedenfalls ist dies eine wunderbare Möglichkeit, das reiche Erbe der Beduinen von Abu Dhabi zu verstehen und gleichzeitig das bemerkenswerte Wachstum der Stadt zu würdigen, die allen Widrigkeiten trotzt.

Viele Touranbieter in Abu Dhabi veranstalten Exkursionen in die Dünen der Rub al-Chali („Leeres Viertel") nahe der Liwa-Oase. Man sollte wissen, dass die meisten Touren sehr touristisch ausgerichtet sind, mit „ortstypischem" Unterhaltungsprogramm beim Abendessen und großen Camps für Übernachtungsgäste. Wen das nicht stört, für den sind sie zweifellos eine preisgünstige Möglichkeit, die eindrucksvolle Schönheit eines der unwirtlichsten Lebensräume des Planeten zu erleben. Intimere Einblicke in das Leere Viertel mit einem kleinen Camp auf einer Düne bietet **Arabian Tours** (www.arabiantours.com; Mezairaa, Liwa Hotel; Liwa Adventure Tour 300 Dh pro Pers.) bei der Liwa-Oase. Die Mindestteilnehmerzahl beträgt zwei Personen.

In Abu Dhabi bieten folgende Veranstalter halbtägige Touren mit Abendessen und Übernachtung in den Dünen vor der Liwa-Oase:

Abu Dhabi Desert Safari (☎055 484 2001; www.abudhabi-desert-safari.com; abendliche Wüstensafari 300 Dh pro Pers.; ⏲7–23.30 Uhr) Veranstaltet sowohl private Wüstenexkursionen (ab drei Personen) als auch Gruppentouren mit Übernachtung, Abendessen mit Unterhaltungsprogramm und Sandboarden.

Emirates Tours & Safari (☎02 491 2929, 24 Std. 050 532 6837; www.eatours.ae; Stadttour halber/ganzer Tag 160/360 Dh; ⏲So–Do 8–19 Uhr) Touren mit Übernachtung in einem Zelt, einem Ausflug zu einer Kamelfarm, Abendessen mit Unterhaltungsprogramm und Sandboarden.

Buche schlägt lediglich ein Kaffee im Café ganz oben.

ZAYED HERITAGE CENTRE — MUSEUM

Karte S. 144 (☎02 665 9555; www.torath.ae; Bainunah St, Al Bateen; ⏲So–Do 8–14.15 Uhr) GRATIS Wer sich für alte Museen im Retrostil interessiert, ist hier richtig. Die bunt gemischte, kuriose Sammlung von Artefakten und persönlichen Erinnerungsstücken dokumentiert das Leben von Scheich Zayid, dem Gründervater der Emirate.

Im Hauptsaal sind Zayids blauer Lieblings-Mercedes, ein ziemlich mitgenommener Land Rover, eine Falcon-Uhr, ein Gewehr, eine angebrochene Parfümflasche und jede Menge skurriler und wunderbarer Gastgeschenke, die dem Scheich von Würdenträgern überbracht wurden, ausgestellt. Dazu gehören ein ausgestopfter Leopard, eine Anakondahaut und ein Briefmarkenmosaik, das es sogar ins *Guinnessbuch der Rekorde* geschafft hat.

ETIHAD MODERN ART GALLERY — GALERIE

Karte S. 144 (☎02 621 0145; www.etihadmodernart.com; Villa 15, Al Huwelat St, Al Bateen; ⏲Sa–Do 10–22 Uhr) GRATIS Die Villa in Al Bateen ist das Werk von Khalid Seddiq Al Mutawa aus den Emiraten und dem Deutsch-Syrer Mohammed Khalil Ibrahim. Sie zeigt wechselnde zeitgenössische Ausstellungen und war die erste privat finanzierte Galerie in den Vereinigten Arabischen Emiraten, die eine große Ausstellung in Berlin präsentierte.

Neben der Kunst lockt auch ein hervorragendes, ebenso kunstvolles Café, das Art House Café (S. 148). Die Ausstellungen wechseln monatlich, außer im Sommer, wenn während der Art Souk eine Vielzahl von in den VAE lebenden Künstlern vorgestellt wird.

AL KHALIDIYAH GARDEN — PARK

Karte S. 144 (Sheikh Zayed the First St; ⏲Mo–Sa 8–1, So bis 24 Uhr) GRATIS Diese Gartenanlage bietet tolle Blicke auf das bunte Treiben. Nach Sonnenuntergang locken die Wege des Al Khalidiyah Spaziergänger und Jogger an, während das Klettergerüst in Früchteform auf dem Spielplatz am Wochenende bei einheimischen Frauen mit ihren Kindern ein beliebtes Ziel ist (für Jungs über zehn Jahre nicht erlaubt).

Abu Dhabi Corniche & Umgebung

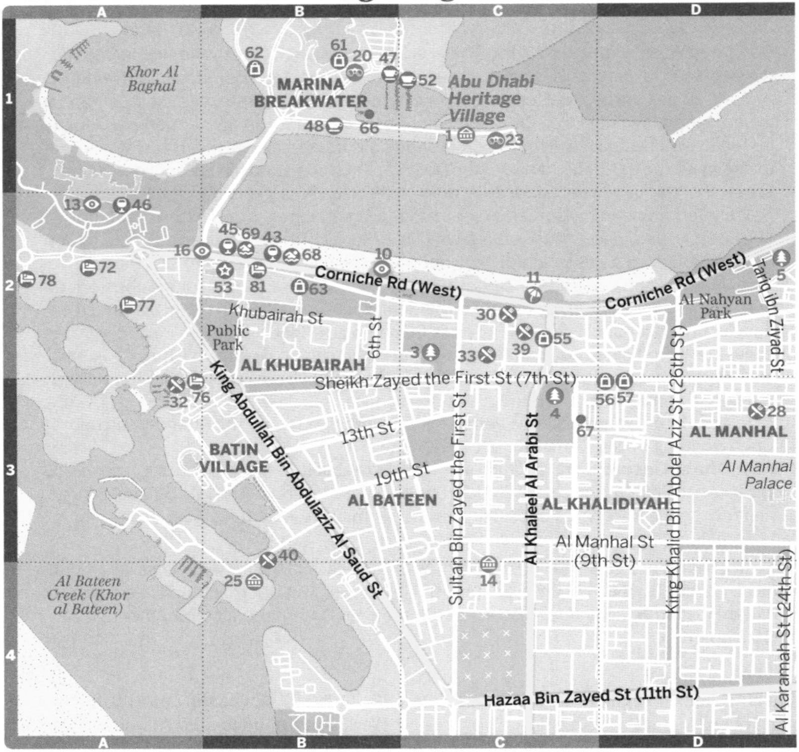

AL KHALIDIYAH PUBLIC PARK PARK

Karte S. 144 (Khalidiyah Garden; Sheikh Zayed the First St; Erw./Kind 1 Dh/frei; ⌚24 Std.) Dieser Park, einer von vielen schattigen Parks in Abu Dhabi, gewährt im Sommer eine wohltuende Verschnaufpause von der Hitze an der Corniche. Geboten sind ein Joggingpfad (Rundkurs von 20 Min.) sowie eine Fülle von Klettergerüsten und anderen Attraktionen für Kinder.

ESSEN

Wer in und um Marina Breakwater essen gehen möchte, für den ist der Himmel die Grenze – und zwar im wahrsten Sinn des Wortes, wenn sich jemand für das Observation Deck der Etihad Towers entscheidet. Die kulinarische Bandbreite reicht von feudalen nahöstlichen und emiratischen Schlemmereien bis hin zu köstlichen Leckereien aus dem Meer. Günstigere Optionen servieren die Cafés entlang der Corniche und in der Marina Mall.

SHISH SHAWERMA NAHÖSTLICH $

Karte S. 144 (☎02 681 5733; www.shishshawerma.com; abseits Corniche Rd West; Shawarma 10,50 Dh; ⌚10–1 Uhr) In diesem Shawarma-Lokal herrscht abends große Betriebsamkeit, dann geht hier eine Take-away-Bestellung nach der nächsten ein. Die Standardvarianten mit Rindfleisch oder Hühnchen werden in frisch im Ziegelofen gebackenem Pita-Brot direkt an der Theke serviert. Je nach Kundenwunsch kommen noch Käse, Hummus und scharfe Soße hinzu – Daumen hoch!

Der Imbiss liegt an einer Nebenstraße hinter der Rotana Mall.

AUTOMATIC RESTAURANT NAHÖSTLICH $

Karte S. 144 (☎02 677 7445; 12th St, Al Khalidiya; Sandwiches 6–14 Dh, Mezze 12–20 Dh, Hauptgerichte 20–55 Dh; ⌚10.30–1 Uhr; ✎) Neben Falafel, *fuul* (Bohnenpüree) und Shawarma-Sand-

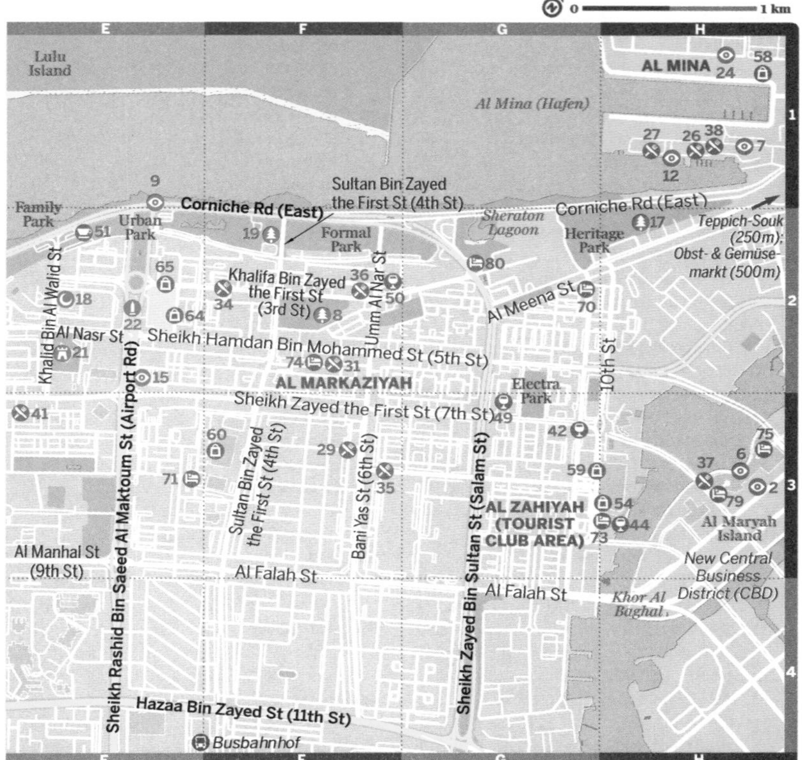

wiches gibt's hier auch Leckereien vom Holzkohlegrill für Fleischliebhaber, dafür sorgt eine große Auswahl an nahöstlichen Kebab-Klassikern. Die Restaurantkette ist eine regelrechte Institution in der Golfregion, ein Besuch ist also ein Muss!

CAFÉ DU ROI — CAFÉ $

Karte S. 144 (☎02 681 6151; www.cafeduroi.com; Corniche Rd West; Hauptgerichte 38–48 Dh; ⏱7–24 Uhr; 📶) Das altmodische Café ist ein beliebter Treffpunkt für Einheimische und serviert neben Kaffee, Kuchen, Croissants und Sandwich-Klassikern auch ein paar Nudelgerichte.

Bei einem Spaziergang entlang der Corniche bietet sich hier ein Zwischenstopp an.

CHO GAO MARINA WALK — ASIATISCH $$

Karte S. 144 (☎02 666 6888; www.abudhabi.intercontinental.com; Marina Walk, Intercontinental Hotel; Hauptgerichte 50–180 Dh; ⏱So–Do 16–1, Fr & Sa bis 2 Uhr; P📶) Die zweite Filiale dieses beliebten Restaurants – das Original (S. 140) befindet sich in der Innenstadt – bietet eine traumhafte Lage am Wasser. Der Blick auf den Jachthafen macht sie zu einer Topadresse.

Die Speisekarte ist von Klassikern aus ganz Asien geprägt, die Atmosphäre stets gesellig und vergnügt.

TASHAS — INTERNATIONAL $$

Karte S. 144 (☎02 245 0890; www.tashascafe.com; Marsa, Al Bateen; Hauptgerichte 55–202 Dh; ⏱8–24 Uhr; P📶🌶) Das stilvolle südafrikanische Restaurant überzeugt mit warmem Holz, Erdtönen und herzlichem Personal.

Kulinarischer Schwerpunkt sind kreative Salate mit Quinoa, geröstetem Butternut-Kürbis, Halloumi, Fenchel und *labneh* (sämiger Joghurt mit Knoblauch), zudem gibt's moderne Hauptgerichte nach Bistro-Art wie mediterrane Lammkoteletts mit Fetakäse, Oliven und Zaziki, oder scharf angebratener Lachs mit Blumenkohlpüree.

Auch die Frühstücksauswahl ist beliebt.

Abu Dhabi Corniche & Umgebung

Highlights

1 Abu Dhabi Heritage Village C1

Sehenswertes

2 Abu Dhabi Global Market Square H3
3 Al Khalidiyah Garden C2
4 Al Khalidiyah Public Park C3
5 Al Markaziyah Gardens D2
6 Al Maryah Island Promenade.............. H3
7 Al-Mina-Fischmarkt H1
Burj Mohammed Bin Rashid ....(siehe 64)
8 Capital Gardens.................................. F2
9 Corniche E1
10 Corniche – Al Khalidiyah..................... B2
11 Corniche Beach................................... C2
12 Dhow Harbour H1
13 Emirates Palace................................... A2
14 Etihad Modern Art Gallery.................. C4
15 Etisalat Head Office............................ E2
16 Founder's Memorial B2
17 Heritage Park...................................... H2
18 Khalifa Mosque................................... E2
19 Lake Park & Formal Park F2
20 Marina Eye B1
Observation Deck at 300 ....(siehe 77)
21 Qasr Al Hosn.. E2
Sky Tower ....(siehe 61)
22 Street Sculptures E2
23 UAE Flagpole C1
24 Warehouse 421.................................... H1
25 Zayed Heritage Centre......................... B4

Essen

26 Al Dhafra Restaurant........................... H1
Al Ibrahimi Restaurant ....(siehe 71)
27 Al Mina Modern Cuisine & Restaurant H1
Arabica Booza ....(siehe 64)
28 Automatic Restaurant......................... D3
29 Bait El Khetyar F3
Biryani Pot.....................................(siehe 2)
Butcher & Still..........................(siehe 75)
30 Café Du Roi C2
Cafe Milano ....(siehe 75)
31 Cafeteria Al Liwan................................ F2
Cho Gao ....(siehe 74)
32 Cho Gao Marina Walk A3
Coya ....(siehe 75)
Crust ....(siehe 75)
Dai Pai Dong.................................(siehe 2)
Finz ....(siehe 73)
Godiva Chocolate Café ....(siehe 2)
33 Jones the Grocer C2
Kamoon.....................................(siehe 78)
34 La Brioche Café.................................... F2
Le Café ....(siehe 13)
35 Lebanon Mill... F3
Li Beirut.....................................(siehe 77)
36 Marakesh F2
Mezlai ....(siehe 13)
37 Roberto's.. H3
38 Saudi Kitchen.. H1
Sayad ....(siehe 13)
Shakespeare & Co ....(siehe 65)
39 Shish Shawerma................................... C2
Tamba ....(siehe 64)
Tarbouche Al Basha ....(siehe 65)
40 Tashas... B3
Vasco's......................................(siehe 69)
Virona...(siehe 7)
41 Zahrat Lebnan E3
Zuma ....(siehe 2)

Ausgehen & Nachtleben

42 49er's G3
Al Meylas ....(siehe 75)
Art House Cafe..........................(siehe 14)
43 Asia De Cuba.. B2

★ LI BEIRUT — LIBANESISCH $$$

Karte S. 144 (☎02 811 5666; www.jumeirah.com; Corniche Rd West; Jumeirah at Etihad Towers; Mezze 40–50 Dh, Hauptgerichte 80–210 Dh, Menü ab 295 Dh; ⏲Sept.–Mai 12–15 & 19–24 Uhr, Juli & Aug. nur Abendessen; 📶) Hier wartet ein levantinisches Festmahl mit gehobener Küche.

Auf libanesische Mezze-Klassiker wie *moutabel* (mit Tahini, Joghurt und Olivenöl verfeinertes Auberginenpüree) und *muhammara* (Dip mit roter Paprika und Walnüssen) folgen Lammkarree mit einer Kruste von *zaatar* (Gewürzmischung, u. a. mit Ysop, Sumach und Sesam) oder mit *freekeh* (typischer gerösteter grüner Weizen) gefüllte Wachtel.

VASCO'S — FISCH & MEERESFRÜCHTE $$$

Karte S. 144 (☎02 681 1900; www.radissonblu.com; Corniche Rd West; Radisson Blu; Hauptgerichte 80–189 Dh; ⏲So–Do 12–15.30 & 19–23 Uhr; 🍷) Von der Terrasse sieht man den Golf, die Mitarbeiter sind entgegenkommend und gastfreundlich und auf der Speisekarte mit Fokus auf Fisch und Meeresfrüchten steht eine interessante Mischung aus regionaler und internationaler Küche. Kein Wunder also, dass es sich empfiehlt, vorab einen Tisch zu reservieren. Der typische Vasco-Touch auf der Speisekarte – Zackenbarsch mit iberischen Gewürzen, *cataplana* (Gericht mit Fisch und Meeresfrüchten aus der Algarve,

Belgian Café ....(siehe 76)
Bentley Kitchen ....(siehe 2)
44 Brauhaus H3
Butcher & Still ....(siehe 75)
Eclipse Terrace Lounge............(siehe 75)
45 Escape B2
46 Hakkasan.. A2
47 Havana Café & Restaurant.................. B1
Hemingway's ....(siehe 53)
48 Hookah Lounge B1
Idioms ....(siehe 39)
La Cava ....(siehe 2)
Level Lounge ....(siehe 74)
49 Planet Café G3
Raw Place ....(siehe 65)
Ray's Bar..................................(siehe 77)
50 Stratos F2
51 Tiara Resto Café E2
52 Yacht Gourmet Restaurant.................. C1

Unterhaltung

Heroes ....(siehe 74)
53 Jazz Bar & Dining B2
Rock Bottom Cafe.......................(siehe 70)
Vox Cinemas..............................(siehe 61)
Vox Cinemas Abu Dhabi..........(siehe 54)

Shoppen

Abu Dhabi Co-op Hypermarket (siehe 54)
54 Abu Dhabi Mall H3
Avenue at Etihad Towers ....(siehe 77)
55 Centre of Original Iranian Carpets....... C2
56 Eclectic D3
57 Folklore Gallery.................................... D3
Galleria Mall ....(siehe 2)
58 Iranian Souk H1
59 Khalifa Centre...................................... G3
60 Madinat Zayed Shopping & Gold Centre F3

Maison Samira Maatouk...........(siehe 61)
61 Marina Mall... B1
62 Miraj Islamic Arts Centre...................... B1
63 Nation Galleria B2
Organic Foods & Café..............(siehe 63)
Wafi Gourmet.............................(siehe 63)
64 World Trade Center Mall E2
65 World Trade Center Souk..................... E2

Sport & Aktivitäten

66 Abu Dhabi Dhow Cruise........................ B1
67 Abu Dhabi Pottery Establishment........ C3
Beach Rotana Club ....(siehe 73)
Big Bus Abu Dhabi ....(siehe 61)
Bounce Abu Dhabi ....(siehe 61)
Emirates Palace Spa.................(siehe 13)
68 Nation Riviera Beach Club.................. B2
69 Radisson Blu Beach Club B2
Sense Spa ....(siehe 2)

Schlafen

70 Al Diar Capital Hotel............................ G2
71 Al Jazeera Royal Hotel E3
72 Bab Al Qasr A2
73 Beach Rotana Hotel............................. H3
74 Crowne Plaza Abu Dhabi F2
Emirates Palace ....(siehe 13)
75 Four Seasons Abu Dhabi H3
76 InterContinental Abu Dhabi................. A3
77 Jumeirah at Etihad Towers................... A2
78 Khalidiya Palace Rayhaan by Rotana A2
79 Rosewood Abu Dhabi H3
80 Sheraton Abu Dhabi Hotel & Resort.. G2
81 St Regis Abu Dhabi B2

in einem Kupfertopf gekocht) – macht den immensen Einfluss bewusst, den die Portugiesen einst in dieser Region hatten.

SAYAD FISCH & MEERESFRÜCHTE $$$

Karte S. 144 (02 690 7999; www.kempinski.com; Corniche Rd West; Emirates Palace; Hauptgerichte 133–450 Dh; 18.30–23.30 Uhr;) In deutlichem Kontrast zum vielen Marmor und Gold im Emirates Palace serviert das Sayad die besten Fisch- und Meeresfrüchtegerichte der Stadt in einer eindrucksvoll aquamarinblauen Kulisse.

Auf den Tisch kommen Steinbuttfilet mit Parmesankruste an Quinoa in cremiger Fisch-Velouté, gegrillte Austern und Rote-Bete-Risotto. Wer es einfacher mag, bestellt den Fang des Tages, gegrillt, gebraten, gedämpft oder pochiert.

★ MEZLAI AUS DEN EMIRATEN $$$

Karte S. 144 (02 690 7999; www.kempinski.com; Corniche Rd West; Emirates Palace; Hauptgerichte 128–318 Dh; 13–22.30 Uhr;) Der Name bedeutet „altes Türschloss". Das Mezlai bietet die Gelegenheit, traditionelle emiratische Küche in der Atmosphäre eines edlen Beduinenzelts zu genießen.

Das Essen wird aus lokalen Biozutaten zubereitet. Zu den Klassikern zählen *medfoun* (in einem Bananenblatt in der Erde gekochte Lammschulter) und langsam geschmortes Kamelfleisch, verfeinert mit Rosenwasser und mit Rosinen und Cashews serviert.

AUSGEHEN & NACHTLEBEN

In den beliebten Cafés von Marina Breakwater dreht sich alles um Shishas, die abendliche Lieblingsbeschäftigung der Einheimischen, und am besten tut man es ihnen gleich. Internationaler geht's in den vielen Hotelbars und Lounges in der Gegend zu. Nicht vergessen, sich in Schale zu werfen – meist wird von den Gästen „legere Eleganz" erwartet.

★OBSERVATION DECK AT 300 — AUSSICHTSPUNKT

Karte S. 144 (☎02 811 5666; www.jumeirah.com; Corniche Rd West; Tower 2, Jumeirah at Etihad Towers; Eintritt 95 Dh, High Tea mit/ohne Champagner 300/210 Dh; ⏲10–19 Uhr) Nach einer Aufzugfahrt ins 74. Stockwerk (unterwegs fallen eventuell die Ohren zu) warten Panoramablicke auf die Hochhäuser und die Küste. Die Angabe „300" bezieht sich darauf, dass sich das Café 300 m über dem Meeresspiegel befindet. Das Café vor Ort serviert den höchsten High Tea der Stadt. Im Eintritt sind 50 Dh für Essen und Getränke inbegriffen.

BELGIAN CAFÉ — BAR

Karte S. 144 (☎02 666 6888; www.belgianbeercafe.com; King Abdullah Bin Abdulaziz Al Saud St, InterContinental Hotel; Bier 28–65 Dh; ⏲Sa–Di 16–1, Mi bis 2 Uhr; 📶) Bierfans sitzen auf der Arabischen Halbinsel weitgehend auf dem Trockenen, aber das belgische Café am InterContinental (S. 178) lockt mit einer sehr befriedigenden Auswahl, darunter fünf belgische Biere vom Fass und rund 20 weitere in der Flasche. Das Ambiente ist klassisch europäisch und in den kühleren Monaten erinnert das Ganze an einen riesigen Biergarten.

★RAY'S BAR — BAR

Karte S. 144 (☎02 811 5666; www.jumeirah.com; Corniche Rd West; Jumeirah at Etihad Towers; ⏲17–2 Uhr; 📶) Wer Abu Dhabis waghalsige architektonische Vision aus der ersten Reihe bewundern möchte, kann mit dem Lift in diese Bar im 62. Stock des Jumeirah der Etihad Towers sausen. Hier dreht sich alles um Cocktails (mit und ohne Alkohol) und die Aussicht auf die Wolkenkratzer. Bei Sonnenuntergang wird das Licht von dem vielen Stahl und Glas reflektiert – ein eindrucksvoller Anblick!

HOOKAH LOUNGE — CAFÉ

Karte S. 144 (☎02 666 1179; www.pentainvestment.net; Breakwater Rd, gegenüber Marina Mall; ⏲Mo–Sa 9–1, So bis 24 Uhr) Die Hookah Lounge ist bei Einheimischen ungemein beliebt, befindet sich direkt am Wasser und bietet einen grandiosen Blick auf die Stadt.

Der Fokus liegt hier, wenig überraschend, auf Shishas (ab 62 Dh). Am besten tut man es den Einheimischen gleich, bestellt eine Shisha mit Wassermelone- oder Traubengeschmack und genießt diese bei einem marokkanischen Minztee oder Fruchtsaft.

ART HOUSE CAFE — CAFÉ

Karte S. 144 (www.facebook.com/arthousecafead; Villa 15, Al Huwelat St, Al Bateen; ⏲So–Do 9–23.30, Fr & Sa 10–24 Uhr; 📶) Neben der Etihad Modern Art Gallery (S. 143), und ihr zugehörig, ist dieses Künstlercafé mit einem schattigen Innenhof samt Tischen und Stühlen aus recycelten Ölfässern und Benzinkanistern ein farbenfroher Boheme-Treffpunkt. Es gibt sowohl guten Kaffee, exzellente Smoothies und Frühstück als auch Wraps, Salate und Burger für hungrige Gäste.

ESCAPE — BAR

Karte S. 144 (☎02 692 4344; www.radissonblu.com; Corniche Rd West; Radisson Blu Beach Club; ⏲9–1 Uhr; 📶) Die Bar mit Shisha-Café im Radisson Blu Beach Club (S. 152) ist für die Öffentlichkeit zugänglich und befindet sich in bester Lage am Strand. Zu den recht gesalzenen Rauchpreisen (Shishas nur 12–24 Uhr, 70–80 Dh) gibt's immerhin einen sensationellen Blick auf die Skyline von Abu Dhabi dazu, außerdem Cocktails, Bier (28–47 Dh), Wein (Glas ab 38 Dh) und leichte Snacks. Zur Happy Hour von 17 bis 21 Uhr kosten manche Getränke nur 26 Dh.

MAISON SAMIRA MAATOUK — KAFFEE

Karte S. 144 (www.maisonmaatouk.com; Untergeschoss, Marina Mall; ⏲Sa–Mi 10–22, Do & Fr bis 24 Uhr) Maison Samira Maatouk wurde in den 1960er-Jahren im Libanon gegründet und ist ein großer Name, was arabischen Kaffee angeht. In diesem Kiosk in der Marina Mall (S. 151) werden hauseigene Röstungen verkauft.

LE CAFÉ — CAFÉ $$$

Karte S. 144 (☎02 690 7999; www.emiratespalace.com; Corniche Rd West; Emirates Palace; High Tea für 2 Pers. 387–478 Dh; ⏲6.30–1 Uhr, High Tea 14–

HIGHLIGHT

EINE ZEITREISE IM ABU DHABI HERITAGE VILLAGE

Dieses rekonstruierte Dorf vermittelt einen Einblick in das Leben in den VAE vor dem Ölboom – ein Leben, das in vielen Teilen der Arabischen Halbinsel bis zum heutigen Tag noch sichtbar ist. Der mit einer Mauer umgebene Komplex umfasst alle wichtigen Elemente, die das traditionelle Leben am Golf prägen: ein Fort, um übers Meer kommende Eindringlinge abzuhalten, einen Souk, um mit netten Nachbarn Ziegen gegen Datteln einzutauschen, und eine Moschee, die daran erinnert, welch eine wichtige Rolle der Islam im Alltag spielt.

Einen Blick lohnen das traditionelle *barasti*-(Palmblätter)-Haus, das den Zweck hat, die Brise aufzufangen, die durch die aufrecht stehenden Palmwedel weht, ein von Ochsen gezogener Brunnen, ohne den ein sesshaftes Leben gar nicht möglich wäre, und das antike Bewässerungssystem (*falaj*), mit dem die Feldfrüchte in den Plantagen von Al Ain und der Oase Liwa bis heute bewässert werden. Außerdem kann man den Handwerkern in der Gerberei, Töpferei und Glasbläserwerkstatt über die Schulter schauen. Andernorts werden die Klingen der *khanjars* geschliffen. Die traditionellen Krummdolche sind noch immer Bestandteil zeremonieller Trachten.

Zum Schluss lohnt sich noch ein Besuch im Alten Fort im Museum mit seinem traditionellen Windturm, der zur Kühlung der Räumlichkeiten dient. Sehenswert sind auch die Schmuckausstellungen sowie die Erinnerungsstücke aus der Zeit der kommerziellen Perlentaucher, auf die sich Abu Dhabi gründete, bis die Entdeckung der Ölvorkommen diesen Industriezweig überflüssig machten.

NICHT VERSÄUMEN

- Old Fort Museum
- Spice Shop
- Demonstrationen der Handwerker

PRAKTISCH & KONKRET

- Karte S. 144, C1
- www.torath.ae
- Breakwater Rd
- Eintritt frei
- Sa–Do 9–16, Fr 15.30–21 Uhr

18 Uhr;) Vom prachtvollen Eingang des Emirates Palace (S. 142) läuft man durch die vergoldete zentrale Kuppel zum Le Café in der hinteren Lobby, das Cappuccino, der mit 24-Karat-Goldflocken bestäubt wurde (73 Dh), und *camelccino* (60 Dh) kredenzt.

Wer es noch dekadenter möchte, kommt zum High Tea. Dieser ist eine echte Institution und bietet eine Auswahl an sechs Sandwiches, die sowohl englische als auch arabische Traditionen erkennen lassen.

YACHT GOURMET RESTAURANT CAFÉ
Karte S. 144 (02 222 2886; nahe Marina Mall, Marina Village; 24 Std.;) Neben einer Auswahl an Fruchtsäften, alkoholfreien Cocktails und Heißgetränken bietet das einfache Café eine tolle Außenterrasse mit Blick auf den Jachthafen, die zu einem Abend mit Shisha und *karak chai* (würziger Tee) einlädt.

HAVANA CAFÉ & RESTAURANT CAFÉ
Karte S. 144 (02 681 0044; Corniche Rd West; So–Do 9–2, Fr & Sa bis 3 Uhr;) Die Terrasse dieses enorm beliebten Shisha-Cafés bietet einen sagenhaften Blick auf das nächtliche Abu Dhabi und ist dementsprechend brechend voll mit Leuten, die paffen, rauchen oder etwas trinken. Der Service ist trotz des Gästeansturms aufmerksam und gegen den Hunger hilft eine leckere Speiseauswahl, darunter verschiedene *fiteer* (ägyptisches Gebäck). Auch die alkoholfreien Cocktails können sich sehen lassen.

HEMINGWAY'S BAR
Karte S. 144 (02 681 1900; Corniche Rd West; Radisson Blu Hotel & Resort Abu Dhabi; So–Mi 12–2, Do & Fr bis 3 Uhr;) Diese internationale Cantina (Tex-Mex und irisch) ist bei seit Langem

SHISHA-CAFÉS

In Abu Dhabi kennzeichnen zwei Dinge die heiße, feuchte Luft eines typisch arabischen Abends: Die nach Apfel duftenden Rauchschwaden, die spiralförmig über den Eckcafés aufsteigen, und das tiefe Gurgeln der Wasserpfeifen, das wie ein grummelndes Kamel klingt. Shisha-Cafés verteilen sich vom Meeresufer über die Parks der Corniche im Landesinneren bis zu den Terrassen von Breakwater und bieten eine wunderbare alkoholfreie Möglichkeit, sich unter die Einheimischen zu mischen.

Die Angewohnheit des Shisha-Rauchens, auch als *hookah* oder *hubble-bubble* bekannt, hat ihren Ursprung vor Hunderten von Jahren in Persien und Indien. In der Region sind Shisha-Cafés meist eine rein männliche Domäne: Die Herren fläzen sich auf allgegenwärtigen weißen Stühlen, schauen träge Fußball im Fernsehen und unterbrechen ihr Paffen und Ziehen nur hin und wieder, um sich halbherzig bei ihrem Sitznachbarn zu echauffieren oder beim Kellner heiße Kohlen zu ordern. In Abu Dhabi sind diese Cafés jedoch eine gemischte Angelegenheit. Hier sieht man auch Frauen in schwarzen *abayas* (bodenlangen Gewändern) mit glitzernden Diamantmanschetten, die sittsam an samtumhüllten Mundstücken saugen und ihre angeregten Unterhaltungen nur kurz für den nächsten Zug unterbrechen.

Es gibt den weitverbreiteten Irrtum, dass, nur weil der Rauch durchs Wasser eingeatmet wird, sämtliche Giftstoffe herausgefiltert seien, aber das ist nicht der Fall. Tatsächlich sind Ärzte der Ansicht, Shishas seien noch gesundheitsschädlicher als Zigaretten, nicht zuletzt, weil eine typische Shisha-Sitzung eine Stunde dauert und man 200-mal an der Nikotinpfeife zieht – an einer durchschnittlichen Zigarette aber nur 20-mal.

Wer sich versucht fühlt, diese duftende Freizeitbeschäftigung selbst einmal auszuprobieren, findet hier unsere Top-3-Cafés in der Innenstadt:

- ➡ Hookah Lounge (S. 148)
- ➡ Escape (S. 148)
- ➡ Yacht Gourmet Restaurant (S. 149)

hier lebenden Ausländern beliebt. Im Hemingway's kann man prima vor den großen Fernsehern abhängen und Bier, Chips (wenn auch Nacho-Chips) und Fußball genießen. Jeden Abend legt ab 19 Uhr ein DJ auf, und von 16 bis 20 Uhr ist Happy Hour.

SHOPPEN

Shoppingliebhaber steuern in erster Linie die gigantische Marina Mall an. In der kleineren Nation Galleria (ein Zwerg für emiratische Verhältnisse) gibt's exklusivere Geschäfte.

★ WAFI GOURMET LEBENSMITTEL

Karte S. 144 (www.wafigourmet.com; Corniche Rd West; Nation Galleria; ⌚Mo–Sa 9–24, So ab 8.30 Uhr) Hier gibt's herrliche Medjool-Datteln, gefüllt mit Pistazien, Cashews, Mandeln oder Orangen; köstliches Marzipan, Baklava und andere nahöstliche Süßigkeiten; Fläschchen mit Rosenwasser zum Mitnehmen und einen wundervollen Feinkostladen mit Bäckerei und Restaurant. Das Wafi Gourmet ist die perfekte Adresse für Feinschmecker, die den Geschmack Arabiens mit nach Hause nehmen wollen.

MIRAJ ISLAMIC ARTS CENTRE KUNST & KUNSTHANDWERK

Karte S. 144 (☎050 250 3950; www.mirajislamicartcentre.com; Villa 14, Marina Office Park; ⌚9–18 Uhr) Teppiche, Textilien, Schmuck, Skulpturen, edle Vasen, Möbel mit Marmorintarsien und Kalligrafie gehören zu den Kunstwerken aus der islamischen Welt, die in dieser teuren Galerie präsentiert werden.

NATION GALLERIA EINKAUFSZENTRUM

Karte S. 144 (☎02 681 8824; Corniche Rd West; Nation Towers) Das kleine Einkaufszentrum ist dem extravaganten Shoppingsegment verschrieben (z. B. ein Lamborghini-Händler) und lohnt einen Besuch, wenn man auf der Suche nach dekadenten kulinarischen Mitbringseln ist.

Hier befindet sich eine riesige Filiale der libanesischen Feinkostkette Wafi Gourmet.

AVENUE AT ETIHAD TOWERS MODE & ACCESSOIRES

Karte S. 144 (☎800 384 4238; www.avenueatetihadtowers.ae; Corniche Rd West; Jumeirah at

Etihad Towers; wechselnde Öffnungszeiten) In dem kleinen Einkaufszentrum im Podiumgebäude der Etihad Towers dreht sich alles um renommierte Designerboutiquen.

Hier sind sämtliche internationalen Marken vertreten, von Cartier bis Versace, außerdem auch lokale Namen wie der exklusive emiratische Schokoladenhersteller Manwa und Hind Al Oud, die Parfümerie aus den Emiraten.

CENTRE OF ORIGINAL IRANIAN CARPETS INNENEINRICHTUNG
Karte S. 144 (02 681 1156; www.coicco.com; Al Khaleej Al Arabi St; Sa–Do 9.30–13.30 & 17–21.30, Fr 17–21.30 Uhr) In dieser Teppichgalerie, die gleich drei Etagen einnimmt, haben die Kunden wahrlich die Qual der Wahl unter mehr als 4000 Teppichen – eine der umfangreichsten Teppichkollektionen im gesamten Nahen Osten.

Auf der umfassenden Website des Ladens finden sich ein nützlicher Leitfaden für den Einkauf und ein Glossar.

ORGANIC FOODS & CAFÉ BIOPRODUKTE
Karte S. 144 (www.organicfoodsandcafe.com; Corniche Rd West; Nations Galleria; 9–23 Uhr)  Dieser Bioladen in der Nation Galleria ist die erste Wahl in Abu Dhabi für Bio- und Naturprodukte und -kosmetik.

ECLECTIC ANTIQUITÄTEN
Karte S. 144 (02 666 5158; www.facebook.com/eclectic.antiques.and.furniture; Ecke Zayed the First & Sha'm St; Sa–Mi 10.30–14 & 17–21, Do 11–19 Uhr) Hier macht es wirklich Spaß zu stöbern. Neben alten Möbeln und Textilien werden neue Gemälde, Keramiken und Skulpturen von Künstlern aus der Golfregion angeboten. Der Laden ist allerdings ziemlich schwer zu finden: Er versteckt sich im Zwischengeschoss (Ebene 0 im Lift) des Gebäudes mit dem Patchi-Geschäft.

ABU DHABI POTTERY ESTABLISHMENT KUNST & KUNSTHANDWERK
Karte S. 144 (050 558 1584; www.abudhabipottery.com; 16th St; 2-stünd. Kurs 205 Dh; Sa–Do 10–21 Uhr) Die Gruppe wurde von der angesehenen iranischen Töpferin Homa Vafaie-Farley gegründet und bietet Töpferkurse jeden Niveaus für Erwachsene und Kinder.

FOLKLORE GALLERY KUNST
Karte S. 144 (02 666 0361; www.folkloregallery.net; Sheikh Zayed the First St; Sa–Do 9–13 & 16–21 Uhr) Kunterbunter Kunstladen, der 1995 überwiegend als Bilderrahmenservice in Betrieb ging und lokale Kunstwerke für jeden Geschmack anbietet.

Wer ein bisschen stöbert, findet vielleicht ein echtes Lieblingsstück fürs Zuhause, es gibt jedoch auch viel Tand.

MARINA MALL EINKAUFSZENTRUM
Karte S. 144 (02 681 2310; www.marinamall.ae; Sa–Mi 10–22, Do & Fr bis 24 Uhr;) Neben über 400 Geschäften bietet dieses beliebte Einkaufszentrum jede Menge Unterhaltungsoptionen, darunter ein Multiplex-Kino, **Bounce** (04 3211 400; www.bounce.ae; über/unter 110 cm Körpergröße 85/75 Dh; Sa–Mi 10–22, Do & Fr bis 24 Uhr), eine Trampolinhalle für Kinder, das Emirates Bowling Village und das **Marina-Eye-Riesenrad** (www.freijwheels.com; Erw./Kind 55/30 Dh; So–Mi 11–23, Do–Sa bis 1 Uhr) direkt vor der Tür.

UNTERHALTUNG

JAZZ BAR & DINING LIVEMUSIK
Karte S. 144 (02 681 1900; Corniche Rd West; Radisson Blu Hotel & Resort Abu Dhabi; Hauptgerichte 105–155 Dh; Sa–Mi 19–2 Uhr, Do & Fr bis 3 Uhr;) Dieser stilvolle Supper Club im Radisson Blu zieht ein lässiges Publikum an und serviert internationale Küche in modernem Art-déco-Ambiente.

Aber hier geht's weniger ums Essen und Trinken als um die Musik: Ab 21.30 Uhr spielt eine vierköpfige Jazzband vor rhythmisch mit dem Kopf nickenden Zuschauern. Montag und Mittwoch ist Ladies' Night.

ABU DHABI CLASSICS MUSIK
(www.abudhabimusic.ae; Tickets 80–350 Dh; Sept.–April) Im Rahmen dieser Konzertreihe finden großartige klassische Konzerte von bekannten internationalen Solisten und berühmten Orchestern statt, u. a. im Emirates Palace und Manarat Al Saadiyat in Abu Dhabi sowie im historischen Al Jahili Fort in Al Ain aus dem späten 19. Jh.

VOX CINEMAS KINO
Karte S. 144 (02 681 8464; www.uae.voxcinemas.com; Marina Mall; Tickets 35–150 Dh) Wer nach Abkühlung oder einer Auszeit für die Kinder sucht, ist in diesem ultrakomfortablen Kino mit sämtlichen aktuellen Hollywood- und Bollywood-Streifen in 2-D, 3-D und 4-D genau richtig. Tickets kann man online kaufen.

SPORT & AKTIVITÄTEN

BIG BUS ABU DHABI — BUSTOUR

Karte S. 144 (☎02 449 0026; www.bigbustours.com; 24 Std. Erw./Kind 260/166 Dh; ⊙9–17 Uhr) Diese Hop-on-Hop-off-Bustour mit empfehlenswerten Kommentaren bietet eine praktische Möglichkeit für eine erste Orientierung.

Die Route führt zu allen wichtigen Sehenswürdigkeiten, darunter die Etihad Towers (S. 142), die Große Scheich-Zayid-Moschee (S. 135) und der Louvre Abu Dhabi (S. 167). Eine zweite angeschlossene Route führt nach Yas Island.

Einsteigen kann man an jeder Haltestelle, offizieller Startpunkt ist die Marina Mall. Von hier aus starten zwischen 9 und 17 Uhr alle halbe Stunde Busse auf die Hauptroute.

Eine Dau-Fahrt – ab der letzten Haltestelle in Marina Breakwater auf der Hauptroute – ist im Ticketpreis inbegriffen, ebenso die separate Yas-Island-Route. An der Großen Scheich-Zayid-Moschee verkehren zwischen 10 und 17.30 Uhr alle 90 Minuten entsprechende Anschlussbusse.

Tickets werden online und im Bus beim Einstieg verkauft.

EMIRATES PALACE SPA — SPA

Karte S. 144 (☎02 690 7978; www.kempinski.com; Corniche Rd West; Emirates Palace; ⊙10–23 Uhr) Wer dem ultimativen Nichtstun frönen möchte, sollte sich nach dem 5½-stündigen „Day of Gold“-Ritual erkundigen. Es beinhaltet eine 24-Karat-Gesichtsbehandlung, eine Gold-Anwendung von Kopf bis Fuß sowie eine Massage mit Gold-Sheabutter. Wenn man sich hier hinterher nicht wie Tutenchamun fühlt, kann einem jedenfalls keiner vorwerfen, man hätte es nicht versucht. Preise auf Anfrage (besser vorher hinsetzen!).

NATION RIVIERA BEACH CLUB — SCHWIMMEN

Karte S. 144 (☎02 694 4780; www.nationrivierabeachclub.com; Corniche Rd West; Tageskarte pro Pers./Paar/Familie So–Do 160/265/370 Dh, Fr & Sa 210/315/420 Dh; ⊙6–22 Uhr) Dank des Plantagenstils mit weißen Pavillons und subtropischen Pflanzen wirkt dieser teure Club des **St. Regis Hotel** (Karte S. 144; ☎02 694 4444) sofort sehr ansprechend. Hier gibt's eine Dampfkabine, eine Sauna, einen Whirlpool und einen Fitnessraum – also jede Menge Aktivitäten für alle, die einfach nicht still sitzen können. Wer diese Fähigkeit hingegen besitzt, hat seine Freude an dem 200 m langen gepflegten Privatstrand, von dem sich ein beschaulicher Blick auf Breakwater und darüber hinaus bietet.

Für den Hunger zwischendurch serviert das beliebte Restaurant **Asia de Cuba** (☎02 699 3333; www.asiadecuba.com; ⊙So–Mi 15–24, Do & Fr 12–2, Sa 12–24 Uhr; 📶) asiatische Fusion-Küche im selben Komplex.

RADISSON BLU BEACH CLUB — SCHWIMMEN

Karte S. 144 (☎02 681 1900; www.radissonblu.com; Corniche Rd West; Erw./Paar/Kind Fr & Sa 160/235/80 Dh, So–Do 105/170/80 Dh; ⊙8–20 Uhr) Dieser empfehlenswerte Strandclub befindet sich in Top-Lage am westlichen Ende der Corniche.

Er liegt inmitten von wunderschön gestalteten Gärten am weißen Sandstrand im Schatten von Palmen. Der Club bietet drei Schwimmbecken, einen Fitnessraum und ein Café. An einem schönen, faulen Tag sind ein Salat mit Meeresfrüchten und ein Glas Wein im hervorragenden Restaurant Vasco's (S. 146) eine nette kulinarische Unterbrechung.

Im Eintrittspreis, der (außer Freitag und an Feiertagen) nach 15 Uhr günstiger wird, sind ein Schließfach sowie die Nutzung der Duschen und Schwimmbecken inbegriffen. Handtücher gibt's gegen eine Pfandgebühr von 30 Dh, die bei Rückgabe wieder ausbezahlt wird.

Al Zahiyah & Al Maryah Island

Das Viertel Al Zahiyah war früher als „Touristenclubbezirk“ bekannt (und viele nennen es auch heute noch so). Der frühere Name *„al sa-hi-jah“* entstand, als die Regierung einen Strand anlegte (der heute nicht mehr existiert), um ein besseres Freizeitangebot für die Bewohner der Stadt zu schaffen. Das Viertel zählt zu den ältesten der Stadt und präsentiert sich heute als lebendiges Geschäftszentrum voller Kantinen, Kaffeehäuser und Hotels. Al Maryah *(al mar-ie-jah)* Island hingegen ist ein schicker neuer Bezirk, der mit gehobener Küche und Cocktails für den gewissen Glamourfaktor sorgt.

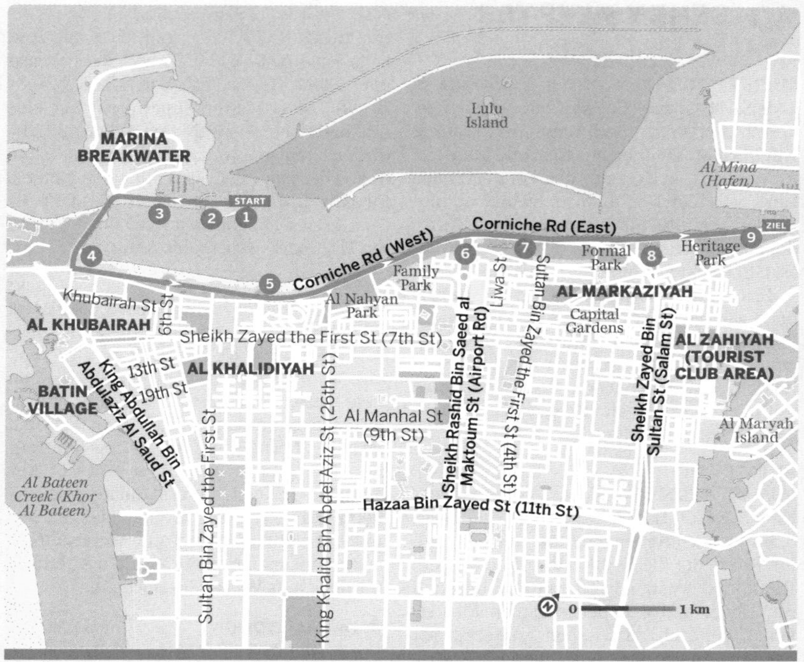

Stadtspaziergang
Bummel durch die Innenstadt

START UAE FLAGPOLE
ZIEL HERITAGE PARK
LÄNGE/DAUER 10,5 KM; 4 STD.

Bei einem Spaziergang entlang der Corniche scheint die hektische Metropole weit entfernt, zudem ist der Blick auf die moderne Skyline der Stadt nirgendwo eindrucksvoller. Vom gigantischen 1 **UAE Flagpole** (S. 142), dem Symbol der Einheit der Hauptstadt, ist es nur ein kurzer Weg bis zum 2 **Abu Dhabi Heritage Village** (S. 149). Hier erhält man einen Einblick in das Leben in den VAE, bevor der Ölreichtum das Land für immer veränderte.

Anschließend folgt man dem Breakwater, passiert die 3 **Hookah Lounge** (S. 148), die zu Shisha und Tee einlädt, und trifft auf die Corniche. Hier thront das 4 **Founder's Memorial**, das an Scheich Zayid, den Vater der Nation, erinnert. Seine „gutartige Diktatur" machte Abu Dhabi zu der Stadt, die es heute ist. Im Hintergrund ragt der opulente Emirates Palace auf, während vorne die Hochhäuser der Etihad Towers die Szenerie dominieren. Auf der breiten Uferpromenade der Corniche geht's vorbei an privaten Strandclubs und dem öffentlichen 5 **Corniche Beach** (S. 137), der bei einheimischen Familien beliebt ist. Nun geht's in die Rashid Bin Saeed Al Maktoum Street. Hier stehen das 6 **Burj Mohammed Bin Rashid** (S. 137), der höchste Wolkenkratzer der Stadt, in dem sich das World Trade Center befindet, sowie das Etisalat-Gebäude.

Der Abschnitt ist wunderschön angelegt und verläuft parallel zum attraktiven 7 **Lake Park** (S. 137). Fußgängerunterführungen mit nostalgischer Fliesenkunst führen die gesamte Promenade entlang zu den Parks, sodass man schnell im Grünen ist. Am nordöstlichen Ende der Corniche führt die Straße über den *khor* (Bach) neben dem 8 **Sheraton Hotel** (S. 179). In einer Stadt, deren Uferlinie überall aufgebaggert wurde, freut man sich über den Anblick dieses Bachs, der nicht trockengelegt wurde und dem das ehrwürdige Hotel seinen beliebten Strand verdankt. Von hier geht's zum 9 **Heritage Park** und einem tollen Ausblick auf die Daus, die Seite an Seite im Hafen schaukeln.

SEHENSWERTES

ABU DHABI GLOBAL MARKET SQUARE — ARCHITEKTUR

Karte S. 144 (Sowwah Sq; www.almaryahisland.ae; Al Falah St, Al Maryah Island) Diese Ansammlung von Büro-Monolithen aus Glas und Stahl auf Al Maryah, das Herz des neuen Finanzzentrums von Abu Dhabi, wird Liebhaber moderner Architektur interessieren. Hinter dem Platz schmiegt sich die Galleria Mall (S. 156) direkt ans Meer.

Das eindrucksvolle Glasatrium beherbergt zahlreiche Restaurants, von denen viele an die Uferpromenade grenzen. Das südliche Ende des Einkaufszentrums wird vom markant geschwungenen Rosewood Hotel mit pilzähnlichen Schattenspendern im Außenbereich eingerahmt.

AL MARYAH ISLAND PROMENADE — PROMENADE

Karte S. 144 (Al Maryah Island; 24 Std.) Diese 5,4 km lange Promenade führt in einer sanften Kurve um die Westküste von Al Maryah Island und ermöglicht einen tollen Blick auf Abu Dhabi und den betriebsamen Meereskanal, der sich dazwischen erstreckt. Vor den Außenterrassen der Galleria-Mall-Restaurants und -Cafés im Hintergrund geht's hier in den kühleren Monaten abends gesellig und betriebsam zu.

HERITAGE PARK — PARK

Karte S. 144 (24 Std.) Dieser attraktive Familienpark erstreckt sich auf beiden Seiten der Corniche am äußersten östlichen Ende. Schön ist der Blick auf den traditionellen Dau-Hafen übers Wasser in Al Mina. Der Park mit seinen Brunnen und künstlichen Grotten, Einrichtungen zum Grillen und Spielplätzen ist am Wochenende zum Picknicken beliebt.

ESSEN

Al Maryah Island ist die richtige Adresse für gehobene Küche, dafür sorgen einige der Topadressen der Stadt. Reservierungen sind empfehlenswert. In Al Zahiyah geht's hingegen günstig und gesellig zu.

Restaurants, die so ziemlich jedes Land repräsentieren, das mit der Entwicklung Abu Dhabis irgendwie zu tun hat, finden sich in den Seitenstraßen. Die Bandbreite reicht dabei von persischem Hammelfleisch-Biryani bis hin zu philippinischem Hühnchen-*adobo* (in einer würzigen Marinade geschmort).

ABU DHABI CO-OP HYPERMARKET — LEBENSMITTEL & GETRÄNKE

Karte S. 144 (02 645 9777; www.abudhabicoop.com; 10th St, EG, Abu Dhabi Mall, Al Zahiyah; 8–24 Uhr) Dieser riesige Supermarkt hat eine umfangreiche Auswahl an Lebensmitteln, die auch einige internationale Produkte umfasst. Hier kann man sich mit allem Nötigen für eine Grillparty eindecken, die dann im Ostteil der Corniche oder in einem der anderen Stadtparks stattfinden kann.

BIRYANI POT — INDISCH $

Karte S. 144 (www.biryanipot.ae; 2. OG, Galleria Mall, Al Maryah Island; Hauptgerichte 24–45 Dh; Sa–Mi 10–23, Do & Fr bis 24 Uhr) Der „Pot" wird als indisches Fastfood-Lokal für Gourmets gefeiert und serviert köstliche, mit jeder Menge Kardamom gewürzte Biryanis, darunter hochgelobte glutenfreie Variationen mit Quinoa. Außerdem gibt's Currys, Tandoori-Grillgerichte und Salate. Das Ambiente erinnert eher an einen Food Court und lädt nicht unbedingt zum Verweilen ein, es sei denn, man richtet sich auf der Terrasse mit Blick aufs Wasser häuslich ein.

★ DAI PAI DONG — CHINESISCH $$

Karte S. 144 (02 813 5552; www.rosewoodhotels.com; Rosewood Hotel, Al Maryah Island; Hauptgerichte 48–194 Dh, Dim Sum 30–55 Dh; So–Mi 12–15 & 18–23, Do & Fr bis 24 Uhr) In dem preisgekrönten chinesischen Restaurant säumen gemütliche Nischen die offene Küche. Hier lassen sich Liebhaber asiatischer Küche kantonesische gebratene Ente, scharfes Schmorhuhn und im Wok gebratenes zartes Rindfleisch mit grünem Tee und Kumquat-Mojitos schmecken. Wer einmal die gebratenem Schweinefleischtaschen oder die mit Trüffel und Gemüse gefüllten Klöße probiert hat, versteht, warum das Dai Pai Dong für sein Dim Sum berühmt ist.

GODIVA CHOCOLATE CAFÉ — CAFÉ $$

Karte S. 144 (02 667 0717; www.galleria.ae; Galleria Mall, Al Maryah Island; Sandwiches 50–55 Dh; 11–22 Uhr) Was dieses legere Café in der neuen Galleria Mall zu so einem Erlebnis macht, ist der außergewöhnliche Blick auf das Viertel Al Zahiyah von der verglasten Wand im Zwischengeschoss. Herrliche Kuchen, Gebäck und Erdbeeren in Schokoladensoße zählen hier zu den Köstlichkeiten.

ROBERTO'S — ITALIENISCH $$$

Karte S. 144 (02 627 9009; www.robertos.ae; Galleria Mall, Al Maryah Island; Hauptgerichte 95–249 Dh; 12–3 Uhr) Die Pasta- und Risottovariationen hier sind in der Hauptstadt bereits legendär. Selbst die scheinbar einfachsten Gerichte stecken voller intensiver Aromen. Unser Favorit sind Robertos Ravioli. Die hauseigenen Cocktails sind auch gut; am besten genießt man sie auf der Terrasse am Wasser mit Blick auf die Stadt.

BUTCHER & STILL STEAKS **$$$**

Karte S.144 (02 333 2444; www.fourseasons.com/abudhabi/dining/restaurants/butcher_and_still; Four Seasons Abu Dhabi, Al Maryah Island; Steak 280–490 Dh; 18–24 Uhr;) Dieses vom Chicago der 1920er-Jahre inspirierte Steakhouse im Four Seasons Abu Dhabi ist so sensationell, dass der Platz hier gar nicht ausreicht. Der amerikanische Koch Marshall Roth bezieht sein Rindfleisch von der von Temple Grandin entworfenen Creekstone Ranch in Kansas (USA). Gepaart mit seinem selbst erdachten Béchamel-Rahmspinat genießt man eine perfekte Kombination der Extraklasse.

ZUMA JAPANISCH **$$$**

Karte S.144 (02 401 5900; www.zumarestaurant.com; Galleria at Maryah Island, Al Maryah Island; Hauptgerichte 120–358 Dh; Sa–Mi 12–15.30 & 19–24, Do & Fr bis 1 Uhr;) Dies ist der Höhepunkt der japanischen Küche in Abu Dhabi. Wer das phänomenale Sushi und Sashimi, den Miso-marinierten Schwarzen Zackenbarsch (eine Spezialität des Hauses) oder zur Perfektion gegartes Fleisch vom Robata-Grill genießen möchte, sollte unbedingt vorab reservieren. Alkohol wird ausgeschenkt (Sake, köstlich gemixte Cocktails und Hitachino, eins der besten Craft-Biere Japans). Auch an der wunderschönen aus elegantem indonesischem Teakholz gefertigten Bar wimmelt es immer von Gästen.

Von Montag bis Donnerstag wird für 175 Dh ein viergängiges Mittagsmenü angeboten.

CRUST INTERNATIONAL **$$$**

Karte S.144 (02 333 2222; www.fourseasons.com; Four Seasons Abu Dhabi, Al Maryah Island; Brunch ab 330 Dh; Sa 13–16 Uhr;) Das Samstagsprogramm im Kalender vormerken, denn hier, im Four Seasons, gibt's mit den geselligsten und ausschweifendsten Samstagsbrunch Abu Dhabis. Das Büfett lockt mit frisch gebackenem Brot, dekadentem Trüffel-Kartoffelbrei, auf der Zunge zergehendem Wagyu-Bresaola, unschlagbar knusprigen Garnelen und saisonal wechselnden Desserts zum Reinlegen. Danach nichts mehr planen, denn man ist voll und ganz mit Verdauen beschäftigt.

FINZ FISCH & MEERESFRÜCHTE **$$$**

Karte S.144 (02 697 9011; www.rotana.com; 10th St, Beach Rotana Hotel, Al Zahiyah; Hauptgerichte 97–384 Dh; Di–Fr & So 18–23.30, sowie Do & Fr 12.30–15.30, Sa 12.30–23.30 Uhr;) Ein Spaziergang über den Pier führt zu diesem Nurdachhaus mit Terrassen direkt über dem Meer, auf denen man mit die besten Fisch- und Meeresfrüchtegerichte der Stadt genießen kann. Egal, ob vom Grill, gedämpft oder gebacken, das Ergebnis ist in diesem Klassiker unter Abu Dhabis Fischrestaurants immer köstlich. Allzeit beliebt ist der in Salz gegarte Wolfsbarsch für zwei, aber auch die neueren, überraschenden Kreationen (etwa Jakobsmuscheln mit Short Ribs) sind eine Überlegung wert.

★COYA PERUANISCH **$$$**

Karte S.144 (02 306 7000; www.coyarestaurant.com; Galleria Mall, Al Maryah Island; kleine Gerichte 50–124 Dh, Hauptgerichte 98–980 Dh; So–Do 12–17, Fr 12.30–16, Sa bis 17.30, sowie tgl. 19–0.30 Uhr) Die moderne peruanische Küche mit lateinamerikanisch-asiatischen Fusion-Elementen garantiert echte Geschmacksexplosionen.

Wer sich die zum Teilen gedachten Gerichte wie traditionelles Ceviche, peruanisches Sashimi und Tacos (wir empfehlen die *cangrejo*-Variante mit Krebs-Wasabi-Füllung) bestellt, versteht die Begeisterung. Der eindrucksvolle Meerblick sorgt für exklusives Flair – die ideale Adresse für einen romantischen Abend.

AUSGEHEN & NACHTLEBEN

Am Abu Dhabi Global Market Square gibt's zahlreiche schicke Bars. Wer sich für das Abu Dhabi vergangener Zeiten interessiert, in dem die Bars ausschließlich von Ölarbeitern besucht wurden, sollte die in die Jahre gekommenen Hotelkneipen in Al Zahiyah ansteuern.

Mit ihren von Zigarettenbrandlöchern gespickten Teppichen und dem veralteten Retrodekor wirken sie Welten entfernt von den glamourösen Cocktailläden, die man sonst vorfindet.

LA CAVA WEINBAR

Karte S.144 (02 813 5550; www.rosewoodhotels.com; Rosewood Hotel, Al Maryah Island; 17–1 Uhr;) Eine dramatisch von Kerzen beleuchtete Treppe führt in diese versteckte Kellerbar im Rosewood Hotel, die wahrscheinlich Abu

Dhabis beste Adresse für darbende Weinkenner ist. Hier warten über 1000 edle Tropfen, von der eine Handvoll im Glas ausgeschenkt wird (den Ixsir Altitudes Red aus dem Libanon sollte man kosten). Dazu gibt's ein All-you-can-eat-Büfett mit edlen spanischen Tapas, Käse und Desserts.

ECLIPSE TERRACE LOUNGE DACHBAR

Karte S. 144 (☎02 333 2222; www.fourseasons.com; 3. OG, Four Seasons Abu Dhabi, Al Maryah Island; ⌚12–20 Uhr) Diese Bar am Pool ist eine gute Wahl, wenn man den tollen Blick übers Wasser und die Dächer der Stadt genießen will. Tagsüber versprüht sie ein entspanntes Flair. Nach Sonnenuntergang erwacht die Lounge dann richtig zum Leben und brummt bis in die Nacht, wenn DJs lässige Tracks auflegen und die gut betuchten Gäste vor dem Abendessen auf einen Drink vorbeischauen.

BUTCHER & STILL COCKTAILBAR

Karte S. 144 (www.fourseasons.com; Four Seasons Hotel, Al Maryah Island; Cocktails 55–100 Dh; ⌚16–2 Uhr; 📶) Eine Cocktailbar für Kenner: Das Butcher & Still lockt mit schwarzer Marmortheke, Hartholz-Ausstattung und reichlich Leder für weich liegende Ellenbogen. Smoked Manhattans und andere kreative Drinks aus der Prohibitionsära dominieren, oft nach hauseigenem Mix mit Magenbitter, Sirup und anderen Tinkturen gemischt.

Ausgewählte Cocktails werden in einem antiken Tanqueray No 10 Imperial Shaker gemixt – einer von nur noch fünf auf der ganzen Welt.

PLANET CAFÉ SHISHA-BAR

Karte S. 144 (☎02 676 7962; off Sheikh Hamdan Bin Mohammed St, Al Zahiyah; ⌚7–1 Uhr; 📶) Dieses äußerst beliebte Café bietet nichts Besonderes – außer der Tatsache, dass man mit einem Besuch hier an einem lokalen Ritual teilnimmt. Hier stehen Shisha und Tee auf dem Programm. Wer Brettspiele mag oder gerne in gemütlichen orangefarbenen Sofas versinkt, muss schnell sein, um sie zu ergattern.

BENTLEY KITCHEN COCKTAILBAR

Karte S. 144 (☎02 626 2131; www.bentleybistro.com; Galleria Mall, Al Maryah Island; ⌚8–2 Uhr; 📶) Dieses stilvolle Bar-Restaurant mit einer raffinierten Auswahl an sorgsam gemixten Mocktails (Cocktails ohne Alkohol) und Cocktails lockt ein gut gekleidetes Publikum an. Draußen an der Uferpromenade kann man den Blick auf die Wolkenkratzer in der Ferne genießen und sich zu den Drinks exklusive Snacks wie kleine Cajun-Lachs-Burger oder Blaukrabben-Bao-Brötchen schmecken lassen.

AL MEYLAS LOUNGE

Karte S. 144 (☎02 333 2222; www.fourseasons.com; Four Seasons Abu Dhabi, Al Maryah Island; ⌚9–1 Uhr) In den kühleren Monaten lohnt die Lobby Lounge im Four Season's (S. 179) einen Besuch, denn dann lädt sie zu einem Drink auf der Außenterrasse mit Blick auf die Skyline der Stadt ein. Bei Sonnenuntergang besonders schön!

Von 15 bis 18 Uhr gibt's Nachmittagstee (ab 150 Dh) mit auf der Zunge zergehenden buttrigen Scones und einem Gläschen Sekt.

SHOPPEN

Die Abu Dhabi Mall und die auf Luxusartikel spezialisierte Galleria Mall waren bis vor Kurzem die wichtigsten Einkaufsadressen vor Ort. In den vergangenen Jahren haben sich die Al Maryah Central Mall mit 400 Geschäften und die noch größere Reem Mall auf der benachbarten Reem Island dazugesellt. Auch dort gibt's rund 400 Läden, außerdem Restaurants, Cafés und ein breites Indoor-Sportangebot, das sich in erster Linie an Familien richtet, darunter das Snow Abu Dhabi.

GALLERIA MALL EINKAUFSZENTRUM

Karte S. 144 (☎02 616 6999; www.thegalleria.ae; Al Falah St, Al Maryah Island; ⌚Sa–Mi 10–22, Do bis 24, Fr 12–24 Uhr; 📶) Wer nicht weiß, wohin mit seinem Geld, ist in diesem protzigen Einkaufszentrum richtig. Unter kathedralenhohen Decken und skulpturenhaften Dächern tummeln sich hier internationale Modelabels wie Prada und Dior.

Verschiedene Restaurants und Bars machen die Mall zu einer Ausgehadresse. Viele davon grenzen direkt an die Uferpromenade und draußen geht's (insbesondere in den kühleren Monaten) wunderbar gesellig zu.

ABU DHABI MALL EINKAUFSZENTRUM

Karte S. 144 (☎02 645 4858; www.abudhabi-mall.com; 10th St, Al Zahiyah; ⌚ Sa–Mi 10–22, Do & Fr bis 23 Uhr; 📶) Al Zahiyahs erste Einkaufsadresse beherbergt 200 Geschäfte mit jeder Menge internationaler Namen, ein Kino, einen Unterhaltungsbereich für Kinder, Cafés und einen großen Einkaufsmarkt.

KHALIFA CENTRE GESCHENKE & SOUVENIRS

Karte S. 144 (10th St, Al Zahiyah ⌚Sa–Do 10–13 & 16–22, Fr 16–22 Uhr) Wer eine breite Auswahl an Andenken sucht – von Shisha-Pfeifen, Schatullen aus Kamelknochen, Plüschkamelen aus Leder bis hin zu Teppichen und Kissenbezügen –, sollte dem Khalifa Centre, auf der anderen Straßenseite von der Abu Dhabi Mall, einen Besuch abstatten. Hier findet sich ein Dutzend Läden, die keiner Kette angehören und überwiegend von Indern geführt werden, die sich hier angesiedelt haben. Verkauft werden Kunsthandwerk und Teppiche.

UNTERHALTUNG

49ER'S CLUB

Karte S. 144 (☎02 645 8000; www.aldiarhotels.com; Ecke Zayed the First & Al Firdous St, Al Diar Dana Hotel, Al Zahiyah; ⏲12–3 Uhr; 📶) Der alteingesessene Nachtclub ist sicherlich nicht die nobelste Adresse der Stadt, dafür kann ein Blick ins bunte Treiben sehr unterhaltsam sein und die Hausband und ein DJ sorgen für tanzbare Rhythmen. Wer in einer Gruppe unterwegs ist, hat hier Spaß, wer als Frau allein kommt, könnte sich allerdings etwas unwohl fühlen.

VOX CINEMAS ABU DHABI KINO

Karte S. 144 (☎02 645 8988; https://uae.voxcinemas.com; 10th St, 3. OG, Abu Dhabi Mall; Tickets 35–55 Dh) Die Kids stöhnen unter der Hitze und brauchen klimatisierte Unterhaltung? Dieses supermoderne Multiplex beherbergt ein farbenfrohes Kino speziell für Kinder, das sämtliche aktuellen Animationsfilme zeigt. Die neuesten Hollywood-Blockbuster laufen auf einem „Max"-Riesenbildschirm.

SPORT & AKTIVITÄTEN

SENSE SPA SPA

Karte S. 144 (☎02-813 5537; www.rosewoodhotels.com; Al Maryah Island, Rosewood Hotel; Massage

ERKUNDUNGSTOUREN AUF DEM WASSER

Noukhada Adventure Company (Karte S. 138; ☎02 558 1889; www.noukhada.ae; Eastern Mangroves Promenade; Kajaktour 90 Min. Erw./Kind 160/130 Dh, Ökotour 220/170 Dh; ⏲Büro 8.30–17.30 Uhr) Dieser lokale Veranstalter hat sich auf Erkundungstouren per Paddel spezialisiert; auf dem Programm stehen Kajakausflüge durch die Mangrovenwälder, die Einblicke in diesen speziellen Lebensraum geben. Wer sich für die Ökologie der einzigartigen Lebenswelt interessiert, bucht die zweistündige Ökotour. Zudem gibt's abendliche Exkursionen und (einmal im Monat) eine Tour bei Vollmond; beide sind besonders in den heißeren Sommermonaten zu empfehlen.

Abu Dhabi Pearl Journey (Karte S. 138; ☎02 656 1000; www.adpearljourney.com; Eastern Mangroves Promenade; Tour 1 Std. 300 Dh; ⏲Bootstouren 9–19 Uhr) Hier kann man es sich in den Kissen an Bord einer traditionellen Holz-Dau gemütlich machen und durch die Mangrovenkanäle gleiten. Zum Programm gehören Präsentationen und Informationen zu Abu Dhabis Perlenfischereivergangenheit sowie arabischer Kaffee und Datteln. Wer möchte, kann Verpflegung mitbringen und sich diese beim Blick auf die Landschaft schmecken lassen. Der Preis gilt pro Boot, nicht pro Person. Eine Reservierung ist nicht notwendig.

Captain Tony's (Karte S. 170; ☎02 650 7175; www.captaintonys.ae; Yas Marina; Schifffahrt bei Tag/Sonnenuntergang 90 Min. Erw./Kind 250/150 Dh; ⏲8.30–18 Uhr) Der Veranstalter bietet eine große Auswahl an Bootstouren mit umweltfreundlicher Philosophie, darunter eine entspannte, beliebte Tour bei Sonnenuntergang, Ökoexkursionen in die Mangroven und einen vierstündigen Ausflug zu einer natürlichen Sandbank, inklusive Sandwiches, Sonnenschirmen, Liegen und Strandausrüstung. Stand-up-Paddeln und Angeln gehören ebenfalls zum Angebot. Los geht's in der Regel an der Yas Marina. Vorab über die Website buchen.

Abu Dhabi Dhow Cruise (Karte S. 144; ☎056 713 3703; www.abudhabidhowcruise.com; Marina Breakwater; Schifffahrt mit Abendessen Erw./Kind 250/200 Dh; ⏲19.30–22 Uhr) Die Lichter von Abu Dhabis Hochhäusern sind die Kulisse bei diesen zweistündigen Fahrten mit Abendessen ab der Marina Breakwater. Die Speisen sind eher einfach, doch frischer Fisch gehört immer dazu. Gegen eine Extragebühr arrangiert das Unternehmen auch einen Abholservice von den größeren Hotels. Der Anbieter veranstaltet zudem Sightseeingtouren im Schnellboot bei Tag.

450–945 Dh, Milchbad 30 Min. 310 Dh; ⏲10–22 Uhr) Dieser Tempel der Entspannung und Therapien verfügt über neun Behandlungsräume, weiße Leder-Lounges und traditionelle Hammams. Außerdem ist er ein Paradebeispiel für dekadentes Design mit Marmorwannen, Bronzefliesen, Dampfkabinen, Elementen in Fiberglasoptik und einer Infrarotwand. Die Gäste können ein Kleopatra-Bad mit Ziegenmilch genießen – die gute alte Badewanne zu Hause ist nach diesem Erlebnis jedenfalls nie mehr das, was sie mal war.

BEACH ROTANA CLUB SCHWIMMEN

Karte S. 144 (☎02 697 9302; www.rotana.com; 10th St, Beach Rotana Hotel & Towers; pro Pers./Paar/Kind So–Do 165/250/95 Dh, Fr & Sa 230/335/95 Dh; ⏲6–23 Uhr, Pool 7–22 Uhr, Strand 8 Uhr–Sonnenuntergang) Dieser Club mit einem kleinen, aber netten Strand, Grünfläche, mehreren Schwimmbecken und einer Café-Bar im Wasser heißt Tagesgäste herzlich willkommen (aber Hotelgäste und Mitglieder werden bevorzugt, wenn es voll wird). Der Ausblick auf die Neubauten auf Al Maryah Island gegenüber ist sehr imposant. Die 114 ha große Freizeitanlage nimmt ein Gebiet ein, das jeden Immobilienmakler neidisch werden lässt.

Rund um die Große Scheich-Zayid-Moschee

Neben der Großen Scheich-Zayid-Moschee gibt's noch einige weitere Sehenswürdigkeiten in der Gegend, die jedoch nicht zu Fuß zu erreichen sind. Zwischen der Moschee und dem Wahat Al Karama besteht eine praktische kostenlose Busverbindung; alternative Fortbewegungsmittel sind das Auto oder das Taxi.

SEHENSWERTES

GROSSE SCHEICH-ZAYID-MOSCHEE MOSCHEE

Siehe S. 135.

SHEIKH ZAYED GRAND MOSQUE CENTRE LIBRARY BIBLIOTHEK

Karte S. 159 (☎02 419 1919; www.szgmc.ae; abseits Sheikh Rashid Bin Saeed Street; ⏲So–Do 9–18 Uhr) GRATIS Obwohl diese Bibliothek einige seltene Sammlungen arabischer Kalligrafien und Koranausgaben aus dem 16. Jh. beherbergt, sind die Manuskripte hier vorwiegend zu Forschungszwecken gedacht und es gibt nicht viel zu sehen, sofern man nicht gerade an seiner Doktorarbeit schreibt.

MIRAJ – THE MUSEUM GALERIE

Karte S. 159 (☎02 449 1041; www.mirajabudhabi.com; Sheikh Rashid Bin Saeed Street; ⏲9.30–18 Uhr) GRATIS Diese Privatgalerie mit Museum und Shop zeigt wunderschöne Objekte aus der islamischen Welt, darunter Perserteppiche, Kalligrafien, Keramiken und Textilien. Man kann die Stücke einfach nur besichtigen.

In diesem labyrinthartigen Gebäude gibt's viel zu entdecken, wenn man die nötige Geduld mitbringt (und es erträgt, dass die Aufsicht im Laden ständig um einen herumscharwenzelt – „Hausregeln").

CAPITAL GATE WAHRZEICHEN

Karte S. 138 (☎02 596 1234; www.capitalgate.ae; Al Khaleej Al Arabi St) Wer in Abu Dhabi nachts aus dem Fenster guckt, hat vielerorts das – verzeihliche – Gefühl, an der Bar zu tief ins Glas geschaut zu haben: In der südöstlichen Skyline der Stadt ragt ein 35 Stockwerke hoher Wolkenkratzer in den Himmel, der wirklich eine dramatische Schlagseite aufweist. Dieses Bauwerk wurde ins Guinnessbuch der Rekorde als schrägstes Gebäude der Welt aufgenommen; der Wolkenkratzer neigt sich ganze 18 Grad nach Westen und ist somit viermal schräger als der Schiefe Turm von Pisa.

ÖSTLICHE MANGROVEN-PROMENADE PROMENADE

Karte S. 138 (New Corniche; Sheikh Zayed Bin Sultan St, E10) Die am Meer gelegene Seite der Sheikh Zayed Bin Sultan Street wurde zu einer Promenade umgestaltet, die der Haupt-Corniche im Stadtzentrum Konkurrenz machen soll – hier finden sich schön gestaltete Gärten, Parkbuchten, Picknickareale und Fußwege.

Da sich von hier ein schöner Blick auf den Eastern Lagoon Mangrove National Park bietet, kann man auch gut Vögel beobachten oder die Angelschnur ins Wasser hängen. Am östlichen Ende rund um den Jachthafen überblicken Cafés und Restaurants mit Au-

Große Scheich-Zayid-Moschee

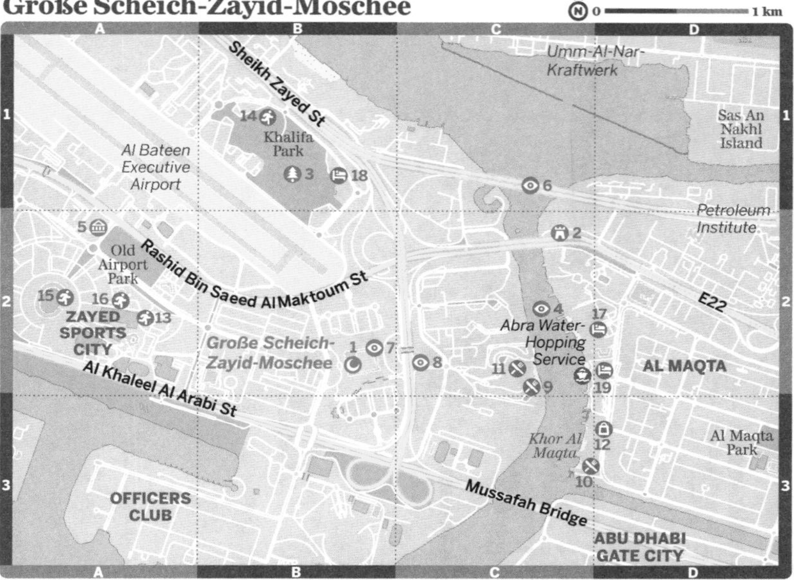

Große Scheich-Zayid-Moschee & Umgebung

Highlights
1 Große Scheich-Zayid-Moschee B2

Sehenswertes
2 Al Maqta Fort & Watchtower C2
3 Khalifa Park B1
4 Khor Al Maqta C2
5 Miraj – the Museum A2
6 Sheikh Zayed Bridge C1
7 Sheikh Zayed Grand Mosque Centre Library B2
8 Wahat Al Karama C2

Essen
9 Barfly by Buddha Bar C2
10 Bord Eau C3
Giornotte .... (siehe 11)
Marco Pierre White Steakhouse & Grill .... (siehe 17)
11 Mijana C2
Sho Cho .... (siehe 12)
Ushna .... (siehe 12)

Ausgehen & Nachtleben
Cooper's .... (siehe 18)

Shoppen
12 Souk Qaryat Al Beri D3

Sport & Aktivitäten
13 Khalifa International Bowling Centre A2
14 Murjan Splash Park B1
15 Zayed Sports City A2
16 Zayed Sports City Ice Rink A2

Schlafen
17 Fairmont Bab Al Bahr D2
18 Park Rotana Abu Dhabi B1
19 Traders Hotel, Qaryat Al Beri D2

ßenterrassen das Wasser sowie mehrere Wassersportanbieter.

KHALIFA PARK PARK

Karte S. 159 (www.adm.gov.ae; Al Salam St; Erw./Kind 1 Dh/frei; ⌚So–Do 15–22, Fr & Sa bis 23 Uhr) Dieser große, schattige Park liegt nicht weit entfernt von der Großen Scheich-Zayid-Moschee (S. 135). Er kann mit diversen Attraktionen aufwarten, beispielsweise einem Platz zum Fußballspielen, schönen Brunnen, herrlichen Teichen und Wasserfällen, jeder Menge Sitzgelegenheiten im Schatten, einem Vergnügungspark für Kinder und einer kleinen Bimmelbahn, die durch den Park rattert.

1

ANGELO FERRARIS/SHUTTERSTOCK ©

2

4

BENNY MARTY/SHUTTERSTOCK ©

Abu Dhabi Heritage Village
. 149)

diesem wiederaufgebauten Dorf bekommt man
nen Eindruck vom traditionellen Leben am Golf
r der Öl-Ära.

. Corniche – Al Khalidiyah (S. 142)

e 8 km lange Corniche wurde auf einem Stück
nd angelegt, das man dem Meer abgerungen
tte, und die Strandpromenade ist heute eine
liebte öffentliche Attraktion.

. Große Scheich-Zayid-Moschee
. 135)

ne der wenigen Moscheen in der Region, die
ch Nichtmuslimen zugänglich sind. Sie bietet bis
50 000 Menschen Platz.

. Louvre Abu Dhabi (S. 167)

e Galerien des Louvre beherbergen eine
rausragende Sammlung von Gemälden,
ulpturen und Objekten von der Antike bis zum
utigen Tag.

3

CHRISTIAN HÄCKER/500PX ©

KHOR AL MAQTA — PROMENADE

Karte S. 159 (Bain Al Jessrain) Dieser historische Meeresarm trennt Abu Dhabi vom Festland. Er wird vom mittlerweile etwas versteckten Al Maqta Fort (S. 162) und von einem kleinen Wachturm, der auf einer Felsinsel mitten im *khor* (Meeresarm) aufragt, bewacht.

Das Festlandufer beherbergt eine große Ansammlung von Luxusresorthotels und das Einkaufszentrum Souk Qaryat Al Beri (S. 165). Die dortigen Restaurants und Bars bieten Außenterrassen mit Blick auf die eindrucksvolle schneeweiße Große Scheich-Zayid-Moschee jenseits des Wassers.

SHEIKH ZAYED BRIDGE — BRÜCKE

Karte S. 159 Diese 842 m lange moderne Brücke soll den Energiefluss in die Hauptstadt symbolisieren. Sie wurde von der mittlerweile verstorbenen Zaha Hadid entworfen und ist eines der drei Tore nach Abu Dhabi. Ihre geschwungenen Linien erinnern an Sanddünen, und bei Nacht entsteht durch das Beleuchtungskonzept der Eindruck, als würden diese „Dünen" sich bewegen.

AL MAQTA FORT & WACHTURM — FORT

Karte S. 159 (Al Maqta Bridge; ⌚24 Std.) GRATIS Obwohl das Fort zu den ältesten Sehenswürdigkeiten der Stadt zählt, wurde der 200 Jahre alte Wachposten nach seiner Restaurierung mehr oder weniger aufgegeben, nachdem die Touristeninformation hier schloss (wie man hört, ist jedoch bereits ein neues, noch unbekanntes Projekt in Planung). Doch auch wenn dieses Relikt aus alten Zeiten mit seinem zugehörigen Wachturm auf einer Felseninsel im Khor Al Maqta (dem sogenannten Abu Dhabi Grand Canal) total vernachlässigt ist, lohnt ein Blick – sofern man es denn überhaupt findet!

★UMM AL EMARAT PARK — PARK

Karte S. 138 (Mushrif Central Park; www.ummalemaratpark.ae; 15th St; Erw./Kind (unter 3) 5 Dh/frei; ⌚8–24 Uhr; 👪) Nach einem Abstecher zu diesem Fünf-Sterne-Stadtpark hat man beinahe das Gefühl, man hätte ein Museum besucht. Er ist perfekt gepflegt, steckt voller interessanter Attraktionen in hochmodernem Design und ist den Eintrittspreis mehr als wert.

Zu den Highlights dieses wunderbar rauchfreien Parks zählen ein beeindruckendes Denkmal, das den Worten von Scheich Zayid gewidmet ist, ein dreistöckiges Gewächshaus mit grandiosem Blick, eine Scheune mit Kamelen, Ziegen, Affen, Lamas und anderen Tieren, die Kinder streicheln können, ein botanischer Garten und eine Freilichtbühne für Aufführungen.

ESSEN

Die Resorthotels auf dem Khor Al Maqta bieten gehobene internationale Küche. Das Venetian Village auf der Uferseite von Abu Dhabi Island ist eines der kulinarischen

ABSTECHER

DAS FALKENKRANKENHAUS VON ABU DHABI

Wer am Haupteingang des **Abu Dhabi Falcon Hospital** (Karte S. 138; ☎02 575 5155; www.falconhospital.com; Sweihan Rd; 2-std. Tour Erw./Kind 170/60 Dh; ⌚Touren Sa 14, So–Do 10 & 14 Uhr) steht und beobachtet, wie aufgeregte Falkenbesitzer aus der ganzen Region höchstpersönlich ihre mit Hauben bedeckten „Patienten" einliefern, dem wird schnell klar, dass diese Einrichtung wirklich benötigt wird und auch überaus geschätzt ist. Falken sind aus der traditionellen Golfkultur nicht wegzudenken, und es werden keine Kosten gescheut, um die Gesundheit dieser herrlichen Vögel wiederherzustellen.

Die Führungen beinhalten einen Besuch des Falkenmuseums, des Untersuchungsraums – einschließlich intimer Einblicke in die Methoden des Schnabelzurechtschneidens – und der Freiflug-Voliere. Die Touren müssen (online) vorab gebucht werden. Wenn jemand willens ist, heldenhaft seinen Arm hinzuhalten, lassen sich diese wohlerzogenen Raubvögel sogar für ein Foto nieder.

Das Krankenhaus liegt rund 6 km südöstlich vom Flughafen Abu Dhabi. Von der Innenstadt kommend, nimmt man die Airport Road (E20) bis zur Sweihan Road in Richtung Falah City; etwa 3 km hinter der Kreuzung mit dem Hwy E11 biegt man nach dem Wassertank (vor der Ausfahrt 30A) rechts ab und folgt dann der Beschilderung bis zum Falkenkrankenhaus.

Der Krankenhauskomplex beherbergt außerdem das Arabian Saluki Centre (S. 172).

WAHAT AL KARAMA

Das auffällige Denkmal **Wahat Al Karama** (Karte S. 159; www.wahatalkarama.ae; 3rd St, Khor Al Maqta; ⏲9–22 Uhr, Touren 11 & 17 Uhr) GRATIS steht gegenüber der Ostseite der Großen Moschee und wurde 2016 zum Gedenken an all die Emirati errichtet, die ihr Leben im Dienst der Nation ließen. Neben dem Postkartenblick auf die Große Moschee umfasst das Hauptdenkmal 31 massive aluminiumverkleidete Platten in sich neigenden Stapeln, die mit Gedichten und Zitaten von berühmten Persönlichkeiten aus den VAE beschriftet sind.

Der Ehrenpavillon, ein eingefügter mehreckiger Bau, ist mit einer runden Innenwand ausgekleidet, auf der über 2800 mit den Namen der Helden der VAE beschriftete Aluminiumtafeln angebracht sind. Die Memorial Plaza wurde aus türkischem Travertinstein gefertigt, der ein großes rundes Becken mit 15 mm tiefem Wasser bildet, das die Große Moschee und die Denkmaltafeln reflektiert. Shuttlebusse pendeln täglich zwischen 10 und 18.30 Uhr alle 30 Minuten zwischen dem Parkplatz nördlich der Großen Moschee und dem Wahat Al Karama.

Herzstücke der Gegend. Bei vielen dieser Restaurants ist eine Reservierung zu empfehlen, insbesondere an Wochenenden im Winter.

HOME BAKERY — CAFÉ $

Karte S. 138 (www.homebakery.ae; Umm Al Emarat Park, Al Mushrif; Hauptgerichte 32–48 Dh; ⏲8–24 Uhr; P 📶) In den Vereinigten Arabischen Emiraten sind nur 10 % der Bevölkerung Emirati – und wir würden uns doch schwer wundern, wenn sie nicht alle in dieser angesagten Bäckerei im Umm Al Emarat Park an ihrem Tee nippen und sich dekadente Kuchen schmecken lassen. Herzhafte Gelüste befriedigen eine Gourmet-Frühstücksauswahl und Sandwiches.

SALT — FOODTRUCK $

Karte S. 138 (www.find-salt.com; Umm Al Emarat Park; Mini-Burger 32–53 Dh; ⏲9–2 Uhr; P) Der Salt-Foodtruck entsprang einer emiratisch-saudischen Partnerschaft und wurde durch die kompletten Vereinigten Arabischen Emirate verfolgt, bevor er einen Stammplatz auf dem Parkplatz im Umm Al Emarat Park ergatterte (manchmal steht er aber auch woanders).

Der schicke Airstream-Wohnwagen serviert auf dem Grill gegarte, grasgefütterte, hormonfreie, Wagyu-ähnliche Halal-Mini-Burger (jeweils 2 Stück) und dazu Pommes frites, Eis und Milchshakes.

★CAFÉ ARABIA — NAHÖSTLICH $

Karte S. 138 (☎02 643 9699; www.facebook.com/cafearabia; Villa No 224/1, 15th St, Al Mushrif, gegenüber dem Eingang des Umm Al Emarat Park; Hauptgerichte 25–90 Dh; ⏲Mo–Do 8–23, Fr–So ab 9 Uhr; P 📶 ✎) Dieses Café in einer dreistöckigen Villa wird von einer Kunstliebhaberin aus dem Libanon geführt, Aida Mansour.

Die riesige Frühstücksauswahl reicht von Avocadotoast bis hin zu *shakshuka* (pochierte Eier in würziger Tomatensoße), zudem freuen sich die vielen Stammgäste über Hauptgerichte wie Süßkartoffel-Feta-Salat, *harira* (marokkanische Linsensuppe), Falafel-Platten und Kamelburger.

★USHNA — INDISCH $$

Karte S. 159 (☎02 558 1769; Khor Al Maqta, EG, Souk Qaryat Al Beri; Hauptgerichte 56–201 Dh; ⏲12.30–23.30 Uhr; 📶 ✎) 🍃 Dieses romantisch-elegante Lokal huldigt der vielfältigen Küche Indiens und ist der großen indischen Gemeinde in den Vereinigten Arabischen Emiraten zu verdanken. In der Stadt gibt's viele Curry-Häuser, aber dieses Restaurant bietet einige der köstlichsten Variationen und ganz nebenbei einen Blick über den Kanal zur Großen Moschee. Außerdem wird hier nachhaltiger Fischfang großgeschrieben.

MIJANA — NAHÖSTLICH $$$

Karte S. 159 (☎02 818 8282; www.ritzcarlton.com; Khor Al Maqta, Ritz-Carlton Abu Dhabi Grand Canal; Mezze 39–60 Dh, Hauptgerichte 90–205 Dh; ⏲Di–So 16–1 Uhr; 📶 ✎) Hier gibt's gehobene nahöstliche Küche mit klassischen Elementen, fünf Hummus-Varianten und zehn verschiedene *kibbeh*, die Liebhaber der Bulgur-Hackfleischbällchen in Ekstase versetzen. Als krönender Abschluss locken *umm ali* (in Milch gebackenes Dessert mit Blätterteig, Butter, Rosinen und Nüssen) und Shishas auf der Terrasse.

ABSTECHER

ABU DHABIS STADT DER SAUBEREN TECHNOLOGIEN

Masdar City (Karte S. 138; ☎800 627 327; www.masdar.ae; zw. Hwy E10 & E20; ⊙So–Do 9–17 Uhr) GRATIS liegt in der Nähe des Flughafens von Abu Dhabi und ist die erste CO_2-neutrale, abfallfreie Stadt, die ausschließlich mit erneuerbaren Energien versorgt wird. Allerdings ist dies keine normale Stadt mit gewöhnlichen Einwohnern, sondern eine wissenschaftliche Gemeinde mit Forschungsuniversität und auf Nachhaltigkeit, Cleantech und erneuerbare Energien spezialisierten Unternehmen. Allein dank der Architektur und der Sci-Fi-Atmosphäre lohnt sich ein Besuch.

Ein Teil des Vergnügens ist eine kurze Fahrt mit einem fahrerlosen Fahrzeug des Personal Rapid Transit (PRT) vom Parkplatz zum Hauptcampus (zur Zeit der Recherche war ein Ausbau in Planung, um den gesamten Campus abzudecken). Am Infoschalter über dem PRT-Terminal kann man sich einen Stadtplan mitnehmen (oder ihn auf der Website herunterladen) und die Tour in Eigenregie absolvieren. Mehrere Cafés und Restaurants sorgen für das leibliche Wohl.

BORD EAU — FRANZÖSISCH $$$

Karte S. 159 (☎02 509 8511; www.shangri-la.com; Khor Al Maqta, Shangri-La Hotel; Hauptgerichte 105–265 Dh, 5-Gänge-Degustationsmenü 450 Dh, 3-Gänge-Menü 280 Dh; ⊙18.30–23.30 Uhr; 📶) Das Bord Eau im Shangri-La Hotel ist das Restaurant für edle französische Küche in Abu Dhabi. Die klassischen französischen Gerichte (Zwiebelsuppe, Foie gras, Chateaubriand) sind makellos mit moderner Note zubereitet und die Aromen perfekt abgestimmt. Mit schlichter Eleganz (einschließlich der nachgeahmten Degas-Ballerinen, die die Wände zieren) passt das Ambiente perfekt zur feinen Qualität des Essens.

18° — MEDITERRAN $$$

Karte S. 138 (☎02 596 1440; www.hyatt.com; Al Khaleej Al Arabi St, Hyatt Capital Gate, ADNEC; Hauptgerichte 70–220 Dh; ⊙19–23.30 Uhr, Fr Brunch 12–15 Uhr; 📶) Dieses Restaurant wurde nach dem Neigungsgrad des berühmten Wolkenkratzers Capital Gate (S. 158) in Abu Dhabi benannt, in dem es sich befindet, und beruft sich auf mediterrane kulinarische Traditionen. Zu den Leckereien gehören Riesengarnelen auf würzigem Hummusbett an eingekochtem Zitronenschaum und Rinderfilet mit Pistazien-Senf-Kruste; zubereitet werden sie vor den Augen der Gäste in einer offenen Küche.

MARCO PIERRE WHITE STEAKHOUSE & GRILL — STEAKS $$$

Karte S. 159 (☎02 654 3333; www.fairmont.com; Khor Al Maqta, Fairmont Bab Al Bhar; Steaks 199–759 Dh; ⊙18–24 Uhr; 📶) Die richtige Adresse für Fleischliebhaber. In diesem protzigen Restaurant, das vom britischen Promi-Koch Marco Pierre White eröffnet wurde, verleiht eine dramatische „Flammenwand" dem Speisebereich eine höllische Qualität à la Dante. Der Schwerpunkt liegt auf hochwertigem Qualitätsfleisch (wie Wagyu- und Master-Kobe-Steaks), das nach klassischer englischer und kontinentaler Art zubereitet wird.

BARFLY BY BUDDHA BAR — ASIATISCH $$$

Karte S. 159 (☎056 177 7557; www.barfly.ae; Venetian Village, Ritz Carlton Abu Dhabi Grand Canal; Hauptgerichte 70–280 Dh; ⊙Sa–Do 18–2, Fr ab 13 Uhr; 📶🍸) Das Barfly in wunderschöner Lage am Wasser ist ein selbst ernannter Supper Club mit fernostinspirierter Karte. Die Gerichte reichen von im Wok gebratenen süßsauren Garnelen und thailändischem Chili-Hühnchen bis zu internationalen Klassikern wie Lamm mit Kräuterkruste und Risotto. Die Stars hier sind aber Sushi und Sashimi.

GIORNOTTE — INTERNATIONAL $$$

Karte S. 159 (☎02 818 8282; www.ritzcarlton.com; Khor Al Maqta, Ritz-Carlton Grand Canal; Brunch Fr mit/ohne Getränke 395/295 Dh; ⊙Fr 13–16 Uhr) Bei einem der besten Samstagsbrunchs der Stadt sorgen Livetanzdarbietungen für Unterhaltung. Wem das noch nicht genug ist, der kann an 27 Kochstationen dabei zusehen, wie Wagyu-Rindfleisch zugeschnitten wird und Austern geöffnet werden. Zudem gibt's ein internationales Büfett für jeden Geschmack, ganz zu schweigen von den Abstechern in den separaten Raum für die Desserts.

SHO CHO — JAPANISCH $$$

Karte S. 159 (☎02 558 1117; www.sho-cho.com; Khor Al Maqta, Souk Qaryat Al Beri; Hauptgerichte 61–145 Dh, Sushi & Sashimi 28–199 Dh; ⊙So–Do 12–3 Uhr; 📶) Stilvolle japanische Küche mit köstlichen, wenn auch etwas minimalistischen Gerichten. Unbedingt probieren sollte man den in Sesam gegarten Gelbschwanzschnapper zur Vorspeise oder die dekorativen Maki-Sushi-Röllchen. Für Gruppen bieten sich die Sushi-Platten an. Am Wochenende legt ein DJ auf. Reservierungen erforderlich.

AUSGEHEN & NACHTLEBEN

Die Bars rund um die Hotels auf der Ostseite des Khor Al Maqta laden zu einem Cocktail bei Sonnenuntergang ein, Ausblick auf die Große Scheich-Zayid-Moschee inklusive. Bodenständiger geht's im Cooper's zu, wo sich Einheimische nach Feierabend treffen.

COOPER'S — PUB

Karte S. 159 (www.rotana.com; Salam St, Khalifa Park, Park Rotana Abu Dhabi; So–Mi 12–2.30, Fr & Sa bis 3.30 Uhr;) Diese etablierte Kneipe mit altmodischer Holzvertäfelung und Messingdeko ist für ihre beliebten Ladies' Nights bekannt (montags bis freitags; dienstags allerdings nur für Lehrerinnen und Flugbegleiterinnen) – und für die Freigetränke. Die Kneipenküche kann sich sehen lassen und an der massiven rechteckigen Theke mit 48 Zapfhähnen – einer ist britischem Craft-Lager (Frontier) vorbehalten – werden zwölf verschiedene Biere ausgeschenkt.

RELAX@12 — DACHBAR

Karte S. 138 (02 654 5183; Al Khaleej Al Arabi St, Aloft Hotel; Mi–Fr 17–3, Sa–Di bis 2 Uhr) Diese Dachbar im Aloft Abu Dhabi Hotel (S. 179) hat mit ihrer sanften Musikuntermalung, den bequemen Sitzgelegenheiten und der umfangreichen Getränkekarte, die zudem den Geldbeutel nicht überstrapaziert, wahrhaftig etwas Entspannendes. Sushi sowie chinesische und thailändische Tapas tragen dazu bei, dass man keine Schlagseite bekommt.

SHOPPEN

Für Geschenke und Souvenirs sind die Boutiquen im Souk Qaryat Al Beri die richtige Adresse. Von der Küste aus landeinwärts bieten die Straßen von Al Maqta lokaltypischere Einkaufserlebnisse, dafür sorgen *abaya*-Geschäfte mit den aktuellsten mit Diamanten besetzten Modellen der bodenlangen Frauengewänder, Schneider, die *kandura* (bodenlange, langärmelige Männergewänder) im Angebot haben, und Dutzende Läden für traditionelle Parfüms und Wasserpfeifen.

SOUK QARYAT AL BERI — EINKAUFSZENTRUM

Karte S. 159 (02 558 1670; www.soukqaryatalberi.com; Khor Al Maqta; So–Mi 10–22, Do bis 23, Fr 15–23 Uhr) Dieses kleine Einkaufszentrum aus dem 21. Jh. ist einem klassischen Souk nachempfunden und bekommt für seine ansprechende nahöstliche Architektur und die tolle Lage direkt am Wasser jede Menge Lob. Die Geschäfte bieten aus arabischen Ländern stammende Waren an, beispielsweise Parfüms auf Ölbasis und Datteln mit Schokoladenüberzug.

Einige Kunstläden verkaufen zudem modernes Original-Kunsthandwerk, das qualitativ hochwertiger ist als in den üblichen Souvenirläden Abu Dhabis.

WOMEN'S HANDICRAFT CENTRE — KUNST & KUNSTHANDWERK

Karte S. 138 (02 447 6645; Al Karamah 24th St, in der General Women's Union; Eintritt 5 Dh; So–Do 9–15 Uhr) Dieses staatlich geführte Zentrum zeigt Webarbeiten, Stickereien, Korbherstellung, Nadelarbeiten mit Silberfaden und anderes traditionelles Kunsthandwerk aus der Region. Bei unserem letzten Besuch war das Programm jedoch sehr eingeschränkt.

Man sollte die Schuhe ausziehen, bevor man die verschiedenen Werkstätten betritt und vor dem Fotografieren um Erlaubnis fragen.

Alle Waren werden im angeschlossenen Laden verkauft. Bei unserem letzten Besuch war dieser geschlossen.

SPORT & AKTIVITÄTEN

ANANTARA SPA — SPA

Karte S. 138 (02 656 1146; www.abu-dhabi.anantara.com; Eastern Mangroves Promenade, Eastern Mangroves Hotel; Massage des Hauses 1 Std. 630 Dh, Hammams ab 525 Dh; 10–23 Uhr) Mit einem Meer von Marmor, Spiegeln und Pools genügt dieses Spa royalen Ansprüchen. Das exklusive Verwöhnprogramm verbindet Tradition mit modernen Behandlungsmethoden.

Babyzarte Haut garantiert das rituelle Hammam (türkisches Bad), während die verschiedenen Massagen Jetlag-Geplagte wieder munter machen.

ZAYED SPORTS CITY BOWLING

Karte S. 159 (☎02 403 4648; www.zsc.ae; Al Khaleej al Arabi St; ⏲9–1 Uhr) Die Zayed Sports City ist Abu Dhabis wichtigste Sportstätte. Neben einem Stadion beherbergt sie zahlreiche Sportplätze, eine **Eisbahn** (☎02 403 4333; 1 Std. 40 Dh; ⏲Öffnungszeiten für Besucher variieren) und das **Khalifa International Bowling Centre** (☎02 403 4648; pro Pers. & Spiel 16 Dh; ⏲9–1 Uhr). Auch der stets gut besuchte Spielplatz kann sich sehen lassen.

MURJAN SPLASH PARK WASSERPARK

Karte S. 159 (☎050 878 1009; www.murjansplashpark.weebly.com; Al Salam St, Khalifa Park; über/unter 1 m 50 Dh/frei; ⏲10–19 Uhr) Hier gibt's verschiedene Wasseraktivitäten für Kinder wie Bumper Boats, einen „Lazy-River-Ride" und ein paar kleine Wasserrutschen. Gut für Kleinkinder, ältere Kids werden allerdings nicht allzu beeindruckt sein.

Auf dem sogenannten „Surf-Wrangler" können die Kids unter Aufsicht eines Lehrers das Surfen erlernen.

Al Mina & Saadiyat Island

Hier wird der Gegensatz zwischen Alt und Neu deutlich sichtbar. Saadiyat *(saa-di-jat)* Island mit dem Louvre Abu Dhabi als Herzstück der immer weiter fortschreitenden Erschließung ist ein spektakuläres Statement für das erklärte Ziel, Abu Dhabi zur Kulturhauptstadt der Golfregion zu machen. Al Mina *(al-miena)* mit dem Dau-Hafen und farbenfrohen Souks (Märkten) gibt hingegen Einblicke in die Vergangenheit der Stadt. Nachdem man das lebendige Fischereierbe am Hafen erlebt hat, kann man im Louvre globale Geschichte bestaunen und anschließend am weißen Sand von Saadiyat die verschiedenen Eindrücke verarbeiten.

SEHENSWERTES

Saadiyat Island soll – irgendwann in der Zukunft – zu einem Kulturviertel auf Weltniveau werden. Das Louvre Abu Dhabi öffnete nach vielen Verzögerungen als Erstes seine Pforten für Besucher, während die Fertigstellung des Guggenheim Abu Dhabi und das Zayed National Museum auf sich warten lassen. Bis dahin werden sicherlich noch einige Jahre ins Land gehen. Ansonsten lockt Saadiyat Island mit zwei erstklassigen weißen Sandstränden.

Die Märkte von Al Mina besucht man am besten in den kühleren Stunden des späten Nachmittags und frühen Abends.

MANARAT AL SAADIYAT KULTURZENTRUM

Karte S. 138 (☎02 657 5800; http://manaratalsaadiyat.ae; Cultural District; ⏲9–20 Uhr) GRATIS Das Manarat Al Saadiyat („Ort der Erkenntnis") ist in einem postmodernen Gebäude mit auffälliger Honigwaben-Hülle untergebracht. Hier finden regelmäßig Kunstkurse und Workshops sowie Filmvorführungen statt.

Gelegentlich werden auch zeitgenössische Kunstausstellungen gezeigt. Bevor man den langen Weg auf sich nimmt, informiert man sich am besten auf der Website über das aktuelle Programm.

Ansonsten lohnt sich ein Besuch vor allem zur **Abu Dhabi Art Fair** (www.abudhabiart.ae; 3-Tages-Ticket 55 Dh; ⏲Nov.), bei der das Zentrum ein wichtiger Veranstaltungsort ist.

SAADIYAT PUBLIC BEACH STRAND

Karte S. 138 (www.bakeuae.com; Saadiyat Island; Erw./Kind 25/15 Dh; ⏲8–20 Uhr) Der mit Abstand schönste öffentliche Strand Abu Dhabis. Ein Steg führt durch ein Areal an der Küste, das unter Naturschutz steht und in dem Schildkröten brüten, zu diesem Paradies aus weißem Pulversand an der Nordwestküste von Saadiyat Island (neben dem Park Hyatt Resort). Bis Sonnenuntergang ist hier ein Bademeister im Dienst und es gibt ein Café, wobei man auch eigene Verpflegung mitbringen kann (Alkohol ist nicht erlaubt). Handtücher gibt's gegen eine Leihgebühr von 10 Dh, während Sonnenliegen mit Schirm werktags mit 25 Dh sowie samstags und sonntags mit 50 Dh zu Buche schlagen.

UAE PAVILION SEHENSWERTES GEBÄUDE

Karte S. 138 (☎02 406 1501) Das prämierte Gebäude von Sir Norman Foster & Partnern wurde im Jahr 2010 für die Expo in Shanghai entworfen und hat hier eine neue Heimat gefunden; es weist die Form zweier paralleler Sanddünen auf – sanft und geschwungen auf der Leeseite, steil und gerippelt auf der erodierten Seite.

Wie das benachbarte Manarat Al Saadiyat dient auch der UAE Pavilion seit seiner Eröffnung hauptsächlich als Veranstaltungsort für die jährliche Kunstmesse Abu Dhabi Art.

HIGHLIGHT

DEN LOUVRE ABU DHABI ENTDECKEN

Der mit Spannung erwartete Louvre Abu Dhabi wurde von dem mit dem Pritzker-Preis ausgezeichneten Architekten Jean Nouvel entworfen und 2017 endlich eröffnet. Das atemberaubende Gebäude setzt mit einer von Medina inspirierten Reihe weißer Gebäude, die das Herzstück – eine 180 m breite filigrane Kuppel – flankieren, einen reizvollen Kontrast. Die Kuppel ist eine Hommage an die Palmen, die in der Wüste Schatten spenden: Die geometrischen Öffnungen symbolisieren miteinander verwobene Palmblätter traditioneller Dächer und schaffen einen beinahe cineastischen „Lichtregen"-Effekt in den 23 Galerien, wenn die Sonnenstrahlen im Laufe des Tages weiterwandern.

Die Galerien zeigen eine Weltklassesammlung an Gemälden, Skulpturen und Objekten von der Antike bis zur Gegenwart. Sie werden in zwölf Sequenzen präsentiert, widmen sich universellen Themen und allgemeinen Einflüssen und gehen weit über Geografie, Nationalität und Geschichte hinaus. Die 600 Werke wurden aus den riesigen Beständen des Louvre ausgewählt (300 weitere sind Leihgaben anderer führender französischer Museen). Zu den Highlights gehören eine stehende baktrische Prinzessin aus dem 3. Jahrtausend v. Chr., *Junger lesender Emir* (1878) von Osman Hamdi Bey, eine Collage von Picasso mit dem Titel *Porträt einer Dame* von 1928, Paul Gauguins Meisterwerk *Ringende Knaben* sowie eine Fülle weiterer französischer Meisterwerke.

NICHT VERSÄUMEN

- Die älteste bekannte fotografische Darstellung einer verschleierten Frau
- Ein 3000 Jahre altes Goldarmband mit Löwenkopf aus dem Nahen Osten

PRAKTISCH & KONKRET

- Karte S. 138, B1
- www.louvreabudhabi.ae
- Saadiyat Island
- 63 Dh
- 10–18.30 Uhr

AL-MINA-FISCHMARKT MARKT

Karte S. 144 (Dhow Harbour, Al Mina; 7–22 Uhr) Auf dem großen Fischmarkt tummeln sich jede Menge Händler, die an unzähligen farbenfrohen Ständen ihre reiche eisgekühlte Meeresernte feilbieten. Am betriebsamsten ist es am frühen Morgen, wenn Großhändler Garnelen, Red Snapper, blaue Krabben und rosa Sultan Ibrahims einkaufen.

OBST- & GEMÜSE-MARKT MARKT

Karte S. 138 (Al Mina; 7–24 Uhr) Auf diesem weitläufigen Markt wechseln Melonen aus Jordanien, Kartoffeln aus der Türkei und Zwiebeln aus so ziemlich jedem Land den Besitzer. Zu den Highlights gehört das Schlendern durch die „Dattelgasse", in der Geschäfte rund 45 verschiedene Sorten (ab 25 Dh/kg) feilbieten. Gigantische *medjool*-Datteln aus Saudi-Arabien kosten 70–120 Dh pro Kilo, während die als Heilmittel gepriesenen *ajwa*-Datteln 120 Dh pro Kilo einbringen.

WAREHOUSE 421 KULTURZENRUM

Karte S. 144 (www.warehouse421.ae; Al Mina; Di–So 10–20 Uhr) GRATIS Dieses zeitgenössische Kunstzentrum mit Galerie ist in einem ehemaligen Lagerhaus am Hafen untergebracht. Es zeigt zeitgenössische Ausstellungen zu Kunst und Design der kreativen Szene aus den VAE. In der Regel sind stets ein bis zwei kleine Ausstellungen zu sehen, die Website informiert über das aktuelle Programm. Im Winter gibt's außerdem Kreativ-Workshops und Filmvorführungen. Das Zentrum ist eine gute Anlaufstelle, wenn man sich für die aktuelle Kultur Abu Dhabis interessiert. Einfach nach dem 18 m langen gusseisernen Schiff Ausschau halten, das davorsteht.

DAU-HAFEN HAFEN

Karte S. 144 (Al Mina) Was könnte faszinierender sein, als am Hafen zu sitzen und zuzuschauen, wie die Daus zu Wasser gelassen werden. Hier ist zu jeder Tageszeit etwas los, wenn die Fischer ihre Netze reparieren, die

Hummerreusen stapeln, farbenfrohe Sarongs zum Trocknen aufhängen, Fische abladen oder sich einfach zu ihrem üblichen Plausch treffen. Wer beobachtet, wie immer fünf Daus miteinander vertäut im Wasser dümpeln, vergisst beinahe Abu Dhabis moderne Kulisse, und seine Vergangenheit als Fischerdorf wird plötzlich lebendig.

ESSEN

Da es auf Saadiyat Island momentan nur wenige Wohnviertel gibt, konzentriert sich die kulinarische Szene auf und um die Resorts. Neben den resorteigenen Restaurants gibt's einen kleinen Mall-ähnlichen Komplex mit mehreren Optionen namens The Collection gegenüber dem St. Regis Hotel. In Al Mina sammeln sich einfache Lokale rund um den Dauhafen.

SAUDI KITCHEN — NAHÖSTLICH $

Karte S. 144 (☎02 673 0673; Al Teelah St, Al Mina Port; Hauptgerichte 30–70 Dh; ⏲12–1 Uhr; P) Dieses gemütliche kleine Lokal in der Nähe des Mina-Fischmarkts verfügt über abgetrennte Sitznischen mit Bodenkissen (Schuhe bitte ausziehen). Es ist die perfekte Wahl, um das traditionelle vom Knochen fallende Lamm oder Hühnchen aus dem Herzen der Halbinsel zu probieren, etwa als *mandi* (langsam gegart und mit Reis und Chilisoße serviert) oder *madfoon* (langsam mit Nüssen und Rosen über Reis gegart).

INSIDERWISSEN

DIY-FISCHGERICHT

Für ein Mittag- oder Abendessen für unter 50 Dh, das man so schnell nicht wieder vergisst, kann man sich auf dem Al-Mina-Fischmarkt (S. 167) Fisch bei den Jungs in Blau kaufen (25 bis 35 Dh pro Kilo) und ihn zu den Jungs in Rot bringen, die ihn ausnehmen und filetieren (2 Dh pro Kilo). Mit diesen Fischfilets begibt man sich dann nach nebenan (neben der Abteilung mit den getrockneten Fischen) und rangelt mit den Seeleuten um die besten Gewürze. Anschließend gibt man seine erstandenen Waren an die Köche in einem der Handvoll Restaurants, die aus allem ein feurig-scharfes Kerala-Fischcurry zaubern oder den Fisch einfach mit Salz und Zitrone einreiben und grillen (15 Dh pro Kilo). Das fertige Essen nimmt man dann mit nach draußen zum Dau-Hafen, wo man sich auf eine Hummerreuse setzt und es sich schmecken lässt. Frischer geht's nun wirklich nicht.

VIRONA — FISCH & MEERESFRÜCHTE $

Karte S. 144 (Fischmarkt, Al Mina; Mittagstisch 7–18 Dh; ⏲11–15 Uhr) Wer erleben möchte, wie Meeresfrüchte vor Ort am besten schmecken, sollte sich hinter dem Fischmarkt umschauen, und zwar in der Nähe der Abteilung mit dem getrockneten Fisch. Dieses winzige indische Restaurant (Name nur auf Arabisch) ist eigentlich eine Art Imbiss für Hafenarbeiter und Händler, aber die stören sich nicht daran, wenn jemand vorbeikommt, um ein köstliches Menü mit Reis, Fisch und Biryani zu essen.

AL MINA MODERN CUISINE & RESTAURANT — FISCH & MEERESFRÜCHTE $$

Karte S. 144 (☎02 673 3390; Al Mina; Hauptgerichte 45–90 Dh; ⏲12–24 Uhr) Die meisten Besucher rauschen an der Glasfassade dieses Restaurants auf der Suche nach seinem berühmteren Nachbarn, dem Al Dhafra Restaurant, einfach vorbei.

Das ist wirklich schade, denn das Ambiente ist hier genauso authentisch, dafür sorgen viele alte Fotografien an den Wänden und der Fang des Tages (Preis pro Kilo), der im wahrsten Sinne des Wortes von der Dau auf dem Teller landet.

AL DHAFRA RESTAURANT — NAHÖSTLICH $$

Karte S. 144 (☎02 673 2266; www.aldhafrauae.ae; Al Mina Port; Büfett Mittag-/Abendessen ab 120/99 Dh, Schifffahrt mit Abendessen 150 Dh; ⏲12–17 & 18.30–23.15 Uhr; 📶) Dieses in die Jahre gekommene, extravagante Schmuckstück von einem Lokal mit verblichenem Dekor wartet mit einer üppigen *majlis* (Empfangslounge) auf, in der im Lauf der Jahrzehnte schon Prinzen und Scheichs bedient wurden.

Das Mittagsbüfett bietet die Gelegenheit, einheimische Gerichte zu probieren, darunter *machboos* (Auflaufgericht mit Fleisch oder Fisch, Reis und Zwiebeln, gekocht in einer würzigen Soße). Alternativ wählt man Fisch oder Meeresfrüchte (Preis pro Kilo) und einen Salat von der Salatbar (30 Dh) aus.

Das Al Dhafra unterhält zudem ein schwimmendes Restaurant an Bord einer traditionellen Dau (allabendlich 20.30–22.30 Uhr), die von Al Mina nach Breakwater und wieder zurück schippert. Es bietet ein angenehmes Ambiente, um nahöstliche Gerichte zu kosten,

ABSTECHER

NURAI ISLAND

Nurai Island (☎02 506 6222; www.zayanuraiisland.com; Tagesticket 480 Dh (420 Dh davon sind gegen Essen & Getränke einlösbar); ⏲10–23 Uhr) liegt nur eine 12-minütige Bootsfahrt von Saadiyat Island entfernt und ist ein wahres Stück vom Paradies. Es wurde von der Zeitschrift *Newsweek* als „Luxuriösestes Projekt der Welt" bezeichnet und wird vom einzigen „Vermieter" der Insel, dem exquisiten **Zaya Nurai Island Resort** (☎02 506 6622; www.zayanuraiisland.com; Villa inkl. unbegrenzte Bootstransfers ab 3400 Dh; 📶) 🍃, als „Malediven Arabiens" bezeichnet. Die herrlich grüne knapp 1 km² große Insel ist in der Tat ein reines Postkartenidyll, mit friedlichen Stränden, sonnengetoastetem Sand und erstklassigem Essen und Einrichtungen.

Der idyllische Zufluchtsort wurde 2015 eröffnet und bietet 32 riesige 1- und 2-Zimmer-Villen, von denen man sich beim Check-out förmlich losreißen muss. Die modernen Unterkünfte sind in Licht getaucht und in luftigem Weiß und Pastelltönen gehalten – „skandinavischer Chic" trifft es wohl am besten. Sie verfügen über Privatpools mit Sonnenliegen, üppige Badewannen und alle erdenklichen Annehmlichkeiten, u. a. ein eigenes Fahrrad für jeden Gast.

Damit kann man zu fünf Restaurants und Bars radeln (der mexikanisch-libanesische Küchenchef hat ein unglaubliches Talent). Außerdem gibt's ein grandioses Spa mit Behandlungszimmern mit Blick auf den Ozean, mehrere Strände – darunter der rustikale Smokin' Pineapple mit Schaukeln und Hängematten über dem Wasser, einer Bar und diversen Wassersportmöglichkeiten – und eine trendige Bibliothek, in der Wein ausgeschenkt wird. Obendrein läuft der ganze Komplex größtenteils mit Solarenergie.

Auch wer nicht im Resort absteigt, kann für 420 Dh einen Tag hier verbringen (10 bis 23 Uhr).

während man im Schneidersitz in Sänften auf Kissen hockt und den sagenhaften Blick auf die nächtliche Skyline von Abu Dhabi auf sich wirken lässt. Die Dau liegt in der Nähe des Fischmarkts vor Anker.

★BEACH HOUSE — MEDITERRAN $$$

Karte S. 138 (☎02 407 1138; www.hyatt.com; Saadiyat Island, Park Hyatt Abu Dhabi; Hauptgerichte 115–205 Dh; ⏲So–Do 12.30–23.30, Sa & So 9–23 Uhr) Dieses Restaurant ist am Wochenende zum Frühstück, ansonsten zum Mittag- und Abendessen geöffnet und legt den Schwerpunkt auf sonnige mediterrane Aromen (man denke an langsam geschmorte Rinderbrust mit Oliven und Zaziki oder Meeresfrüchte-Cassoulet). Die Lage direkt an den Dünen von Saadiyat ist traumhaft.

In den kühleren Monaten liefert das Beach House Rooftop im oberen Stock die besten Aussicht auf Abu Dhabis wohl schönste Sonnenuntergänge.

AUSGEHEN & NACHTLEBEN

BEACH HOUSE ROOFTOP — DACHBAR

Karte S. 138 (☎02 407 1138; www.hyattrestaurants.com; Park Hyatt Abu Dhabi Hotel & Villas; ⏲Mo–So 17–1 Uhr) Man sollte sich von der unscheinbaren Treppe hinten nicht täuschen lassen: Wer nach oben steigt, wird von dem Panorama auf das unglaublich türkisfarbene Wasser und den freien Blick aufs Meer überwältigt sein.

Stimmungsvolle Musik in genau der richtigen Lautstärke und die gedämpfte, atmosphärische Beleuchtung geben den Ton an, aber für das Highlight sorgen atemberaubende Sonnenuntergänge und das sanft schwappende Rauschen der Wellen.

DE LA COSTA — LOUNGE

Karte S. 138 (☎02 656 3572; www.saadiyatbeachclub.ae; Saadiyat Beach Club; ⏲17–24 Uhr) Mit herrlicher Aussicht, gemütlichen Sesseln und exquisiten Drinks (Cocktails 55–65 Dh) ist diese Lounge der Hit, um zu beobachten, wie über dem Wasser die Sonne untergeht. In den kühleren Monaten legen am Wochenende DJs auf.

BUDDHA-BAR BEACH — LOUNGE

Karte S. 138 (www.buddhabar.com; St Regis Saadiyat Island Resort, Saadiyat Island; 📶) Berühmte lässige Lounge mit Asien-Thema, die aus Paris stammt und ihr normalerweise vorübergehendes Strandbarkonzept nach Abu Dhabi überführt hat: Die Stadt ist die erste mit einer permanenten Außenstelle.

Yas Island & Umgebung

Dieser extrem beliebte Laden, der tagsüber und bis in die Nacht hinein geöffnet ist, hat sich durch seinen charakteristischen asiatisch-mediterranen Mix einen Namen gemacht, den er mit cooler Lounge-Musik untermalt und mit ein paar Buddhastatuen abrundet.

SHOPPEN

CARPET SOUQ MARKT

Karte S. 138 (Al Mina; ⏲9–23 Uhr) Die redseligen Händler aus Belutschistan in Pakistan sind zweifellos unterhaltsam, handgewebte Meisterwerke in satten Farben sollte man jedoch nicht erwarten. Am besten verkaufen sich hier moderne maschinell gefertigte Teppiche aus Wolle und Nylon sowie Gebetsteppiche.

IRANIAN SOUQ INNENEINRICHTUNG

Karte S. 144 (Al Mina; ⏲7–24 Uhr) Wer noch nie auf einem Markt für Haushaltswaren war, wird dieses Sammelsurium an Ständen am Rand des Hafens sicher vergnüglich finden.

Kaufen wird man hier höchstwahrscheinlich nichts, dennoch gibt's ein buntes Sortiment zu entdecken: Kochtöpfe aus Aluminium, Melamintabletts mit Blümchenmuster, Korbwaren und Kaffeekannen aus Kupfer sind nur einige der Importartikel, die auf diesem lebhaften Souk zu haben sind.

SPORT & AKTIVITÄTEN

SAADIYAT BEACH CLUB STRAND

Karte S. 138 (☎02 656 3500; www.saadiyatbeachclub.ae; Paar/Erw./Kind So–Do 295/210/85 Dh, Fr & Sa 445/320/125 Dh; ⏲Strand 9 Uhr–Sonnenuntergang, andere Einrichtungen bis 20 Uhr) Dieser luxuriöse und exklusive Strandclub mit Spa und Fitnesscenter öffnet seine Pforten auch für Tagesgäste. Zum Angebot gehören ein

Yas Island & Umgebung

Sehenswertes
1 Ferrari World Abu Dhabi B1
2 Fun Works B1
3 Musical Fountain B3
4 Warner Bros World Abu Dhabi B1
5 Yas Beach B3
6 Yas Marina Circuit B2

Essen
Aquarium .... (siehe 9)
Cafe Bateel .... (siehe 2)
Cipriani .... (siehe 9)
7 Nolu's Café B3
8 Tawa Bakery B3

Ausgehen & Nachtleben
9 Iris C2
10 Mad on Yas Island B3
Stars 'N' Bars .... (siehe 9)
Stills Bar & Brasserie .... (siehe 18)

Unterhaltung
11 Du Arena B2
12 Du Forum B3
Vox Cinemas .... (siehe 2)

Shoppen
Yas Mall .... (siehe 2)

Sport & Aktivitäten
13 Captain Tony's B2
DriveYas .... (siehe 6)
14 Eywoa Marine Sports B2
15 Seawings C2
StartYAS/TrainYAS/GoYAS .... (siehe 6)
16 Yas Waterworld B1

Schlafen
17 Centro Yas Island B3
18 Crowne Plaza Abu Dhabi Yas Island B2
19 Yas Hotel B2

makelloser Strand mit vielen Sonnenliegen und Schirmen, ein wunderschöner Pool, wenn man nicht so auf Meerwasser steht, ein Trainingsraum samt Yogaunterricht sowie eine Handvoll luxuriöser Bars und Cafés.

An der Küste nisten die geschützten Echten Karettschildkröten, und gelegentlich lässt sich auch eine Schule Delfine im türkisblauen ruhigen Wasser blicken.

Yas Island & Umgebung

Yas Island, das mittlerweile zum Zentrum für Adrenalinjunkies avanciert ist, hat viel dazu beigetragen, Abu Dhabi als dynamisches Reiseziel zu etablieren. Der Grand Prix im November lockt alljährlich ein Publikum aus aller Welt an, während die Fahrgeschäfte und Simulationen von Ferrari World, Warner Bros World und Waterworld das ganze Jahr über Vergnügungssüchtige jeden Alters begeistern. Abgesehen vom Unterhaltungsprogramm für die ganze Familie macht die gigantische Yas Mall die Insel zur ersten Shoppingadresse Abu Dhabis.

SEHENSWERTES

Bei der Konzeption von Yas Island hatte man den Tourismus stets im Hinterkopf. So verwundert es nicht, dass sich zahlreiche Informationen zu den verschiedenen Unternehmungen finden. Eine große Rolle spielen Vergnügungsparks, wobei der Schwerpunkt auf familienfreundlichen Aktivitäten liegt. Die drei wichtigsten Anlaufstellen für Vergnügungssüchtige, Ferrari World, Warner Bros World und Yas Waterworld, sind rund ums Einkaufzentrum Yas Mall im Herzen der Insel zu finden. Berühmt ist Yas vor allem für seine Formel-1-Piste, so lässt die Rennstrecke Yas Marina Circuit die Herzen von Motorsportfans höherschlagen.

★ FERRARI WORLD ABU DHABI
VERGNÜGUNGSPARK

Karte S. 170 (☎02 496 8000; www.ferrariworldabudhabi.com; Yas Leisure Dr; Yas Leisure Dr; Erw./Kind unter 1,30 m ab 295/230 Dh, mit Yas Waterworld ab 295/230 Dh; ⏰11–20 Uhr) Wer rechtmäßig damit prahlen möchte, die **Formula Rossa**, die schnellste Achterbahn der Welt, „besiegt" zu haben, sollte diesem Tempel des Drehmoments (perfekt im Sommer) und der Rundum-Huldigung von Ferrari in einem spektakulären Gebäude einen Besuch abstatten. Die Beschleunigung von null auf

INSIDERWISSEN

SALUKI – ARABISCHE JAGDHUNDE

Salukis sind für ihre Jagdfähigkeiten und ihre Geschwindigkeit auf langen Strecken bekannt und seit Jahrhunderten die besten Freunde der Beduinen. Nach einem Besuch im **Arabian Saluki Centre** (Karte S. 138; ☎02 575 5330; www.arabiansaluki.ae; nahe Abu Dhabi Falcon Hospital; ⊙So–Do 9–13 Uhr) GRATIS versteht man sofort, warum. Die Salukis stammen ursprünglich aus China und sollen eine der ersten Hunderassen gewesen sein, die domestiziert wurden; ihre Schnelligkeit, die Fähigkeit, hohe Temperaturen auszuhalten, und ihre Intelligenz machten diese Hunde zum perfekten Gefährten für nomadische Völker, die sie zum Fangen von Hasen und kleinerem Wild einsetzten. Auch wenn ihre Fertigkeiten heutzutage in der Wüste nicht mehr sonderlich gefragt sind, bleiben sie doch weiterhin ein geliebter Bestandteil des kulturellen Erbes auf der Arabischen Halbinsel – die reinrassigen, folgsamen Hunde bringen Tausende Dirham ein. Viele Salukis werden für Hunderennen gezüchtet. Wie im Guinnessbuch der Rekorde zu lesen steht, stellte ein Saluki 1996 mit 68,8 km/h den Geschwindigkeitsrekord für Hunde auf. Auch die Schönheit der Salukis wird gerühmt – die Tiere werden Juroren vorgeführt, die dann ihren Stolz, ihren Gang und den Zustand ihres Fells beurteilen.

Das Arabian Saluki Centre gehört zum Abu Dhabi Falcon Hospital (S. 162) und liegt 6 km südöstlich des Abu Dhabi Airport.

240 km/h in 4,9 Sekunden kommt so nah an ein Formel-1-Erlebnis heran, wie es für die meisten von uns überhaupt möglich ist.

Zu weiteren Attraktionen gehören die Achterbahn **Flying Aces**, die sich des größten Loopings der Welt und der steilsten/schnellsten Steigung eines Schrägaufzugs rühmen kann, der freie Fall im **Turbo Track**, die **Ferrari Driving Experience** rund um die Insel in Begleitung eines vom Unternehmen zertifizierten Fahrers (ab 695 Dh zusätzlich) und ein fantasievolles 4-D-Abenteuer. Abgesehen von all dem Nervenkitzel kann man aber auch die Autoausstellungen und Liveshows besuchen.

WARNER BROS WORLD ABU DHABI — VERGNÜGUNGSPARK

Karte S. 170 (www.wbworldabudhabi.com; Yas Leisure Drive; Erw./Kind unter 110 cm 295/230 Dh; ⊙11–20 Uhr) Der erste Warner-Bros-Vergnügungspark der Welt dürfte bei Kindern wie Erwachsenen gleichermaßen gut ankommen (DC-Comic-Fans, wir meinen Euch). 29 Fahrgeschäfte, unterhaltsame Shows und interaktive Attraktionen verteilen sich über sechs „Reiche“: Warner Bros Plaza, Metropolis, Gotham City, Cartoon Junction, Bedrock und Dynamite Gulch – alle überdacht und klimatisiert.

YAS BEACH — STRAND

Karte S. 170 (☎056 242 0435; www.yasbeach.ae; Erw./Kind So–Do 60 Dh/frei, Fr & Sa 120 Dh/frei; ⊙10 Uhr–Sonnenuntergang) Der Yas Beach ist eine überraschend bescheidene Ecke auf dieser Hightech-Insel. Hier lässt es sich schön entspannen, man kann den herrlichen Meerblick genießen, sich in allerlei Wassersportarten versuchen oder auch einfach bei einem kühlen Bier fünfe gerade sein lassen. Aus der Küche kommen Fisch der Region vom Grill und andere Leckereien. Ein DJ legt samstags während der Poolpartys lässige Musik auf.

In der Tageskarte sind das Handtuch, die Sonnenliege, ein Sonnenschirm und die Nutzung der Duschen inbegriffen. Alkohol erhältlich.

FUN WORKS — VERGNÜGUNGSPARK

Karte S. 170 (☎02 565 1242; www.funworks.ae; Yas Mall, Yas Island West; Wizz Works/Mini Works 60/30 Dh; ⊙Sa–Mi 10–22, Do & Fr bis 24 Uhr) Mit Hüpfburgen, Fahrgeschäften, Räumen zum Wiederaufbauen, Playstations und Spielsachen zielen die 6300 m² mit interaktiven Spielen auf Lernen mit Spaß ab – und halten die Kids garantiert stundenlang bei bester Laune.

MUSICAL FOUNTAIN — SPRINGBRUNNEN

Karte S. 170 (Yas Marina) GRATIS Diese Springbrunnen begeistern kleine Besucher, insbesondere an heißen Tagen, wenn sie für Abkühlung sorgen, und abends mit musikalischer Untermalung.

ESSEN

Die Handvoll Restaurants am Jachthafen wartet mit dramatischen Aussichten auf, während die Yas Mall zahlreiche legere Lokale beherbergt. Die aufstrebende kulinarische Szene der Al Bandar Marina lohnt eine Entdeckungstour, insbesondere am Wochenende, wenn Einheimische für geschäftiges Treiben sorgen.

TAWA BAKERY — CAFÉ $

Karte S. 170 (www.tawa.ae; Al Muneera Island Beach Plaza, Al Raha Beach; Hauptgerichte 40–65 Dh; ⏲12–22 Uhr; 📶✓) Diese angesagte Bäckerei am Al Muneer Beach ist streng glutenfrei. Sie serviert den ganzen Tag über Frühstück (Arme Ritter, Eier Benedikt, *huevos rancheros*), verschiedene Pizzen, Sandwiches und Pasta sowie ein paar echt dekadente Desserts (Banoffee Pie, Pistazien-Eclairs). Der Laden ist irre hip – inklusive frei liegender Lüftungsrohre und Bratpfannen als Deko – und man bekommt sogar einen Blick auf den Strand.

★NOLU'S CAFÉ — CAFÉ $$

Karte S. 170 (☎02 557 9500; www.nolusrestaurants.com; Al Bandar Marina, Al Raha Beach; Hauptgerichte 50–120 Dh; ⏲9–23 Uhr; 📶✓) In diesem charmanten Café trifft Kalifornien auf Afghanistan. Auf den Tisch kommen Mandelbutter und Chia-Pfannkuchen, *borani banjon* (ofengebackene Auberginen mit Minz-Knoblauch-Joghurt) und ebenso herzhafte Kost wie Lammkeule mit Naturreis-Pilau. Die afghanischen Einflüsse gehen auf Geheimrezepte der afghanischen Mutter des Besitzers zurück. Gegen den Durst helfen frische Säfte oder eine Matcha Latte mit Aktivkohle.

CAFE BATEEL — MEDITERRAN $$

Karte S. 170 (www.bateel.com; Pavilion Cascade Walk, EG, Yas Mall; Hauptgerichte 44–98 Dh; ⏲So–Mi 9–23 Uhr, Do–Sa bis 24 Uhr; 📶✓👪) Dieses Café von Bateel hat seine Wurzeln in Saudi-Arabien, ist vor allem für seine ausgezeichneten Dattelspezialitätenläden bekannt und lohnt einen Besuch. Hier trifft das Mittelmeer auf den Nahen Osten, wobei hauptsächlich Biozutaten verwendet werden. Die gesunde Auswahl mit Hipster-Anleihen (Avocado und Quinoa spielen eine große Rolle) umfasst Salate, Sandwiches und Pasta sowie köstlich Desserts wie Bateel-Dattelpudding mit Buttertoffee und karamellisierten Pekannüssen.

AQUARIUM — FISCH & MEERESFRÜCHTE $$

Karte S. 170 (☎02 565 0007; www.yasmarina.ae/aquarium; Yas Marina; Hauptgerichte 75–149 Dh; ⏲Sa–Mi 12–1, Do & Fr bis 2 Uhr; 📶) Extragroße Fischbecken zieren das Innere dieses entspannten Restaurants und lassen keinen Zweifel an der Spezialität des Hauses auf-

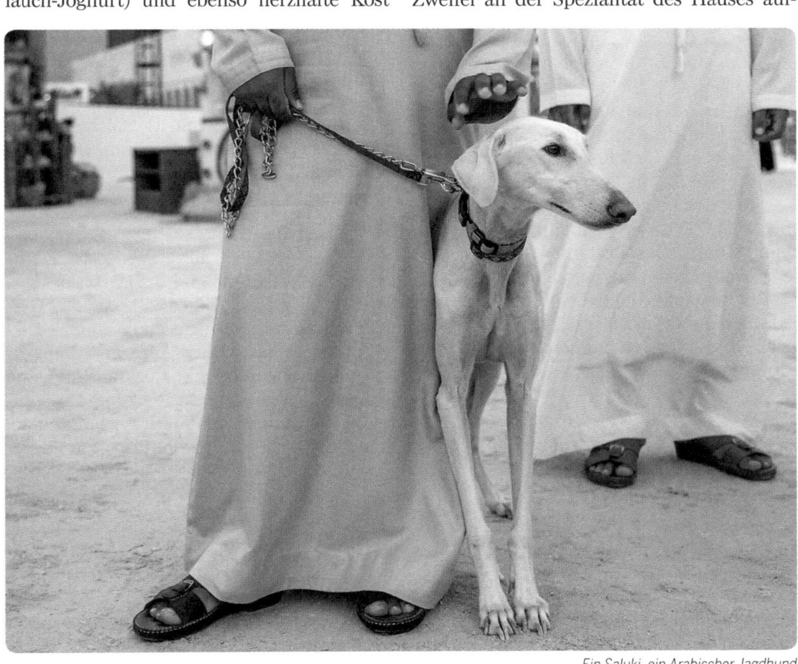

VINNIKAVA VIKTORYIA/SHUTTERSTOCK

Ein Saluki, ein Arabischer Jagdhund

ABSTECHER

KAMELRENNEN IN AL WATHBA

Die Kamele mit farbenfrohen Futtersäcken und passenden Decken sind die Stars der Show am **Al Wathba Race Track** (☎02 885 8888; Al Wathba; ⏲Okt.–April Do–Sa 7.30 & 14.30 Uhr), 45 km südöstlich von Abu Dhabi. Die Rennen sind ein Riesenspaß, wenn man beobachtet, mit welcher Begeisterung die Besitzer, die neben der Rennstrecke herfahren, ihre geliebten Tiere anfeuern. Man sollte eine halbe Stunde vor Beginn des Rennens eintreffen, um noch die spannende Vorfreude vor dem Start mitzuerleben.

kommen. Die Tische auf der Außenterrasse sind abends dank des Blicks über den Jachthafen bis zum geschwungenen Dach des Yas Hotel heiß begehrt. Man kann einen Fisch samt Zubereitungsart auswählen, zudem gibt's eine internationale Speisekarte mit Paella, Pasta und Sushi-Platten für mehrere Personen.

CIPRIANI ITALIENISCH **$$$**

Karte S. 170 (☎02 657 5400; www.cipriani.com; Yas Marina; Hauptgerichte 111–400 Dh; ⏲18–24 Uhr) Die Speisekarte ist von italienischer und asiatischer Fusion-Küche geprägt (darunter viele bekannte Gerichte der weltberühmten Harry's Bar in Venedig), doch der Ausblick ist ganz eindeutig emiratisch. Von der Terrasse sieht man die Tribünen des Yas Marina Circuit (S. 176), die hier vertäut liegenden Designerjachten und das Yas Hotel (S. 180) mit seiner Hülle aus Amethyst- und Diamantlichtern. Das Restaurant wird vor allem wegen der italienischen Küche geschätzt, manche Italiener beschweren sich jedoch, dass das exzellente Essen eher in einer Trattoria serviert wird als in einem edlen Restaurant.

AUSGEHEN & NACHTLEBEN

Yas Island ist eine Partyhochburg, die von Lasern und innovativen Lightshows erleuchtet wird. Außerdem gibt's hier Bars mit Alkohollizenz, die in den Hotels vielerlei Themenabende veranstalten. Wer gern früh zu Bett geht, ist hier fehl am Platz.

IRIS BAR

Karte S. 170 (☎055 160 5636; www.yasmarina.com; Yas Marina; ⏲Mi–So 18–3 Uhr; 📶) Am späten Abend zieht die Bar eine trendbewusste junge Klientel an, die sich Cocktailklassiker (55–75 Dh) schmecken lässt. DJs legen donnerstags progressiven Deep House und sonntags Hits der 1980er auf. Von Oktober bis April erstreckt sich das Partygeschehen bis auf die Außenterrasse, wo die funkelnden Lichter des Yas Hotel jenseits des Wassers für eine angemessen dramatische Kulisse sorgen.

MAD ON YAS ISLAND CLUB

Karte S. 170 (☎055 834 6262; www.madonyasisland.com; Leisure Dr, nahe Yas Tunnel; ⏲Do & Fr 23–3.30 Uhr; 📶) Partyclub, in dem es ums Sehen und Gesehenwerden geht. In schicken Ausgehklamotten und mit dem Personalausweis in der Tasche (Zutritt ab 21 J.) kann man im größten Indoor-Nachtclub der Emirate mit der attraktiven Kundschaft zu R'n'B, Hip-Hop und House tanzen. Internationale Künstler geben hier regelmäßig Livekonzerte.

STARS 'N' BARS SPORTBAR

Karte S. 170 (☎02 565 0101; www.starsnbars.ae; Yas Marina; Cocktails 55–75 Dh; ⏲12–3 Uhr; 📶) Dieser unglaublich beliebte und laute Laden mit Grilllokal wurde zu Abu Dhabis bester Sportbar gewählt und ist unmissverständlich amerikanisch. Hier gibt's 24 Zapfhähne mit Craft-Bieren von Brewdog, Anchor Steam und der Brooklyn Brewery – definitiv der richtige Ort für Bierliebhaber. Aber das Essen, die Livemusik und die Shishas ziehen ebenfalls scharenweise Gäste an. Dazu laufen fast 80 Fernseher – hier ist für jeden was dabei.

STILLS BAR & BRASSERIE BAR

Karte S. 170 (☎02 656 3053; www.facebook.com/stillsbar; Golf Plaza, Crowne Plaza Abu Dhabi Yas Island; ⏲So–Do 15–2, Fr & Sa ab 12 Uhr; 📶) Hier gibt's Liveunterhaltung und die längste Theke in Abu Dhabi. Diese angesagte Bar serviert Bier (17 Zapfhähne), Cocktails und eine sehr anständige Auswahl an teurem Kneipenessen, von Burgern bis zu frischen Muscheln. Man findet sie im Crowne Plaza auf Yas Island (S. 180).

UNTERHALTUNG

VOX CINEMAS KINO

Karte S. 170 (☎600 599 905; https://uae.voxcinemas.com; 1. OG, Yas Mall; Tickets 35–160 Dh;

⌚9–24 Uhr) Wer seinen Spaß daran hat, bei einer Autoverfolgungsjagd den Gummi zu riechen und zu spüren, wie der Boden bebt, wenn quietschende Reifen über den 24,5 m großen Bildschirm rasen, der wird von diesem 4-D-Erlebnis im Vox Cinemas 4DX Theatre sicher nicht enttäuscht sein.

Wer sich hingegen eher als Feinschmecker sieht und die schöneren Dinge des Lebens zu schätzen weiß, bekommt neben einem gemütlichen Sessel im luxuriösen Theatre by Rhodes auch noch mit einem Michelin-Stern prämierte Küche serviert. Online buchen. Ein Privatkino für Kinder gibt's auch.

DU FORUM KONZERTE

Karte S. 170 (☎02 509 8143; www.duforum.ae; Yas Leisure Dr) In diesem sehr auffälligen Kulturzentrum finden u. a. Kunstausstellungen, Konzerte, Comedyshows und Sportveranstaltungen statt. Im Gegensatz zum anderen Unterhaltungskomplex auf Yas Island, Du Arena, ist diese Location komplett klimatisiert, sodass das ganze Jahr über Größen auftreten und Events stattfinden können.

DU ARENA KONZERTE

Karte S. 170 (☎02 509 8000; www.duforum.ae) In diesem Unterhaltungskomplex im Freien (der ehemaligen Yas Arena) treten regelmäßig Stars der internationalen Musikszene sowie einheimische Künstler auf. Mit ihrer hervorragenden Akustik und dem einzigartigen Kühlsystem ist diese Arena zu einem obligatorischen Zwischenstopp jeder großen internationalen Tournee avanciert. Tickets kann man in der Regel ganz einfach über die Ticketmaster-Website der VAE buchen (www.ticketmaster.ae).

SHOPPEN

Wer einkaufen möchte, steuert direkt die Yas Mall an. Dort gibt's genug Geschäfte, um auch ausgewiesene Shoppingliebhaber einen Tag lang bei Laune zu halten. Gängige internationale Marken sind allesamt vertreten; wer gut genug sucht, findet auch ein paar hiesige Labels.

YAS MALL EINKAUFSZENTRUM

Karte S. 170 (www.yasmall.ae; Yas West; ⌚Sa–Mi 10–22, Do & Fr bis 24 Uhr; 📶) Die helle weitläufige Yas Mall mit 370 Geschäften ist der Star von Abu Dhabis Shoppingszene. Bemerkenswert sind die grün bepflanzte Wand und die zwei 12 m hohen Baumskulpturen des renommierten südafrikanischen Künstlers Marco Cianfanelli; die Blätter zeigen sich von arabischen Kalligrafien inspiriert. Von hier gelangt man in die Ferrari World (S. 171) sowie zu Kinos, einem Vergnügungspark für Kinder (S. 172) und einem Carrefour-Hypermarkt.

STRASSENNAMEN

Ob jemand nach der Sheikh Zayed the First, der 7th oder der Electra Street sucht, hängt größtenteils vom Stadtplan ab, den er gerade benutzt. Die Initiative, die Straßen der Stadt vom ehemaligen Zahlensystem auf Namen umzustellen, hat viel Verwirrung gestiftet, zumal einige Bezirke ebenfalls umbenannt wurden (darunter auch die Tourist Club Area, die nun Al Zahiyah heißt). Derzeit sind die Hauptstraßen nach bekannten Persönlichkeiten aus den Emiraten benannt, während kleinere Straßen nach Orten heißen. Da sowohl die alten als auch die neuen Namen benutzt werden, hier eine Übersicht der Hauptstraßen und ihrer alternativen Namen (jeweils ohne den Zusatz „Street" bzw. „Road").

Sheikh Rashid Bin Saeed Al Maktoom 2nd, Airport

Sultan Bin Zayed the First 4th, East, Muroor, New Airport

Fatima Bint Mubarak St 6th, Umm Al Nar, Bani Yas, Baniyas

Sheikh Zayed Bin Sultan 8th, Al Salam, East Coast, Eastern Ring, New Corniche

Khalifa Bin Zayed the First 3rd, Khalifa, Sheikh Khalifa Bin Zayed, Al Istiqalal

Sheikh Hamdan Bin Mohammed 5th, Hamdan, Al Nasr, Al Khubairah

Sheikh Zayed the First 7th, Electra

Al Falah 9th, Old Passport Rd

SPORT & AKTIVITÄTEN

YAS MARINA CIRCUIT SPORTSTÄTTE

Karte S. 170 (☎02 659 9800; www.yasmarinacircuit.ae; abseits Yas Leisure Dr; 2-stünd. Führungen 130 Dh; ⏲Führungen Di–Sa 10 & 14 Uhr) Selbst wenn man während des Formel-1-Grand-Prix im November nicht in der Stadt ist, kann man Abu Dhabis Rennstrecke Yas Marina auch den Rest des Jahres erleben. Einen Blick hinter die Kulissen geben Führungen zur Haupttribüne, zum Rennleitungszentrum und zum Medienzentrum (vorab buchen).

DRIVEYAS ERLEBNISSPORT

Karte S. 170 (☎02 659 9800; www.yasmarinacircuit.com; Yas Marina Circuit; Fahrt als Fahrer/Beifahrer ab 690/350 Dh; ⏲9–23 Uhr) Außerhalb des Rennkalenders bietet DriveYas dienstags (nur im Winter), donnerstags und samstags Gelegenheit, den Yas Marina Circuit aus nächster Nähe zu erleben – so nah, dass die Reibung richtig unter dem Hintern brennt. Man kann den Rennwagen selbst steuern oder drei Runden auf dem Beifahrersitz drehen.

YAS WATERWORLD WASSERPARK

Karte S. 170 (☎02 414 2000; www.yaswaterworld.com; Yas Leisure Dr; Erw./Kind unter 110 cm ab 250/210 Dh; ⏲Nov.–März 10–18 Uhr, April, Mai, Sept. & Okt. bis 19 Uhr, Juni–Aug. bis 20 Uhr) Der aufwendigste Wasserpark der VAE bietet mit 45 Fahrgeschäften, Rutschen und anderen Wasserattraktionen die Gelegenheit, so richtig schön klitschnass zu werden, während man der Cartoon-Figur Dana aus den Emiraten auf ihrer Suche nach der Zauberperle folgt. Ein Wellenpool, zwei träge Flüsse und das erste Wasserkino der Region bieten entspannende Alternativen zu den Fahrten, falls man der Hitze am Golf entkommen will.

STARTYAS/TRAINYAS/GOYAS GESUNDHEIT & FITNESS

Karte S. 170 (www.yasmarinacircuit.com; Yas Marina Circuit; ⏲Di, Mi & So 18–22 Uhr) GRATIS An drei Tagen in der Woche (mittwochs nur für Damen) öffnet der Yas Marina Circuit seine bekannte Formel-1-Rennstrecke – und zwar kostenlos für alle. Man kann seine Laufschuhe, das Fahrrad oder ein Dreirad mitbringen und die 5,5 km lange Runde nach Belieben nutzen.

SEAWINGS PANORAMAFLUG

Karte S. 170 (☎04 807 0708; www.seawings.ae; Yas Marina; Panoramaflug pro Erw./Kind 998/845 Dh) Wer bei seiner Ankunft für einen gewissen

Strand von Abu Dhabi

VLADIBUDDY/SHUTTERSTOCK ©

Kamel-Safari (S. 143)

Wirbel sorgen möchte, sollte sich überlegen, auf Yas Island mit dem Wasserflugzeug eintzutreffen. Der Panoramaflug dauert 25 Minuten; gestartet wird an der Yas Marina. In ein Flugzeug passen bis zu neun Passagiere.

EYWOA MARINE SPORTS WASSERSPORT

Karte S. 170 (☎050 166 9396; www.eywoa.com; Yas Marina; Verleihgebühr SUP-Brett oder Kajak pro Std. 80 Dh; ⏰8–18 Uhr) Hier stehen Wakeboarding, Wakesurfen, Kitesurfen, Stand-up-Paddeln und Kajaktouren auf dem Programm, oder man lässt sich in einem aufblasbaren Reifen übers Wasser ziehen. Dieser Anbieter weiß genau, was in Sachen Wasserspaß gerade angesagt ist.

SCHLAFEN

Exklusive Luxushotels und Strandresorts sowie Businesshotels sind in Abu Dhabi das Gebot der Stunde. Unabhängig von der Preisklasse handelt es sich meist um große mehrgeschossige Hotels, Boutique-Unterkünfte sucht man hingegen vergeblich. Swimmingpools sind Standard, ebenso hauseigene Bars, Restaurants und Fitnessräume. Je nach Jahreszeit schwanken die Preise recht stark, vor allem von Mai bis September.

Al Markaziyah

AL JAZEERA ROYAL HOTEL HOTEL $

Karte S. 144 (☎02 632 1100; www.aljaziraroyal.ae; gegenüber Madinat Zayed Shopping & Gold Centre; EZ/DZ ab 250/300 Dh; P 📶) Das nette kleine Hotel gegenüber vom Goldsouk verfügt über 55 Zimmer und bietet so ziemlich die billigsten Tarife der Stadt. Es richtet sich überwiegend an Geschäftsleute aus Indien und Asien und wartet mit einem hervorragenden, relativ bescheidenen indisch-nahöstlichen Restaurant auf, dem Al Ibrahimi (S. 140), sowie einem Café mit 24 Sitzplätzen. Hier bekommt man ein gutes Gefühl für das Leben in Abu Dhabi; entsprechend gibt's natürlich auch keine Bar.

CROWNE PLAZA ABU DHABI HOTEL $

Karte S. 144 (☎02 616 6166; www.crowneplaza.com; Sheikh Hamdan Bin Mohammed St; Zi ab 420 Dh; P 📶 🏊) Die großen, farblosen und altmodischen Zimmer des Crowne Plaza sind in

ABSTECHER

ARABIAN NIGHTS VILLAGE

Das romantische **Arabian Nights Village** (☎02 676 9990; www.arabiannightsvillage.com; Arabian Nights Village Rd, Al Khatim Razeen; Zi. 1500 Dh;) ist eine wahre Oase in der Wüste. Auch wenn es in der Hochsaison einen Teil seines Charmes verliert, weil es dann hauptsächlich von übernachtenden Pauschalgruppen bevölkert wird, ist es so traumhaft, dass einem wahrscheinlich auch das egal ist.

Die 38 Boutique-Unterkünfte sind in Häuser im traditionellen Abu-Dhabi-Stil, Bambus- und Palmwedel-*barasti* (Hütten) sowie Beduinenzelte unterteilt. Alle sind stilvoll eingerichtet, mit minarettartigen Badezimmerspiegeln, luxuriösen Betten und Accessoires.

Der Frühstücksraum versprüht syrisch-türkisches Flair. Einen einladenden Pool gibt's auch und die ganze wunderschöne Anlage ist von windgepeitschter Wüstenlandschaft umschlossen. Im Preis sind der Transfer von und nach Abu Dhabi – 124 km nordwestlich –, Frühstück und Abendessen, Kamelritte und Sandboarding inbegriffen. Jeeptouren und „Dünenrennen" kosten extra.

die Jahre gekommen, dafür gibt's eine Menge guter Gründe, das Zimmer zu verlassen: das beliebte Cho Gao (S. 140) mit asiatischer Küche, dem feucht-fröhlichen Nachtclub **Heroes** (☎02 418 2474; ⏲12–4 Uhr;) und eine Cocktailbar auf dem Dach (S. 141).

Breakwater

KHALIDIYA PALACE RAYHAAN BY ROTANA — RESORT $$

Karte S. 144 (☎02 657 0000; www.rotana.com; Corniche Rd West; Zi ab 650 Dh; P) Dieses alkoholfreie Strandhotel mit subtil arabischem Charme und riesigem Pool, angelegten Gärten, Einrichtungen für Kinder und entspannter Atmosphäre ist bei einheimischen Familien für einen Wochenendurlaub überaus beliebt. Das authentische nahöstliche Restaurant **Kamoon** (☎02 657 0111), Khalidiya Palace Rayhaan; Mezze 37–65 Dh, Hauptgerichte 87–162 Dh; ⏲12–24 Uhr) steht bei Einheimischen ebenso hoch im Kurs.

Am besten fragt man nach einem Zimmer mit Blick auf den Präsidentenpalast, der einen garantiert umhauen wird.

INTERCONTINENTAL ABU DHABI — HOTEL $$

Karte S. 144 (☎02 666 6888; www.intercontinental.com; Bainunah St, Al Bateen; Zi ab 670 Dh; P) Das InterContinental gewinnt sicherlich keinen Schönheitswettbewerb (die Zimmer in dem alten Schlachtross könnten definitiv einen neuen Anstrich vertragen), beliebt ist es dennoch – dafür sorgen der exzellente Service, der Privatstrand mit Jachthafen, tolle Restaurants und die beste Bierbar der Stadt (S. 148).

BAB AL QASR — HOTEL $$

Karte S. 144 (☎02 205 3000; www.millenniumhotels.com; Corniche Rd West; Zi ab 780 Dh; P) Ein fünf Stockwerke hoher Minarettbogen, der die in Kupfer gehaltene Fassade ziert, die mit Marmorintarsien verschönerte, von Nischen im *mihrab*-Stil flankierte Lobby, die architektonisch an eine Moschee erinnert, und mit marokkanischem Gitterwerk geschmückte Decken in den Fluren machen das „Tor zum Palast" zu dem Luxushotel Abu Dhabis, das am meisten nahöstliches Flair versprüht.

Die 670 Zimmer sind unaufdringlich, mit grandiosem Blick auf den Präsidentenpalast und den Emirates Palace.

Zum Programm gehören ein peruanisches Restaurant, ein Pool, der allerdings kleiner ist als üblich, ein Strand (es ist kein Resort), das wunderbare Ayana Spa und ein großes Fitnesscenter mit Technogym-Ausstattung.

JUMEIRAH AT ETIHAD TOWERS — HOTEL $$

Karte S. 144 (☎02 811 5555; www.jumeirah.com; Corniche Rd West; Zi ab 847 Dh; P) Die eindrucksvolle Glaswand in der Lobby begrüßt die Gäste dieses exklusiven Etablissements, die nach einem Besuch im Spa am Privatstrand entspannen, bevor sie sich nach Sonnenuntergang zwischen einigen der besten Restaurants und Bars der Stadt entscheiden. In den Zimmern mit raumhohen Fenstern sind die Betten so angeordnet, dass Gäste beim Einschlafen die glitzernden Lichter der Stadt sehen.

EMIRATES PALACE — HOTEL $$$

Karte S. 144 (☎02 690 9000; www.kempinski.com; Corniche Rd West; Zi ab 1900 Dh; P) Dieses bemerkenswerte Wahrzeichen von Abu Dhabi ist an sich schon einen Blick wert, bietet jedoch auch hervorragende Unterhaltung und Restaurants; wer hier übernachtet, versteht erst richtig, welche Klasse und Stil in diesem Haus eigentlich geboten werden.

Zum Erlebnis eines Aufenthalts gehören ein Butler-Service rund um die Uhr, täglich frische Blumen in den Zimmern, Pools mit Temperaturkontrolle und Strände, die ausschließlich Hotelgästen vorbehalten sind.

Der Portier bucht Eintrittskarten, bestellt eine Limousine und organisiert natürlich die Hubschraubertransfers. Die Kleinen werden in einem Kids' Club bei Laune gehalten, damit Mama und Papa in Ruhe das Spa genießen können.

Al Zahiyah & Al Maryah Island

AL DIAR CAPITAL HOTEL — HOTEL $

Karte S. 144 (02 678 7700; www.aldiarhotels.com; Al Meena St; Zi ab 312 Dh; P) Der Veteran überzeugt seine Gäste mit Zimmern anständiger Größe (jede Menge orangefarbene Holzmöbel im Stil der 1980er inklusive) sowie einigen günstigen geselligen Bars auf der Anlage.

Die Suiten verfügen über Küchenzeilen mit deutlich in die Jahre gekommenen Mikrowellen und Waschmaschinen. Ist die Wäsche gemacht, geht's auf ein Bier ins **Rock Bottom Cafe** (12–3.30 Uhr;).

BEACH ROTANA HOTEL — HOTEL $$

Karte S. 144 (02 697 9000; www.rotana.com; 10th St; Zi ab 735 Dh; P) Das Hotel mit 565 Zimmern ist wie ein siamesischer Zwilling mit der Abu Dhabi Mall (S. 156) verbunden und bei Urlaubern ebenso beliebt wie bei Konferenzteilnehmern. Den Mitarbeitern gelingt es, Hunderte von Gästen zufriedenzustellen, die gerade einen erschöpfenden Tag mit ihrer Kreditkarte in der Shoppingmall nebenan verbracht haben, und in den gemütlichen Betten versinkt man nur allzu leicht. Außerdem gibt's ein Trader Vic Restaurant mit Polynesien-Motto und eine **deutsche Bierkneipe** (So–Do 15–1, Fr & Sa 12–1 Uhr;).

SHERATON ABU DHABI HOTEL & RESORT — RESORT $$

Karte S. 144 (02 677 3333; www.sheratonabudhabihotel.com; Corniche Rd East); Zi ab 580 Dh; P) Dem Gast sei es verziehen, wenn er nach einem Blick auf dieses sehr rostorangefarbene Hotel lieber zur Konkurrenz weiterzieht. Doch das wäre wirklich ein Jammer, denn dieses alte Schlachtschiff gilt als Ikone im Stadtzentrum. Die Gäste können sich im schön gepflegten Garten entspannen oder eine Zehe in die künstlich angelegte private Meerwasserlagune tauchen. Die Zimmer sind ziemlich klein, punkten dafür jedoch mit geräumigen Arbeitsbereichen und winzigen Zierbalkons, einer Rarität in Abu Dhabis Hotellandschaft. Der Außenbereich ist besonders beeindruckend: ein riesiger Pool mit Strand, mehrere Freiluft-Lounges und ein Amphitheater mit Sitzkissen, in dem allabendlich DJs auflegen.

FOUR SEASONS ABU DHABI — HOTEL $$$

Karte S. 144 (02 333 2222; www.fourseasons.com; Al Maryah Island; Zi ab 900 Dh; P) Von der wellenartigen Lobbywand, die Abu Dhabis Perlenfischereivergangenheit huldigt, bis zu den rechteckigen Baguettes (Keramikelemente) an der Fassade, die aus der Ferne wie wüstengoldenes Kupfer aussehen: Überall in diesem künstlerisch inspirierten Hotel (auf das Haus sind insgesamt 2000 Werke verteilt, 90 % stammen aus der Gegend) gibt es Anspielungen auf die Marksteine lokaler Kultur überall. Die Zimmer selbst sind klassisch gehalten und bieten durchweg eine grandiose Aussicht aufs Wasser und die Stadt. Noch eindrucksvoller sind allerdings die öffentlichen Bereiche mit verschiedenen Bars und Restaurants, vor allem das wundervolle Butcher & Still (S. 156), das **Cafe Milano** (02 333 2630; www.cafemilano.ae; Hauptgerichte 80–385 Dh; So–Fr 12–17.30, sowie Sa–Mi 18–23.30, Do & Fr bis 0.30 Uhr;), in dem sich gerne Politiker aus Washington tummeln, eine Zigarrenbar im europäischen Stil und das Eclipse (S. 156), ein Open-Air-Club mit Lounge am Pool.

Rund um die Große Scheich-Zayid-Moschee

ALOFT ABU DHABI — HOTEL $$

Karte S. 138 (02 654 5000; www.aloftabudhabi.com; Al Khaleej Al Arabi St, ADNEC; DZ ab 615 Dh; P) Die loftartigen Zimmer, die Poolanlage und die Hightech-Ausstattung dieses Hotels sind urbaner Chic schlechthin, im Vergleich zu vielen anderen Hotels dieser Preisklasse (oder sogar günstigeren), können Hygiene und Instandhaltung jedoch nicht ganz überzeugen – die Einrichtung ist deutlich in die Jahre gekommen und die

Teppiche in den Fluren sind teils fleckig. Die Dachbar Relax@12 (S. 165) bietet einen grandiosen Blick und ebensolche Cocktails.

PARK ROTANA ABU DHABI HOTEL **$$**

Karte S. 159 (☎02 657 3333; www.rotana.com; Salam St, Khalifa Park; Zi ab 578 Dh; P) Das Hotel ist auf Events spezialisiert und liegt günstig in der Nähe der Großen Moschee und des Ausstellungszentrums. Den im Businessstil gehaltenen Zimmern verleihen abstrakte Kunstdrucke etwas Farbe. Da es sich am Rand des größten Parks von Abu Dhabi befindet, ist ein Spaziergang vor dem Abendessen Pflicht.

TRADERS HOTEL, QARYAT AL BERI HOTEL **$$**

Karte S. 159 (☎02 510 8888; www.shangri-la.com/traders; Khor Al Maqta; Zi ab 510 Dh; P) Mit seinem Pop-Art-Flair und den bunten Farben in der Lobby stellt dieses Hotel eine coole Alternative zu den üblichen Hotels mit Marmor und Kristall in der Nachbarschaft dar. Nach Badespaß im Pool oder am Strand können sich die Gäste auf die dezenten, aber geräumigen Zimmer zurückziehen.

★EASTERN MANGROVES HOTEL & SPA HOTEL **$$**

Karte S. 138 (☎02 656 1000; www.abu-dhabi.anantara.com; Sheikh Zayed Bin Sultan St, Eastern Mangroves; Zi ab 750 Dh; P) Wer die Lobby mit *mashrabiya*-Mustern und einem *oud*-Spieler (lautenähnliches traditionelles Saiteninstrument) neben dem Infinitypool betritt, weiß sofort, dass arabische Gastfreundschaft hier wirklich ernst genommen wird. Die Zimmer verfügen alle über einen Balkon und gehen auf die Mangroven hinaus, denen das Hotel auch seinen Namen verdankt, oder auf die Schnellstraße (der Aufpreis für den Mangrovenblick lohnt sich!) und sind angenehm in passenden Naturtönen gehalten.

FAIRMONT BAB AL BAHR HOTEL **$$$**

Karte S. 159 (☎02 654 3000; www.fairmont.com; Khor Al Maqta; Zi ab 1154 Dh; P) Die nackte Glasfassade mit gradliniger Nachtbeleuchtung geleitet Gäste in ein riesiges Atrium mit Strukturoberflächen und strahlenden Hängeleuchten. Die Zimmer sind klassischer gehalten, dafür sorgen jede Menge Holzdetails und raumhohe Fenster. Wer ein Zimmer mit Ausblick auf die Große Scheich-Zayid-Moschee möchte, zahlt einen Aufpreis.

Al Mina & Saadiyat Island

★PARK HYATT ABU DHABI HOTEL & VILLAS RESORT **$$$**

Karte S. 138 (☎02 407 1234; www.hyatt.com; Zi ab 1400 Dh; P) Vom weitläufigen Foyer in Bronzetönen mit silbernen Sandrosenskulpturen zu den 50 m² großen Zimmern mit Balkons samt Liegen und Badewannen ist dies eine subtil elegante Wohlfühloase, die von der Innenstadt gut zu erreichen ist. Den Infinitypool zieren kleine Hütten über Wasser und der weiße Sandstrand ist über einen erhöhten Bohlenweg, der die brütenden Schildkröten darunter schützt, zu erreichen.

Yas Island

CENTRO YAS ISLAND HOTEL **$**

Karte S. 170 (☎02 656 4444; www.rotana.com; Golf Plaza; Zi ab 380 Dh; P) Das Centro ist nicht so glamourös wie die Hotels in der Umgebung, dafür jedoch mit seinen makellosen kompakten Zimmern die preisgünstigste Unterkunft von Yas Island. Trendbewusstes Design sollte man nicht erwarten (man denke eher an neutral gehaltene Zimmer im Businessstil), dafür stimmt das Preis-Leistungs-Verhältnis. Im Preis sind die Nutzung der Einrichtungen im Yas Island Rotana nebenan sowie der Shuttleservice zum Yas Beach inbegriffen.

CROWNE PLAZA ABU DHABI YAS ISLAND HOTEL **$$**

Karte S. 170 (☎02 656 3000; www.ihg.com; Golf Plaza; Zi ab 515 Dh; P) Das freundliche Hotel in einem Hotelkomplex, einen Katzensprung vom Yas Marina Circuit entfernt, bietet freundliches Personal und komfortable, in neutralem Businessstil gehaltene Zimmer mit Blick auf den Golfplatz der Insel und den echten Golf dahinter. Ein Balkon kostet extra.

YAS HOTEL HOTEL **$$**

Karte S. 170 (☎02 656 0000; www.marriott.com; Yas Marina Circuit; Zi ab 750 Dh; P) Dieses helle, luftige und überaus moderne Hotel nimmt die Poleposition auf Yas Island ein und spannt sich förmlich über den Yas Marina Circuit. Das avantgardistische Dach aus Stahl und Glas mit wellenförmiger Ummantelung, das über der Rennstrecke aufragt, wird nachts dramatisch von zahllosen Lichtern erleuchtet, während sich die durch und durch minimalistischen Zimmer in Weiß und Grau als eine wahre Oase der Kühle in der Hitze des Golfs präsentieren.

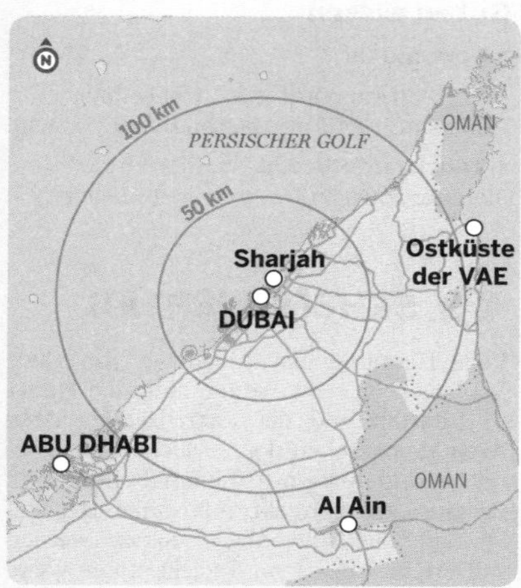

Tagesausflüge ab Dubai & Abu Dhabi

Sharjah, S. 182

Das Emirat Sharjah ist kultur- und traditionsbewusst und vermittelt das Gefühl einer entfernten Welt – insbesondere das restaurierte historische Herz von Dubais nördlichem Nachbarn („Heart of Sharjah") und das nahe gelegene Kunstareal („Arts Area").

Al Ain, S. 185

Die berühmte Oase Al Ain mit herrlichen Forts, Museen, einem vorbildlichen Zoo und sogar Nekropolen aus der Bronzezeit bietet einen Rückzug ins (Halb-)Ländliche nach dem hektischen Tempo Dubais.

Ostküste der VAE, S. 188

Verschlafene Fischerdörfer, zerklüftete Berge, Wüstendünen, Museen und die älteste Moschee des Landes – die Ostküste der Vereinigten Arabischen Emirate (VAE) stellt einen wunderbar naturbelassenen Rückzugsraum dar.

Sharjah

Sharjah erkunden

Dreht sich in Dubai alles um prachtvolle Hochhäuser und Einkaufszentren, verfolgt das benachbarte Sharjah einen subtileren Ansatz ganz ohne Glitter und legt den Fokus auf Kultur und Geschichte. Manche Besucher werden vom konservativen Ruf der Stadt abgeschreckt (das Emirat ist „trocken"; nirgendwo ist Alkohol erhältlich), aber wer ein oder zwei Tage lang ohne Bier auskommen kann, findet in Sharjah die besten Museen und Kunstgalerien des Landes: die restaurierte Sharjah Heritage Area und die archäologische Stätte Mleiha mit einer verblüffend abwechslungsreichen Geschichte. Dieses Emirat tut mehr als jedes andere in den VAE, um sein Erbe zu bewahren, was erklärt, warum die UNESCO es 1998 zur Kulturhauptstadt der arabischen Welt erklärte, eine Anerkennung, die 2014 bekräftigt wurde, als es Hauptstadt der islamischen Kultur wurde.

Die beste ...

- **Sehenswürdigkeit** Sharjah Museum of Islamic Civilization
- **Essgelegenheit** Sadaf (S. 185)
- **Shoppingmöglichkeit** Al Arsah Souk (S. 185)

An- & Weiterreise

Bus Der Hauptbusbahnhof von Sharjah, **Al Jubail** (☎06 052 5252; www.srta.gov.ae; Corniche St; ;) befindet sich neben dem Fisch- und Gemüsesouk. Er wird von der Buslinie E303 aus Dubai angesteuert (ab Bahnhof Union Square in Deira; alle 15 Min.) sowie von der Buslinie E306 ab dem Bahnhof Al Ghubaiba in Bur Dubai (alle 30 Min). Busse von/nach Abu Dhabi fahren alle 30 Minuten, benötigen drei Stunden und kosten 30 Dh.

Taxi Der Haupttaxistand in Sharjah ist neben dem Busbahnhof zu finden, Taxis können aber überall in der Stadt per Handzeichen angehalten werden. Fahrten von/nach Dubai kosten um die 50 Dh plus 20 Dh Zuschlag. Von/nach Abu Dhabi zahlt man um die 350 Dh.

Gut zu wissen

- **Vorwahl** 06
- **Lage** 30 km nordöstlich von Dubais Innenstadt, 165 km von Abu Dhabi entfernt
- **Touristeninformation** Sharjah Commerce & Tourism Development Authority

SEHENSWERTES

Viele Hauptsehenswürdigkeiten von Sharjah liegen im teilweise ummauerten **Heart of Sharjah** und der angrenzenden **Arts Area** gleich neben der Corniche. Beide Bereiche sind Teil eines Denkmalschutz- und Restaurierungsprojekts mit Namen Heart of Sharjah, das 2025 abgeschlossen werden soll. Mehr Infos zum Projekt unter www.heartofsharjah.ae.

★ SHARJAH MUSEUM OF ISLAMIC CIVILIZATION — MUSEUM

(☎06 565 5455; www.sharjahmuseums.ae; Corniche Rd; Erw./Kind 10/5 Dh; ⌚Sa–Do 8–20, Fr ab 16 Uhr) In diesem Museum, das in einem beeindruckenden umgebauten Souk am Wasser liegt, wird so ziemlich alles behandelt, was man über den Islam wissen möchte. Die Galerien im Erdgeschoss beleuchten verschiedene Aspekte des islamischen Glaubens, darunter das Ritual und die Bedeutung des Hadsch (Pilgerfahrt nach Mekka) sowie die wissenschaftlichen Errungenschaften der arabischen Welt, insbesondere in den Bereichen Mathematik und Astronomie. Das Obergeschoss bietet neben Artefakten einen Überblick über 1400 Jahre islamischer Kunst. Das Tierkreismosaik in der zentralen Kuppel sollte man sich nicht entgehen lassen.

Die Ausstellung ist ausgesprochen altmodisch und könnte eine Überarbeitung vertragen, aber die Schönheit der ausgestellten Objekte ist unbestreitbar. In **Galerie 1** springen besonders das katzenförmige Räuchergefäß aus dem ostiranischen Khurasan aus dem 11. Jh. und die prächtige Sammlung von Lüsterkeramik ins Auge. In **Galerie 2** sind die dämonen- und kuhköpfigen eisernen Streitkeulen sehenswert.

Audioguides (kostenlos) sind in sechs Sprachen verfügbar.

SHARJAH HERITAGE MUSEUM — MUSEUM

(☎06 568 0006; www.sharjahmuseums.ae; Heart of Sharjah Heritage Area; Erw./Kind 10/5 Dh, ge-

ZEREMONIELLE DOLCHE: KHANJARS

Der *khanjar* ist ein Krummdolch, der ursprünglich aus dem Oman stammt. Er wird jedoch auch von Männern in den Vereinigten Arabischen Emiraten und anderen Golfstaaten getragen. Einst diente er der Selbstverteidigung und als Jagdwaffe, inzwischen ist er ein Symbol für Männlichkeit. An einem Gürtel bindet „Mann" ihn zu zeremoniellen Anlässen um. *Khanjar* wurden zunächst aus Rhinozeroshörnern gefertigt, heute findet üblicherweise Holz Verwendung. Der typische *khanjar* hat zwei Ringe (an denen der Gürtel befestigt wird) und eine mit feinem Silberdraht verzierte Scheide. Die Kunstfertigkeit des Drahtgeflechts und seine Verarbeitung geben Aufschluss über den Wert des Dolchs. Sahidische *khanjar* sind mit fünf Ringen und kaum oder gar keinem Draht versehen, dafür aber oftmals vollständig mit Silber überzogen. Ihre Qualität wird anhand von Gewicht und Kunstfertigkeit bemessen. Ein *khanjar* muss schwer in der Hand liegen und ist selten mehr als 30 oder 40 Jahre alt – wer also einen Dolch als „sehr alt" anpreist, spricht nicht unbedingt die Wahrheit.

meinsames Ticket für 5 Besichtigungen 20/10 Dh; ⏲Sa–Do 8–20, Fr ab 16 Uhr) Dieses Museum lässt nichts unversucht, um den Besuchern die emiratische Kultur näherzubringen. Jede der fünf Galerien beleuchtet verschiedene Aspekte des Lebens hier, von religiösen Werten über Geburts- und Bestattungsrituale bis hin zu Hochzeitszeremonien, regionalen Fabeln und Volksmedizin. Dank der hervorragenden Informationstafeln auf Englisch kann man während des Besuchs viel lernen. Außerdem sind zahlreiche traditionelle Gegenstände ausgestellt, darunter eine Schaufensterpuppe mit einem *al manyour* (einem Gürtel aus 307 getrockneten Ziegenhufen, der beim *noban*-Tanz getragen wurde).

★ SHARJAH ART MUSEUM — MUSEUM

(☎06 568 8222; www.sharjahmuseums.ae; abseits Corniche Rd, Heart of Sharjah Art Area; ⏲So–Do 8–20, Fr ab 16 Uhr) GRATIS Sharjahs historische und künstlerische Viertel werden durch eines der besten Kunstmuseen der Region miteinander verbunden, wo sowohl Kunstliebhaber als auch interessierte Laien auf ihre Kosten kommen. Im Erdgeschoss zeigen zwei Galerien Wechselausstellungen internationaler Künstler. Im Obergeschoss bietet die Dauerausstellung einen umfassenden Überblick über die Kunst, die seit dem späten 19. Jh. in der arabischen Welt entstanden ist. Die Bedeutung des Museums ist unbestritten, da es als eines von wenigen auf der Welt eine so umfangreiche Sammlung arabischer Kunst zeigt.

Die eindrucksvollsten Stücke der Dauerausstellung befinden sich im **Ausstellungsflügel Barjeel**, darunter einige der bahnbrechendsten und bedeutendsten Werke prominenter arabischer Künstler, die Dauerleihgaben der Barjeel Art Foundation sind. Zu den Höhepunkten gehören das schlichte *Palestinian Woman* des libanesischen Künstlers Rafic Charuf, das *Fatigued Ten Horses Converse with Nothing* des einflussreichen irakischen Künstlers Kadhim Hayder, das chaotisch-bunte *Quartier Populaire* des ägyptischen Künstlers Zeinab Abd El Hamid und drei Werke des post-surrealistischen syrischen Künstlers Marwan.

BAIT AL NABOODAH — HISTORISCHE STÄTTE

(☎06 568 1738; www.sharjahmuseums.ae; Heart of Sharjah Heritage Area; Erw./Kind 10/5 Dh, gemeinsames Ticket für 5 Besichtigungen 20/10 Dh; ⏲Sa–Do 8–20, Fr ab 16 Uhr) Dieses Haus aus dem Jahr 1845 ist ein schönes Beispiel für die frühe emiratische Architektur. Hier wohnte einst der Perlenhändler Obaid Al Naboodah. Besonders hervorzuheben sind die ionischen Säulen aus Teakholz – ein für dieses Gebäude einzigartiges architektonisches Merkmal – und die erhabenen Stuckverzierungen an Fenstern und Nischen. Einer der Salons zeigt Exponate zur Geschichte der Perlenfischerei und des Handels in Sharjah, in anderen Salons sind traditionelle Einrichtungsstile zu sehen, die eine Vorstellung vom Alltag hier in der Mitte des 19. Jhs. geben.

AL QASBA — STADTVIERTEL

(☎06 556 0777; www.alqasba.ae; Al Qasba Canal; 👪) Diese Fußgängerzone am Kanal bietet eine Mischung aus Cafés und kinderfreundlichen Einrichtungen, darunter einen **Vergnügungspark** im Freien und das **Kids Fun House**, eine Spielhalle für Kleinkinder. Es überrascht nicht, dass man hier abends oft Familien sieht, die spazieren gehen. Wer die Skyline der Stadt vom Wasser aus sehen möchte, kann an den Bootsfahrten zur La-

HENNAKUNST

Die Körperbemalung mit Henna hat eine lange, 6000 Jahre zurückreichende Tradition. Damals fingen Frauen in der heutigen Zentraltürkei an, ihre Hände zu bemalen, um der Muttergottheit zu huldigen. Der Brauch verbreitete sich im östlichen Mittelmeerraum, wo der Hennastrauch wild wächst. Heute knüpfen Frauen aus den Emiraten an diese Tradition an und schmücken zu besonderen Anlässen, insbesondere Hochzeiten, ihre Hände, Nägel und Füße. Ein paar Tage vor der Vermählung wird die zukünftige Braut mit einem *layyat al-henna* (Hennaabend) geehrt. Das ist eine Angelegenheit nur für Frauen und gehört zu einer Woche von Festlichkeiten vor dem großen Tag. Die Braut wird gewaschen, von Kopf bis Fuß mit Parfüms und Ölen eingerieben und mit Henna, Jasmin oder Parfüm schamponiert. Ihre Hände und Füße, Handgelenke und Knöchel werden dann mit kunstvollen Blumenmustern tätowiert, die in der Regel etwa sechs Wochen lang halten. Der Legende nach kann die Schwiegermutter an der Haltbarkeit der Tattoos erkennen, welche Art von Ehefrau die Braut einmal werden wird. Wenn sie eine tüchtige Arbeiterin ist – und damit eine wunschgemäße Schwiegertochter –, wird das Henna tiefer eindringen und länger halten.

gune teilnehmen. Man sollte abends hierherkommen, aber nicht samstag- oder sonntagabends, wenn man die Menschenmassen meiden möchte.

Kunstfans sollten sich auch das helle, fröhliche **Wandgemälde** von Tamila Schubert ansehen, das die Fußgängerbrücke über den Kanal schmückt, ebenso das **Maraya Art Centre** (☎06 556 6555; http://maraya.art; 3. Stock, Block E; ⏲Sa–Do 10–19, Fr ab 16 Uhr) GRATIS, falls dort eine Ausstellung stattfindet, während man in der Stadt ist.

SHARJAH MARITIME MUSEUM — MUSEUM

(☎06 522 2002; www.sharjahmuseums.ae; Al Meena St; Erw./Kind 10/5 Dh, inkl. Sharjah Aquarium 25/15 Dh; ⏲So–Do 8–20, Fr ab 16 Uhr) Wer eine maritime Einführung in die VAE wünscht, kann gut eine interessante halbe Stunde in diesem charmanten Museum zwischen traditionellen Daus (Frachtbooten) sowie Ausrüstungsgegenständen zum Perlentauchen und zum Fischen verbringen.

SHARJAH AQUARIUM — AQUARIUM

(☎06 528 5288; www.sharjahmuseums.ae; Al Meena St; Erw./Kind inkl. Sharjah Maritime Museum 25/15 Dh; ⏲Mo–Do & Sa 8–20, Fr 16–22 Uhr) Meerestiere von der West- und Ostküste der VAE aus der Nähe betrachten, ohne nasse Füße zu bekommen. Muränen lauern, Schwarzspitzen-Riffhaie pirschen, Adlerrochen schweben und Quallen tanzen durch die Becken, die Dibba Rock, Mangroven, den Korallenriffen um Shark Island und anderen Lebensräumen in der Umgebung nachgebildet sind. Uns gefallen die Touchscreens, aber ein paar mehr Erklärungen wären nicht schlecht.

SHARJAH DESERT PARK — ZOO

(☎06 531 1999; www.epaashj.ae; Hwy E88, Al Dhaid Rd; Erw./Kind unter 12 Jahren 15/kostenfrei Dh; ⏲So, Mo, Mi & Do 11–18, Fr 14–17.30 Uhr) Dieser Tierpark vereint vier verschiedene Highlights auf 1 km², darunter ein naturgeschichtliches und ein botanisches Museum sowie ein Bauernhof für Kinder mit Ziegen, Kamelen und Enten, die gefüttert und gestreichelt werden dürfen. Außerdem werden Pony- und Kamelreiten angeboten. Die Hauptattraktion ist aber der Zoo **Arabia's Wildlife Centre**, der die Vielfalt der hiesigen Fauna zelebriert. Zu den Bewohnern gehören Vipern, Flamingos, Wildkatzen, Mangusten, Hyänen, Wölfe und auch der bildschöne Arabische Leopard. Die Besucher können die meisten Tiere ganz komfortabel in klimatisierten Bereichen durch Glasscheiben beobachten, weshalb man den Desert Park das ganze Jahr über besuchen kann. Weitere Einrichtungen vor Ort sind ein Café und Picknickmöglichkeiten. Ca. 26 km östlich von Sharjah.

ESSEN & AUSGEHEN

KATIS RESTAURANT — INDISCH $

(☎06 556 5650; Al Khan St; Hauptgerichte 11–34 Dh; ⏲11.30–15.30 & 17.30–24 Uhr; 🖉) Dieses winzige familiengeführte Lokal mit sieben Tischen, goldenen Wänden und dunklen Holzmöbeln serviert hauptsächlich indische sowie ein paar nepalesische und chinesische Gerichte – von Tandoori-Hühnchen und Garnelen-Biryani über *kolhqpuri*-Gemüse (würziges Curry aus Maharashtra) bis hin zu *mo-*

mos (Teigtaschen). Die *kati*-Rollen (Sandwich-Wraps) sind eine leckere, preiswerte Option. Gegenüber dem Safeer Market.

SADAF IRANISCH $$

(☎06 569 3344; Al Mareija St; Hauptgerichte 45–83 Dh; ⏲12–24 Uhr; 📶) Die Filiale dieser beliebten Mini-Kette in Sharjah besitzt bei den Einheimischen Kultstatus, weil sie authentische iranische Küche bietet. Die würzigen, zarten Kebabs schmecken besonders gut und das *zereshk polo meat* (Reis mit roter Berberitze und Hähnchen oder Rindfleisch) ist eine weitere hervorragende Wahl hier. In derselben Straße gibt's eine Reihe anderer guter Lokale.

★ SHABABEEK NAHÖSTLICH $$$

(☎06 554 0444; www.shababeek.ae; Block B, Qanat Al Qasba; Mezze 25–38 Dh, Hauptgerichte 62–145 Dh; ⏲12–23.30 Uhr; 📶🍷) In diesem schicken Lokal werden zeitgenössische levantinische Gerichte mit kreativem Touch serviert. Am besten fokussiert man sich hier auf die Mezze: Daumen hoch für das Rote-Bete-Walnuss-*moutabel* (Püree mit Tahini, Joghurt und Olivenöl), das *Taboulé* aus grünen Linsen (Salat aus Tomaten, Petersilie und Zwiebeln) und die in *hosrom* (saure Traubenmelasse) eingeweichten Weinblätter.

SHOPPEN

ZENTRALSOUK MARKT

(Blauer Souk; King Faisal Rd; ⏲Sa–Do 9.30–22, Fr 16–23 Uhr) Wer nach glitzerndem, mit Schmucksteinen besetztem Goldschmuck sucht, ist in diesem prächtigen, mit Kacheln geschmückten Marktgebäude aus dem Jahr 1978 genau richtig. Auch wenn viele der angebotenen Waren superkitschig sind, laden die Schaufenster zum Bummeln ein. Der Zentralsouk besteht aus zwei langen Kuppelgebäuden, die durch überdachte Brücken miteinander verbunden sind.

Wird in den Geschäften im Erdgeschoss vor allem Gold angeboten, findet man in den oberen Stockwerken kleine Läden, die Perserteppiche, Paschminas und Kuriositäten aus der arabischen Welt, Indien und Pakistan verkaufen.

AL ARSAH SOUK MARKT

(Innenhofsouk; Sharjah Heritage Area; ⏲Sa–Do 9–21, Fr ab 16 Uhr) Auf dem Al Arsah Souk, einem der ältesten Souks der VAE, wimmelte es einst von Händlern aus dem Iran und Indien sowie von einheimischen Beduinen, die ihre Kamele draußen an Pfosten festbanden. Trotz der Sanierung ist er immer noch stimmungsvoll, auch wenn die Verkäufer jetzt mit Paschminas, *dhallahs* (Kaffeekannen), Kräutern, Gewürzen, alten *khanjars* (Dolchen) und traditionellem Schmuck in klimatisiertem Komfort um die Dirhams der Touristen buhlen.

RATIOS COFFEE KAFFEE

(www.ratios.coffee; Al Shanasiyah Souk, Sharjah Heritage Area; ⏲8–22 Uhr; 📶) Koffeinjunkies aufgepasst: Dieses Hipster-Kaffeehaus setzt auf Single-Origin-Kaffeebohnen, die u. a. aus El Salvador, Äthiopien und Indonesien stammen, und bietet alle üblichen Barista-Zubereitungsmethoden wie V60, Chemex und Aeropress. Hier bekommt man auch richtig guten Cortado und Flat White. In den kühleren Monaten lädt ein schöner Innenhof zum Verweilen ein.

Al Ain

Al Ain erkunden

Al Ain, das von natürlichen Quellen gespeist wird und inmitten von Dattelpalmenplantagen liegt, war einst ein wichtiger Zwischenstopp auf der Karawanenroute zwischen dem Oman und dem Persischen Golf. Es ist der Geburtsort von Scheich Zayid, dem Gründer der Vereinigten Arabischen Emirate. In dieser weitläufigen Stadt, in deren Zentrum eine grüne Oase liegt, herrscht eine entspannte Stimmung. Der Mangel an ultramodernen Wolkenkratzern, das erhaltene Fort und die zahlreichen UNESCO-Welterbestätten haben ihr den Ruf als Kulturzentrum eingebracht. Am Wochenende sind der Zoo und der Wadi-Abenteuerpark bei Familien beliebt. Das alles wird überragt von den schroffen Konturen des Jebel Hafeet südlich der Stadt. Wer die gewundene Straße zum Gipfel hinauffährt, genießt unterwegs einen herrlichen Blick auf das Empty Quarter.

Die beste ...

- ➡ **Sehenswürdigkeit** Al Ain Zoo (S. 187)
- ➡ **Essgelegenheit** Tanjore (S. 187)
- ➡ **Bar** Rooftop (S. 188)

An- & Weiterreise

➡ **Bus** Der neue zentrale Busbahnhof von Al Ain befindet sich nahe der Oase gegenüber dem Fischmarkt. Expressbus X90 pendelt alle 45 Minuten zwischen Abu Dhabi und Al Ain (25 Dh, 1½ Std.). Al Gazal betreibt Minibusse, die stündlich zwischen Al Ain und Dubai verkehren (Busbahnhof Al Ghubaiba in Bur Dubai; 20 Dh).

➡ **Taxi** Für die Fahrt von/nach Dubai fallen um die 270 Dh an, von/nach Abu Dhabi 300 Dh. Der Haupttaxistand befindet sich neben dem Busbahnhof. Gemeinschaftstaxis fahren gegenüber dem Busbahnhof (andere Straßenseite) ab; sie sind um einiges preiswerter (35 Dh nach Dubai oder Sharjah, 30 Dh nach Abu Dhabi).

Gut zu wissen

➡ **Vorwahl** 03

➡ **Lage** 150 km südöstlich vom Zentrum Dubais, 170 km östlich von Abu Dhabi

➡ **Touristeninformation** (☎03 711 8311; www.visitabudhabi.ae; Al Jahili Fort; ⌚Sa–Do 9–17, Fr ab 15 Uhr)

SEHENSWERTES

Das Vorankommen in Al Ain wird durch die vielen Kreisverkehre erschwert. Braune Schilder deuten auf wichtige Touristenattraktionen hin, was hilfreich ist – es könnten aber ruhig noch mehr sein. Sehenswert ist z. B. die Sheikh Khalifa Bin Zayed Al Nahyan Masjid, eine beeindruckende, 2021 eröffnete Moschee, die eine der größten in den VAE ist und Platz für 20 000 Menschen bietet.

AL AIN PALACE MUSEUM — MUSEUM

(☎03 751 7755; Al Ain St; ⌚Di–Do & Sa–So 8.30–19.30, Fr ab 15 Uhr) GRATIS Dieser schön restaurierte, weitläufige Palast war von 1937 bis 1966 die Residenz von Scheich Zayid, dem Gründervater der VAE. Im Inneren gibt's ehrlich gesagt nicht viel zu sehen, aber die niedrige zimtfarbene Anlage, die durch Höfe in Privat-, Gäste- und Empfangsbereiche unterteilt und mit Kakteen, Magnolienbäumen und Palmen bepflanzt ist, lädt zu einem angenehmen Rundgang ein. Im *madschli* (Empfangsraum), in dem Zayid seine Gäste empfing, kann man ein Foto von dem Land Rover machen, mit dem er die Wüstenbeduinen besuchte.

AL JAHILI FORT — HISTORISCHE STÄTTE

(Mohammed Bin Khalifa St; ⌚Di–Do & So 9–19, Fr ab 15 Uhr) GRATIS Das niedrige, von einem grünen Park umgebene Al Jahili Fort ließ Scheich Zayid I. (1836–1909) in den 1890ern als Sommerresidenz errichten. Es wurde in den 1950er-Jahren von den Briten erweitert. Original erhalten sind das quadratische Fort in der äußeren linken Ecke des Hofs und der mehrstöckige Turm gegenüber. 2016 gewann die Anlage den angesehenen Terra Award für die beste Lehmarchitektur der Welt.

Das Highlight ist die hervorragende Ausstellung im Westflügel des Forts mit Fotografien des britischen Forschers Sir Wilfred Thesiger, mit einem Schwerpunkt auf seinen Durchquerungen der Rub al-Chali („Empty Quarter"„Leeres Viertel") in den 1940er-Jahren. Außerdem gibt's eine faszinierende Doku über seine Expeditionen auf der Arabischen Halbinsel, in der sowohl Thesiger als auch einige der Beduinen, die ihn auf seinen Reisen begleiteten, interviewt werden. Im Ostflügel des Geländes befindet sich ein Touristenzentrum (S. 186) mit freundlichen Mitarbeitern, wo ein kostenloser Stadtplan erhältlich ist.

AL AIN NATIONAL MUSEUM — MUSEUM

(☎03 764 1595; Zayed Bin Sultan St) Das Hauptmuseum von Al Ain wurde in den letzten Jahren umfassend restauriert.

Hier kann man sich hervorragend über die antike Vergangenheit der Region Al Ain informieren. Zu sehen sind ausgegrabene Exponate aus den 4000 Jahre alten Gräbern im nahe gelegenen Archäologischen Park Hili sowie ethnografische Galerien, die anhand wunderschöner Kostüme und Silberschmuck das traditionelle Leben der Beduinen zeigen.

★ AL AIN OASIS — OASE

(☎03 712 8429; West-/Haupttor; ⌚8–17 Uhr) GRATIS Diese ruhige Welt mitten im Zentrum von Al Ain bietet breite Wege, die sich an ummauerten Dattelpalmengärten vorbeischlängeln, und ist eine willkommene Abwechslung vom Trubel der Stadt. Die Dattelplantagen sind das erste UNESCO-Weltkulturerbe der VAE und umfassen rund 150 000 Bäume (etwa 100 Arten). Die Oase wird immer noch über das 3000 Jahre alte *falaj*-System (Bewässerungskanäle) bewässert. Die Kanäle sind bei einem Rundgang leicht zu erkennen.

HIGHLIGHT
TIERE IM AL AIN ZOO

Der größte und beliebteste Zoo der Region hat geräumige, beeindruckend authentische Gehege, in denen sowohl einheimische als auch exotische Arten leben. Hier kann man der Oryxantilope beim Grasen zusehen und Mähnenspringer mit langen Hörnern beobachten. Weiterhin sind hier Nashörner, Nilpferde, Tiger, Löwen und mehr zu Hause, von denen einige im Zoo zur Welt kamen, der für sein Zuchtprogramm bekannt ist. Highlights sind die Giraffenfütterungen, der Lemuren-Spaziergang und das größte von Menschenhand geschaffene Safarigelände: ein 217 ha großes Areal mit mehr als 250 afrikanischen und arabischen Tieren.

Weitere Einrichtungen sind das Sheikh Zayed Desert Learning Centre – ein nach Nachhaltigkeitsmaßstäben gebauter, multimedialer Ausstellungsbereich mit fünf interaktiven Galerien: Sheikh Zayed Tribute Hall, Abu Dhabi's Desert over Time, Abu Dhabi's Living World, People of the Desert und Looking to the Future.

NICHT VERSÄUMEN

- Lemuren-Spaziergang
- Safari

PRAKTISCH & KONKRET

- ☎03 799 2000
- www.alainzoo.ae
- abseits Zayed Al Awwal & Nahyan Al Awwal St
- Erw./Kind 30/10 Dh
- ⏲9–20 Uhr, im Winter länger geöffnet

Es gibt acht Tore, doch man betritt die Oase durch das Westtor (nördlich des Al Ain Palace Museum, abseits der Sultan Bin Zayed the First Street), das zugleich Hauptinformationszentrum der Oase ist. Hier erhält man eine gute, kostenlose Karte des Areals.

Neben dem Eingang befindet sich ein kleines **Ökozentrum** mit Multimediaausstellungen (darunter ein schriller Dokumentarfilm mit mehreren Bildschirmen, der auch Kinder anspricht). Sie bieten einen geschichtlichen Überblick über die Al-Ain-Oase sowie botanische Informationen über Dattelpalmen im Allgemeinen. Am Westtor kann man **Fahrräder ausleihen** oder eine kleine **Buggytour** organisieren. Im Winter besteht auch die Möglichkeit, auf Pferden und Ponys zu reiten.

HILI ARCHAEOLOGICAL PARK
ARCHÄOLOGISCHE STÄTTE

(Mohammed Bin Khalifa St, Hili; ⏲16–23 Uhr) GRATIS Bemerkenswerte Überreste einer Siedlung und etwa 5000 Jahre alte Gräber aus der Zeit von Umm Al Nar geben hier Aufschluss über das frühe Leben in der Region. Sie liegen am Stadtrand in einem ruhigen Park und wurden 2011 zum UNESCO-Weltkulturerbe erklärt. Ein Highlight ist das **Große Hili-Grab** mit zwei Eingängen, die mit Schnitzereien von Menschen und Antilopen verziert sind. Der Park liegt etwa 12 km nördlich des Zentrums von Al Ain.

ESSEN & AUSGEHEN

★TANJORE
INDISCH $$

(☎03 704 6000; Al Salam St, Danat Al Ain Resort; Hauptgerichte 35–115 Dh; ⏲Di–So 12.30–15 & 19–23 Uhr; 📶🍷) Dieses Restaurant im Danat Al Ain Resort steht für eine wahre Geschmacksexplosion. Die Tandoori-Spezialitäten (Lehmofen) wie Tandoori-Fisch-Tikka und Klassiker wie das köstliche *chicken chettinad* (in Joghurt und Chili mariniertes Hühnerfleisch) können es mit jedem indischen Curry aufnehmen, aber die absoluten Highlights der Speisekarte sind die vegetarischen Gerichte wie *mirch baigan kasalan* (Chilis und Auberginen in Erdnuss-Kokosnuss-Soße).

AL FANAR
AUS DEN EMIRATEN $$

(☎03 766 5200; www.alfanarrestaurant.com; Souk Al Zafarana; Hauptgerichte 52–83 Dh; ⏲Sa–Mi 9–22, Do bis 24, Fr 9–12 & 13–23 Uhr; 📶) Dies ist ein guter Ort, um sich mit emiratischer Küche vertraut zu machen, denn das Al Fanar ist Teil einer kleinen Kette aus den VAE.

Die Einheimischen lieben Gerichte wie *robyan*-Biryani (Krabben mit Reis, Zwiebeln und Koriander), *samek mashwi*-Seebrasse (kompletter gegrillter und gewürzter Fisch), *jasheed* (Gehacktes vom Babyhai mit Zwiebeln und Gewürzen) und verschiedene Lammhaxen-Biryanis.

KAMELMARKT

Hier ist es staubig, laut, stinkend und chaotisch, aber trotzdem: Der berühmte **Kamelmarkt** (Zayed Bin Sultan St; ⌚7 Uhr–Sonnenuntergang) GRATIS von Al Ain bietet eine wunderbare Gelegenheit, in die traditionelle Kultur einzutauchen. Die unterschiedlichsten Kamele sind hier in Pferchen versammelt, von Babys auf wackeligen Beinen, die vielleicht einmal zu Rennkamelen werden, bis hin zu beeindruckenden Zuchthengsten. Es macht Spaß und ist ein Erlebnis, das intensive Feilschen zu beobachten. Der Handel findet am Morgen statt, doch in der Regel sind die Tiere in den Pferchen den ganzen Tag zu sehen.

Möglicherweise bieten einige Händler Besuchern gegen Geld einen Rundgang an, grundsätzlich darf sich hier aber jeder ganz frei bewegen. Wer Fotos macht, muss sich darauf einstellen, nach einem Trinkgeld gefragt zu werden. Die häufig exorbitant hohen Preise können durch geschicktes Handeln auf 10 oder 20 Dh gesenkt werden. Frauen sollten sich konservativ kleiden. Der Markt liegt etwa 8 km südlich vom Zentrum von Al Ain, hinter der Bawadi Mall, und ist Teil des Zentralmarkts, wo auch mit Ziegen und anderen Tieren gehandelt wird.

MAKANI CAFÉ NAHÖSTLICH $$

(☎03 768 6666; Khata Al Shikle St, Hilton Al Ain; Mezze & Sandwiches 33–51 Dh; ⌚18–1 Uhr) Aus dem Arabischen mit „Mein Platz" übersetzt, bietet dieses gemütliche Lokal im **Hilton Al Ain** viele Palmen und bequeme Rattanmöbel. Auf der Speisekarte stehen vor allem traditionelle Mezze, die man hervorragend teilen kann, sowie nahöstliche Sandwich-Wraps und libanesisches *manakeesh* (gebackenes Fladenbrot mit Belägen wie Käse und Hackfleisch). Nach dem Essen kann man den Tag mit einer Shisha (38–51 Dh) ausklingen lassen.

ROOFTOP ROOFTOP-BAR

(☎03 713 8888; www.therooftopalain.com; Al Ain Sq, Aloft Hotel; ⌚9–14 Uhr; WLAN) Das Rooftop, die größte Party-Location in Al Ain, befindet sich auf dem Dach des **Aloft Hotel** und bietet einen weiten Blick bis zum Jebel Hafeet. Samstags ist hier ab Sonnenuntergang Party mit dröhnendem House angesagt.

TRADER VIC'S MAI TAI BAR BAR

(☎03 754 5111; Zayed Bin Sultan St, Al Ain Rotana Hotel; ⌚12.30–1 Uhr) In dieser angesagten Bar im **Al Ain Rotana Hotel** mit schrägem Tiki-Dekor gibt's exotische Rum-Cocktails und eine reiche Auswahl an leckeren Kneipensnacks.

SPORT & AKTIVITÄTEN

WADI ADVENTURE WASSERPARK

(☎03 781 8422; www.wadiadventure.ae; Jebel Al Hafeet St; Eintritt Erw./Kind/Familie 65/45/150 Dh, Attraktionen 25–150 Dh; ⌚11–19 Uhr) In diesem tollen Wasserpark kann man sich richtig schön austoben. Er verfügt nicht nur über die erste künstliche Wildwasserkajak-Anlage der Region (150 Dh), sondern auch über Möglichkeiten zum Surfen (ab 160 Dh) und Wakeboarding (55 Dh).

Ostküste der VAE

Die Ostküste entdecken

Im Osten der VAE, wo die schmale Küstenlinie von den felsigen Hängen des Hajar-Gebirges gesäumt wird, schien die Zeit schon immer langsamer zu vergehen. Mittlerweile hat sich diese ruhige Atmosphäre geändert, da in der Gegend von Al Aqah mehrere Resorts entstanden und weitere touristische Einrichtungen geplant sind, darunter der längste Korallengarten der Welt. Abseits des Strandes ist diese Region nach wie vor einer der besten Orte, um die Wanderschuhe rauszuholen und die Gegend zu erkunden. Die meisten Reisenden haben die Wander- und Klettertouren in Dibba gar nicht auf dem Schirm, doch von dort hat man überall einen tollen Ausblick auf die zerklüftete Landschaft. Auf einer Kajakfahrt in den geschützten Mangrovenwäldern von Kalba kann man sich vom hektischen Treiben der Stadt erholen und wilde Tiere sehen. Die Ostküste am Indischen Ozean gehört größtenteils zum Emirat Fujairah, unterbrochen von den Sharjah-Enklaven Kalba, Khor Fakkan und Dibba Al Hisn.

Die beste ...

➡ **Sehenswürdigkeit** Al-Badiyah-Moschee

➡ **Essgelegenheit** Al Meshwar

➡ **Unterkunft** Le Méridien Al Aqah Beach Resort

An- & Weiterreise

➡ **Bus** Die E700-Busse verkehren etwa stündlich zwischen Fujairah-Stadt und der Union Bus Station in Deira/Dubai (25 Dh, 2 Std.). Busse und Gemeinschaftstaxis zurück nach Dubai fahren los, wenn alle Sitzplätze besetzt sind. Abfahrt ist an der Haltestelle östlich des Supermarkts Choithrams auf der Sheikh Hamad Bin Abdullah Road (30 Dh, 1¼ Std.).

➡ **Taxi** Eine Taxifahrt ab Dubai schlägt mit 250 Dh zu Buche. Ein Taxi von Fujairah-Stadt zum Strand von Al Aqah liegt bei ca. 80 Dh.

Gut zu wissen

➡ **Vorwahl** 09

➡ **Lage** 120 km östlich vom Zentrum Dubais, 270 km nordöstlich von Abu Dhabi.

➡ **Touristeninformation** Fujairah Tourism & Antiquities

SEHENSWERTES

AL-BIDYA MOSQUE MOSCHEE

(Dibba Rd, Hwy E99; ⌚9–17 Uhr) GRATIS Dieses geschwungene, niedrige Lehmziegelgebäude aus dem Jahr 1446 gilt als die älteste Moschee der VAE. Sie ist mit vier spitzen Kuppeln geschmückt und ruht auf einer einzigen inneren Säule. Badiyah (auch „Bidyah" und „Bidiya"), 8 km nördlich von Khor Fakkan, ist berühmt für dieses prächtige Bauwerk. Nichtmuslime dürfen hineingehen, müssen aber angemessen gekleidet sein und ihre Schuhe ausziehen; Frauen müssen außerdem ihr Haar bedecken. Kopftücher und *abayas* (ein gewandähnliches Kleid, das von Frauen getragen wird) können beim Aufseher ausgeliehen werden.

Es herrscht eine ruhige, besinnliche Atmosphäre in der Gebetshalle: Sie ist mit bunten Teppichen auf geflochtenen Matten aus Palmblättern ausgelegt und in den Nischen der glatt verputzten Wände stapeln sich Korane. Zu beachten sind die einfachen geometrischen Muster auf den Kuppeln und die Minbar (Moscheekanzel) aus Stein und Korallenblöcken.

CORNICHE STRAND

(Corniche Rd) Die lange Corniche von Khor Fakkan, die sich über mehrere Kilometer vom Hafen bis zum Oceanic Khorfakkan Resort schlängelt, wird von gepflegten Gärten mit alten, Schatten spendenden Palmen gesäumt. Wer es den Einheimischen gleichtun möchte, kommt für einen Spaziergang bei Sonnenuntergang hierher. Am frühen

ABSTECHER

JEBEL HAFEET

Dieser schroffe, 1240 m hohe Kalksteinberg ragt in der Ebene südlich von Al Ain auf. Die kargen Felsen des Jebel (Bergs) sind die Heimat von Rotfüchsen, Wildkatzen und Klippschliefern, die großen Kaninchen ähneln, aber (schwer zu glauben) mit Elefanten verwandt sind. Außerdem finden sich hier 5000 Jahre alte Kuppelgräber mit einer Grabkammer, die zu den UNESCO-Welterbestätten von Al Ain gehören. Eine befestigte Straße, die auch nachts durchgehend beleuchtet ist, schlängelt sich auf 12 km hinauf zum Mercure Grand Jebel Hafeet und einigen Cafés auf dem Gipfel.

Entlang der Strecke gibt's mehrere Parkbuchten, sodass man anhalten und den Ausblick genießen kann. Die grünen Hänge am Fuß des Bergs werden von natürlichen heißen Quellen bewässert. Ein kleines Resort mit einem See und einem riesigen Brunnen ist um die Quellen entstanden, hier bietet sich Gelegenheit zum Baden, Camping und Picknick. Das Qemat Jebel Hafeet Restaurant & Cafeteria bietet mit einer schattigen Terrasse und leckeren Snacks einen angenehmen Aussichtspunkt am Wadi. Der Gipfel des Jebel Hafeet liegt etwa 30 km vom Zentrum von Al Ain entfernt; auf diesem Abschnitt befindet sich auch die 12 km lange Bergstraße.

Abend ist der Strand bei ortsansässigen Familien beliebt, die hier picknicken, spazieren gehen und die Kinder toben lassen.

ESSEN

AL MESHWAR NAHÖSTLICH $$

(☎09 222 1113; Hamad Bin Abdullah Rd; Mezze 15–35 Dh, Hauptgerichte 35–75 Dh; ⏲9–1 Uhr;) Dieses beliebte Lokal ist mit seiner ausgefallenen Backsteinfassade und den gewölbten Fenstern im Obergeschoss leicht zu erkennen. Das ist auch gut so, denn die nahöstlichen Gerichte hier sind einfach himmlisch. Man kann mehrere Mezze kombinieren oder einen der Grillteller bestellen.

SPORT & AKTIVITÄTEN

AL BOOM DIVING TAUCHEN

(☎09 204 4925; www.alboomdiving.com; Le Méridien Al Aqah Beach Resort; Bootsfahrt mit 2 Tauchgängen 420 Dh; ⏲8–18 Uhr) Ein altbewährter Tauchanbieter und Experte, wenn es um die Tauchplätze an der Ostküste geht. Er bietet Freizeit-Tauchausflüge in die Umgebung sowie die gesamte Palette an PADI-Kursen an.

ABSOLUTE ADVENTURE OUTDOOR-AKTIVITÄTEN

(☎04 392 6463; www.adventure.ae; Wandern/Kajakfahren pro Pers. ab 435/275 Dh; ⏲Okt.–April) Dieser Anbieter von Outdoor-Abenteuern ist eine zentrale Anlaufstelle für die Erkundung der schönen, rauen Natur jenseits der Wolkenkratzer. Von Kajakfahren bis Wandern im Hajar-Gebirge – es gibt jede Menge Aktivitäten für alle Niveaus, von Anfänger bis Fortgeschrittene, viele davon sind für Familien geeignet. Neben privaten Ausflügen werden auch regelmäßig Gruppenreisen organisiert.

Viele Aktivitäten finden in der Umgebung von Dibba auf der omanischen Halbinsel Musandam statt, die nur 90 Autominuten von Dubai entfernt ist. Zur Auswahl stehen verschiedene Wanderungen (Secret Staircase, 435 Dh, Aqaba-Lima, 875 Dh) und Mountainbiketouren sowie Klettern (ab 475 Dh) und Deep-Water-Soloing (Free-Solo-Klettern, ab 875 Dh). Weitere Optionen sind Mountainbiken und Wandern im Wadi Helo bei Kalba, Kajakfahren in den Mangroven von Khor Kalba und Wandern in Ras Al Khaimah.

AL MARSA TAUCHEN

(☎in Oman +968 26 836 550; www.almarsamusandam.com; Dibba Port, Dibba Al Baya, Oman; Dau-Fahrt mit 2 Übernachtungen pro Pers. 1600 Dh; ⏲8–13 & 15–18 Uhr) Mit Sitz im Hafen von Dibba im omanischen Teil der Stadt bietet dieser zuverlässige Dau- und Tauchanbieter eine breite Palette von PADI-Kursen, Tauchausflügen und privaten Dau-Fahrten an. Außerdem organisiert er eine Gruppen-Dau-Fahrt mit zwei Übernachtungen, die donnerstags beginnt.

48 Stunden im Voraus buchen.

SCHLAFEN

LE MÉRIDIEN AL AQAH BEACH RESORT RESORT $$

(☎09 244 9000; www.marriott.com; Dibba Rd, Hwy E99; DZ ab 670 Dh;) Dank dieses Hotels wurde Fujairah bei Strandurlaubern beliebt. Mit seiner schummrig beleuchteten Lobby, in der Oldtimer und thronartige Samtstühle stehen, wirkt es heute im Vergleich zu seinen jüngeren Nachbarn etwas in die Jahre gekommen. Die geräumigen Zimmer wurden jedoch modernisiert und bieten alle Meerblick.

Schlafen

Butler, Rolls-Royce-Limousinen, Champagnerbad – wenn es um die Luxusunterkünfte in Dubai geht, sind der Fantasie keine Grenzen gesetzt. Dennoch bietet das winzige Emirat auch „normale" Unterkünfte, darunter Boutique-Hotels, B&Bs in traditionellen Gebäuden, Mittelklassehotels mit hohem Standard und natürlich Häuser fast jeder internationalen Hotelkette.

Unterkunftsmöglichkeiten

Dubai hat über 100 000 Betten, eine Zahl, die stetig steigt. Bei so großer Konkurrenz ist der Standard hoch und selbst die preiswertesten Hotels haben Zimmer in akzeptabler Größe mit eigenem Bad, Kabelfernseher und WLAN.

Mittelklassehotels haben oft eine hervorragende Ausstattung mit Pool, Restaurants, Fitnessräumen, Satellitenfernseher und Bar. Spitzenhotels brüsten sich mit der vollen Bandbreite international verbreiteter Annehmlichkeiten plus malerischer Lage. Budgethotels konzentrieren sich in Deira; die meisten sind für ein oder zwei Nächte völlig in Ordnung, die allerbilligsten sind aber möglicherweise auch die, in denen Sexarbeiter ihrem Gewerbe nachgeben.

Strandhotels besitzen eigene Strände, raffinierte Wellnesseinrichtungen und ein Dorf aus Restaurants und Bars. Stadthotels, besonders im Finanzviertel, protzen mit Businessflair und entsprechenden Annehmlichkeiten.

Kostenloses WLAN ist normal; nur wenige Hotels nehmen dafür 100 Dh pro Tag. In manchen Hotels kann man immer noch nur in den öffentlichen Bereichen ins Internet.

Die meisten Hotels haben eine Snackbar oder ein Restaurant, nur die internationalen Vier- oder Fünf-Sterne-Hotels schenken Alkohol aus.

Laut Gesetz dürfen unverheiratete Paare nicht in einem Zimmer untergebracht werden, aber in der Praxis drücken die meisten internationalen Hotels ein Auge zu. Haben die Ehepartner verschiedene Nachnamen, ist das kein Grund zur Sorge, denn auch viele arabischen Frauen behalten nach der Hochzeit ihren eigenen Namen.

Hotel-Apartments

Hotel-Apartments sind zwar eher für längere Aufenthalte gedacht, sie sind aber für preisbewusste Reisende eine gute Möglichkeit, ohne Komfortverzicht zu sparen. Sie sind in verschiedenen Größen zu haben – von Studios bis zu Zwei-Zimmer-Apartments – und sie verfügen über Kochgelegenheiten und werden täglich gereinigt. Fitnessräume oder Pool gehören zum Standard, nicht aber Restaurants oder Bars. Hotel-Apartments finden sich hauptsächlich in zwei Gegenden: im Gebiet Mankhool in Bur Dubai hinter der BurJuman Mall und in Al Barsha direkt südlich der Mall of the Emirates.

Boutique-Hotels & Heritage-Hotels

In einer Stadt, in der das Motto „je größer, desto besser" gilt, haben es Boutique-Hotels schwer, aber es gibt immer mehr Heritage-Hotels mit Charakter und Charme. Sie liegen in Bur Dubai und Deira und sind im Wesentlichen B&Bs in historischen Innenhofgebäuden mit authentischem Ambiente. Reisende, die viel Freiraum für sich, hohen Komfort oder die neuesten technischen Finessen mögen, werden sich hier nicht so wohlfühlen.

Zimmerpreise

Die Zimmerpreise schwanken stark. Sie schnellen zu Festivalzeiten, in den Ferien und während Events in die Höhe und sinken im Sommer.

Die besten Zimmer sind schnell weg, sodass es sinnvoll ist, so früh wie möglich zu reservieren. Die meisten Unterkünfte kann man im Internet mit Bestpreisgarantie buchen.

GUT ZU WISSEN

Unterkünfte in Abu Dhabi siehe S. 177.

Preiskategorien

Die aufgeführten Preise gelten pro Nacht für ein Doppelzimmer mit Bad in der Hochsaison (Nov.–März). Wenn nicht anders angegeben, ist das Frühstück im Preis enthalten. Nicht im Preis enthalten sind die Kommunalsteuer (10 %), die Servicesteuer (10 %) und die Touristensteuer (7–20 Dh pro Tag).

$	bis 500 Dh
$$	500–1000 Dh
$$$	über 1000 Dh

Ein- & Auschecken

Da stündlich Flüge in Dubai ankommen, sollte man vor der Ankunft immer die Check-in-Zeiten des Hotels prüfen. Der früheste Check-in kann meist um 14 Uhr erfolgen, obschon es bisweilen auch früher möglich ist. Auschecken kann man bis 11 oder 12 Uhr, in einigen Hotels darf man auch kostenlos etwas länger bleiben, wenn man an der Rezeption fragt.

Nützliche Websites

Lonely Planet (lonelyplanet.com/united-arab-emirates/dubai/hotels) Empfehlungen und Buchungsservice.
Visit Dubai (www.visitdubai.com) Die offizielle Website des Tourismusverbandes hat ebenfalls eine Buchungsfunktion.
Dnata (www.dnatatravel.com) Führendes Reisebüro für den Nahen Osten mit Sitz in Dubai.
My Dubai Stay (www.mydubaistay.com) Vermietet Apartments und Villen sowohl für Kurz- als auch für Langzeitaufenthalte.

Top-Tipps

One&Only The Palm (S. 202) Luxuriöses Resort mit maurischen Elementen, prächtiger Architektur im arabischen Stil und weitläufigen Gärten.

Rove Downtown (S. 197) Budgetfreundliches Stadtquartier mit Blick auf den Burj Khalifa.

Palace Downtown (S. 198) Romantisches Haus in der Innenstadt mit Einkaufsmöglichkeiten und Ausblick auf den Burj Khalifa.

XVA Hotel (S. 196) Traditionelles Haus voller Kunst.

Für Preisbewusste

$

Rove City Centre (S. 193) Hippes, aber bodenständiges Hotel mit nobler Ausstattung.

Ibis Mall of the Emirates (S. 199) Einfach, aber komfortabel und in Top-Lage.

Premier Inn Dubai International Airport (S. 193) In diesem preiswerten Designerhotel am Flughafen kann man ganz einfach ein- und auschecken.

Golden Sands Hotel Apartments (S. 195) Große Zimmer mit Mini-Küche und Waschmaschine sowie ein Restaurant.

$$

Centro Barsha (S. 199) Tolles Haus mit gutem Preis-Leistungs-Verhältnis nahe der Mall of the Emirates, das bei Stadtentdeckern beliebt ist.

Beach Hotel Apartment (S. 200) Seltenes Schnäppchen in Top-Lage in Jumeirah.

Pearl Marina Hotel Apartments (S. 202) Der Zauber der Dubai Marina liegt einem hier zu Füßen – zudem erschwinglich.

Media One Hotel (S. 202) Dynamischer, unprätentiöser Hotspot in modernem Design und mit entspanntem Flair.

$$$

Grosvenor House (S. 204) Von Art déco inspiriertes Hotel, das auch Einheimische anzieht.

Park Hyatt Dubai (S. 195) Erstklassige Option inmitten üppiger Landschaft.

Mina A'Salam Hotel (S. 201) Einladende Anlaufstation am Strand für Urlaub mit blauem Himmel.

Raffles Dubai (S. 197) Schickes Design und erstklassiges japanisches Dachterrassenrestaurant und Lounge.

Die schönsten Strandhotels

Jumeirah Beach Hotel (S. 201) Tolle Wahl für Familien und Aktivurlauber mit Kinderclub und Wasserpark.

Al Qasr Hotel (S. 200) Romantik und Luxus mit arabischem Flair, einem riesigen Pool, endlosem Strand und einem Spa.

One&Only Royal Mirage (S. 202) Elegantes, solides Resort mit üppigem Garten vor einem herrlichen Strand.

Le Meridien Mina Seyahi Beach Resort & Marina (S. 202) Alt, aber schön: luftige Zimmer, ein traumhafter weißer Sandstrand und eine Bar.

Außerhalb der Stadt

Desert Palm Resort & Hotel (S. 203) Rückzugsort vom Trubel der Stadt in der Wüste.

One&Only The Palm (S. 202) Ort mit stiller Finesse und Blick auf die Skyline.

Al Maha Desert Resort & Spa (S. 203) Beduinisches Fünf-Sterne-Refugium mit attraktivem Spa.

Jumeirah Zabeel Saray (S. 204) Palastähnliches Haus; hier fühlt man sich wie ein König.

Wo übernachten?

STADTVIERTEL	PRO	KONTRA
Deira	Stimmungsvolle Gegend in der Nähe des Creeks und der Souks. Die schönsten Unterkünfte bieten Blick auf den Creek; die in der Nähe des Flughafens haben oft ein ausgezeichnetes Preis-Leistungs-Verhältnis. Guter Zugang zur Dubai Metro.	Laut und chaotisch. Budgetunterkünfte können sich schon mal als Bordell erweisen. Zu den Stoßzeiten starker Verkehr, Parken ist dann ein Albtraum.
Bur Dubai	Hotel-Apartments mit gutem Preis-Leistungs-Verhältnis hinter der BurJuman Mall, internationale Ketten (preiswert und Mittelklasse) in den Hauptstraßen und reizvolle Boutique-Hotels in der Nähe des Creeks.	Teilweise sehr weit entfernt vom Viertel der Märkte, ohne die Atmosphäre von Deira oder den Glanz des modernen Dubais.
Downtown Dubai	Hervorragende Luxushotels, exzellente Restaurants und eine lebendige Nachtszene mitten im wichtigsten Sightseeing- und Shopping-Viertel.	Schrecklich viel Verkehr in den Stoßzeiten und etwas weit vom Meer entfernt. Teuer.
Jumeirah	Schöne Strandhotels und Blicke auf den Burj Al Arab. Hotel-Apartments konzentrieren sich in der Nähe der Mall of the Emirates.	Viele Hotels sind von den Metrostationen nur per Taxi zu erreichen. Preiswerte Unterkünfte sind hier rar.
Dubai Marina & Palm Jumeirah	Exklusive Strandhotels rund um die Marina und auf Palm Jumeirah, Mittelklassehäuser in Dubai Media City und Dubai Internet City. Prächtige Ausblicke, Nachtleben und eine attraktive Gastronomieszene.	Die international gängigen Ketten wirken austauschbar und vermitteln nichts von der Atmosphäre des Ortes. Die Resorts auf Palm Jumeirah liegen weitab von allen interessanten Orten. Preisgünstige Alternativen fehlen hier fast völlig.

Deira

Deira liegt in der Nähe des Flughafens und ist daher bei Besuchern mit einem Zwischenstopp auf dem Flug beliebt. In den Souks und in der Umgebung gibt's viele kleinere, ältere Budgetunterkünfte, einige sind allerdings recht – wie soll man es sagen? – zwielichtig. Schöne Hotels finden sich entlang des Creeks bis Dubai Festival City im Süden.

★ROVE CITY CENTRE HOTEL $

Karte S. 264 (☎04 561 9100; www.rovehotels.com; 19B & 24B Sts; Zi. ab 350 Dh; P 📶 🏊; Ⓜ Deira City Centre) Das Haus einer schnell wachsenden Budgethotelkette bietet ein tolles Preis-Leistungs-Verhältnis in Top-Lage im alten Dubai in der Nähe der Souks, des Dubai Creeks, toller internationaler Restaurants, öffentlicher Verkehrsmittel und des Flughafens. Familien werden die Zimmer mit Verbindungstüren und den rund um die Uhr geöffneten Waschsalon schätzen. Die frischen, modernen Zimmer sind recht groß und haben bodentiefe Fenster.

AHMEDIA HERITAGE GUEST HOUSE B&B $

Karte S. 262 (☎04 225 0085; www.ahmediaguesthouse.com; Al Ras Rd; Zi. ab 350 Dh; P 📶; Ⓜ Al Ras) In den Zimmern, die mit Perserteppichen auf weiß gefliesten Fußböden, dicken Vorhängen und kuscheligen Betten (manche sogar Himmelbetten) ausgestattet sind, fühlen sich die Gäste, als wären sie Teil eines arabischen Märchens. Das charmante Haus steht mitten im historischen Herzen von Deira, in der Nähe des Gewürzsouks und des Goldsouks. Zu den Extras zählen eine Dampfsauna, ein Whirlpool und eine Sonnenterrasse.

PREMIER INN DUBAI INTERNATIONAL AIRPORT HOTEL $

(☎04 885 0999; www.global.premierinn.com; 52nd St, gegenüber Terminal 3; Zi. ab 485 Dh; P 📶 🏊;

(MAirport Terminal 3) Wenn das Flugzeug erst spät am Abend landet oder ganz früh am Morgen startet, ist dieses flughafennahe Hotel der in Großbritannien ansässigen Billigkette genau das Richtige. Die Zimmer sind klein, aber modern und setzen ansprechende Akzente in der für die Kette typischen Farbe lila. Wer gerne den Flugzeugen zuschaut, kann diese Leidenschaft vom Pool auf der Dachterrasse ausleben. Alle 30 Minuten kostenloser Airportshuttle.

MARCO POLO HOTEL HOTEL **$**

Karte S. 262 (☎04 272 0000; www.marcopolohotel.net; Al Muteena St; Zi. ab 310 Dh; P; MUnion, Baniyas Square) Hinter der schimmernden dunklen Glasfassade verbirgt sich ein modernisiertes Stadthotel in der Nähe des Flughafens – günstig also, wenn man nur einen Zwischenstopp in Dubai hat. Die mit Teppich ausgelegten Zimmer gewinnen vielleicht keinen Designpreis, sind aber für einen kurzen Aufenthalt bequem und groß genug. Ganz in der Nähe gibt's tolle Restaurants, und wer das Hotel gar nicht verlassen möchte, findet auch in der Lobby diverse Restaurants und Bars.

CORAL DUBAI DEIRA HOTEL BUSINESSHOTEL **$**

Karte S. 262 (☎04 224 8587; www.hmhhotelgroup.com; Al Muraqqabat Rd; DZ ab 450 Dh; P; MAl Rigga) In praktischer Lage unweit der besten preiswerteren Restaurants von Deira versteckt sich hinter dem Businessgehabe des Coral viel Komfort. Ein Willkommenstrunk beim Einchecken setzt schon mal einen positiven Grundton, der sich dann bis zum recht großen Pool auf der Dachterrasse durch das ganze Haus fortsetzt. Die Zimmer sind im Businessstil eingerichtet, sind aber groß, blitzsauber und haben Teppichboden. Zu den praktischen Vorteilen zählen freies Parken und WLAN.

LANDMARK HOTEL BANIYAS HOTEL **$**

Karte S. 262 (☎04 228 6666; www.landmarkhotels.net; Baniyas Sq at 14th Rd; DZ ab 260 Dh; ; MBaniyas Square) Dies ist eins der besseren Hotels in einem sehr aktiven Geschäftsviertel in der Nähe des Goldsouks direkt abseits des Baniyas Square. Die Zimmer sind mit Laminatböden, warmen Farben und genügend Platz eingerichtet, um sich wohlzufühlen, ja sogar um ein Rad darin schlagen zu können. Im gut ausgestatteten Fitnessraum auf der Dachterrasse neben einem kleinen Pool mit malerischem Panoramablick auf Deira kann man sich so richtig auspowern. Das Hotel hat keinen Parkplatz.

RODA AL BUSTAN BUSINESSHOTEL **$**

Karte S. 264 (☎04 282 0000; www.rotana.com; Casablanca St, Garhoud; Zi. ab 425 Dh; P; MAirport Terminal 1, GGICO) In diesem Businesshotel nur 1,4 km vom Flughafen entfernt läuft alles wie am Schnürchen. Die Zimmer bestechen mit klassischer Eleganz, das Hotel hat mehrere Restaurants und weitere liegen fußläufig. Wer in Dubai einen Zwischenaufenthalt hat, kann den Pool, die Tennisplätze und das Fitnesszentrum nutzen, um etwas gegen die steifen Gelenke zu tun.

RIVIERA HOTEL HOTEL **$**

Karte S. 262 (☎04 222 2131; www.rivierahotel-dubai.com; Baniyas Rd; DZ ab 375 Dh; P; MBaniyas Square) Das Riviera öffnete 1964 und war das erste Hotel in Dubai überhaupt. Kein Wunder, dass die Dekoration und das Ambiente altmodisch sind. Es kann jedoch mit seiner schönen Lage am Creek, seiner Nähe zu den Souks von Deira und einem reichhaltigen Frühstücksbüfett punkten. Die Zimmer sind mit Teppich, gemusterter Tapete und kühnen Farbakzenten ausgestattet und fast die Hälfte verfügt über elektronische japanische Toiletten. Die Zimmer gehen entweder auf den Creek (50 Dh Aufpreis) oder auf die Souks. Kein Alkoholausschank.

DUBAI YOUTH HOSTEL HOSTEL **$**

(☎04 298 8151; www.uaeyha.com; 39 Al Nahda Rd, Al Qusais; B/EZ/DZ HI-Mitgieder 110/200/260 Dh, Nichtmitglieder 1120/230/270 Dh; P; MStadium) Dubais einziges Hostel im Dachverband Hostelling International liegt gleich nördlich des Flughafens, weit weg von den Attraktionen der Stadt, aber nur 300 m von einer Metrostation und einem Einkaufszentrum entfernt. Die Ausstattung ist beeindruckend (Pool, Tennisplatz, Café und Waschmaschinen). Die privaten Zimmer im neueren Teil (Hostel A) haben sogar Fernseher, Kühlschrank und eigenes Bad.

Die Vierbettschlafsäle der älteren Teile (Hostels B und C) haben dagegen nur minimale Annehmlichkeiten. Das Hostel liegt zwischen Lulu Hypermarket und Al Bustan Mall. Rauchen, Alkohol und Besucher sind nicht gestattet. Einchecken kann man zwischen 14 und 4 Uhr.

RADISSON BLU HOTEL HOTEL **$$**

Karte S. 262 (☎04 222 7171; www.radissonblu.com; Baniyas Rd; Zi. ab 800 Dh; P; MUnion, Baniyas Square) Dieses alteingesessene Hotel am Creek war bei seiner Eröffnung im Jahr 1975 Dubais erstes Fünf-Sterne-Hotel, und es ist immer noch äußerst komfortabel. Die unlängst neu gestalteten Zimmer sind in harmonischen, warmen Blau- und Grautönen gestaltet und haben Balkons und Blick auf den Creek. Das Hotel hat mehrere ausgezeichnete Restaurants und westlich der Hauptlobby ein Einkaufszentrum.

SHERATON DUBAI CREEK HOTEL & TOWERS HOTEL $$
Karte S. 262 (04 228 1111; www.sheratondubaicreek.com; Baniyas Rd; Zi. ab 685 Dh; P; MUnion) Hier sollte man immer darauf achten, dass man ein Zimmer mit Blick auf den Creek bekommt, denn nur dann hat man das perfekte Vergnügen, durch die bodentiefen Fenster auf das glitzernde Wasser schauen zu können. Die verschlungenen Arabesken im Teppich und die Spiegeltüren des Kleiderschranks verleihen den eckigen übergroßen Zimmern Schwung. Das beste Hotelrestaurant ist das Ashiana, das verfeinerte indische Gerichte serviert.

HILTON DUBAI CREEK DESIGNHOTEL $$
Karte S. 262 (04 227 1111; www.hilton.com; Baniyas Rd, Al Rigga; Zi. ab 680 Dh; P; MAl Rigga) Dieses Hotel aus Glas und Chrom ist in einem Gebäude untergebracht, das vom Architekten der Opéra Bastille Carlos Ott entworfen wurde, und bietet eine nette Alternative zum sonst in Dubai so verbreiteten Überfluss an weißem Marmor. Nach einem anstrengenden Tag kann man sich hier in Zimmer mit fantastischen Betten mit gepolsterten Lederkopfenden und Blick auf den Creek zurückziehen. Gäste können mit einem kostenlosen Shuttle zum Schwesterhotel Hilton Dubai Jumeirah, das am Strand liegt, fahren.

★ PARK HYATT DUBAI RESORT $$$
Karte S. 264 (04 602 1234; https://dubai.park.hyatt.com; Dubai Creek Club St, Dubai Creek Golf & Yacht Club; DZ ab 1100 Dh; P; MDeira City Centre) Die kilometerlange Zufahrt durch einen üppigen Dattelpalmenhain ist das erste Anzeichen dafür, dass das Park Hyatt kein gewöhnliches Hotel ist – ein Eindruck, der sich umgehend in dem Augenblick bestätigt, in dem man die mit Kuppel und Säulen ausgestattete Lobby betritt. Der Stil in den Zimmern schwankt zwischen hip und chic. Sie sind groß, in Pastellfarben mit subtilen arabesken Verzierungen gehalten, und von den Balkonen aus kann man die vielen Daus auf dem Creek zählen. In Flughafennähe.

Spa und Restaurant sind spitzenmäßig, und der Golfplatz gibt dem ganzen einen weiteren Anstrich von Exklusivität.

Bur Dubai

Bur Dubai ist eine der günstigsten Gegenden Dubais zum Übernachten – hier finden sich traditionelle B&Bs, moderne Budget- und Mittelklasseketten und im Bereich Mankhool, nahe der BurJuman Mall, viele Hotel-Apartments, die sich besonders für längere Aufenthalte und für Familien mit kleineren Kindern eignen, wenn Selbstversorgung von Vorteil ist.

ORIENT GUEST HOUSE HERITAGE-HOTEL $
Karte S. 266 (04 351 9111; www.orientguesthouse.com; Al Fahidi Historical District, Al Fahidi St; Zi. ab 444 Dh; P; MMashreq) Dieses schnucklige B&B in einem ehemaligen Privathaus fängt auf wunderbare Weise das Ambiente des alten Dubais ein. Die elf recht kleinen Zimmer haben schwere Holztüren und liegen im typischen Stil der Region rund um einen Innenhof mit Café, in dem das Frühstück serviert wird. Das Mobiliar strahlt nahöstliches Flair aus und besteht aus kunstvoll geschnitzten Holzschränken, Himmelbetten mit Rüschenvorhängen sowie gefliesten Fußböden. Es liegt abseits der Al Fahidi Street.

BARJEEL HERITAGE GUEST HOUSE PENSION $
Karte S. 266 (04 354 4424; www.barjeelguesthouse.com; Shindagha Waterfront; Zi. ab 400 Dh; MAl Ghubaiba) Mitten im historischen Uferviertel Shindagha, wo einst die königliche Familie Dubais lebte, fängt dieses romantische B&B in einem ehemaligen Privathaus auf wunderbare Weise das Ambiente des alten Dubais ein. Die Zimmer haben schwere Holztüren und sind rund um einen Innenhof gelegen, in dem das Frühstück serviert wird. Das Mobiliar in den gefliesten Zimmern verströmt arabisches Flair und besteht aus geschnitzten Holzschränken und Himmelbetten mit Rüschenvorhängen. Die Suiten haben eine Sitzecke im Stil eines *majlis* (Empfangszimmer). Im Preis inbegriffen ist ein englisches oder arabisches Frühstück.

Mehrere Leser haben allerdings berichtet, dass das kalte Wasser wegen der uralten Wasserleitungen im Sommer warm wird.

GOLDEN SANDS HOTEL APARTMENTS APARTMENTS $
Karte S. 266 (04 355 5553; www.goldensandsdubai.com; Al Mankhool Rd; Studioapt. ab 300 Dh; P; MBurJuman, Mashreq) Dieser Pionier unter den Hotel-Apartments in Dubai hat

750 Studios und Ein- oder Zwei-Zimmer-Apartments mit Service und Kitchenette, die sich über ein Dutzend kastenförmige halbhohe Gebäude hinter der BurJuman Mall erstrecken. Alle sind groß und mit Kingsize-Betten ausgestattet, und einige haben auch Balkons. Eine besonders gute Wahl ist das unlängst renovierte Golden Sands 5, zumal sich auf der anderen Straßenseite ein kleiner Supermarkt befindet – perfekt für Selbstversorger.

In den Apartments befinden sich eine gut ausgestattete Mini-Küche, eine Waschmaschine und ein Bügelbrett, außerdem gibt's ein Fitnesscenter und einen Pool.

MAJESTIC HOTEL TOWER — HOTEL $

Karte S. 266 (☎04 359 8888; www.dubaimajestic.com; Al Mankhool Rd; Zi. ab 350 Dh; P 📶 🏊; Ⓜ Mashreq) Trotz seiner langweiligen Lage an einer geschäftigen Straße punktet dieses Hotel mit hohem Komfort, Design und einer lebhaften Atmosphäre, was teils seinen vielen Bars und Restaurants zu verdanken ist, darunter das Restaurant **Miss Wang** (☎04 359 8888; Hauptgerichte 45–70 Dh; ⏲18–24 Uhr; 📶; Ⓜ Al Fahidi), das auch Livemusik bietet, und das legendäre griechische Restaurant **Elia** (☎04 501 2690; Hauptgerichte 75–165 Dh; ⏲19–23.30 Uhr; P 📶; Ⓜ Al Fahidi). Alle Zimmer sind mit luxuriösen Betten, bequemen Sesseln und schweren Vorhängen in neutralen Farben ausgestattet.

SAVOY CENTRAL HOTEL APARTMENTS — APARTMENTS $

Karte S. 266 (☎04 393 8000; www.savoydubai.com; Al Rolla Rd, Meena Bazaar; Studio ab 340 Dh; P 📶 🏊; Ⓜ Mashreq) Diese geräumigen Studios haben Mini-Küchen und große lilafarbene Sofabetten und liegen in unmittelbarer Nähe zu sagenhaft preiswerten Speiselokalen und zur Metrostation Mashreq, und nur eine kurze Taxifahrt entfernt befinden sich die Souks von Bur Dubai und wichtige historische Sehenswürdigkeiten, darunter das Dubai Museum. Auf der Dachterrasse gibt's einen Pool, in dem man unter dem funkelnden Sternenzelt planschen kann. Ein Plus ist der tägliche Shuttle zu den Stränden von Jumeirah.

RAINBOW HOTEL — HOTEL $

Karte S. 266 (☎04 357 2172; www.rainbowhoteldubai.com; Khalid Bin Al Waleed Rd; Zi. ab 275 Dh; P 📶 🏊; Ⓜ Mashreq) Die weiß gefliesten Fußböden und die schweren Vorhänge verleihen den 40 Zimmern des Rainbow Hotel einen gewissen Retrocharme; die Einrichtungen, darunter ein kleiner Pool auf dem Dach und ein Fitnesscenter, sind für ein kleines Hotel ausgesprochen gut. Es liegt in der Nähe der Metro, zum Historischen Viertel Shindagha (S. 72) sind es zehn Minuten mit dem Taxi.

★ XVA HOTEL — BOUTIQUE-HOTEL $

Karte S. 266 (☎04 353 5383; www.xvahotel.com; EZ/DZ ab 320/470 Dh; 📶; Ⓜ Mashreq) Das Boutique-Hotel im Riad-Stil ist in einem 1000 Jahre alten Windturmhaus mitten im Historischen Viertel Al Fahidi untergebracht. Die 15 kleinen Zimmer haben weiße Wände, die mit von heimischen Themen inspirierter Kunst geschmückt sind, wie etwa der Henna Room oder der Dishdash Room.

Die meisten Zimmer gehen auf einen Innenhof (dadurch sind sie recht dunkel) mit einem Café, in dem das Frühstück serviert wird.

Das Windtower-Deluxe-Zimmer im Originalturm hat Dachfenster mit Blick auf die Sterne und ist ein echtes Juwel.

FOUR POINTS BY SHERATON BUR DUBAI — HOTEL $$

Karte S. 266 (☎04 397 7444; www.fourpointsburdubai.com; 132 Khalid Bin Al Waleed Rd, Mankhool; Zi. ab 500 Dh; P 📶 🏊; Ⓜ Mashreq) Dieses Hotel liegt nur einen Katzensprung von der Metrostation Al Fahidi entfernt und hat Zimmer in beruhigenden Gelbtönen, die mit Teppichboden und extrem bequemen Betten mit wunderbar weichen Daunenkopfkissen versehen sind. Zudem gibt's ein gutes Fitnessstudio, einen kleinen Pool, einen Whirlpool und mehrere hervorragende Restaurants wie das Antique Bazaar (S. 76) und das neuere **Ricetta** (www.ricettadubai.com; Hauptgerichte 50–75 Dh; ⏲So–Do 12–22, Fr & Sa bis 23 Uhr; 📶; Ⓜ Al Fahidi).

ARABIAN COURTYARD HOTEL & SPA — HOTEL $$

Karte S. 266 (☎04 351 9111; www.arabiancourtyard.com; Al Fahidi St; Zi. ab 550 Dh; P 📶 🏊; Ⓜ Mashreq, Al Ghubaiba) Dieses Hotel gegenüber dem Dubai Museum ist ein idealer Ausgangspunkt für die Erkundung der Stadt. Arabische Themen ziehen sich vom mit Turbanen bekleideten Empfangspersonal bis in die Verzierungen in den ausreichend großen Zimmern durch. Manche Zimmer sind mit Blick über den Souk auf den Creek. Zur Ausstattung gehören ein Pub mit Livemusik, ein viel gepriesenes indisches Restaurant, ein Swimmingpool, ein Spa und ein Fitnessraum. Ein mitreisendes Kind unter elf Jahren übernachtet kostenlos.

MÖVENPICK HOTEL & APARTMENTS BUR DUBAI HOTEL $$

Karte S. 270 (☎04 336 6000; www.movenpick.com; 19th & 12A Sts, Oud Metha; Zi. ab 650 Dh; P ☎ ≋; M Oud Metha, Dubai Healthcare City) Eine Lobby in dunkelgrauen und cremefarbenen Schattierungen und mit einer geschwungenen Treppe, die aus *Vom Winde verweht* stammen könnte, führt zu den 225 geräumigen und lichtdurchfluteten Zimmern in luxuriösem Schokobraun, Kirsch und Vanille. Es gibt hier ein halbes Dutzend Restaurants, darunter das hervorragende Chutneys (S. 77) mit indischer Küche.

Das Hotel liegt gegenüber dem American Hospital unweit des Flughafens; Flugzeugfans werden den Pool auf der Dachterrasse gar nicht mehr verlassen wollen.

★ RAFFLES DUBAI HOTEL $$$

Karte S. 270 (☎04 324 8888; www.raffles.com; Sheikh Rashid Rd, Wafi City, Oud Metha; Zi. ab 1110 Dh; P ☎ ≋; M Dubai Healthcare City) Das Raffles hat die Form einer Pyramide und ist ein schickes Hotel mit herrlichen übergroßen Zimmern (mit Balkon), in denen asiatische und mittelöstliche Design-Akzente vermischt und die Badezimmer in ägyptischem Naturstein gehalten sind, und die Whirlpool und begehbare Duschen haben. Vom Bett steuerbare Beleuchtung und elektronische Geräte, Andockstationen für iPods und freies, superschnelles WLAN sind Ausdruck eines modernen Zeitgeists.

FOUR POINTS BY SHERATON DOWNTOWN DUBAI HOTEL $

Karte S. 266 (☎04 354 3333; www.fourpointsdowntowndubai.com; 4C St, abseits der Al Mankhool Rd; Zi. ab 450 Dh; P ☎ ≋; M BurJuman, Mashreq) Dieses Hotel kann mit einem hervorragenden Preis-Leistungs-Verhältnis punkten und hat so große Zimmer, dass eine kleine Familie darin Platz findet. Die Lobby, an die ein Café und ein Restaurant grenzen, ist in Chrom und Marmor gehalten. Die Örtlichkeit ist etwas unscheinbar, aber Extras wie bequeme Matratzen und ein Fitnessstudio und Pool auf der Dachterrasse machen das wieder wett. Hier werden auch Yogakurse angeboten.

Downtown Dubai

Wer in Downtown Dubai übernachtet, landet mitten im turbulenten, dynamischen Zentrum der Stadt. Neben großen internationalen Hotelketten gibt's hier auch einige einheimische Hotels mit einem Gespür für die Umgebung. Von wenigen Ausnahmen abgesehen, muss man hier richtig tief in die Tasche greifen.

★ ROVE DOWNTOWN HOTEL $

Karte S. 276 (☎04 561 9999; www.rovehotels.com; 312 Happiness St; Zi. 495 Dh; P ☎ ≋; M Financial Centre, Burj Khalifa/Dubai Mall) Das hippe Rove ist wie maßgeschneidert für Globetrotter, die aufs Geld schauen müssen. Es ist frisch und modern gestaltet und bietet auch solche heutzutage unverzichtbaren Extras wie einen Pool im Freien, ein rund um die Uhr geöffnetes Fitnesscenter, ein Café im industriellen Ambiente und eine nachtschwärmerfreundliche Check-out-Zeit (14 Uhr). Zimmer mit Blick auf den Burj Khalifa kosten ein wenig mehr.

Alle Zimmer haben ein einzelnes Sofabett, auf dem Kinder übernachten können, und zwischen vielen Zimmern gibt's Verbindungstüren. Kinder unter sechs Jahren müssen beim Brunchbüfett des Restaurants am Wochenende nichts bezahlen (Erw./Kind über 6 Jahre 99/49 Dh). Das Hotel hat sogar ein eigenes Reel-Kino mit 46 Sitzen und einen Minimarkt.

IBIS WORLD TRADE CENTRE HOTEL $

Karte S. 276 (☎04 332 4444; www.accorhotels.com; Sheikh Zayed Rd, Financial District; Zi. ab 430 Dh; P ☎; M World Trade Centre) Von den vielen Niederlassungen dieser guten Hotelkette ist diese hinter dem World Trade Centre besonders zentral gelegen. Verglichen mit dem luftigen Gefühl und dem modernen Design in den öffentlichen Bereichen der Stadt sind die eher wie Schiffskabinen großen Zimmer eine kleine Enttäuschung, aber es gibt kaum ein saubereres oder komfortableres Hotel in dieser Preisklasse.

DUSIT THANI DUBAI DESIGNHOTEL $$

Karte S. 276 (☎04 343 3333; www.dusit.com; 133 Sheikh Zayed Rd; Zi. ab 620 Dh; P ☎ ≋; M Financial Centre) Das Hotel sieht wie eine umgekehrte Stimmgabel aus und ist einer der architektonisch interessantesten Türme Dubais. Hinter seiner futuristisch anmutenden Fassade wartet traditionelles Thai-Dekor. Obwohl das Publikum eher aus Geschäftsleuten besteht, werden auch Stadttouristen das liebliche Zusammenspiel von warmem Holz, erdigen Farbtönen und üppigen Stoffen in den geräumigen Zimmern und auch den Sternenhimmel über dem Dachterrassen-Pool lieben.

CARLTON DOWNTOWN HOTEL $$

Karte S. 276 (☎04 506 9999; www.carltondowntown.com; Sheikh Zayed Rd, DIFC; Zi. ab 520 Dh; P 📶 ≋; M Financial Centre) In der Nähe des Dubai International Finance Centre (DIFC) und der Dubai Metro bietet dieser Hotelturm Stadtentdeckern eine Übernachtungsmöglichkeit mit gutem Preis-Leistungs-Verhältnis. Das Hotel hat mehrere Restaurants und Bars, den höchsten Dachterrassen-Pool der Stadt mit einer Wahnsinnsaussicht, ein Spa und ein gut ausgestattetes Fitnesscenter. Die Zimmer sind recht groß und modern, und selbst die kleinsten sind mit einem Schreibtisch und einem Sofa ausgestattet.

JUMEIRAH EMIRATES TOWERS BUSINESSHOTEL $$

Karte S. 276 (☎04 330 0000; www.jumeirah.com; Sheikh Zayed Rd, Financial District; Zi. ab 750 Dh; P 📶 ≋; M Emirates Towers) Das Hochhaus aus Stahl und Glas ist ein richtiger Blickfang und beherbergt eines der erstklassigen Businesshotels des Mittleren Ostens. Hier kann man im Panoramaaufzug zu den sinnlichen Hightech-Zimmern hinauffahren, die eine herrliche Aussicht bieten, in Schwarz-Weiß gehalten sind und eine gepflegte Ausstattung haben – wie es Führungskräften eben gefällt. Frauen werden vermutlich eher die Frauenetage Chopard mögen, wo das Grau durch ein Pink ersetzt ist und Kühlschränke in den Bädern helfen, die Kaviargesichtscreme kühl zu halten.

Im Preis enthalten sind der Shuttle und Eintritt zum Privatstrand des Hotels und zum Wild Wadi Waterpark (S. 115).

SHANGRI-LA BUSINESSHOTEL $$

Karte S. 276 (☎04 343 8888; www.shangri-la.com; Sheikh Zayed Rd, Financial District; Zi. ab 900 Dh; P 📶 ≋; M Financial Centre) Das Shangri-La ist das mythische Paradies, das erstmals in James Hiltons Roman *Der verlorene Horizont* von 1933 beschrieben wurde. In Dubai ist es ein Businesshotel mit einer dezent-sexy Atmosphäre. Die Zimmer könnten mit ihren Platanenholzmöbeln, den weichen ledernen Kopfteilen an den Betten, der lokalen Kunst und den tiefen Badewannen glatt einen Schönheitspreis gewinnen.

FAIRMONT DUBAI HOTEL $$

Karte S. 276 (☎04 332 5555; www.fairmont.com; Sheikh Zayed Rd, Financial District; Zi. ab 650 Dh; P 📶 ≋; M World Trade Centre) Dieses Cityhotel begeistert besonders bei Nacht, wenn seine viereckigen gläsernen Türme in farbige Lichter getaucht sind. Es hat eine direkte Verbindung zum Financial Centre, und es umwirbt leistungsstarke Führungskräfte als seine Gäste. Daher hat es sogar Zimmer mit extra großen Schreibtischen, die die Unterzeichnung von Verträgen wesentlich erleichtern. WLAN kostet 100 Dh pro Tag.

Die beiden Pools auf der Dachterrasse sind zum Schwelgen da, und der Cirque Le Soir und der Cavalli Club (S. 96) sind zwei der angesagtesten Nachtclubs der Stadt, während man im **Noire** (Karte S. 276; ☎04 311 8316; Menü 360 Dh; ⏲ Mo–Fr 19.30 Uhr; 📶), dem wohl originellsten Restaurant, im Dunkeln speisen kann.

NOVOTEL WORLD TRADE CENTRE HOTEL $$

Karte S. 276 (☎04 332 0000; www.novotel.com; Happiness St; Zi. ab 880 Dh; P 📶 ≋; M World Trade Centre) Das zweckmäßige, aber komfortable Novotel grenzt ans Konferenzzentrum an und hat langweilige, aber durchdachte Zimmer mit einem Sofa, das man zum Bett ausziehen kann, wenn man mit Kindern unterwegs ist. Der rechteckige Pool ist groß genug, um ein paar Bahnen zu schwimmen, außerdem gibt's ein gut ausgestattetes Fitnesscenter. In der Blue Bar treten ausgezeichnete Jazzmusiker auf.

VIDA DOWNTOWN DUBAI BOUTIQUE-HOTEL $$

Karte S. 276 (☎04 428 6888; www.vida-hotels.com; Sheikh Mohammed Bin Rashid Blvd; Zi. ab 900 Dh; P 📶 ≋; M Burj Khalifa/Dubai Mall) Diese Absteige für junge Kreative und Unternehmer hat peppige öffentliche Bereiche mit coolen Lampen und anderen urbanen Akzenten, die nahtlos in die weißen, hellen Zimmer mit riesigen offenen Bädern inklusive Badewanne und begehbarer Dusche übergehen. Die gesamte Elektronik wird über den Fernseher gesteuert. Im rund um die Uhr geöffneten Fitnesscenter können die Gäste etwas gegen überschüssige Pfunde und gegen Müdigkeit tun, während der von Sonnenliegen umringte Pool zum Chillen einlädt.

★ PALACE DOWNTOWN HOTEL $$$

Karte S. 276 (☎04 428 7888; www.theaddress.com; Sheikh Mohammed Bin Rashid Blvd, Old Town Island; DZ ab 1600 Dh; P 📶 ≋; M Burj Khalifa/Dubai Mall) Stadttouristen mit einer romantischen Ader werden völlig verzaubert sein von diesem luxuriösen Hotel mit seiner gewinnenden Mischung aus der Qualität der westlichen und der Schönheit der arabischen Welt. Die Zimmer sind schick und dezent, in angenehmen Naturtönen gehalten und haben Balkone mit Blick auf die Dubai Fountain. Der Burj Khalifa und die Dubai Mall sind nur einen Katzensprung entfernt, sodass es ein idealer Standort für Shoppingfans ist.

JW MARRIOTT MARQUIS HOTEL DUBAI HOTEL $$$

Karte S. 276 (04 414 0000; www.marriott.com; Happiness St, Business Bay; Zi. ab 1300 Dh; P; M Business Bay) Mit 355 m Höhe ist das riesige Marriott das höchste Hotel der Welt. Die 1600 Zimmer sind auf zwei gezackte Türme verteilt, deren Anlage dem Stamm einer Dattelpalme ähnelt. Auch die öffentlichen Bereiche werden, ähnlich wie in einer Kathedrale, von den luftigen Höhen geprägt, und die Zimmer haben bodentiefe Fenster, um die atemberaubenden Ausblicke genießen zu können.

MANZIL DOWNTOWN HOTEL $$$

Karte S. 276 (04 428 5888; www.vida-hotels.com; Sheikh Mohammed Bin Rashid Blvd; Zi. ab 1000; Dh P; M Burj Khalifa/Dubai Mall) In diesem Lifestyle-Hotel trifft arabesk auf modern und zieht hippe Weltenbürger an. Anklänge an Hightech, von Designern geprägt und aufmerksamer Service. In den Zimmern trifft frischer, weißer Minimalismus auf arabische Lampen und Designakzente, und die Bäder haben gigantische Regenduschen und frei stehende Badewannen. Wer spätabends einfliegt, kann sich im 24 Stunden geöffneten Fitnessraum wieder auflockern.

ADDRESS DUBAI MALL HOTEL $$$

Karte S. 276 (04 438 8888; www.theaddress.com; Sheikh Mohammed Bin Rashid Blvd; Zi. ab 1500 Dh; P; M Burj Khalifa/Dubai Mall) Dieses schicke Hotel ist eine moderne Interpretation arabischer Designtradition und ist direkt mit der Dubai Mall verbunden. Hier schleppt man die gefüllten Einkaufstaschen zurück in geräumige Zimmer, in denen sinnliche Materialien – Leder, Holz und Samt – als beruhigendes Gegenmittel zur Erschöpfung nach dem Einkauf beitragen. Außer bequemen Betten und Balkons findet sich hier das gesamte Spektrum westlichen Lifestyle-Komforts, darunter Andockstationen für iPods und Nespresso-Maschinen.

Fitnessstudio und Business-Lounge sind rund um die Uhr geöffnet. Für Gäste mit Kindern ist ein zweistündiger Aufenthalt im **Kinderclub QIX** im Hotel im Preis enthalten.

Jumeirah

Wer Luxus liebt, sollte die Gegend um den Burj Al Arab oder die Hotels in Madinat Jumeirah ansteuern. Die Gruppe von Mittelklassehotels und Hotel-Apartments neben der Mall of Emirates bietet ein tolles Preis-Leistungs-Verhältnis.

CENTRO BARSHA HOTEL $$

Karte S. 274 (04 704 0000; www.rotana.com; Rd 329, Al Barsha; DZ ab 560 Dh; P; M Sharaf DG) Das Centro Barsha liegt nur 500 m von der Mall of the Emirates entfernt und ist so die unterste Preiskategorie der Rotana-Hotelkette. Es hat aber dennoch viel modisches Flair zu bieten. Die Zimmer sind eher klein, aber stylish und haben so alles, was den modernen Lebensstil ausmacht, darunter Satellitenfernseher und IP-Phone. Die gemütliche Cocktailbar, das 24 Stunden geöffnete Fitnessstudio und der schöne Pool auf dem Dach laden zum Entspannen ein.

WLAN kostet 70 Dh für 24 Stunden. Hinter der Mall of the Emirates.

IBIS MALL OF THE EMIRATES HOTEL $

Karte S. 274 (04 382 3000; www.ibis.com; 2A St, Al Barsha; Zi. ab 320 Dh; P; M Mall of the Emirates) Klassisches Ibis-Hotel: ideal für weniger gut Betuchte, hat aber blitzblanke Zimmer. Wer sein Geld lieber im angrenzenden Einkaufszentrum ausgeben möchte, als sich am Pool zu räkeln oder von den Betthupferln zu naschen, für den ist dies keine schlechte Bleibe. Die Zimmer sind allerdings nur so groß wie ein Schuhkarton. Hat eine eigene Bar.

HOLIDAY INN EXPRESS HOTEL $

Karte S. 272 (04 407 1777; www.ihg.com; Jumeirah Rd, nahe 2nd December Rd, Jumeirah 1; Zi. ab 340 Dh; P; M Max) Es ist ein Holiday Inn Express, man weiß also, dass man nicht das Ritz bekommt. Doch insgesamt wirkt das gut geführte Hotel sauber und modern. Das fängt schon in der Lobby an, in der Bauhaus auf Arabien trifft, und geht dann weiter bis in die gemütlichen Zimmer mit Kühlschrank und bodenhohen Fenstern mit Blick auf den Hafen und die Pearl-Jumeirah-Baustelle. Einen Pool gibt's nicht, aber einen kostenlosen Shuttle zum Strand. Hier wird Alkohol ausgeschenkt.

LA VILLA NAJD HOTEL APARTMENTS APARTMENTS $

Karte S. 274 (04 361 9007; www.lavillahospitality.com; zw. 6A & 15 Sts, Al Barsha; Apt. ab 285 Dh;

P 📶 🏊; M Mall of the Emirates) Das Najd ist eines der älteren Apartment-Hotels in der Umgebung der Mall of the Emirates. Die 64 mit Bodenfliesen ausgestatteten Apartments nutzen den Platz optimal aus: Wohnzimmer, Schlafzimmer, Küche, voll ausgestattetes Bad und Gäste-WC auf relativ engem Raum. Schön sind die Apartments mit Blick auf Ski Dubai (S. 117). Einfaches Fitnessstudio, hübscher Dachterrassenpool.

DONATELLO HOTEL — HOTEL $

Karte S. 274 (☎04 340 9040; www.donatello-hotel-dubai.com; Ecke 19th & 21st Sts, Al Barsha; DZ ab 450 Dh; P 📶 🏊; M Sharaf DG) Dieses moderne Hotel liegt etwa 500 m von der Mall of the Emirates entfernt und ist daher ein super Standort für alle Shoppingfreaks. In den stilvollen Apartments mit Teppichboden, klassischen rotbraunen Möbeln, gemusterten Tapeten und einem kleinen Sitzbereich gibt's reichlich Platz, die Ausbeute der Einkaufstour zu verstauen. Bei einer Massage im Spa oder im Pool auf der Dachterrasse kann man dann die Ereignisse des Tages Revue passieren lassen.

AL KHOORY EXECUTIVE HOTEL — HOTEL $

Karte S. 272 (☎04 354 6555; www.corp-executive-al-khoory-hotel.dubaihoteluae.com; Ecke Al Wasl & Al Hudhaiba Rds, Jumeirah 1; Zi. ab 375 Dh; P 📶; M World Trade Centre) Obwohl die Lobby eine zugeknöpfte Business-Atmosphäre ausstrahlt, hat dieses mittelgroße Hotel auch einiges für Freizeittouristen in petto, darunter die Traumlage nur zehn Gehminuten vom Strand, der Jumeirah-Moschee und den Geschäften in der Jumeirah Road entfernt. Ein weiterer Vorteil ist das überdurchschnittlich gute Fitnessstudio. Die Standardzimmer sind zwar eher klein, aber dafür gemütlich. Gegenüber dem Iranian Hospital.

LA VILLE HOTEL & SUITES — BOUTIQUE-HOTEL $$

Karte S. 272 (☎04 403 3111; www.livelaville.com; Al Multaqa St, City Walk, Jumeirah 2; Zi. ab 960 Dh; P 📶 🏊; M Burj Khalifa/Dubai Mall) Das schicke Hotel mit Boutique-Charakter passt gut in das Urban-Lifestyle-Konzept des City Walk. Es hebt sich aber dadurch hervor, dass in seinen gastronomischen Einrichtungen, darunter die Dachlounge Look Up und die rustikal-elegante Bar Grapeskin (S. 113) neben dem grünen Hof, tatsächlich Alkohol ausgeschenkt wird. Die 88 Zimmer in gelb-braunen Farbtönen wirken klar und sind mit Panoramafenstern ausgestattet. Das Hotel ist Teil der Marriott's Autograph Collection.

DUBAI MARINE BEACH RESORT & SPA — RESORT $$

Karte S. 272 (☎04 346 1111; www.dxbmarine.com; Jumeirah Rd, Jumeirah 1; Zi. ab 500 Dh; P 📶 🏊; M World Trade Centre) In diesem älteren, aber guten Strandresort kann man gut schlafen. Rund um verschiedene Pools gruppieren sich Villen inmitten eines tropischen Parks. Der Strand ist recht klein, doch es gibt ein Wassersportzentrum und ein ganzes Dorf an Restaurants, Bars und Nachtclubs, darunter das **Boudoir** (☎04 345 5995; www.clubboudoirdubai.com; ⏲22–3 Uhr; 📶) und das Sho Cho (S. 113). Die Zimmer unterscheiden sich stark, vor allem in der Größe, darum schaut man sie sich am besten erst an, ehe man sich entscheidet.

BEACH HOTEL APARTMENT — APARTMENTS $$

Karte S. 272 (☎04 345 2444; www.beachhotelapartment.ae; Al Hudhaiba Rd, Jumeirah 1; Apt. ab 600 Dh; P 📶 🏊; M World Trade Centre) Ein total aufmerksamer Service, eine sonnige Dachterrasse mit Pool und die gute Lage verleihen dieser Location erhebliche Vorteile. Man ist nur einen Katzensprung vom Strand, der Jumeirah-Moschee und den trendigen Cafés und Geschäften in der Jumeirah Road entfernt. Selbstversorger finden auch einen Spinneys Supermarkt. Die billigeren Zimmer gehen auf das Atrium hinaus.

CHELSEA PLAZA HOTEL — HOTEL $$

Karte S. 272 (☎04 398 2222; www.chelseagroupdubai.com; Satwa Roundabout, Satwa; Zi. ab 600 Dh; P 📶 🏊; M Max, World Trade Centre) Das Chelsea liegt im Herzen vom multikulturellen Satwa und hat traditionell gestaltete Zimmer mit gemusterten Teppichen, glänzenden dunklen Holzmöbeln und bodentiefen Fenstern. Die Bäder sind sowohl mit Badewannen als auch mit großen Duschen ausgestattet. In der schummrigen Sportsbar kann man bei einem Bier die aktuellen Spiele sehen, im Health Club Zirkeltraining an Geräten absolvieren und im großen Pool ein paar Bahnen schwimmen.

★ AL QASR HOTEL — HOTEL $$$

Karte S. 274 (☎04 366 8888; www.jumeirah.com; Madinat Jumeirah, King Salman Bin Abdul Aziz Al Saud St, Umm Suqeim 3; Zi. ab 1300 Dh; P 📶 🏊; M Mall of the Emirates) Dieses glänzende Hotel im Stil eines arabischen Sommerpalastes ist sehr empfehlenswert. Es gibt viele außergewöhnliche Details, wie den österreichischen Kronleuchter aus Kristall oder die spiegelblank polierten Intarsienböden aus Marmor. Die Zimmer protzen mit arabesken Verzierungen, vielen Farben und bequemen Möbeln. Vom Balkon aus schaut man über die Gewässer des Madinat Jumeirah. Der 2 km lange private Strand und der Pool, der zu den größten der Stadt gehört, sind spitze.

Kinder können im Sindbad's Kids Club neue Freunde finden oder im Wild Wadi Waterpark (S. 115), der im Zimmerpreis enthalten ist, die Rutschen hinuntersausen.

MINA A'SALAM HOTEL RESORT $$$

Karte S. 274 (☎04 366 8888; www.jumeirah.com; Madinat Jumeirah, King Salman Bin Abdul Aziz Al Saud St, Umm Suqeim 3; Zi. ab 1000 Dh; P📶🏊; Ⓜ Mall of the Emirates) Die auffällige Lobby ist nur die Ouvertüre zu einer großen Sinfonie des entspannten Luxus in den riesigen, mit allen Annehmlichkeiten ausgestatteten Zimmern mit ornamentalen Akzenten und Balkons mit Blick aufs Madinat Jumeirah. Die Gäste haben freien Zugang zu den Einrichtungen des angrenzenden Schwesterhotels Al Qasr, darunter die Pools, der 2 km lange Privatstrand und der Kids Clubs, sowie zum Wild Wadi Waterpark (S. 115).

JUMEIRAH BEACH HOTEL RESORT $$$

Karte S. 274 (☎04 348 0000; www.jumeirah.com; Jumeirah Rd, Umm Suqeim 3; Zi. ab 1500 Dh; P📶🏊; Ⓜ Mall of the Emirates) Dieses auf Familien ausgerichtete Resort hat die Form einer riesigen Welle und liegt an einem 1 km langen eigenen Strand. Es ist mit seinen vier Pools, zahlreichen Wassersportangeboten, einem ganzen Fitnessgebäude und den Tennisplätzen wie maßgeschneidert für Aktivurlauber. Der Nachwuchs kann sich im Sinbad's Kids Club austoben oder im kühlen Nass des angrenzenden Wild Wadi Waterpark (S. 115; für Hotelgäste kostenlos) planschen. Die Zimmer mit Meerblick schauen auf den Burj Al Arab.

KEMPINSKI HOTEL MALL OF THE EMIRATES HOTEL $$$

Karte S. 274 (☎04 341 0000; www.kempinski.com; Sheikh Zayed Rd, Mall of the Emirates, Al Barsha; Zi. ab 1250 Dh; P📶🏊; Ⓜ Mall of the Emirates) Das Kempinski ist mit der Mall of the Emirates verbunden und strahlt europäische Eleganz aus. Es ist ein idealer Ausgangspunkt für ausgedehnte Shoppingtouren. Die monumentale Lobby in Marmor bildet einen Gegensatz zu den in warmen Tönen eingerichteten Zimmern, die mit iPads, Nespresso-Maschinen und anderen Attributen des Zeitgeists ausgestattet sind. Die Zimmer der teureren Kategorien haben Marmorbäder mit großen Badewannen und begehbaren Regenduschen.

Die „Aspen Chalet"-Apartments im alpinen Stil mit Blick auf Ski Dubai (S. 117) sind ganz besonders bei arabischen Gästen ein Renner.

BURJ AL ARAB HOTEL $$$

Karte S. 274 (☎04 301 7777; www.jumeirah.com; abseits der Jumeirah Rd, Umm Suqeim 3; Suite ab 6200 Dh; P📶🏊; Ⓜ Mall of the Emirates) In diesem segelförmigen Wahrzeichen Dubais sind regelmäßig Popstars, königliche Hoheiten, Milliardäre und einfach nur Reiche zu Gast. Die opulent gestaltete Lobby mit ihrem auffälligen Wasserfall ist nur das Vorspiel zu den 202 üppig dekorierten Suiten. Das North Deck wartet mit zwei riesigen Pools und 400 Sonnenliegen auf.

Die Suiten erstrecken sich auf zwei Ebenen, und selbst die kleinste Suite ist noch 170 m² groß und verfügt über einen persönlichen Butler. Die Einrichtung ist wirklich sehr sehr teuer mit moirierten Seidentapeten, verspiegelten Decken über den Betten, verschnörkelten Samtsesseln und im Bad Intarsienfliesen mit Motiven aus Venedig. Und was ist mit all dem Gold? Ja, es hat wirklich 24 Karat.

🛏 Dubai Marina & Palm Jumeirah

In Dubai Marina und Palm Jumeirah wimmelt es nur so von Fünf-Sterne-Hotels für die Touristenscharen. Landeinwärts, etwa entlang der Sheikh Zayed Road, in Barsha Heights und in der Dubai Internet City finden sich auch einheimische Mittelklasseunterkünfte und internationale Hotelketten.

GRAND MIDWEST TOWER HOTEL $

Karte S. 278 (☎04 436 2000; www.grandmidwest.com; Sheikh Zayed Rd, Dubai Internet City; Zi. ab 320 Dh; P📶🏊; Ⓜ Dubai Internet City) Dieses Hotel ist wegen des umwerfend freundlichen Personals und der großzügig geschnittenen Studios und Apartments trotz der Businesshotel-Atmosphäre wirklich eine gute Wahl. Alle sind in warmen Farbtönen gehalten und mit stilvollen Küchen, ultrabequemen Betten, schnellem WLAN und Balkons ausgestattet. Es liegt neben einer Metrostation, vom Pool auf der Dachterrasse sieht man in der Ferne den Burj Al Arab.

MARINA DREAM HOSTEL HOSTEL $

Karte S. 278 (9. Etage, Dream Tower 1, Al Marsa St, Dubai Marina; B ab 100 Dh; P📶🏊; Ⓜ DMCC) Dies ist kein klassisches Hostel – die Schlafsäle befinden sich in Apartments in einem Hochhaus. Männer und Frauen sind in verschiedenen Etagen untergebracht. Zur Metro ist es nur ein Katzensprung, zum Strand ein kurzer Spaziergang. Im Preis enthalten sind ein warmes Frühstück, WLAN, Bettwäsche, Handtücher und der Zugang zu einem Pool und einem Fitnesscenter. Buchen kann man das Hostel auf www.hostelworld.com oder www.hostels.com. Es befindet sich über einem rund um die Uhr geöffneten Lebensmittelgeschäft.

LE MERIDIEN MINA SEYAHI BEACH RESORT & MARINA
RESORT $$

Karte S. 278 (☎04 399 3333; www.lemeridien-minaseyahi.com; King Salman Bin Abdul Aziz Al Saud St, Dubai Media City; Zi. ab 825 Dh; P📶🏊; Ⓜ Al Khail, 🚊 Mina Seyahi) Dieses Strandhotel ist ein Paradies für Aktivurlauber, denn es bietet Wassersport, Tennisplätze und ein großes topmodernes Fitnesscenter. Der riesige Pool ist genauso idyllisch wie der sich dahinschlängelnde Palmengarten und der ruhige Strand. Die Zimmer sind in kühlem Weiß gestaltet und haben bodentiefe Fenster mit Meerblick.

Hier befindet sich auch die unglaublich beliebte Strandbar Barasti (S. 126). Im Kinderclub können die Kleinen in sicherer Umgebung neue Freundschaften schließen, während die Großen entspannen.

RIXOS PREMIUM DUBAI
HOTEL $$

Karte S. 278 (☎04 520 0000; http://premiumdubai.rixos.com; The Walk, Jumeirah Beach Residence, Dubai Marina; Zi. ab 750 Dh; P🏊; Ⓜ Sobha Realty, 🚊 Jumeirah Beach Residence 1) Dieses superstilvolle Hotel steht direkt am Strand. Die Zimmer sind in Gold- und Silbertönen und mit knalligen Farbakzenten gestaltet und haben bodentiefe Fenster. Am besten bucht man ein Zimmer auf der Südseite mit Blick auf das Riesenrad Ain Dubai. Der Beach Club, der glamouröse Nachtclub und das große Pub Lock, Stock & Barrel sorgen für eine lebhafte Atmosphäre.

MEDIA ONE HOTEL
HOTEL $$

Karte S. 278 (☎04 427 1000; www.mediaonehotel.com; Al Falak St, Dubai Media City; Zi. ab 660 Dh; P📶🏊; Ⓜ Al Khail, 🚊 Marina Tower) Die Zimmer laden dazu ein, die eigene Laune an deren Flair anzupassen: hip, cool, ruhig, relaxt. Dieses Lifestyle-Hotel bietet alle wesentlichen Dinge, nach denen globale Nomaden lechzen, gepaart mit perfektem Komfort. Der Poolbereich ist wunderbar entspannt und zieht mit seinen Ladies' Nights, Shishas und anderen Events auch Einheimische an. Hinter der American University.

PEARL MARINA HOTEL APARTMENTS
APARTMENTS $$

Karte S. 278 (☎04 447 1717; www.pearlmarinahotel.com; Al Marsa St, Marina Waterfront, Dubai Marina; Apt. ab 510 Dh; P📶🏊; Ⓜ DMCC) Das Pearl liegt ganz am hinteren Ende der Dubai Marina und ist zwar nicht so protzig wie die benachbarten Hochhäuser, aber wen kümmert das schon, wenn der Preis nur ein Bruchteil dessen ist, was man in den berühmten Hotels zahlen muss. So bleibt mehr für Unternehmungen, Essen und Mode übrig. Der märchenhafte Strand und The Walk beim JBR sind nur einen Katzensprung entfernt.

GLORIA HOTEL
HOTEL $$

Karte S. 278 (☎04 399 6666; www.gloria-hotels.com; Sheikh Zayed Rd, Dubai Internet City; Suite/Apt. ab 600/700 Dh; P📶🏊; Ⓜ Dubai Internet City) Das beliebte Gloria liegt praktischerweise neben einer Metrostation und kann sich mit zahlreichen Vorzügen brüsten, darunter ein erstklassiges Fitnessstudio, ein 25 m langer Pool auf dem Dach und ein überraschend gutes Büfett-Restaurant. Es hat mehr als 1000 Suiten und Apartments, wahlweise im kalifornischen, klassischen, modernen oder mediterranen Stil. Kein Alkohol.

ONE&ONLY THE PALM
RESORT $$$

Karte S. 278 (☎04 444 1180; www.thepalm.oneandonlyresorts.com; West Crescent, Palm Jumeirah; Zi. ab 2805 Dh; P📶🏊; Ⓜ Sobha Realty, 🚊 Palm Jumeirah) Die atemberaubende Skyline von Dubai ragt über dem Golf auf, aber dennoch bietet dieses romantische und megavornehme Hotel-Juwel die komplette Abschottung von der Stadt. Es strahlt das Gefühl eines exklusiven privaten Anwesens aus, hat einen weitläufigen Park, mehrere Pools und Suiten im maurischen Stil mit blaugrünen und lila Farbakzenten aber auch mit allen technischen Finessen des 21. Jhs. Die Abgeschiedenheit ist wichtigster Leitgedanke.

Zum Festland ist man mindestens 30 Minuten unterwegs, es gibt aber einen kostenlosen Bootshuttle zum Schwesterhotel One&Only Royal Mirage.

ONE&ONLY ROYAL MIRAGE
RESORT $$$

Karte S. 278 (☎04 399 9999; www.royalmirage.oneandonlyresorts.com; King Salman Bin Abdul Aziz Al Saud St, Dubai Media City; Zi. ab 1500 Dh; P📶🏊; Ⓜ Al Khail, 🚊 Media City) Es ist nicht das neueste Resort, hat aber Klasse. Das Royal Mirage besteht aus einem Palast im maurischen Stil, dem romantischen Arabian Court und dem ultradezenten Refugium Residence & Spa. Alle liegen in aufwendig gestalte-

WÜSTENTRÄUME

Nur eine kurze Fahrt von den ganzen Staus, Baustellen und Rieseneinkaufscentern entfernt, warten drei himmlische Wüstenresorts. Wer sich nach etwas Frieden sehnt, kann in diesen Hotels die ruhigere, weniger hektische Seite Dubais kennenlernen.

Al Maha Desert Resort & Spa (☎04 832 9900; www.al-maha.com; Dubai Desert Conservation Reserve, Dubai–Al Ain Rd Hwy E66); DZ mit VP ab 6100 Dh; P 📶 🏊) Obwohl es nur 65 km südöstlich von Dubai liegt, kommt das Al Maha wie aus einer völlig anderen Welt daher. Keine Wolkenkratzer, kein Verkehr und weit weg von der Mentalität des „höher – größer – weiter". In diesem entlegenen Wüsten-Ökoresort dreht sich alles darum, zurück zu sich selbst und den eigenen Platz im großen Plan der Natur zu finden.

Das Al Maha liegt im Dubai Desert Conservation Reserve (DDCR; S. 222) und gehört zu Marriott. Es ist eins der exklusivsten Hotels der Vereinigten Arabischen Emirate. Benannt ist es nach der bedrohten Arabischen Oryx, die als Teil des Schutzprogramms des DDCR hier gezüchtet wird. Die 42 luxuriösen Suiten sind allesamt frei stehende, mit Segeltuch überdachte Villen mit handgearbeiteten Möbeln und eigenem Tauchbecken. Jede hat ihre eigene Terrasse mit atemberaubendem Ausblick in die wunderschöne Wüstenlandschaft und auf die pfirsichfarbenen Dünen, durchsetzt mit Bergen und grasenden Oryxantilopen und Gazellen.

Die Preise beinhalten täglich zwei Aktivitäten wie eine Wüstentour mit Naturbeobachtung oder ein Kamel-Trekking. Privatfahrzeuge, Besucher und Kinder unter zehn Jahren sind nicht erlaubt.

Bab Al Shams Desert Resort & Spa (☎04 809 6498; www.babalshams.com; Al Qudra Rd; Zi. ab 1400 Dh; P 📶 🏊) Das Bab Al Shams gleicht einer Festung und fügt sich in die Wüstenlandschaft ein. Es ist wie eine Medizin für Aussteiger, die hier in ihre Fantasien der *Arabian Nights* eintauchen wollen. Die Anlage ähnelt einem Labyrinth und reflektiert sowohl arabische als auch maurische Einflüsse. Die Zimmer sind herrlich, groß und sinnträchtig urig, mit Säulen, Laternen, Gemälden von Wüstenlandschaften und wunderschön gemusterten Kissen im Beduinenstil.

Dies ist zwar der perfekte Ort, um sich mit einem Buch einzuigeln oder in den Dünen zu meditieren, doch finden auch aktivere Urlauber genug zu tun. Ein wunderschöner Infinitypool winkt, ebenso das sinnliche Satori Spa und acht Restaurants. Kinder zwischen fünf und zwölf Jahren können im Aladdin's Kids Club neue Freunde finden. Außerhalb der Anlage knüpfen Aktivitäten, wie Wüstentouren, Falknerei, Bogenschießen sowie Pferde- und Kamelausritte, an die Tradition der Emirate an. Das Bab Al Shams liegt etwa 45 Minuten südlich von Dubai abseits des Highway E611 in der Nähe des Endurance Village.

Desert Palm Resort & Hotel (☎04 323 8888; www.desertpalm.ae; Al Awir Rd; Zi. ab 1105 Dh, Villa ab 2380 Dh; P 📶 🏊) Wer merkt, dass der Stress langsam an den Kräften zehrt, sollte sich in dieses luxuriöse Boutique-Hotel auf einem privaten Poloanwesen einige Kilometer vor den Toren der Stadt zurückziehen. Man kann ein „Palmenzimmer" mit bodentiefen Fenstern mit Blick auf das Polofeld wählen oder sich für die totale Abgeschiedenheit in einer der Villen mit eigenem Pool entscheiden.

In jedem Fall fühlt man sich glückselig inmitten kupferfarbenen Dekors, schicker Bettwäsche und ausgedehnten grünen Landschaften. Außerdem gibt's einen Infinitypool, ein Spa und einen Gourmet-Feinkostladen, wo es leckere Sachen gibt, die man dann auf der Terrasse oder als Wüstenpicknick genießen kann.

ten Gärten, die von einem 1 km langen Sandstrand flankiert werden. Die opulent ausgestatteten Zimmer haben Terrassen mit Meerblick und sind in beruhigenden Naturtönen gestaltet.

Stündlich gibt's einen Bootshuttle zum noch luxuriöseren Schwesterhotel One&Only The Palm (S. 202) auf Palm Jumeirah. Auf der Website findet man günstige Pakete.

LE ROYAL MERIDIEN BEACH RESORT & SPA — RESORT $$$

Karte S. 278 (☎04 399 5333; www.leroyalmeridien-dubai.com; Al Mamsha St, Dubai Marina; Zi. ab 1200 Dh; P 📶 🏊; M Sobha Realty, 🚊 Jumeirah Beach Residence 1) Das Resort mit 500 Zimmern ist schon älter, aber gut in Schuss. Es liegt an einem herrlichen Strand und wartet u. a. mit weitläufigen Gärten, drei Pools, einem Spa im römischen Stil und einem tollen Kinderclub auf. Alle Zimmer haben Balkons mit Meerblick und wurden unlängst in einer Kombination aus dunklem Holz und ruhigen Creme- und Pastellfarben neu gestaltet.

GROSVENOR HOUSE — HOTEL $$$

Karte S. 278 (04 399 8888; www.grosvenorhouse-dubai.com; Al Emreef St, Dubai Marina; Zi. ab 1000 Dh; P; M Sobha Realty) Grosvenor House war mit seinen beiden Zwillingshochhäusern das erste Hotel, das im Gewirr der gen Himmel ragenden Türme in der Marina eröffnet wurde. Die öffentlichen Bereiche sind gepflegt, groß, verwinkelt und in einem vagen Art-déco-Stil gehalten. Die Zimmer dagegen strahlen mit ihren cremefarbenen und braunen Tönen mit roten Akzenten eine herzliche und heimelige Atmosphäre aus. Die Palette an erstklassigen Bars und Restaurants ist herausragend.

Hotelgäste können auch Pool und Strand des nahe gelegenen Schwesterhotels Le Royal Meridien (S. 203) nutzen.

JUMEIRAH ZABEEL SARAY — HOTEL $$$

Karte S. 278 (04 453 0000; www.jumeirah.com; West Crescent Rd, Palm Jumeirah; Zi. ab 1200 Dh; P) Die Lobby des Zabeel Saray mit ihrem Deckengewölbe, den goldenen Säulen und den juwelenhaften Lampen ist so üppig und majestätisch wie ein osmanischer Palast. Die reichhaltige Ausstattung geht in abgeschwächter Form in die Zimmer über. Hier ist alles darauf abgestimmt, den Aufenthalt so angenehm wie möglich zu machen. Das Highlight: der 59 m lange Infinitypool. Kinder vertreiben sich die Zeit gern in Sinbad's Kids Club.

Das Spa ist eine der schönsten Wellnessoasen der Stadt und hat einen türkischen Hammam sowie ein Meerwasser-Langschwimmbecken. Die gute Auswahl an Restaurants sorgt für einen zufriedenen Magen. Der einzige Nachteil ist, dass das Hotel so abgelegen ist. Zur nächsten Metrostation sind es etwa 20 Taximinuten.

WESTIN DUBAI MINA SEYAHI BEACH RESORT & MARINA — RESORT $$$

Karte S. 278 (04 399 4141; www.westinminaseyahi.com; King Salman Bin Abdul Aziz Al Saud St, Dubai Media City; Zi. ab 1200 Dh; P; M Al Khail, Mina Seyahi) Dieses elegante Strandresort ist ein Top-Tipp für Wassersportler und mutet wie eine Mischung aus arabischem Sommerpalast und italienischem Palazzo an. Die sehr geräumigen Zimmer sind mit klassischer Einrichtung und vanille- und kakaofarbenen Tönen ausgestattet und wirken pfiffig, aber dennoch heimelig. Zu den fünf Pools gehört auch ein 150 m langer lagunenartiger Pool zum Faulenzen (die anderen sind für Kinder bzw. zum Bahnenschwimmen).

Das Hotel teilt seine Ausstattungsangebote, darunter ein Wassersportzentrum, mit dem benachbarten Le Meridien Mina Seyahi (S. 202).

ADDRESS DUBAI MARINA — HOTEL $$$

Karte S. 278 (04 436 7777; www.theaddress.com; Dubai Marina Mall, Dubai Marina; Zi. ab 1150 Dh; P; M Sobha Realty, Dubai Marina Mall) Dieses Haus hat die Perfektion eines Cityhotels, aber seine Lage am Marina Walk mit direktem Zugang zur Marina Mall zieht auch viele Freizeiturlauber an. Die Zimmer sind modern, in heimelige Naturtöne gehüllt und mit allem Komfort ausgestattet.

Vom riesigen Infinitypool im 4. Stock bieten sich grandiose Ausblicke auf die Jachten und Hochhäuser.

RITZ-CARLTON DUBAI — HOTEL $$$

Karte S. 278 (04 399 4000; www.ritzcarlton.com; The Walk at JBR, Dubai Marina; Zi. ab 1390 Dh; P; M Sobha Realty, Jumeirah Beach Residence 1) Als dieses elegante, zeitlose Resort im Stil einer mediterranen Villa 1998 eröffnet wurde, war Dubai Marina noch mitten im Nirgendwo. Heute wirkt es neben den Wolkenkratzern wie ein Zwerg, doch der voll bewachsene Park und die hohen Palmen bilden einen Sichtschutz. Die Zimmer und Suiten verfügen über Teppiche, sind in Pastelltönen und mit arabischen Elementen gestaltet und haben alle Balkon oder Terrasse.

Das Hotel-Spa ist für manche Gäste ein echter Magnet: Es hat zwölf private Behandlungszimmer, mehrere davon mit eigener Terrasse, sowie einen traditionellen Hammam, mehrere Pools und ein hochmodernes Fitnessstudio.

TERRY CARTER/LONELY PLANET ©

Dubai & Abu Dhabi verstehen

GESCHICHTE 206

Dubai und Abu Dhabi sind eine echte Erfolgsgeschichte. Der Blick zurück hilft auch auf dem Weg in die Zukunft.

POLITIK & WIRTSCHAFT 212

Die Emirate blieben von politischen Unruhen weitgehend unberührt. Das Land funktioniert im Spannungsfeld zwischen Dialog und Führung.

KULTUR & IDENTITÄT 216

Willkommen im Multikulturalismus! Der Islam und das Erbe der Beduinen prägen die moderne Gesellschaft bis heute.

NATUR & UMWELT.............. 220

Rasantes Wachstum hat der Umwelt nicht gut getan. Heute stehen Schutzmaßnahmen im Fokus.

KUNST 225

Zwei konkurrierende Strömungen beeinflussen die Kunstszene in Dubai und Abu Dhabi: Erbe und Innovation.

Geschichte

Die breiten Hauptstraßen von Dubai oder Abu Dhabi lassen kaum mehr erkennen, wie diese Städte ausgesehen haben, bevor sie zu modernen Metropolen wurden. Der griffige Slogan „Vom Wüstennest zur Weltstadt" verdeutlicht die rasante Entwicklung der beiden Orte, aber aus der Zeit der Wüstennester vor dem Erdölboom ist fast nichts mehr erhalten – von kleinen Arealen mit rekonstruierten alten Gebäuden einmal abgesehen. Das Erbe der Geschichte ist hier weniger in historischen Baudenkmälern präsent als in Sitten und Gebräuchen, die nicht ganz so leicht zu ergründen sein mögen, aber mindestens ebenso fest verankert sind wie das stabilste Bauwerk.

Wurzeln des Handels

Speerspitzen und andere Fundstücke belegen, dass die Region bereits sehr lange von Menschen besiedelt ist. Vermutlich lockten die Grassavannen, die damals einen Großteil der Arabischen Halbinsel bedeckten, den *Homo sapiens* schon um ca. 100 000 v. Chr. in diese Gegend. Die Jäger und Sammler der Frühzeit begannen, Holz zu Holzkohle zu verarbeiten und Tiere nicht nur zu jagen, sondern auch als Nutzvieh zu halten. So entstanden die ersten organisierten Gemeinden der Region.

Entdeckungen und Erfindungen aller Art sichern solchen menschlichen Gemeinschaften das Überleben und führen zur Produktion von Dingen, die ihre Nachbarn auch gerne hätten. Also fangen sie an, Handel zu treiben. Schon um 6000 v. Chr. richteten die noch wenig organisierten Stammesverbände der Stein- und später der Bronzezeit die ersten verschlungenen Handelsverbindungen zwischen Arabien, Mesopotamien und dem Industal ein. Zu den Exportgütern gehörte vor allem das in Magan (im heutigen Oman) gewonnene Kupfer, zu den wichtigsten Handelspartnern das Reich von Dilmun (das heutige Bahrain). Diese Menschen als primitive Urvölker zu sehen, wird ihnen nicht gerecht, denn die Händler und Seefahrer von der Golfküste waren alles andere als Barbaren. Sie tauschten ihre Bodenschätze gegen edles Glas, aßen zu viele Datteln und bekamen davon schlechte Zähne, fertigten Ketten aus Karneolsteinen, erfreuten sich an komplexen Mythen

ZEITACHSE

3000 v. Chr.

Um die Insel Bahrain entsteht das Reich von Dilmun, das sich über die heutigen VAE bis zum Oman hin erstreckt, und die erste entwickelte Gesellschaft Arabiens.

570 n. Chr.

Der Prophet Mohammed wird im selben Jahr geboren, in dem der Staudamm von Ma'rib im Jemen über die Ufer tritt. Diese beiden Ereignisse führen zu der großen arabischen Diaspora.

700–850

Die Omaijaden führen die arabische Sprache und den Islam in der Golfregion ein. Mekka und Medina verlieren ihre frühere politische Bedeutung, werden aber zur geistigen Heimat des Islam.

und Legenden und zeigten ihre Wertschätzung für das Leben in den Ritualen für ihre Toten.

Mit dem Ende des 2. Jahrtausends v. Chr. verschwand die eindrucksvolle Kultur von Magan von der Bildfläche, und manche Historiker vermuten, dass die fortschreitende Wüstenbildung auf der Arabischen Halbinsel nicht wenig zu ihrem Untergang beigetragen hat. Eines aber sollte sich fortan nie ändern: Arabien war und blieb eine Region des Handels. Bis in die Neuzeit tauschten die Kaufleute an der Golfküste Weihrauch aus dem Jemen und Bitumen vom Toten Meer, die von Kamelkarawanen durch die Wüsten des Landesinneren transportiert wurden, gegen Gewürze und Textilien aus Indien oder Seide und Porzellan aus China ein. Heute zeigen die Töpfe und Pfannen, Elektrogeräte und goldenen Halsketten, die Plastikeimer und die edlen Holzkästchen mit Intarsien in den Souks von Dubai und Abu Dhabi, wie sehr den Einheimischen der Handel im Blut liegt – denn nichts davon ist vor Ort produziert worden.

Fremde Einflüsse

Bedenkt man, dass heutzutage nahezu jeder vierte Mensch auf Erden Muslim ist, so ist es sicher nicht verkehrt, schon die Geburt des Propheten Mohammed im Jahre 570 zu den großen Momenten in der Geschichte Arabiens zu zählen. Wie sehr die von ihm gestiftete Religion diese Weltgegend dauerhaft geprägt hat, ist in Dubai und Abu Dhabi fünfmal täglich zu hören, wenn die Gebetsrufe durch die Straßen hallen. In den modernen Tempeln des Konsums mag eher der Gott Mammon zu Hause sein, aber eine tief verwurzelte Achtung vor den Geboten des Islam prägt das Leben der Einheimischen bis in die alltäglichsten Dinge. Besonders deutlich zeigen das die unzähligen Moscheen, die in den letzten Jahren aus dem Boden geschossen sind, noch deutlicher die vielen Gläubigen, die sie regelmäßig aufsuchen.

Historisch gesehen bedeutete die Ankunft des Islam in den Häfen der Golfküste in zweierlei Hinsicht einen Entwicklungsschub: Von diesen Orten aus überquerten die Lehren Mohammeds an Bord der Dauen das Arabische Meer und verbanden ganze Völker in dem neuen Glauben an den „einen und einzigen Gott", neben dem die vielen Götter der Vergangenheit keinen Platz mehr hatten. Die gleichen Hafenstädte nahmen zugleich alljährlich eine wachsende Schar von Pilgern in Empfang, die während der Pilgermonate in Mekka und Medina spirituelle Erneuerung suchten. Das Kommen und Gehen der Besucher brachte einen verstärkten kulturellen und kommerziellen Austausch mit sich, und die politische Stabilisierung durch mächtige Herrscherdynastien wie die Omaijaden und Abbasiden aus dem Norden sorgte für günstige Ent-

Historische Bücher

Frauke Heard-Bey: Die Vereinigten Arabischen Emirate. Zwischen Vorgestern und Übermorgen

Peter Mansfield: The Arabs

Wilfred Thesiger: Die Brunnen der Wüste. Mit den Beduinen durch das unbekannte Arabien

850–1300

Mit dem Untergang alter Handelsstraßen verliert die Arabische Halbinsel an Einfluss. Unter der Vorherrschaft von Tataren, Persern und Osmanen führen die örtlichen Scheichs Kleinkriege um begrenzte Ressourcen.

1580

Der venezianische Juwelenhändler Gasparo Balbi erforscht das Potenzial des Perlenhandels und besucht eine Stadt namens „Dibei" am Persischen Golf. Perlen werden bald zum wichtigsten Exportgut der Region.

1793

Die Bani Jas, der mächtigste Stammesverbund unter den Beduinen der Golfregion, verlegen ihren Sitz nach Abu Dhabi. Von ihnen stammen die heutigen emiratischen Herrscherfamilien ab.

1805–1892

Die Briten führen mehrere Gefechte an der „Piratenküste" von Abu Dhabi und Dubai. Die dortigen Scheichtümer kapitulieren und werden britische Protektorate, die sogenannten „Vertragsstaaten".

wicklungsbedingungen. Der Handel erlebte einen neuen Aufschwung und festigte so die Stellung der alten Küstenstädte am Golf.

Kein Wunder, dass dieses florierende Treiben auch bei den europäischen Seemächten Interesse weckte. Vertrauensselig half der kundige omanische Seefahrer Ahmed bin Madschid 1498 dem portugiesischen Entdecker Vasco da Gama, die Straße von Hormus zu durchfahren. Die Portugiesen nutzten ihre neuen Erkenntnisse, setzten sich auf der jemenitischen Insel Sokotra fest, errichteten Stützpunkte an der Küste von Oman und eroberten sogar die Insel Bahrain. Noch heute sind an der Ost- und Südküste der Arabischen Halbinsel in regelmäßigen Abständen ihre Festungen zu sehen; das Binnenland hingegen ließen sie links liegen. Sie waren nur am Schutz ihrer Handelsrouten nach Indien und Ostasien interessiert und schenkten dem Landesinneren keine Aufmerksamkeit. Als sie Mitte des 17. Jhs. endgültig vertrieben wurden, hinterließen sie deshalb nur ihre militärischen Baudenkmäler.

Niederländer und Franzosen versuchten im 17. und 18. Jh. die Rolle der Portugiesen zu übernehmen, denn auch sie erkannten die strategische Bedeutung der arabischen Küsten für die Sicherung ihrer Handelsverbindungen nach Süd- und Ostasien. An der Golfküste selbst gewannen unterdessen andere Mächte wie die wahhabitischen Stämme aus dem heutigen Saudi-Arabien, das Osmanische Reich und Persien an Einfluss. Am erfolgreichsten jedoch konnte schließlich Großbritannien seine Interessen in der Golfregion durchsetzen.

Perlentauchen – das klingt nach romantischem Abenteuer, aber in Wirklichkeit war es für die Taucher eine lebensgefährliche, mit bleibenden Gesundheitsschäden verbundene Knochenarbeit, für die sie kaum je einen angemessenen Lohn erhielten. Die Profite wanderten in die Taschen der Bootseigentümer. Sehr viele Taucher waren ostafrikanische Sklaven, die keine andere Wahl hatten.

Die Vertragsstaaten

Die verschiedenen Verträge und „exklusiven Übereinkünfte" zwischen Großbritannien und den zahlreichen Scheichs der Arabischen Halbinsel hielten zum einen Frankreich auf Distanz und sicherten so die britische Vormachtstellung im Handel mit Indien; zum anderen verschafften sie den aufstrebenden Golfemiraten Rückendeckung gegenüber den Machtansprüchen von Osmanen, Persern und der wahhabitischen Dynastie al Saud, aus der später der Gründer Saudi-Arabiens hervorging. Für den britischen Schutz ihrer Autonomie verzichteten die örtlichen Herrscher auf die eigenständige Vertretung ihrer auswärtigen Angelegenheiten. Wegen dieser Abkommen bezeichneten Briten und andere Europäer den Küstenstreifen ab Mitte des 19. Jhs. nicht mehr nur als „Piratenküste", sondern zumindest offiziell als „Vertragsoman" oder „Vertragsstaaten". Bis zur Gründung der Vereinigten Arabischen Emirate 1971 blieb es bei dieser etwas technischen Bezeichnung.

Wie entwickelten sich nun Abu Dhabi und Dubai im Schatten dieser internationalen Machtpolitik? Erst 1793 wurde auf der Insel Abu Dhabi Süßwasser entdeckt, was der mächtigen Familie al Nahjan aus dem

1833

Etwa 800 Mitglieder der Al-Maktoum-Familie erreichen Bur Dubai und übernehmen unter Maktoum bin Butti die Führung. Beim Ausbruch der Pocken 1841 ziehen viele über den Creek nach Deira.

1930

An der Golfküste beginnt der Zusammenbruch des Perlenexports. Gründe sind die Weltwirtschaftskrise der Jahre 1929–1934 und die Einführung von Zuchtperlen aus Japan.

1951

Großbritannien etabliert den Rat der Vertragsstaaten, in dem die Herrscher der heutigen VAE bereits zusammengeschlossen sind.

1960

Bei Babi in Abu Dhabi wird das erste kommerzielle Ölfeld entdeckt. Sechs Jahre später werden auch in Dubai Ölquellen erschlossen, was für beide Emirate ein schnelles Wirtschaftswachstum bedeutet.

DEN STAFFELSTAB WEITERGEBEN

Die Verwandlung Dubais in eine Metropole des 21. Jhs. wird von Scheich Muhammad bin Raschid Al Maktoum vorangetrieben, der die Stadt seit Mitte der 1990er-Jahre de facto regiert. 2008 ernannte er seinen Sohn Hamdan bin Muhammad Al Maktoum zum Kronprinzen. Seither hat der bekannte Social-Media-Nutzer, der unter dem Pseudonym „Fazza" dichtet, in verschiedenen Bereichen und Initiativen Führungsaufgaben übernommen. Nach seiner Heirat 2019 bekam Scheich Hamdan zudem 2021 Zwillinge.

Scheich Muhammad bin Zayid Al Nahyan (kurz „MBZ" genannt) ist nicht nur der Kronprinz des Emirats Abu Dhabi, sondern prägt auch die Finanz-, Kultur-, Bildungs- und Außenpolitik der gesamten VAE, seit sein Halbbruder Scheich Chalifa 2014 einen Schlaganfall erlitt. Im Jahr 2019 wurde er vom *Time Magazine* zu einem der 100 einflussreichsten Menschen der Welt ernannt.

Stammesverband der Bani Jas zugutekam. Sie lebte zuvor – wie es für Beduinen üblich war – weit abseits der Küste in der Wüstenoase Liwa, züchtete Ziegen und Kamele, unterhielt kleine Felder und Pflanzungen und führte insgesamt eine sehr einfache Existenz. Während ihrer nomadischen Streifzüge an der Küste fanden Mitglieder des Stammes der Sage nach eines Tages auf der Insel eine Gazelle (Abu Dhabi heißt auf Arabisch „Vater der Gazelle") und schlossen daraus, dass es dort eine Süßwasserquelle geben müsse. Das machte ein Leben an der Küste möglich, und so siedelte sich der Clan auf der Insel an und schuf damit die Grundlage für die heutige Metropole.

Dubai ist wesentlich älter, war aber die längste Zeit kaum mehr als ein kleiner, von Fischern und Perlentauchern bewohnter Weiler an der immer wieder umkämpften Grenze zwischen zwei lokalen Mächten – den Qawasim, einem Seefahrerclan aus den heutigen Emiraten Ras al Khaimah und Sharjah im Norden, und dem Stammesverband der Bani Jas im Süden. 1833 kam eine Familie aus Abu Dhabi unter Führung Maktum bin Butis (reg. 1833–1852) in den Ort, übernahm das Kommando und begründete damit die Dynastie der Al Maktoum, die das Emirat Dubai bis heute regiert. Für den neuen Scheich waren gute Beziehungen zu den Briten eine Überlebensgarantie, die sein kleines Herrschaftsgebiet gegen die größeren und mächtigeren Nachbarn schützte. Schon 1841 ließ er das Dorf Bur Dubai um ein Gegenstück auf der Nordseite des Dubai Creek erweitern, die Siedlung Deira, doch auch sie blieb bis zum Ende des 19. Jhs. wenig mehr als ein kleines Dörfchen der Fischer, Perlentaucher, Beduinen sowie indischer und persischer Händler. Inder und Perser (oder Iraner) dominieren übrigens nach wie

In der Kleinstadt Dubai gab es 1908 rund 350 Läden im Viertel Deira und rund 50 weitere in Bur Dubai, wo die meisten Inder lebten. Bis heute ist der dortige Souk besonders stark von indischen Händlern geprägt. In Bur Dubai befinden sich zwei Hindutempel.

1968

Großbritannien kündigt an, das Protektorat 1971 aufzugeben, und die einheimischen Anführer beginnen über die Gestaltung eines zukünftigen Staatswesens zu diskutieren.

1971

Nach langen Verhandlungen über eine Föderation mit den benachbarten Emiraten wird Scheich Zayid (Herrscher von Abu Dhabi) Präsident der VAE. Scheich Rashid (Herrscher von Dubai) wird Premierminister.

1990

Nach dem Tod Scheich Raschids übernimmt sein Sohn Scheich Maktoum die Regierung von Dubai. 2006 löst sein Stellvertreter Scheich Mohammed den großspurigen Bruder ab.

2004

Scheich Zayid stirbt. Das ganze Land trauert um den „Vater der Nation". Nachfolger wird sein Sohn, Scheich Khalifa bin Zayid Al Nahyan.

vor das Geschäftsleben in diesem Viertel und verleihen dem Nordufer des Creeks sein heutiges Flair.

Scheich Raschid, die treibende Kraft hinter Dubais erstaunlichem Wachstum und der „Vater des (modernen) Dubai", starb 1990 nach langer Krankheit. Sein Sohn Scheich Maktoum bin Raschid al Maktoum, der bereits seit Jahren für seinen Vater die Regentschaft geführt hatte, trat die Nachfolge an und trieb den Ausbau Dubais weiter voran.

In der zweiten Hälfte des 19. Jhs. erlebten sowohl Abu Dhabi als auch Dubai einen Entwicklungsschub – vor allem dank der rasch wachsenden Einkünfte aus dem Perlenexport. Scheich Zayid bin Mohammed (Zayid der Große) machte mithilfe seiner guten Beziehungen zu den Briten Abu Dhabi zum bedeutendsten der Golfemirate. Dubai holte allerdings unter Scheich Maktoum bin Hascher al Maktoum (reg. 1894 bis 1906) kurze Zeit später kräftig auf. Der visionäre Herrscher gewährte ausländischen Kaufleuten Steuerfreiheit und machte Dubai so zu einem zollfreien Hafen – eine Maßnahme, die dazu beitrug, dass seine Stadt alle Rivalen in der Region wirtschaftlich zügig überholen konnte. Von den hohen Steuern ihrer Heimat frustrierte Kaufleute aus Persien überquerten nämlich nun den Golf und ließen sich am Rande von Bur Dubai im Viertel Bastakiya nieder, um von der Steuer- und Zollfreiheit zu profitieren.

Vom Protektorat zum föderativen Staat

In den ersten Jahrzehnten des 20. Jhs. hatten sich Dubai und Abu Dhabi zu florierenden Städtchen mit einer Bevölkerung von jeweils um die 10 000 Einwohner entwickelt. Doch der Zusammenbruch des Perlenhandels, dem die Golfküste über Jahrzehnte hinweg ihren wirtschaftlichen Aufstieg zu verdanken hatte, traf sie hart. Schuld waren die erfolgreiche Etablierung einer neuen Methode zur künstlichen Perlenzucht in Japan um das Jahr 1930 und die Weltwirtschaftskrise der Jahre 1929 bis 1934.

Auf der Suche nach neuen Einkommensquellen zur Überwindung der Krisensituation setzte Abu Dhabi auf die Erkundung von Ölvorkommen, während Scheich Said al Maktoum von Dubai (reg. 1912–1958) das Konzept der steuerbegünstigten Wiederausfuhr von Handelsgütern weiterentwickelte. Die legale, abgabenfreie Ein- und Ausfuhr von Waren – damals vorzugsweise von Gold – dient bis heute Kaufleuten aus aller Welt zur Umgehung von Zollschranken und Handelsverboten und steht daher im Geruch des Schmuggels, war und ist aber für das Emirat eine höchst lukrative Einnahmequelle.

Dubais Reichtum durch den Handel mit gelbem Gold stand jedoch bald im Schatten der Einkünfte, die Abu Dhabi mit dem Export seines schwarzen Goldes erzielte. 1960 wurde bei Bab Murban das erste kommerziell nutzbare Ölfeld des Emirats entdeckt, sechs Jahre später war es dann auch in Dubai so weit. Die Ausbeutung der Ölquellen versetzte die Golfküste endgültig auf den Weg in die Moderne und trug auch wesentlich zur Entstehung der Vereinigten Arabischen Emirate bei. Unter

2008

Die Weltfinanzkrise trifft Dubais Wirtschaft hart. Durch seine großzügige Unterstützung für den Nachbarn stärkt Abu Dhabi die Verbindung zwischen den beiden Emiraten.

2010

In Dubai wird der 828 m hohe Burj Khalifa eröffnet, das höchste Gebäude der Welt mit 163 Stockwerken und der höchsten Aussichtsplattform der Welt.

2017

Der mit Spannung erwartete Louvre Abu Dhabi wird in einem spektakulären Gebäude von Jean Nouvel eröffnet.

2021

Nachdem die Dubai Expo 2020 wegen Covid-19 verschoben wurde, kann die sechsmonatige Weltausstellung endlich eröffnet werden: Mehr als 190 Länder stellen ihre kreativen und innovativen Projekte vor.

britischer Regie wurde 1951 der Rat der Vertragsstaaten (Trucial States Council) gegründet, in dem die Herrscher der Scheichtümer, aus denen später der heutige Staatenbund werden sollte, erstmals regelmäßig zusammentrafen.

Als die britische Regierung 1968 ihren Rückzug aus der Region ankündigte, übernahm der Herrscher von Abu Dhabi, Scheich Zayid bin Sultan al Nahjan, die Initiative zur Schaffung eines gemeinsamen Staates oder zumindest einer losen Föderation der sieben kleinen Emirate an der Golfküste sowie Bahrain und Katar. Die letzten beiden verfolgten ihre eigenen Wege zur Unabhängigkeit. Doch dank der Beharrlichkeit Scheich Zayids kam es so am 2. Dezember 1971 zur Gründung der Vereinigten Arabischen Emirate mit den Mitgliedsstaaten Abu Dhabi, Dubai, Ajman, Fujairah, Sharjah und Umm al Quwain; Ras al Khaimah kam 1972 hinzu. Die VAE sind bis heute die einzige Föderation arabischer Staaten im Nahen Osten.

Besuchern Dubais und Abu Dhabis begegnet immer wieder das riesige Porträt eines lächelnden Mannes mit markanten Gesichtszügen in traditioneller Kleidung: Scheich Zayid bin Sultan al Nahjan, der Gründer und erste Präsident der Vereinigten Arabischen Emirate. Der von den Einheimischen hoch verehrte „Vater" des Landes erwarb sich durch sein Mitgefühl, seine Bescheidenheit und seine Weisheit großen Respekt im gesamten Nahen Osten.

Heute

Heute befinden sich Dubai und Abu Dhabi in einer spannenden Phase, die auf stärkeren regionalen Beziehungen und einer engeren Integration in die internationale Gemeinschaft beruht. Als Dubai den Zuschlag für die Expo 2020, die erste Weltausstellung im Nahen Osten, erhielt, war dies ein großer Triumph für das winzige, von großen Visionen und Ambitionen getriebene Emirat. Die aufgrund von Covid-19 verschobene Großveranstaltung wurde schließlich am 30. September 2021 eröffnet und zählte in den folgenden sechs Monaten 24 Millionen offizielle Besucher aus 178 Ländern.

Auf politischer Ebene haben Dubai und die VAE insgesamt davon profitiert, dass sie in einer von Krieg und Gewalt geplagten Region für Stabilität stehen. Unter der De-facto-Herrschaft von Scheich Muhammad bin Zayid war das Militär jedoch in verschiedene regionale Konflikte verwickelt, z. B. in die von den Saudis geführte Operation gegen die Huthi-Rebellen im Jemen. Der Tod von 45 VAE-Soldaten durch einen von Rebellen abgefeuerten Raketenangriff im Jahr 2015 gab den Anstoß zur Einführung eines neuen nationalen Feiertags, des Märtyrertags (30. Nov.). Obwohl die VAE-Truppen 2019 aus dem Jemen abgezogen wurden, griffen die Huthis das Land Anfang 2022 mit Drohnen und Raketen an, auch während des historischen Besuchs des israelischen Präsidenten. 2020 waren die VAE der erste Golfstaat, der seine Beziehungen zu Israel im Rahmen der von den USA vermittelten „Abraham-Abkommen" normalisierte. Die ersten kommerziellen Flüge zwischen beiden Ländern fanden im November desselben Jahres statt.

Politik & Wirtschaft

Die Vereinigten Arabischen Emirate (VAE) sind eine Föderation sieben unabhängiger Staaten – Dubai, Abu Dhabi, Sharjah, Ras Al Khaimah, Fujairah, Umm Al Quwain und Ajman –, an deren Spitze ein durch Erbfolge bestimmter Scheich als absoluter Herrscher steht. Unter den Emiraten spielt Dubai international die größte Rolle, unbestrittene Hauptstadt ist jedoch Abu Dhabi: Im größten Emirat ist auch der Wohlstand am größten. Eine gewisse Stammesrivalität zwischen den einzelnen Emiraten hat der Föderation dabei keineswegs geschadet.

Gemeinsame Politik

Obwohl Dubai in den letzten Jahren erheblich an Einfluss gewonnen hat, ist es dem Emirat keineswegs leichtgefallen, so viel Unabhängigkeit wie möglich zu bewahren und den Einfluss der Zentralregierung zurückzudrängen.

Die politischen Interessen der sieben Emirate lassen sich relativ klar benennen. Das ölreiche Abu Dhabi ist das größte und wohlhabendste Emirat und zählt die meisten Einwohner. Schon aufgrund dieser Umstände ragt es logischerweise aus dem Kreis der anderen Emirate heraus. Von der Bevölkerung her steht Dubai an zweiter Stelle; Dubai legt Wert auf seine Freihandelspolitik und auf die Bewahrung einer gewissen Unabhängigkeit. Das Verhältnis zwischen den beiden Emiraten änderte sich während der Finanzkrise von 2008/2009; damals kam Abu Dhabi dem Nachbarn mehrmals zu Hilfe. Die übrigen Emirate sind von finanziellen Zuweisungen aus Abu Dhabi abhängig, auch wenn der Grad dieser Abhängigkeit variiert.

Entscheidungsstrukturen

Die sieben Herrscher der VAE bilden den Obersten Herrscherrat, das höchste politische Gremium im Lande. Dieser Rat ratifiziert die Gesetze der Föderation und legt die Grundlinien der Politik fest. Neue Gesetze gelten mit der Zustimmung von fünf der sieben Herrscher als angenommen. Der Herrscherrat wählt aus seiner Mitte den Ratspräsidenten, der dieses Amt dann fünf Jahre lang bekleidet. Als Scheich Zayid, der Gründer und erste Präsident des Landes, im Jahr 2004 starb, ging das Amt reibungslos auf seinen Sohn, Scheich Khalifa bin Zayid Al Nahyan, über.

Traditionell entstammt der Präsident der VAE dem Al-Nahyan-Stamm und damit der Herrscherfamilie von Abu Dhabi, während der Premierminister des Landes stets ein Mitglied der in Dubai regierenden Familie Al Maktoum ist.

Daneben gibt's den Ministerrat, also das Kabinett, an dessen Spitze der Premierminister (der Herrscher von Dubai) steht. Der Premierminister ernennt die Minister; es überrascht nicht, dass die bevölkerungsreicheren und wohlhabenderen Emirate wie Abu Dhabi und Dubai in diesem Kreis überproportional vertreten sind.

Kabinett und Herrscherrat konsultieren ein Parlament, den Föderativen Nationalrat (FNC), der die beiden erstgenannten Gremien allerdings nicht überstimmen kann. Der FNC hat 40 Mitglieder, die aus allen sieben Emiraten stammen. Seit 2006 werden 20 Mitglieder gewählt, während die anderen 20 Mitglieder direkt vom jeweiligen Herrscher des Emirats ernannt werden. Der FNC debattiert Gesetzesentwürfe und das nationale Budget. Bei den jüngsten Wahlen im Jahr 2015 betrug die Wahlbeteiligung 35% – ein deutlicher Anstieg gegenüber 2011, als diese bei 26% lag. Zudem stieg die Zahl der Wahlberechtigten stetig an: Waren bei den Wahlen 2006 nur 7000 Personen wahlberechtigt, so konnten 2006 schon 135 308 Menschen wählen gehen, und 2015 waren es bereits 224 279. Das endgültige Ziel ist das allgemeine Wahlrecht. Von den neun Frauen im NFC wurde nur eine gewählt, die anderen acht wurden ernannt.

Freundliche Diktatur

Während des sogenannten Arabischen Frühlings des Jahres 2011 war in der Region viel von Demokratie die Rede, von einer Umsetzung dieser Idee blieb man jedoch meilenweit entfernt. Aus westlicher Sicht wirkt es befremdlich, doch scheinen demokratische Strukturen in diesem Teil der Welt nicht unbedingt von einer großen Mehrheit herbeigesehnt zu werden, auch wenn die Medien im Westen anfangs diesen Eindruck vermittelten. In der Wahrnehmung der Araber dient Demokratie dazu, die Interessen des Einzelnen gegen die Gesellschaft durchzusetzen – und das widerspricht den Stammestraditionen, in denen der Respekt gegenüber den Älteren über allem steht. Ähnlich wie in anderen Ländern des Nahen Ostens, bevorzugen viele Menschen in den VAE eine starke zentralistische Verwaltung, die einem autokratischen Herrscher untersteht – man spricht gelegentlich von einer „freundlichen Diktatur“. Natürlich sind solche freundlichen Diktaturen immer nur so erträglich wie die Herren an der Spitze; Dubai hatte in dieser Hinsicht tatsächlich Glück.

Als das *Time*-Magazine Scheich Mohammed bin Raschid Al Maktoum aus Dubai 2008 auf die internationale Liste der 100 einflussreichsten Menschen der Welt setzte, war das in keiner Weise überraschend. Als Kronprinz führte Scheich Mohammed bereits mehrere Jahre die Amtsgeschäfte, und als sein Bruder, Scheich Maktoum, im Jahr 2006 starb, war er der offensichtliche Kandidat für dessen Amt. Der Scheich umgibt sich zwar gern mit Fachleuten aus den Golfstaaten und mit Politik- und Wirtschaftsexperten aus aller Welt, doch lässt er keinen Zweifel daran, wer die letzte Entscheidung trifft. „Scheich Mo“, so sein volkstümlicher Name, hat ein gutes Gespür dafür, wie man das Ansehen der Stadt Dubai hebt; an den Planungen prestigeträchtiger Großprojekte wie Burj Al Arab, Palm Jumeirah und Burj Khalifa war er maßgeblich beteiligt. Er ist auch der Kopf hinter dem Entwicklungsplan Vision 2020, der 2013 geschaffen wurde und die Zahl der Besucher der VAE bis 2020 verdoppeln sollte, und die treibende Kraft hinter Dubais Bewerbung um die Austragung der Weltausstellung Expo 2020.

Dubais gegenwärtiger Herrscher, Scheich Mohammed bin Raschid Al Maktoum („Scheich Mo“), ist ein begeisterter Anhänger der Falknerei und des Pferdesports; ihm gehört u. a. der berühmte Reitstall Godolphin. Sein Privatvermögen wird auf 4 Mrd. US$ geschätzt.

Die riesigen Herrscherporträts in den Hotellobbys und auf Plakatwänden überall in der Stadt erscheinen westlichen Besuchern höchst gewöhnungsbedürftig. Allerdings handelt es sich dabei nicht einfach um Propaganda für ein Autokraten-Regime; viele Bürger von Dubai begegnen ihren Herrschern tatsächlich mit echter Ehrfurcht. Aus diesem Grund kann es sich Scheich Mohammed auch leisten, ohne Bodyguards und ohne Angst vor einem Anschlag mit dem eigenen Auto durch die Stadt zu fahren – ein Luxus, den sich vermutlich nur wenige Staatsmänner auf der Welt gönnen. Abweichende Meinungen werden allerdings nicht geduldet, und die örtlichen Medien sind absolut unkritisch; trotzdem bewundern viele Menschen den Emir, weil er eine Oase des Friedens und Wohlstands in einem ansonsten unruhigen Teil der Welt geschaffen hat.

Wirtschaftliche Vielfalt

Die Vereinigten Arabischen Emirate (VAE) verfügen über die sechstgrößten Ölreserven und die fünftgrößten Erdgasreserven der Welt, allerdings sind diese sehr ungleichmäßig unter den Emiraten verteilt. Während 95% der Ölfelder des Landes unter dem Sand des Emirats

Torhaus, Emirates Palace (S. 14

Abu Dhabi liegen, verfügt Dubai lediglich über fünf kleine Ölfelder im Golf. Man nimmt an, dass die Reserven bei den jetzigen Fördermengen noch mindestens 93 Jahre reichen werden. Der dramatische Verfall des Ölpreises seit 2015 hat allerdings bewiesen, dass erdölfördernde Länder sich auf ihrem Wohlstand nicht ausruhen dürfen.

Häufig hört man die Ansicht, der Dubai-Tourismus sei das Ergebnis eines raffinierten Umgangs mit den Zwischenlandungen einer renommierten Airline. Die Passagiere bekamen zunächst die Möglichkeit, ihre Reise zu unterbrechen und zollfrei einzukaufen. Inzwischen hat sich Dubai zu einem eigenständigen Tourismusziel entwickelt.

Gemeinsam mit den Nachbarstaaten am Golf sind die Emirate daher auf der Suche nach alternativen Energiequellen und einer diversifizierten Wirtschaft. Dubai ist auf diesem Weg schon recht erfolgreich, nicht zuletzt dank des Engagements von Scheich Mohammed bin Raschid Al Maktoum. Dubais Öl- und Gasvorkommen waren nie so bedeutend, doch hat das Emirat davon klugen Gebrauch gemacht und in eine moderne und effiziente Infrastruktur investiert, die eine gute Grundlage für Handel, industrielle Fertigung und Tourismus darstellt. Heute machen Einnahmen aus der Öl- und Gasförderung weniger als 2 % des Bruttoinlandsprodukts von Dubai aus.

Ökonomische Herausforderungen

Bis zum September 2008 hatte man den Eindruck, in Dubai gelinge einfach alles. Doch dann kam es zur Weltfinanzkrise, und die Wirtschaft des Emirats stürzte wie ein Kartenhaus zusammen. Nachdem die Immobilienpreise um bis zu 50 % eingebrochen waren, konnte das Emirat seine Schulden nicht mehr bedienen. Als jedoch die Regierung von Abu Dhabu mit einem 10-Mrd.-Dollar-Darlehen zu Hilfe eilte, beruhigten sich die Märkte rasch wieder. Als Symbol der Dankbarkeit ließ Scheich Mohammed im Januar 2010 das höchste Gebäude der Welt umbenennen: Aus dem Burj Dubai wurde der Burj Khalifa – zu Ehren des Staatspräsidenten und Herrschers von Abu Dhabi, Scheich Khalifa bin Zayed Al Nahyan.

ZENSUR

Die Verfassung der VAE garantiert zwar die Meinungsfreiheit, doch in der Praxis nutzt die Regierung ihre Macht, um diese einzuschränken. Der internationalen Nichtregierungsorganisation Freedom House zufolge kann die Regierung der VAE in- und ausländische Publikationen vor der Veröffentlichung zensieren und Kritik an der Regierung, an den Herrschern und Herrscherfamilien der VAE sowie an befreundeten ausländischen Regierungen verbieten. Der Zugang zu Websites, die als unsittlich gelten, darunter Seiten mit pornografischem Inhalt, Glücksspiel, Online-Dating-Seiten und Seiten mit LGBT- Inhalten, werden blockiert, ebenso alle Domains mit Bezug auf Israel. Als Folge davon praktizieren viele lokale Journalisten, die in Dubai arbeiten, Selbstzensur.

Telefonate über WhatsApp, Skype und andere Anbieter von Internet-Protokoll-Telefonie werden meistens blockiert, da diese nicht als „lizenzierte Anbieter" gelten. Es gab in der Vergangenheit aber auch Phasen, in denen diese Sperrung periodisch aufgehoben wurde. Einige Nutzer benutzen ein Virtuelles Privates Netzwerk (VPN), um auf VoIP-basierte Voicemail zuzugreifen. Das Senden von Textnachrichten über diese Apps funktioniert in der Regel.

Dubai befreite sich rasch aus der Rezession und strafte seine Kritiker Lügen. 2014 betrug das jährliche Wachstum des Bruttoinlandsprodukts schon wieder solide 4,3%. Die zahlreichen Freihandelszonen spielten bei der wirtschaftlichen Erholung eine wichtige Rolle. Die Unternehmen, die sich dort niederließen, wurden mit großzügigen Versprechen angelockt: Das Eigentum darf komplett in ausländischen Händen bleiben, Kapital und Gewinne können unbegrenzt ins Ausland transferiert werden, 15 Jahre lang fällt keine Gewerbesteuer an, es gibt keine Währungsbeschränkungen und keine private Einkommensteuer. Jebel Ali im Süden Dubais ist mit 5500 Unternehmen aus 120 Ländern eine der größten Freihandelszonen.

Einmal Händler, immer Händler

Schon immer hat der Handel in der Geschichte Dubais eine bedeutende Rolle gespielt. Die Emirate importieren Güter in ganz erheblichem Umfang – vor allem Mineralien und Chemikalien, Metalle (einschließlich Gold), Fahrzeuge und Maschinen, Elektronik, Textilien und Nahrungsmittel. Die Hauptlieferanten in Richtung Dubai sind die USA, China, Japan, Großbritannien, Südkorea und Indien.

Exportiert werden vor allem Öl, Erdgas, Datteln, Dörrfisch, Zement und Elektrokabel. Die Kunden befinden sich in den benachbarten Golfstaaten, in Indien, Japan, Taiwan, Pakistan und in den USA.

Der Reexport (also die Ausfuhr von Gütern wie z. B. weißer Ware, die zuvor nach Dubai importiert wurden) macht rund 80% des Exportvolumens der VAE aus. Reexporte aus Dubai gehen vor allem in den Iran, nach Indien, Saudi-Arabien, Kuwait, China und Afghanistan.

Wirtschaft im Internet

www.ameinfo.com

www.uaeinteract.com

www.emirates economist.blogspot.com

Der größte Flughafen der Welt

Dubai scheut keine Superlative, und so verwundert es nicht weiter, dass man hier auch noch den größten Flughafen der Welt vorfindet. Sobald er komplett fertiggestellt ist (vermutlich 2027), wird der Al Maktoum International Airport in Jebel Ali im Jahr 2035 ein Passagieraufkommen von schätzungsweise 160 Mio. Personen pro Jahr bewältigen und mehr als 12 Mio. Tonnen Fracht abwickeln. Die Baukosten des Airports werden auf 34 Mrd. US$ veranschlagt; der Flughafen wird am Ende zehnmal so groß sein wie der Dubai International Airport und Dubai Cargo Village zusammen.

Kultur & Identität

Kritiker behaupten, Dubai und Abu Dhabi hätten keine nationale Identität vorzuweisen. Wer so redet, hat das Land aber womöglich noch gar nicht kennengelernt oder hält Spott für ein hohes westliches Kulturgut. Man muss einfach nur an einem der Flughäfen ankommen, die Bauten bewundern, die bemerkenswerten Plätze und die Kunstwerke; oder man achtet auf die Gebetsräume, auf die Gerüche, auf die Berge an Nüssen und Datteln: Hier ist man nicht einfach irgendwo, sondern ganz eindeutig in den Emiraten!

Erbe der Beduinen

Emirati beweisen ihre kulturellen Wurzeln bei der Falknerei, in der Tierhaltung, bei Pferde- und Kamelrennen – und sie lieben Ausflüge in die Wüste. Der Umgang mit Tieren mag sehr offensichtlich an das Verhältnis der Beduinen zu ihren Herden erinnern, das Erbe lebt aber auch in vielen anderen Bereichen des Alltags fort. Wer eine Konferenz besucht, dem werden wahrscheinlich Kaffee und Datteln angeboten – oder er wird zumindest auf eine Weise willkommen geheißen, die diesen althergebrachten Begrüßungsritualen entspricht. Besucht man einen Nachbarn, wird er einen beim Abschied vermutlich bis zum Aufzug begleiten – und mit dieser Geste gewissermaßen für sicheres Geleit sorgen.

In Dubai ist den Verantwortlichen inzwischen klar geworden, dass der Verzicht auf die sichtbaren Symbole der traditionellen Lebensweise das Land in ein falsches Licht rückt; deshalb gibt man sich große Mühe, diese Tradition neu zu beleben. Festungen werden renoviert, alte Bausubstanz wird erhalten, man fördert traditionelle Dörfer und Kultur-

DER MODERNE BEDUINE

Zwar leben heute nur noch wenige Beduinen im Emirat Abu Dhabi als wahre Wüsten-„Nomaden“, doch gibt's immer noch Gemeinden an den Rändern des Empty Quarter mit einem halb traditionellen Lebensstil. Ihre Fähigkeit, in unwirtlichem Gelände zu überleben und sich immer wieder aufs Neue anzupassen, ist ein Teil ihres erfolgreichen Bestehens. Die meisten Beduinen leben heute modern mit Trucks mit Allradantrieb (nicht selten werden auch Kamele hierin mitgenommen), kaufen ihre Lebensmittel in der Stadt und trinken gereinigtes Wasser. Durch diese Annehmlichkeiten müssen sie nicht mehr so viel umherziehen wie früher. Einige haben Mobiltelefone und Satellitenfernseher, die meisten hören Radio. Viele Beduinen ziehen überhaupt nicht mehr umher.

Alte Gewohnheiten halten sich hartnäckig

Auch wenn sich ihre Lebensumstände verändern, bleiben Beduinen die stolzen Wüstenmenschen und viele ihrer Gebräuche und Werte, die aus der Anfangszeit des Islam stammen, sind noch heute unverändert. Die Beduinen züchten Vieh und handeln mit ihren Stammesangehörigen. Einige leben in Ziegenhaarzelten mit einem durch Vorhänge abgetrennten Harem. Der den Männern vorbehaltene Teil des Hauses dient zum Empfangen von Gästen, einem althergebrachten Merkmal der Beduinentradition. Hier wird sich ausgetauscht, getratscht und geklatscht – ein wesentliches Element des erfolgreichen Überlebens in einem feindlichen Umfeld.

zentren, und an Nationalfeiertagen werden die alten Lieder und Tänze aufgeführt. Auch wenn die Forderung, die historischen Teile entlang des Dubai Creeks in Bur Dubai sowie Deira zum UNESCO-Welterbe zu erklären, zweimal abgelehnt wurde, setzt sich die Regierung nun umso intensiver ein. Das gesamte Historische Viertel Shindagha, das Viertel Al Seef sowie die alten Gebäude in Deira wurden mittlerweile entweder neu errichtet oder renoviert, um auf moderne und gut zugängliche Weise einen Blick in die Vergangenheit der Emirate bieten.

Solche Ereignisse dienen keineswegs nur der Unterhaltung von Touristen: Auch junge Emirati sollen auf diese Weise ihr eigenes kulturelles Erbe schätzen lernen.

Islamische Werte

Religiöse Wurzeln

Der Islam ist in den Vereinigten Arabaischen Emiraten (VAE) nicht nur Staatsreligion, sondern auch kultureller Nährboden. Religion ist mehr als ein wöchentlicher Moscheebesuch, den man an den restlichen Tagen rasch vergisst; die Religion trägt das gesamte Alltagsleben. Der Islam lenkt die Entscheidungen eines jeden Einzelnen, er liefert den Rahmen, in dem Familienleben, Arbeit, Freizeit, Sorge für die Alten und Verantwortung für die Mitmenschen ihren Platz finden. Als solcher hat der Islam immer eine zentrale Rolle in den sich schnell entwickelnden VAE gespielt: er dient als Stütze und Orientierungspunkt in einer Welt, die viele alte Strukturen (physische wie soziale) preisgegeben hat, um eine neue urbane Lebenswelt zu schaffen.

Wenn dem Besucher diese Verknüpfung von Religion und Alltagsleben bewusst ist, vermeidet er manche Missverständnisse in Bezug auf bestimmte Gepflogenheiten. Das gilt zum Beispiel für die Kleidung: Der Islam schreibt Männern und Frauen vor, sich in der Öffentlichkeit zurückhaltend und nicht freizügig zu kleiden. Der Ursprung dieser Sitte, den Körper bedeckt zu halten, liegt im Dunkeln – vermutlich handelt es sich schon um Vorschriften aus vorislamischer Zeit, die aber angesichts der heißen Wüstensonne äußerst vernünftig erscheinen.

Außerdem ist es Muslimen nicht gestattet, Schweinefleisch oder Alkohol zu sich zu nehmen. Auch diese Gebote waren einst von großer praktischer Relevanz, denn Schweinefleisch war häufig mit Bandwurmeiern verseucht, und die Auswirkungen des Alkohols werden in dieser Region durch die vorherrschende extreme Hitze noch verstärkt.

Die Familie nach außen hin zu repräsentieren ist eine Aufgabe, die von alters her den Männern zufällt. Das Haus ist ganz auf diese Aufgabenteilung hin angelegt – mit einem *majlis* (Empfangsraum), in dem die Männer ihre Gäste empfangen. Männer empfangen Männer, Frauen treffen sich mit Frauen, was allerdings nichts über eine Rangordnung aussagt.

Gelebter Glaube

Man braucht nicht lange in Dubai zu sein, um schnell festzustellen, wie sehr der Islam das Handeln der Menschen durchdringt. Jedes offizielle Ereignis beginnt mit einer Lesung aus dem heiligen Buch, dem Koran. Einer neuen Aufgabe bei der Arbeit wendet man sich zu, indem man Gottes Beistand erfleht. Die Worte *al-hamdu lillah* („Gott sei Dank") werden häufig ins Gespräch eingeflochten, wenn von guten Ereignissen die Rede ist. Spricht man von der Zukunft, so gebraucht man immer wieder die Wendung *insha'allah* („so Gott will"). Bei den erwähnten Sätzen handelt es sich keineswegs um bloße Floskeln; sie bezeichnen vielmehr eine enge Verbindung von Glaube und Gesellschaft.

Soziale Beziehungen

Ehrfurcht vor dem Alter

Emirati geben viel auf den Rat der Älteren. Die traditionellen Stammesführer oder „Scheichs" nehmen bis heute eine wichtige soziale Rolle ein: Sie kümmern sich um diejenigen, denen es schlechter geht, sie

DIE FÜNF SÄULEN DES ISLAM

Der Kern des muslimischen Glaubens kommt in den sogenannten Fünf Säulen des Islam zum Ausdruck:

Shahada Das Glaubensbekenntnis: Es gibt keinen Gott außer Gott, und Mohammed ist sein Prophet.

Salat Muslime sollten jeden Tag fünfmal beten: beim Morgengrauen *(fajr)*, mittags *(dhuhr)*, am Nachmittag *(asr)*, bei Sonnenuntergang *(maghrib)* und in der Abenddämmerung *(isha'a)*. Während dieser Gebete kniet ein Muslim mit dem Gesicht nach Mekka auf dem Boden. Dem Gebet geht eine rituelle Waschung voraus.

Zakat Muslime müssen den Armen einen Teil ihres Einkommens spenden. In Dubai gilt dies als Pflicht eines jeden Einzelnen, hat also nichts mit der staatlich erhobenen und in Moscheen oder sonstigen religiösen Einrichtungen verteilten Einkommensteuer zu tun, wie dies in manchen Gegenden des Landes der Fall ist.

Sawm Im Ramadan des Jahres 610 soll Mohammed seine erste Offenbarung empfangen haben. Muslime erinnern an dieses Ereignis, indem sie während des gesamten Ramadan von Sonnenaufgang bis Sonnenuntergang fasten. Während dieser Zeit darf absolut nichts in den Körper gelangen: Essen, Trinken und Rauchen sind ebenso verboten wie Sex.

Hadsch Alle Muslime sollten zumindest einmal im Leben die Pilgerfahrt nach Mekka unternehmen, nach Möglichkeit in der ersten und zweiten Woche des muslimischen Monats Dhul Hijjah. Wenn man Mekka allerdings während einer anderen Zeit aufsucht und dort die vorgeschriebenen Rituale befolgt, wird das ebenfalls akzeptiert.

schlichten Streit und fördern, wo dies nötig ist. In Dubai hört man häufig den Ausdruck *wasta*, der frei übersetzt so etwas wie „Einfluss" oder „gute Verbindungen" bezeichnet. *Wasta* zu haben, kann viele Prozesse beschleunigen. Ironischerweise ist bei jenen, die von sich behaupten, über *wasta* zu verfügen, dies gerade nicht der Fall, während umgekehrt Personen mit *wasta* dies meist nicht an die große Glocke hängen.

Dieses System stärkt seit jeher den Einfluss der mächtigsten Familien; dazu zählen auch die Maktoums, die Herrscherdynastie von Dubai.

In den Vereinigten Arabischen Emiraten (VAE) sind Emirati-Frauen sogar als Pilotinnen von Düsenfliegern, bei der Polizei, als Botschafterinnen und Unternehmenschefinnen zu finden, sie sind in der Forschung tätig und unternehmen Expeditionen in die Antarktis. Neun Mitglieder des Nationalkonvents der VAE sind Frauen.

Heirat

Einem Muslim gestattet es der Islam, bis zu vier Frauen zu nehmen (einer Frau wird dagegen nur ein Ehemann zugestanden). Wie so oft im Islam, hat auch diese Tradition ursprünglich ganz praktische Hintergründe: die Möglichkeit, mehrere Frauen gleichzeitig zu haben, erlaubte es Männern, Witwen (und damit Frauen, die infolge von Kriegen oder Naturkatastrophen nicht selten ganz allein auf sich gestellt waren) zu heiraten. Die meisten Emirati von heute haben allerdings nur noch eine Frau, nicht zuletzt, weil der Islam vorschreibt, dass ein Mann jede Ehefrau auf gleiche Weise lieben und jede gleich behandeln soll. Überdies sind Wohnen und die Erziehung von Kindern durchaus kostspielig; das mag einer der Gründe dafür sein, dass die durchschnittliche Zahl der Kinder in modernen Emirati-Familien von fünf auf nur noch zwei geschrumpft ist.

Die Rolle der Frau

Das heutige Leben hat Frauen neue Möglichkeiten jenseits ihrer Rolle in der Familie eröffnet, vor allem dank gleicher Bildungschancen in den VAE. Mehr Frauen als Männer erlangen vor Ort einen Hochschulabschluss, und vielfach sind sie berufstätig, auch als Ärztinnen, Ingenieurinnen, Ministerinnen oder Mitglieder der Geschäftsführung. Zahlreiche Initiativen setzen sich für die Beteiligung von Frauen in der Entwicklung des Landes ein. 2012 verpflichtete das Nationalkabinett

Unternehmen und Regierungsinstanzen dazu, Frauen in die Geschäftsführung aufzunehmen. Die erste Militärakademie für Frauen wurde 2014 eröffnet. Fast ein Viertel der Regierungsposten haben derzeit Frauen inne, und 2016 wurde der Nationalkonvent der erste der Region mit einem weiblichen Vorsitz.

Trotz dieser Fortschritte kämpfen Frauen noch immer mit sozialen und rechtlichen Beschränkungen. Für die Bekämpfung dieses Missstands setzt sich der 2015 von Scheich Mohammed gegründete Rat für Geschlechtergleichheit ein.

Arbeitsleben

Die meisten Emirati arbeiten in der öffentlichen Verwaltung, denn kurze Arbeitszeiten, eine gute Bezahlung, attraktive Sozialleistungen und eine frühzeitige Pensionierung garantieren einen durchaus annehmbaren Lebensstil. Die Regierung der VAE verfolgt allerdings auch beharrlich einen Kurs der „Emiratisierung“, das heißt, sie ermuntert Emirati, als Unternehmer tätig zu werden oder Anstellungen in der Privatwirtschaft zu suchen.

Solange Einheimische nicht in größerer Zahl kleine und mittlere Unternehmen leiten, wird die Regierung die Abhängigkeit des Landes von zugewanderten Arbeitskräften kaum verringern können. Das Ziel liegt jedoch noch in weiter Ferne, solange echte Emirati nur in eher symbolischer Anzahl im privaten Sektor beschäftigt sind. Irgendwann muss das Land wohl den Sprung ins kalte Wasser wagen, damit Einheimische auch tatsächlich die Positionen einnehmen, für die sie ausgebildet wurden.

Multikulturelle Bevölkerung

Man kann kaum über die Identität der Emirate sprechen, ohne die multikulturelle Zusammensetzung der Bevölkerung zu berücksichtigen. Im gesamten Land machen zugewanderte Expats rund 80 % der Einwohnerschaft aus. In Dubai begegnen Touristen deshalb vor allem Menschen unzähliger Nationalitäten und Herkunft, die in der Hoffnung auf ein besseres (oder zumindest finanziell besser ausgestattetes) Leben an den Golf gezogen sind.

Die unterschiedlichen Nationalitäten verteilen sich auf unterschiedliche Branchen: Zuwanderer von den Philippinen sind vor allem im Gesundheitswesen tätig, Bauarbeiter stammen überwiegend aus Pakistan, Finanzberater aus Indien, während Arbeitskräfte aus dem Westen vor allem wegen ihrer technischen Kenntnisse gefragt sind. Natürlich kommt es immer wieder zu Diskussionen darüber, wer eigentlich am meisten von diesen Arbeitsverhältnissen profitiert; kritisch gesehen wird vor allem die Lage der Bauarbeiter und des Hauspersonals. Mittlerweile wurde einiges unternommen, um die Lebensbedingungen im Niedriglohnbereich zu verbessern, doch sind die Verhältnisse für viele Beschäftigte immer noch weit von einem Idealzustand entfernt.

Positiv zu vermerken ist natürlich, dass die internationale Mischung der Einwohnerschaft von Dubai zu einem höchst lebendigen Multikulturalismus geführt hat. Man erkennt dies an den verschiedenen religiösen Festen (darunter das hinduistische Lichterfest Diwali und Weihnachten). Als Gast kann man die unterschiedlichsten Sitten und Gebräuche kennenlernen und in Restaurants und Läden auch eine große Vielfalt an kulinarischen Traditionen. In der Stadt wird man unvergessliche Gespräche führen – und man hat als Besucher die einmalige Gelegenheit, die ganze Welt quasi an einem einzigen Nachmittag zu durchstreifen.

Natur & Umwelt

Es mag etwas merkwürdig erscheinen, in einem Reiseführer über eine große Metropole die natürliche Umwelt zu beschreiben. Aber wer von der Aussichtsplattform des Burj Khalifa in Dubai blickt, ist vom Hinterland sofort beeindruckt. Die Großstädte bilden Einzelpunkte in einer Wüste, die der Zivilisation im Nacken sitzt und die Versuche der Menschheit, sie zu zähmen, zu verspotten scheint. Eine Wüstentour ist daher mehr als nur ein netter Tagesausflug. Man lernt den wichtigen Rahmen kennen, der die urbanen Entwicklungen definiert.

Das Land

Geologen trennen die Halbinsel in zwei ganz unterschiedliche Regionen: den Arabischen Schild und die Arabische Platte. Der Schild, der aus vulkanischem Sedimentgestein besteht, bildet das westliche Drittel der heutigen Arabischen Halbinsel. Die Platte besteht aus den niedriger liegenden Bereichen, die vom Schild aus von Mittelarabien bis zur Küste des Persischen Golfs hinabführen. Dubai und Abu Dhabi befinden sich am äußeren Rand der Arabischen Platte.

Geologen gehen davon aus, dass die Halbinsel ursprünglich zur größeren afrikanischen Landmasse gehörte. Ein Spalt in diesem Kontinent schuf sowohl den Großen Afrikanischen Grabenbruch als auch das Rote Meer. Als Arabien von Afrika wegdriftete, begann die Halbinsel zu kippen. Die westliche Seite stieg hoch und der östliche Rand senkte sich, wodurch der Persische Golf entstand.

In den Vereinigten Arabischen Emiraten (VAE) gibt's keine Flüsse, die ganzjährig Wasser führen, aber natürliche Quellen schaffen Oasen in der Wüste. Al Ain (ca. 150 km südlich von Dubai) und Liwa (340 km südwestlich) entstanden rund um die Dattelplantagen, die Zitrusbäumen und Getreidepflanzen Schatten spenden. Die Oasen werden durch komplexe Bewässerungssysteme *(falaj)* versorgt. Ein funktionierender *falaj* in Majlis Ghorfat Um Al Sheef (S. 108) in Jumeirah zeigt, wie diese Bewässerungskanäle zum großen Nutzen der ganzen Gemeinde funktionieren.

Zwar ist Dubai mit 4114 km² das zweitgrößte der sieben Emirate, im Verhältnis zu Abu Dhabi (67 340 km²) ist es jedoch klein. Abu Dhabi nimmt mehr als 80 % der Landesfläche ein.

Ökosysteme

Wüste

Die unerbittlichen Landschaften Arabiens ziehen seit Jahrhunderten Reisende aus dem Westen an, die neugierig auf das riesige Meer aus Sand sind, das Empty Quarter bzw. Rub al-Khali genannt wird. Die Dünen, die sich über die VAE, Saudi-Arabien, den Oman und Jemen erstrecken, bilden eine imposante Landschaft, deren Farben und Oberflächen sich stets ändern, wenn Sonne und Wind ihre eigenen Dramen auf die Sandberge projizieren.

Ein Teil des Empty Quarter, darunter eine der höchsten Dünen in der nördlichen Sandwüste, liegt innerhalb des Territoriums von Abu Dhabi. Eine befestigte Straße schlängelt sich von den Städten der Liwa-Oase bis zum Rand der Sandwüste. Somit ist diese Landschaft von Dubai und Abu Dhabi aus leicht mit dem Auto zu erreichen. Wer Zeit hat, in diesem Terrain zu zelten, bekommt vielleicht ein paar scheue Wüstenbewohner zu sehen. Die Dünen sind das Zuhause verschiedener Reptilienarten, darunter Vipern, Warane (bis zu 1m lang!) und Stachelschwanzagamen.

Bei Sonnenaufgang zeigen die Spuren von Hase, Igel und Fuchs, dass viele Säugetierarten sich an diese unerbittliche Umgebung angepasst haben. Viele haben große Ohren, um leichter Hitze abgeben zu können, und Fellbüschel an den Tatzen, um auf dem glühend heißen Sand zu laufen, ohne sich zu verbrennen.

Bis heute kommen Besucher in die Wüste und erwarten zunächst einmal „Sand, Sand, Sand und noch mehr Sand". Allen Reisenden, die über die Bepflanzungen am Straßenrand hinwegschauen, wird schnell klar, dass der Begriff „Wüste" viel mehr umfasst als bloß Sand. Tatsächlich besteht ein Großteil der VAE aus flachen Geröllebenen, auf denen hier und da dornige, flache Akazienbäume stehen und Kräuterpflanzen wachsen; dazwischen liegen die berüchtigten Salzebenen, die *sabkha*.

Sabkha ist ein salzverkrustetes Sumpfgebiet mit hohem Wassergehalt. Auf den ersten Blick wirkt es hart und sogar poliert, aber bei dem Versuch, es mit einem Kamel oder dem Auto zu überqueren, zerfällt die Oberfläche ganz schnell.

Meere

Der Persische Golf hat einen ganz eigenen Charakter, was vornehmlich daran liegt, dass er von Land umgeben ist: flach, ruhig und so glatt, dass das Wasser manchmal so fest aussieht wie ein glänzendes Stück Kohle. Das Wasser ist zumeist bis zu 1 km vor der Küste noch recht seicht. Mit Lagunen und Wasserläufen, die von wertvollen Mangroven umrandet werden, ist dies ein wichtiges Gebiet für Watvögel und Möwen. Auch für die Erschließung durch den Menschen eignet es sich: Ein Großteil der Randzone des Persischen Golfs, vor allem rund um Dubai und Abu Dhabi, ist jetzt eine versiegelte Fläche oder ist zur Bebauung trockengelegt worden.

Zwar haben die Unterwasserbaggerarbeiten (allein für das gigantische World-Projekt wurden um die 33 Mio. m³ an Meeresgrund umgeschichtet) der Unterwasserfauna geschadet, insbesondere den fragilen

WÜSTE JA, WÜSTE NEIN

Wer ein Wildnisgebiet besucht, übernimmt dafür auch Verantwortung, und in einer Wüste ganz besonders, wo der kleinste Eingriff in die Umwelt verheerende Folgen für das fragile Ökosystem haben kann. Die felsigen Ebenen mögen wie ein riesiges Areal an Nichts wirken, aber der Schein trügt. Rote Markierungen entlang der Straße zeigen – so unwirklich das an einem wolkenlosen Sommertag scheinen mag – wie hoch das Wasser bei einer Sturzflut steigen kann. Etwa einen Monat später wächst hier ein Schwung Gräser, zumindest für eine Weile, und bildet ein vorübergehendes Zuhause für Ölkäfer und eine Vielzahl anderer Tiere.

Autospuren lassen in einer Geröllwüste auf ewig Narben zurück und zermalmen Pflanzen und Insekten, die vom Fahrer gar nicht direkt gesehen werden können. Müll zersetzt sich hier – anders als in einem tropischen oder gemäßigten Klima – nicht. Die Blume, die unbedacht gepflückt wird, wenn sie am schönsten aussieht, verpasst so vielleicht ihre erste und einzige Möglichkeit in einer sieben Jahre andauernden Dürre, sich fortzupflanzen.

Mit einem bisschen gesunden Menschenverstand jedoch, und wenn man sich bemüht, bestehenden Wegen zu folgen, lässt sich die Wüste genießen, ohne dass das unsichtbare Leben, das sie beherbergt, beschädigt wird. Es lohnt sich auch, einfach mal den Motor auszumachen und einfach mal dazusitzen. In der Dämmerung spielen sich ganze Dramen ab: Ein Wüstenfuchs setzt einem Igel nach, ein wilder Hund trottet aus dem Wadi heraus, ohne die Schlange zu sehen, die sich in die andere Richtung schlängelt, eng zusammengerollte Blätter entspannen in der kurzen Erholungsfrist des Abends und ein Mistkäfer rollt seinen Lohn nach Hause.

DUBAI DESERT CONSERVATION RESERVE

Das 225 km^2 große **Dubai Desert Conservation Reserve** (www.ddcr.org) nimmt 5 % der Gesamtfläche der VAE ein. In dem 1999 eingerichteten Schutzgebiet wurden Projekte zur Wiedereinführung verschiedener Tierarten (Edmigazellen, Arabische Sandgazellen und Oryx) durchgeführt. Auf dem Reservatsgelände gibt's eine Unterkunft, das **Al Maha Desert Resort & Spa** (S. 203), das als Vorbild für extrem luxuriösen Ökotourismus dienen soll.

Das Schutzgebiet ist unterteilt in vier Zonen. Die dritte ist nur Resortgästen zugänglich, die vierte einer kleinen Anzahl von Wüstentouranbietern wie z. B. **Arabian Adventures** (S. 99) – eine Tour ist im Vergleich zu einer Übernachtung im Resort die preiswertere „Eintrittskarte".

Korallenriffen, aber in den Gewässern um Dubai und Abu Dhabi tummeln sich immer noch 300 verschiedene Fischarten. Königsfisch, Zackenbarsch, Thunfisch, Sardinen und Haifische werden regelmäßig auf dem Fischmarkt feilgeboten. Glücklicherweise werden Meeresschildkröten jedoch nicht mehr für die Speisekarte erlegt. Bedrohte Grüne Meeresschildkröten und Echte Karettschildkröten brüteten früher in großer Zahl an den Stränden von Dubai, und ihre Spuren lassen sich auf den geschützten Stränden von Saadiyat Island in Abu Dhabi noch immer finden. Das Dubai Turtle Rehabilitation Project (www.dubaiturtles.com) mit Sitz im Jumeirah Al Naseem/Madinat Jumeirah setzt sich aktiv für den Artenschutz ein und päppelt kranke und verletzte Tiere auf, um sie anschließend wieder in die Freiheit zu entlassen.

Städtische Parks

Wahrscheinlich werden nur wenige einen städtischen Park als Teil der natürlichen Umwelt ansehen, und in Bezug auf die Golfstaaten ließe sich argumentieren, dass diese angelegten Flächen nun wirklich nicht natürlich sind. In der Tat wurden die meisten Pflanzen aus benachbarten subtropischen Ländern importiert und jede einzelne Pflanze wird eigens mit herangepumptem Wasser versorgt.

Trotz ihrer Künstlichkeit haben sich die vielen städtischen Parks in Dubai und Abu Dhabi als Zufluchtsort für Insekten und Vögel erwiesen. Dubais Tierschutzgebiet Ras Al Khor (S. 90) mag zwar von Hochhäusern und Schnellstraßen umgeben sein, dennoch ist es unverändert ein Habitat unzähliger Flamingos. Das Gelände liegt überdies an der Zugvogelroute zwischen Europa, Asien und Afrika, sodass im Frühjahr oder Herbst über 320 Zugvogelarten hier durchziehen bzw. den Winter hier verbringen. Zu den Vogelarten, die in Arabien heimisch sind, gehören der Reiherläufer, der Sokotrakormoran, die Weißstirnlerche und der Pupurnektarvogel. Letzterer ist in jedem Park zu finden, wo Aloe wächst.

Botanische Lektüre

Handbook of Arabian Medicinal Plants von SA Ghazanfar

Vegetation of the Arabian Peninsula von SA Ghazanfar & M. Fisher (Hrsg.)

Umweltthemen

Schutzgebiete

Der Gedanke, bestimmte Schutzgebiete für Tiere auszuweisen, widerspricht dem traditionellen Leben auf der Halbinsel, bei dem es früher darum ging, und zum Teil heute immer noch darum geht, ein Gleichgewicht mit der Natur zu erzielen und sie nicht einfach zu umzäunen. Die Beduinen ließen ihre Jagdfalken nur zu bestimmten Zeiten im Jahr fliegen, und sie zogen mit ihren Kamelen immer wieder weiter, damit Weideflächen nachwachsen konnten. Fischer wählten aus ihrem saisonalen Fang nur das aus, was sie benötigten, und warfen den Rest zurück. Bauern ließen Land auch mal brach liegen, um das Erdreich nicht auszulaugen.

Moderne Praktiken, wie etwa Sportfischen, Schleppnetzfischerei und die Verwendung von Pestiziden in der modernen Landwirtschaft haben die Umwelt in den vergangenen 50 Jahren derart belastet, dass inzwischen alle Regierungen der Region die Notwendigkeit anerkennen, die fragilen Ökosysteme ihrer Länder zu schützen. In der Folge sind Schutzgebiete entstanden, und mit dem wachsenden Tourismus steigt auch die Motivation, noch mehr für die Natur und die Umwelt zu tun.

Die VAE sind dabei führend: 5 % des Emirats von Dubai sind inzwischen ein Naturschutzgebiet. Ferner hat der Dubai Desert Conservation Reserve dazu beigetragen, die arabische Oryxantilope wieder anzusiedeln, die im letzten Jahrhundert fast bis zur Ausrottung gejagt worden war.

Den globalen Fußabdruck verkleinern

Dubai liebt es, die Nummer eins zu sein, den ersten Platz für den weltgrößten ökologischen Fußabdruck hätte das Emirat aber lieber nicht bekommen. Deshalb hat sich die Regierung nun u. a. vorgenommen, bis 2050 die nachhaltigste Stadt der Welt zu werden. Ob das glückt, bleibt abzuwarten, doch eine Reihe von Initiativen weist darauf hin, dass man auf einem guten Weg ist.

Die Einweihung der emissionsfreien Dubai Metro 2010 war erst der Anfang; mittlerweile ist nämlich am Stadtrand eine neue Gemeinde namens Sustainable City (www.thesustainablecity.ae) aus dem Boden geschossen, in der verbrauchtes Wasser und Müll wiederaufbereitet werden und so ein Energieüberschuss erwirtschaftet wird. Tief in der Wüste errichtet die Regierung von Dubai derweil den weltgrößten (was sonst?) Solarenergiepark, der 2030 fertig werden soll. Dessen erste Solaranlage öffnete im März 2017 und versorgt ca. 50 000 Häuser mit Elektrizität. Es gibt noch viele weitere Projekte.

MANGROVEN

Die Eastern Mangroves vor der nordöstlichen Küste Abu Dhabis bilden den größten Mangrovenwald in den VAE. Aber auch in Dubai befindet sich mit dem Ras Al Khor Wildlife Sanctuary ein bedeutendes Areal dieses einzigartigen Ökosystems. Nachfolgend ein paar wichtige Fakten:

Was sind Mangroven? Mangroven sind subtropische niedrig wachsende Bäume, die hohe Salzkonzentrationen aushalten und deren Wurzeln bei Flut komplett unter Wasser liegen.

Sind alle Mangroven gleich? Nein, es gibt 110 Arten. In Dubai wächst am häufigsten die Knopfmangrove.

Warum werden sie geschützt? Dieses fragile Ökosystem bietet vielen Tieren ein Zuhause und hilft, Küstenbereiche zu schützen, die ansonsten durch die Gezeiten erodiert würden.

Wer lebt in diesen Wäldern? Mangroven bieten ein sicheres Brutgebiet für Krabben, Schildkröten und manche Fischarten sowie einen Lebensraum für Zugvögel.

Weiterer Nutzen? In der Vergangenheit wurden Mangrovenwälder als reichhaltiger Brennstoff- und Baumateriallieferant genutzt. Das harte Holz ist widerstandsfähig gegenüber Fäulnis und Termiten und ist daher als Baustoff ideal geeignet.

Sind Mangroven bedroht? Ja, aber dank örtlicher Naturschutzbemühungen und gezielter Wiederbepflanzung haben sich die Mangrovenwälder in den letzten Jahren ausgedehnt.

Abu Dhabis Umweltprojekt mit Signalwirkung ist Masdar City (S. 164), ein modernes Versuchsgelände für nachhaltiges Stadtleben. Ziel ist, die erste Gemeinde der Welt zu werden, die CO_2-neutral ist, keinen Müll produziert und ausschließlich mit erneuerbarer Energie auskommt. Und 175 km südwestlich der Hauptstadt der VAE erstreckt sich mitten in der Wüste eine gewaltige Solaranlage mit einer Leistung von 100 Megawatt. Sie trägt den Namen Shams 1 („Sonne 1") und erzeugt genug Energie für 20 000 Haushalte – Abu Dhabi hat sich das Ziel gesteckt, 7 % des Energiebedarfs aus nachhaltigen Quellen zu generieren.

Besucher können zur Wassereinsparung beitragen, indem sie sich kurz abduschen statt zu baden, die Menge an zu waschenden Handtüchern und Bettwäsche reduzieren, wenn möglich die Halbspülung der Toilette verwenden und den Wasserhahn während des Zähneputzens zudrehen.

Wasser

Angesichts der palmengesäumten Alleen, grünen Rasenflächen, Parks und Blumenbeete fällt es vielleicht schwer, sich daran zu erinnern, dass Dubai in einer der trockensten Wüsten der Welt erbaut wurde. Hier regnet es nur ein oder zwei Tage im Jahr und das Grundwasser ist sehr salzhaltig – übrigens fast achtmal salzhaltiger als Meereswasser. Nahezu das gesamte Trinkwasser der Stadt (98 %) wird daher durch Entsalzung gewonnen.

Man könnte meinen, dass dieser Trinkwassermangel zu einem geringeren Wasserverbrauch führen würde, aber mit 550 l pro Tag ist der Wasserverbrauch pro Kopf in den VAE einer der höchsten der Welt. Die Regierung hat erkannt, welche Herausforderungen sich ergeben, wenn dem scheinbar unstillbaren Durst der Stadt nach Wasser nachgegeben wird. Daher gibt's regelmäßig Aufklärungskampagnen, um die Bewohner dazu zu bewegen, weniger Wasser zu verbrauchen. Aber die eigentliche Lösung des Problems wird vermutlich eine technologische sein.

Im Februar 2017 regnete es in Dubai und Abu Dhabi fünf Tage durch – dem lag kein natürlicher Vorgang zugrunde, sondern Cloud Seeding, das „Wolkenimpfen", mit dem Wolken zum Abregnen gezwungen werden. In den VAE beschäftigt man sich seit den späten 90er-Jahren mit dieser Technologie, richtig ernst wurde es jedoch erst 2015 mit dem Startschuss für das UAE Research Program for Rain Enhancement Science, einer Forschungsinitiative zur Regenverbesserung. Sie vergibt Stipendien an Forscher aus aller Welt, die nach Wegen suchen, wie man Regen „erzeugen" kann.

Kunst

Was auch immer man davon halten mag: Nationen werden weniger nach ihrer eigenen künstlerischen Szene beurteilt als nach ihrem Beitrag zu zeitgenössischen Strömungen, die meist vom Westen bestimmt sind. Auch die aufstrebenden Städte am Golf spüren den Druck, sich an der Globalisierung der Kunst zu beteiligen, wie die Eröffnungen des Louvre Abu Dhabi und der Dubai Opera deutlich beweisen. Wer sein Augenmerk nur auf Ausstellungen zeitgenössischer Kunst legt, läuft aber auch Gefahr, jene Kunst zu verpassen, die den Einheimischen am meisten bedeutet.

Funktion & Form

Wenn man ein Charakteristikum wählen sollte, das die Kunst der arabischen Welt von der westlichen Kunsttradition unterscheidet, ist es die enge Verbindung von Funktion und Form. Mit anderen Worten: Der Großteil der arabischen Kunst wurde für einen bestimmten Zweck geschaffen. Der Zweck konnte so praktisch sein, wie das Verzieren eines Bootsbugs mit einer Kaurimuschel, um den „bösen Blick" abzuwehren, oder so nebulös wie die Schaffung von raffinierten wunderschönen Mustern, um die Anwesenheit Gottes anzudeuten und zur spirituellen Einkehr einzuladen. Diese Zielgerichtetheit zieht sich durch alle Kunstformen am Golf: das Kunsthandwerk, die Musik, die Architektur und die Dichtung.

Der *ayyalah* ist ein typischer Beduinentanz. Begleitet von einfachen Trommelschlägen, fassen Männer sich an den Armen, schwenken Stöcke oder Schwerter, schwingen vor und zurück und singen von den Tugenden der Tapferkeit in der Schlacht.

Kunsthandwerkstradition

Das Kunsthandwerk ist traditionell in der Golfregion eine sehr wichtige Kunstform; das ist teilweise dem Erbe der Beduinen zu verdanken. Dieser Teil der Bevölkerung führte vor den Erdölfunden in der Region ein nomadisches Leben, bei dem nicht allzu viel Habe mitgeschleppt werden konnte. So zeigte sich die Kreativität vor allem in Gedichten, Liedern, beim Geschichtenerzählen und in tragbarem praktischem Kunsthandwerk.

Schmuck, Silberarbeiten, Webarbeiten, Stickereien und Körbe dokumentieren durch die Verbindung von Funktion und Form eine Lebensweise. Ein Beispiel ist der Schmuck: Die schweren Silberarbeiten, die von Beduinenfrauen getragen wurden, dienten nicht nur dem persönlichen Schmuck, sondern stellten auch eine tragbare Form des Reichtums dar. Silberamulette enthielten Pergamentröllchen mit Korantexten, die für die Sicherheit des Trägers sorgen sollten. Sie sollten auch vor dem „bösen Blick" schützen – dem Neid oder der Bosheit anderer.

Oft wurde Silberschmuck zu guter Letzt eingeschmolzen und bewies seine praktische Funktion noch einmal als Handelsobjekt. Leider resultiert daraus auch, dass Kunsthandwerksberufe, die nicht mehr gebraucht wurden, rasch in Vergessenheit gerieten. Wozu sollte man noch Tonkrüge herstellen, wenn alle Welt das Wasser aus Plastikflaschen trinkt? Aus dem Bewusstsein dieser Tatsache heraus entstanden regionale Kunsthandwerksverbände, die hoffen, die Tradition am Leben zu erhalten.

DIE MÜNDLICHE ÜBERLIEFERUNG

Wer herausfinden will, wem die Einheimischen applaudieren, was ihre Herzen an Feiertagen höher schlagen oder sie still werden lässt, nachdem sie sich während der ganzen Rede eines Würdenträgers eifrig unterhalten haben, wird sehen, dass es weder klassische Musik noch westliche bildende Kunst ist. Es ist die arabische Dichtung. Wer beim Besuch von Dubai oder Abu Dhabi die Möglichkeit hat, eine Rezitation zu hören, sollte die Gelegenheit unbedingt nutzen.

Traditionell sind die bekanntesten Persönlichkeiten der klassischen nahöstlichen Literatur Lyriker wie Omar Khayyam und Abu Nuwas. Man glaubte, dass Dichter Wissen besaßen, das „normalen" Menschen nicht zugänglich war und dass sie ein Verbindungsglied zwischen der Welt der Menschen und der Geister darstellten. Bis in die Gegenwart ist selbst die fernsehgewohnte junge Generation fasziniert von kunstvoll vorgetragenen Versen.

Die Dichtung ist Teil der großen mündlichen Tradition des Geschichtenerzählens, das zur Literatur aller Länder der Arabischen Halbinsel gehört und deren Wurzeln bei den Beduinen zu finden sind. Die Geschichten, die von den Ältesten der Nomaden nach dem Essen erzählt wurden, dienten dazu, die Generationen durch eine gemeinsame mündliche Geschichte aneinander zu binden. Das Geschichtenerzählen half, die Prinzipien des Islam und die Stammes- und nationale Identität zu verbreiten.

Internationaler Wettbewerb

Top-Kunstgalerien & Ausstellungsräume

Louvre Abu Dhabi (S. 167)

Third Line (S. 90)

Gallery Isabelle van den Eynde (S. 90)

Carbon 12 (S. 90)

Etihad Modern Art Gallery (S. 143)

Es ist einfach, die Emirate zu kritisieren, weil sie sich in die internationale Kunstszene einkaufen, anstatt im eigenen Land die zeitgenössische Kunst zu fördern, doch man kann ihnen daraus keinen Vorwurf machen. Auf der ganzen Welt gibt's keine ernst zu nehmende Stadt, die nicht ein Opernhaus oder einen Pavillon auf der Biennale in Venedig besitzt, egal, ob diese westliche Kultur importiert ist oder nicht. Bei der Eröffnungsvorstellung des Opernhauses im benachbarten Muscat ging ein Drittel des Publikums in der Pause, weil die Menschen nicht wussten, dass die Aufführung weitergeht. Außerdem irritierte es sie, dass sie die Musiker (im Orchestergraben) nicht sehen konnten, und sie waren peinlich berührt, dass die Sopranistin sich in einer Bordellszene entkleidete – das war schon fast *haram* (verboten), es grenzte vor Ort schon fast an Hochverrat.

Dieses Beispiel zeigt, dass in der zeitgenössischen Kunst dieser Region eine nahezu unüberbrückbare Kluft zwischen Funktion und Form besteht. So lässt sich vermuten, dass die Ausstellungen und Aufführungen von Weltrang in erster Linie dazu dienen sollen, Besucher zu beeindrucken und allen Spöttern im Ausland zu beweisen, dass es in diesen Städten ebenfalls eine Kultur gibt, die nur mit westlichen Begriffen zu beschreiben ist.

Die kulturellen Eliten in Dubai und Abu Dhabi erleben herrliche Zeiten. Die Eröffnungen des Louvre Abu Dhabi und der Dubai Opera haben weit mehr als „nur" einen anspruchsvollen Weltklasse-Touch hinzugefügt. Die jährlich stattfindenden Festivals Art Dubai und Abu Dhabi Art locken einige der bekanntesten internationalen Galerien, Künstler und Kunsthändler an. Kunst aus der Region steht außerdem in den Galerien an der Alserkal Avenue und im Gate Village in Dubai sowie in der Etihad Modern Art Gallery in Abu Dhabi im Fokus.

Diese Investitionen in die Weltkunst werden zwar oft kritisiert, doch sie sind zu begrüßen, denn sie fördern die Integration zwischen Ost und West. Gleichzeitig können so die regionalen Künste einem internationalen Publikum präsentiert werden. Letzteres trägt dazu bei, die Traditionen zu bewahren, die den Einheimischen am wichtigsten sind.

Praktische Informationen

VERKEHRSMITTEL & -WEGE 228

ANKUNFT IN DUBAI & ABU DHABI 228

Flugzeug 228

UNTERWEGS VOR ORT IN DUBAI 229

Auto & Motorrad 229

Bus 230

Fahrrad 230

Geführte Touren 230

Metro 231

Monorail 231

Schiff/Fähre 232

Taxi 232

Tram 233

Zu Fuß gehen 233

ALLGEMEINEN INFORMATIONEN .. 234

Barrierefreies Reisen 234

Botschaften & Konsulate 235

Ermäßigungen 235

Etikette 235

Feiertage 235

Frauen unterwegs 235

Geld 236

Gesundheit 236

Internetzugang 237

LGBT-Reisende 237

Notfälle 237

Öffnungszeiten 237

Rechtsfragen 238

Sicher reisen 240

Steuern 240

Strom 240

Telefon 240

Toiletten 241

Touristeninformation 241

Verantwortungsvoll reisen 241

Visa 241

Zeit 242

Zoll 242

SPRACHE 243

Verkehrsmittel & -wege

ANKUNFT IN DUBAI & ABU DHABI

Die meisten Besucher reisen mit dem Flugzeug an. Verbindungen gibt's von vielen internationalen Städten aus. Dubai ist auch ein beliebter Zwischenstopp für Flüge von/nach Europa und Asien.

Der Landweg führt über den Oman, und zwar über Al Ain, etwa 150 km südöstlich von Dubai. Bei der Einreise muss man den Pass und gegebenenfalls ein Besuchervisum vorzeigen. Den aktuellen Stand der Dinge erfährt man beim Konsulat der VAE oder auf der staatlichen Website (www.dubai.ae). Die VAE haben zudem in Sita/Ghuwaifat einen Grenzübergang nach Saudi Arabien, aber nur Bürger der Golfstaaten (GCC, Gulf Cooperation Council) dürfen hier die Grenze überqueren.

Flüge, Autos und Touren können online unter www.lonelyplanet.com/bookings gebucht werden.

Flugzeug

Dubai International Airport

Der **Dubai International Airport** (DXB; Karte S. 260; ☎04 224 5555; www.dubaiairports.ae; Ⓜ Airport Terminal 1, Airport Terminal 3) in Deira, nahe der Grenze zum Emirat Sharjah, ist mit 84 Mio. Reisenden pro Jahr der größte der Welt. Er hat drei Terminals:

Terminal 1 Hauptterminal; besonders für die großen internationalen Airlines.

Terminal 2 Für kleine Fluglinien und Charterflüge, besonders in den Iran, nach Ostafrika und in einige osteuropäische Länder.

Terminal 3 Nur für Emirates Airlines.

BUS

Mit dem Bus zu fahren, ist nur nachts sinnvoll, wenn keine Metro mehr fährt. Am besten nimmt man die Linie C1. Sie fährt rund um die Uhr von den Terminals 1 und 3 nach Deira, Bur Dubai und Satwa. Die Nol-Karte für die Fahrt kann man im Ankunftsterminal kaufen. Zur Planung der Strecke siehe unter www.wojhati.rta.ae.

METRO

Die Red Line hält an den Terminals 1 und 3 und ist das am besten geeignete öffentliche Verkehrsmittel in der Stadt. Züge verkehren montags bis donnerstags etwa zwischen 5 und 1.15 Uhr und freitags und samstags bis 2.15 Uhr. An Sonntagen fahren sie von 8 bis 1.15 Uhr. Bis zu zwei Koffer sind an Bord erlaubt. Für die Fahrt muss man am Bahnhof eine Nol-Karte kaufen.

TAXI

Taxis warten täglich rund um die Uhr vor jedem Ankunftsterminal. Für Fahrten vom Flughafen fällt eine Zusatzgebühr von 25 Dh an; hinzu kommen 1,96 Dh pro Kilometer. Ein Taxi nach Deira kostet etwa 55 Dh, nach Bur Dubai 60 Dh, nach Downtown Dubai 70 Dh, nach Madinat Jumeirah 110 Dh und nach Dubai Marina 130 Dh.

Al Maktoum International Airport

Dubais zweiter Flughafen **Al Maktoum** (DWC; ☎04 224 5555; www.dubaiairports.ae; abseits Sheikh Mohammed Bin Rashid Al Maktoum Rd E611; 📶; Ⓜ UAE Exchange) im Süden des Emirats bei Jebel Ali ist ein Projekt im Schwebezustand. Die globale Finanzkrise von 2008 bis 2010 hat die Bauarbeiten sehr ins Stocken gebracht und das Datum der geplanten Fertigstellung auf 2027 verschoben. Derzeit landen hier vorwiegend Frachtflugzeuge und einige wenige Passagiermaschinen.

BUS & METRO

Bus F55 verbindet den Flughafen stündlich mit der Metrostation Ibn Battuta. Hier hält die Red Line, die bis zum Dubai International Airport fährt. Nachts verkehrt Bus F55A vom Flughafen zum Busbahnhof Satwa.

TAXI

Taxis warten vor dem Passagierterminal. Bis nach Dubai Marina kosten sie ca. 70 Dh, bis Downtown Dubai 110 Dh und bis Bur Dubai 120 Dh.

Abu Dhabi International Airport

Der Abu Dhabi International Airport (www.abudhabiairport.ae) rund 30 km östlich des Zentrums wird von über 50 Airlines aus 85 Städten angeflogen. Er hat drei Terminals. Terminal 3 wird ausschließlich von Etihad genutzt. Überall im Flughafen gibt's kostenloses WLAN.

BUS

Der klimatisierte Bus A1 fährt rund um die Uhr alle 40 Minuten vor dem Ankunftsbereich aller Terminals (1 Std., 4 Dh) ab und legt über den zentralen Busbahnhof den ganzen Weg in die Innenstadt bis Al Zahiyah zurück. Passagiere von Etihad können kostenlose Shuttlebusse von/nach Dubai und Al Ain nutzen (Bordkarte vorzeigen).

TAXI

Die halbstündige Taxifahrt ins Zentrum kostet 75 bis 85 Dh, inklusive der Grundgebühr von 25 Dh.

UNTERWEGS IN DUBAI

Mehr Details zu Abu Dhabi siehe S. 134.

Auto & Motorrad

Das Autofahren in Dubai ist nichts für schwache Nerven, angesichts des eher abenteuerlichen Fahrstils der Stadtbewohner und der zunächst furchterregenden Herausforderung, mit sieben- bis achtspurigen Autobahnen klarkommen zu müssen. Kurze Fahrten können lang werden.

Starker Verkehr, Umwege und ständig rote Ampeln können fünf Kilometer schon mal zu einer einstündigen Autofahrt ausdehnen.

Sich einen Wagen zu mieten, ist aufgrund der gut gepflegten mehrspurigen Schnellstraßen, der vielen Tankstellen und des billigen Benzins trotzdem empfehlenswert, um Tagestouren von Dubai aus zu unternehmen.

Als Navi funktioniert Google Maps recht gut. Eine lokale Alternative ist die RTA-Smart-Drive-App, die man kostenlos bei Google Play und im Apple App Store herunterladen kann.

Auf Dubais Autobahnen gibt's sieben automatisierte Mautstellen (Salik; www.salik.gov.ae/en), die jeweils 4 Dh kosten. Zwei liegen an der Sheikh Zayed Road: Al Barsha in der Nähe der Mall of the Emirates und Al Safa in der Nähe des Burj Khalifa. Alle Mietwagen sind mit Sensoren versehen, die registrieren, wenn man an einer Mautstelle vorbeifährt. Die Kosten werden später auf die Rechnung aufgeschlagen.

Hauptverkehrszeit

Zu Spitzenzeiten, z. B. zwischen 7 und 9 Uhr und zwischen 13 und 14 Uhr sowie an den meisten Abenden ab 17 Uhr, kann der Verkehr in Dubai ein Albtraum sein. Freitagnachmittags sind die Straßen ebenfalls regelmäßig verstopft, besonders in der Nähe der Shopping Malls, Strände und Familienattraktionen.

Mietwagen

In Dubai gibt's unzählige Autovermieter, von großen internationalen Unternehmen bis zu kleinen lokalen Anbietern. Die großen nehmen vielleicht mehr Geld, aber geben dafür ein sicheres Gefühl, was Versicherung und Rund-um-die-Uhr-Service angeht. Die gesamte Bandbreite ist am Flughafen und in der Stadt vertreten. In den meisten größeren Hotels haben Autovermieter Schalter in der Lobby.

Um ein Auto mieten zu können, sollte man über 21 Jahre (25 für edlere Modelle) sein und eine gültige Kreditkarte sowie – je nach Nationalität – zusätzlich zum heimischen einen internationalen Führerschein besitzen. Einige Unternehmen verlangen, dass man den Führerschein seit über einem Jahr hat.

Die Mietpreise für einen Tag beginnen bei etwa 200 Dh für einen kleinen Schaltwagen – mit umfassendem Versicherungsschutz und unbegrenzten Kilometern. Es gibt oft Zuschläge für Autos, wenn man sie am Flughafen mietet, sowie für zusätzliche Fahrer, Rückgabe an einem anderen Ort und Fahrer unter 25. Die meisten Verleihfirmen stellen gegen eine Gebühr Kin-

FAHRTEN VON/NACH DUBAI & ABU DHABI

2022 wurde die 256 km lange Eisenbahnstrecke zwischen Dubai und Abu Dhabi fertiggestellt, doch solange die Personenzüge noch nicht fahren, reist man am besten mit dem Bus zwischen den Emiraten hin und her. Dubais Verkehrsbetrieb Roads & Transport Authority (www.rta.ae) bietet zwischen 6 und 23 Uhr klimatisierte (oft überfüllte) Busverbindungen in die anderen Emirate. Bus E100 nach Abu Dhabi startet alle 20 Minuten am Busbahnhof **Al Ghubaiba** (Karte S. 266; www.rta.ae; Al Ghubaiba Rd; Ⓜ Al Ghubaiba). Die Fahrt dauert zwei Stunden und kostet 25 Dh. Die Busse kommen in Abu Dhabi am **zentralen Busbahnhof** (www.dot.abudhabi.ae; Rashid Bin Saeed Al Maktoum St) ca. 4 km südlich der Corniche an. Karten, Fahrpläne und einen Routenplaner findet man unter www.dubaibuses.com.

dersitze zur Verfügung, die jedoch im Voraus reserviert werden müssen. In der Regel ist es preiswerter, das Auto schon von zu Hause aus bei Online-Mietwagenvermittlungsfirmen wie Auto Europe (www.autoeurope.com) oder Holiday Autos (www.holiday autos.com) zu mieten.

Parken

Standardparkplätze sind durch zweifarbige Seitenstreifen (schwarz und türkis) markiert.

In Dubai gibt's folgende Parkzonen:

Zone A Parken am Straßenrand in Geschäftsstraßen, 4 Dh/Std., 8–22 Uhr.

Zone B Parkplätze in Gebieten mit Geschäften 3/8/20 Dh pro 1/3/24 Std., 8–22 Uhr.

Zone C Parken am Straßenrand in nicht kommerziell genutzten Gebieten, 2/8 Dh pro 1/3 Std., 8–22 Uhr.

Zone D Parkplätze in nicht kommerziell genutzten Gebieten, 2/8/10 Dh pro 1/3/24 Std., 8–22 Uhr.

Parkscheine werden an einem orangefarbenen Automaten gezogen und hinter die Windschutzscheibe gelegt. Die Automaten akzeptieren Münzen, in Supermärkten gekaufte Prepaidkarten im Wert von 30 oder 100 Dh und die Nol Card (Prepaidkarte für öffentliche Verkehrsmittel; siehe www.nol.ae).

Für das Parken ohne Parkschein wird ein Bußgeld von 150 Dh erhoben, das Überschreiten der Parkzeit kostet 100 Dh.

Verkehrsregeln

- Es gilt Rechtsverkehr.
- Auf den Stadtstraßen liegt die zugelassene Höchstgeschwindigkeit bei 40 bis 60 km/h, auf den Hauptverkehrsstraßen der Stadt bei 70 bis 90 km/h und auf zweispurigen Schnellstraßen bei 100 bis 120 km/h.
- Es herrscht Gurtpflicht, und Handys am Steuer sind verboten.
- Es gilt die absolute Null-Promille-Grenze am Steuer.
- Niemals eine beleidigende Geste gegenüber anderen Verkehrsteilnehmern machen; das könnte Ausweisung oder Haft bedeuten.
- Zu dichtes Auffahren, obwohl es praktisch oft vorkommt, ist verboten und kann ein Bußgeld nach sich ziehen.
- Niemals gelbe Linien überfahren.
- Wenn man in einen Autounfall verwickelt ist, gilt man so lange als schuldig, bis das Gegenteil bewiesen ist. Daher wird man oft so lange von der Polizei festgehalten, bis eine Untersuchung des Falls klargestellt hat, wer der Schuldige bei dem Unfall war.

Versicherung

Mit im Angebot sind verschiedene Versicherungsmodelle. Man sollte sich für den umfassendsten Schutz entscheiden, da kleinere Zusammenstöße gang und gäbe sind. Zudem sollte man sicherstellen, dass man die Service- und Pannenhilfenummer des Autovermieters stets dabeihat.

KEIN ALKOHOL AM STEUER!

Alkohol am Steuer ist niemals gut, aber in den VAE wäre man völlig verrückt, wenn man so etwas auch nur versuchen würde. Es sollte jedem absolut klar sein, dass jedes kleinste Schlückchen eines zu viel ist. In den VAE herrscht die Null-Promille-Grenze. Wenn man mit Alkohol im Blut (Drogen oder einem Betäubungsmittel) am Steuer erwischt wird, kann man sich auf ein deftiges Bußgeld von mindestens 20 000 Dh, eine Zeit im Gefängnis und die Abschiebung einstellen.

Bus

Die RTA betreibt auf über 120 Strecken im Stadtgebiet Busse, die vornehmlich von Pendlern mit niedrigem Einkommen während der Berufszeiten genutzt werden. Die Busse sind alle sauber, komfortabel, klimatisiert und dazu recht preiswert, aber nicht sehr schnell. Normalerweise sind die ersten paar Sitzreihen für Frauen und Kinder reserviert. Das Busfahren kostet rund 3 bis 8,50 Dh pro Fahrt mit einer vorher gekauften Nol-Karte.

Informationen bekommt man unter www.dubai-buses.com; für Fahrpläne und die Streckenplanung ist www.wojhati.rta.ae hilfreich.

Fahrrad

Obwohl das Auto in Dubai und Abu Dhabi nach wie vor das Verkehrsmittel Nummer eins ist, werden beide Ballungsräume dank spezieller Radwege und Bike-Sharing-Diensten immer fahrradfreundlicher. Die wichtigsten Anbieter sind Byky (www.q8byky.com) und Careem Bike (www.careem.com). Beide verfügen über Stationen an zentralen Standorten wie Downtown Dubai, Dubai Marina und Abu Dhabi Corniche. Mehr Informationen zu Preisen, Standorten und Mietverfahren sind auf den Websites zu finden.

Geführte Touren

Wer zum ersten Mal in Dubai ist, kann sich auf einer geführten Tour in der Stadt orientieren und dabei einen

Blick auf die wichtigsten Sehenswürdigkeiten werfen sowie einen ersten Eindruck von der Metropole erhalten.

Es sind verschiedene geführte Touren verfügbar. Wer nur eine kurze Einführung in die Stadt erhalten möchte, nimmt an der Hop-on-Hop-off-Tour von **Big Bus Dubai** (☎04 340 7709; www.bigbustours.com; Tageskarte Erw./Kind 273/174 Dh) teil. Für eine eher ungewöhnliche Sightseeingtour empfiehlt sich **Wonder Bus Tours** (S. 117), das kombinierte Erkundungstouren zu Land und Wasser an Bord eines Amphibienfahrzeugs bietet. Wer mehr in die Tiefe gehen will, für den könnten die kulturellen Touren des gemeinnützigen **Sheikh Mohammed Centre for Cultural Understanding** (S. 70) interessant sein, die u. a. einen Besuch der Jumeirah-Moschee beinhalten. Feinschmecker probieren auf den Touren von **Frying Pan Adventures** (S. 73) die Straßenküche Dubais. Um die Stadt vom Wasser aus zu sehen, lohnt sich eine Dinner-Bootsfahrt mit **Al Mansour Dhow** (S. 60) oder **Bateaux Dubai**. Alternativ nimmt man die öffentliche **Dubai Ferry** (S. 130).

TICKETS & TAGESKARTEN

Bevor man den Nahverkehr nutzt, sollte man eine wiederaufladbare Karte (Nol Card; *nol* ist arabisch für „Fahrpreis") an Fahrkartenschaltern oder -automaten kaufen. Das RTA-Netz ist in sieben Zonen unterteilt, wobei sich die Preise nach der Anzahl der durchfahrenen Zonen richten. Tickets müssen beim Ein- und Aussteigen in den Kartenleser gesteckt werden, woraufhin der korrekte Fahrpreis abgebucht wird.

Für Touristen gibt's zwei interessante Tickets:

Nol Red Ticket (3 Dh, plus Betrag für mindestens eine Fahrt) Vor der Fahrt muss man den korrekten Betrag auf die Karte laden. Man kann sie bis zu zehnmal aufladen. Sie darf nur in einem Verkehrsmittel verwendet werden. Preise: Eine Fahrt für eine Zone kostet 4 Dh, für zwei Zonen 6 Dh und ab drei Zonen 8,50 Dh. Für eine Tageskarte bezahlt man 20 Dh.

Nol Silver Card (25 Dh, inklusive 19 Dh Guthaben) Von dieser Prepaid-Guthabenkarte wird jede Fahrt einzeln abgezogen. Sie lohnt sich, wenn man sie mehr als zehnmal benutzt. Eine Fahrt kostet mit dieser Karte 3 Dh für eine Zone, 5 Dh für zwei Zonen und 7,50 Dh ab drei Zonen. Weitere Informationen findet man unter www.nol.ae.

Metro

Dubais Metro (www.rta.ae) wurde 2010 eröffnet und ist ein beliebtes Verkehrsmittel.

Die **Red Line** verläuft über 67 km vom Centrepoint in der Nähe des Dubai International Airport bis zur Expo 2020, größtenteils parallel zur Sheikh Zayed Road. In Jebel Ali teilt sich die Linie. Die **Green Line** verbindet auf einer Strecke von 22 km die Dubai Airport Free Zone mit der Dubai Healthcare City und dem Dubai Creek.

Kreuzung der Red & Green Line An den Bahnhöfen Union und BurJuman.

Weiterfahrt An jeder Haltestelle stehen Taxis und Busse für die Weiterfahrt bereit.

Häufigkeit Die Züge verkehren etwa alle zehn Minuten, montags bis donnerstags von 5 bis 1.15 Uhr, freitags und samstags bis 2.15 Uhr und sonntags von 8 bis 1.15 Uhr.

Waggons Jeder Zug besteht aus vier Standardwaggons und einem Waggon, der in einen reinen Frauenbereich und einen „Gold-Class"-Abschnitt unterteilt ist, wo man für den doppelten Preis den Luxus von Teppichen und Ledersitzen hat. Frauen dürfen natürlich auch in jedem der anderen Waggons sitzen.

Tickets Nol-Karten können an der Station gekauft werden und müssen vor dem Verlassen durch ein Lesegerät gezogen werden.

Fahrpreise Reichen von 3 Dh für Stecken innerhalb einer Zone bis zu 7,50 Dh für Strecken durch fünf Zonen.

Strecken An allen Metrostationen liegen Flyer auf Englisch aus, die die Zonen genau zeigen und erklären.

Bußgelder Wer die Station mit einem unzureichend gelösten Ticket verlässt, muss die Summe einer Tageskarte (14 Dh) zahlen.

Monorail

Die Hochbahn Palm Jumeirah Monorail (www.palmmonorail.com) fährt führerlos und verbindet Palm Jumeirah mit Dubai Marina. Es gibt vier Haltestationen: Palm Gateway Station unweit des unteren Teils des „Stammes", Al Ittihad Park in der Nähe der Galleria Mall sowie Nakheel Mall und Atlantis Aquaventure im Atlantis Hotel. Eine zusätzliche Haltestelle, The Pointe, soll bald eingeweiht werden. Die Fahrt auf der 5,5 km langen Strecke dauert etwa zwölf Minuten und kostet 20 Dh (hin und zurück 30 Dh). Man kann nur mit Bargeld zahlen.

Die Züge fahren von 9 bis 22 Uhr alle 15 Minuten. In Palm Gateway ist die Hochbahn mit der Dubai Tram verbunden.

Schiff/Fähre

Abra

Abras sind traditionelle Motorboote aus Holz, die Bur Dubai und Deira auf zwei Strecken über den Creek miteinander verbinden:

Route 1 Bur Dubai Abra Station (Karte S. 266; www.rta.ae; Waterfront, Bur Dubai Souk, Meena Bazaar; 1 Dh; ⊙6–24 Uhr; Ⓜ Al Ghubaiba) bis **Deira Old Souk Abra Station** (Karte S. 262; www.rta.ae; Baniyas Rd, nahe Gewürzsouk; 1 Dh; ⊙6–24 Uhr; Ⓜ Baniyas Square); fährt täglich von 6 bis 24 Uhr; die Fahrten dauern fünf Minuten.

Route 2 Dubai Old Souk Abra Station (Karte S. 266; www.rta.ae; pro Fahrt 1 Dh; ⊙rund um die Uhr; Ⓜ Al Ghubaiba) bis **Al Sabkha Abra Station** (Karte S. 262; www.rta.ae; Baniyas Rd; 1 Dh; ⊙rund um die Uhr; Ⓜ Baniyas Square); verkehrt rund um die Uhr, die Fahrten dauern ca. sieben Minuten.

Abras starten dann, wenn sie voll sind (rund 20 Passagiere), was selten mehr als ein paar Minuten dauert. Der Fahrpreis beträgt 1 Dh, bezahlt wird unterwegs. Ein eigenes *abra* zu chartern, kostet 120 Dh pro Stunde.

Von 7 Uhr morgens bis Mitternacht verbinden klimatisierte *abras* alle zehn bis 20 Minuten die **Al Jaddaf Marine Station** (Darwish Sulaiman; abra/Fähre 2/50 Dh; Ⓜ Creek) mit der **Dubai Festival City Abra Station** (Dubai Festival City; 1 Dh). Die Überfahrt kostet 2 Dh und dauert ca. 6 Minuten.

Darüber hinaus bieten teure Sightseeing-*abras* kurze Fahrten für Touristen um den Burj Lake, Madinat Jumeirah und das Atlantis The Palm an.

Dubai Ferry

Die Dubai Ferry bedient zwei miteinander verbundene Strecken und bietet Besuchern die Möglichkeit, die Stadt vom Wasser aus zu betrachten.

Von Dubai Marina nach Al Ghubaiba (Bur Dubai) Die 90-minütige Mini-Kreuzfahrt startet um 11, 13 und 18.30 Uhr ab der **Dubai Marina Ferry Station** (Karte S. 280) und der **Al Ghubaiba Ferry Station** (Karte S. 266 ; ☎800 9090; www.rta.ae; Shindagha Waterfront). Die Fahrt führt an Madinat Jumeirah, dem Burj Al Arab und Port Rashid vorbei. Von jeder der beiden Stationen startet zudem um 15 Uhr eine Nachmittagsteetour und um 17 Uhr eine Sonnenuntergangsfahrt. Sie kosten jeweils 50 Dh.

Dubai Canal Los geht's um 10, 12 und 17.30 Uhr von der Al Jaddaf Marine Station zur Dubai Canal Station und um 12, 14 und 19.30 Uhr in die entgegengesetzte Richtung. Zu den Haltestellen gehören Dubai Design District, Al Wajeha, Marasi und **Sheikh Zayed Road** (Karte S. 276). Der Preis richtet sich nach der Anzahl der Stationen, die gesamte Strecke kostet 50 Dh.

Beide Strecken treffen an der Dubai Canal Station aufeinander. Der Preis von dort nach Al Ghubaiba oder nach Dubai Marina beträgt 25 Dh. Allerdings ändern sich die Preise und der Fahrplan häufig. Aktuelle Informationen findet man unter www.dubai-ferry.com.

Dubai Water Bus

Klimatisierte Wasserbusse verbinden samstags bis donnerstags von 10 bis 23 Uhr und freitags von 12 bis 24 Uhr alle 20 Minuten vier Haltestellen an der Dubai Marina. Die Preise reichen von 3 bis 5 Dh pro Haltestelle und eine Tageskarte kostet 25 Dh. Nol-Karten sind hier gültig.

Taxi

Die meisten Leute bewegen sich in Dubai mit dem Taxi fort, und irgendwann braucht man selbst mit Sicherheit auch eins. Taxis mit staatlicher Lizenz sind cremefarben und werden von der **Dubai Taxi Corporation** (☎04 208 0808; www.dubaitaxi.ae) betrieben. Sie haben Taxameter, sind relativ preiswert und das schnellste und bequemste Fortbewegungsmittel, außer während der Rush Hour. Man kann sie auf der Straße heranwinken, an einem Taxistand einsteigen oder die Wagen telefonisch rufen. Es gibt auch private Taxis mit verschiedenfarbigen Dächern. Die von Arabia Taxi z. B. haben ein grünes Dach. Sie sind ebenfalls lizenziert und man kann bedenkenlos mitfahren. Dubais Behörde für öffentliche Verkehrsmitte RTA stellt die kostenlose Smart Taxi App zur Verfügung, mit der man das nächste freie Taxi rufen kann.

Fahrpreise

- Die Grundgebühr für auf der Straße angehaltene Taxis beträgt zwischen 6 und 22 Uhr 8 Dh und zwischen 22 und 6 Uhr 9 Dh.
- Für reservierte Taxis kostet die Grundgebühr 8 Dh. Sie steigt in Stoßzeiten auf 12 Dh (Sa–Mi 7–10 und 16–22 Uhr, Do, Fr 16–24 Uhr).
- Der Preis pro Kilometer beträgt 1,82 Dh.
- Der Mindestpreis für eine Fahrt liegt bei 12 Dh.
- Fahrten vom/zum Flughafen kosten 25 Dh Grundgebühr und 1,96 Dh pro Kilometer.
- Die Autobahngebühr von 4 Dh pro Mautstelle wird automatisch auf den Taxipreis angerechnet.

➡ Man gibt ca. 5 bis 10 Dh Trinkgeld oder rundet den Betrag auf. Kleine Scheine mitnehmen, denn die Fahrer können sonst nicht wechseln.

➡ Man kann in Taxis per Kreditkarte zahlen.

Fahrziele

Die meisten Taxifahrer stammen aus Südostasien, sprechen aber zumindest einige Brocken Englisch. Das Ziel gibt man nicht mit dem Straßennamen an, sondern nennt ein bekanntes Gebäude in der Nähe (z. B. ein Hotel, eine Mall, einen Kreisverkehr oder ein bekanntes Hochhaus). Wer privat eingeladen ist, sollte den Gastgeber anrufen, damit er dem Fahrer Hinweise geben kann.

Neue Fahrer kennen sich manchmal nicht aus. Wenn sie kein Navi, Google Maps, RTA Smart Drive oder eine andere App haben, sollte man ihnen mit dem eigenen Handy helfen, das Ziel zu finden.

Frauen & Taxis

Dubai ist eine sichere Stadt für Frauen. Es ist kein Problem, mit dem Taxi zu fahren. Außerdem kann man ein Taxi mit rosa Dach und Fahrerin buchen, ein sogenanntes **Ladies Taxi** (☎04 208 0808; http://dubai-taxi.com).

Uber & Careem

Wie in anderen Metropolen stehen Taxis in Konkurrenz zu mobilen Taxi-Ruf-Apps wie Uber (www.uber.com) und Careem (www.careem.com) mit Sitz in Dubai, wo dieses Unternehmen, das heute im gesamten Nahen Osten vertreten ist, 2012 gegründet wurde. Die Preise unterscheiden sich kaum, aber Uber und Careem haben oft schönere Autos mit kompetenteren Fahrern, zudem bekommt man kostenlos Wasser und kann sein Telefon aufladen.

Tram

Zu den elf Haltestellen der Dubai Tram (www.alsufouh tram.com), die im Bereich von Dubai Marina fährt, gehören nahe der Marina Mall The Beach in JBR und The Walk in JBR. Die Tram ist mit den Metrostationen Sobha Realty und DMCC verbunden, und an der Haltestelle Palm Jumeirah kann man in die Palm Jumeirah Monorail umsteigen. Sie fährt samstags bis donnerstags von 6 bis 1 Uhr und freitags von 9 bis 1 Uhr alle acht Minuten. Die gesamte Strecke dauert 40 Minuten. Der Preis richtet sich nach den durchquerten Zonen. Eine Zone kostet 4 Dh. Es müssen Nol Cards verwendet werden.

Zu Fuß

Sich in Dubai zu Fuß fortzubewegen, ist selbst in Kombination mit öffentlichen Verkehrsmitteln angesichts mangelnder Bürgersteige, Ampeln und Fußgängerübergänge eine Herausforderung. Es soll sogar vorkommen, dass Leute ein Taxi rufen, nur um auf die andere Straßenseite zu gelangen.

Allgemeine Informationen

PRAKTISCH & KONKRET

Leitungswasser

Wasser aus dem Hahn kann man in Dubai und Abu Dhabi bedenkenlos trinken.
Viele ziehen Wasser in Flaschen vor, das günstig und überall erhältlich ist, jedoch erzeugt man beim Trinken auch Plastikmüll. Organisationen wie Goumbook (www.goumbook.com) haben Initiativen zur Verringerung von Plastikverpackungen vor Ort gegründet.

Währung

Der Dirham der Vereinten Arabischen Emirate (VAE) (Dh) ist unterteilt in 100 Fils. Scheine gibt's zu 5, 10, 20, 50, 100, 200, 500 und 1000 Dh, Münzen zu 1 Dh, 50 Fils, 25 Fils, 10 Fils und 5 Fils.

Zeitungen & Zeitschriften

Zeitungen In den VAE werden vier englischsprachige Tageszeitungen herausgegeben: *The National*, *Gulf News*, *Khaleej Times* und *Gulf Today*.

Wirtschaft *Emirates Business 24/7* (www.emirates 247.com) ist eine Veröffentlichung der Regierung zu Wirtschaftsnachrichten.

Unterhaltung Die wichtigsten Programm- und Lifestylemagazine sind das wöchentliche *Time Out Dubai* (www.timeoutdubai.com) und *Time Out Abu Dhabi* (www.timeoutabudhabi.com) sowie das monatliche *What's On Dubai* (www.whatson.ae).

Lifestyle *Friday* (http://fridaymagazine.ae) ist eine kostenlose wöchentliche Beilage der *Gulf News*.

Barrierefreies Reisen

In den letzten Jahren hat die Regierung mehrere Initiativen gestartet, um Dubai behindertengerechter zu machen. Die wichtigste ist die Dubai Disability Strategy 2020. Die meisten Gebäude sind rollstuhlgerecht, wobei abgesenkte Bordsteine noch immer eine Seltenheit sind und in Bur Dubai und Deira praktisch nicht existieren.

Internationale Flughäfen
Beide Flughäfen haben extra niedrige Check-in-Schalter, Gepäckwagen, automatische Türen, Aufzüge und Möglichkeiten zum schnellen Einchecken. Am International Airport Dubai gibt's ein spezielles Gate für Reisende mit besonderen Bedürfnissen und auch einen Begleitservice.

Öffentliche Verkehrsmittel
Dubai Taxi (☎04 208 0808; www.dubaitaxi.ae) hat eine begrenzte Anzahl an behindertengerechten Taxis, spezielle Vans mit Rollstuhlaufzügen, die aber mehrere Stunden im Voraus bestellt werden müssen. Einige Stadtbusse und alle Wassertaxis sind mit dem Rollstuhl zugänglich. In den Metrostationen befinden sich Aufzüge und geriffelte Orientierungshilfen auf dem Boden. In jedem Zugabteil gibt's extra Platz für Rollstühle. Auf den meisten Parkplätzen in beiden Städten finden sich Behindertenplätze.

Unterkunft Internationale Hotelketten sowie alle Spitzenhotels haben breite Türen und behindertengerechte Badezimmer. Selbst preiswerte Hotels verfügen über Aufzüge.

Sehenswürdigkeiten & Attraktionen Einkaufszentren sowie die meisten Bars und Restaurants sind rollstuhlgerecht. An einigen Stränden wie dem Kite Beach und dem Sunset Beach führen Stege durch den Sand ans Wasser. In Abu Dhabi sind die wichtigen Sehenswürdigkeiten wie die Scheich-Zayid-Moschee, das Emirates Palace, Yas Island und Masdar City barrierefrei.

Botschaften & Konsulate

Die Botschaften helfen, wenn man seinen Pass verloren hat, sind aber nicht sehr mitfühlend, wenn man vor Ort ein Verbrechen verübt hat, auch wenn die Tat im Heimatland vielleicht sogar erlaubt ist. Die meisten Länder haben Botschaften in Abu Dhabi, der Hauptstadt der VAE; alternativ sind die nachfolgend aufgeführten Konsulate in Dubai zuständig.

Deutsches Generalkonsulat (☎04-349 8888, Visastelle 04-302-4360; www.dubai.diplo.de; Jumareih I, 14 A St; Pass- und Visastelle Jumareih I, 8A St; ⏲So–Do 9–12 Uhr) Direkt hinter dem Dubai Zoo.

Schweizerisches Generalkonsulat (☎04-329 0999; www.eda.admin.ch/countries/united-arab-emirates; Dubai World Trade Center) Alle Visums- und Passangelegenheiten werden jedoch von der Schweizerischen Botschaft in Abu Dhabi abgewickelt.

US-amerikanisches Konsulat (☎04 311 6000; https://ae.usembassy.gov; Ecke Al Seef & Sheikh Khalifa Bin Zayed Rds; ⏲So–Do 12.30–15 Uhr)

Ermäßigungen

Klassische Studenten- und Jugendausweise sind in Dubai wenig gebräuchlich.

Go Dubai Card (www.smartdestinations.com/dubai) Bis zu 52 % günstigere Eintrittspreise bei 37 Sehenswürdigkeiten, darunter **Burj Khalifa** (S. 85), **Aquaventure** (S. 121) und **Ski Dubai** (S. 117). Erhältlich ab zwei (1099 Dh) bis sieben Tage (1999 Dh).

The Dubai Pass (www.visitdubai.com/en/deals-and-offers/dubai-pass) Der 2018 eingeführte Dubai Pass ähnelt der Go Dubai Card und gewährt Ermäßigungen von bis zu 60 % auf die beliebtesten Attraktionen. Zur Auswahl stehen Dubai Select und Dubai Unlimited; die Preise beginnen bei 425 Dh für drei Attraktionen und reichen bis 929 Dh für eine unbegrenzte Auswahl in der Hochsaison.

iVenture Card (www.iventurecard.com/uk/dubai) Mit dieser Karte erhält man bei 30 wichtigen Sehenswürdigkeiten einen Nachlass von bis zu 60 %. Unbegrenzte Nutzung an fünf aufeinanderfolgenden Tagen in einem Zeitraum von sieben Tagen kostet 1395 Dh, ein Flixpass für 3/5 Attraktionen in einem Zeitraum von sieben Tagen kostet 575 Dh.

The Entertainer (www.theentertainerme.com) Die Gutschein-App funktioniert nach dem Prinzip „zahle eins, erhalte zwei " für Abendessen, Sehenswürdigkeiten, Bars, Spas, Gesundheit und Fitness und ist ein Kalenderjahr lang gültig. Erhältlich ist sie bei Google Play und im App Store zum Preis von 445 Dh.

Groupon (www.groupon.ae/coupons/dubai) Website und App für Nachlässe aller Art von Büfetts bis hin zu Mietautos.

Cobone (www.cobone.com) Die landeseigene Version von Groupon.

Etikette

Dubai ist modern und im Großen und Ganzen tolerant, Besucher sollten aber respektieren, dass es eine muslimische Stadt ist. Hier einige Verhaltenshinweise:

Kleidung Sowohl Frauen als auch Männer sollten sich zurückhaltend kleiden. Badebekleidung ist nur am Strand und am Pool akzeptabel.

Zuneigungsbekundungen in der Öffentlichkeit Händchenhalten ist okay, lange Küsse oder Umarmungen sind es nicht.

Alkohol Ausufernde Trinkgelage in der Öffentlichkeit sollte man unterlassen. Niemals alkoholisiert Auto fahren!

Begrüßungen Um jemanden zu begrüßen oder jemandem etwas zu geben, nimmt man immer die rechte Hand. Nie zuerst die Hand zum Händegeben ausstrecken, sondern warten, ob die andere Person einem die Hand geben will.

Sitzen Beim Sitzen gilt es als unhöflich, wenn die Schuhsohlen auf jemanden zeigen und wenn man die Beine übereinanderschlägt.

Sprache Fluchen und rüde Gesten können mit einem Bußgeld bestraft werden.

Feiertage

Neujahr 1. Januar

Gedenktag 30. November

Nationalfeiertag 2. Dezember

Frauen unterwegs

Eine Reise nach Dubai und Abu Dhabi ist für Frauen viel weniger schwierig und stressig, als viele Menschen denken. Mit den folgenden häufig kursierenden Mythen sollte aufgeräumt werden:

- Kopfbedeckungen sind freiwillig.
- Frauen dürfen Auto fahren.
- Frauen werden nicht pausenlos belästigt.
- Es ist sicher, mit dem Taxi zu fahren. Einheimische Frauen sitzen in der Regel lieber hinten.
- Frauen sind in Hotels alleine sicher (obwohl weibliche Tra-

veller in den billigen Absteigen in Deira und Bur Dubai die Ausnahme sind) und können in den meisten Gegenden auch sicher alleine unterwegs sein.).

Außerdem sollte man Folgendes wissen:

➡ In öffentlichen Verkehrsmitteln können Frauen sitzen, wo sie wollen, oft gibt es aber einen speziellen Bereich nur für Frauen im vorderen Teil.

➡ Wenn man Hilfe braucht (z. B. nach dem Weg fragen möchte), ist es angemessener, zunächst eine andere Frau anzusprechen.

➡ Viele einheimische Restaurants haben einen „Familienbereich", wo sich Frauen, die alleine essen, oft wohler fühlen.

➡ Einen Überblick über die Etikette in einer muslimischen Stadt gibt's auf S. 235.

➡ Einige kulturelle Empfindlichkeiten sind auch strafrechtlich relevant, ein kurzer Überblick steht auf S. 238. Außerehelicher Sex ist nicht mehr illegal.

Geld

Geldautomaten

Geldautomaten sind weitverbreitet. Die meisten Hotels, Restaurants und Läden akzeptieren Kreditkarten.

Geldwechsel

In Wechselstuben kann man mit besseren Umtauschkursen rechnen als in Banken. Verlässliche Wechselstuben sind etwa Al Rostamani (www.alrostamaniexchange.com) und UAE Exchange (www.uaeexchange.com).

Kreditkarten

Visa, MasterCard und American Express werden fast überall angenommen. Wenn man gefragt wird, ob man in Dirham oder in der eigenen Landeswährung bezahlen möchte, sollte man immer Dirham wählen, denn die Wechselkursgebühren können bis 18 % betragen.

Trinkgeld

Hotels Kofferträger 5–10 Dh, Zimmerservice 5–10 Dh pro Tag.

Restaurants Für anständigen Service gibt man 10%, für guten Service 15% Trinkgeld in bar, damit es auch wirklich dem Servicepersonal zugutekommt.

Taxis 5–10 Dh oder aufrunden auf den nächsten Schein.

Diener 5–10 Dh.

Spa-Personal 10–15 %.

Wechselkurse

Der Dirham ist seit 1997 an den US-Dollar gekoppelt.

Eurozone	1 €	3,72 Dh
Schweiz	1 SFr	3,84 Dh

Aktuelle Wechselkurse siehe www.xe.com.

RAUCHEN

In Dubai und Abu Dhabi ist das Rauchen in allen öffentlichen Bereichen streng verboten. Die Ausnahme bilden Nachtclubs und geschlossene Bars. Darüber hinaus gilt:

➡ Einkaufszentren, Hotels und einige Restaurants haben ausgewiesene Raucherecken.

➡ Alle Hotels haben Nichtraucherräume, einige sind gänzlich rauchfrei.

➡ In einem Nichtraucherbereich mit Glimmstängel erwischt zu werden, kostet eine Strafe von 500 Dh. 1000 Dh löhnt, wer Zigarettenkippen einfach auf die Straße wirft.

➡ In öffentlich zugänglichen Parks, an Stränden und in Erholungsbereichen darf nicht geraucht werden.

➡ E-Zigaretten sind verboten und werden meist bei der Einreise konfisziert.

➡ Im Auto ist das Rauchen dann untersagt, wenn Kinder dabei sind.

Gesundheit

Vor der Abreise

KRANKENVERSICHERUNG

Der Standard der medizinischen Versorgung in Dubai und Abu Dhabi ist hoch.

Eine Reisekrankenversicherung ist wichtig, weil die Behandlung vor Ort direkt bezahlt werden muss und die Gebühren happig sind. Sichergehen, dass eine Rückführung ins Heimatland eingeschlossen ist.

EMPFOHLENE IMPFUNGEN

Es gibt keine verpflichtenden Impfungen für Reisen nach Dubai und Abu Dhabi, aber das Center for Disease Control (CDC) empfiehlt, dass alle Reisenden einen aktuellen Impfschutz für folgende Standardimpfungen haben sollten: Masern-Mumps-Röteln (MMR), Diphterie-Tetanus-Keuchhusten, Windpocken, Polio und die jährliche Grippeimpfung.

Medizinische Versorgung

Health Call (☎04 363 5343; www.health-call.com; 5. OG, Bldg 27, District 6, Dubai Healthcare City; ⏲9–22 Uhr) schickt Ärzte rund um die Uhr zu Hausbesuchen (600–800 Dh pro Visite) und hat auch eine Klinik in der Healthcare City.

Zahlreiche Apotheken findet man rund um die Kliniken und Krankenhäuser und in großen Einkaufszentren. Die meisten verkaufen Standardmedikamente ohne Rezept, u. a. Antibiotika.

DUBAI

American Hospital Dubai (☎04 336 7777; www.ahdubai.com; Oud Metha Rd; Ⓜ Dubai Healthcare City) Eine der Privatkliniken der Spitzenklasse in der Stadt mit 24-Stunden-Notdienst.

Dubai Hospital (☎04 219 5000; www.dha.gov.ae/en/DubaiHospital; Al Khaleej Rd, Deira; ⏲rund um die Uhr; Ⓜ Abu Baker Al Siddique) Eines der besten staatlichen Krankenhäuser der Region mit 24-Stunden-Notdienst.

Rashid Hospital (☎04 219 1000; www.dha.gov.ae/en/RashidHospital; abseits der Oud Metha Rd nahe der Al-Maktoum-Brücke; Ⓜ Oud Metha) Staatliches Krankenhaus mit 24-Stunden-Notdienst.

ABU DHABI

Der Standard der medizinischen Versorgung ist in Abu Dhabi im Allgemeinen hoch und Notfallbehandlungen sind kostenlos. Adressen von rund um die Uhr geöffneten Apotheken bekommt man telefonisch unter der Nummer 777 929.

Central Al Ahalia Pharmacy In Al Markaziyah (Karte S. 144; ☎02 626 9545; www.dawnpharmacy.com;Hamdan & Liwa St, gegenüber der Baroda Bank; ⏲rund um die Uhr) Im Stadtviertel Al Markaziyah; eine der vielen rund um die Uhr geöffneten Apotheken.

Sheikh Khalifa Medical City (☎02 819 0000, Termine 80 050; www.seha.ae; Ecke Al Karama St & Hazza Bin Zayed the First St; ⏲24 Std.) Eines der gut ausgestatteten Krankenhäuser, die es in Abu Dhabi gibt, mit 24-Stunden-Notdienst.

Gulf Diagnostic Centre (☎02 417 7222, Termine 800 4324; www.gdc-hospital.com; Al Khaleej Al Arabi St; ⏲Sa–Mi 8–20.30, Do bis 13 Uhr) Angesehenes privates medizinisches Zentrum in Abu Dhabi.

Internetzugang

Dubai ist extrem gut verkabelt, sodass es keinerlei Probleme gibt, online zu gehen, in der Regel kostenfrei. WLAN wird in Cafés und Restaurants flächendeckend angeboten, jedoch muss man meist nach dem Passwort fragen.

Dank der Initiative Wifi UAE wird in Dubai in der Metro, an öffentlichen Stränden, in Einkaufszentren und in zahllosen anderen Orten im Land kostenloses WLAN angeboten. Um auf dieses zugreifen zu können, benötigt man allerdings eine Handynummer aus den VAE. Es lohnt, vor Ort eine SIM-Karte für ein paar Dirham zu kaufen. Eine Karte mit allen Hotspots ist unter www.wifiuae.ae veröffentlicht.

LGBT-Reisende

Homosexuelle Praktiken sind in den VAE per Gesetz verboten und werden mit Gefängnis und Geldstrafen geahndet. Sieht man arabische Männer Hand in Hand laufen, ist dies ein Zeichen von Freundschaft und keiner sexuellen Ausrichtung.

Öffentliche Bekundungen von Zuneigung zwischen Partnern sind tabu.

Viele Websites zu LGBT, darunter Grindr und andere Dating-Apps, sind gesperrt und aus den VAE nicht zugänglich.

Sich ein Zimmer mit jemandem zu teilen, wird in der Regel als kameradschaftlich oder sparsam gedeutet, man sollte die wahre Beziehung jedoch eher verheimlichen.

Eine sinnvolle Lektüre ist Michael Luongos *Gay Travels in the Muslim World*.

LGBT Rights UAE (www.facebook.com/LGBTRights UAE) ist eine Nichtregierungsorganisation zur Bewusstseinsschaffung für die Probleme der LGBT-Gemeinde.

Notfälle

Feuerwehr	☎997
Krankenwagen	☎999
Ländervorwahl	☎971
Polizei	☎999 ☎901 bei Nicht-Notfällen

Öffnungszeiten

Die Öffnungszeiten ändern sich von Saison zu Saison. Seit 2022 ermöglichen neue Gesetze mehr Büros, am Freitagvormittag zu öffnen. Aktuelle Geschäftszeiten findet man auf den jeweiligen Websites.

Banken Sonntag bis Donnerstag 8 bis 13 Uhr, Samstag 8 bis 12 Uhr.

GESPERRTE WEBSITES

In den VAE laufen Websites über regionale Proxy-Server, die den Zugriff auf bestimmte Seiten verhindern. Hierzu zählen Pornoseiten, viele LGBT-Seiten, Websites, die dem Islam oder Staatsoberhäuptern der VAE kritisch gegenüberstehen, Dating- und Glücksspielseiten, Seiten mit Bezug zu Drogen und alle israelischen Domains. Der Zugriff zu diesen Seiten ist in den VAE offiziell unterbunden. Einige User umgehen dies, indem sie ein VPN (Virtual Private Network) außerhalb der VAE aufsetzen, um auf blockierte Inhalte zugreifen zu können.

RAMADAN & ANDERE ISLAMISCHE FEIERTAGE

Der Ramadan fällt auf den neunten Monat des muslimischen Kalenders. Er gilt als Zeit der spirituellen Reflexion, und solange es Tageslicht gibt, müssen Ramadan haltende Muslime fasten.

Von Nichtmuslimen wird nicht erwartet, dass sie Ramadan halten, doch Besucher sollten während dieser Zeit in der Öffentlichkeit weder rauchen noch trinken (auch kein Wasser) und essen (auch kein Kaugummi). In den Hotels werden Stellwände aufgestellt, damit nichtmuslimische Gäste diskret speisen können. Die Öffnungszeiten sind während des Ramadans in der Regel kürzer und nicht mehr regelmäßig. 2016 wurden in Dubai die Bestimmungen zum Ausschank von Alkohol tagsüber in Bars mit Schanklizenz gelockert. Auch einige Clubs haben geöffnet, Livemusik hingegen ist ein Tabu.

Nach Sonnenuntergang winkt das Fastenbrechen mit einer leichten Kleinigkeit vor den Gebeten. Dann folgt *iftar*, ein großes gemeinschaftliches Essen, bei dem auch Nichtmuslime willkommen sind. Viele Restaurants und Hotels stellen große festliche *iftar*-Zelte auf. Vor Sonnenaufgang stehen die Menschen wieder auf, um eine Mahlzeit *(suhoor)* zuzubereiten, damit sie gut durch den Tag kommen.

Die Daten islamischer Feiertage variieren im gregorianischen Kalender, da sie sich nach der Sichtung des Mondes richten. Die genauen Termine werden in Zeitungen veröffentlicht. Am wichtigsten sind die folgenden islamischen Feiertage:

Eid Al Fitr Endpunkt des Ramadan.

Eid Al Adha Feiert die Wallfahrt nach Mekka.

Islamisches Neujahr (Ras as Sana al Hijria)

Geburtstag des Propheten (Mawlid)

ISLAMISCHES JAHR	RAMADAN	EID AL FITR	EID AL ADHA
1444 (2023)	22. März	20. April	28. Juni
1445 (2024)	10. März	8. April	16. Juni
1446 (2025)	28. Februar	29. April	6. Juni

Einkaufszentren Sonntag bis Mittwoch 10 bis 22 Uhr, Donnerstag bis Samstag 10 Uhr bis Mitternacht.

Private Büros Sonntag bis Donnerstag 8 bis 17 oder 9 bis 18 Uhr, oder 8 bis 13 und 15 (oder 16) bis 19 Uhr.

Regierungsbüros Montag bis Donnerstag 7.30 bis 14 Uhr (oder 15 Uhr).

Restaurants 12 bis 15 Uhr und 19.30 Uhr bis Mitternacht.

Souks Samstag bis Donnerstag 9 bis 13 Uhr und 16 bis 21 Uhr; Freitag 16 bis 21 Uhr.

Rechtsfragen

Abu Dhabi und besonders Dubai erscheinen manchmal wie Städte, wo „alles geht", aber ganz so ist es nicht. Die Einheimischen sind gegenüber kulturellen Unterschieden bis zu einem gewissen Punkt sehr aufgeschlossen. Geht man jedoch über diesen Punkt hinaus, sieht man sich mit den härtesten Strafen der gesamten Region konfrontiert.

Die Unkenntnis der Gesetze der Emirate ist noch keine Verteidigung, daher sollte man zunächst einmal den Dubai Code of Conduct (www.zu.ac.ae/employment/html/documents/CultureandConductin Dubai_000.pdf) lesen, um nicht in Schwierigkeiten zu geraten.

Alkohol

Nichtmuslimen ist der Genuss von Alkohol in bestimmten Lokalitäten erlaubt, in nicht lizenzierten öffentlichen Örtlichkeiten ist er jedoch gesetzlich verboten. Außerdem ist es nicht erlaubt, Alkohol in irgendeinem Geschäft zu kaufen. Das darf man nur in Hotelbars und Restaurants mit einer entsprechenden Lizenz (Ausnahme: die vier Liter zollfreien Alkohols, die man ins Land einführen darf). Einem Moslem sollte man niemals Alkohol anbieten und immer daran denken, dass Alkohol am Steuer ein schweres Vergehen ist. Die Gesetze gegen Alkohol können verwirrend sein, darum sollten Besucher immer vorsichtig sein.

Drogen & illegale Substanzen

Der Konsum illegaler Drogen wird als Verbrechen geahndet und ist schlichtweg eine ganz schlechte Idee, auch wenn im Rahmen von Gesetzesänderungen des Antidrogengesetzes 2016 der Konsum von Drogen von einem schweren Verbrechen zu einem Bagatelldelikt herabgestuft wurde. Den Gerichten steht es mittlerweile frei, Ersttäter zu einer Geldstrafe, gemeinnütziger Arbeit oder einer zweijährigen Gefängnisstrafe zu verurteilen. Keinesfalls sollte man davon ausgehen, dass man ungeschoren davonkommt!

Kulturelle Verhaltensgrundsätze

Eine Reihe von Gesetzen und Regeln betreffen das gesellschaftliche Miteinander.

Zuneigungsbekundungen in der Öffentlichkeit Dass Ehepaare in der Öffentlichkeit Hand in Hand gehen, wird toleriert, Küsse oder Liebkosungen hingegen verstoßen gegen die guten Sitten.

Nacktheit ist streng verboten.

Beleidigungen Beleidigende Gesten und Sprache – das beschränkt sich nicht nur aufs Fluchen – gelten in den Vereinigten Arabischen Emiraten als Straftat und können mit hohen Geldstrafen und sogar Gefängnis bestraft werden.

In sozialen Medien oder auf Messenger-Diensten wie WhatsApp gelten Beleidigungen als Computerkriminalität, wenn sie angezeigt werden. Das Gesetz gilt auch für schon vor Jahren sowie für außerhalb der Vereinigten Arabischen Emirate gepostete Messages. Beleidigungen der Regierung sind ebenfalls verboten.

Fotografieren Fremde nie ohne ihre Einwilligung fotografieren.

Öffentliche Ärgernisse Spucken, laute Musik in der Öffentlichkeit hören, Verkotung durch Haustiere und Müll wegwerfen – das alles sind öffentliche Ärgernisse.

Religion Niemals den Islam beschimpfen oder sich gegenüber irgendeiner Religion herablassend äußern. Am besten im Ramadan tagsüber in der Öffentlichkeit weder essen noch trinken (auch kein Wasser) noch rauchen.

ALS AUSLÄNDER IN DUBAI & ABU DHABI LEBEN

Wenn jemand Dubai oder Abu Dhabi so mag, dass er oder sie dort bleiben möchte, sollte sie/er sich den Tausenden von Ausländern anschließen, die sich eine dieser beiden Städte als neue Heimat auserkoren haben.

Vorteile

Einige Ausländer zieht es in die Golfregion, weil sie hier steuerfrei Geld verdienen und gut leben können. Aber die Zeiten, in denen man gut bezahlt wurde und dafür wenig tun musste, sind vorbei und die Temperaturen sowie die Herausforderungen der fremden Sitten und Gebräuche bleiben bestehen. Warum also sollte man als Ausländer hierher ziehen? Für manche ist es der Nervenkitzel, in der Region, in der sich der Wandel unvergleichlich schnell vollzieht, Teil von etwas Experimentellem und Aufstrebendem zu sein. Für andere ist es die Aussicht, Qualifikationen und Erfahrungen in einem Land zur Geltung zu bringen, wo diese auch wirklich gebraucht und geschätzt werden.

Zur Zufriedenheit im Beruf kommt noch dazu, dass viele es genießen, Häuser und Autos offen zu lassen, ohne dass etwas gestohlen wird, Kinder auf der Straße spielen und problemlos mit Fremden sprechen zu lassen, und dass Nachbarn Zeit für ein Schwätzchen haben. Die Zeiten ändern sich zwar, aber insgesamt gesehen trägt die freundliche und sichere Atmosphäre Dubais und Abu Dhabis zusammen mit dem multikulturellen Lebensstil sehr zu einer hohen Lebensqualität bei.

Herausforderungen

Nicht jeder kommt mit dem Wetter zurecht. Wer aus einem kalten, nassen Land stammt, kann sich sicher kaum vorstellen, dass er oder sie vom ewigen Sonnenschein jemals genug haben könnte. Aber im Sommer ist der Himmel weiß vor Hitze und die extremen Temperaturen von April bis Oktober (oft über 45 °C) machen es erforderlich, das Leben völlig daran anzupassen: Der Großteil des Alltags spielt sich in klimatisierten Räumen ab.

Praktisch & Konkret

Wer besondere Fertigkeiten und vorzugsweise auch Qualifikationen nachweisen kann, findet leicht eine Anstellung. Um sich eine drei Jahre gültige Aufenthaltsgenehmigung zu sichern, braucht man einen Arbeitgeber, der für einen bürgt, einen Ehepartner mit Job oder Grundbesitz, der an eine erneuerbare Aufenthaltsgenehmigung gekoppelt ist. Im Arbeitsvertrag werden manchmal ein Umzugszuschuss, ein Flugticket für die einmal jährliche Heimreise, Wohnung, Krankenversicherung, Bildung für Kinder und großzügig bezahlter Urlaub vereinbart.

Unwissenheit schützt nicht vor Strafe

Den Verhaltenskodex oder das Gesetz zu brechen, kann zu Verwarnungen, Bußgeldern (z. B. beim Wegwerfen von Müll), Gefängnisaufenthalt oder Ausweisung führen (z. B. bei Drogenbesitz oder Islamkritik). Unwissenheit schützt nicht vor Strafe.

Wenn man verhaftet wird, ruft man die Botschaft oder das Konsulat seines Heimatlandes an und wartet auf einen Vertreter, bevor man irgendetwas unterschreibt. Bei einem Autounfall sollte man das Auto nicht von der Unfallstelle bewegen, bis die Polizei kommt – selbst wenn dadurch ein Stau entsteht.

Die Polizei der VAE hat das **Tourist Security Department** (☎800 4438; www.dubaipolice.gov.ae; ⏲rund um die Uhr) eingerichtet, das Besuchern hilft, wenn sie auf Reisen mit dem Gesetz in Konflikt geraten.

Verordnete Medikamente

Es gibt Einfuhrbeschränkungen von verordneten Medikamenten, die in anderen Ländern völlig legal sind, darunter Diazepam (Valium), Dextromethorphan (Hustenstiller), Fluoxetine (Antidepressivum) und alles, was Codein enthält. Alle Touristen und Einwohner, die in die VAE einreisen wollen, müssen vorher online ein Formular ausfüllen, damit sie Medikamente für den persönlichen Gebrauch einführen dürfen. Das Formular kann auf der MoHAP-Website (www.mohap.gov.ae) oder in der MoHAP-App kostenlos heruntergeladen werden.

Sicher reisen

Covid-19 Über die aktuellen Einreiseregeln im Zusammenhang mit der Covid-19-Pandemie informiert man sich auf www.u.ae oder bei der Botschaft der VAE im Heimatland.

Gefahren im Wasser Der Golf mag zwar ganz harmlos aussehen, aber es gibt starke Strömungen, weshalb immer wieder Menschen ertrinken.

Kriminalität In Dubai und Abu Dhabi ist die Verbrechensrate niedrig und selten kommt es zu Gewalttaten. Kleinkriminalität wie Taschendiebstahl kommt vor, vor allem in Menschenmengen und auf Märkten.

Terror Die Außenministerien vieler Länder warnen Reisende immer mal wieder vor der allgemeinen Terrorgefahr, aber das ist eher der geografischen Lage der VAE als einer konkreten Bedrohung geschuldet.

Verkehrsunfälle Dubai zählt zu den Städten mit der weltweit höchsten Zahl an Verkehrstoten. Es wird viel gerast.

Steuern

Seit Januar 2018 wird eine Mehrwertsteuer in Höhe von 5 % auf viele Waren und Dienstleistungen erhoben, ebenso wie auf Hotelzimmer, Lebensmittel und Benzin. Eine „Sündensteuer" sorgt seit Oktober 2017 für die Verdopplung der Preise von Tabakprodukten und Energydrinks. Die Preise für zuckerhaltige Getränke stiegen um 50 %.

Neben der Mehrwertsteuer erheben die Hotels in Dubai zusätzlich eine Städtesteuer in Höhe von 10 %, eine Servicegebühr von 10 % und eine Touristensteuer von sieben bis 20 Dh. In Abu Dhabi enthält die Abschlussrechnung im Hotel eine Städtesteuer von 6 %, eine Servicegebühr in Höhe von 10 % und die Touristensteuer von 4 % zzgl. 15 Dh pro Nacht und Zimmer.

Strom

Die elektrische Spannung beträgt 220V Wechselstrom. Bei den Steckdosen sind die britischen Dosen mit drei Polen Standard, obwohl manche elektrische Geräte auch zweipolige Stecker haben. Adapter bekommt man in Hotels, Supermärkten und Elektrogeschäften.

Typ G
230V/50Hz

Telefon

Die VAE haben ein modernes, gut funktionierendes Telefonnetz und drei Mobilnetzbetreiber, Etisalat, Du und Virgin Mobile. Telefonate innerhalb derselben Ortsvorwahl sind kostenlos.

Münztelefone sind von Kartentelefonen abgelöst. Telefonkarten mit verschiedenem Guthaben gibt's in Lebensmittelgeschäften, Supermärkten und Tankstellen.

Auskunft	☎181
Internationale Auskunft	☎151
Kostenlose Rufnummern	beginnen mit ☎800
Mobiltelefonnummern	beginnen mit ☎050, ☎055 oder ☎056
Ortsvorwahlen Dubai/Abu Dhabi	☎04/02
Telefonate nach Abu Dhabi aus dem Ausland	☎+971 +2 +Telefonnummer

KLEIDUNG

Dubai ist insgesamt eine tolerante Stadt und die Einheimischen sind viel zu höflich, um auf einen Fauxpas bei der Kleidung aufmerksam zu machen. Besucher sollten sich jedoch bemühen, die hiesige Tradition zu respektieren und sich in der Öffentlichkeit zurückhaltend zu kleiden.

Frauen benötigen keine Kopfbedeckung, sollten aber – ebenso wie Männer – Schultern und Knie bedecken. Für Frauen empfiehlt es sich, locker sitzende Kleidung zu tragen und auf durchscheinende Stoffe oder tiefe Ausschnitte zu verzichten. In Bars und Nachtclubs gilt diese Regel nicht, doch auf dem Weg dorthin sollte man einen Schal oder einen leichten Mantel tragen und nicht mit öffentlichen Verkehrsmitteln fahren, sondern stattdessen ein Taxi nehmen.

Als Nichtmuslim die nationale Tracht zu tragen, gilt als Beleidigung.

Telefonate nach Dubai aus dem Ausland	☎+971 +4 +Telefonnummer
Telefonate von den VAE ins Ausland	☎00 +Ländervorwahl +Ortsvorwahl +Telefonnummer

Handys

Der Standard der Mobiltelefone ist wie in Europa GSM.

SIM-Karten bekommt man problemlos vor Ort in Elektrogeschäften und in einigen Lebensmittelläden. Fast immer braucht man eine hiesige Telefonnummer, um sich in öffentlichen WLAN-Netzen anzumelden.

Toiletten

Öffentliche Toiletten in Einkaufszentren, Museen, Restaurants und Hotels haben westlichen Standard und sind meist kostenlos und sauber.

Die Toiletten in Souks und Busbahnhöfen sind gewöhnlich nur für Männer.

Der Schlauch neben der Toilette ist statt Papier zum Säubern gedacht (nach einheimischer Sitte mit der linken Hand), Toilettenpapier nutzt man lediglich zum Abtupfen.

Touristeninformation

Dubai Department of Tourism & Commerce Marketing (☎Callcenter 600 555 559; www.visitdubai.com; ⏱Callcenter Sa–Do 8–20 Uhr) Zwar existiert sie nur virtuell, aber die Touristeninformation hat eine ausführliche Website und ein Callcenter für Infos zu Hotels, Sehenswürdigkeiten, Shoppen und anderen Themen. Darüber hinaus betreibt das DCT Filialen auf dem **Abu Dhabi International Airport** (☎02 599 5135; Terminal 1 Arrivals, Abu Dhabi International Airport; ⏱7–1 Uhr) und in der **Ferrari World** (www.visitabudhabi.ae; Ferrari World, Yas Island; ⏱11–20 Uhr). **Visit Abu Dhabi** (www.visitabudhabi.ae) ist die wichtigste Website der Stadt für Touristen.

Verantwortungsvoll reisen

Die VAE sind zwar nicht gerade als nachhaltiges Reiseziel berühmt, dennoch gibt's auch hier Möglichkeiten, seinen negativen Umwelteinfluss unterwegs zu verringern.

Overtourism

- In der Nebensaison reisen, was im Fall von Dubai und Abu Dhabi etwa die Zeit von April bis Oktober ist, wobei in den glühend heißen Sommermonaten am wenigsten Betrieb herrscht.
- Auch weniger bekannte Sehenswürdigkeiten wie historische Stadtviertel, abgelegene Museen oder lebhafte Souks besuchen.
- Sich vom Resort und den Einkaufszentren losreißen und sich auch mal mit dem Kamel in die Wüste aufmachen.

Den ökologischen Fußabdruck verringern

- Der Verbrauch an abgefüllten Wasserflaschen ist in den VAE gewaltig. Das Leitungswasser in Dubai ist sicheres Trinkwasser, darum sollte man die Wasserflasche nachfüllen, so oft es geht.
- Lokale Cafés und Restaurants nutzen häufig nachhaltige, regionale und Biozutaten und bieten pflanzenbasierte Optionen an.
- Bei der Unterkunftsbuchung LEED-zertifizierte Unterkünfte und solche, die umweltfreundliche Praktiken anwenden, bevorzugen.
- Wenn möglich öffentliche Verkehrsmittel benutzen – sie sind sauber, sicher und effizient.
- Fahrrad- und Rollerverleihsysteme nutzen, um sich in beliebten Vierteln wie Dubai Marina und Downtown Dubai fortzubewegen.
- Wer ein Auto mietet, sollte ein Hybrid- oder Elektroauto wählen.

Visa

- Die Bewohner von 49 Ländern, darunter alle EU-Länder und Länder des Vereinigten

Königreichs, erhalten bei der Einreise ein kostenloses Visum zur Einreise für einen Zeitraum von 30 Tagen.

➡ Die Einreisebestimmungen in den VAE unterliegen einem ständigen Wandel, deshalb sollte man grundsätzlich die aktuellsten Einreisebedingungen bei der Botschaft der VAE im Heimatland erfragen.

➡ Reisende, die bei der Einreise kein Visum erhalten (z. B. Durchreisende), müssen über einen Sponsor wie ein Hotel, einen Touranbieter oder einen Verwandten vor der Einreise ein Besuchervisum organisieren.

Visaverlängerung

Besuchervisa können zweimal für je 60 Tage zum Preis von 220 Dh und mit viel Bürokratie beim **General Directorate of Residency and Foreigners Affairs** (Karte S. 270; ☎800 5111, 04 313 9999; www.dnrd.ae/en; Sheikh Khalifa Bin Zayed Rd, nahe der Bur Dubai Police Station; ⏲So–Do 8–20 Uhr; Ⓜ Al Jafiliya) verlängert werden. Dies dauert in der Regel einen Tag und unter Umständen muss man sein Vermögen offenlegen. Diese Mühen ersparen sich viele Besucher, indem sie das Land für ein paar Stunden verlassen und bei der erneuten Einreise einen neuen Einreisestempel erhalten.

Visum für den Oman

Ein 30-tägiges Touristenvisum für den Oman kostet 20 OR (rund 190 Dh). Besucher aus vielen Ländern können online ein Touristenvisum beantragen unter https://evisa.rop.gov.om. Ansonsten wird bei der Einreise ein Visum ausgestellt.

Zeit

Dubai und Abu Dhabi sind der MEZ drei Stunden voraus. Wenn es hier 12 Uhr mittags ist, ist es in Berlin, Bern und Wien also 9 Uhr. Im Sommer, wenn die Europäer ihre Uhren eine Stunde vorstellen, beträgt der Zeitunterscheid nur zwei Stunden. In Dubai und Abu Dhabi bleibt die Zeit im Sommer gleich.

Zoll

Die folgenden Produkte darf man bzw. darf man nicht nach Dubai oder Abu Dhabi einführen. Die Gesamtliste ist unter www.dubaicustoms.gov.ae aufgeführt.

Alle Reisenden, die über 18 sind, dürfen die nachfolgenden Artikel zollfrei einführen:

➡ 400 Zigaretten plus 50 Zigarren plus 500 g losen Tabak.

➡ 4 l Alkohol oder 24 Dosen Bier (nur Nichtmuslime).

➡ Geschenke mit einem Wert von weniger als 3000 Dh.

Folgende Dinge dürfen *nicht* eingeführt werden:

➡ Alkohol, wenn man über den Landweg in die VAE einreist.

➡ Jede Form von Betäubungsmitteln.

➡ E-Zigaretten.

➡ Dinge (z. B. Bücher), die den Islam beleidigen.

➡ Feuerwaffen, pornografisches Material oder Produkte aus Israel.

Folgende Dinge müssen verzollt werden:

➡ Bargeld (oder der entsprechende Gegenwert) über 100 000 Dh.

➡ Geschenke mit einem Wert von mehr als 3000 Dh.

➡ Arzneimittel (man muss die Rezepte vorlegen können).

Sprache

Die Amtssprache der Vereinigten Arabischen Emirate (VAE) ist Arabisch, doch wird Englisch von vielen Menschen recht gut verstanden.

ARABISCH

Wer ein wenig Arabisch versteht, darf nicht vergessen, dass es erhebliche Unterschiede gibt – zwischen der arabischen Verkehrssprache, dem Hocharabischen, wie sie überall im arabischen Sprachraum in Schulen, Verwaltungen und in den Medien verwendet wird, und der arabischen Umgangssprache in ihren vielen regionalen Ausprägungen. In den VAE wird das Arabisch der Golfstaaten gesprochen, das auch diesem Sprachkapitel zugrundegelegt ist.

Wer sich beim Sprechen an der rot gedruckten Aussprachehilfe orientiert, sollte einigermaßen verstanden werden. Einige Besonderheiten: rh ist ein gutturaler Laut, der dem französischen „r" ähnelt; das r wird gerollt; dh klingt wie ein stimmhaftes englisches „th", th wie die stimmlose Variante. ch klingt wie das „ch" im deutschen „Acht". Ein Apostroph (') markiert einen Knacklaut beim Zusammentreffen zweier Vokale. Betonte Silben sind kursiv gesetzt, (m) und (f) beziehen sich auf maskuline und feminine Wortformen.

GRUNDLAGEN

Hallo/Guten Tag.	اهلا و سهلا.	*äh*·län wäs *äh*·län
Auf Wiedersehen.	مع السلامة.	mä' sä·*la*·mä
Ja./Nein.	نعم./لا	*nä*·'äm/lä
Bitte.	من فضلك.	min *fäd*·läk (m)
	من فضلِك.	min *fäd*·lik (f)
Danke.	شكران.	*schuk*·rän
Entschuldigung.	اسمح.	is·*mäh* (m)
	اسمحي لي.	is·mäh·*i* li (f)
Tut mir leid.	مع الاسف.	mä' äl·*äs*·äf

Wie geht es Ihnen?
كيف حالَك/حالِك؟ — käyf *ha*·läk/*ha*·lik (m/f)

Danke, gut. Und Ihnen?
بخير الحمد الله. — bi·*chäyr* il·*häm*·du·li·la
و انتَ/و انتِ؟ — *win*·tä/*win*·ti (m/f)

Wie heißen Sie?
اش اسمَك/اسمِك؟ — asch *is*·mäk/*is*·mik (m/f)

Ich heiße ...
اسمي ... — *is*·mi ...

Sprechen Sie Englisch?
تتكلم انجليزية؟ — tit·*käl*·äm in·gli·*zi*·yä (m)
تتكلمي انجليزية؟ — tit·*kä*·lä·mi in·gli·*zi*·yä (f)

Ich verstehe nicht.
مو فاهم. — mu *fa*·him

Darf ich ein Foto machen?
ممكن اتصور؟ — *mum*·kin ät·*so*·är

NOCH MEHR ARABISCH?

Ausführlichere Sprachinformationen und viele nützliche Wendungen findet man im *Middle East Phrasebook* von Lonely Planet. Es ist im Buchhandel und unter **shop.lonelyplanet.com** sowie als App für Apple und Android erhältlich.

ESSEN & TRINKEN

Können Sie ... empfehlen?	ممكن تنصح/ تنصحي ...؟	*mum*·kin *tän*·säh/ *tän*·sä·hi ... (m/f)
eine Bar	بار	bar
ein Café	قهوة	*gäh*·wä
ein Restaurant	مطعم	*mä*·tä'm
Ich hätte gern ...	اريد ...	ä·*rid* ...
..., bitte.	من فضلك.	min *fäd*·läk
einen Tisch für (vier)	طاولة (اربعة) اشخاص	*ta*·wi·lät (*är*·bä') äsch·*chas*

Was würden Sie empfehlen?
اش تنصح؟ — asch *tän*·säh (m)
اش تنصحي؟ — asch *tän*·sä·hi (f)

Was ist die örtliche Spezialität?
اش الطبق المحلي؟ — asch i·*tä*·bäk il·*mä*·hä·li

Haben Sie vegetarische Gerichte?
عندك طعم نباتي؟ 'än·däk tä·'äm nä·ba·ti

Ich hätte gern ..., bitte.	عطني/عطيني الـ ... من فضلك.	'ä·ti·ni/'ä·ti·ni il ... min fäd·läk (m/f)
die Rechnung	قائمة	ka·'i·mä
die Getränkekarte	قائمة المشروبات	ka·'i·mät il·mäsch·ru·bat
die Speisekarte	قائمة الطعام	ka·'i·mät i·tä·'am
dieses Gericht	الطبق هاذاك	i·täb·äk ha·dha·kä
Könnten Sie ein Essen ohne ... zubereiten?	ممكن تطبخها/تطبخيها بدون ...؟	mum·kin tät·bäch·hä/tät·bäch·i·hä bi·dun ... (m/f)
Butter	زبدة	zib·dä
Eier	بيض	bäyd
Fleischbrühe	مرق لهم	mä·räk lä·häm
Ich bin allergisch gegen ...	عندي حساسية لـ ...	'än·di hä·sa·si·yä li ...
Milchprodukte	الألبان	il·äl·ban
Gluten	قمح	kä·mäh
Nüsse	كرزات	kä·rä·zat
Meeresfrüchte	السمك و المحارات	i·sä·mäk wä äl·mä·ha·rat
Kaffee ...	نقهوة ...	käh·wä ...
Tee ...	شاي ...	schäy ...
mit Milch	بالحليب	bil·hä·lib
ohne Zucker	بدون شكر	bi·dun schi·ker
Flasche/Glas Bier	بوتل/قلاس بيرة	bu·til/glas bi·rä
(Orangen-) Saft	عصير (برتقال)	'ä·sir (bor·tu·gal)
(Mineral-) Wasser	ماي (معدني)	mäy (mä'ä·dä·ni)
Wein	خمر ...	... chä·mär
Rot-...	احمر	äh·mer
Schaum-...	فوار	fä·war
Weiß-...	ابيض	äb·yäd

NOTFALL

Hilfe!	مساعد! مساعدة!	mu·sa·'id (m) mu·sa·'id·ä (f)
Gehen Sie weg! (m/f)	ابعد!/ابعدي!	ib·'äd/ib·'äd·i
Rufen Sie ...!	تصل على ...! تصلي على ...!	ti·sil 'ä·lä ... (m) ti·si·li 'ä·lä ... (f)
einen Arzt	طبيب	tä·bib
die Polizei	الشرطة	i·schur·tä

Schilder	
Eingang	مدخل
Ausgang	خروج
Geöffnet	مفتوح
Geschlossen	مقفول
Information	معلومات
Verboten	ممنوع
Toiletten	المرحاض
Herren	رجال
Damen	نساء

Ich habe mich verirrt.
انا ضعت. ä·nä duht

Wo sind die Toiletten?
وين المرحاض؟ wäyn il·mir·had

Mir ist schlecht.
انا مريض. ä·nä mä·rid (m)
انا مريضة. ä·nä mä·ri·dä (f)

Ich bin allergisch gegen (Antibiotika).
عندي حساسية لـ (مضاد حيوي). 'änd·i hä·sa·si·yä li (mu·dad häy·ä·we)

SHOPPEN & SERVICE

Wo ist ein ...?	من وين ...؟	min wäyn ...
Kaufhaus	محل ضخم	mä·häl duch·um
Lebensmittelladen	محل ابقالية	mä·häl ib·ga·li·yä
Zeitungsstand	محل يبيع جرائد	mä·häl yi·bi·ä jä·ra·id
Souvenirshop	محل سياحي	mä·häl säy·ää·hi
Supermarkt	سوبرمركت	su·ber·mär·ket

Ich suche nach ...
... مدور على mu·do·ir 'ä·lä ... (m)
... مدورة على mu·do·i·rä 'ä·lä ... (f)

Darf ich mir das anschauen?
ممكن اشوف؟ mum·kin ä·schuf

Haben Sie noch andere?
عنَدك اخرين؟ 'änd·äk uch·rin (m)
عندِك اخرين؟ 'änd·ik uch·rin (f)

Es ist beschädigt.
فيه خلل. fi chä·läl

Was kostet das?
بكم؟ bi·käm

Können Sie den Preis aufschreiben?
ممكن تكتبلي/تكتبيلي السعر؟ mum·kin tik·tib·li/tik·tib·i·li i·si'r (m/f)

Das ist zu teuer.
غالي جدا. rha·li jid·än

Was ist Ihr niedrigster Preis?
اش السعر الاخر؟ — asch i·*si'r* il·ää·chir

In der Rechnung ist ein Fehler.
فيه غلط في الفطورة. — fi *rhä*·lät fil fä·*tu*·rä

Wo ist ...?	من وين ...؟	min wäyn ...
eine Wechselstube	صراف	si·*raf*
ein Geldautomat	مكينة صرف	mä·*ki*·nät särf
Wie ist der Wechselkurs?	ما هو السعر؟	ma *hu*·wä i·*sä'r*

UNTERKUNFT

Wo ist ein ...?	وين ...؟	wäyn ...
Hotel	فندق	*fun*·dug
Haben Sie ein ... Zimmer?	عندك/عندك غرفة ...؟	*'änd*·äk/*'änd*·ik *rhur*·fä ... (m/f)
Einzel...	لشخص واحد	li·*schächs* wa·hid
Doppel...	لشخسين	li·schäch·*säyn*
Zweibett...	مع سريرين	mä' sä·ri·*räyn*
Was kostet es pro ...?	بكم كل ...؟	bi·*käm* kul ...
Nacht	ليلة	*läy*·lä
Person	شخص	schächs

Kann ich eine weitere (Decke) bekommen?
احتاج الى (برنوس) الثاني من فضلك؟ — äh·*taj* i·*lä* (bär·*nus*) i·*tha*·ni min *fäd*·läk

Die (Klimaanlage) funktioniert nicht.
(الكنديشان) ما يشتغل. — (il·kän·*däy*·schän) mä yisch·*tä*·rhil

UHRZEIT & DATUM

Wie spät ist es?
الساعة كم؟ — i·*sa*·ä' käm

Es ist ein Uhr.
الساعة واحدة. — i·*sa*·ä' *wä*·hi·dä

Es ist (zwei) Uhr.
الساعة (ثنتين). — i·*sa*·ä' (thin·*täyn*)

Halb (drei).
الساعة (ثنتين) و نس. — i·*sa*·ä' (thin·*täyn*) wä nus

Um wie viel Uhr ...?
الساعة كم ...؟ — i·*äsä*·ä' käm ...

Um ...
الساعة ... — i·*sa*·ä'...

gestern ...	البارح ...	il·*ba*·rih ...
morgen ...	باكر ...	*ba*·tschir ...
Vormittag	صباح	sä·*bah*
Nachmittag	بعد الظهر	bä'd ä·*thuhr*
Abend	مساء	*mi*·sa
Montag	يوم الاثنين	yom äl·ith·*näyn*
Dienstag	يوم الثلاثة	yom ä·thä·*lä*·thä
Mittwoch	يوم الاربعة	yom äl·*är*·bä'
Donnerstag	يوم الخميس	yom äl·tha·*mis*
Freitag	يوم الجمعة	yom äl·*jum*·ä'
Samstag	يوم السبت	yom ä·*sibt*
Sonntag	يوم الاحد	yom äl·ää·häd

VERKEHRSMITTEL & -WEGE

Ist dies der/die/das ... (nach Riadh)?	هاذا ال ... يروح (لرياض)؟	*ha*·dhä äl ... yi·*roh* (li·ri·*yad*)
Boot	سفينة	sä·*fi*·nä
Bus	باص	bas
Flugzeug	طيارة	täy·*ää*·rä
Zug	قطار	gi·*tar*
Wann fährt der ... Bus?	الساعة كم الباص ...؟	ä·*sa*·ä' käm il·*bas* ...
erste	الاول	il·*o*·äl
letzte	الاخر	il·*ää*·chir
nächste	القادم	il·*ga*·dim
Eine ... Fahrkarte (nach Doha), bitte.	تذكرة ... (الدوحة) من فضلك.	*tädh*·kä·rä ... (ä·*do*·hä) min *fäd*·läk
einfach	ذهاب بص	dhi·*hab* bäs
hin & zurück	ذهاب و اياب	dhi·*hab* wä äi·*yab*

Wie lange dauert die Fahrt?
كم الرحلة تستغرق؟ — käm i·*räh*·lä tis·*tärh*·rik

Ist es eine direkte Verbindung?
الرحلة متواصلة؟ — i·*räh*·lä mu·tä·*wa*·si·lä

Welche(r) Bahnhof/Haltestelle ist das hier?
ما هي المحطة هاذي؟ — ma *hi*·yä il·mä·*hä*·tä *ha*·dhi

Sagen Sie mir doch, wenn wir in (Al Ain) sind.
لو سمحت خبرني/خبريني وقت ما نوصل (الي العين). — lo sä·*mäht* chä·*bir*·ni/chä·*bir*·i·ni wokt mä *nu*·sil i·*lä* (äl·*'äin*) (m/f)

Was kostet die Fahrt nach (Sharjah)?
بكم الى (شارقة)؟ — bi·*käm* i·*lä* (*scha*·ri·kä)

Bitte bringen Sie mich zu (dieser Adresse).
من فضلك خذني (علعنوان هاذا). — min *fäd*·läk *chudh*·ni ('äl·'un·*wan* *ha*·dhä)

Halten Sie bitte hier an.
لو سمحت وقف هنا. — lo sä·*mäht* *wä*·gif *hi*·nä

Fragewörter

Wann?	متى؟	*mä*·tä
Wo?	وين؟	wäyn
Wer?	من؟	män
Warum?	لاش؟	läysch

Zahlen

1	١	واحد	*wä*·hid
2	٢	اثنين	ith·*näyn*
3	٣	ثلاثة	thä·*la*·thä
4	٤	اربع	är·*bä'*
5	٥	خمسة	*chäm*·sä
6	٦	ستة	*si*·tä
7	٧	سبعة	*sä*·bä'
8	٨	ثمانية	thä·*man*·yä
9	٩	تسعة	*tis*·ä'
10	١٠	عشرة	*'äsch*·är·ä
20	٢٠	عشرين	'äsch·*rin*
30	٣٠	ثلاثين	thä·lä·*thin*
40	٤٠	اربعين	är·bä'·*in*
50	٥٠	خمسين	chäm·*sin*
60	٦٠	ستين	sit·*in*
70	٧٠	سبعين	sä·bä'·*in*
80	٨٠	ثمانين	thä·mä·*nin*
90	٩٠	تسعين	ti·sä'·*in*
100	١٠٠	مية	*mi*·yä
1000	١٠٠٠	الف	älf

Im Unterschied zu Buchstaben werden arabische Ziffern von links nach rechts gelesen.

Bitte warten Sie hier.
لو سمحت استنا هنا. — lo sä·*mäht* is·*tä*·nä *hi*·nä

Ich würde gern ein(en) ... mieten — اريد استأجر ... — ä·*rid* ist·*'äj*·ir ...

Geländewagen	سيارة فيها دبل	säy·*ää*·rä *fi*·hä *dä*·bäl
Auto	سيارة	säy·*ää*·rä
mit ...	مع ...	mä' ...
Fahrer	دريول	*dräy*·wil
Klimaanlage	كنديشان	kän·*däy*·schän

Wie hoch ist der Mietpreis ...? — كم الإيجار ...؟ — käm il·i·*jar* ...

pro Tag	كل يوم	kul yom
pro Woche	كل اسبوع	kul us·*bu*·ä'

Ist das die Straße nach (Abu Dhabi)?
هاذا الطريق الى (ابو ظبي)؟ — *ha*·dhä i·tä·*rig* i·*lä* (ä·*bu* *dä*·bi)

Ich brauche einen Automechaniker.
احتاج ميكانيك. — äh·*taj* mi·ka·*nik*

Mir ist das Benzin ausgegangen.
ينضب البنزين. — *yän*·däb äl·bän·*zin*

Ich habe einen Platten.
عندي بنشار. — *'änd*·i bän·*schär*

WEGWEISER

Wo ist der/die ...? من وين ...؟ — min wäyn ...

Bank	البنك	il·*bänk*
Markt	السوق	i·*sug*
Post	مكتب البريد	*mäk*·täb il·bä·*rid*

Können Sie mir das (auf der Karte) zeigen?
لو سمحت وريني (علخريطة)؟ — lo sä·*mäht* wä·*ri*·ni (*'äl*·chä·*ri*·tä)

Wie lautet die Adresse?
ما العنوان؟ — mä il·*'un*·*wan*

Könnten Sie das bitte aufschreiben?
لو سمحت اكتبه لي؟ — lo sä·*mäht* ik·ti·*bu* li (m)
لو سمحت اكتبيه لي؟ — lo sä·*mäht* ik·ti·*bi* li (f)

Wie weit ist es bis dort?
كم بعيد؟ — käm bä·*'id*

Wie komme ich dorthin?
كيف ممكن اوصل هناكا؟ — käyf *mum*·kin *o*·sil *hu*·nak

Biegen Sie links/rechts ab.
لف يسار/يمين. — lif yi·*sar*/yi·*min* (m)
لفي يسار/يمين. — *li*·fi yi·*sar*/yi·*min* (f)

Es liegt ... — هو ... — *hu*·wä ... (m); هي ... — *hi*·yä ... (f)

hinter ...	ورا ...	*wä*·ra ...
vor ...	قدام ...	gu·*dam* ...
nahe bei ...	قريب من ...	gä·*rib* min ...
neben ...	جنب ...	jänb ...
an der Ecke	علزاوية	*'ä*·za·wi·yä
gegenüber ...	مقابل ...	mu·*ga*·bil ...
geradeaus	سيدا	*si*·dä

ENGLISCH

Englisch ist die am weitesten verbreitete Sprache der Welt. Selbst wenn man sie nie gelernt hat, kennt man z. B. durch Musik oder Anglizismen in Technik und Werbung ein paar Wörter. Sich einige Brocken mehr anzueignen, um beim Small Talk zu glänzen, ist nicht schwer. Im Folgenden einige wichtige Begriffe und Wendungen:

Basics

Wer einen Fremden nach etwas fragt oder ihn um etwas bittet, sollte die Frage bzw. Bitte höflich einleiten („Excuse me, ...").

Guten Tag.	*Hello.*
Hallo.	*Hi.*
Auf Wiedersehen.	*Goodbye.*
Bis später.	*See you later.*
Tschüss.	*Bye.*
Wie geht's Ihnen/dir?	*How are you?*

Danke, gut.	*Thanks, fine.*
Und Ihnen/dir?	*... and you?*
Wie heißen Sie/ heißt du?	*What's your name?*
Ich heiße ...	*My name is ...*
Ja.	*Yes.*
Nein.	*No.*
Bitte.	*Please.*
(Vielen) Dank.	*Thank you (very much).*
Bitteschön.	*You're welcome.*
Entschuldigung	*Excuse me/Sorry.*
Sprechen Sie Englisch?	*Do you speak English?*
Ich verstehe (nicht).	*I (don't) understand.*

Könnten Sie ...? *Could you ...?*

bitte langsamer sprechen
please *speak more slowly*

das bitte wiederholen
repeat that, please

das bitte aufschreiben
write it down, please

Essen & Trinken

Was können Sie empfehlen?
What would you recommend?

Welche Zutaten sind in dem Gericht?
What's in that dish?

Ich bin Vegetarier/Vegetarierin.
I'm a vegetarian.

Ich esse kein ...	*I don't eat ...*
Prost!	*Cheers!*
Das war köstlich.	*That was delicious.*
Die Rechnung bitte.	*Please bring the bill.*

Ich würde gern einen Tisch für ... reservieren.
I'd like to reserve a table for ...

(acht) Uhr	*(eight) o'clock*
(zwei) Personen	*(two) people*

Abendessen	*dinner*
Frühstück	*breakfast*
Mittagessen	*lunch*

Notfall

Hilfe!	*Help!*
Es ist ein Notfall!	*It's an emergency!*
Rufen Sie die Polizei!	*Call the police!*
Rufen Sie einen Arzt!	*Call a doctor!*
Rufen Sie einen Krankenwagen!	*Call an ambulance!*

FRAGEWÖRTER – ENGLISCH

Warum?	*Why?*
Wann?	*When?*
Was?	*What?*
Wer?	*Who?*
Wie?	*How?*
Wo?	*Where?*

Lassen Sie mich in Ruhe!	*Leave me alone!*
Gehen Sie weg!	*Go away!*
Ich habe mich verirrt.	*I'm lost.*
Es tut hier weh.	*It hurts here.*
Wo ist die Toilette?	*Where are the toilets?*
Ich habe Durchfall/ Fieber/Kopfschmerzen.	*I have diarrhoea/ fever/headache.*

Wo ist der/die/das nächste ...?	*Where's the nearest ...?*
Apotheke	*chemist*
Arzt	*doctor*
Krankenhaus	*hospital*
Zahnarzt	*dentist*

Ich bin allergisch gegen ...	*I'm allergic to ...*
Antibiotika	*antibiotics*
Aspirin	*aspirin*
Penicillin	*penicillin*

Unterkunft

Wo ist ein/e ...?	*Where's a ...?*
Pension	*bed and breakfast*
Campingplatz	*camping ground*
Hotel	*hotel*
Jugendherberge	*youth hostel*
Privatzimmer	*room in a private home*

NOCH MEHR ZUR SPRACHE?

Weitere Informationen und praktische Redewendungen gibt's in den Sprachführern *Spanisch*, *Englisch* und *Französisch*, die man auf **http://shop.lonelyplanet.de** findet. Alternativ besorgt man sich die **Lonely Planet Phrasebooks** für Apple und Android.

Wie viel kostet es pro ...?
How much is it per ...?

Nacht	*night*
Person	*person*

Kann ich es sehen?
May I see it?

Kann ich ein anderes Zimmer bekommen?
Can I get another room?

Es ist gut. Ich nehme es.
It's fine. I'll take it.

Ich reise jetzt ab. *I'm leaving now.*

Haben Sie ein ...? *Do you have a ... ?*

Einzelzimmer	*single room*
Doppelzimmer	*double room*
Zweibettzimmer	*twin room*

mit (einer/einem) ... with (a) ...

Bad	bathroom
Fenster	window
Klimaanlage	air-con

Verkehrsmittel & -wege

Wann fährt der/die/das ... ab?
What time does the ... leave?

Boot	*boat*
Bus	*bus*
Flugzeug	*plane*

SCHLÜSSELSÄTZE

Wo ist (der Eingang)?
Where's (the entry)?

Wo kann ich (eine Eintrittskarte kaufen)?
Where can I (buy a ticket)?

Wann fährt (der nächste Bus)?
When's (the next bus)?

Wie viel kostet (ein Zimmer)?
How much is (a room)?

Haben Sie (eine Landkarte)?
Do you have (a map)?

Gibt's (eine Toilette)?
Is there (a toilet)?

Ich möchte (ein Zimmer buchen).
I'd like (to book a room)

Kann ich (hereinkommen)?
May I (enter)?

Könnten Sie (mir helfen)?
Could you please (help me)?

Muss ich (einen Platz reservieren)?
Do I have to (book a seat)?

erster	*first*
letzter	*last*
nächster	*next*

Ich möchte nach ...
I want to go to ...

Hält er/sie/es in ...?
Does it stop at ...?

Wann fährt er ab/kommt er an?
At what time does it leave/arrive?

Können Sie mir sagen, wann wir in ... ankommen?
Can you tell me when we get to ...?

Ich möchte hier aussteigen.
I want to get off here.

Der/die/das ... ist gestrichen.
The ... is cancelled.

Der/die/das ... hat Verspätung.
The ... is delayed.

Ist dieser Platz frei?
Is this seat free?

Muss ich umsteigen?
Do I need to change the bus?

Sind Sie frei?
Are you free?

Was kostet es bis ...?
How much is it to ...?

Bitte bringen Sie mich zu (dieser Adresse).
Please take me to this address.

ein ... -Ticket *a ... ticket*

1.-Klasse-	*1st-class*
2.-Klasse-	*2nd-class*
einfaches	*one-way*
Hin- und Rückfahr-	*return*

Wegweiser

Wo ist ...?
Where's (a bank)?

Wie kann ich da hinkommen?
How can I get there?

Könnten Sie mir bitte die Adresse aufschreiben?
Could you write the address, please?

Wie weit ist es?
How far is it?

Können Sie es mir (auf der Karte) zeigen?
Can you show me (on the map)?

Hinter den Kulissen

WIR FREUEN UNS ÜBER FEEDBACK

Post von Travellern zu bekommen ist für uns ungemein hilfreich – Kritik und Anregungen halten uns auf dem Laufenden und helfen, unsere Bücher zu verbessern. Unser reiseerfahrenes Team liest alle Zuschriften genau durch, um zu erfahren, was an unseren Reiseführern gut und was schlecht ist. Wir können solche Post zwar nicht individuell beantworten, aber jedes Feedback wird garantiert schnurstracks an die jeweiligen Autoren weitergeleitet, rechtzeitig vor der nächsten Auflage.

Wer uns schreiben will, erreicht uns unter **www.lonelyplanet.de/kontakt**.

Hinweis: Da wir Beiträge möglicherweise in Lonely Planet Produkten (Reiseführer, Websites, digitale Medien) veröffentlichen, ggf. auch in gekürzter Form, bitten wir um Mitteilung, wenn die Nennung des Names gewünscht wird. Wer Näheres über unsere Datenschutzpolitik wissen will, erfährt das unter www.lonelyplanet.com/legal.

DANK DER AUTORIN

Andrea Schulte-Peevers

Herzlichen Dank an all die wundervollen Menschen, die mich so großartig und großzügig mit Insidertipps, Hintergrundinformationen und Einblicken versorgt haben, um meine Recherche in Dubai angenehm und effektiv zu gestalten, darunter Rashi, Abhi & Mia Sen, Arva Ahmed, Regine Schneider, Patricia Liebscher, Christian Sanger, Dara Toulch, Janeen Mansour, Paul Matthews, Dominic Ritzer, Sameer Dasouqi, Julia Alvaro und Katie Roberts.

QUELLENNACHWEIS

Coverbild: Dubais Geschäftsviertel von der Wüste aus fotografiert. OwnGarden/Getty Images ©

ÜBER DIESES BUCH

Dies ist die 3. deutsche Auflage von *Dubai & Abu Dhabi* basierend auf der mittlerweile 10. englischen Auflage. Verfasst wurde das Buch von Jessica Lee, Josephine Quintero und Andrea Schulte-Peevers. Die vorhergehende englische Auflage wurde von Andrea Schulte-Peevers und Kevin Raub recherchiert und geschrieben.

Der aktuelle Band wurde betreut von:

Verantwortliche Redakteurin Lauren Keith

Leitende Produktmanagerin Kate Chapman

Produktmanager Gary Quinn

Leitender Kartograf Hunor Csutoros

Layout Hannah Blackie

Redaktionsassistenz Andrea Dobbin, Lauren Keith, James Smart, Gabrielle Stefanos

Umschlagrecherche Kat Marsh

Dank an Ronan Abayawickrema, Alex Conroy, Melanie Dankel, Sonia Kapoor

Siehe auch Extraregister für:

AUSGEHEN & NACHTLEBEN S. 252
ESSEN S. 253
SCHLAFEN S. 254
SHOPPEN S. 255
SPORT & AKTIVITÄTEN S. 256
UNTERHALTUNG S. 256

Register

2nd December Street 106
101 Lounge & Bar 126

A

Abras 63, 232, **63**
Abu Dhabi 6, 19, 134–180, **138**, **160**
  Ausgehen & Nachtleben 141, 148–150, 155–156, 165, 169–170, 174
  Essen 138–141, 144–148, 154–155, 162–165, 168–169, 172–174
  Highlights 135
  Sehenswertes 137–138, 142–144, 154, 158–162, 166–168, 171–172
  Shoppen 141–142, 150–151, 156–157, 165, 170, 175
  Sport & Aktivitäten 152, 157–158, 165–166, 170–171, 176–177
  Stadtspaziergänge 153, **153**
  Unterhaltung 151, 157, 174–175
  Unterkunft 177–180
  Unterwegs vor Ort 17, 136
Abu Dhabi Classics 22
Abu Dhabi Corniche **144**
Abu Dhabi Falcon Hospital 23
Abu Dhabi Food Festival 20
Abu Dhabi Global Market Square 154
Abu Dhabi Grand Prix 20, **21**
Abu Dhabi Heritage Village 149, **160**
Abu Dhabi International Airport 17, 229
Abu Dhabis Strand **176**
Achterbahnen 8

Sehenswertes 000
Kartenverweise **000**
Fotoverweise **000**

Ain Dubai 120
Aktivitäten 44–47, *siehe auch einzelne Stadtviertel, einzelne Sportarten, Extraregister* Sport & Aktivitäten
Al Ahmadiya School **62**, 63
Al Ain National Museum 186
Al Ain Oasis 186–187
Al Ain Palace Museum 13, 186, **13**
Al Gaffal Dhow Race 22
Al Jahili Fort 186
Al Khalidiyah Garden 143
Al Khalidiyah Public Park 24, 144
Al Maktoum International Airport 17, 228
Al Mamzar 25
Al Mamzar Beach Park 56–57
Al Maqta Fort & Wachturm 162
Al Markaziyah 136–142
Al Markaziyah Gardens 137
Al Marmoum Heritage Festival 20, 21–22
Al Maryah Island 152–158
Al Maryah Island Promenade 154
Al Mina 166–171
Al Quoz 89–91, 93, **278**
Al Shindagha Museum 72
Al Zahiyah 152–158
Alkohol 33–36, 238
Alserkal Avenue 12, 25, 89, **12**
Alserkal Cultural Foundation 70
Anreise nach Abu Dhabi 17, 228–229
Anreise nach Dubai 17, 228–229
Aquaventure Waterpark 9, 121, **9**
Arabisch 243–246
Archäologisches Museum Saruq Al Hadid 72
Architektur 6, 89, 95
Art Dubai 20
Atlantis the Palm 23
Ausgehen & Nachtleben 33–36, *siehe auch Extraregister* Ausgehen & Nachtleben
Ausländer in Dubai & Abu Dhabi 239
Autofahren 229–230
Ayyam Gallery 89

B

Barrierefrei reisen 234–235
Beachclubs 23–24
Beduinen 13, 216
Bootstouren 71, 130, 157, 232
Botschaften 235
Breakwater & Umgebung 142–152
Bücher 207, 222
Budget 16
Bur Dubai 18, 51, 67–82, **266–267**, **270–271**
  Ausgehen & Nachtleben 77–79
  Essen 74–77
  Highlights 68, 69
  Sehenswertes 70–74
  Shoppen 79–82
  Spaziergänge 78, **78**
  Sport & Aktivitäten 82
  Stadtviertel 67
  Unterhaltung 79
Bur Dubai Souq 71
Burj Al Arab 7, 25, 95, 104, 106, **7**, **104**
Burj Al Arab Swim 20
Burj Khalifa 7, 85, 87, 92, 95, **85**
Burj Mohammed Bin Rashid 137–138
Busfahren 228
Business Bay 87–88

C

Capital Gardens 137
Capital Gate 158
Carbon 12 90
Cayan Tower 95, 121
Cinema Akil 27
Clubs 33, 36
Coffee Museum 70–71
Coin Museum 71
Corniche – Al Khalidiyah 137, 142, **160–161**
Corniche Beach 137
Creek Park 73–74
Cricket 47
Crossroads of Civilizations Museum 72–73

D

Dau-Hafen 167–168
Deira 18, 50, 52–66, **52**, **262–263**, **264**
  Ausgehen 61–65
  Essen 57–61
  Highlights 53, 54
  Nachtleben 61–65
  Sehenswertes 55–57
  Shoppen 65–66
  Sport & Aktivitäten 66
  Stadtspaziergang 58, **58**
Deiras Souks 10, **63**
Dhow Wharfage 55
Dinosaurier **25**
Diwali 22
Diwan Mosque 71
Downtown Dubai 9, 19, 51, 83–101, **276–277**, **4–5**
  Ausgehen & Nachtleben 94–96
  Essen 91–93
  Highlights 83, 85, 86
  Sehenswertes 87–91
  Shoppen 84, 97–99
  Sport & Aktivitäten 99–101
  Unterhaltung 96–97

DP World Tour Championship 22
Drogen 238–239
Dubai Aquarium & Underwater Zoo 23, 87
Dubai Butterfly Garden 23
Dubai Canal 27, 107
Dubai Creek 57, **63**
Dubai Creek Golf & Yacht Club 95
Dubai Design District 27, 92
Dubai Dino 87–88
Dubai Ferry 232
Dubai Food Festival 20
Dubai Fountain 25, 88
Dubai Frame 73, **49**
Dubai International Airport 228
Dubai International Film Festival 20
Dubai International Financial Centre 88, 95
Dubai Jazz Festival 20
Dubai Mall 10, 23, 87
Dubai Mall Eishalle 24
Dubai Marathon 20
Dubai Marina 19, 51, 118, **280–281**
Dubai Marina & Palm Jumeirah 51, 118–133, **280–281**
  Ausgehen & Nachtleben 126–130
  Essen 122–126
  Highlights 119
  Sehenswertes 120–122
  Shoppen 130
  Sport & Aktivitäten 131–133
  Stadtviertel 118
  Unterhaltung 130
Dubai Miracle Garden 27, **27**
Dubai Museum 69, 70, **69**
Dubai Opera 99
Dubai Parks and Resorts 24
Dubai Rugby Sevens 22
Dubai Shopping Festival 20
Dubai Street Museum 108
Dubai Summer Surprises 22
Dubai Tennis Championships 20
Dubai Walls 106
Dubai Water Bus 232
Dubai World Cup 20–21
Dünen 220–221, **11**
Dusit Thani Dubai 95

E

Einkaufszentren 10, 20–22, 39–43
Emirates Palace 25, 142
Empty Quarter 89
Englisch 246–248
Essen 14, 28–32
  Sprache 243–244, 247
Etihad Antiques Gallery 25
Etihad Modern Art Gallery 25, 143
Etihad Museum 13, 106
Etikette 235
  Kleidung 241
Etisalat Head Office 138

F

Falcon Hospital 23
Fashion Forward 22, **21**
Feiertage 235
Ferrari World Abu Dhabi 9, 24, 171–172
Feste & Events 20–22
Financial District 88
Flugzeug 228–229
Folklore Gallery 151
Frauen & Taxis 233
Frauen unterwegs 235–236
Freizeitparks, *siehe* Themenparks
Fun Works 172

G

Gallery Isabelle van den Eynde 90
Gate Village 27, 89
Gebetsruf 112
Gefahren, *siehe* Sicher reisen
Geführte Touren 230–231
Geld 16, 192, 236
Geldautomaten 236
Geschichte 206–211
Gesundheit 236–237
Gevora Hotel 95
Gewürzsouk 55, 63, **3, 62**
Gold 65
Goldsouk 54, **54**
Golf 45
Grand Mosque 71
Gratisattraktionen 25–26
Green Art Gallery 90–91
Green Planet 23, 106
Green Wall 15
Große Scheich-Zayid-Moschee 7, 135, 158–166, 161, **159, 7, 19, 161**

H

Handelsrouten 206–207
Handys 16, 241
Heritage House 56
Heritage Park 154
Hindi Lane 72
Historisches Viertel Al Fahidi 13, 70
Historisches Viertel Shindagha 72
Hochhäuser 11

I

IMG Worlds of Adventure 24
Impfungen 236
Infos im Internet, *siehe* Websites
Internetzugang 237
Islam 106, 217, 218
Islamische feiertage 238

J

JBR Beach 25, 120–121
Joggen 45–46
Jumeirah 18, 51, 102–117
  Ausgehen & Nachtleben 112–113
  Essen 108–112
  Highlights 104, 105
  Sehenswertes 106–108
  Shoppen 114–115
  Sport & Aktivitäten 115–117
  Stadtviertel 102
  Unterhaltung 113–114
Jumeirah Beach Hotel 95
Jumeirah Emirates Towers 95
Jumeirah-Moschee 106
Jumeirah Public Beach 107

K

Kamele 11, 15, **177**
Kamelmilch 29
Kamelreiten **177**
Kamelrennen 11, 46–47, 100, 174
Karama 27
Karama Market 27
Khalifa Mosque 137
Khalifa Park 159
Khor Al Maqta 162
KidZania 24
Kindern, Reisen mit 23–24
Kite Beach 25, 107
Kitesurfen 24
Klima 56
Kolonialisierung 208
Konsulate 235
Kosten 16, 192
Krankenhäuser 236–237
Krankenversicherung 236
Kultur 70, 216–219
Kunst 108, 225–226
Kunsthandwerk 225

L

Lake Park & Formal Park 137
La Mer 107
Legoland Dubai 23, **23**
Leila Heller Gallery 90
Leitungswasser 234
LGBT-Reisende 237
Literaturfestival 21
Lost Chambers Aquarium 121–122
Louvre Abu Dhabi 12, 161, 167, **12, 160**
Love Lake Dubai 27
Lyrik 226

M

Madinat Jumeirah 25, 105, 106, **105**
Majlis Gallery 71
Majlis Ghorfat Um Al Sheef 108
Manarat Al Saadiyat 166
Mangrove National Park 27
Mangroven 223
Mangrovenwald 27
Markthalle Deira 27
Masdar City 25
Mattel Play! Town 24
Mausoleum von Scheich Zayid 135
Medizinische Versorgung 236–237
Metro 228
Meydan Racecourse, Stallführungen 23
Mezze 31
Miraj – the Museum 158
Mobiltelefone 16
Monorail 231–232
Moscheen 26
Motorradfahren 229–230
Museen 12, 26, *siehe auch einzelne Museen*
Museum des Dichters Al Oqaili 55
Museum of the Future 14, 86, **86**
Musical Fountain 172
Musik 15, 34, 37

N
Naif Market 56
Nakheel Mall 14
National Bank of Dubai 56, 95
Nationalfeiertag der VAE 22
Night Beach 107
Nikki Beach Dubai 107
Notarzt 237
Notfälle 237
Nurai Island 169

O
Obst- & Gemüsemarkt 167
Öffnungszeiten 29, 34, 40, 237–238
Offroad durch die Wüste 46
Ost-Jumeirah **272–273**
Ostküste der VAE
  Al Badiyah Mosque 189
  Corniche 189–190
Östliche Mangroven-Promenade 158–159

P
Palm Jumeirah 19, 51, 118–133, **280–281**, **19**
Palm Jumeirah Boardwalk 133
Palm West Beach 15, 120
Parfümsouk 55
Perlentauchen 208
Pferderennen 46, 100
Pier 7 121
Planung, *siehe* Reiseplanung
Politik 212–215

Q
Qasr Al Hosn 137

R
Radfahren 230
Ramadan 238
Ras Al Khor Wildlife Sanctuary 25, 90
Rauchen 236
Rechtsfragen 238–240
  Drogen 238–239
  Gesperrte Websites 237
  Kulturelle Verhaltensgrundsätze 239
  Verordnete Medikamente 240
Reiseplanung 227
  Budget 25–26
  Feste & Events 20–22
  Kindern, Reisen mit 23–24
  Reiserouten 18–19
  Wiederkehrende Besucher 14
Religion 217–218, 238

S
Saadiyat Island 166–171
Saadiyat Public Beach 166
Safari 11
Saluki – Arabischer Jagdhund 172, **173**
Scheich Zayid 13
Schiff/Fähre 232
Sharjah 182–185
  Al Qasba 183–184
  Bait Al Naboodah 183
  Essen 184–185
  Sehenswertes 182–184
  Sharjah Aquarium 184
  Sharjah Art Museum 12, 183, **12**
  Sharjah Desert Park 184
  Sharjah Heritage Museum 182–183
  Sharjah Maritime Museum 184
  Sharjah Museum of Islamic Civilization 182
Sheikh Saeed Al Maktoum House 72
Sheikh Zayed Bridge 162
Sheikh Zayed Bridge Waterfall 88
Sheikh Zayed Grand Mosque Centre Library 158
Shisha-Cafés 150
Shoppen 10,39–43, **42**, *siehe auch einzelne Orte, Extraregister* Shoppen
Sicher reisen 240
Sikka-Kunstmesse 21
Ski Dubai 24
Skifahren 46
Sky Tower 142–143
Sky Views Dubai 9, **9**
Souk Madinat Jumeirah 10
Souks, *siehe* Shoppen, *siehe auch einzelne Souks*
Sport 44–47
Sprache 16, 243–248
Stadt der Sauberen Technologien 164
Stadtspaziergänge 153, **153**
Stadtviertel 50–51, **50–51**
Steuern 240
Strände 23
Straßenskulpturen 138
Strom 240
Sunset Beach 25
Supermarktketten 31

T
Tagesausflüge 181–190
  Al Ain 185–188
  Ostküste der VAE 188–190
  Sharjah 182–185
Taste of Dubai 21
Taxi 228, 232
Telefon 16, 240–241
Teppiche **39**
Theater 38, 96, 114
Themenparks
  Bollywood Parks Dubai 133
  Cartoon Network 97
  Dubai Parks & Resorts 24
  Ferrari World Abu Dhabi 9, 24
  IMG Boulevard 97
  IMG Worlds of Adventure 9, 24
  Legoland Dubai 133
  Lost Valley Dinosaur Adventure 97
  Marvel Zone 97
  Motiongate 133
  Warner Bros World Abu Dhabi 172
Third Line 90
Time Out Market Dubai 14, 91
Toiletten 241
Touristeninformation 16, 241
Trinkwasser 234

U
UAE Flagpole 142
UAE Pavilion 166
Überdachter Souk 56
Umm Al Emarat Park 162
Umwelt 220–224
Unterhaltung, *siehe auch einzelne Stadtviertel, Extraregister* Unterhaltung
Unterkunft 17, 191–204, *siehe auch Extraregister* Schlafen
Unterwegs vor Ort 229–233

V
Vegetarisch 29, 32
Verantwortungsvoll reisen 241
Visa 16, 241–242

W
Wafi City 73
Wahat Al Karama 163
Währung 16, 234
Warehouse 421 25, 167
Warner Bros World Abu Dhabi 172
Wasserparks 24, 51, 131–132
Wassersport 44–45
Waterfront Market 27
Websites 15, 16, 17, 40, 192, 215, 237
West-Jumeirah **274–275**
Wetter 17
Wirtschaft 214–215
Women's Museum 55
World Trade Centre 89
Wüste 8, 220–221, **11**

Y
Yas Beach 172
Yas Island 171–180, **170**

Z
Zabeel Park 24, 25, 73
Zayed Heritage Centre 143
Zeit 16, 242
Zeitschriften 234
Zeitungen 234
Zensur 215
Zoll 242

Sehenswertes 000
Kartenverweise **000**
Fotoverweise **000**

AUSGEHEN & NACHTLEBEN

40 Kong 96

A
Al Meylas 156
Arabian Courtyard 129
Art House Cafe 148
Atelier M 128–129
At.mosphere 92

B

Bahri Bar 112, 116
Barasti 126–127
Barracuda 124
Base 94
Beach House Rooftop 169
Belgian Café 148
Bentley Kitchen 156
Bliss Lounge 128
Bridgewater Tavern 94
Brunswick Eatery, Bar & Terrace 113
Buddha Bar 129
Buddha-Bar Beach 169–170
Butcher & Still 156

C

Cabana 94
Cavalli Club 96
Cielo Sky Lounge 64–65
Coco Lounge 129
Cooper's 165
Cooz 79

D

De La Costa 169
Dubliner's 65

E

Eclipse Terrace Lounge 156
Escape 148

F

Fibber Magee's 94–96
Folly by Nick & Scott 113

G

George & Dragon 77
Gold on 27 113
Grapeskin 113

H

Havana Café & Restaurant 149
Hemingway's 149–150
Hookah Lounge 148

I

Iris 174
Irish Village 64
Issimo 65

J

Jetty Lounge 128
Juice World 64

K

Ku-Bu 65

L

La Cava 155–156
Le Café 148–149
Level Lounge 141
Lock, Stock & Barrel 126
Lucky Voice 128

M

Mad on Yas Island 174
Majlis 94
Meena Bazaar 76

N

N'Dulge 129–130

O

Observation Deck at 300 148
Observatory 129

P

Planet Café 156
Provocateur 113
Pure Sky Lounge 129

Q

QDs 64

R

Raw Place 141
Ray's Bar 148
Relax@12 165
Rock Bottom Café 77–79

S

Sho Cho 113
Siddharta Lounge 128
Skyview Bar 113
Smoky Beach 127
Stars 'N' Bars 174
Stills Bar & Brasserie 174
Stratos 141

T

Tamanya Terrace 129
Tap House 127
Tiara Resto Café 141
Treehouse 94

W

White Dubai 94

Y

Yacht Gourmet Restaurant 149

ESSEN

3 Fils 109
18° 164
101 Lounge & Bar 126

A

Abu Dhabi Co-op Hypermarket 154
Afghan Khorasan Kabab 59
Al Amoor Express 109
Al Dawaar 60
Al Dhafra Restaurant 168–169
Al Fanar 110, 187
Al Ibrahimi Restaurant 140
Al Khaima 124
Al Mahara 112
Al Mallah 109
Al Mansour Dhow 60
Al Meshwar 190
Al-Mina-Fischmarkt 167
Al Mina Modern Cuisine & Restaurant 168
Al Nafoorah 126
Al Qasr 125
Al Tawasol 57–59
Al Ustad Special Kabab 74
Antique Bazaar 76
Aquarium 173–174
Arabian Tea House 75–76
Arabica Booza 139
Aroos Damascus 57
Asado 92
Aseelah 59
Asha's 76
Ashiana 61
Ashwaq Cafeteria 59
Asia Asia 122, 125
Automatic Restaurant 144–145
Awtar 77

B

Bait Al Wakeel 76
Bait El Khetyar 138
Baker & Spice 91
Barfly by Buddha Bar 164
Barracuda 124
Beach House 169
BiCE 124
Biryani Pot 154
Blue Orange 124
Bord Eau 164
Brunch 125
Budget 32
Bu Qtair 110
Butcher & Still 155

C

Café Arabia 163
Cafe Bateel 173
Café Du Roi 145
Cafeteria Al Liwan 139
Calle Tacos 110
Carnival by Tresind 93
Casa Latina 110
China Club 60
Cho Gao 140
Cho Gao Marina Walk 145
Chutneys 77
Cipriani 174
Comptoir 102 111
Couqley 124
Coya 155
Creekside Café 76
Croft, The 123
Crust 155

D

Dai Pai Dong 154
Daily, The 92

E

Eataly 91
Eauzone 123
Eric's 74

F

Finz 155
Fish Beach Taverna 123
Frying Pan Adventures 73

G

Giornotte 164
GObai 110

Godiva Chocolate Café 154
Govinda's 74

H

Hoi An 93
Home Bakery 163
Hot Fish 77

I

Idioms 140
Indego by Vineet 124

J

Jaffer Bhai's 75
Jazz@PizzaExpress 125
Jones the Grocer 140

K

Kaak Al Manara 109
Kabul Darbar 74
Karachi Darbar 75
Karma Kafé 92
Katis Restaurant 184–185
Khazana 76

L

La Brioche Café 140
Last Exit 110
Lebanese Village Restaurant 75
Lebanon Mill 140
Leila 91–92
Lemongrass 75
Li Beirut 146
Lighthouse, The 91
Lima Dubai 111
Lime Tree Cafe 93, 109
Little Miss India 126
Logma 109

M

Majlis Café 109
Makani Café 188
Marakesh 141
Marco Pierre White Steakhouse & Grill 164
Mas Mas Maya 125
Massaad Barbecue 122
Maya Modern Mexican Kitchen 123

Sehenswertes 000
Kartenverweise **000**
Fotoverweise **000**

Mezlai 147–148
Mijana 163
Miyako 61
MusicHall 130
Mythos Kouzina & Grill 122

N

Nepaliko Sagarmatha 75
Nola Eatery & Social House 128
Nolu's Café 173
Noodle House 92

O

Operation Falafel 109

P

Pai Thai 111
Pantry Café 111
Peppercrab 77
Pierchic 111

Q

Qwaider Al Nabulsi 59

R

Ratios Coffee 185
Ravi 108
Rhodes W1 124–126
Roberto's 154–155
Rockfish 112
Rooftop 188
Rooftop Terrace & Sport Lounge 129

S

Sadaf 185
Sadaf Iranian Sweets 57
Salt 108–109, 163
Samad Al Iraqi 111
Saravana Bhavan 74
Saudi Kitchen 168
Sayad 147
Shababeek 185
Shabestan 60
Shakespeare & Co 141
Shebi, The 110
Shish Shawerma 144
Sho Cho 164–165
Sind Punjab 74–75
Spice Island 60–61
Sprache 243–244, 247
Stay 126
Sum of Us 93
Sushi Art 122

T

Table 9 60
Tagine 123
Tamba 140
Tanjore 187
Tarbouche Al Basha 140
Tashas 145
Tawa Bakery 173
Thai Kitchen 59–60
Thiptara at Palace Downtown 92–93
Time Out Market 91
Tom & Serg 93
Tomo 77
Toro Toro 123, 125
Trader Vic's Mai Tai Bar 188

U

Ushna 163

V

Vaibhav 75
Vasco's 146–147
Vida Food Truck 110
Virona 168

X

Xiao Wei Yang Hotpot 59
XVA Café 74

Y

Yalumba 61
Yum! 59

Z

Zafran 122
Zahrat Lebnan 138–139
Zaroob 91
Zero Gravity 125
Zheng He's 111–112
Zuma 93, 155

SCHLAFEN

A

Address Dubai Mall 199
Address Dubai Marina 204
Ahmedia Heritage Guest House 193
Al Diar Capital Hotel 179
Al Jazeera Royal Hotel 177
Al Khoory Executive Hotel 200
Al Qasr Hotel 200–201
Aloft Abu Dhabi 179–180
Arabian Courtyard Hotel & Spa 196
Arabian Nights Village 178

B

Bab Al Qasr 178
Barjeel Heritage Guest House 195
Beach Hotel Apartment 200
Beach Rotana Hotel 179
Burj Al Arab 201

C

Carlton Downtown 198
Centro Barsha 199
Centro Yas Island 180
Chelsea Plaza Hotel 200
Coral Dubai Deira Hotel 194
Crowne Plaza Abu Dhabi 177–178
Crowne Plaza Abu Dhabi Yas Island 180

D

Donatello Hotel 200
Dubai Marine Beach Resort & Spa 200
Dubai Youth Hostel 194
Dusit Thani Dubai 197

E

Eastern Mangroves Hotel & Spa 180
Emirates Palace 178–179

F

Fairmont Bab Al Bahr 180
Fairmont Dubai 198
Four Points by Sheraton Bur Dubai 196
Four Points by Sheraton Downtown Dubai 197
Four Seasons Abu Dhabi 179

G

Gloria Hotel 202
Golden Sands Hotel Apartments 195–196
Grand Midwest Tower 201
Grosvenor House 204

H

Hilton Dubai Creek 195
Holiday Inn Express 199

I

Ibis Mall of the Emirates 199
Ibis World Trade Centre 197
InterContinental Abu Dhabi 178

J

Jumeirah at Etihad Towers 178
Jumeirah Beach Hotel 201
Jumeirah Emirates Towers 198
Jumeirah Zabeel Saray 204
JW Marriott Marquis Hotel Dubai 199

K

Kempinski Hotel Mall of the Emirates 201
Khalidiya Palace Rayhaan by Rotana 178

L

La Villa Najd Hotel Apartments 199–200
La Ville Hotel & Suites 200
Landmark Hotel Baniyas 194
Le Méridien Al Aqah Beach Resort 190
Le Meridien Mina Seyahi Beach Resort & Marina 202
Le Royal Meridien Beach Resort & Spa 203–204

M

Majestic Hotel Tower 196
Manzil Downtown 199
Marco Polo Hotel 194
Marina Dream Hostel 201–202
Media One Hotel 202
Mina A'Salam Hotel 201
Mövenpick Hotel & Apartments Bur Dubai 197

N

Novotel World Trade Centre 198

O

One&Only Royal Mirage 202–203
One&Only The Palm 202
Orient Guest House 195

P

Palace Downtown 198–199
Park Hyatt Abu Dhabi Hotel & Villas 180
Park Hyatt Dubai 195
Park Rotana Abu Dhabi 180
Pearl Marina Hotel Apartments 202
Premier Inn Dubai International Airport 193–194

R

Radisson Blu Hotel 194–195
Raffles Dubai 197
Rainbow Hotel 196
Ritz-Carlton Dubai 204
Riviera Hotel 194
Rixos Premium Dubai 202
Roda Al Bustan 194
Rove City Centre 193
Rove Downtown 197

S

Savoy Central Hotel Apartments 196
Shangri-La 198
Sheraton Abu Dhabi Hotel & Resort 179
Sheraton Dubai Creek Hotel & Towers 195

T

Traders Hotel, Qaryat Al Beri 180

V

Vida Downtown Dubai 198

W

Westin Dubai Mina Seyahi Beach Resort & Marina 204

X

XVA Hotel 196

Y

Yas Hotel 180

SHOPPEN

A

Abu Dhabi Mall 156
Abu Dhabi Pottery Establishment 151
Ajmal 81
Al Ghurair Centre 66
Avenue at Etihad Towers 150–151

B

Balqees Honey 98
Bateel 81
BoxPark 114
BurJuman 80–81

C

Candylicious 98
Carpet Souq 170
Cartel, The 98
Centre of Original Iranian Carpets 151
City Centre Al Shindagha 82
City Centre Deira 65
City Walk 114
Computer Plaza 82

D

Damas Collections 66
Dream Girl Tailors 81
Dubai Flea Market 79
Dubai Hills Mall 98
Dubai Marina Mall 131
Dubai Outlet Mall 131
Dubai Shopping-Festivals 81

E

Eclectic 151

F

Fabindia 81
Farmers Market on the Terrace 98
Fischmarkt 61
Folklore Gallery 151

G

Galleria Mall 115, 156
Gallery One 131
Garderobe 115
Gift Village 65
Gold & Diamond Park 98–99

H

Hollywood Tailors 81–82
House of Prose 115

I

Ibn Battuta Mall 131
Iranian Souq 170

K

Karama Market 82
Khalifa Centre 156–157
Kinokuniya 98

M

Madinat Zayed Shopping Gold Centre 141–142
Mall of the Emirates 114
Marina Mall 151
Meena Bazaar 82
Mercato Shopping Mall 115
Mikyajy 66
Miraj Islamic Arts Centre 150
Mirzam Chocolate Makers 97–98

N

Nakheel Mall 130–131
Nation Galleria 150
Nayomi 99

O

O Concept 115
O' de Rose 115
One, The 81
Organic Foods & Café 151
Outlet Village 131

R

Raw Coffee Company 98
Ripe Market 79–80
Royal Saffron 82

S

Souk Al Bahar 98
Souk Madinat Jumeirah 114
Souk Al Arsah 185
Souk Qaryat Al Beri 165
S*uce 115

T
Teppichkauf 80
Typo 114

U
Urbanist 114

W
Wafi Gourmet 150
Wafi Mall 82
Women's Handicraft Centre 165
World Trade Center Mall 142
World Trade Center Souk 141

Y
Yas Mall 175

Z
Zentralsouk 185

SPORT & AKTIVITÄTEN

A
Absolute Adventure 190
Al Ain Zoo 187
Al Boom Diving 116, 190
Al Marsa 190
Amara Spa 66
Anantara Spa 165
Aqua Fun 131–132
Aquaventure Waterpark 121
Arabian Adventures 99
Arabic Language Centre 101
Atlantis Abra Ride 133

B
Beach Gym 132–133
Big Bus Abu Dhabi 152
Burj Al Arab, Führungen 15

D
DriveYas 176
Dubai Creek Golf & Yacht Club 66
Dubai Ice Rink 100
Dukite 117

E
Emirates Golf Club 132
Emirates Palace Spa 152
Eywoa Marine Sports 177

F
Fairmont Beach Club 127

G
GoYAS 176

J
Jungle Bay Waterpark 132

K
Kitesurf School Dubai 117
Knight Tours 99–100

L
Laguna Waterpark 116

M
Mattel Play! Town 116
Murjan Splash Park 166

N
Nation Riviera Beach Club 152

O
One&Only Spa 132

P
Pharaohs' Club 82
Platinum Heritage Tours 99
Polyglot Language Institute 66

R
Radisson Blu Beach Club 152

S
Saadiyat Beach Club 170–171
Schildkrötenbeobachtung 116
Seawings 176–177
Sky Views Dubai 15, 99
Skydive Dubai 127
Spa at Palace Downtown 101
Splash'n'Party 116
Splash Pad 132
StartYAS 176
Surf House Dubai 116

T
Talise Spa 100–101, 117
Themenparks 133
TrainYAS 176

W
Wadi Adventure 188
Wild Wadi Waterpark 115
Winterwunderland 117
Wonder Bus Tours 117

X
XDubai Skatepark 116
XLine 15

Y
Yas Marina Circuit 176
Yas Waterworld 176
Yoga by the Sea 132

Z
Zayed Sports City 166

UNTERHALTUNG

49er's 157

A
Abu Dhabi Classics 151

B
Blue Bar 96
Bollywood Parks Dubai 133

C
Cartoon Network 97
Cinema Akil 96
Club Mina 127
Courtyard Playhouse 97

D
Du Arena 175
Du Forum 175
Dubai Eye 15

F
Fridge 96

I
IMG Boulevard 97
IMG Worlds of Adventure 97

J
Jazz Bar & Dining 151
Jazz@PizzaExpress 130
Junction 97

L
La Perle by Dragone 96
Legoland Dubai 133
Legoland Water Park 133
Lost Valley Dinosaur Adventure 97

M
Madinat Theatre 114
Marvel Zone 97
Motiongate 133
Movies Under the Stars 79
MusicHall 130

R
Reel Cinemas 96

V
Vox Cinemas 151, 174–175
Vox Cinemas Abu Dhabi 157
Vox Mall of the Emirates 113–114

Z
Zero Gravity 127

Sehenswertes 000
Kartenverweise **000**
Fotoverweise **000**

Cityatlas

Sehenswertes

- Strand
- Vogelschutzgebiet
- Buddhistisch
- Burg/Festung
- Christlich
- Konfuzianisch
- Hinduistisch
- Islamisch
- Jainistisch
- Jüdisch
- Denkmal
- Museum/Galerie/Hist. Gebäude
- Ruine
- Shintoistisch
- Sikhistisch
- Taoistisch
- Weingut/Weinberg
- Zoo/Tierschutzgebiet
- Andere Sehenswürdigkeit

Aktivitäten, Kurse & Touren

- Bodysurfing
- Tauchen
- Kanu-/Kajakfahren
- Kurs/Tour
- Sentō/Onsen
- Skifahren
- Schnorcheln
- Surfen
- Schwimmen/Pool
- Wandern
- Windsurfen
- Andere Aktivität

Schlafen

- Unterkunft
- Campingplatz
- Hütte/Schutzhütte

Essen

- Restaurant

Ausgehen & Nachtleben

- Bar/Kneipe/Club
- Café

Unterhaltung

- Theater/Kino/Oper

Shoppen

- Geschäft/Einkaufszentrum

Praktisches

- Bank
- Botschaft/Konsulat
- Krankenhaus/Arzt
- Internet
- Polizei
- Post
- Telefon
- Toilette
- Touristeninformation
- Noch mehr Praktisches

Landschaften

- Strand
- Schranke
- Hütte/Schutzhütte
- Leuchtturm
- Aussichtspunkt
- Berg/Vulkan
- Oase
- Park
- Pass
- Rastplatz
- Wasserfall

Städte

- Hauptstadt
- Landeshauptstadt
- Stadt/Großtstadt
- Ort/Dorf

Transport

- Flughafen
- Grenzübergang
- Bus
- Seilbahn/Standseilbahn
- Fahrradweg
- Fähre
- Metro/MRT-Bahnhof
- Monorail
- Parkplatz
- Tankstelle
- S-Bahn-/Skytrain-Station
- Taxi
- Bahnhof/Eisenbahn
- Tram/Straßenbahn
- U-Bahn-Station
- Anderes Verkehrsmittel

Verkehrswege

- Mautstraße
- Autobahn
- Hauptstraße
- Landstraße
- Verbindungsstraße
- Sonstige Straße
- Unbefestigte Straße
- Straße im Bau
- Platz/Fußgängerzone
- Stufen
- Tunnel
- Fußgängerbrücke
- Spaziergang/Wanderung
- Wanderung mit Abstecher
- Pfad/Wanderweg

Grenzen

- Staatsgrenze
- Bundestaaten-/Provinzgrenze
- Umstrittende Grenze
- Regionale-/Vorortgrenze
- Meerschutzgebiet
- Klippen
- Mauer

Gewässer

- Fluss/Bach
- Periodischer Fluss
- Kanal
- Gewässer
- Trocken-/Salz-/Periodischer See
- Riff

Gebietsformen

- Flughafen/Start- & Landebahn
- Strand/Wüste
- Christlicher Friedhof
- Sonstiger Friedhof
- Gletscher
- Watt
- Park/Wald
- Sehenswertes Gebäude
- Sportanlage
- Sumpf/Mangroven

Hinweis: Nicht alle Symbole kommen in den Karten dieses Reiseführers vor.

KARTEN-REGISTER

1 Deira & der östliche Creek (Norden) (S. 262)

2 Deira & der östliche Creek (Süden) (S. 264)

3 Bur Dubai & der westliche Creek (Norden) (S. 266)

4 Bur Dubai & der westliche Creek (Süden) (S. 270)

5 Ost-Jumeirah & Umgebung (S. 272)

6 West-Jumeirah & Umgebung (S. 274)

7 Downtown Dubai (S. 276)

8 Al Quoz (S. 278)

9 Dubai Marina & Palm Jumeirah (S. 280)

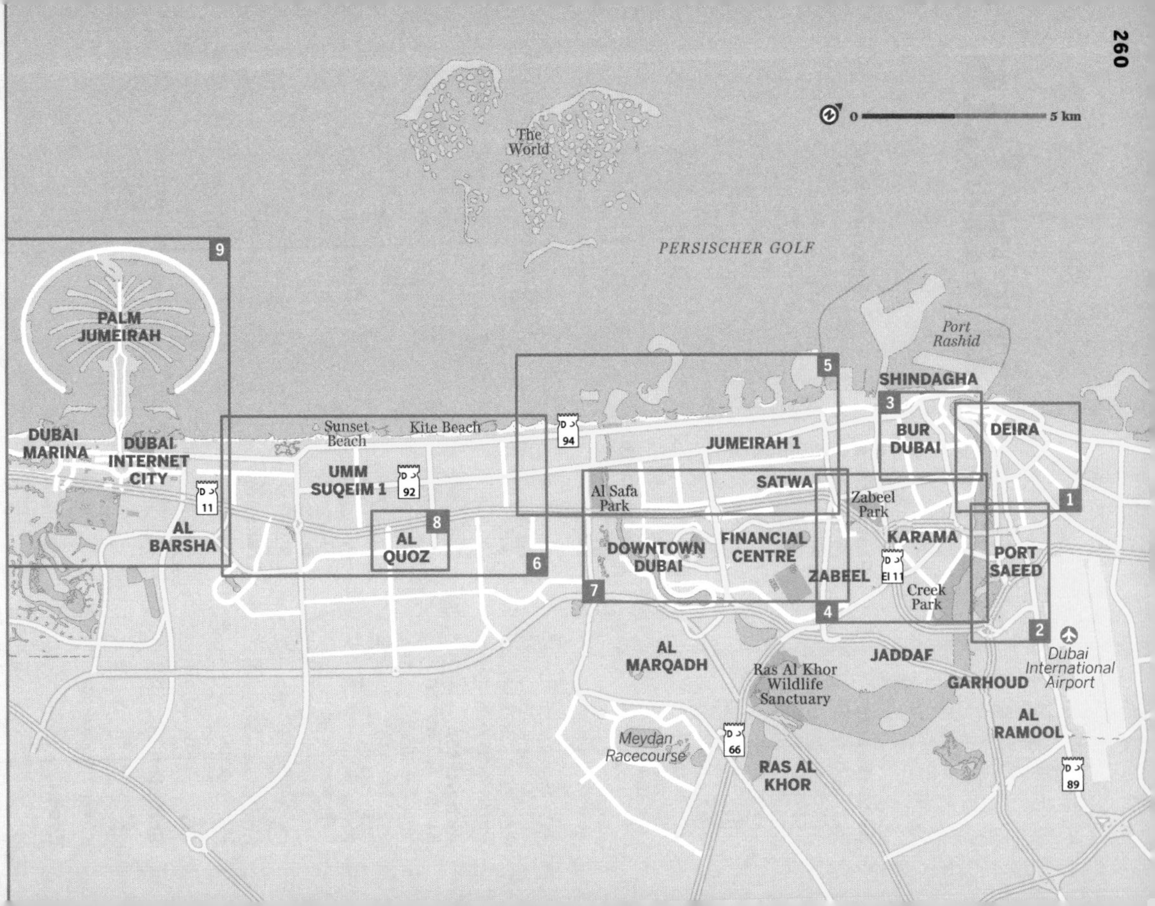

DEIRA & DER ÖSTLICHE CREEK (NORDEN) *Karte auf S. 262*

Highlights (S. 54)
1 Goldsouk ... B1

Sehenswertes (S. 55)
2 Überdachter Souk ... C2
3 Dhow Wharfage ... B2
4 Heritage House ... A1
5 Museum of the Poet Al Oqaili ... A1
6 Naif-Markt ... D3
7 National Bank of Dubai ... C6
8 Parfümsouk ... C2
9 Gewürzsouk ... B2
10 Women's Museum ... C1

Essen (S. 57)
11 Afghan Khorasan Kabab ... C2
12 Al Dawaar ... E1
13 Al Mansour Dhow ... C5
14 Aroos Damascus ... E6
15 Aseelah ... C5
Ashiana ... (siehe 34)
16 Ashwaq Cafeteria ... C2
China Club ... (siehe 32)
17 Miyako ... E1
18 Qwaider Al Nabulsi ... E7
19 Sadaf Iranian Sweets ... D7
Shabestan ... (siehe 32)
20 Spice Island ... G7
Table 9 ... (siehe 29)
21 Xiao Wei Yang Hotpot ... C4
Yum! ... (siehe 32)

Ausgehen & Nachtleben (S. 61)
Issimo ... (siehe 29)
22 Juice World ... E7
23 Ku-Bu ... C5

Shoppen (S. 65)
24 Al Ghurair Centre ... D5
25 Gift Village ... C3
26 Kanz Jewellers ... B1

Sport & Aktivitäten (S. 66)
27 Polyglot Language Institute ... C4

Schlafen (S. 193)
Ahmedia Heritage Guest House ... (siehe 4)
28 Coral Dubai Deira Hotel ... F7
29 Hilton Dubai Creek ... C7
30 Landmark Hotel Baniyas ... C3
31 Marco Polo Hotel ... F5
32 Radisson Blu Hotel ... C5
33 Riviera Hotel ... C4
34 Sheraton Dubai Creek Hotel & Towers ... C6

Legende auf S. 261

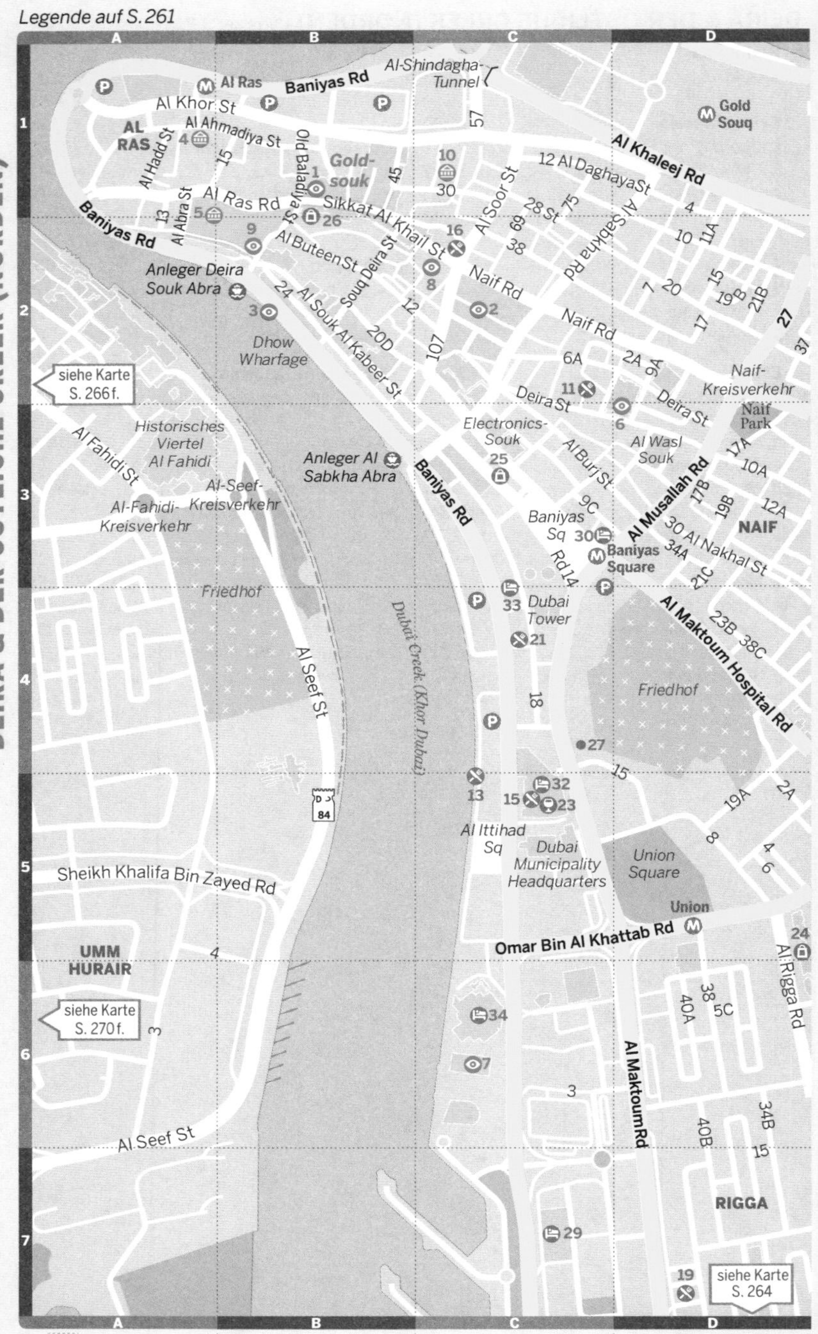

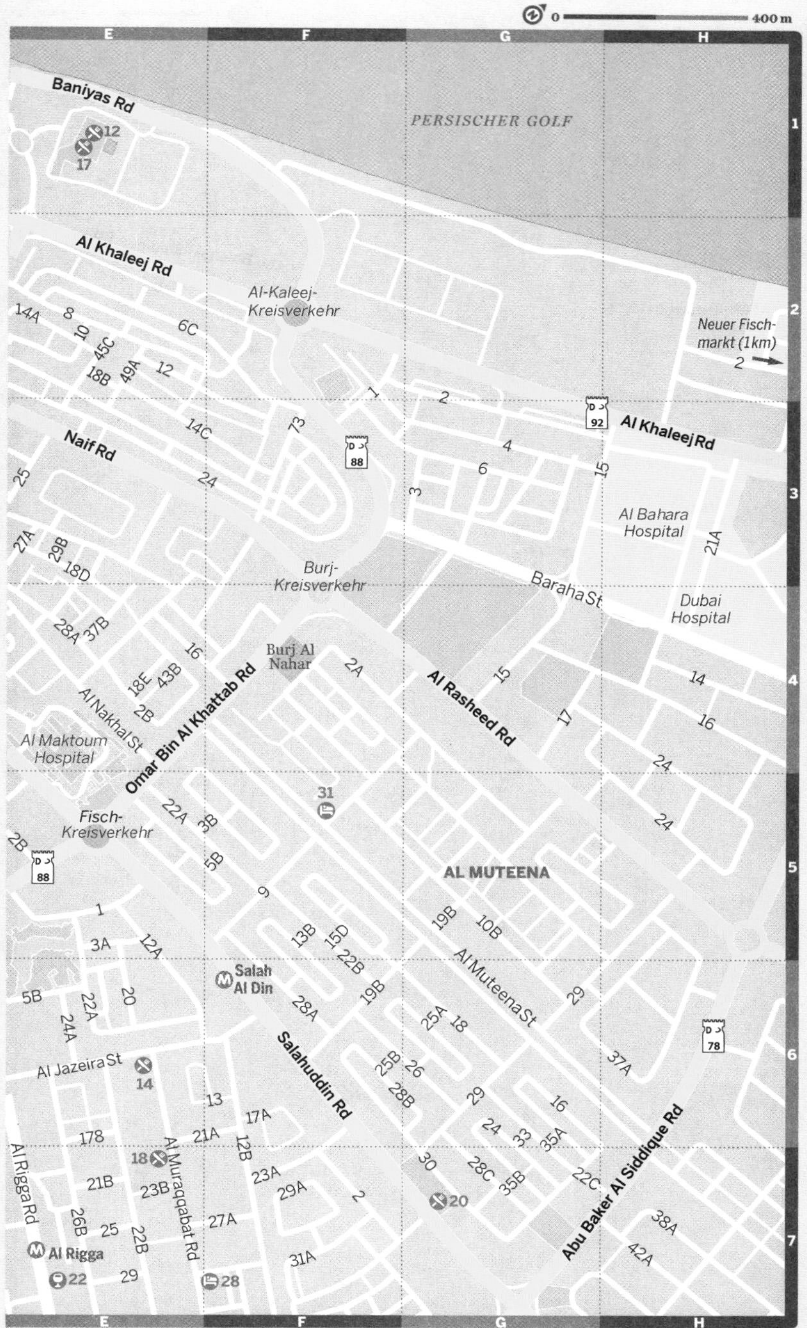

0
400 m
PERSISCHER GOLF
Baniyas Rd
Al Khaleej Rd
Al-Kaleej-Kreisverkehr
Neuer Fisch-markt (1km)
Naif Rd
Al Khaleej Rd
Al Bahara Hospital
Burj-Kreisverkehr
Baraha St
Dubai Hospital
Burj Al Nahar
Al Rasheed Rd
Al Nakhal St
Omar Bin Al Khattab Rd
Al Maktoum Hospital
Fisch-Kreisverkehr
AL MUTEENA
Al Muteena St
Salah Al Din
Salahuddin Rd
Al Jazeira St
Abu Baker Al Siddique Rd
Al Muraqqabat Rd
Al Rigga Rd
Al Rigga

DEIRA & DER ÖSTLICHE CREEK (SÜDEN)

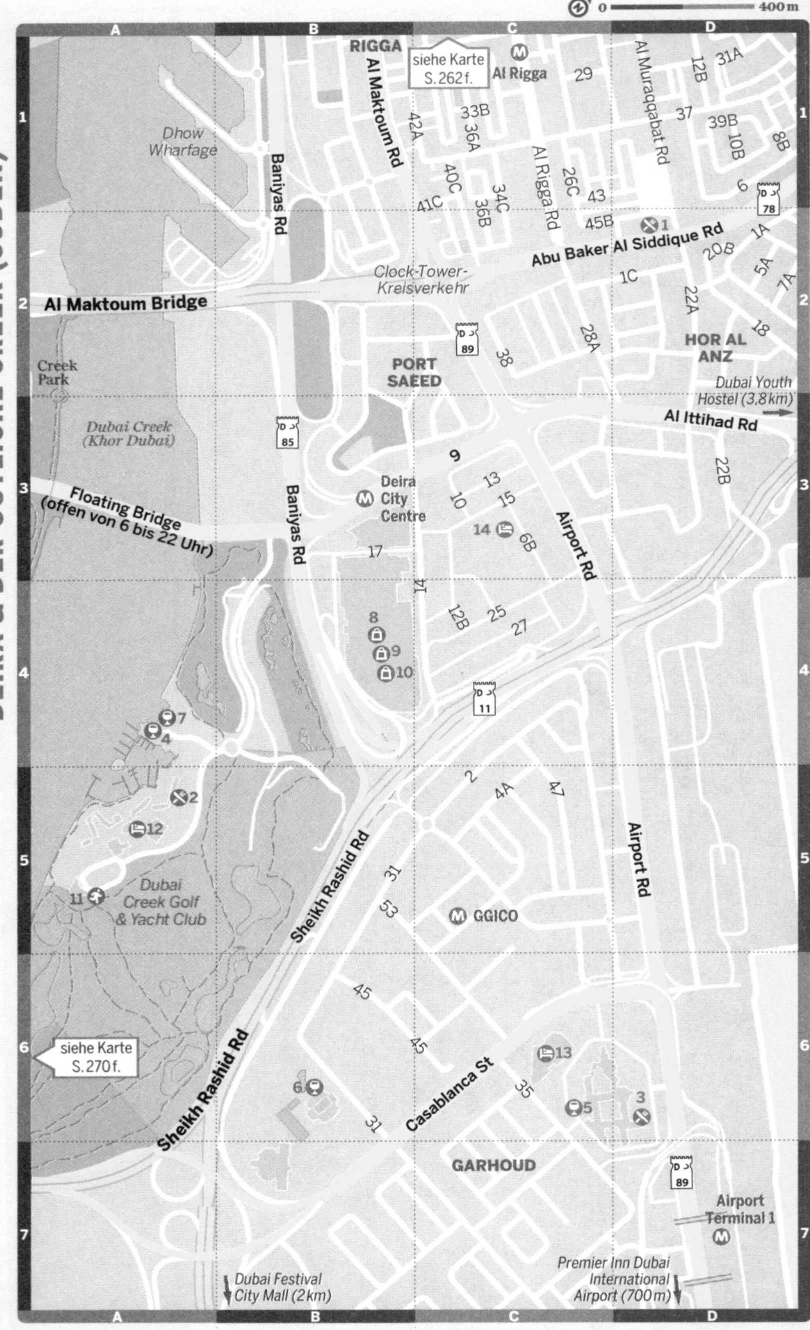
0 400 m
RIGGA
siehe Karte S. 262 f.
Al Rigga
Al Maktoum Rd
Baniyas Rd
Al Muraqqabat Rd
Al Rigga Rd
Dhow Wharfage
Abu Baker Al Siddique Rd
Clock-Tower-Kreisverkehr
Al Maktoum Bridge
PORT SAEED
HOR AL ANZ
Dubai Youth Hostel (3,8 km)
Al Ittihad Rd
Creek Park
Dubai Creek (Khor Dubai)
Floating Bridge (offen von 6 bis 22 Uhr)
Deira City Centre
Airport Rd
Sheikh Rashid Rd
Dubai Creek Golf & Yacht Club
GGICO
siehe Karte S. 270 f.
Casablanca St
GARHOUD
Airport Terminal 1
Dubai Festival City Mall (2 km)
Premier Inn Dubai International Airport (700 m)

DEIRA & DER ÖSTLICHE CREEK (SÜDEN)

Essen **(S.57)**

1 Al Tawasol ... D2
2 Thai Kitchen ... A5
3 Yalumba ... D6

Ausgehen & Nachtleben **(S.61)**

4 Cielo Sky Lounge ... A4
5 Dubliner's ... C6
6 Irish Village ... B6
7 QDs ... A4

Shoppen **(S.65)**

8 City Centre Deira ... B4
9 Damas Collections ... B4
10 Mikyajy ... B4

Sport & Aktivitäten **(S.66)**

Amara Spa ... (see 12)
11 Dubai Creek Golf & Yacht Club ... A5

Schlafen **(S.193)**

12 Park Hyatt Dubai ... A5
13 Roda Al Bustan ... C6
14 Rove City Centre ... C3

Legende auf S. 268

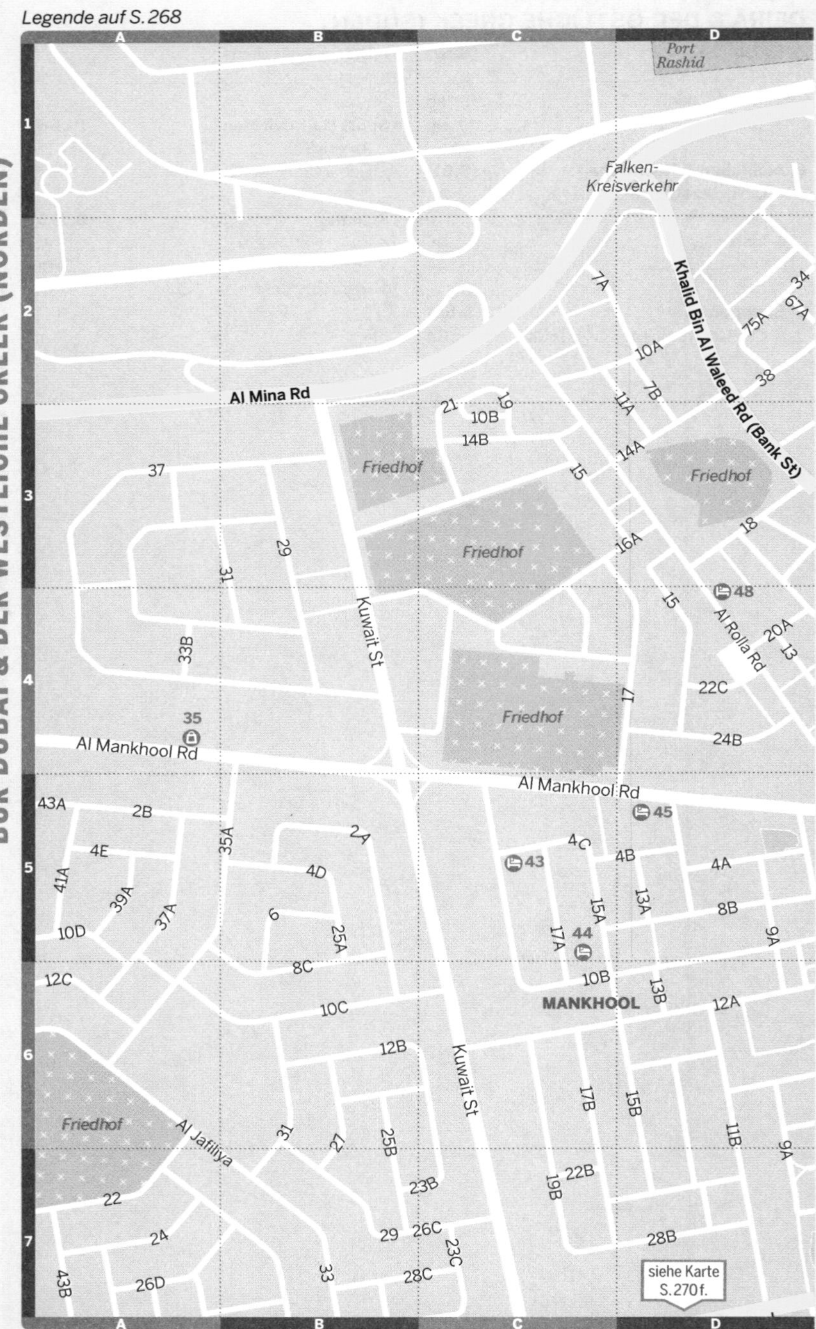
Port Rashid
Falken-Kreisverkehr
Khalid Bin Al Waleed Rd (Bank St)
Al Mina Rd
Friedhof
Friedhof
Friedhof
Friedhof
Friedhof
Kuwait St
Al Rolla Rd
Al Mankhool Rd
Al Mankhool Rd
MANKHOOL
Kuwait St
Al Jafiliya
35
43
44
45
48
siehe Karte S. 270 f.

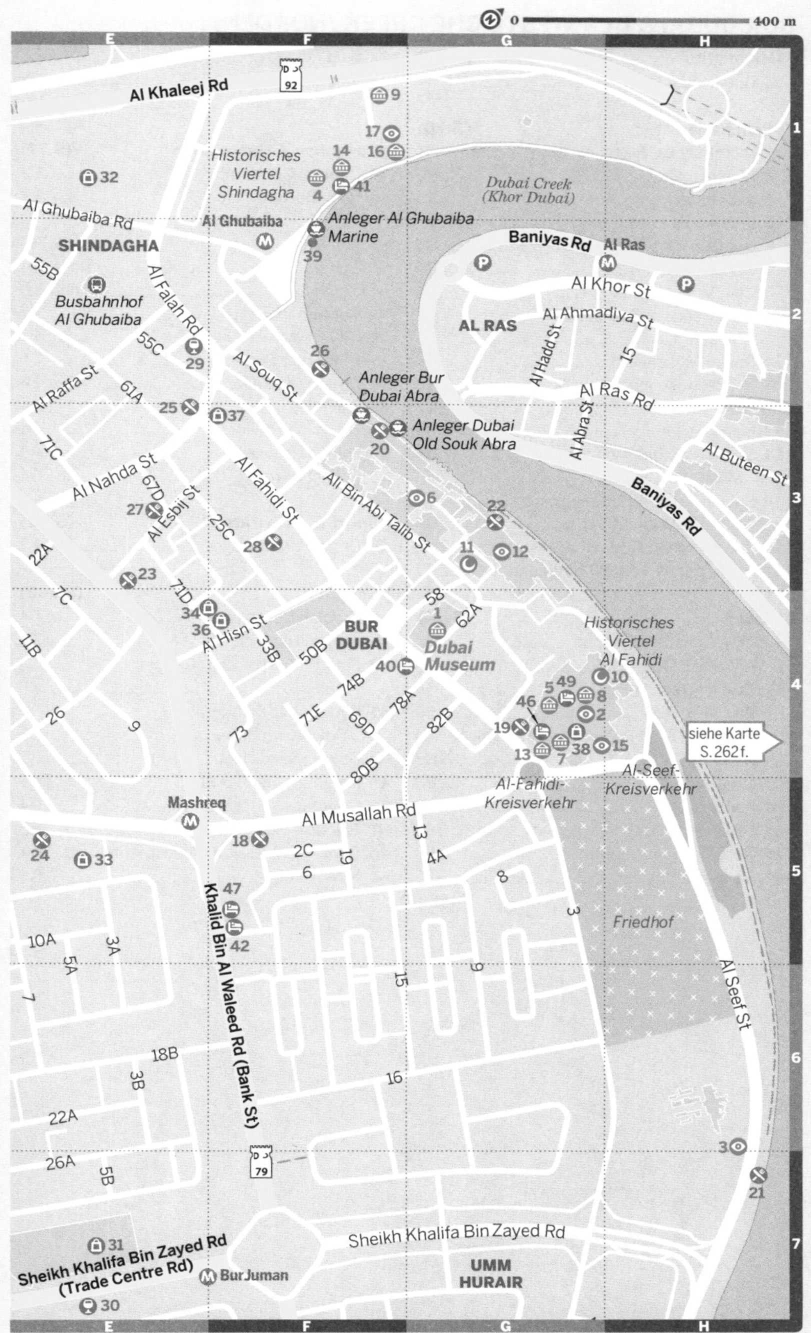
0
400 m
E
F
G
H
Al Khaleej Rd
Historisches Viertel Shindagha
Dubai Creek (Khor Dubai)
Al Ghubaiba Rd
Al Ghubaiba
Anleger Al Ghubaiba Marine
SHINDAGHA
Baniyas Rd
Al Ras
Busbahnhof Al Ghubaiba
Al Falah Rd
Al Khor St
Al Ahmadiya St
AL RAS
Al Hadd St
Al Souq St
Anleger Bur Dubai Abra
Al Raffa St
Al Ras Rd
Anleger Dubai Old Souk Abra
Al Abra St
Al Buteen St
Al Nahda St
Al Fahidi St
Ali Bin Abi Talib St
Baniyas Rd
Al Esbij St
Al Hisn St
BUR DUBAI
Dubai Museum
Historisches Viertel Al Fahidi
siehe Karte S. 262 f.
Al-Fahidi-Kreisverkehr
Al-Seef-Kreisverkehr
Mashreq
Al Musallah Rd
Khalid Bin Al Waleed Rd (Bank St)
Friedhof
Al Seef St
Sheikh Khalifa Bin Zayed Rd
Sheikh Khalifa Bin Zayed Rd (Trade Centre Rd)
BurJuman
UMM HURAIR

BUR DUBAI & DER WESTLICHE CREEK (NORDEN) *Karte auf S. 266*

Highlights **(S. 69)**
1 Dubai Museum ... G4

Sehenswertes **(S. 70)**
2 Historisches Viertel Al Fahidi ... G4
3 Al Seef ... H6
4 Al Shindagha Museum ... F1
5 Alserkal Cultural Foundation ... G4
6 Bur Dubai Souk ... G3
7 Coffee Museum ... G4
8 Coin Museum ... G4
9 Crossroads of Civilizations Museum ... F1
10 Diwan-Moschee ... G4
11 Große Moschee ... G3
12 Hindi Lane ... G3
13 Majlis Gallery ... G4
14 Saruq Al Hadid Archaeology Museum ... F1
15 Sheikh Mohammed Centre for Cultural Understanding ... G4
16 Sheikh Saeed Al Maktoum House ... F1
17 Historisches Viertel Shindagha ... F1

Essen **(S. 74)**
18 Al Ustad Special Kabab ... F5
Antique Bazaar ... (siehe 42)
19 Arabian Tea House ... G4
20 Bait Al Wakeel ... F3
Barjeel Al Arab Restaurant ... (siehe 41)
21 Bateaux Dubai ... H7
22 Creekside Cafe ... G3
23 Kabul Darbar ... E3
24 Lebanese Village Restaurant ... E5
25 Nepaliko Sagarmatha ... E3
26 Saravana Bhavan ... F2
27 Sind Punjab ... E3
28 Vaibhav ... F3
XVA Café ... (siehe 49)

Ausgehen & Nachtleben **(S. 77)**
29 George & Dragon ... E2
30 Rock Bottom Café ... E7

Shoppen **(S. 79)**
Ajmal ... (siehe 31)
Bateel ... (siehe 31)
31 BurJuman ... E7
32 City Centre Al Shindagha ... E1
33 Computer Plaza ... E5
34 Dream Girl Tailors ... F4
35 Fabindia ... A4
36 Hollywood Tailors ... F4
37 Meena Bazaar ... F3
38 Royal Saffron ... G4

Sport & Aktivitäten **(S. 82)**
39 Dubai Ferry Cruises ... F2

Schlafen **(S. 195)**
40 Arabian Courtyard Hotel & Spa ... F4
41 Barjeel Heritage Guest House ... F1
42 Four Points by Sheraton Bur Dubai ... F5
43 Four Points by Sheraton Downtown Dubai ... C5
44 Golden Sands Hotel Apartments ... C5
45 Majestic Hotel Tower ... D5
46 Orient Guest House ... G4
47 Rainbow Hotel ... F5
48 Savoy Central Hotel Apartments ... D4
49 XVA Hotel ... G4

BUR DUBAI & DER WESTLICHE CREEK (SÜDEN) Karte auf S. 270

Sehenswertes (S.70)
1 Children's City G6
2 Creek Park G6
3 Dubai Frame C3
4 Wafi City D6
5 Zabeel Park C2

Essen (S.74)
6 Asha's E6
7 Awtar E7
8 Bateaux Dubai H1
Chutneys .... (siehe 21)
9 Eric's F2
10 Govinda's F1
11 Hot Fish D2
12 Jaffer Bhai's F2
13 Karachi Darbar E2
14 Khazana E4
15 Lemongrass D4
Peppercrab .... (siehe 16)
Tomo .... (siehe 22)

Ausgehen & Nachtleben (S.77)
16 Cooz E7

Unterhaltung (S.79)
17 Movies Under the Stars E6

Shoppen (S.79)
18 Dubai Flea Market C2
19 Karama Market D3
The One .... (siehe 20)
20 Wafi Mall E6

Sport & Aktivitäten (S.82)
Pharaohs' Club .... (siehe 17)

Schlafen (S.185)
21 Mövenpick Hotel & Apartments Bur Dubai E4
22 Raffles Dubai E6

Legende auf S. 269

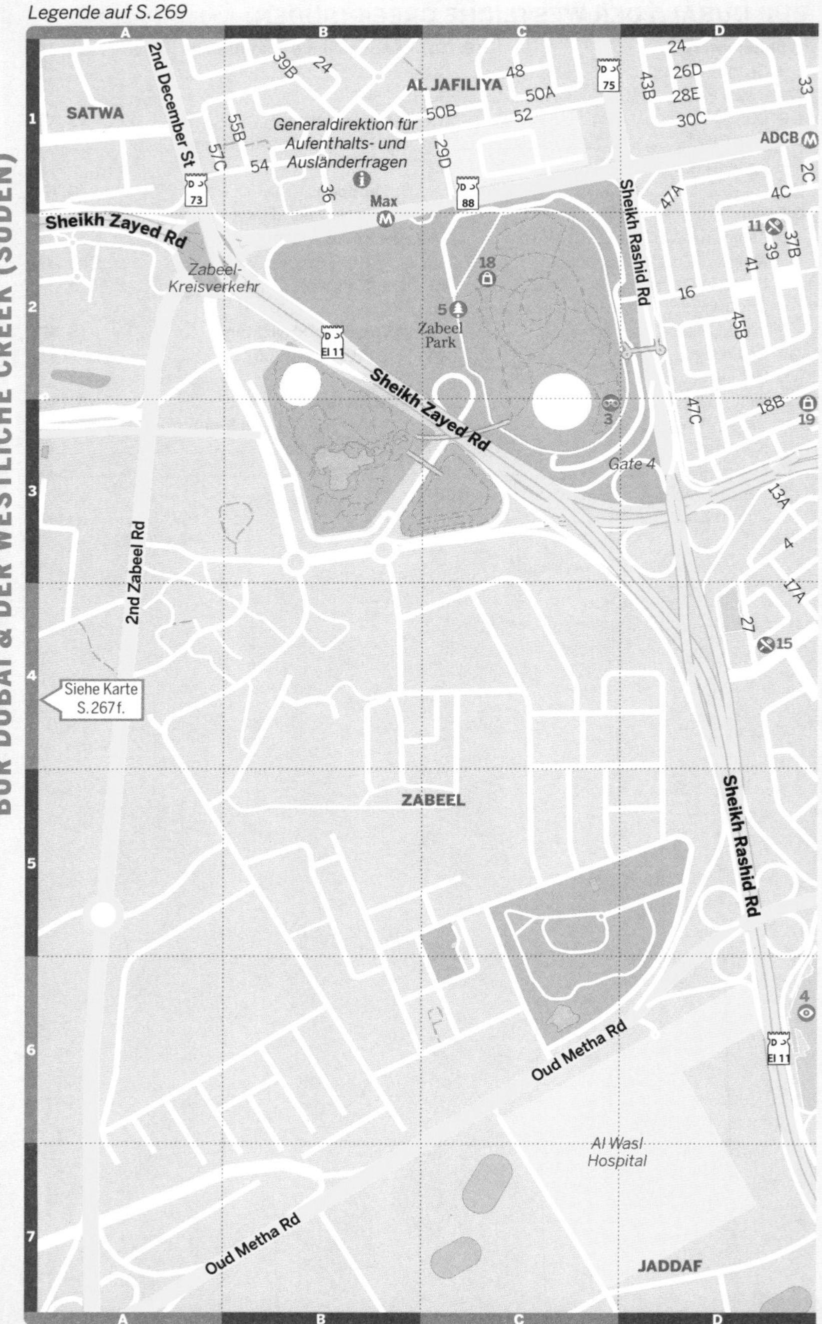

SATWA
AL JAFILIYA
2nd December St
Generaldirektion für Aufenthalts- und Ausländerfragen
Max
ADCB
Sheikh Zayed Rd
Zabeel-Kreisverkehr
Zabeel Park
Sheikh Rashid Rd
Gate 4
2nd Zabeel Rd
Siehe Karte S. 267 f.
ZABEEL
Oud Metha Rd
Al Wasl Hospital
JADDAF

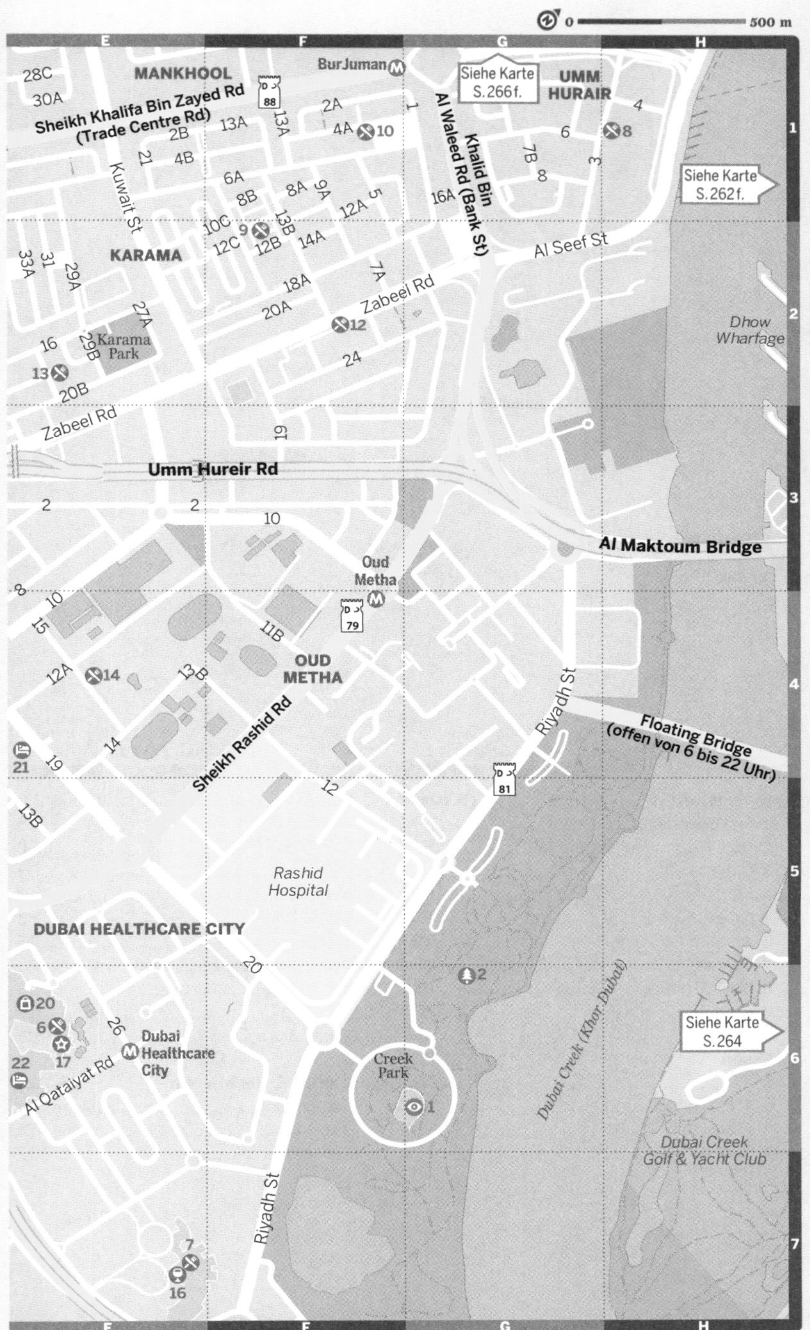
BUR DUBAI & DER WESTLICHE CREEK (SÜDEN)
0 500 m
MANKHOOL
UMM HURAIR
KARAMA
OUD METHA
DUBAI HEALTHCARE CITY
Siehe Karte S. 266 f.
Siehe Karte S. 262 f.
Siehe Karte S. 264
BurJuman
Sheikh Khalifa Bin Zayed Rd (Trade Centre Rd)
Khalid Bin Al Waleed Rd (Bank St)
Kuwait St
Al Seef St
Zabeel Rd
Umm Hureir Rd
Al Maktoum Bridge
Oud Metha
Sheikh Rashid Rd
Riyadh St
Floating Bridge (offen von 6 bis 22 Uhr)
Karama Park
Dhow Wharfage
Rashid Hospital
Dubai Healthcare City
Al Qataiyat Rd
Creek Park
Dubai Creek (Khor Dubai)
Dubai Creek Golf & Yacht Club

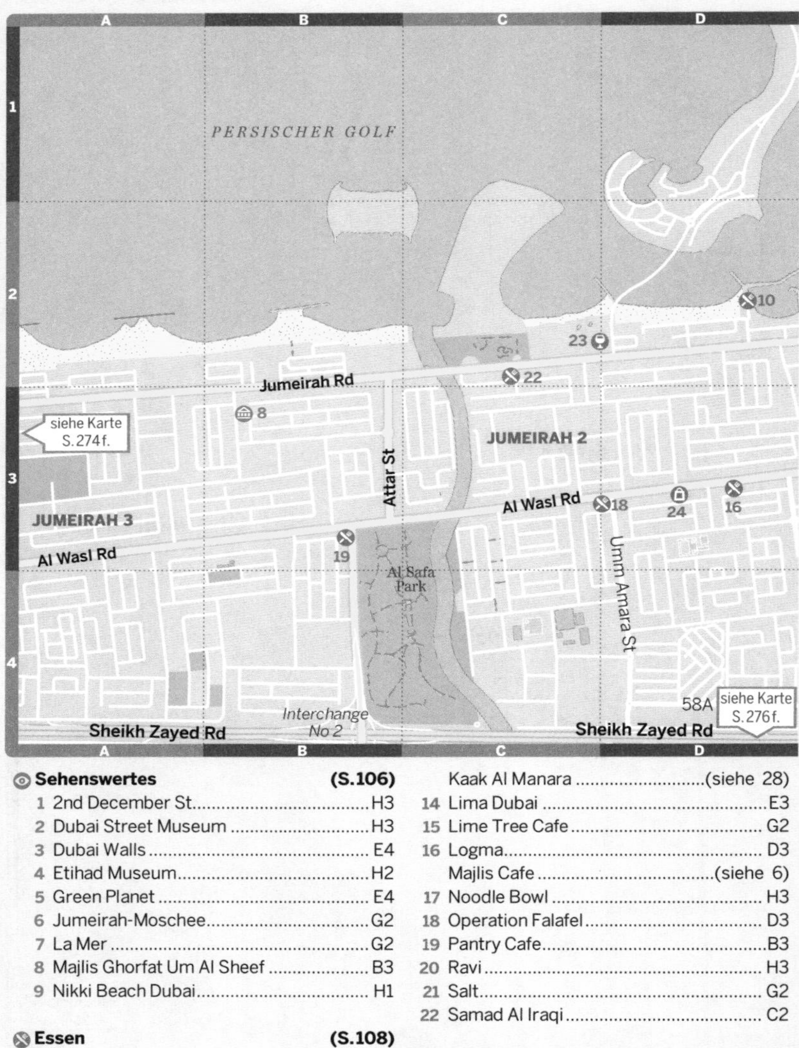

Sehenswertes **(S.106)**

1	2nd December St	H3
2	Dubai Street Museum	H3
3	Dubai Walls	E4
4	Etihad Museum	H2
5	Green Planet	E4
6	Jumeirah-Moschee	G2
7	La Mer	G2
8	Majlis Ghorfat Um Al Sheef	B3
9	Nikki Beach Dubai	H1

Essen **(S.108)**

10	3 Fils	D2
11	Al Fanar	E2
12	Al Mallah	H3
13	Comptoir 102	F2
	Kaak Al Manara	(siehe 28)
14	Lima Dubai	E3
15	Lime Tree Cafe	G2
16	Logma	D3
	Majlis Cafe	(siehe 6)
17	Noodle Bowl	H3
18	Operation Falafel	D3
19	Pantry Cafe	B3
20	Ravi	H3
21	Salt	G2
22	Samad Al Iraqi	C2

Ausgehen & Nachtleben **(S.112)**

	Club Boudoir	(siehe 38)
	Grapeskin	(siehe 40)
23	Provocateur	C2

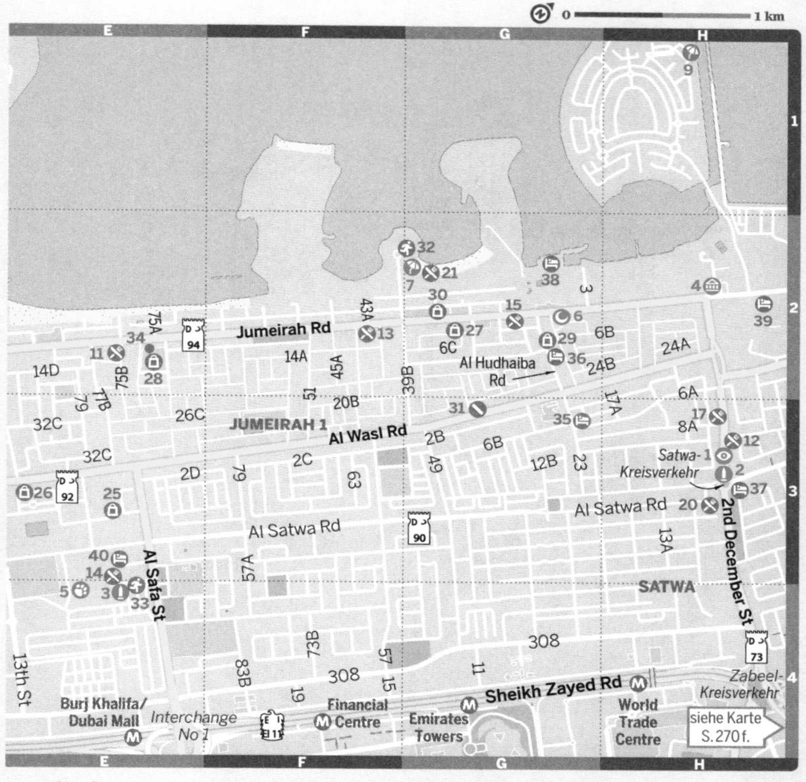

Sho Cho.......................................(siehe 38)

Shoppen (S.114)

24 BoxPark..D3
25 City Walk E3
26 Galleria Mall E3
27 House of Prose G2
28 Mercato Shopping Mall E2
29 O Concept..G2
30 S*uce G2
Typo ....(siehe 24)
Urbanist ....(siehe 24)

Sport & Aktivitäten (S.115)

31 Al Boom Diving G3
32 Laguna Waterpark..................................G2
33 Mattel Play! Town.................................E4
34 Wonder Bus Tours E2

Schlafen (S.199)

35 Al Khoory Executive Hotel G3
36 Beach Hotel Apartment......................... G2
37 Chelsea Plaza Hotel H3
38 Dubai Marine Beach Resort & Spa G2
39 Holiday Inn Express.............................. H2
40 La Ville Hotel & Suites............................E3

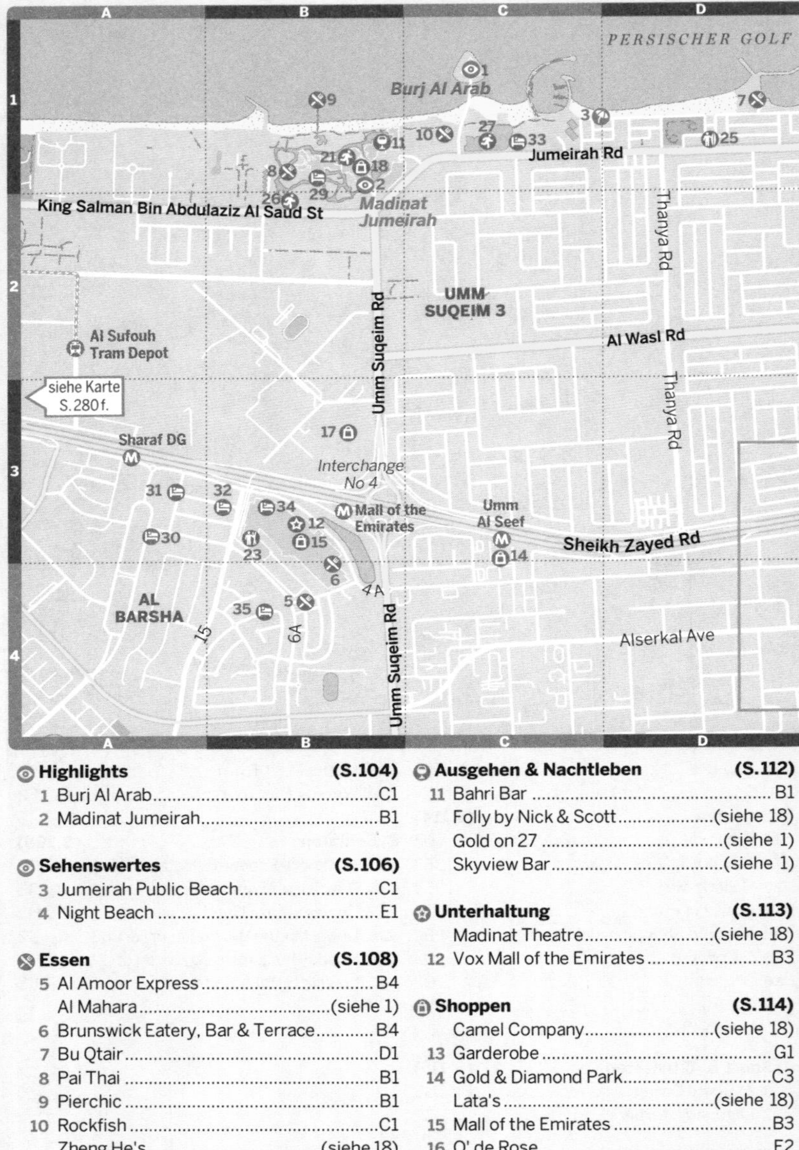

Highlights (S.104)

1 Burj Al Arab C1
2 Madinat Jumeirah B1

Sehenswertes (S.106)

3 Jumeirah Public Beach C1
4 Night Beach E1

Essen (S.108)

5 Al Amoor Express B4
Al Mahara .... (siehe 1)
6 Brunswick Eatery, Bar & Terrace B4
7 Bu Qtair D1
8 Pai Thai B1
9 Pierchic B1
10 Rockfish C1
Zheng He's .... (siehe 18)

Ausgehen & Nachtleben (S.112)

11 Bahri Bar B1
Folly by Nick & Scott .... (siehe 18)
Gold on 27 .... (siehe 1)
Skyview Bar .... (siehe 1)

Unterhaltung (S.113)

Madinat Theatre .... (siehe 18)
12 Vox Mall of the Emirates B3

Shoppen (S.114)

Camel Company .... (siehe 18)
13 Garderobe G1
14 Gold & Diamond Park C3
Lata's .... (siehe 18)
15 Mall of the Emirates B3
16 O' de Rose E2

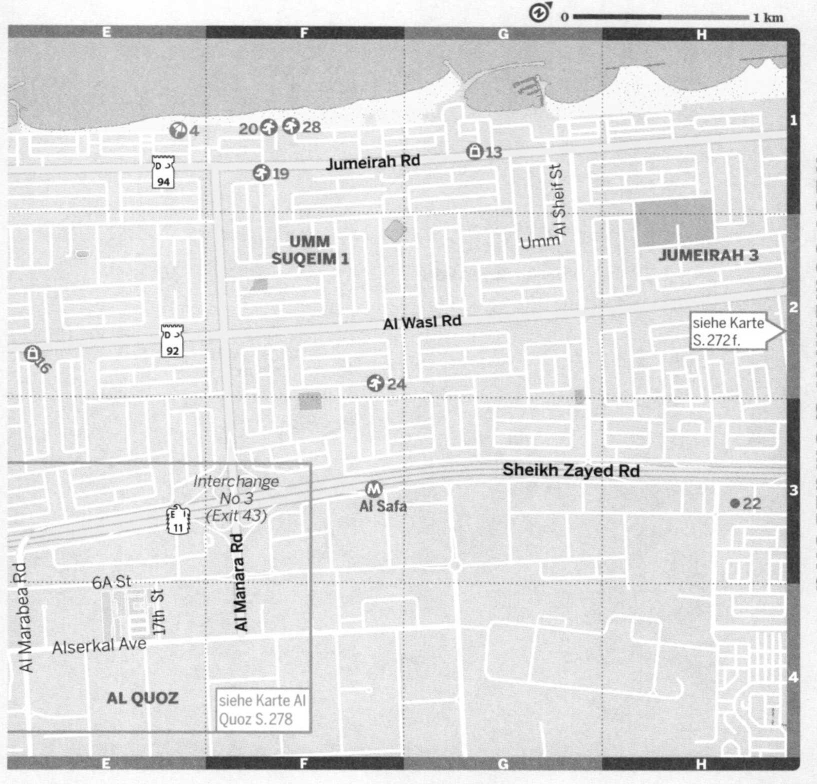

17 Ripe Market B3
18 Souk Madinat Jumeirah B1
Toshkhana .... (siehe 18)

Sport & Aktivitäten (S.116)

19 Dukite F1
20 Kitesurf School Dubai F1
21 Madinat Jumeirah Abra Rides B1
22 Platinum Heritage Tours H3
23 Ski Dubai B3
24 Splash 'n' Party F2
25 Surf House Dubai D1
26 Talise Spa B2
27 Wild Wadi Waterpark C1
28 XDubai Skatepark F1

Schlafen (S.199)

29 Al Qasr Hotel B1
Burj Al Arab .... (siehe 1)
30 Centro Barsha A3
31 Donatello Hotel A3
32 Ibis Mall of the Emirates B3
33 Jumeirah Beach Hotel C1
34 Kempinski Hotel Mall of the Emirates B3
35 La Villa Najd Hotel Apartments B4
Mina A'Salam Hotel .... (siehe 18)

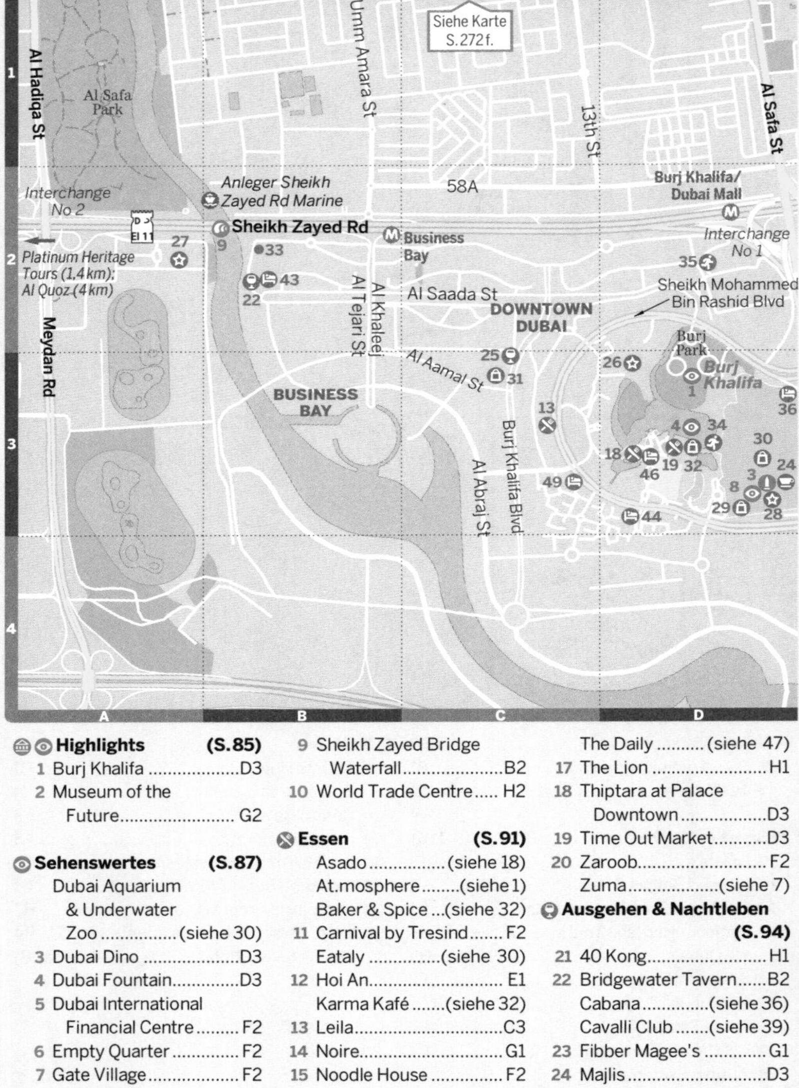

Highlights (S.85)
1 Burj Khalifa D3
2 Museum of the Future..................G2

Sehenswertes (S.87)
Dubai Aquarium & Underwater Zoo ....(siehe 30)
3 Dubai Dino D3
4 Dubai Fountain..................D3
5 Dubai International Financial Centre.........F2
6 Empty Quarter..............F2
7 Gate Village..................F2
8 KidZania..................D3
9 Sheikh Zayed Bridge Waterfall..................B2
10 World Trade Centre.....H2

Essen (S.91)
Asado..............(siehe 18)
At.mosphere........(siehe 1)
Baker & Spice ...(siehe 32)
11 Carnival by Tresind.......F2
Eataly..............(siehe 30)
12 Hoi An..................E1
Karma Kafé.......(siehe 32)
13 Leila..................C3
14 Noire..................G1
15 Noodle House..............F2
16 Sum of Us..................H1
The Daily..........(siehe 47)
17 The Lion..................H1
18 Thiptara at Palace Downtown..................D3
19 Time Out Market..........D3
20 Zaroob..................F2
Zuma..................(siehe 7)

Ausgehen & Nachtleben (S.94)
21 40 Kong..................H1
22 Bridgewater Tavern......B2
Cabana..............(siehe 36)
Cavalli Club.......(siehe 39)
23 Fibber Magee's............G1
24 Majlis..................D3
25 Treehouse..................C3

Unterhaltung (S.96)
- Blue Bar .... (siehe 45)
- 26 Dubai Opera D3
- 27 La Perle by Dragone A2
- 28 Reel Cinemas D3

Shoppen (S.97)
- 29 Balqees Honey D3
- Candylicious .... (siehe 30)
- 30 Dubai Mall D3
- 31 Farmers Market on the Terrace C3
- Kinokuniya .... (siehe 30)
- Nayomi .... (siehe 30)
- 32 Souk Al Bahar D3

Sport & Aktivitäten (S.99)
- 33 Arabian Adventures B2
- Arabic Language Centre .... (siehe 10)
- 34 Dubai Fountain Lake Ride D3
- Dubai Ice Rink ... (siehe 28)
- 35 Sky Views Dubai D2
- Spa at Palace Downtown ...... (siehe 18)
- Talise Spa .... (siehe 42)

Schlafen (S.197)
- 36 Address Dubai Mall D3
- 37 Carlton Downtown E2
- 38 Dusit Thani Dubai E2
- 39 Fairmont Dubai G1
- 40 Gevora Hotel F2
- 41 Ibis World Trade Centre G2
- 42 Jumeirah Emirates Towers F2
- 43 JW Marriott Marquis Hotel Dubai B2
- 44 Manzil Downtown D3
- 45 Novotel World Trade Centre G2
- 46 Palace Downtown D3
- 47 Rove Downtown E3
- 48 Shangri-La E2
- 49 Vida Downtown Dubai .. C3

AL QUOZ

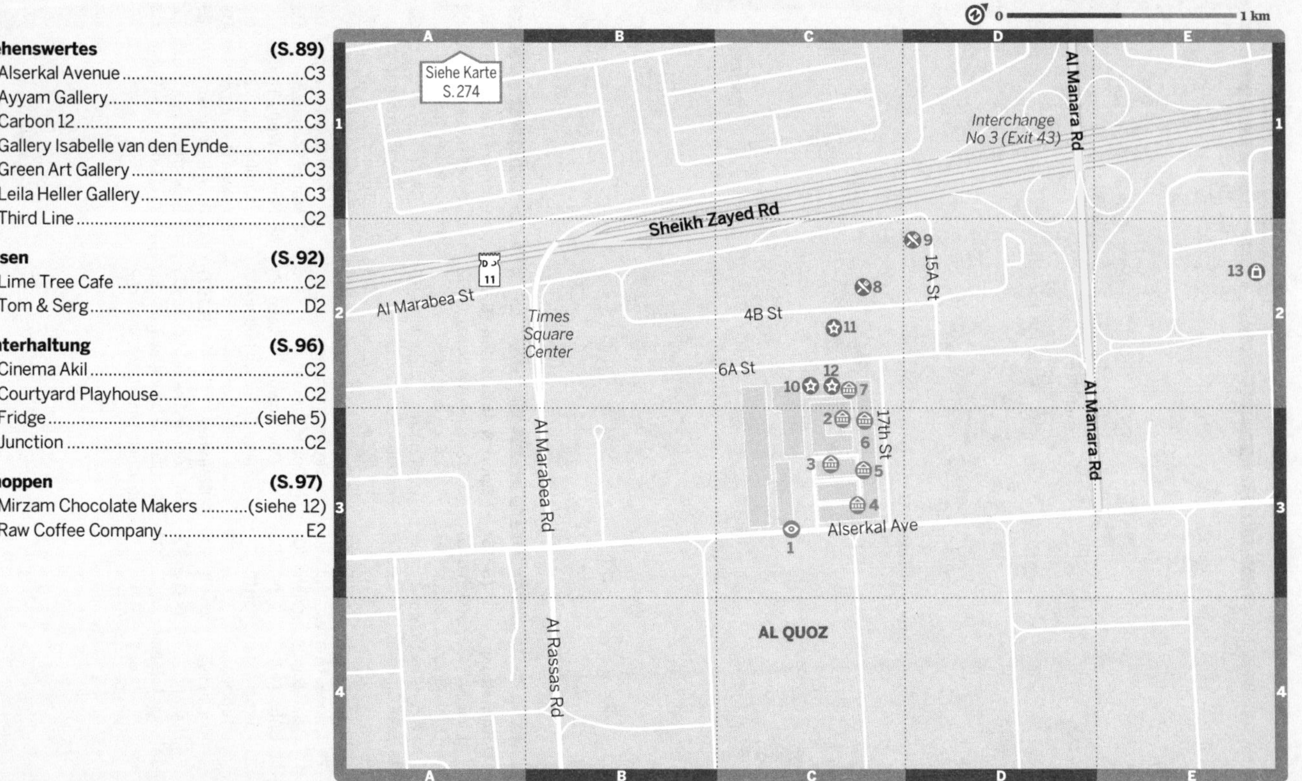

Sehenswertes (S. 89)
1 Alserkal Avenue C3
2 Ayyam Gallery C3
3 Carbon 12 .... C3
4 Gallery Isabelle van den Eynde C3
5 Green Art Gallery C3
6 Leila Heller Gallery C3
7 Third Line C2

Essen (S. 92)
8 Lime Tree Cafe C2
9 Tom & Serg D2

Unterhaltung (S. 96)
10 Cinema Akil C2
11 Courtyard Playhouse C2
Fridge .... (siehe 5)
12 Junction C2

Shoppen (S. 97)
Mirzam Chocolate Makers .... (siehe 12)
13 Raw Coffee Company E2

DUBAI MARINA & PALM JUMEIRAH *Karte auf S. 280*

Sehenswertes (S.120)

1 Ain Dubai C4
2 Al Ittihad Park F3
3 Cayan Tower E5
4 Club Mina E5
5 Fairmont The Palm Beach Club F4
6 JBR Beach C5
7 Lost Chambers Aquarium F1
8 Palm West Beach F4
9 Pier 7 .... D5
10 The Beach at JBR C5
The View at The Palm .... (siehe 35)
11 The Walk at JBR D5

Essen (S.122)

101 Lounge & Bar .... (siehe 58)
Al Khaima .... (siehe 54)
Al Nafoorah .... (siehe 52)
Asia Asia .... (siehe 9)
12 Barracuda D5
13 BiCE D5
Blue Orange .... (siehe 62)
14 Couqley C6
15 Eauzone F5
16 Fish Beach Taverna E5
Indego by Vineet .... (siehe 51)
Little Miss India .... (siehe 5)
17 Massaad Barbecue C5
18 Maya Modern Mexican Kitchen D5
19 Mythos Kouzina & Grill D6
Rhodes W1 .... (siehe 51)
Seven Sands .... (siehe 10)
Stay .... (siehe 58)
Sushi Art .... (siehe 10)
Tagine .... (siehe 57)
The Croft .... (siehe 27)
20 Toro Toro E5
Zafran .... (siehe 47)
21 Zero Gravity D5

Ausgehen & Nachtleben (S.126)

Arabian Courtyard .... (siehe 28)
Atelier M .... (siehe 9)
Barasti .... (siehe 62)
22 Bliss Lounge C5
Buddha Bar .... (siehe 51)
Coco Lounge .... (siehe 56)
23 Jetty Lounge F5
Lock, Stock & Barrel .... (siehe 24)
24 Lucky Voice G6
25 N'Dulge F1
26 Nola Eatery & Social House D6
27 Observatory E5
Pure Sky Lounge .... (siehe 13)
28 Rooftop Terrace & Sport Lounge F5
Siddharta Lounge .... (siehe 51)
Smoky Beach .... (siehe 10)
29 Tamanya Terrace F5
30 Tap House F3

Unterhaltung (S.130)

31 Jazz@PizzaExpress C6
MusicHall .... (siehe 52)

Shoppen (S.130)

32 Dubai Marina Mall D5
33 Gallery One D5
34 Ibn Battuta Mall A6
35 Nakheel Mall F3

Sport & Aktivitäten (S.131)

36 Aqua Fun D5
37 Aquaventure Waterpark F1
38 Atlantis Abra Ride F1
39 Beach Gym C5
40 Dhow Cruise D5
Dubai Ferry Cruises .... (siehe 12)
41 Dubai Marina Water Bus D5
42 Jungle Bay Waterpark E5
One&Only Spa .... (siehe 57)
43 Palm Jumeirah Boardwalk G1
44 Skydive Dubai E4
45 Splash Pad C5
XLine .... (siehe 32)
46 Yoga by the Sea C5

Schlafen (S.201)

47 Address Dubai Marina D5
48 FIVE Palm Jumeirah F4
49 Gloria Hotel G6
50 Grand Midwest Tower G6
51 Grosvenor House D5
52 Jumeirah Zabeel Saray D3
53 Le Meridien Mina Seyahi Beach Resort & Marina E5
54 Le Royal Meridien Beach Resort & Spa .. D5
55 Marina Dream Hostel C5
56 Media One Hotel E5
57 One&Only Royal Mirage E5
58 One&Only The Palm E4
59 Pearl Marina Hotel Apartments C5
60 Ritz-Carlton Dubai D5
61 Rixos Premium Dubai D5
62 Westin Dubai Mina Seyahi Beach Resort & Marina E5

Legende auf S. 279

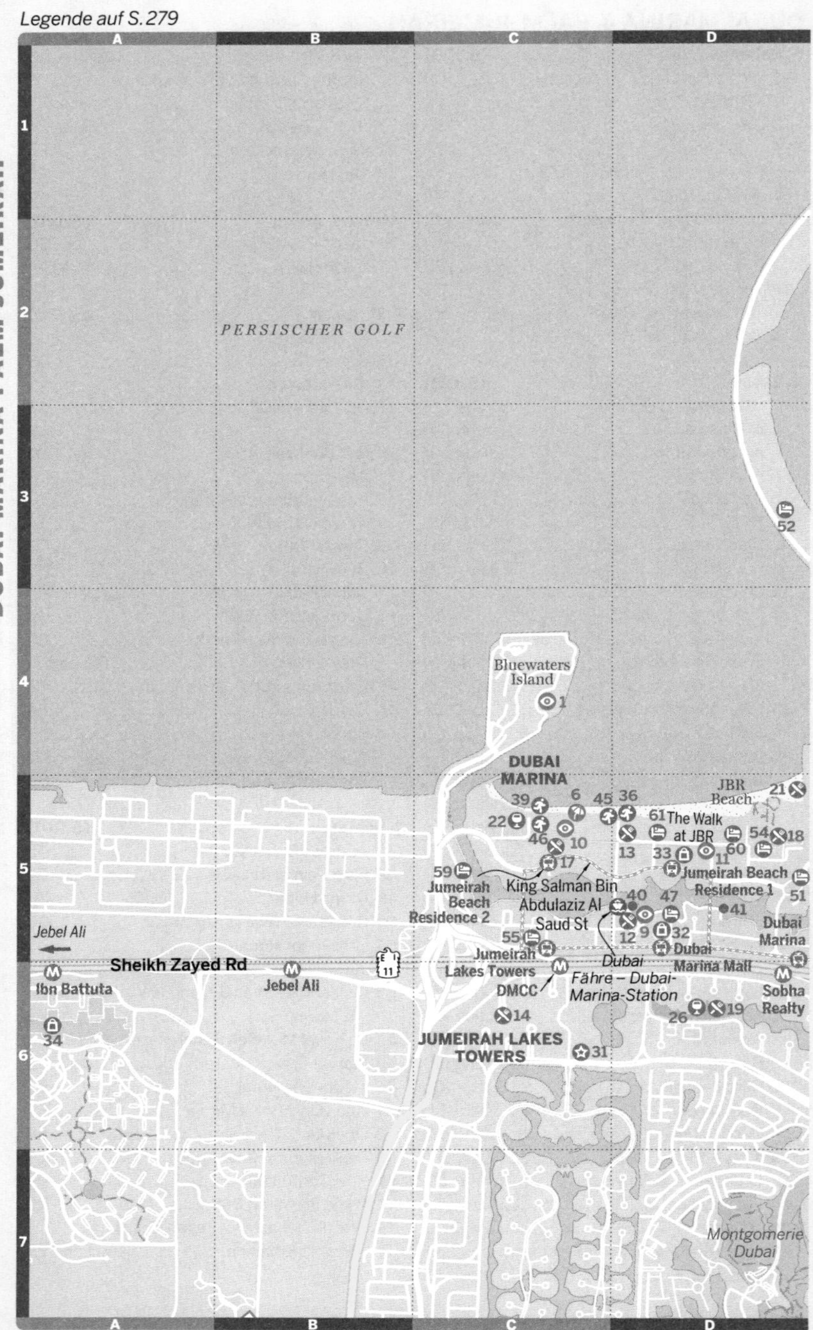

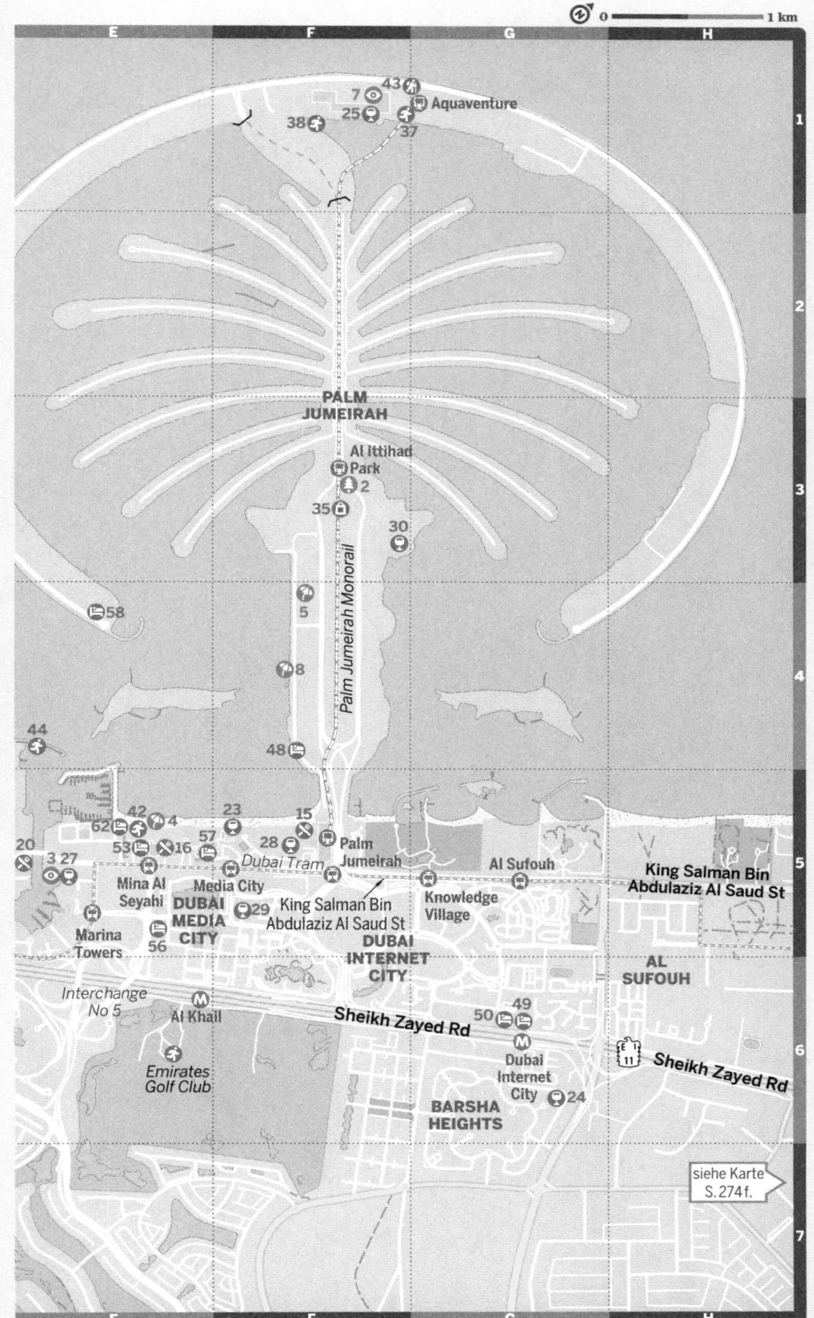

0
1 km
E
F
G
H
1
2
3
4
5
6
7
Aquaventure
PALM JUMEIRAH
Al Ittihad Park
Palm Jumeirah Monorail
Dubai Tram
Palm Jumeirah
Mina Al Seyahi
Media City
DUBAI MEDIA CITY
Marina Towers
King Salman Bin Abdulaziz Al Saud St
Knowledge Village
Al Sufouh
DUBAI INTERNET CITY
AL SUFOUH
Interchange No 5
Al Khail
Sheikh Zayed Rd
Emirates Golf Club
Dubai Internet City
BARSHA HEIGHTS
E 11
siehe Karte S. 274 f.

Unsere Autorinnen

Josephine Quintero
Dubai

Josephine überkam die – entspannte – Reiselust erstmals in den frühen 1970er-Jahren, als sie mit der Gitarre über der Schulter durch Europa reiste. Mitte der Siebziger zog sie in die USA und startete mit einer Wein- und Lifestyle-Zeitschrift im Napa Valley ihre Karriere als Journalistin. Als Nächstes ließ sie sich in Kuwait nieder und war sechs Jahre lang Herausgeberin der Zeitschrift der Kuwait Oil Company – bis zum 1. August 1990, dem Tag, als der Irak das Land besetzte. Nach sechs Wochen als Geisel und einer haarsträubenden Flucht mit einem Konvoi (über den Irak!) in die Türkei zog sie an die entspannte Küste Andalusiens, wo sie ihre Brötchen zunächst als Ghostwriterin und als Autorin von Autobiografien in Marbella ansässiger Schwindler und B-Promis verdiente.

Jessica Lee
Abu Dhabi

2011 gab Jessica ihre Karriere als Leiterin für Abenteuertouren auf, um Reiseschriftstellerin zu werden. Seitdem reiste sie für Lonely Planet durch Afrika, den Nahen Osten und Asien. Sie lebt seit 2007 im Nahen Osten und twittert unter @jessofarabia. Jessica hat zu den Lonely-Planet-Reiseführern *Ägypten*, *Türkei*, *Zypern*, *Marokko*, *Marrakesh*, *Middle East*, *Abu Dhabi*, *Europe*, *Africa*, *Kambodscha* und *Vietnam* beigetragen. Ihre Beiträge erschienen außerdem in der Zeitschrift *Wanderlust*, im *Daily Telegraph*, im *Independent*, auf BBC Travel und auf Lonelyplanet.com.

Andrea Schulte-Peevers

Andrea stammt aus Deutschland, sie ist dort aufgewachsen und hat in London und Los Angeles studiert. Seither hat sie etwa 75 Ländern bereist und dabei gefühlt die Strecke bis zum Mond und wieder zurück absolviert. Seit über zwei Jahrzehnten verdient sie ihr Geld als Reiseführerautorin und hat an fast 100 Lonely-Planet-Titeln mitgewirkt. Zudem schreibt sie für Tageszeitungen, Zeitschriften und Websites verschiedener Länder. Sie arbeitet auch als Reiseberaterin, Übersetzerin und Redakteurin und lebt in Berlin. Folgen Sie Andrea auf Twitter @ASchultePeevers.

Die Lonely Planet Story

Ein uraltes Auto, ein paar Dollar in den Hosentaschen und Abenteuerlust, mehr brauchten Tony und Maureen Wheeler nicht, als sie 1972 zu der Reise ihres Lebens aufbrachen. Diese führte sie quer durch Europa und Asien bis nach Australien. Nach mehreren Monaten kehrten sie zurück – pleite, aber glücklich –, setzten sich an ihren Küchentisch und verfassten ihren ersten Reiseführer *Across Asia on the Cheap*. Binnen einer Woche verkauften sie 1500 Bücher und Lonely Planet war geboren. Heute unterhält der Verlag Büros in den USA, in Irland und China sowie ein Netzwerk aus über 2000 Mitwirkenden in allen Ecken der Welt. Sie alle teilen Tonys Überzeugung, dass ein guter Reiseführer drei Dinge tun sollte: informieren, bilden und unterhalten.

Lonely Planet Global Limited
Digital Depot
The Digital Hub
Dublin D08 TCV4
Ireland

Obwohl die Autoren und Lonely Planet alle Anstrengungen bei der Recherche und bei der Produktion dieses Reiseführers unternommen haben, können wir keine Garantie für die Richtigkeit und Vollständigkeit dieses Inhalts geben. Deswegen können wir auch keine Haftung für eventuell entstandenen Schaden übernehmen.

Verlag der deutschen Ausgabe:
MAIRDUMONT, Marco-Polo-Straße 1, 73760 Ostfildern,
www.lonelyplanet.de, www.mairdumont.com, lonelyplanet-online@mairdumont.com

Redaktion: Verlagsbüro Wais & Partner, Stuttgart (Meike Diekmann, Juliane Hansen, Julia Rietsch, Kai Wieland)
Mitarbeit: Max Maucher, Natasa Sipka
Übersetzung der 3. Auflage: Julie Bacher, Britt Maaß, Svenja Tengs
(An früheren Auflagen haben zusätzlich mitgewirkt:
Doris Attwood, Brigitte Beier, Dr. Birgit Beile-Meister, Anne Cappel, Beatrix Gehlhoff, Marion Gieseke, Christiane Gsänger, Dr. Annegret Pago, Dr. Thomas Pago, Christiane Radünz, Jutta Ressel M.A., Cristoforo Schweeger, Petra Sparrer, Beatrix Thunich, Folkert Tiarks, Katja Weber)
Technischer Support: Primustype, Notzingen

Dubai & Abu Dhabi
3. deutsche Auflage Dezember 2022,
übersetzt von *Dubai & Abu Dhabi 10th edition*, Oktober 2022
Lonely Planet Global Limited

MIX
Paper | Supporting responsible forestry
FSC® C018236

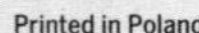

Printed in Poland